제2판

파생금융상품

감형규 신용재 전진규

유원북스

제2판 머리말

최근 4차 산업혁명과 더불어 핀테크(Fintech), 블록체인(Blockchain) 및 가상자산, 인공지능(Artificial Intelligence: AI) 등 미래 금융산업에 큰 변화를 몰고 올 다양한 이슈들이 제기되고 있다. 한편 코로나19(COVID-19)로 인한 팬데믹(pandemic) 사태 대응을 위해 그동안 각국의 중앙은행이 펼친 양적완화의 결과 증가된 통화량이 인플레이션에 영향을 주고 있다. 세계경제는 이러한 인플레이션과 동시에 경기 침체 및 러시아－우크라이나 전쟁 사태가 겹치며 초대형 복합 위기에 빠질 가능성이 있다는 우려가 제기되고 있다. 세계경제의 위기가 고조되는 가운데 그만큼 금융환경의 불확실성도 증가하고 있다. 이와 같은 상황에서 그 어느 때보다 금융의 역할이 강조되고 있다. 금융의 건전한 성장이 절실히 요구되고 있으며, 이를 통하여 국민경제의 발전을 도모할 수 있을 것이다.

선물, 옵션 등의 파생금융상품은 특성상 주식, 채권 등의 현물에 비해 하락장에서도 고수익이 가능하고 적은 투자금액으로 높은 수익을 기대할 수 있다. 그러나 대부분의 파생금융상품은 일반 주식이나 채권에 비해 복잡한 구조를 갖고 있어 파생금융상품의 위험구조를 제대로 이해하지 못할 경우 돌이킬 수 없는 위험에 직면할 수 있다. 과거 경험에 기초할 때, 파생금융상품과 관련된 금융위기가 발생한 배경에는 파생금융상품을 이용한 위험관리보다는 단기간 내에 고수익을 노린 투기적 유인이 크게 작용하였다는 점을 부인하기 어렵다. 이러한 점에서 기업 및 금융기관의 위험관리는 선택이 아닌 필수항목이 되어버렸다. 보다 효율적이고 체계적인 위험관리를 위해서는 이와 관련된 전문적인 지식과 경험을 토대로 그 역량을 키워나가는 데 집중적인 노력이 필요할 것이다.

본서는 옵션, 선물, 스왑 등의 파생금융상품을 소개하고 이들 파생금융상품을 이용한 제반 투자이론 및 위험관리에 관하여 다루었다. 본서에서는 기초부터 비교적 높은 수준의 내용을 체계적으로 소개함으로써, 파생금융상품에 대한 이해를 증진시키고 나아가 실무적으로도 활용 가능한 전문지식을 습득하도록 하는 데 역점을 두었다. 본서는 총 13개의 장으로 구성되어 있으며, 제1장부터 제6장은 선물, 제7장부터 제13장은 옵션을 다루고 있다. 최근에 달라진 금융환경 등을 반영하여 제2판에서는 다음과 같은 사항들을 추가 또는 보완하였다.

첫째, 초판과 마찬가지로 파생금융상품의 전체적인 내용을 일관성 있게 구성하여, 선물, 옵션, 스왑 등의 기초개념에 대한 확실한 이해를 바탕으로 다소 복잡하고 어렵게 느껴질 수 있는 내용도 이해하기 쉽게 전달하고자 노력하였다. 이는 본서가 파생금융상품 관련 지식을 독자들에게 되도록 쉽고 분명하게 전달하여 유능한 파생금융상품 투자 전문가를 양성하고 궁극적으로 건전한 파생금융상품 투자 환경을 조성하는 데 일조할 것으로 기대한다.

둘째, 파생금융상품 이론과 실무의 관련성을 부각시켜 파생금융상품 관련 업무분야의 현실적응력을 높일 수 있도록 최근 변경된 제도를 충실히 반영하였다. 이를 통해 본서가 파생금융상품을 처음으로 접하는 학생뿐만 아니라 현업에 종사하고 있는 실무자에게도 유용한 지침서로서 활용될 수 있도록 하였다.

셋째, 엄선된 예제 및 연습문제를 새로이 추가하여 파생금융상품 개념 및 이론을 체계적으로 이해할 수 있도록 하였다. 파생금융상품은 그 근간이 되는 이론 및 모형을 기초로 이해하여야 하는 학문이다. 따라서 파생금융상품의 특성상 제반 이론에 대한 충분한 학습과 정확한 이해 없이 단지 연습문제 풀이에만 의존하는 학습방법은 사상누각의 오류를 범할 수밖에 없으므로 이러한 점을 명심해야 한다. 특히 처음 파생금융상품을 접하는 독자들은 먼저 본서의 각 장에서 다루고 있는 주제들에 대한 기본적 개념을 체계적으로 이해하도록 노력한 후, 습득한 기본개념과 연결시켜 예제 및 연습문제를 다루는 것이 바람직할 것이다.

넷째, 엄선된 양질의 연습문제와 함께 책의 부록에 해당 연습문제의 풀이를 상세하게 다루어 각종 전문자격 시험에 대비할 수 있도록 편의를 제공하였다. 연습문제는 완성/선택형 문제와 서술/계산형 문제 등 다양한 형식으로 구성되어 있다. 본서에서는 특히 최근까지 공인회계사 시험 등에서 출제된 문제, 특강이나 모의고사 출제 등을 통하여 준비해 왔던 문제, 그리고 최근 출제경향에 비추어 앞으로 출제가능성이 높은 문제와 더불어 이들 문제들에 대한 해설을 완벽하게 정리하여 수록하였다. 이를 통해 본서가 파생금융상품 분야의 이론서로서뿐만 아니라 연습서로서도 손색이 없도록 하였다. 이러한 점에서 본서는 파생상품 관련 지식을 묻는 CFA(국제재무분석사), CPA(공인회계사), 보험계리사, 위험관리사, 선물중개사 등의 전문자격 시험을 준비하는 독자들에게도 유용한 지침서가 될 수 있으리라 본다.

다섯째, "보기 좋은 떡이 먹기도 좋다"는 말이 있듯이 본서를 보기 좋게 꾸며 본서의 내용을 시각적으로도 편안하게 받아들일 수 있도록 하였다.

그동안 본서를 교재로 채택해주신 교수님과 독자 여러분의 격려 및 애정 어린 비평에 감사드린다. 초판에서의 부족한 점을 이번 개정판에서 일부 보완하려 노력하였으나, 아직 여러 가지 부족한 점이 있을 것으로 생각된다. 독자들의 기탄없는 비판과 조언을 통하여 향후 완벽하게 수정 · 보완할 수 있기를 기대해 본다. 그리고 본서는 국내 · 외 많은 문헌들을 참고하여 쓰여졌다. 이 자리를 빌려 국내 · 외 학자들의 양해를 구하며, 그들에게 깊은 감사의 뜻을 표한다.

본서가 출판되기까지 적극적으로 도와준 유원북스의 이구만 사장에게 고마운 마음을 전한다. 끝으로 본서를 저술하는 동안 고통을 분담하면서 아낌없는 격려와 성원을 보내준 가족 모두에게 충심으로 고마움을 표한다.

2023년 1월

저자 씀

차 례

제 1 편 선 물

제 1 장 선물거래의 기초개념

제 5 장 환위험관리

제 6 장 스왑거래

제 2 편

옵 션

제 9 장 옵션투자전략

제10장 옵션가격결정모형

제11장 옵션가치의 민감도와 헤징

제12장 옵션의 응용

제 1 편

선　　물

제1장 선물거래의 기초개념

1. 선물거래의 의의와 종류
2. 한국거래소 선물의 주요 명세
3. 선물의 거래절차
4. 선물거래의 손익
5. 선물시장의 구조
6. 증거금제도
7. 선물거래자의 유형과 선물시장의 경제적 기능

선물계약(futures contract)은 미래의 일정한 시점에서 정해진 가격으로 자산을 사거나 팔기로 약정한 것이다. 선물계약(이하 선물이라 약칭함)은 제2편에서 설명할 옵션과 더불어 가장 기본적인 파생상품(derivatives) 중의 하나이다. 선물은 실물상품(농산물, 축산물, 금속, 에너지 등)뿐만 아니라 금융상품(주가지수, 금리, 통화 등)을 대상으로 매우 다양하게 개발되고 있으며, 1970년대 이래 특히 금융선물시장이 급격히 성장하고 있다.

선물의 역사는 아주 오래 되었지만, 현재와 같이 조직화된 선물거래는 1848년에 설립된 미국의 시카고상품거래소(Chicago Board of Trade : CBOT)에서 시작되었다고 할 수 있다. 그리고 시카고상업거래소(Chicago Mercantile Exchange : CME)의 부속거래소로 1972년 설립된 국제통화시장(International Monetary Market : IMM)에 금융선물이 도입되면서 선물거래는 획기적인 발전의 전기를 맞게 된다. 2007년 7월에 시카고상품거래소(CBOT)와 시카고상업거래소(CME)가 CME그룹(www.cmegroup.com)으로 통합되었다. 그리고 2008년 8월에는 CME그룹이 뉴욕상업거래소(New York Mercantile Exchange : NYMEX)를 인수하여 미국 최대 파생상품거래소가 되었다. 우리나라에서도 코스피200(Korea Stock Price Index 200 : KOSPI200)에 대한 주가지수선물시장이 1996년 5월 3일에 처음 개설되면서 급속하게 발전하고 있다.

본장에서는 선물거래 및 선물시장에 대한 기본적 개념을 살펴보고자 한다.

1 선물거래의 의의와 종류

1.1 선물거래의 의의

선물거래(futures trading)란 품질과 가격 등이 표준화된 일정량의 상품(현물)을 현재시점에서 약정된 가격으로 미래의 일정시점에 매입 또는 매도하기로 조직화된 거래소 내에서 약정하는 거래이다. 선물거래의 대상이 되는 특정 상품을 기초자산(underlying asset), 시장에서 거래되고 있는 기초자산의 현재가격을 현물가격(spot price), 선물계약이 이행(결제)되는 미래의 일정시점을 만기일(maturity date) 또는 인도일(delivery date), 만기일의 약정된 가격을 선물가격(futures price)이라고 한다. 여기서 선물가격은 만기일에 기초자산을 거래하기로 약정한 가격을 의미하는 것이지, 선물계약 자체의 가치(내재가치)를 의미하는 것은 아니다. 다시 말하면 선물가격은 현재시점에서 약정된 만기일에서의 상품 인수도가격이다.

선물거래는 매매계약의 체결과 동시에 매매대상물(상품)의 인수도와 대금결제가 이루어지는 현물거래(spot trading)와 대비되는 개념이다.[1] 선물거래와 현물거래의 차이를 그림으로 나타내면 [그림 1-1]과 같다.

선도거래(forward trading)는 기초자산을 현재시점에서 약정된 가격으로 미래의 일정시점에 매입 또는 매도하기로 약정하는 거래라는 점에서 본질적으로 선물거래와 같다고 할 수 있다. 그러나 선물거래와 선도거래는 다음과 같은 몇 가지 점에서 서로 구분된다. 첫째, 선도거래는 특정한 장소 없이 장외시장(over-the-counter market)에서 당사자간 직접계약에 의해 이루어지는 반면, 선물거래는 조직화된 공식적인 시장, 즉 선물거래소(futures exchange)에서 공개입찰을 통해 이루어진다. 따라서 선물거래는 선도거래에 비해 계약상대방

---

1 현재시점에 상품을 인수도하고 일정한 기간이 지난 후 대금을 결제하는 거래를 외상거래 또는 신용거래라 하며, 이는 현물거래에 포함된다.

그림 1-1 선물거래와 현물거래

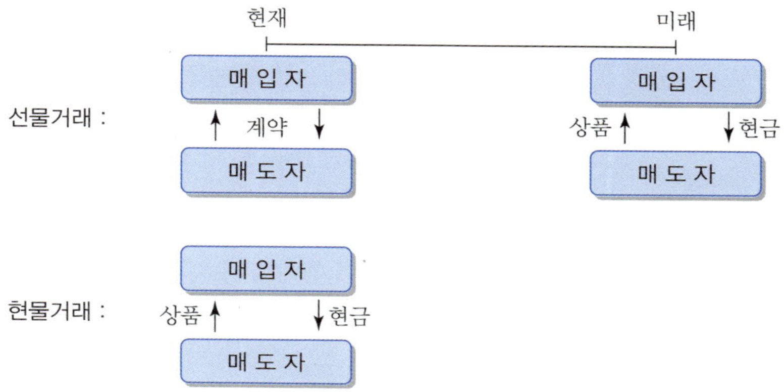

을 훨씬 쉽게 찾을 수 있으며, 높은 시장성으로 인하여 선물가격은 수요와 공급이 일치하는 균형수준에서 보다 쉽게 결정될 수 있다. 둘째, 선물계약은 거래소가 정한 계약조건(거래상품, 거래단위, 만기일 등)에 의해 표준화되어 있지만, 선도계약은 거래당사자간 합의에 의해 거래조건이 결정된다. 선물거래는 거래조건을 표준화함으로써 계약체결을 용이하게 하고 거래 자체의 유동성을 높여, 만기일 이전이라도 언제든지 필요한 시점에서 계약을 제3자에게 양도할 수 있게 한다. 셋째, 선물거래에서는 결제소(clearing house)가 거래의 상대방으로서 모든 선물계약의 청산에 대하여 책임을 지며 계약의 이행을 보증하는 역할을 수행하기 때문에 청산위험이 거의 없으나, 선도거래의 경우 계약자 쌍방간의 직접거래이므로 계약당사자의 신용도에 따른 위험이 존재한다. 선물거래에서는 계약의 이행을 보증하려는 제도적 장치로 일일정산(marking to market), 증거금(margin) 등의 제도를 두고 있다.

알아두기 밭떼기, 입도선매, 그리고 선도거래

밭떼기는 채소를 재배하는 농부가 수확기의 가격하락위험을 제거하기 위하여 채소도매상과 미리 정해진 가격으로 계약을 맺어 채소를 판매하는 방법이다. 한편 밭떼기와 유사용어로 입도선매(立稻先賣 : 서 있는 벼를 판다)가 있다. 이는 벼가 다 자라기 전에 미리 매매를 체결하고 매매대금과 쌀의 실제 교환은 추수 이후에 이루어지는 거래행위를 말한다. 이러한 점에서 밭떼기와 입도선매는 일종의 선도거래에 해당한다.

이상에서 설명한 선물거래와 선도거래의 차이점을 요약하면 〈표 1-1〉과 같다.

표 1-1 선물거래와 선도거래의 비교

구 분	선물거래	선도거래
거래장소	선물거래소	장외시장
거래조건	상품, 거래단위, 만기일 등이 표준화되어 있음	거래당사자간의 협의에 의해 결정됨
거래상대	알려져 있지 않음	직접거래로 알려짐
증 거 금	있음	없음
가격변동	매일매일 가격변동(일일정산)	만기일까지 변동 없음
상품인수도	인수도가 거의 없고, 대부분 반대매매에 의해 청산됨	대부분 만기일에 인수도됨
거래 신뢰도	결제소의 이행보증	거래당사자의 신용에 달려 있음
규제방식	엄격한 규제	자율적 규제
시장구조	완전시장	불완전시장

1.2 선물거래의 종류

선물은 그 기초자산의 종류에 따라 크게 두 가지로 분류된다. 주요 원자재인 원유, 구리, 금, 은, 옥수수, 밀, 대두 등 일반 상품을 기초자산으로 거래하는 **상품선물**(commodity futures)과 주가지수, 금리, 통화 등을 기초자산으로 거래하는 **금융선물**(financial futures)로 구분될 수 있다. 선물계약에 대한 자세한 분류는 〈표 1-2〉와 같다.

표 1-2 선물계약의 분류

<table>
<tr><th colspan="3">분 류</th><th>기초자산</th></tr>
<tr><td rowspan="5">상품
선물</td><td colspan="2">농림산물선물</td><td>옥수수, 밀, 대두, 설탕, 고무, 원면, 목재 등</td></tr>
<tr><td colspan="2">축산물선물</td><td>생우, 생돈, 냉동삼겹살 등</td></tr>
<tr><td colspan="2">귀금속선물</td><td>금, 은, 백금 등</td></tr>
<tr><td colspan="2">비철금속선물</td><td>구리, 알루미늄, 납, 아연, 주석 등</td></tr>
<tr><td colspan="2">에너지선물</td><td>원유, 천연가스, 가솔린, 난방유, LPG 등</td></tr>
<tr><td rowspan="5">금융
선물</td><td rowspan="3">금리선물</td><td>장기금리</td><td>미국 T-bonds 등</td></tr>
<tr><td>중기금리</td><td>미국 T-notes, 한국 국채 등</td></tr>
<tr><td>단기금리</td><td>Eurodollars 등</td></tr>
<tr><td colspan="2">통화선물</td><td>미국 달러, 유럽연합 유로, 일본 엔, 영국 파운드, 중국 위안, 호주 달러, 캐나다 달러 등</td></tr>
<tr><td colspan="2">주가지수선물</td><td>코스피200지수, 코스닥150지수, S&P500, Dow Jones Industrial Average, NASDAQ 100, EURO STOXX 50, Nikkei225 등</td></tr>
</table>

알아두기

세계 선물시장의 유래

■ 미국 : 시카고상품거래소

현대적 의미의 선물거래소는 1848년 미국의 시카고에서 시작되었다. 미국의 동부지방에 위치하고 있는 시카고는 19세기 중반 일리노이와 미시간의 운하 개통으로 미국 중서부 곡창지대의 중심지인 동시에 곡물의 집산지가 되어 밀, 옥수수, 그리고 커피 등 곡물거래가 활발히 일어났다. 곡물거래의 중심지가 된 시카고에는 여러 문제가 발생하기 시작했다.

1842년에는 브라질에 허리케인이 발생했는데, 그로 인해 커피농장이 모두 쑥대밭이 되어 버렸다. 통신수단이 부족했던 그 시절 미국의 커피업자는 그 사실도 모른 채 원두커피 가공시설을 마구 늘려 놓았다. 커피 수확기가 되어도 브라질에서 원두커피가 오지 않자 시설투자를 늘린 사람은 대부분 망하게 되었다. 또 곡물거래물량에 비해 창고나 운송시설이 부족한 시카고는 겨울이 되면 운하에 얼음이 얼어 수송수단이 부족하게 되어 시카고에 발이 묶인 곡물은 아주 낮은 가격에 거래되었고, 얼음이 녹으면 재고부족으로 매우 비싼 가격에 곡물이 거래되기도 하였다. 이러한 폐단을 막기 위해 상인들은 고민 끝에 선물시장을 고안해 내었다. 미리 가격을 정해서 사고팔자는 취지였다. 즉 곡물생산이 급격이 늘거나 줄어도 미리 가격을 정해 놓았기 때문에 뒤늦게 낭패를 보는 사람이 줄게 되었다. 사업을 하는 사람들은 원료를 미리 구매하여 가격이 크게 오르는 것을 방지할 수 있었고, 농부들은 미리 팔아 버려서 수확한 다음에 물건이 팔리지 않아 손해를 보는 일이 적어졌다.

시간이 흐르면서 파생상품거래는 날로 활성화되기 시작했고 처음에는 곡물만 거래되었으나 금, 은, 동 그리고 원유 등 많은 상품으로 확대되었다. 1970년대부터는 주가지수 등 금융상품이 발달하기 시작하여 오늘날 전 세계 파생상품의 대부분을 이 금융상품이 차지하게 되었다.

■ 일본 : 도지마 쌀 거래소

17세기경 일본의 도쿠가와 막부시절 막부정부는 지방 제후들의 세력확장을 막기 위해 이들을 매년 6개월 동안 강제로 오사카에 살도록 하였다. 이렇게 오사카에 거주하게 된 제후들 중 일부는 경비가 부족하여 가을에 수확 예정인 쌀을 담보로 물표를 발행하여 경비를 조달하곤 했다. 이 물표는 상인들 사이에서 거래가 되었는데, 상인들은 그 해에 풍년이 예상되면 쌀 가격이 하락할 것이므로 물표를 매도하고 흉년이 예상되면 반대로 물표를 사두어 이익을 취하였다. 이들 중 오사카 근교 도지마 지역의 요도야라는 거상(巨商)의 집은 항상 많은 상인이 몰려들어 정보를 교환하고 물표를 매매하는 장소로 이용되어 지금의 거래소 역할을 하였다.

'도지마 쌀 거래소'로 이름이 알려진 일본 최초의 상품거래소는 지금의 선물거래소와 일치하지는 않지만 매우 유사한 기능을 갖추고 있었다.

알기 쉬운 증권 · 파생상품시장 지표 해설(한국거래소, 2009)

2 한국거래소 선물의 주요 명세

현재 한국거래소(Korea Exchange : KRX)의 '파생상품시장 업무규정'에 의하면 장내선물시장을 주식상품시장, 금리상품시장, 통화상품시장, 일반상품시장, 선물스프레드시장 및 플렉스시장으로 구분하고 있다. 본절에서는 주가지수선물(코스피200선물, 스타지수선물), 개별주식선물, 금리선물(3년 국채(KTB) 선물, 5년 국채(KTB)선물, 10년 국채(KTB)선물), 통화선물(미국달러선물, 엔선물, 유로선물), 상품선물(금(gold)선물, 미니금선물, 돈육선물) 등을 대상으로 한 선물의 주요 명세를 살펴보기로 한다.[2]

2.1 기초자산

앞서 언급한 바와 같이 선물의 기초자산이란 거래의 대상물을 말한다. 기초자산(거래대상)은 상품의 품질 및 저장성, 가격구조 및 가격변동의 정도, 헤징(hedging, 위험회피)의 수요, 현물시장의 규모 등을 고려하여 선정한다.

주가지수선물

주가지수선물에는 코스피200선물, 미니코스피200선물, 코스닥150선물 등이 있다.[3] 코스피200선물의 기초자산은 코스피200지수이다. 코스피200지수는 한국거래소 유가증권시장에 상장된 주식 중 200개 종목에 대하여 비교시점의 시가총액을 기준시점(1990년 1월 3일)의 시가총액(기준시점의 주가지수

2 본절에서 소개하는 선물의 주요 명세는 선물스프레드시장, 미국달러플렉스선물시장을 제외한 주식상품시장, 금리상품시장, 통화상품시장, 일반상품시장에서 거래되는 상품만을 대상으로 함.

3 주식상품시장에서 거래되는 선물로는 코스피200선물, 미니코스피200선물, 코스닥150선물 외에도 섹터지수선물(코스피200섹터지수선물, 배당지수선물), 해외지수선물(유로스톡스50선물), 코스피200변동성지수선물 등이 있다. 본서에서 구체적으로 다루지 않은 선물에 대해서는 한국거래소 파생상품시장 관련 규정을 참고바람.

=100포인트)과 비교하여 산출된 주가지수이다. 미니코스피200선물은 코스피200선물과 같이 코스피200지수를 기초자산으로 하는 상품이다. 미니코스피200선물은 코스피200선물에 비해 1계약금액을 1/5 크기로 축소함으로써 소액투자 활성화 및 다양한 거래기회를 제공하는 차원에서 도입되었다. 코스닥150선물의 기초자산은 코스닥150지수이다. 코스닥150지수는 코스닥시장의 기술주 섹터에 중점을 두면서 코스닥 종합지수의 흐름을 잘 따라가도록 시장대표성, 섹터대표성, 유동성 등의 기준으로 선정된 150개 종목으로 구성된 주가지수이다. 코스닥150지수는 150개 종목에 대하여 기준일인 2010년 1월 4일의 주가지수를 1,000포인트로 하여 시가총액방식으로 산출된다.

개별주식선물

개별주식선물은 한국거래소에 상장된 보통주식으로서 다음의 요건을 모두 충족하는 주식을 기초자산으로 하고 있다. 첫째, 유통주식수가 200만주 이상, 소액주주수가 2,000명 이상, 1년간 총거래대금이 5,000억원 이상이다. 둘째, 시가총액과 재무상태 등을 감안하여 선정된 기업이 발행한 주식이다.

국채선물

국채선물은 가상의 국고채권표준물인 3년 국고채권표준물, 5년 국고채권표준물 및 10년 국고채권표준물을 기초자산으로 하고 있다. 여기서 가상의 국고채권표준물은 표면금리 5%, 6개월 단위 이자지급방식의 국고채를 말한다.

통화선물

통화선물은 미국 달러화, 엔화, 유로화 등의 외국통화를 기초자산으로 한다. 우리나라의 경우 1999년 4월부터 미국달러선물이 상장되어 통화선물로는 첫 거래가 이루어졌다. 이후 엔화와 유로화 등에 대한 수요가 증가하면서 이들 외국통화를 기초자산으로 하는 통화선물의 필요성이 제기되어 2006년 5월에 엔선물, 유로선물이 상장되었고, 2015년 10월에는 위안선물이 상장되었다. 현재 한국거래소에서 거래되는 통화선물은 미국달러선물, 엔선물, 유로선물, 위안선물 등이다.

일반상품선물

일반상품 중 금선물은 순도 99.99%의 금괴를 기초자산으로 하고, 돈육선물은 돈육대표가격을 기초자산으로 한다. 돈육대표가격은 축산물 등급판정소가 '돈육대표가격 관리기준'에 따라 매일 오전 10시에 공표하는 돈육의 일별대표가격을 의미한다.

이상에서 소개한 한국거래소 선물계약의 유형과 기초자산을 요약하면 〈표 1-3〉과 같다.

표 1-3 한국거래소 선물계약의 분류

구 분		기초자산(거래대상)
주가지수선물 및 주식선물	코스피200선물	코스피200지수
	미니코스피200선물	코스피200지수
	코스닥150선물	코스닥150지수
	개별주식선물	한국거래소에 상장된 보통주식
금리선물	3년 국채선물	표면금리 5%, 6개월 단위 이자지급방식의 3년 만기 국고채
	5년 국채선물	표면금리 5%, 6개월 단위 이자지급방식의 5년 만기 국고채
	10년 국채선물	표면금리 5%, 6개월 단위 이자지급방식의 10년 만기 국고채
통화선물	미국달러선물	미국 달러화(USD)
	엔선물	일본 엔화(JPY)
	유로선물	유럽연합 유로화(EUR)
	위안선물	중국 역외위안화(CNH)*
상품선물	금선물	순도 99.99% 금괴
	돈육선물**	돈육대표가격(산출기관 : 축산물품질평가원)

* CNH(Chinese Yuan in Hong Kong)는 중국 정부가 위안화를 국제 기축통화로 육성하려는 노력에서 생겨난 것으로, 중국 본토에서 거래되는 위안화(Chinese Yuan, CNY)와는 달리 역외시장인 홍콩에서 거래되는 위안화를 말한다.

** 2021년 1월부터 새로운 결제월 종목의 거래개시(상장)가 중지됨(휴면 지정).

알아두기

한국의 선물거래소 설립과정

우리나라에서는 1974년 12월 대통령령으로 '조달기금법 및 주요 물자 해외선물거래 규정'이 공포되어 1975년부터 해외선물거래소를 이용한 원자재의 선물거래가 이루어졌다. 그리고 1995년 12월 29일 '선물거래법'이 제정되고 1996년 7월 1일 동 법령이 발효되면서 국내 선물거래소 설립 작업이 본격적으로 추진되었다. 이 작업 기간 동안에도 주가의 가격변동위험을 관리할 수 있는 수단이 필요함에 따라 대통령령에 의해 한시적으로 증권거래소에서 주가지수선물을 취급할 수 있게 되었다. 그 결과 1996년 5월 3일 증권거래소가 주가지수선물을 최초로 상장하였으며, 1997년 7월 7일에 주가지수옵션을 추가로 상장하게 되었다.

그 후 부산지역을 무역 및 금융의 중심지로 육성하고 지역경제의 균형발전을 위해 1999년 4월 부산에 국내 최초의 선물거래소가 설립되었다. 이후 2005년 1월 증권거래소와 선물거래소가 현재의 한국거래소(KRX)로 통합됨으로써 오늘에 이르고 있다.

2.2 가격표시방법

한국거래소는 투자자가 가격을 쉽게 인지하여 거래할 수 있도록 상품별로 가격을 표시하는 방법을 정하는데, 일반적으로 선물의 기초자산인 현물이 거래되는 시장에서의 가격표시방법을 감안하여 정한다. 즉 선물계약의 가격표시방식은 선물 만기일에 대상 현물을 인수도할 때 기준이 되는 현물의 단위당 가격으로 표시된다.

주가지수를 거래대상으로 하는 상품의 가격표시방법은 포인트(point)로 표시하고, 기초주권상품은 해당 기초주권의 가격표시방법과 동일하게 원화로 표시한다. 금리선물 중 국채선물은 액면 100원당 원화(백분율 방식)로 소수점 둘째 자리까지 가격을 표시하고 있다. 3년 국채선물의 가격이 100.00포인트라면 액면금액 1억원의 100.00%, 즉 1억원을 의미한다. 이처럼 가격을 다르게 표시하는 이유는 1억원을 그대로 가격표시할 경우 금액이 커져서 거래에 불편을 초래하기 때문이다. 통화선물의 가격표시방법은 해당 통화 1단위당(엔선물의 경우는 예외적으로 100엔당) 원화로 표시하고 있다. 예를 들어 미국달러선물을 1,050원에 1계약 거래한 경우에는 미국달러선물의 거래단위인 1만 미국달러를 1달러당 1,050원으로 거래한 것과 같다. 그리고 금선물과 미니금선물의 가격표시방법은 1g(그램)당 원화로 표시하고, 돈육선물은 1kg(킬로그램)당 원화로 표시한다.

2.3 계약금액

선물거래를 성립시킬 수 있는 최소단위의 수량인 거래수량단위는 1계약이다. 선물의 1계약금액(contract size)은 선물 1계약의 크기를 화폐단위로 표현한 것으로서, 이는 선물의 가격에 거래승수를 곱하여 측정한 값을 말한다. 한편 선물의 주문수량은 선물 1계약의 건수(수량)를 의미한다. 거래승수는 기초자산의 가격수준 및 거래규모 등에 따라 설정하고 있다. 선물의 유형별 거래승수는 〈표 1-4〉와 같다.

한편 거래단위란 선물거래소에서 거래되는 선물 1계약의 규모를 의미한

표 1-4 선물의 거래승수

구 분		거래승수
주가지수선물 및 개별주식선물	코스피200선물	25만원
	미니코스피200선물	5만원
	코스닥150선물	1만원
	개별주식선물	10주
금리선물	3년 · 5년 · 10년 국채선물	100만원
통화선물	미국달러선물, 엔선물, 유로선물	1만
	위안선물	10만
상품선물	돈육선물	1천
	금선물	1백

다. 즉 거래단위는 선물 1계약의 내용으로서 선물 1계약을 거래했을 때 만기에 인수도 대상이 되는 기초자산의 규모에 해당한다. 한국거래소 '파생상품시장 업무규정'에 의하면 거래단위는 선물상품에 따라 다음과 같이 달리 설정되어 있다. 금리선물은 액면가 1억원이고, 통화선물 중 달러선물은 1만 달러, 엔선물은 1백만엔, 유로선물은 1만유로, 위안선물은 10만위안이다. 그리고 상품선물 중 금선물은 100kg, 돈육선물은 1,000kg이다.

2.4 호가가격단위와 최소가격변동금액

호가가격단위란 호가를 할 수 있는 최소단위의 가격을 말한다. 주식을 거래할 때 거래되는 주식의 가격에 따라 호가가격단위가 정해져 있는 것과 같이 선물거래에서도 선물상품에 따라 호가가격단위가 정해져 있다. 즉 투

표 1-5 선물의 호가가격단위와 최소가격변동금액

<table>
<tr><th colspan="3">구 분</th><th>호가가격단위</th><th>최소가격변동금액</th></tr>
<tr><td rowspan="5">주가지수선물
및
개별주식선물</td><td colspan="2">코스피200선물</td><td>0.05포인트</td><td>12,500원(0.05p×25만원)</td></tr>
<tr><td colspan="2">미니코스피200선물</td><td>0.02포인트</td><td>1,000원(0.02p×5만원)</td></tr>
<tr><td colspan="2">코스닥150선물</td><td>0.1포인트</td><td>1,000원(0.1p×1만원)</td></tr>
<tr><td rowspan="2">개별
주식
선물</td><td>코스피</td><td>10~1,000원</td><td>100~10,000원
(10원×10주~1,000원×10주)</td></tr>
<tr><td>코스닥</td><td>1~100원</td><td>10~1,000원
(1원×10주~100원×10주)</td></tr>
<tr><td>금리선물</td><td colspan="2">3년 국채선물
5년 국채선물
10년 국채선물</td><td>0.01포인트</td><td>10,000원
(0.01p×100만원 또는
0.01p×1/100×1억원)</td></tr>
<tr><td rowspan="4">통화선물</td><td colspan="2">미국달러선물</td><td>0.1원/$</td><td>1,000원(0.1원×1만)</td></tr>
<tr><td colspan="2">엔선물</td><td>0.1원/￥100</td><td>1,000원(0.1원×1만)</td></tr>
<tr><td colspan="2">유로선물</td><td>0.1원/€</td><td>1,000원(0.1원×1만)</td></tr>
<tr><td colspan="2">위안선물</td><td>0.01원/1위안</td><td>1,000원(0.01원×10만)</td></tr>
<tr><td rowspan="2">상품선물</td><td colspan="2">금선물</td><td>10원/g</td><td>1,000원(10원×100)</td></tr>
<tr><td colspan="2">돈육선물</td><td>5원/kg</td><td>5,000원(5원×1,000)</td></tr>
</table>

자자가 선물주문 시 표준화된 호가가격단위(tick)를 이용하여야 한다. 최소가격변동금액은 호가가격단위를 금액으로 나타낸 것으로 호가가격단위에 거래승수를 곱하여 측정된 값이다. 호가가격단위와 최소가격변동금액은 〈표 1-5〉와 같다.

2.5 결 제 월

결제월이란 최종거래일 또는 권리행사일이 도래하여 파생상품거래의 계약이 이행되는 달을 말하며, 인도월(delivery month)이라고도 한다. 만약 어느 종목의 최종거래일이 도래하여 거래가 종료되면 다음 결제월이 자동으로 상장되어 항상 결제월은 일정 수가 유지된다.

코스피200선물과 코스닥150선물의 결제월은 분기월인 3, 6, 9, 12월이며, 3년 이내 7개 결제월(3, 9월 : 각 1개, 6월 : 2개, 12월 : 3개)이 상장된다.[4] 미니코스피200선물의 결제월은 매월이며, 6개월 이내 연속 6개의 결제월(분기월 : 2개, 비분기월 : 4개)이 상장된다. 한편 개별주식선물의 결제월은 매월이며, 3년 이내 9개의 결제월(3, 9월 : 각 1개, 6월 : 2개, 12월 : 3개, 기타월 : 2개)이 상장된다.

국채선물의 결제월은 3, 6, 9, 12월이고, 상장 결제월은 6개월 이내 분기월 2개이다. 통화선물의 결제월과 상장 결제월은 통화의 유형에 따라 달리한다. 미국달러선물의 결제월은 분기월 중 12개와 그 밖의 월 중 8개이며, 상장 결제월은 3년 이내 20개(1년 이내 : 매월, 1년 초과 : 매분기월)이다. 엔선물, 유로선물, 위안선물 등의 경우 결제월은 분기월 중 4개와 그 밖의 월 중 4개이며, 상장 결제월은 1년 이내 8개(연속 6개의 결제월과 그 밖의 분기월 2개)이다. 그리고 금선물은 1년 이내 7개 결제월(짝수월 6개와 그 밖의 월 1개)이 상장되며, 돈육선물은 6개월 이내 6개 결제월(연속 6개의 결제월)이 상장된다. 현재

4 예를 들어 20×5년 3월 2일 시점에 상장된 코스피200선물은 20×5년 3, 6, 9, 12월, 20×6년 6, 12월, 20×7년 12월이 결제월인 상품이다.

한국거래소에서 거래되고 있는 선물의 결제월을 요약하면 〈표 1-6〉과 같다.

표 1-6 선물의 결제월

<table>
<tr><th colspan="2">구 분</th><th>결 제 월</th><th>상장 결제월</th></tr>
<tr><td colspan="2">코스피200선물
코스닥150선물</td><td>3, 6, 9, 12월</td><td>3년 이내 7개 결제월
(3, 9월 : 각 1개, 6월 : 2개, 12월 : 3개)</td></tr>
<tr><td colspan="2">미니코스피200선물</td><td>매월</td><td>6개월 이내 6개 결제월
(분기월 : 2개,
비분기월 : 4개)</td></tr>
<tr><td colspan="2">개별주식선물</td><td>매월</td><td>3년 이내 9개 결제월
(3, 9월 : 각 1개, 6월 : 2개, 12월 : 3개, 기타월 : 2개)</td></tr>
<tr><td>금리선물</td><td>국채선물
(3년, 5년, 10년)</td><td>3, 6, 9, 12월</td><td>6개월 이내 2개 결제월</td></tr>
<tr><td rowspan="2">통화선물</td><td>미국달러선물</td><td>분기월 중 12개와
그 밖의 월 중 8개</td><td>3년 이내 20개 결제월
(1년 이내 : 매월,
1년 초과 : 매분기월)</td></tr>
<tr><td>엔선물
유로선물
위안선물</td><td>분기월 중 4개와
그 밖의 월 중 4개</td><td>1년 이내 8개 결제월
(연속 6개의 결제월과
그 밖의 분기월 2개)</td></tr>
<tr><td rowspan="2">상품선물</td><td>금선물</td><td>짝수월 중 6개와
그 밖의 월 중 1개</td><td>1년 이내 7개 결제월</td></tr>
<tr><td>돈육선물</td><td>분기월 중 2개와
그 밖의 월 중 4개</td><td>6개월 이내 6개 결제월</td></tr>
</table>

2.6 최종거래일

최종거래일은 파생상품계약이 만료되는 날로서, 파생상품거래의 연계거래 편의성, 최종거래에 따른 결제자금의 일괄처리 등을 감안하여 정한다. 최종거래일이 지나면 파생상품계약의 효력이 상실되므로 투자자는 이에 유의하여야 한다. 선물의 상품별 최종거래일을 요약하면 〈표 1-7〉과 같다.

표 1-7 선물의 최종거래일

구 분		최종거래일*
주가지수선물 및 개별주식선물		결제월의 두 번째 목요일
금리선물		결제월의 세 번째 화요일
통화선물		결제월의 세 번째 월요일
상품선물	금선물 돈육선물	결제월의 세 번째 수요일

* 최종거래일이 공휴일인 경우 순차적으로 앞당김.

2.7 최종결제

최종거래일까지 반대매매에 의해 청산되지 않은 미결제약정에 대하여 최종결제를 하며, 현금결제 또는 인수도결제의 방법 중 상품별로 정한 방법에 따라 진행된다. 현금결제와 인수도결제의 구분은 투자자수요, 거래편의성, 거래관행 등을 감안하여 결정하게 된다. 현금결제(cash settlement)는 계약만료 시 기초자산을 인수도하지 않고 최종결제일에 최종결제가격을 사용하여 차금을 수수하여 계약을 종료하는 방식을 말한다. 그리고 인수도결제(physical delivery)란 계약만료 시 기초자산을 실제로 인수도하여 계약을 종료하는 방법으로 최종결제가격으로 산출한 인수도금액과 인수도물품을 수수하여 최종결제하는 방식을 말한다.

한국거래소에서는 통화선물 및 금선물에 대하여만 인수도결제방법으로 최종결제를 하며, 그 밖의 선물은 현금결제방법에 따라 최종결제를 한다. 현금결제를 하는 선물의 최종결제일은 대부분 최종거래일의 다음 거래일이다. 하지만 돈육선물은 최종결제가격이 최종거래일의 다음 날에 공표되므로 최종거래일로부터 기산하여 3일째의 거래일($T+2$)에 최종결제를 한다. 한편 최종결제방법이 실물인수도인 선물은 실물인수 대상이 되는 기초자산의 준비기간 등을 고려하여 최종거래일로부터 기산하여 3일째의 거래일($T+2$)을 최종결제일로 삼고 있다. 선물상품별 최종결제방법, 최종결제가격, 최종결제일을 요약하면 〈표 1-8〉과 같다.

표 1-8 선물의 최종결제

구분		최종결제방법	최종결제가격	최종결제일
주가지수 선물 및 주식선물	주가지수선물	현금결제	최종거래일 주가지수(종가)	*T*(최종거래일)+1
	개별주식선물		최종거래일 기초주식 종가	
금리선물	3년 국채선물, 5년 국채선물, 10년 국채선물	현금결제	최종결제기준채권의 수익률을 고려하여 산출한 채권가격	*T*+1
통화선물		인수도결제	최종거래일 정산가격	*T*+2
상품선물	금선물	현금결제	최종거래일 한국거래소 금시장 종가	*T*+1
	돈육선물	현금결제	최종거래일 다음 거래일 이후에 공표되는 돈육대표가격	*T*+2

알아두기

코스피200섹터지수선물 · KOSPI200변동성지수선물

한국거래소는 코스피200섹터지수선물과 코스피200변동성지수선물을 2014년 11월 17일에 상장하였다. 이번에 새롭게 선보이는 지수선물은 기관투자자가 보다 효율적으로 위험관리를 할 수 있도록 만들어졌다.

코스피200섹터지수선물은 코스피200지수 구성종목을 산업군별로 재분류하여 산출한 코스피200섹터지수를 기초자산으로 하는 상품이다. 코스피200섹터지수선물은 주가지수를 거래대상으로 하고 있으며, 최종결제방법은 현금결제방식을 채택하고 있다. 코스피200섹터지수선물은 섹터 상장지수펀드(exchange traded fund : ETF)의 위험관리와 주가연계증권(equity linked securities : ELS) 등 파생결합증권의 기초자산으로 이용될 수 있도록 개발되었다. 현재 기관투자자는 섹터지수 ETF의 위험관리를 개별주식을 매매하거나 코스피200지수선물을 이용하는 방법으로 하고 있다. 개별주식이나 지수선물은 업종지수와 일대일로 매칭되지 않기 때문에 정교한 헤지는 불가능하다. 코스피200섹터지수선물은 현행 코스피200계열 업종지수 8개 중 선물시장에 적합하다고 판단된 업종지수를 개편해 에너지 · 화학, 금융, 정보기술, 경기소비재, 건설, 중공업, 헬스케어 등의 업종지수만 우선 상장하였다. 코스피200섹터지수선물의 1계약 금액은 섹터지수에 거래승수 1만원을 곱한 값이다. 호가단위는 0.2p로 최소가격변동금액은 2천원이다. 결제월물은 총 7개로 이 중 연월물은 거래기간 3년의 12월물이 3개, 반기 및 분기월물은 각각 2개씩 상장된다.

코스피200변동성지수선물은 코스피200옵션가격을 이용하여 미래(30일) 코스피200의 변동성을 나타낸 지수, 즉 코스피200변동성지수(volatility index of KOSPI200 : V-KOSPI200)를 기초자산으로 하는 상품이다. 변동성지수(volatility index : VIX)선물은 지수를 거래대상으로 하고 있어 최종결제방법은 현금결제방식을 채택하고 있다. 지금까지 기관투자자는 주가변동성을 코스피200옵션을 통해 간접헤지를 하거나 거래비용이 큰 장외(over-the-counter : OTC) 분산스왑을 이용해 관리해 왔으나, 앞으로는 V-KOSPI200을 기초자산으로 하는 변동성지수선물로 직접 위험관리를 할 수 있게 됐다. 변동성지수는 기준시점에서 30일 동안의 주가변동성에 대한 시장의 기대치를 옵션가격의 내재변동성을 이용해 측정한 지수로 주가지수와 변동성지수는 음(−)의 상관관계를 갖는다. 예를 들어 주가의 변동성이 커지는 경우 옵션가격도 상승해 투자자는 옵션가격변동 위험에 노출되는데, 이때 변동성지수선물로 이러한 위험을 헤지할 수 있다. 1계약 금액은 변동성 지수선물 가격에 25만원을 곱한 값으로 변동성지수선물 가격이 20p인 경우 약정금액은 5백만원이 된다. 호가가격단위는 0.05p로 최소가격변동금액은 12,500원이다.

이상에서 설명한 코스피200섹터지수선물과 KOSPI200변동성지수선물의 거래제도를 요약하면 다음과 같다.

구 분	코스피200섹터지수선물	KOSPI200변동성지수선물
기초자산	코스피200에너지 · 화학, 코스피200정보기술, 코스피200금융, 코스피200경기소비재 코스피200건설, 코스피200중공업, 코스피200헬스케어 등	코스피200변동성지수
거래승수	1포인트당 1만원	1포인트당 25만원
가격의 표시	코스피200섹터지수선물 수치(포인트)	코스피200변동성지수선물 수치(포인트)
호가가격단위	0.2포인트	0.05포인트
최소가격변동금액	2,000원(0.2p × 1만원)	12,500원(0.05p × 25만원)
결제월	3년 이내의 7개 결제월 (분기월(3, 9월) 2개, 반기월(6월) 2개, 연월(12월) 3개)	최근 연속 6개월
상장 결제월	3년 이내의 7개 결제월	6개월 이내의 6개 결제월

최종거래일	각 결제월의 두 번째 목요일*	결제월이 속하는 월의 다음 월의 두 번째 목요일*부터 30일(calendar day) 전일에 해당하는 날*
최종결제일	최종거래일의 다음 거래일	최종거래일의 다음 거래일
결제방법	현금결제	현금결제

* 공휴일인 경우 순차적으로 앞당김.

3 선물의 거래절차

선물을 거래하기 위해서는 우선 계좌개설을 하여야 하며, 그 뒤 증거금 납부, 주문, 거래체결, 체결내용의 통보 및 확인, 결제 등의 과정을 거친다. 선물의 거래절차를 요약하면 [그림 1-2]와 같다. 이러한 거래절차는 제2편에서 소개하는 옵션의 거래절차에도 준용된다.

그림 1-2 선물의 거래절차

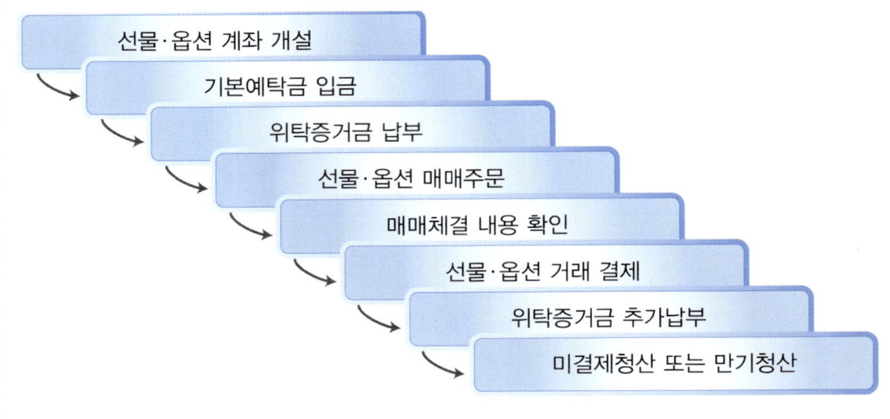

거래계좌 개설

한국거래소의 파생상품시장에서 선물을 거래하고자 하는 고객은 회원사 또는 회원사 제휴은행 등에서 거래계좌를 개설하여야 한다. 선물거래계좌를 이용하면 선물 이외에 제2편에서 다룰 옵션거래도 동시에 가능하다. 선물·옵션거래를 가능하도록 하는 선물·옵션계좌는 주식거래 시 사용하는 위탁계좌와는 구분된다.

증거금 납부

선물거래에 있어서 증거금은 미래의 채무이행을 성실히 수행하겠다는 표시로 예탁하는 보증금 성격의 자금이라 할 수 있다.[5] 따라서 투자자들은 선물거래에 의한 미래의 채무이행을 위하여 증거금을 예탁하고 모든 채무를 이행한 후에 해당 증거금을 찾아가게 된다.

주　　문

고객은 주문 시 컴퓨터 통신, 서면(팩스 포함), 전화를 이용하거나 회원사로 직접 방문할 수 있다.

거래체결

회원사에 접수된 고객의 주문은 신속하고 정확하게 파생상품시장본부 전산시스템에 전달되고 전달된 주문은 가격우선, 시간우선 등의 정해진 원칙에 따라 체결이 이루어진다.

체결내용의 통보

회원사는 주문이 체결되거나 미결제약정에 대하여 최종결제가 있을 경우에는 그 내용을 고객에게 전화, 휴대폰의 문자 또는 컴퓨터 통신 등의 방법으로 통지한다.

---

5 증거금 관련 내용은 '6. 증거금제도'를 참조하기 바람.

청산 및 최종결제

보유하고 있는 선물·옵션에 대하여 최종거래일 이전에 반대매매에 의해 청산하는 방법과 결제일에 최종결제에 의해 청산하는 방법이 있다.

▶ 반대매매에 의한 청산

고객은 최종거래일 이전에 미결제약정을 반대매매로 종결할 수 있으며, 반대매매한 경우 고객이 미결제약정을 취할 때의 약정금액과 반대매매한 약정금액과의 차이에 해당하는 금액을 수수함으로써 거래관계가 종결된다.

▶ 최종결제

최종결제방식에는 인수도결제방식과 현금결제방식이 있다.

- 인수도결제 : 최종거래일까지 반대매매가 되지 않은 미결제약정은 실물을 직접 인수하거나 인도하는 방식으로 최종결제 처리
- 현금결제 : 고객의 계약가격과 최종일 정산가격을 정산하여 얻은 가격차이에 계약 수를 곱하여 고객의 계좌에서 현금으로 결제 처리

4 선물거래의 손익

선물거래는 선물의 매입(long position)과 매도(short position)로 구분된다. 선물의 매입은 만기일에 약정된 가격(선물가격)으로 기초자산을 매입할 것을 계약한 것이며, 선물의 매도는 만기일에 선물가격으로 기초자산을 매도할 것을 계약한 것이다. 선물의 매입자가 그 상태를 벗어나기 위해서는 만기일에 기초자산을 실제로 인수하거나, 만기일 이전에 매입했던 선물을 다시 매도하여야 한다. 반면 선물의 매도자가 그 상태를 벗어나기 위해서는 만기일에 기초자산을 실제로 인도하거나, 만기일 이전에 매도했던 선물을 다시 매입하여야 한다. 선물포지션(futures position)을 마감하기 위하여 매입했던 선물

을 만기일 이전에 재매도하는 것을 전매(轉賣) 또는 재매도청산(liquidation, long covering)이라 하고, 매도했던 선물을 만기일 이전에 재매입하는 것을 환매(還買) 또는 재매입청산(short covering)이라 한다. 이와 같이 반대매매(reversing trade)에 의해서 선물거래자가 선물포지션을 없애고 선물시장에서 빠져나오는 것을 선물포지션을 청산(close out)한다고 표현한다.

선물의 매입자는 기초자산의 가격이 오를수록 선물가격이 상승하여 이익을 보게 되는 반면, 선물의 매도자는 기초자산의 가격이 하락할수록 선물가격이 하락하여 이익을 보게 된다. 선물의 청산일에서의 선물거래에 따른 이익은 다음과 같다.

- 선물매입거래의 이익 $= F_{t,\,T} - F_{0,\,T}$
- 선물매도거래의 이익 $= F_{0,\,T} - F_{t,\,T}$

여기서 $F_{0,\,T}$: 현재시점(선물의 계약일)에서 만기가 T인 선물의 가격
$F_{t,\,T}$: t시점(선물의 청산일)에서 만기가 T인 선물의 가격[6]

예를 들어 선물가격이 배럴(barrel)당 100,000원인 원유선물의 매입자와 매도자를 생각해 보자. 선물의 청산일에 원유의 선물가격이 배럴당 110,000원으로 상승하는 경우 원유선물 매입자와 매도자의 이익(배럴당)은 다음과 같이 계산된다.

- 원유선물 매입자의 이익 = 110,000원 − 100,000원 = 10,000원
- 원유선물 매도자의 이익 = 100,000원 − 110,000원 = −10,000원

원유선물의 매입자는 배럴당 110,000원인 선물을 100,000원에 매입할 수 있기 때문에 10,000원의 이익을 얻을 수 있다. 그러나 원유선물의 매도자는 배럴당 110,000원인 선물을 100,000원에 매도해야 하기 때문에 10,000

6 선물가격은 만기일에 가까워질수록 현물가격에 수렴하며, 만기일에서 선물가격은 현물가격과 일치한다.

원의 손실을 보게 된다. 한편 선물가격이 하락하는 경우에는 정반대로 원유선물의 매입자가 손실을 입는 만큼 원유선물의 매도자는 이익을 보게 된다.

이상에서 보는 바와 같이 선물거래의 매입포지션에 따른 이익(또는 손실)과 매도포지션에 따른 손실(또는 이익)은 그 크기가 항상 동일하기 때문에 모든 선물거래의 손익은 정확하게 상쇄되어 0이 된다.[7] 따라서 선물거래를 제로섬게임(zero-sum game)이라 할 수 있다. 선물거래에 따른 손익을 그림으로 나타내면 [그림 1-3과 같다.

그림 1-3 선물거래 종료일, 즉 청산일(t)에서의 선물거래에 따른 손익

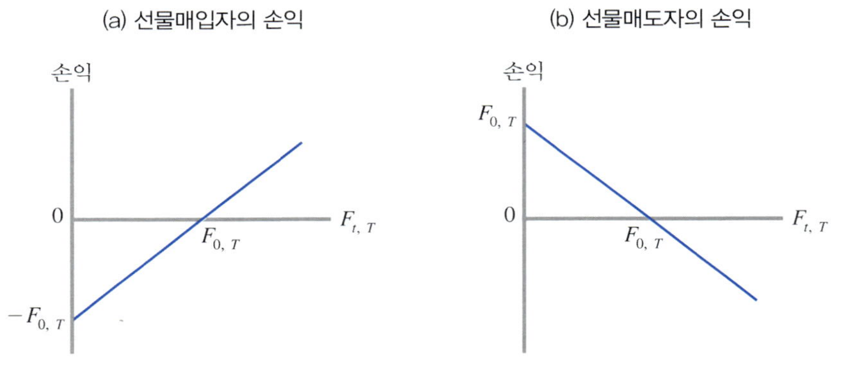

5 선물시장의 구조

선물시장은 선물거래소, 결제소, 선물중개회사 등으로 구성되어 있다. 선물시장의 구조를 그림으로 나타내면 [그림 1-4]와 같다.

---

7 선물거래의 이익 = 선물매입거래의 이익 + 선물매도거래의 이익 $= (F_{t,T} - F_{0,T}) + (F_{0,T} - F_{t,T})$
$= 0$

그림 1-4 선물시장의 구조

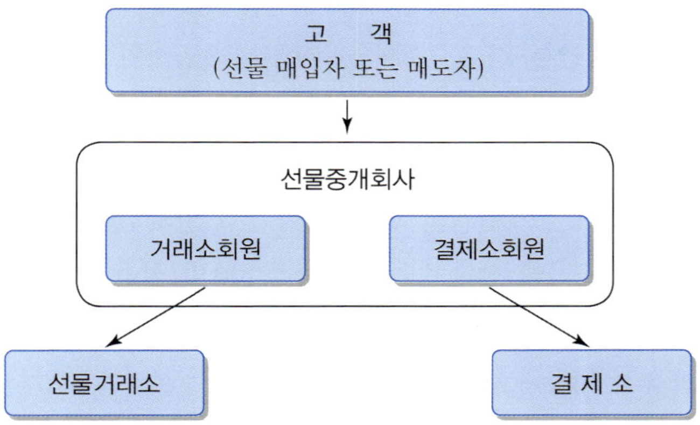

5.1 선물거래소

선물거래소(futures exchange)는 거래소회원(exchange member)인 장내거래자가 고객의 선물거래 또는 자신의 계산에 의한 선물거래를 상호 경쟁적으로 체결시키는 장소이다. 일반적으로 선물거래소는 일정액을 출자한 거래소회원에 의해 설립·운영되는 비영리회원 조직의 형태를 띤다. 선물거래소의 주요 기능은 조직화된 선물시장을 개설·운영하며, 선물거래가 원활하고 공정하게 이루어질 수 있도록 각종 관련 규정이나 규칙 등을 제정·시행하는 것이다.

5.2 결 제 소

결제소(clearing house)는 선물거래소에서 이루어지는 모든 거래를 결제하는 결제기관으로서 거래소와 동일하게 비영리회원 조직의 형태로 운영된다.[8] 결제소는 법적으로 선물매입자에 대하여 매도자 의무, 선물매도자에 대

8 결제소는 선물거래소의 한 부서조직으로 운영되거나, 몇 개의 거래소가 공동으로 설립하여

하여 매입자 의무를 지게 된다. 즉 결제소는 선물거래소에서 이루어지는 모든 선물계약에 대한 거래의 상대방으로서 선물계약의 이행을 보증하는 역할을 한다. 결제소가 없는 선도거래의 경우에는 매입자와 매도자가 직접적인 거래의 당사자가 되어야 하기 때문에 거래의 이행 여부는 거래당사자의 신용에 좌우된다. 그러나 선물거래의 경우 결제소의 존재로 인하여 선물시장에서 성립되는 계약은 개인간의 계약이 아닌 개인과 결제소간의 계약으로 변하기 때문에, 선물거래 참여자들이 거래상대방의 신용상태를 우려할 필요 없이 거래를 할 수 있게 되어 시장의 유동성이 제고된다.

결제소의 주요 기능에는 일일정산기능, 청산기능, 실물인수도기능 등이 있다.

일일정산기능

선물거래는 선도거래와 달리 시장에서 매일매일 거래가 이루어지고, 그 가격이 변하게 된다. 따라서 결제소는 매일매일 형성되는 정산가격(settlement price)을 기준으로 모든 거래참여자들의 미결제약정(open interest)에 대한 손익을 계산하여 반영하며, 이를 일일정산(marking to market)이라 한다. 선물의 정산가격은 시장 마감 직전에 거래된 선물계약을 대표하는 가격(종가 또는 평균가격)이며, 미결제약정은 반대매매 또는 만기일의 인수도 등에 의해서 청산되지 않고 남아 있는 선물계약을 의미한다.

이와 같은 일일정산을 통해 당일의 모든 선물 미결제약정에 대하여 매일 당일의 정산가격으로 재평가함으로써 실질적으로 매일 결제를 하는 것과 같은 효과를 볼 수 있다. 결제소의 일일정산제도에 의해 선물가격 변동으로 인한 손실이 누적되지 않고 매일매일 정산되기 때문에 계약당사자들의 계약불이행위험을 줄일 수 있다. 그러나 만기일에 결제되는 선도거래와 달리 선물거래는 일일정산으로 인하여 수시로 현금의 유·출입이 발생될 수 있기 때문에 선물거래자는 이에 필요한 현금을 확보해야 한다는 단점이 있다.

운영하기도 한다. 우리나라의 경우 한국거래소(KRX)의 파생상품시장이 선물거래소 및 결제소의 역할을 모두 하고 있다.

알아 두기

당일차금과 갱신차금

일일정산에 의하여 수수하는 차금에는 당일차금과 갱신차금이 있다.

먼저 당일차금은 당일 체결된 모든 거래의 체결가격을 당일의 선물 종가로 재평가할 때 발생하는 차금이다. 예를 들어 고객 A는 향후 선물가격의 하락을 예상하여 당일 코스피200선물 12월물 1계약을 100p에 매도하였고, 고객 B는 향후 가격상승을 예상하여 동일 결제월물 1계약을 100p에 매수하였다고 가정하자. 당일의 선물 종가가 101p로 상승하였을 경우, 예상이 빗나간 매도자 A는 1p 낮게 매도한 결과가 되어 손실 50만원[(100p − 101p) × 50만원 × 1계약]의 당일차금이 발생하게 된다. 반면 예상이 적중한 매수자 B는 1p 낮게 매수한 결과가 되어 이익 50만원[(101p − 100p) × 50만원 × 1계약]의 당일차금이 발생하게 된다. 당일차금의 계산으로 고객 A의 미결제약정은 100p 매도 1계약이 아닌 최신의 선물 종가 101p 매도 1계약이 되고, 고객 B도 동일한 논리로 101p 매수 1계약이 된다.

한편 갱신차금은 당일 거래를 하지 않더라도 전일 선물 종가로 평가되어 있는 미결제약정을 당일의 종가로 재평가할 때 발생하는 차금이다. 예를 들어 고객 C가 전일 선물 종가 100p에 코스피200선물 12월물 1계약의 매도포지션을 보유한 상태에서 당일 선물 종가가 101p로 상승하였다고 가정하자. 이 경우 당일 거래를 하지 않았다 하더라도 1p만큼의 손실 50만원[(100p − 101p) × 50만원 × 1계약]의 갱신차금이 발생한다. 갱신차금의 계산으로 고객 C의 미결제약정은 전일의 선물 종가 100p 1계약이 아니라 최신의 선물 종가 101p 1계약이 된다.

이와 같이 일일정산, 즉 당일차금과 갱신차금의 수수는 결제금액을 일단위로 소액화함으로써 '하이리스크-하이리턴'(high risk-high return)의 선물거래를 투자자가 안심하고 거래할 수 있게끔 하는 제도적 장치다. 선물거래가 짧은 역사에도 결제불이행위험을 최소화하며 비약적으로 성장·발전할 수 있었던 중요한 이유 중 하나이다.

(머니투데이, 2006. 1. 18 수정)

청산기능

결제소는 기존의 선물포지션을 쉽게 마감 또는 청산(liquidation)할 수 있도록 해 준다. 선물거래자가 선물을 매입(매도)하였지만 이를 이행할 의도가 없는 경우 선물을 매도(매입), 즉 반대매매함으로써 계약이행의 의무를 벗어날 수 있다. 이와 같이 반대매매를 통하여 선물거래가 청산될 때 결제소는 확정이익과 손실을 청산 당일에 지급 또는 수취하게 된다. 확정이익이 났을 때는 예탁했던 증거금과 이익금을 함께 지급하며, 확정손실이 났을 때는 증거금과 손실액의 차액을 지급한다. 그러나 손실액이 예탁한 증거금을 초과할 때는 그 차액을 해당 회원으로부터 징수한다.

실물인수도기능

선물의 만기일까지 반대매매에 의해 청산되지 않은 선물포지션을 보유하고 있을 경우, 매입포지션에 있는 자는 현물을 인수하여야 하고, 매도포지션에 있는 자는 현물을 인도하여야 한다. 이때 결제소는 인도자와 인수자를 연결하여 실물의 인수도가 원활하게 이루어지도록 서류상 처리를 하고 실물을 직접 취급하지는 않는다.

5.3 선물중개회사

선물중개회사(futures commission merchant : FCM)는 고객의 주문에 따라 선물계약 체결, 증거금 및 계좌관리 등의 서비스를 제공하고 수수료를 받는다. 선물중개회사는 먼저 거래소회원인 경우와 거래소회원이 아닌 경우로 구분되는데, 거래소회원만이 투자자의 주문을 직접 처리할 수 있고 비회원인 중개회사는 거래소회원인 중개회사를 통해서 투자자의 주문을 처리할 수 있다. 그리고 이와 같은 회원제도의 운영은 결제제도에도 동일하게 적용된다. 선물중개회사를 결제소회원(clearing member)이냐 비회원이냐로 구분하고, 비결제소회원일 경우에는 결제소회원에게 결제업무를 위임하여 수행하도록 하고 있다.

6 증거금제도

매매계약의 체결과 동시에 상품의 인수도와 대금결제가 이루어지는 현물거래와 달리, 선물거래는 미래 일정시점에서 정해진 가격으로 상품을 인수도하고 대금을 결제하기로 약속한 것이기 때문에 결제일에 계약당사자가 약속을 이행하지 않을지도 모른다는 우려가 있을 수 있다. 즉 선물을 매입한 후 선물가격이 하락하거나 선물을 매도한 후 선물가격이 상승한 경우, 계약자가 계약이행에 따른 손실을 회피하기 위하여 계약을 이행하지 않을 가능성이 있다. 따라서 선물거래에서는 계약의 이행을 제도적으로 보장하는 것이 필요하며, 이와 같은 계약이행보증을 위한 제도의 하나가 증거금제도이다.

한편 이와 같은 증거금제도로 인해 선물거래자는 큰 금액을 맡기지 않고도 많은 포지션을 가질 수 있어 선물은 다른 금융상품들보다 매우 큰 레버리지효과(leverage effect)를 갖게 된다. 레버리지가 높다는 것은 계약불이행 등으로 인한 위험이 높다는 것을 의미하지만, 선물시장에서의 계약불이행 사례는 거의 없다. 이는 일일정산제도, 증거금제도 등의 제도적 장치에 기인한 것이라 할 수 있다.

증거금(margin)은 일일정산 시 발생될 수 있는 계약불이행을 방지하기 위한 수단으로, 예치해야 하는 현금 또는 현금성자산(유동성이 높은 유가증권 등)을 의미한다. 증거금에는 [그림 1-5]에서 볼 수 있는 바와 같이 고객이 선물중개회사에 납부하는 위탁증거금(customer margin)과 결제소회원인 선물중개회사가 결제소에 납부하는 거래증거금(clearing margin)이 있다.

그림 1-5 증거금의 구분 : 위탁증거금과 거래증거금

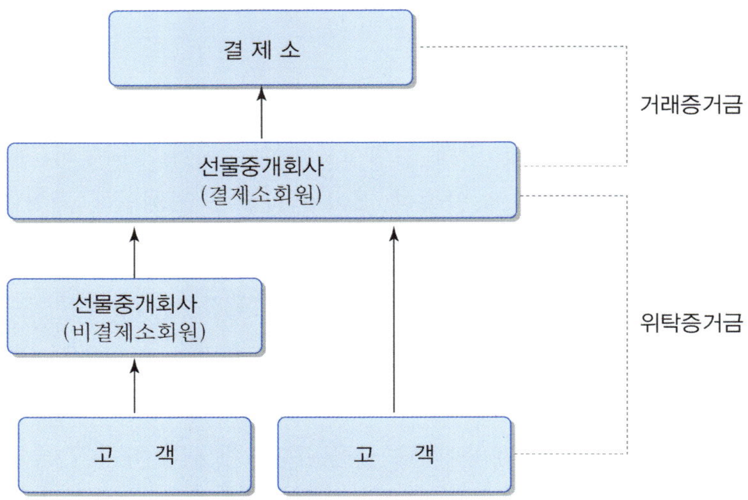

6.1 위탁증거금

위탁증거금은 개시증거금과 유지증거금으로 구분된다.

개시증거금

개시증거금(initial margin)은 고객이 신규 또는 추가적으로 선물을 매수 또는 매도할 때 선물중개회사에 예치해야 하는 증거금을 의미한다. 개시증거금 수준은 기초자산의 가격수준과 변동성, 선물거래동기 등에 따라 다소 차이가 있으며, 한국거래소(KRX)는 분기마다 한 번씩 변동성을 감안하여 개시증거금률을 조정해 공표하고 있다.

유지증거금

유지증거금(maintenance margin)은 고객이 자신의 선물거래 포지션을 유지하는 데 필요한 최소한의 증거금을 의미하며, 일반적으로 유지증거금은 개

그림 1-6 위탁증거금 : 개시증거금과 유지증거금

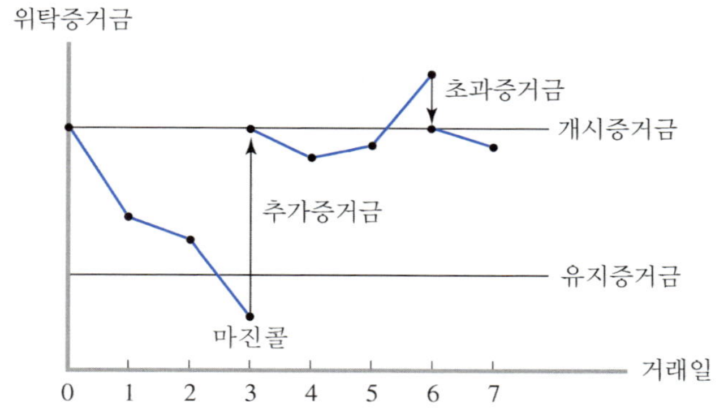

시증거금의 2/3 수준에서 결정된다. 선물거래에서는 시장가격 변동에 따라 발생하는 손익이 매일 일일정산되어 고객의 증거금에 반영되는데, 만일 선물가격이 크게 하락하여 손실금액이 고객의 증거금을 초과하게 되면 증거금은 그 기능을 상실하게 된다. 따라서 [그림 1-6]에서 볼 수 있는 바와 같이 증거금이 일정한 수준(유지증거금) 이하로 떨어지게 되면, 선물중개회사는 고객에게 증거금을 당초의 개시증거금 수준까지 현금으로 충당하도록 요구하며, 이를 마진콜(margin call)이라 한다. 이와 같이 증거금이 유지증거금 수준 이하로 떨어지는 경우 개시증거금 수준으로 회복시키기 위하여 고객이 추가적으로 납부해야 하는 증거금을 추가증거금(variation margin)이라 한다. 만일 고객이 요구받은 증거금(추가증거금)을 충당하지 않는 경우 선물중개회사는 개시증거금 부족분에 해당하는 고객의 미결제약정을 임의로 반대매매한다. 한편 증거금이 개시증거금 수준을 초과하는 경우, 그 초과분을 초과증거금(excess margin)이라 한다. 이와 같은 초과증거금에 대한 인출은 일부 선물거래소에서 허용되고 있다.

알아두기 한국거래소 파생상품시장의 기본예탁금

기본예탁금은 고객이 계좌개설 이후 최초로 선물거래를 하고자 하거나 미결제약정을 보유하고 있지 않은 위탁자가 선물거래를 하고자 하는 경우에 필요한 증거금이다. 전문투자자의 기본예탁금은 없으나, 일반투자자의 경우 투자등급에 따라 기본예탁금 규모가 다르다. 선물·옵션매수 거래의 경우 1등급 일반투자자의 최저 기본예탁금을 1,000만원(모든 파생상품 거래 시 : 2,000만원) 이상으로 한다. 특히 투자자의 위탁증거금이 1,000만원 이하에서 결정되는 경우에도 미결제약정을 보유하고 있는 한 기본예탁금을 인출할 수 없다. 왜냐하면 기본예탁금은 선물거래를 하기 위한 최소한의 기본금액에 해당하기 때문이다.

6.2 거래증거금

거래증거금은 결제소회원인 선물중개회사가 자신 또는 고객의 미결제약정을 성실하게 이행하겠다는 증거로 결제소에 예치하는 것이며, 선물중개회사가 고객으로부터 납입받은 증거금 중에서 일부를 결제소에 예치하는 것이 일반적이다. 대부분의 경우 거래증거금은 유지증거금 수준에서 결정된다. 그리고 결제소회원이 아닌 선물중개회사는 결제소회원인 중개회사를 통하여 거래증거금을 결제소에 예치한다. 결제소회원의 거래증거금계좌도 고객의 위탁증거금계좌와 같은 방법으로 일일정산된다. 일일정산에 의해 거래증거금이 감소되는 경우 그만큼을 보충해야 하며, 거래증거금을 초과하는 금액은 인출될 수 있다. 결제소회원의 경우 위탁증거금에서의 유지증거금제도는 없고 개시증거금(거래증거금)제도만 있다고 할 수 있다.

예제 1-1 일일정산과 증거금

이매입은 3월 6일 현재, 3월 만기인 코스피200선물 10계약을 270.40포인트에 매입하였다. 반면 박매도는 3월 6일 현재, 3월 만기인 코스피200선물 10계약을 270.40포인트에 매도하였다. 거래일 이후 3월물 코스피200선물의 가격(종가)은 다음과 같다. (단, 최종거래일의 정산가격과 최종결제가격은 동일함.)

(단위 : 포인트)

일 자	3월물 코스피200 선물가격
3월 6일	270.40
7일	265.20
8일	262.20
9일*	268.40

* 최종거래일

두 거래자 모두 최종거래일까지 포지션을 유지한다고 가정한다. 일일정산의 결과에 따른 이매입과 박매도의 일자별 손익, 그리고 위탁증거금 변동내역을 계산하라. (단, 선물 1계약의 크기는 「코스피200 선물지수(가격)×25만원」이며, 개시증거금률은 9%, 유지증거금률은 6%이라 가정한다.)

해설

(1) 이매입의 일자별 손익, 위탁증거금 변동의 계산

3월 6일(선물계약일)에 이매입의 총거래금액(선물매입 계약액), 개시증거금, 유지증거금은 다음과 같다.

- 총거래금액 = 코스피200 선물지수(가격)×25만원×10계약
  = 270.40×25만원×10 = 67,600만원
- 개시증거금 = 총거래금액×0.09 = 67,600만원×0.09 = 6,084만원
- 유지증거금 = 총거래금액×0.06 = 67,600만원×0.06 = 4,056만원

그리고 일일정산에 따른 이매입(선물매입자)의 일일정산이익(또는 손실)은 다음과 같이 계산된다.

- 이매입의 일일정산이익 = 당일정산가격 − 전일정산가격

(단위 : 포인트, 만원)

일 자	선물가격	일일정산이익(손실)	누적이익(손실)	증 거 금	추가증거금
3. 6	270.40			6,084	
3. 7	265.20	(1,300)[1]	(1,300)	4,784	
3. 8	262.20	750)[2]	(2,050)	4,034	2,050[4]
3. 9	268.40	1,550[3]	(500)	7,634	

주) 1. (265.20 − 270.40)×25만원×10 = −1,300만원
2. (262.20 − 265.20)×25만원×10 = −750만원
3. (268.40 − 262.20)×25만원×10 = 1,550만원
4. 6,084 − 4,034 = 2,050만원

최종거래일(3. 9)에 이매입의 총이익(또는 손실)은 다음과 같이 계산될 수 있다.

이매입의 총이익 = (최종결제가격 − 선물약정가격) × 25만원 × 10계약
= (268.40 − 270.40) × 25만원 × 10 = −500만원

즉, 이매입은 선물거래로 인해 500만원의 총손실이 발생하였다. 이는 최종거래일에서의 누적손실 500만원, 또는 증거금의 총감소액 500만원과 동일함을 알 수 있다.

증거금의 변동액 = 최종거래일의 증거금 − (개시증거금 + 추가증거금)
= 7,634 − (6,084 + 2,050) = −500만원

(2) 박매도의 일자별 손익, 위탁증거금 변동내역

증거금은 포지션의 종류와 관계없이 동일하다. 따라서 3월 6일(선물계약일)에 박매도의 총거래금액(선물매도 계약액)은 67,600만원, 개시증거금은 6,084만원, 유지증거금은 4,056만원으로 이매입의 경우와 같다.

그리고 일일정산에 따른 박매도(선물매도자)의 일일정산이익(또는 손실)은 다음과 같이 계산될 수 있다.

• 박매도의 일일정산이익 = 전일정산가격 − 당일정산가격

(단위 : 포인트, 만원)

일 자	선물가격	일일정산이익(손실)	누적이익(손실)	증 거 금	추가증거금
3. 6	270.40			6,084	
3. 7	265.20	1,300[1]	1,300	7,384	
3. 8	262.20	750[2]	2,050	8,134	
3. 9	268.40	(1,550)[3]	500	6,584	

주) 1. (270.40 − 265.20) × 25만원 × 10 = 1,300만원
2. (265.20 − 262.20) × 25만원 × 10 = 750만원
3. (262.20 − 268.40) × 25만원 × 10 = −1,550만원

최종거래일(3. 9)에 박매도의 총이익(또는 손실)은 다음과 같이 계산될 수 있다.

박매도의 총이익 = (선물약정가격 − 최종결제가격) × 25만원 × 10계약
= (270.40 − 268.40) × 25만원 × 10 = 500만원

즉 박매도는 선물거래로 인해 500만원의 총이익이 발생하였다. 이는 최종거래일에서의 누적이익 500만원, 또는 증거금의 총증가액 500만원과 동일함을 알 수 있다.

증거금의 변동액 = 최종거래일의 증거금 − (개시증거금 + 추가증거금)
= 6,584 − (6,084 + 0) = 500만원

7 선물거래자의 유형과 선물시장의 경제적 기능

7.1 선물거래자의 유형

선물거래의 동기에 따라 선물거래자는 헤저(hedger), 투기자(speculator), 차익거래자(arbitrageur) 등 세 가지 유형으로 구분될 수 있다.

헤 저

헤저는 선물의 매입 또는 매도를 통해서 예상하지 못한 현물의 가격변동으로 인해 발생될 수 있는 손실을 최소화시킬 목적으로 선물거래를 하는 사람을 의미한다. 헤저의 선물거래 목적은 현물가격 변동에 따른 위험을 최소화하는 데 있다. 이 과정에서 헤저는 기회손실을 입을 수 있으나, 이는 현물포지션으로부터의 손실을 방어하기 위해 지불하는 대가로 보아야 할 것이다.

투 기 자

투기자는 현물시장에서의 포지션과 관계없이 선물가격 변동에 따른 시세차익을 얻기 위하여 선물거래를 하는 사람을 의미한다. 투기자의 선물거래 목적은 향후 기초자산 가격이 오를 것으로 전망되는 경우 선물 매입포지션을 취하고, 반대로 기초자산 가격이 내릴 것으로 예상되는 경우 선물 매도포지션을 취해 높은 투기적 이익을 얻는 데 있다. 그러나 예상이 빗나갈 경우 큰 손해를 볼 수도 있다. 이와 같이 투기자들은 보호되지 않은 포지션(uncovered position)을 보유함으로써 선물가격 변동에 따른 위험을 감수하더라도 높은 투기적 이익을 얻고자 한다. 투기자는 선물시장에서 헤저의 위험을 떠맡을 뿐만 아니라 선물시장의 안정을 도모하는 중요한 경제적 역할을 수행한다. 투기와 도박은 위험을 대가로 수익을 얻고자 한다는 점에서는 유사하지만, 투기는 사회적으로 유익한 기능을 수행하나 도박은 백해무익하다는 점에서 다르다.

차익거래자

차익거래자는 현물가격과 선물가격간의 일시적인 불균형을 이용하여 무위험이익을 얻을 목적으로 선물거래를 하는 사람을 의미한다. 현물가격 또는 선물가격이 균형에서 이탈하여 차익거래이익(arbitrage profit)이 존재하는 경우 이를 얻기 위하여 차익거래가 발생하게 되며, 이와 같은 차익거래과정에 의해 현물가격과 선물가격이 균형상태로 되돌아가게 된다.

7.2 선물시장의 경제적 기능

선물시장은 다음과 같은 몇 가지 중요한 기능을 수행한다.

가격변동위험의 관리

시장에서는 미래의 가격변동에 따른 위험이 항상 존재한다. 예를 들어 특정 원재료를 계속적으로 필요로 하는 제조업자의 경우에는 원재료의 가격상승에 따른 위험에 직면하게 되는 반면, 농산물을 생산하는 농부의 경우에는 수확기 농산물의 가격하락에 따른 위험에 직면하게 된다.

선물시장은 예상하지 못한 가격변동으로 인한 손실위험을 사전에 방지할 수 있는 수단을 제공한다. 현물시장에서의 포지션과 반대되는 포지션(예를 들어 현물 : 매입(또는 매도), 선물 : 매도(또는 매입))을 선물시장에서 취함으로써 위험을 회피할 수 있다. 이 경우 위험을 회피하려는 거래자, 즉 헤저로부터 위험을 부담하여 보다 큰 투기적 이익을 추구하려는 거래자, 즉 투기자에게로 위험이 전가된다. 이와 같이 선물시장은 가격변동에 따른 위험을 관리할 수 있는 수단을 제공함으로써 경영자는 경영계획과 투자계획을 보다 안정적으로 수립할 수 있고, 한정된 투자자금을 훨씬 효율적으로 활용할 수 있다.

가격의 예시

선물가격은 미래 특정 시점의 현물의 수요·공급에 대한 예상에 의해 결정되기 때문에 이것에 의해서 미래 현물가격의 동향을 사전에 예측할 수 있다. 이와 같은 선물시장의 가격예시기능(price discovery)으로 인하여 현물시장의 생산자나 투자자가 미래에 대한 일정한 예측을 할 수 있게 되어 장기적으로 현물시장의 안정을 가져온다.

시장효율성의 제고

선물시장은 전문적으로 시장정보를 수집하고 평가하는 다수의 투기자를 시장에 참여시킴으로써 시장정보의 양과 질을 높이고 거래비용을 절감시킨다. 즉 선물거래는 시장효율성을 높이고, 이에 따라 경제 전체의 자원배분 효율성을 증대시킨다.

자본형성의 촉진

선물시장은 투기자의 부동자금을 헤저의 산업자금으로 이전시키는 자본형성기능(capital formation function)을 간접적으로 수행한다. 선물시장이 효율적인 투자장소로 운영되면 투기자의 부동자금이 금융시장으로 유입되고, 이 자금은 다시 건전한 산업자금으로 활용될 수 있다.

특히 금융선물은 은행, 증권회사, 투자신탁 등 금융기관이 직면하는 주가변동위험과 이자율변동위험을 관리하는 데 있어 중요한 수단을 제공함으로써 저축과 투자의 흐름을 개선시킨다. 즉 선물시장을 이용하여 주가 및 이자율변동위험을 효과적으로 관리함으로써 주식과 채권 등 증권에 대한 수요가 증가하여 저축을 증대시킬 수 있다. 이 경우 기업의 자금조달이 용이해지고 자금조달비용이 감소하게 되기 때문에 투자가 촉진되어 궁극적으로 국가 전체의 부를 증진시킬 수 있다.

주요 용어

key words

선물거래 • 4
선도거래 • 4
상품선물 • 7
금융선물 • 7
국채선물 • 10
통화선물 • 10
선물의 1계약금액 • 13
호가가격단위 • 14
최소가격변동금액 • 15
결제월 • 15
최종거래일 • 16
현금결제 • 17
인수도결제 • 17
반대매매 • 23
선물거래소 • 25
결제소 • 25
일일정산 • 26
청산 • 27
선물중개회사 • 28
개시증거금 • 30
유지증거금 • 30
마진콜 • 31
추가증거금 • 31
초과증거금 • 31
거래증거금 • 32
헤저 • 35
투기자 • 35
차익거래자 • 36

연습문제

■ 완성/선택형 문제

01 선물의 대상이 되는 특정 상품을 ( ), 시장에서 거래되고 있는 대상자산의 현재가격을 ( ), 선물계약이 이행(결제)되는 미래의 일정시점을 ( ), 미래 일정시점에서의 약정된 가격을 ( )이라고 한다.

02 ( )에 의해서 선물거래자가 선물포지션을 없애고 선물시장에서 빠져 나오는 것을 선물포지션의 청산이라고 표현한다.

03 선물계약은 주요 원자재인 원유, 구리, 금, 은, 옥수수, 밀, 대두 등 일반상품을 기초자산으로 거래하는 ( )과 주가지수, 금리, 통화 등을 기초자산으로 거래하는 ( )로 구분될 수 있다.

04 ( )은 일일정산 시 발생될 수 있는 계약불이행을 방지하기 위한 수단으로 예치해야 하는 현금 또는 현금성자산을 의미한다.

05 ( )은 고객이 신규 또는 추가적으로 선물을 매수 또는 매도할 때 선물중개회사에 예치해야 하는 증거금을 의미하며, ( )은 고객이 자신의 선물거래포지션을 유지하는 데 필요한 최소한의 증거금을 의미한다.

06 선물가격의 변동으로 고객의 증거금이 일정한 수준(유지증거금) 이하로 떨어지게 되면, 선물중개회사는 고객에게 증거금을 당초의 개시증거금 수준까지 현금으로 충당하도록 요구하며, 이를 (　　)이라 한다.

07 선물거래의 동기에 따라 선물거래자는 (　　), (　　), (　　) 등 세 가지 유형으로 구분될 수 있다.

08 선물거래와 선도거래에 대한 다음의 설명 중 잘못된 것은?

① 선도거래는 본질적으로 선물거래와 유사하다.
② 선도거래는 장외시장에서 당사자간 직접계약에 의해 이루어지는 반면, 선물거래는 선물거래소에서 공개입찰을 통해 이루어진다.
③ 선물계약은 표준화되어 있지만, 선도계약은 거래당사자간 합의에 의해 거래조건이 결정된다.
④ 선물거래에서는 청산위험이 거의 없으나, 선도거래의 경우 계약자 쌍방간의 직접거래이므로 계약당사자의 신용도에 따른 위험이 존재한다.
⑤ 선도거래와 선물거래 모두 계약의 이행을 보증하려는 제도적 장치로 일일정산, 증거금 등의 제도를 두고 있다.

09 한국거래소에 상장된 코스피200선물의 거래조건으로서 적절치 않은 것은?

① 코스피200선물의 거래승수는 25만원이다.
② 코스피200선물의 최소가격변동폭은 0.05p이다.
③ 코스피200선물의 최소가격변동폭을 금액으로 환산하면 12,500원이다.
④ 코스피200선물의 결제월은 분기월인 3, 6, 9, 12월이며, 3년 이내 7개 결제월(3, 9월 : 각 1개, 6월 : 2개, 12월 : 3개)이 상장된다.
⑤ 코스피200선물의 만기 시 결제는 실물인수도 방식을 따른다.

10 한국거래소에 상장된 다음의 선물상품 중에서 최종결제방법이 다른 하나는?

① 코스피200선물 ② 미국달러선물 ③ 10년 국채선물
④ 코스닥150선물 ⑤ 금선물

11 다음 설명 중 잘못된 것은?

① 코스닥150선물의 기초자산은 코스닥시장에 상장된 주권 중 150개 종목에 대하여 기준일인 2010년 1월 4일의 주가지수를 1,000포인트로 하여 한국거래소가 산출하는 시가총액방식의 주가지수이다.

② 개별주식선물의 기초자산은 한국거래소의 주식시장에 상장되어 있는 주권이어야 한다.

③ 국채선물의 기초자산은 가상의 국고채권표준물로서 표면금리 10%, 3개월 이표 지급방식의 가상 국채이다.

④ 주가지수(stock price index)를 거래대상으로 하는 선물의 가격표시방법은 포인트(point)로 표시하고, 기초주권상품은 해당 기초주권의 가격표시방법과 동일하게 원화로 표시한다.

⑤ 선물의 1계약금액(contract size)은 선물 1계약의 크기를 화폐단위로 표현한 것으로서, 이는 선물의 가격에 거래승수를 곱한 값을 의미한다.

12 한국거래소 통화선물에 관한 다음 설명 중 잘못된 것은?

① 미국달러선물의 거래단위는 10,000달러로, 가격표시방법은 1달러당 원화로 표시된다.

② 유로선물의 거래단위는 10,000유로로, 가격표시방법은 1유로당 원화로 표시된다.

③ 엔선물의 거래단위는 1,000,000엔으로, 가격표시방법은 100엔당 원화로 표시된다.

④ 모든 통화선물의 최종결제방법은 현금결제이다.

⑤ 위안선물의 거래단위는 100,000 위안화이고, 최소가격변동금액은 1,000원이다.

13 한국거래소(KRX)에 상장된 국채선물에 대한 다음 설명 중 틀린 것은?

① 국채선물은 액면 1,000원당 원화로 소수점 둘째 자리까지 가격을 표시하고 있다.
② 국채선물의 최종거래일은 결제월의 세 번째 화요일이다.
③ 국채선물의 기초자산은 액면가 1억원, 액면이자율 연 5%, 6개월 이표 지급방식의 가상의 국고채이다.
④ 국채선물의 최종결제방법은 현금결제이다.
⑤ 호가가격단위는 0.01포인트이고, 최소가격변동금액은 10,000원이다.

14 투자자 K씨는 오늘 한국거래소에서 거래되는 엔선물 1계약을 100엔당 1,050원에, 유로선물 1계약을 1유로당 1,480원에 매도한 투자자가 일주일 후 엔선물은 100엔당 1,100원에, 유로선물은 1유로당 1,400원에 반대매매를 통해 포지션을 청산하였다. 이 투자자의 손익은 얼마로 계산되는가? (단, 증거금과 거래비용이 존재하지 않으며 엔선물과 유로선물의 거래단위는 각각 1,000,000엔과 10,000유로이다.)

① 130만원 손실 ② 50만원 손실 ③ 80만원 손실
④ 30만원 이익 ⑤ 130만원 이익

15 P씨는 3년 국채선물을 102.50에 1계약 매입한 후 100.50에 전매(轉賣)하였다. 이 거래로 인한 P씨의 손익은 얼마인가?

① 200만원 손실 ② 200만원 이익 ③ 2,000만원 손실
④ 2,000만원 이익 ⑤ 2억원 이익

16 선물결제소의 역할과 거리가 가장 먼 것은?

① 거래이행의 보증 ② 일일정산
③ 규정이나 규칙 등의 제정 · 시행 ④ 선물포지션의 청산
⑤ 실물인수도

17 증거금제도에 대한 다음의 설명 중 적절하지 못한 것은?

① 선물거래에서 계약이행보증을 위해 실시하는 제도이다.
② 증거금은 현금 또는 현금성자산으로 납부할 수 있다.
③ 고객이 선물중개회사에 납부하는 위탁증거금과 결제소회원인 선물중개회사가 결제소에 납부하는 거래증거금으로 구분된다.
④ 위탁증거금은 개시증거금과 유지증거금으로 구분된다.
⑤ 증거금이 일정한 수준(유지증거금) 이하로 떨어지게 되면, 선물중개회사는 고객에게 증거금을 당초의 유지증거금 수준까지 현금으로 충당하도록 요구하며, 이를 마진콜(margin call)이라 한다.

18 선물 등의 파생상품 거래 시 결제불이행 방지를 위한 제도로서 적절하지 않은 것은?

① 증거금 ② 일일정산 ③ 반대매매(청산)
④ 상품표준화 ⑤ 마진콜

19 다음 중 현물가격과 선물가격간의 일시적인 불균형을 이용하여 무위험이익을 얻을 목적으로 선물거래를 하는 사람은?

① 차익거래자 ② 헤저 ③ 투기자
④ 딜러 ⑤ 기관투자자

20 선물시장의 경제적 기능에 대한 다음의 설명 중 거리가 먼 것은?

① 가격변동위험의 관리 ② 가격의 예시
③ 시장효율성의 제고 ④ 자본형성의 촉진
⑤ 투기적 거래의 방지

■ 서술/계산형 문제

01 선물거래와 선도거래를 비교하여 설명하라.

02 한국거래소에 상장된 선물상품을 소개하고 각 상품의 주요 명세를 중심으로 비교하여 설명하라.

03 한국거래소 파생상품시장의 거래제도 중 거래체결방식에 관하여 설명하라.

04 결제소의 기능과 선물시장의 증거금제도에 대하여 설명하라.

05 선물시장의 경제적 기능에 대해 설명하라.

06 일일정산이익과 총이익

이매입은 3월 15일 현재, 3월 만기인 코스피200선물 10계약을 262.30포인트에 매입하였다. 반면 박매도는 3월 15일, 3월 만기인 코스피200선물 10계약을 262.30포인트에 매도하였다. 거래 후 3월물 코스피200선물의 가격(종가)은 다음과 같다.

(단위 : 포인트)

일 자	코스피200 선물가격(3월물)
3월 15일	260.40
16일	261.20

일일정산의 결과에 따른 이매입과 박매도의 일자별 손익, 그리고 3월 16일 거래종료 후 선물거래로 인한 총손익을 계산하라.

제2장 선물의 가격결정

1. 투자자산에 대한 선물의 가격결정
2. 주가지수선물의 가격결정
3. 금리선물의 가격결정
4. 통화선물의 가격결정
5. 소비자산에 대한 선물의 가격결정

보론 1 : 미국의 금리선물

보론 2 : 현물이자율과 선도이자율

선물의 가격결정과정은 기초자산의 특성에 따라 차이가 있다. 즉 선물의 기초자산이 투자목적으로 보유하는 자산(예를 들어 금융상품, 귀금속 등)이냐 또는 소비목적으로 보유하는 자산(예를 들어 비철금속, 에너지, 농림산물, 축산물 등)이냐에 따라 선물가격의 결정과정은 차이가 있다. 투자자산(investment assets)에 대한 선물의 가격은 차익거래논리에 의해 도출될 수 있다. 그러나 소비자산(consumption assets)에 대한 선물의 가격결정에서 차익거래논리를 적용하기란 쉽지 않다.

본장에서는 먼저 투자자산에 대한 선물의 가격결정에 대해 살펴본 후, 대표적인 투자자산에 대한 선물인 주가지수선물, 금리선물, 통화선물 등의 가격결정에 대해 차례로 살펴본다. 그리고 마지막으로 소비자산에 대한 선물의 가격결정에 대해 살펴보고자 한다.

1 투자자산에 대한 선물의 가격결정

투자자산에 대한 선물의 이론적 가격은 차익거래기회가 존재하지 않는다는 전제하에서 도출되며, 이와 같은 선물가격결정모형을 보유비용모형(cost-of-carry model) 또는 현물-선물 패리티이론(spot-futures parity theorem)이라 한다. 차익거래는 자금을 추가로 투자하지 않고, 위험도 부담하지 않으면서 얻을 수 있는 이익, 즉 차익거래이익을 얻기 위한 거래를 의미한다.

1.1 완전시장에서의 보유비용모형

기본적인 보유비용모형을 도출하기 위하여 필요한 완전시장가정은 다음과 같다.

첫째, 일일정산 및 증거금이 존재하지 않는다. 이러한 가정은 선물가격과 선도가격을 동일하게 만든다.[1]

둘째, 거래비용(예를 들어 위탁매매수수료, 거래소수수료, 매수-매도 호가차이 등)과 세금이 존재하지 않는다.

셋째, 공매도(short selling)에 대한 제한이 없고, 공매도에 의해 취득한 자금을 전액 사용할 수 있다.[2]

넷째, 모든 투자자들은 무위험이자율로 얼마든지 자금을 차입하거나 대

---

1 선물의 일일정산제도가 존재하더라도 선물계약의 만기까지 이자율이 일정하다면, 선물가격과 선도가격은 일치하게 된다. 이에 대한 증명은 다음의 논문을 참조.
J. C. Cox, J. E. Ingersoll, and S. A. Ross, "The Relation between Forward Prices and Futures Prices," *Journal of Financial Economics*, Vol. 9(December 1981), pp. 321~346.

2 공매도(空賣渡)는 말 그대로 없는 현물을 미리 파는 무차입 공매도(naked short selling)와 빌려온 현물을 매도하는 차입 공매도(covered short selling)로 나눌 수 있는데, 현재 우리나라에서는 무차입 공매도는 금지되어 있다. 차입 공매도는 증권회사, 한국증권금융, 한국예탁결제원 등에서 주식 등 현물을 빌려 매도하는 것으로 대주거래(개인)나 대차거래(기관, 외국인)와 유사한 개념이다. 그러나 대주(대차)거래로 일단 주식 등 현물을 빌렸다 하더라도 시장상황에 따라 매도하지 않을 수도 있기 때문에 차입 공매도와 반드시 일치하지는 않는다.

출할 수 있으며, 차입이자율과 대출이자율이 같다.[3]

이와 같은 완전시장에서의 보유비용모형을 도출하기 위하여 다음과 같은 두 거래를 고려해 보자.

- 거래 Ⅰ : 현재시점에서 만기일이 T인 선물을 $F_{0,T}$로 매입함.
- 거래 Ⅱ : 현재시점에서 현금을 S_0만큼 차입한 후, 그 자금으로 현물(기초자산)을 매입함.

이상과 같은 두 거래로 인한 현재 및 만기일에서의 현금흐름을 살펴보면 〈표 2-1〉과 같다.

표 2-1 거래 Ⅰ과 Ⅱ의 현금흐름

거 래		현금흐름	
		현재(0시점)	만기일(T시점)
거래 Ⅰ	선물을 $F_{0,T}$로 매입	0	$F_{T,T}-F_{0,T}=S_T-F_{0,T}$
거래 Ⅱ	현물을 S_0로 매입	$-S_0$	$S_T-C_T+D_T$
	현금 S_0 차입	S_0	$-S_0(1+r_T)$
	합 계	0	$S_T-S_0(1+r_T)-C_T+D_T$

단, S_0 : 현재시점에서의 현물가격, S_T : 만기일에서의 현물가격
$F_{0,T}$: 현재시점에서 만기일이 T인 선물가격, $F_{T,T}$: 만기일에서의 선물가격
r_T : 현재시점에서 만기일인 T시점까지 기간의 무위험이자율[4]
C_T : 현물보유비용(보험료, 창고료, 수송비, 진부화 및 파손으로 인한 손실 등)의 T시점에서의 가치
D_T : 현물보유수익(이자수익, 배당금 등)의 T시점에서의 가치

---

3 선물시장에서 차익거래자들이 이용하는 무위험이자율은 환매이자율(repo rate)이다. 레포 또는 환매(조건부)계약(repo 또는 repurchase agreement)은 일정기간이 경과한 후에 다시 매입한다는 조건으로 증권을 금융기관에 매도하는 계약이다. 이와 같은 환매계약은 일종의 담보대출의 성격을 지니기 때문에 위험이 없다. 환매조건부계약에서 고객이 금융기관에 증권을 매도하는 가격은 일정한 기간 후의 재매입가격보다 낮으며, 그 차이(재매입가격−매도가격)가 환매이자이다.

4 r_T를 연율로 환산한 이자율, 즉 연리(annual interest rate)를 r이라 하고, 만기 T를 연 단위로 환산(예를 들어 3개월=0.25년)하여 나타낸다면, 복리계산방법에 따라 차입금의 원리합계를 $S_0(1+r)^T$ 또는 $S_0 \cdot e^{rT}$와 같이 나타낼 수도 있다.

거래 Ⅰ과 Ⅱ 모두 현재시점에서 추가적인 자금의 지출 없이 만기에 현물을 보유하는 동일한 거래이다. 따라서 차익거래기회가 존재하지 않기 위해서는 만기일의 현금흐름이 같아야 한다.

$$S_T - F_{0,T} = S_T - S_0(1 + r_T) - C_T + D_T$$

그러므로

$$F_{0,T} = S_0(1 + r_T) + C_T - D_T \tag{2-1}$$

식 (2-1)에 의하면 이론적 선물가격은 현물가격에 만기일까지 발생한 모든 보유비용(carry costs)을 합한 후, 보유수익(carry returns)을 차감한 값이라 할 수 있다.[5] 기초자산이 금융상품인 경우에는 배당, 이자수익 등 보유수익이 발생될 수 있으나, 보험료, 창고료, 수송비, 진부화 및 파손으로 인한 손실 등의 보유비용은 발생되지 않는다. 한편 기초자산이 실물상품인 경우에는 보험료, 창고료, 수송비, 진부화 및 파손으로 인한 손실 등의 보유비용이 발생될 수 있으나, 보유수익은 발생되지 않는 것이 일반적이다.

알아두기 다른 방법으로 보유비용모형 도출

만기일(T)에 거래 Ⅰ과 Ⅱ의 현금흐름을 일치시키는 방법에 의해서도 동일한 결과를 얻을 수 있다.

거래		현금흐름: 현재(0시점)	현금흐름: 만기일(T시점)
거래 Ⅰ	선물을 $F_{0,T}$로 매입	0	$F_{T,T} - F_{0,T} = S_T - F_{0,T}$
거래 Ⅱ	현물을 S_0로 매입 현금차입	$-S_0$ $(F_{0,T} - C_T + D_T)/(1 + r_T)$	$S_T - C_T + D_T$ $-(F_{0,T} - C_T + D_T)$
	합 계	$(F_{0,T} - C_T + D_T)/(1 + r_T) - S_0$	$S_T - F_{0,T}$

5 본서에서는 편의상 차입금에 대한 이자비용과 현물보유비용을 구분했지만, 이자비용도 현물보유에 따른 기회비용의 성격을 가지고 있으므로 현물보유비용에 포함된다고 할 수 있다.

위의 거래 Ⅰ과 Ⅱ는 모두 만기일에서 추가적인 자금의 지출 없이 만기에 현물을 보유하는 동일한 거래이다. 따라서 차익거래기회가 존재하지 않기 위해서는 현재의 현금흐름이 동일해야 한다.

$$(F_{0,T}-C_T+D_T)/(1+r_T)-S_0=0$$
$$\therefore\ F_{0,T}=S_0(1+r_T)+C_T-D_T$$

선물가격이 식 (2-1)의 이론적 선물가격과 다른 경우에는 차익거래가 발생하게 된다. 먼저 선물가격이 이론적 선물가격보다 높은 경우, 즉 「$F_{0,T}>S_0(1+r_T)+C_T-D_T$」인 경우에는 과대평가된(overpriced) 선물을 매도하고, 과소평가된(underpriced) 현물을 매입하여 보유하는 차익거래에 의해서 「$F_{0,T}-S_0(1+r_T)-C_T+D_T>0$」의 차익거래이익을 얻을 수 있다. 이와 같은 차익거래를 매수차익거래 또는 현물보유차익거래(cash-and-carry arbitrage)라 하며, 그 차익거래과정을 요약하면 〈표 2-2〉와 같다. 〈표 2-2〉와 같이 양(+)의 차익거래이익이 존재하는 경우에 모든 차익거래자들은 매수차익거래에 참여할 것이기 때문에, 선물매도가 증가하여 선물가격이 하락하고 현물매입이 증가하여 현물가격이 상승하게 된다. 매수차익거래는 선물가격이 이론적 선물가격과 같아질 때까지 지속적으로 발생하게 될 것이다.

한편 선물가격이 이론적 선물가격보다 낮은 경우, 즉 「$F_{0,T}<S_0(1+r_T)+C_T-D_T$」인 경우에는 과소평가된 선물을 매입하고, 과대평가된 현물을 공매도하는 차익거래에 의해서 「$S_0(1+r_T)+C_T-D_T-F_{0,T}>0$」의 차익거래이

표 2-2 「$F_{0,T}>S_0(1+r_T)+C_T-D_T$」일 경우의 차익거래 : 매수차익거래

차익거래	현금흐름	
	현재(0시점)	만기일(T시점)
선물을 $F_{0,T}$로 매도 현물을 S_0로 매입 현금 S_0 차입	0 $-S_0$ S_0	$F_{0,T}-S_T$ $S_T-C_T+D_T$ $-S_0(1+r_T)$
차익거래이익	0	$F_{0,T}-S_0(1+r_T)-C_T+D_T$

표 2-3 「$F_{0,T} < S_0(1+r_T)+C_T-D_T$」일 경우의 차익거래 : 매도차익거래

차익거래	현금흐름	
	현재(0시점)	만기일(T시점)
선물을 $F_{0,T}$로 매입 현물을 S_0로 공매도 현금 S_0 대출	0 S_0 $-S_0$	$S_T-F_{0,T}$ $-S_T+C_T-D_T$ $S_0(1+r_T)$
차익거래이익	0	$S_0(1+r_T)+C_T-D_T-F_{0,T}$

익을 얻을 수 있다. 이와 같은 차익거래를 매도차익거래 또는 역현물보유차익거래(reverse cash-and-carry arbitrage)라 하며, 그 차익거래과정을 요약하면 〈표 2-3〉과 같다. 〈표 2-3〉과 같이 양(+)의 차익거래이익이 존재하는 경우에 모든 차익거래자들은 매도차익거래에 참여할 것이기 때문에, 선물매입이 증가하여 선물가격이 상승하고 현물공매도가 증가하여 현물가격이 하락하게 된다. 매도차익거래는 선물가격이 이론적 선물가격과 같아질 때까지 지속적으로 발생하게 될 것이다.

이상에서 설명한 바와 같이 선물가격이 이론적 선물가격과 다른 경우에는 차익거래가 발생하여 식 (2-1)이 성립하게 됨을 알 수 있다.

예제 2-1 완전시장에서의 보유비용모형

현재 금가격은 ₩46,000/g이고, 현재 무위험이자율은 연 4%이다. (단, 금선물의 거래단위는 100g이다.)

(1) 3개월 만기 금선물 1계약의 이론적 가격을 구하라.

(2) 3개월 만기인 금선물 1계약금액이 470만원인 경우 차익거래이익을 구하라.

(3) 3개월 만기인 금선물 1계약금액이 460만원인 경우 차익거래이익을 구하라.

해설

(1) $F_{0,\ T}=S_0(1+r_T)+C_T-D_T=46{,}000\times(1+0.01)=₩46{,}460/g$

그러므로 금선물 1계약금액은 464.6만원(=₩46,460/g×100g)이다.

(2) 3개월 금선물가격(470만원)>3개월 금선물의 이론적 가격(464.6만원)
→ 매수차익거래(현물보유차익거래)

차익거래	현금흐름(만원)	
	현재(0시점)	만기일(3개월 후)
3개월물 금선물 1계약 매도 금 100g 매입 현금 460만원 차입	0 −460 460	$470-S_T$ S_T $-460\times(1+0.01)=-464.6$
차익거래이익	0	5.4

(3) 3개월 금선물가격(460만원)<3개월 금선물의 이론적 가격(464.6만원)
→ 매도차익거래(역현물보유차익거래)

차익거래	현금흐름(만원)	
	현재(0시점)	만기일(3개월 후)
3개월물 금선물 1계약 매입 금 100g 공매도 현금 460만원 대출	0 460 −460	S_T-460 $-S_T$ $460\times(1+0.01)=464.6$
차익거래이익	0	4.6

알아두기

우리나라 상품선물의 거래제도

한국거래소 파생상품시장에서 거래되는 상품선물의 유형과 각 유형별 거래제도를 요약하면 다음과 같다.

구 분	금 선 물	돈육선물*
기초자산	순도 99.99% 금괴	돈육대표가격 (산출기관 : 축산품질평가원)
거래단위	100g	1,000kg
가격의 표시	원/g	원/kg
호가가격단위	10원	5원
최소가격변동금액	1,000원(100g × 10원)	5,000원(1,000g × 5원)
결제방법	현금결제	현금결제

* 2021년 1월부터 새로운 결제월 종목의 거래개시(상장)가 중지됨(휴면지정).

1.2 선물거래의 만기간 스프레드

만기일이 T_1, T_2(단, $T_2 > T_1$)인 선물가격간의 관계를 살펴보기 위하여 T_2 시점에 현물을 보유하기 위한 다음과 같은 두 거래를 고려해 보자.

- 거래 Ⅲ : 현재시점에서 만기일이 T_2인 원월물 선물(deferred futures)을 $F_{0,\,T_2}$로 매입함.
- 거래 Ⅳ : 현재시점에서 만기일이 T_1인 근월물 선물(nearby futures)을 $F_{0,\,T_1}$으로 매입한 후, T_1시점에서 $F_{0,\,T_1}$만큼 차입하여 그 자금으로 현물(기초자산)을 인수·보유함.

이상과 같은 두 거래로 인한 현재 및 만기일에서의 현금흐름을 살펴보면 〈표 2-4〉와 같다.

거래 Ⅲ과 Ⅳ 모두 현재시점과 T_1시점에서 추가적인 자금의 지출 없이 T_2시점에서 현물을 보유하는 동일한 거래이다. 따라서 차익거래기회가 존재하지 않기 위해서는 T_2시점에서의 현금흐름도 같아야 한다.

$$S_{T_2} - F_{0,\,T_2} = S_{T_2} - C_{T_1,\,T_2} + D_{T_1,\,T_2} - F_{0,\,T_1}(1 + f_{T_1,\,T_2})$$

그러므로

표 2-4 거래 Ⅲ과 Ⅳ의 현금흐름[6]

거래		현금흐름		
		현재(0시점)	T_1시점	T_2시점
거래 Ⅲ	원월물 선물을 $F_{0,\,T_2}$로 매입	0	0	$S_{T_2}-F_{0,\,T_2}$
거래 Ⅳ	근월물 선물을 $F_{0,\,T_1}$로 매입 T_1시점에서 현물 S_{T_1} 매입 T_1시점에서 $F_{0,\,T_1}$ 차입[7]	0 0 0	$S_{T_1}-F_{0,\,T_1}$ $-S_{T_1}$ $F_{0,\,T_1}$	0 $S_{T_2}-C_{T_1,\,T_2}+D_{T_1,\,T_2}$ $-F_{0,\,T_1}(1+f_{T_1,\,T_2})$
	합 계	0	0	$S_{T_2}-C_{T_1,\,T_2}+D_{T_1,\,T_2}$ $-F_{0,\,T_1}(1+f_{T_1,\,T_2})$

단, $f_{T_1,\,T_2}$: T_1에서 T_2까지 기간의 내재선도이자율
$C_{T_1,\,T_2}$: T_1에서 T_2까지 기간 동안 발생된 현물보유비용의 T_2시점에서의 가치
$D_{T_1,\,T_2}$: T_1에서 T_2까지 기간 동안 발생된 현물보유수익의 T_2시점에서의 가치

$$F_{0,\,T_2}=F_{0,\,T_1}(1+f_{T_1,\,T_2})+C_{T_1,\,T_2}-D_{T_1,\,T_2} \tag{2-2}$$

식 (2-2)에서 $f_{T_1,\,T_2}$를 내재선도이자율(implied forward interest rate)이라 한다. 그리고 식 (2-2)에 의해서 만기일이 서로 다른 선물가격간의 차이, 즉 만기간 스프레드(calendar spread)를 구하면 다음과 같다.

$$F_{0,\,T_2}-F_{0,\,T_1}=F_{0,\,T_1}\cdot f_{T_1,\,T_2}+C_{T_1,\,T_2}-D_{T_1,\,T_2} \tag{2-3}$$

만기간 스프레드가 식 (2-3)과 같지 않을 경우에는 다음과 같은 차익거래가 발생하게 된다.

첫째, 「$F_{0,\,T_2}-F_{0,\,T_1}>F_{0,\,T_1}\cdot f_{T_1,\,T_2}+C_{T_1,\,T_2}-D_{T_1,\,T_2}$」일 경우 과대평가된 만기일이 T_2인 원월물 선물을 매도하고, 과소평가된 만기일이 T_1인 근월물 선물을 매입하는 차익거래를 함으로써 「$F_{0,\,T_2}-F_{0,\,T_1}(1+f_{T_1,\,T_2})-C_{T_1,\,T_2}+D_{T_1,\,T_2}>0$」인 차익거래이익을 얻을 수 있다. 이와 같은 차익거래를 근월물 선물보유차익거래(forward cash-and-carry arbitrage)라 하며, 그 차익거래과정을 요약하면 〈표

---

6 T_1시점에서 근월물 선물매입계약을 이행하여 현물을 인수·보유하는 경우의 현금흐름($-F_{0,\,T_1}$)은 근월물 선물매입계약을 현금결제하고 현물을 매입하는 경우의 현금흐름($S_{T_1}-F_{0,\,T_1}-S_{T_1}=-F_{0,\,T_1}$)과 동일하다.

7 현재시점에서 T_1시점의 이자율을 고정시키기 위해서는 만기가 T_1인 금리선물(기초자산인 채권의 만기는 T_2)을 매도하는 것으로 볼 수 있다.

2-5〉와 같다.

둘째, 「$F_{0,\,T_2} - F_{0,\,T_1} < F_{0,\,T_1} \cdot f_{T_1,\,T_2} + C_{T_1,\,T_2} - D_{T_1,\,T_2}$」일 경우 과소평가된 만기일이 T_2인 원월물 선물을 매입하고, 과대평가된 만기일이 T_1인 근월물 선물을 매도하는 차익거래를 함으로써 「$F_{0,\,T_1}(1+f_{T_1,\,T_2}) + C_{T_1,\,T_2} - D_{T_1,\,T_2} - F_{0,\,T_2} > 0$」인 차익거래이익을 얻을 수 있다. 이와 같은 차익거래를 역근월물 선물보유차익거래(forward reverse cash-and-carry arbitrage)라 하며, 그 차익거래과정을 요약하면 〈표 2-6〉과 같다.

결론적으로 차익거래기회가 존재하지 않기 위해서는 만기간 스프레드가 식 (2-3)과 같이 결정되어야 함을 알 수 있다.

표 2-5 「$F_{0,\,T2} - F_{0,\,T1} > F_{0,\,T1} \cdot f_{T1,\,T2} + C_{T1,\,T2} - D_{T1,\,T2}$」일 경우의 차익거래과정 : 원월물($T_2$) 선물매도 – 근월물($T_1$) 선물매입 차익거래

차익거래	현금흐름		
	현재(0시점)	T_1시점	T_2시점
원월물 선물을 $F_{0,\,T_2}$로 매도 근월물 선물을 $F_{0,\,T_1}$로 매입 T_1시점에서 현물 S_{T_1} 매입 T_1시점에서 $F_{0,\,T_1}$ 차입	0 0 0 0	0 $S_{T_1} - F_{0,\,T_1}$ $-S_{T_1}$ $F_{0,\,T_1}$	$F_{0,\,T_2} - S_{T_2}$ 0 $S_{T_2} - C_{T_1,\,T_2} + D_{T_1,\,T_2}$ $-F_{0,\,T_1}(1+f_{T_1,\,T_2})$
차익거래이익	0	0	$F_{0,\,T_2} - F_{0,\,T_1}(1+f_{T_1,\,T_2})$ $-C_{T_1,\,T_2} + D_{T_1,\,T_2}$

표 2-6 「$F_{0,\,T2} - F_{0,\,T1} < F_{0,\,T1} \cdot f_{T1,\,T2} + C_{T1,\,T2} - D_{T1,\,T2}$」일 경우의 차익거래과정 : 원월물($T_2$) 선물매입 – 근월물($T_1$) 선물매도 차익거래

차익거래	현금흐름		
	현재(0시점)	T_1시점	T_2시점
원월물 선물을 $F_{0,\,T_2}$로 매입 근월물 선물을 $F_{0,\,T_1}$로 매도 T_1시점에서 현물 S_{T_1} 공매도 T_1시점에서 $F_{0,\,T_1}$ 대출	0 0 0 0	0 $F_{0,\,T_1} - S_{T_1}$ S_{T_1} $-F_{0,\,T_1}$	$S_{T_2} - F_{0,\,T_2}$ 0 $-S_{T_2} + C_{T_1,\,T_2} - D_{T_1,\,T_2}$ $F_{0,\,T_1}(1+f_{T_1,\,T_2})$
차익거래이익	0	0	$F_{0,\,T_1}(1+f_{T_1,\,T_2}) + C_{T_1,\,T_2}$ $-D_{T_1,\,T_2} - F_{0,\,T_2}$

예제 2-2 만기간 스프레드를 이용한 내재선도이자율의 계산

10월물과 12월물 금선물의 가격이 각각 ₩45,800/g, ₩46,000/g일 경우, 10월부터 12월까지 2개월간의 내재선도이자율을 구하라.

해설

$F_{0,\,T_2} = F_{0,\,T_1}(1+f_{T_1,\,T_2}) + C_{T_1,\,T_2} - D_{T_1,\,T_2}$

$\rightarrow 46{,}000 = 45{,}800 \times (1+f_{T_1,\,T_2}) \quad \therefore\ f_{T_1,\,T_2} = 0.00437(0.437\%)$

2개월간 내재선도이자율을 연율로 환산하면, 연 $2.62\%\left(=0.437\% \times \dfrac{12\text{개월}}{2\text{개월}}\right)$가 된다.

1.3 불완전시장에서의 보유비용모형

현실적으로 볼 때 거래비용의 존재, 차입이자율과 대출이자율의 상이, 공매도에 대한 제한 등과 같은 불완전시장요인이 존재하기 때문에 이들을 고려해 주어야 보다 현실을 잘 설명할 수 있을 것이다. 불완전시장요인이 다음과 같다고 하자.[8]

- 매수차익거래를 할 때 발생하는 총거래수수료 : TF^a
- 매도차익거래를 할 때 발생하는 총거래수수료 : TF^b
- 매수호가(bid price) : $S_0^{\,b}$, 매도호가(asked price) : $S_0^{\,a}$ (단, $S_0^{\,a} \geq S_0^{\,b}$)[9]

8 현물결제에 의해 청산될 수 있는 선물을 이용한 차익거래의 경우 만기일에 현물과 선물이 서로 상쇄되어 청산될 수 있기 때문에 현물포지션을 청산하기 위한 거래비용은 발생하지 않는 것이 일반적이다. 그러나 현금결제에 의해서만 청산되는 선물을 이용한 차익거래의 경우(예를 들어 주가지수선물 등)에는 현물을 선물의 청산에 이용할 수 없기 때문에 만기일에 현물포지션을 청산하기 위한 거래비용이 추가적으로 발생될 수 있음을 유의하여야 한다.

9 매수호가는 딜러(dealer)가 매입하겠다는 가격이고, 매도호가는 딜러가 매도하겠다는 가격이다. 따라서 고객의 입장에서 볼 때 매도할 수 있는 가격은 매수호가이며, 매입할 수 있는 가격은 매도호가가 됨을 유의해야 한다. 일반적으로 매도호가가 매수호가보다 크며, 그 차이(매도호가−매수호가)는 딜러의 입장에서 보면 매매이익의 원천이 되며, 고객의 입장에서 보면 거래비용의 성격을 띠고 있다.

표 2-7 불완전시장에서의 매수차익거래

차익거래	현금흐름	
	현재(0시점)	만기일(T시점)
선물을 $F_{0,\,T}$로 매도 현물을 $S_0{}^a$로 매입 거래수수료 현금 $(S_0{}^a+TF_0{}^a)$ 차입	0 $-S_0{}^a$ $-TF_0{}^a$ $S_0{}^a+TF_0{}^a$	$F_{0,\,T}-S_T$ $S_T-C_T+D_T$ $-TF_T{}^a$ $-(S_0{}^a+TF_0{}^a)(1+r_T{}^b)$
차익거래이익	0	$F_{0,\,T}-(S_0{}^a+TF_0{}^a)(1+r_T{}^b)-C_T+D_T-TF_T{}^a$

- 차입이자율 : $r_T{}^b$, 대출이자율 : $r_T{}^l$ (단, $r_T{}^b \geq r_T{}^l$)
- 공매도자금 중 사용가능한 비율 : f (단, $0 \leq f \leq 1$)

이와 같은 불완전시장에서의 보유비용모형을 도출하기 위하여 먼저 선물이 과대평가되었다고 가정해 보자. 이 경우 투자자들은 〈표 2-7〉과 같은 매수차익거래를 한다.

〈표 2-7〉에서 매수차익거래기회가 존재하지 않기 위해서는 매수차익거래에서 만기일(T시점)의 현금흐름(차익거래이익)이 0보다 작아야 할 것이다.

$$F_{0,\,T}-(S_0{}^a+TF_0{}^a)(1+r_T{}^b)-C_T+D_T-TF_T{}^a \leq 0$$

그러므로 매수차익거래이익이 존재하지 않을 선물매도가격의 상한(upper bound)은 식 (2-4)와 같다.

$$F_{0,\,T} \leq S_0{}^a(1+r_T{}^b)+C_T-D_T+TF_0{}^a(1+r_T{}^b)+TF_T{}^a \tag{2-4}$$

한편 선물가격이 과소평가된 경우 투자자들은 〈표 2-8〉과 같은 매도차익거래를 할 것이다.[10]

---

10 현물을 공매도하는 경우 현재시점에서는 공매도자금($S_0{}^b$) 중 일정비율(f), 즉 $f \cdot S_0{}^b$의 현금유입만 발생하게 된다. 그러나 일종의 증거금으로 남겨둔 공매도자금(일반적으로 이자를 지급하지 않음) $(1-f)S_0{}^b$는 만기일(T시점)에 회수되므로 이를 현금유입으로 고려해 주어야 한다.

표 2-8 불완전시장에서의 매도차익거래

차익거래	현금흐름	
	현재(0시점)	만기일(T시점)
선물을 $F_{0,\,T}$로 매입 현물을 $S_0{}^b$로 공매도 거래수수료 현금 $(f\cdot S_0{}^b-TF_0{}^b)$ 대출	0 $f\cdot S_0{}^b$ $-TF_0{}^b$ $-(f\cdot S_0{}^b-TF_0{}^b)$	$S_T-F_{0,\,T}$ $-(S_T-C_T+D_T)+(1-f)S_0{}^b$ $-TF_T{}^b$ $(f\cdot S_0{}^b-TF_0{}^b)(1+r_T{}^l)$
차익거래이익	0	$-F_{0,\,T}+(f\cdot S_0{}^b-TF_0{}^b)(1+r_T{}^l)$ $+C_T-D_T+(1-f)S_0{}^b-TF_T{}^b$

〈표 2-8〉에서 매도차익거래기회가 존재하지 않기 위해서는 매도차익거래에서 만기일(T시점)의 현금흐름(차익거래이익)이 0보다 작아야 할 것이다.

$$-F_{0,\,T}+(f\cdot S_0{}^b-TF_0{}^b)(1+r_T{}^l)+C_T-D_T+(1-f)S_0{}^b-TF_T{}^b\leq 0$$

그러므로 매도차익거래이익이 존재하지 않을 선물매입가격의 하한(lower bound)은 식 (2-5)와 같다.

$$F_{0,\,T}\geq S_0{}^b(1+f\cdot r_T{}^l)+C_T-D_T-TF_0{}^b(1+r_T{}^l)-TF_T{}^b \qquad (2\text{-}5)$$

식 (2-4), 식 (2-5)에 의해서 불완전시장에서의 선물가격은 다음과 같은 범위 내에서 결정되며, 이 범위를 벗어나면 차익거래가 발생하게 된다.

$$\begin{matrix} S_0{}^b(1+f\cdot r_T{}^l)+C_T-D_T \\ -TF_0{}^b(1+r_T{}^l)-TF_T{}^b \end{matrix} \leq F_{0,\,T}\leq \begin{matrix} S_0{}^a(1+r_T{}^b)+C_T-D_T \\ +TF_0{}^a(1+r_T{}^b)+TF_T{}^a \end{matrix} \qquad (2\text{-}6)$$

예제 2-3 불완전시장에서의 보유비용모형

3개월물 금선물에 관한 자료는 다음과 같다. (※ 1트로이온스(troy ounce) = 31.1035g)

- 금의 매수호가 = \$1,326/troy ounce, 금의 매도호가 = \$1,360/troy ounce
- 3개월간 금의 보관비용(3개월 후 일괄지급함) = \$5/troy ounce
- 금선물의 양방향(round trip) 거래수수료* = \$0.4/troy ounce
- 3개월간 차입이자율 = 1.2%, 대출이자율 = 1%
- 금의 공매도자금 중 사용가능한 비율 = 0.9

* 양방향 거래수수료는 동일한 선물을 매입 후 매도(또는 청산)하거나, 매도 후 매입(또는 청산)하는 데 소요되는 총수수료를 의미한다. (단, 선물거래수수료는 만기일에 지급된다고 가정함.)

차익거래기회가 존재하지 않기 위해서는 3개월물 금선물의 가격이 어떤 영역에 있어야 하는가?

해설

(1) 선물이 과대평가된 경우

차익거래	현금흐름	
	현재(0시점)	만기일(3개월 후)
3개월물 금선물을 $F_{0,T}$로 매도 금 1트로이온스를 매입 거래수수료 현금 \$1,360을 차입	0 $-\$1,360$ 0 \$1,360	$F_{0,T}-S_T$ $S_T-\$5$ $-\$0.4$ $-\$1,360\times(1+0.012)$
차익거래이익	0	$F_{0,T}-\$1,381.72$

이와 같은 현물보유차익거래기회가 존재하지 않기 위해서는 현물보유차익거래에서 만기일(T시점)의 현금흐름(차익거래이익)이 0보다 작아야 할 것이다.

$$F_{0,T}-\$1,381.72\leq 0 \quad \therefore\ F_{0,T}\leq \$1,381.72$$

(2) 선물가격이 과소평가된 경우

차익거래	현금흐름	
	현재(0시점)	만기일(3개월 후)
3개월물 금선물을 $F_{0,T}$로 매입 금 1트로이온스를 공매도* 거래수수료 현금 \$1,326×0.9를 대출	0 $\$1,326\times0.9$ 0 $-\$1,326\times0.9$	$S_T-F_{0,T}$ $-(S_T-\$5)+\$1,326\times0.1$ $-\$0.4$ $\$1,326\times0.9\times(1+0.01)$
차익거래이익	0	$-F_{0,T}+\$1,342.53$

* 금을 공매도하는 경우 저장비용이 절감되기 때문에 금의 저장비용만큼 현금유출이 감소됨.

이와 같은 역현물보유차익거래기회가 존재하지 않기 위해서는 역현물보유차익거래에서 만기일(T시점)의 현금흐름(차익거래이익)이 0보다 작아야 할 것이다.

$$-F_{0,T}+\$1{,}342.53\le 0 \quad \therefore\ F_{0,T}\ge \$1{,}342.53$$

(3) (1)과 (2)의 결과에 의해서 차익거래기회가 존재하지 않기 위해서는 3개월물 금선물은 다음과 같은 범위 내에 있어야 한다.

$$\$1{,}342.53\le F_{0,T}\le \$1{,}381.72$$

즉 선물가격이 $\$1{,}342.53\le F_{0,T}\le \$1{,}381.72$ 범위를 벗어나면 차익거래가 발생하게 된다.

2 주가지수선물의 가격결정

2.1 주가지수선물의 특성 및 거래제도

주가지수(stock price index)는 특정 주식시장에 상장된 주식들의 가격수준을 나타내는 지표로서 지수산정방법에 따라 시가총액가중식 주가지수(market value weighted index), 가격가중식 주가지수(price weighted index) 등으로 나눌 수 있다. 시가총액가중식 주가지수는 비교시점의 시가총액을 기준시점의 시가총액으로 나누어 구하는 반면, 가격가중식 주가지수는 비교시점의 단순주가평균을 기준시점의 단순주가평균으로 나누어 구한다.[11] 주가지수는 주식가격의 움직임을 나타내는 지수에 불과하지만 주가지수를 금액으로 환산하여 이를 선물거래의 대상으로 한 것이 **주가지수선물**(stock index futures)이다.

주가지수는 실체가 없는 추상적인 수치로서 만기일에 현물결제가 불가

---

11 시가총액가중지수인 코스피(KOSPI)200지수의 산출산식은 다음과 같다.

$$\text{코스피200지수}=\frac{\text{코스피200 구성종목의 비교시점 시가총액 합계}}{\text{코스피200 구성종목의 기준시점 시가총액 합계}}\times 100$$

여기서 시가총액 = 보통주 주가 × 보통주 상장주식수

표 2-9 우리나라 주가지수선물의 거래제도

구 분	코스피200선물	미니코스피200선물	코스닥150선물	개별주식선물
기초자산	코스피200지수	코스피200지수	코스닥150지수	한국거래소 상장기업 주식
거래승수*	1포인트당 25만원	1포인트당 5만원	1포인트당 1만원	10주
호가가격 단위	0.05포인트	0.02포인트	0.1포인트	• 코스피 : 10~1,000원 • 코스닥 : 1~100원
최소가격 변동금액	12,500원 (0.05p×25만원)	1,000원 (0.02p×5만원)	1,000원 (0.1p×1만원)	• 코스피 : 100~10,000원 • 코스닥 : 10~1,000원
결제방법	현금결제	현금결제	현금결제	현금결제

* 선물 1계약금액(거래단위)＝해당 선물지수×거래승수

능하므로 현금결제를 통하여 주가지수선물거래를 청산하게 된다. 현재 우리나라에서 거래되고 있는 주가지수선물의 거래제도를 요약하면 〈표 2-9〉와 같다.

〈표 2-10〉은 코스피200선물 시세표를 예시한 것이다. 〈표 2-10〉에서 종가는 당일의 마지막 거래에 적용된 선물가격으로서 일일정산의 기준이 되며, 다음 날 거래의 기준가격이 된다. 시가는 당일의 첫 거래에 적용된 선물가격이며, 고가와 저가는 각각 당일 거래 중 가장 높은 가격과 낮은 가격을 의미한다. 여기서 종가로 산출된 20×1년 12월물 선물의 1계약금액은 8,757.5만원(350.30×25만원)이 된다. 그리고 미결제약정은 반대매매 또는 만기일의 인

표 2-10 코스피200선물 시세표(20×1년 10월 8일 현재) (단위 : 포인트, 계약)

종 목	종 가	전일대비	시 가	고 가	저 가	거 래 량	미결제약정
20×1년 12월물	350.30	−0.50	349.30	350.60	348.70	175,202	121,790
20×2년 3월물	349.30	−0.45	348.05	349.40	347.65	512	2,453
20×2년 6월물	349.55	−1.55	349.55	349.55	349.55	1	1,176
20×2년 9월물	0.00	0.00	0.00	0.00	0.00	0	183
20×2년 12월물	0.00	0.00	0.00	0.00	0.00	0	85
20×3년 6월물	0.00	0.00	0.00	0.00	0.00	0	36
20×3년 12월물	0.00	0.00	0.00	0.00	0.00	0	0

수도 등에 의해서 청산되지 않고 남아 있는 선물계약을 의미한다.

2.2 주가지수선물의 가격결정

주가지수선물의 가격은 앞에서 설명한 보유비용모형에 의해서 결정될 수 있다. 주가지수의 경우 이자비용을 제외한 현물보유비용은 발생하지 않고, 보유수익인 배당이 발생하는 자산으로 볼 수 있다.[12] 그러므로 식 (2-1)에 의해서 완전시장에서의 주가지수선물의 가격을 구하면 다음과 같다.[13]

$$F_{0,\,T} = S_0(1 + r_T) - D_T \qquad (2\text{-}7)$$

여기서 $F_{0,\,T}$: 현재시점에서 만기일이 T인 주가지수선물의 가격(지수)
S_0 : 현재시점에서의 주가지수
r_T : 현재시점에서 만기일까지 기간의 무위험이자율
D_T : 현재시점에서 만기일까지 기간 동안 지급된 배당(지수)의 T시점에서의 가치

또는

$$F_{0,\,T} = S_0(1 + r_T - d_T) \qquad (2\text{-}7)'$$

여기서 d_T : 현재시점에서 만기일까지 기간 동안 현물(주가지수)의 배당수익률(D_T/S_0)

식 (2-7) 또는 식 (2-7)′가 성립하지 않을 경우 차익거래가 발생하게 된다. 주가지수차익거래(index arbitrage)는 주가지수와 거의 같은 성격을 갖도록 만들어진 지수포트폴리오(indexed portfolio of stock) 또는 주가지수의 움직임을 잘 반영하는 소수의 대표적인 주식들로 구성한 포트폴리오 등을 이용함으로써 이루어진다. 그리고 대부분의 경우 주가지수차익거래는 프로그램거래(program trading)를 통해 이루어진다.[14]

---

12 현금배당이 지급되는 경우 주가지수가 감소(배당락)하게 된다. 따라서 주가지수선물가격은 현금배당에 해당하는 만큼 감소하게 된다. 그러나 현물(주가지수와 동일한 포트폴리오)의 소유자는 현금배당을 받을 수 있으며, 이는 현물보유로 인한 수익, 즉 보유수익이라 할 수 있다.

13 코스피200선물의 이론가격은 다음과 같이 계산된다.

$$\text{이론 선물가격} = \text{코스피200지수} \times \left[1 + (\text{연간 이자율} - \text{연간 배당수익률}) \times \frac{\text{잔여만기일 수}}{365}\right]$$

14 프로그램거래란 기관투자자들이 자신의 투자전략(예를 들어 차익거래전략 등)을 컴퓨터에 프

그러나 주가지수와 동일한 포트폴리오 구성의 어려움, 정확한 배당예측의 어려움, 다수의 거래로 인한 높은 거래비용 발생 등으로 인하여 완전한 주가지수차익거래가 어려울 수 있다. 따라서 선물가격과 이론적 선물가격 사이에 다소의 괴리가 있을 수 있음을 유의해야 한다.

알아두기

쿼드러플 위칭데이

쿼드러플 위칭데이(quadruple witching day)는 증권시장에서 코스피200선물, 코스피200옵션, 개별주식옵션, 개별주식선물 등 4가지 주식 관련 상품의 만기가 동시에 겹치는 날을 의미한다. 즉 코스피200선물, 코스피200옵션, 개별주식옵션, 개별주식선물이 동시에 만기일이 되는 3, 6, 9, 12월이 쿼드러플 위칭데이이다. 쿼드러플 위칭데이는 '네 명의 마녀'가 심술을 부리듯이 선물이나 옵션의 만기일에 선물·옵션과 현물의 포트폴리오(차익거래에 의해 구성된 포트폴리오)를 청산하거나 포지션을 변경함으로써 현물시장에서 주식거래량이 늘어남과 동시에 주가의 변동성이 커지는 것을 의미한다.

우리나라 파생상품시장은 선물·옵션 거래량 기준으로 한때 세계 1위를 기록할 정도로 성장하였다. 그럼에도 불구하고 한국 파생상품시장에서는 꼬리가 몸통을 흔드는 현상, 즉 '왝더독'(wag the dog) 현상도 자주 나타나곤 하였는데, 특히 쿼드러플 위칭데이에 심하였다. 가끔 조용히 지나가는 경우도 있기는 하지만 쿼드러플 위칭데이가 가까워지면 투자자들은 심리적으로 위축되기 쉽다. 따라서 대부분의 경우 쿼드러플 위칭데이에는 투자자의 투자심리가 위축되면서 약세장이 펼쳐지기 때문에 투자자들은 평상시보다 좀더 신중하게 주식거래를 해야 한다. 그러나 쿼드러플 위칭데이에는 무조건 현물 주식시장이 약세를 보이는 것은 아니다. 선물·옵션과 연계돼 매물화될 수 있는 매수차익거래(현물매수, 선물·옵션매도)의 잔고에 대한 청산물량이 많고 적음에 따라 장 분위기가 결정되기 때문이다. 매수차익거래의 잔고에 대한 청산물량이 적으면 증시충격은 그만큼 줄어들고, 많으면 증시악영향이 불가피하게 된다. 따라서 실제 증시에 미치는 영향의 정도는 심리적인 측면이 강한 쿼드러플 위칭데이보다는 그 시점에서 매수차익거래의 잔고에 대한 청산물량이 어느 정도인가에 따라 결정된다고 할 수 있다.

로그래밍함으로써 시황변동 시 컴퓨터가 자동적으로 매매시점을 포착하여 알려주면, 기관투자자들이 시장 내외의 상황을 종합적으로 판단한 후 주문을 발주하여 거래가 이루어지도록 하는 고도의 투자기법이다.

예제 2-4 주가지수선물의 가격결정

현재 KOSPI200지수는 240포인트, 무위험이자율은 연 8%, 그리고 KOSPI200지수에 포함되어 있는 주식들의 가중평균배당수익률은 연 4%이다. (단, 배당은 연중 균등하게 지급되며, 1개월은 30일이라고 가정한다.)

(1) 3개월 만기인 KOSPI200선물 1계약의 이론적 가격은? (단, KOSPI200선물의 계약당 거래승수는 ₩250,000임.)

(2) 현재 시장에서 3개월 만기 KOSPI200선물이 246포인트로 거래될 경우 차익거래를 통해서 얻을 수 있는 계약당 차익거래이익은 얼마인가?

(3) 현재 3개월 만기 KOSPI200선물이 236포인트로 거래될 경우 차익거래를 통해서 얻을 수 있는 계약당 차익거래이익은 얼마인가?

해설

(1) $F_{0,\,T}=S_0(1+r_T-d_T)=240\times\left[1+(0.08-0.04)\left(\frac{90\text{일}}{360\text{일}}\right)\right]=242.4\text{포인트}$

3개월물 KOSPI200선물 1계약의 가격은 6,060만원(=242.4×₩250,000)이다.

(2) 「KOSPI200선물지수(246포인트) > 이론적 KOSPI200선물지수(242.4포인트)」
→ 매수차익거래

차익거래	현금흐름(만원)	
	현재(0시점)	만기일(3개월 후)
KOSPI200선물 1계약 매도[1]	0	$6,150-S_T$
KOSPI200 복제포트폴리오 매입[2]	−6,000	$S_T+6,000\times0.01$
현금 차입	6,000	$-6,000\times(1+0.02)=-6,120$
차익거래이익	0	90

1. 246포인트×25만원=6,150만원
2. 240포인트×25만원=6,000만원

(3) 「KOSPI200선물지수(236포인트) < 이론적 KOSPI200선물지수(242.4포인트)」
→ 매도차익거래

차익거래	현금흐름(만원)	
	현재(0시점)	만기일(3개월 후)
KOSPI200선물 1계약 매입 KOSPI200 복제포트폴리오 공매도 현금 대출	0 6,000 $-6,000$	$S_T-5,900$ $-S_T-6,000\times0.01$ $6,000\times(1+0.02)=6,120$
차익거래이익	0	160

3 금리선물의 가격결정

3.1 금리선물의 특성 및 거래제도

금리선물(interest rate futures)이란 이자율에 의해서 가격이 결정되는 기초자산(채권)에 대한 선물계약을 의미한다. 현재 우리나라에서 거래되고 있는 금리선물의 거래제도를 살펴보면 〈표 2-11〉과 같다.

표 2-11 우리나라의 금리선물 거래제도

구 분	3년 국채선물	5년 국채선물	10년 국채선물
기초자산	3년 만기 국고채권 (표면금리 5%, 6개월 단위 이자지급)	5년 만기 국고채권 (표면금리 5%, 6개월 단위 이자지급)	10년 만기 국고채권 (표면금리 5%, 6개월 단위 이자지급)
거래단위	액면가 1억원	액면가 1억원	액면가 1억원
가격의 표시	액면가 100원당 원화 (백분율 방식)	액면가 100원당 원화 (백분율 방식)	액면가 100원당 원화 (백분율 방식)
호가가격단위	0.01포인트	0.01포인트	0.01포인트
최소가격변동금액*	10,000원	10,000원	10,000원
결제방법	현금결제	현금결제	현금결제

* 3년(5년, 10년) 국채선물의 최소가격변동금액 = 0.01% × 1억원 = 10,000원

3.2 금리선물의 가격결정

앞에서 설명한 보유비용모형에 의해서 금리선물의 이론적 가격을 도출할 수 있다. 현재 우리나라에서 거래되고 있는 금리선물의 기초자산인 3년(5년, 10년) 만기 국고채권은 확정이자부채권이므로 현물매입에 대한 기회비용인 이자비용을 제외한 현물보유비용은 발생하지 않으나 보유수익(매 6개월 지급 액면이자)이 발생한다. 그러므로 식 (2-1)에 의해서 완전시장에서의 국채선물의 가격을 구하면 다음과 같다.

$$F_{0,\,T} = S_0(1 + r_T) - D_T \qquad (2\text{-}8)$$

여기서 $F_{0,\,T}$: 현재시점에서 만기일이 T인 국채선물의 가격
S_0 : 현재시점에서의 현물(3년 국채선물일 경우 $T+3$년 만기 국고채권) 매입가격[15]
r_T : 현재시점에서 만기일까지 기간의 무위험이자율
D_T : 현재시점에서 만기일까지 기간 동안 지급되는 액면이자의 T시점에서의 가치

한편 현재시점에서 결정된 국채선물의 만기일에 적용될 이자율, 즉 선도이자율에 의해 국채의 내재선도가격(implied forward price)을 계산하는 방법으로 국채선물의 가격을 구할 수도 있다. 즉 현재 우리나라에서 거래되고 있는 3년 국채선물의 가격($F_{0,\,T}$)은 다음과 같이 구할 수 있다.[16]

$$F_{0,\,T} = \frac{2.5}{1+\frac{r}{2}} + \frac{2.5}{\left(1+\frac{r}{2}\right)^2} + \cdots + \frac{2.5}{\left(1+\frac{r}{2}\right)^6} + \frac{100}{\left(1+\frac{r}{2}\right)^6} \qquad (2\text{-}9)$$

여기서 r : 선도이자율

선도이자율이 5%라면 3년 국채선물가격은 100.00(1계약금액 = 100.00% × 1억원 = 10,000만원), 4.99%라면 3년 국채선물가격은 100.03(1계약금액 = 100.03% × 1억원 = 10,003만원), 5.01%라면 3년 국채선물가격은 99.97(1계약금액 = 99.97%

---

15 채권매입일 이전에 발생된 미지급이자를 포함한 가격임.

16 5년, 10년 국채선물의 가격도 3년 국채선물과 유사한 방식으로 계산할 수 있다.

×1억원=9,997만원)이 된다.

현금결제방식을 채택하고 있는 국채선물의 최종결제가격은 식 (2-9)와 같은 방식으로 산출가능한데, 이를 식으로 나타내면 다음과 같다.

$$\text{최종결제가격} = \frac{2.5}{1+\frac{r}{2}} + \frac{2.5}{\left(1+\frac{r}{2}\right)^2} + \cdots + \frac{2.5}{\left(1+\frac{r}{2}\right)^6} + \frac{100}{\left(1+\frac{r}{2}\right)^6} \quad (2\text{-}10)$$

식 (2-10)에서 r은 최종결제수익률이다. 최종결제가격의 기준이 되는 현물바스켓 최종결제수익률은 바스켓(basket)에 포함된 최종결제기준채권들의 최종거래일 유통수익률을 산술평균하여 구한다.

4 통화선물의 가격결정

4.1 통화선물의 특성 및 거래제도

외국통화를 기초자산으로 하는 통화선물(foreign exchange futures or foreign currency futures)은 1970년대 초반 국제통화제도가 고정환율제도에서 변동환율제도로 변화됨에 따라 급격한 환율변동에 따른 위험을 회피하기 위한 수단으로 거래되기 시작하였다. CME그룹에서는 유럽연합 유로(EURO : €), 영국 파운드(British Pound : £), 캐나다 달러(Canadian Dollar : C$), 일본 엔(Japanese Yen : ¥), 호주 달러(Australian Dollar : A$) 등 주요 통화에 대한 통화선물이 거래되고 있다.

알아 두기

통화선물의 유래

두 차례에 걸친 세계대전을 계기로 미국의 군수산업은 크게 성장했으며 막대한 외화를 획득하게 되었다. 2차 대전이 끝난 뒤 미국이 보유한 금의 규모는 전 세계 금의 2/3 이상을 차지할 정도였다. 당시는 브레튼 우즈 체제(Bretton Woods system)였다. 1944년 미국의 브레튼 우즈에서 열린 연합국 통화금융회의에서 채택된 브레튼 우즈 조약은 국제통화기금(International Monetary Fund : IMF)과 국제부흥개발은행(International Bank for Reconstruction and Development : IBRD)이 창설되는 계기가 되기도 했는데, 이 조약의 특징은 바로 금환본위제도이다. 미국이 보유한 금과 각국의 공적 보유 달러를 일정비율(금 1트로이온스 : 35달러)로 교환하는 제도로서 고정환율제도를 의미한다. 이 고정환율제는 1971년 8월 15일 닉슨(Nixson) 쇼크 이후 점차 붕괴되면서 킹스턴 체제(Kingston system)로 바뀌게 된다. 지금까지 이어지고 있는 변동환율제도의 시대가 열린 것이다. 환율제도의 혁신적인 변화는 무역업자, 금융업자들에게 환율변동이라는 변수를 제공했고, 외환시장 전반에 걸쳐 환리스크 관리에 관한 문제가 부각되었다. 이러한 상황에서 당시 시카고대학 경제학 교수였던 프리드만(Milton Friedman)은 논문을 통해 외환시장에서의 선물거래제도 도입의 필요성을 주장했다. 이러한 사회적인 분위기로 인해 1972년 시카고상업거래소(Chicago Mercantile Exchange : CME)가 기존의 상품선물 거래조직과 분리하여 국제통화시장(International Monetary Market : IMM)을 개설하고 7개국 통화에 대한 통화 선물거래를 시작하게 되었다. 이후 1970년대 후반 금리 및 환율의 변동성이 증대되면서 헤지와 투기수단으로 부각되었고, 1980년대에는 세계 주요 선물거래소에서 통화선물이 상장되기 시작했다. 통화선물은 외국통화를 기초자산으로 하는 금융선물거래를 의미하며, 외환선물이라 부르기도 한다.

알기 쉬운 증권 · 파생상품시장 지표 해설(한국거래소, 2009)

현재 우리나라에서 거래되고 있는 통화선물의 거래제도를 요약하면 〈표 2-12〉와 같다. 한국거래소(KRX)에서의 통화선물 매입자는 만기일에 원화를 지급하고 외국통화를 매입하게 되며, 통화선물 매도자는 만기일에 외국통화를 매도하고 원화를 받게 된다.

표 2-12 우리나라 통화선물의 거래제도

구 분	미국달러선물	엔 선 물	유로선물	위안선물
기초자산	미국달러	일본엔화	유로화	중국 역외위안화
거래단위	US $10,000	JP ￥1,000,000	EU €10,000	CNH ￥100,000
가격의 표시*	원/$	￥100당 원화	원/€	원/CNH ￥
최소가격 변동폭	0.10원/$	0.10원/￥100	0.10원/€	0.01원/CNH ￥
최소가격 변동금액	1,000원 ($10,000×0.10원/$)	1,000원 (￥1,000,000× 0.10원/￥100)	1,000원 (€10,000× 0.10원/€)	1,000원 (100,000위안× 0.01원/위안)
결제방법	인수도결제	인수도결제	인수도결제	인수도결제

* 자국통화표시환율(외국통화 한 단위의 가격을 자국통화로 나타내는 방법)

4.2 통화선물의 가격결정

통화선물의 가격도 앞에서 설명한 보유비용모형에 의해서 결정될 수 있다. 통화선물의 경우 기초자산이 외화이므로 현물(외화)매입에 대한 기회비용인 이자비용을 제외한 현물보유비용은 발생하지 않으나, 현물(외화)보유에 따른 보유수익(이자수익)이 발생한다. 그러므로 식 (2-1)에 의해서 완전시장에서의 통화선물의 가격을 구하면 다음과 같다.[17]

$$F_{0,T} = S_0(1 + r_T) - D_T \qquad (2\text{-}11)$$

여기서 $F_{0,T}$: 현재시점에서 만기일이 T인 통화선물의 가격(환율)
S_0 : 현재시점에서의 현물(외화)의 가격(환율)
r_T : 현재시점에서 만기일까지 기간 동안의 무위험이자율(국내)
D_T : 현재시점에서 만기일까지 기간 동안 현물(외화)을 해당국(외국)에 투자하여 얻을 수 있는 무위험이자수익의 T시점에서의 가치($F_{0,T} \cdot r_T^F$)

또는 보유수익부분을 차감한 가치, 즉 $S_0/(1 + r_T^F)$를 현물로 하는 경우 통화선물의 가격을 다음과 같이 도출할 수 있다.

17 환율은 자국통화표시환율로 표시되었다고 가정한다.

표 2-13 통화선물거래와 현물거래

거 래		현금흐름	
		현재(0시점)	만기일(T시점)
거래 Ⅰ	통화선물을 $F_{0,\ T}$로 매입	0	$S_T - F_{0,\ T}$
거래 Ⅱ	현물(외화)을 S_0로 매입	$-\dfrac{S_0}{1+r_T^F}$	S_T
	현금 차입	$\dfrac{S_0}{1+r_T^F}$	$-S_0\left(\dfrac{1+r_T}{1+r_T^F}\right)$
	합 계	0	$S_T - S_0\left(\dfrac{1+r_T}{1+r_T^F}\right)$

$$F_{0,\ T} = S_0\left(\frac{1+r_T}{1+r_T^F}\right) \qquad (2\text{-}11)'$$

여기서 r_T^F : 현재시점에서 만기일까지 기간의 무위험이자율(외국)

이는 앞의 〈표 2-1〉과 동일한 방법으로 구성된 〈표 2-13〉과 같은 두 개의 거래에 의해서 확인할 수 있다.

통화선물가격(환율)이 식 (2-11) 또는 (2-11)′에서 도출된 이론적 선물가격(환율)과 다를 경우, 매수차익거래 또는 매도차익거래가 지속적으로 발생하여 선물환율은 이론적 선물환율과 같아지게 된다.

예제 2-5 통화선물의 가격결정

대미달러화 현물환율은 ₩1,120.60/$이고, 국내 이자율은 연리 4%이며, 미국 내 이자율은 연리 2%이다. 1년 만기 미국달러선물 1계약의 가격은?

해설

먼저 1년 만기 미국달러선물의 환율을 구하면 다음과 같다.

$$F_{0,\ T} = S_0\left(\frac{1+r_T}{1+r_T^F}\right) = ₩1,120.60/\$ \times \left(\frac{1+0.04}{1+0.02}\right) = ₩1,142.57/\$$$

1년 만기 미국달러선물 1계약의 가격은 ₩11,425,700(=₩1,142.57/$×$10,000)이 된다.

알아두기 **통화선물의 가격과 이자율평가이론**

통화선물의 가격은 일정기간 후에 사고팔기로 약속하는 외국통화의 가격(선도가격)으로서 선물환율을 의미한다. 통화선물의 가격, 즉 선물환율의 결정원리는 이자율평가이론(interest rate parity theorem)에 근거한다.[18] 이자율평가이론에 의하면 현재 국내 원화를 국내은행에 예금하여 일정기간 후 얻게 되는 원리금과 국내 원화를 외환으로 환전하여 해외은행에 예금하여 일정기간 후 얻게 되는 원리금이 동일해진다. 이런 상황에서 선물환율을 구할 수 있다. [예제 2-5]를 이자율평가이론의 원리를 적용하여 풀이해 보면 다음과 같다.

국내에 ₩1,120.60원을 국내은행(연리 4%)에 예금하여 1년 뒤 받는 원리금은 ₩1,120.60×(1+0.04)이다. $1을 미국은행(연리 2%)에 예금하여 1년 뒤 받는 원리금은 $1×(1+0.02)이다. 이자율평가이론에 의하면 선물환율은 ₩1,120.60×(1+0.04)과 $1×(1+0.02)이 동일해지는 수준인 ₩1,142.57/$ $\left[=\dfrac{₩1,120.60\times(1+0.04)}{\$1\times(1+0.02)}\right]$ 에서 결정된다.

5 소비자산에 대한 선물의 가격결정

투자가치 때문이 아니라 소비가치를 생각해서 상품을 보유하는 투자자들은 상품(현물)을 매도하고 선물을 매입하는 거래를 꺼리게 된다. 왜냐하면 선물계약은 소비에 사용할 수 없기 때문이다. 따라서 차익거래논리에 의해서 도출된 보유비용모형을 그대로 적용하기는 어렵다.

5.1 편의가치와 선물가격

소비목적으로 보유하는 상품의 경우 상품보유에 따른 혜택 또는 잠재적 효용, 즉 편의가치(convenience value)가 존재하며, 이를 보상받지 못한다면 그 자산을 매도하고 선물을 매입하는 거래를 하지 않을 것이다. 상품보유로 인

---

18 이자율평가이론은 제5장에서 자세히 설명할 것이다.

한 편의가치는 앞에서 설명한 배당 또는 이자수익 등의 보유수익과 유사한 개념으로 볼 수 있다. 따라서 편의가치가 존재하는 경우 보유비용모형은 다음과 같이 수정될 수 있다.

$$F_{0,\,T} = S_0(1 + r_T) + C_T - D_T - V_T \qquad (2\text{-}12)$$

여기서 V_T : 현재시점에서 T시점까지 기간 동안 발생한 편의수익의 T시점에서의 가치

그러나 편의가치는 측정이 용이하지 않고 자산보유자에 따라 그 가치가 달라질 수 있다는 점에서 보유수익과는 다르기 때문에 식 (2-12)를 실제로 적용하는 데는 문제가 있다.

5.2 선물가격과 기대현물가격의 관계

시장의 불완전성과 선물거래대상인 기초자산의 특성상의 차이(예를 들어 보관이 불가능한 상품 등)로 인해 차익거래기회가 존재하지 않기 위한 선물가격의 범위는 확대된다. 특히 농산물 등 보관이 불가능한 상품의 경우에는 차익거래논리를 적용하기 어렵기 때문에 보유비용모형에 의해서는 선물가격의 범위도 정할 수 없을 것이다. 즉 지금까지 설명한 보유비용모형에 의해서 모든 선물의 가격을 제시하기는 어렵다.

이와 같은 경우 선물가격을 설명하는 대표적인 세 가지 가설은 다음과 같다.[19]

첫째, 기대가설(expectation hypothesis)에 의하면 선물가격은 만기일의 기대현물가격과 일치한다.

$$F_{0,\,T} = E(S_T) \qquad (2\text{-}13)$$

여기서 $E(S_T)$: 만기일의 기대현물가격

기대가설은 투자자들이 위험중립적이라는 다소 비현실적인 가정하에서

---

19 보유비용모형에서는 선물가격은 기대현물가격이 아닌 현물가격에 의해서 결정된다. 따라서 보유비용모형에 의해서 선물가격을 도출할 때는 투자자들의 위험에 대한 태도를 고려할 필요가 없음을 유의해야 한다.

도출된 것이다.

둘째, 정상적 백워데이션가설(normal backwardation hypothesis)에 의하면 선물가격은 만기일의 기대현물가격보다 낮게 형성된다.

$$F_{0,\,T} < E(S_T) \tag{2-14}$$

이와 같은 상황은 헤저들이 선물시장에서 매도포지션을 취하여 선물의 매도초과현상이 발생되는 경우, 헤저들은 투기자들이 선물을 매입하도록 유인하기 위하여 선물가격을 기대현물가격보다 낮게 형성시킨다는 것을 의미한다. 기대현물가격과 선물가격간의 차이는 헤저가 자신의 위험헤징에 대한 대가(투기자에게 위험을 전가하는 대가)로서 투기자에게 지급하는 위험프리미엄의 성격을 가지고 있다.

셋째, 콘탱고가설(contango hypothesis)에 의하면 선물가격은 만기일의 기대현물가격보다 높게 형성된다.

$$F_{0,\,T} > E(S_T) \tag{2-15}$$

이와 같은 상황은 헤저들이 선물시장에서 매입포지션을 취하여 선물의 매입초과현상이 발생되는 경우, 헤저들은 투기자들이 선물을 매도하도록 유인하기 위하여 선물가격을 기대현물가격보다 높게 형성시킨다는 것을 의미한다. 선물가격과 기대현물가격간의 차이는 헤저가 자신의 위험헤징에 대한 대가(투기자에게 위험을 전가하는 대가)로서 투기자에게 지급하는 위험프리미엄의 성격을 가지고 있다.

선물가격은 만기가 다가옴에 따라 기대현물가격에 접근하는 경향이 있다. 왜냐하면 만기일의 선물가격은 바로 현물가격과 일치하기 때문이다. 정상적 백워데이션하에서는 선물가격이 계속 상승하여 만기일에 현물가격과 같게 되며, 콘탱고하에서는 선물가격이 계속 하락하여 만기일에 현물가격과 같게 된다.[20] 이와 같은 관계를 그림으로 나타내면 [그림 2-1]과 같다.

20 실무에서는 현물가격이 선물가격보다 높고 근월물선물가격이 원월물선물가격보다 높은 구조

그림 2-1 선물가격과 기대현물가격의 관계

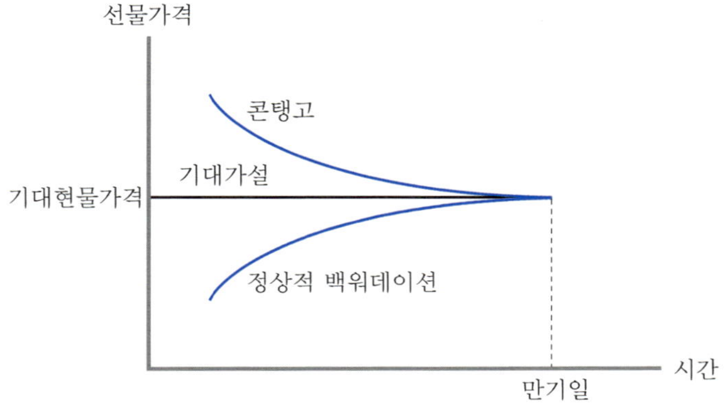

알아두기 날씨를 대상으로 한 선물

곡물, 청량음료를 생산하는 기업과 에너지, 레저 관련 기업들의 성과는 날씨의 영향을 많이 받는다. 따라서 이런 기업들은 날씨가 기업 성과에 미칠 수 있는 영향을 제거하기를 원한다. 이런 기업의 수요에 부응할 수 있도록 날씨를 대상으로 한 선물인 날씨파생상품이 등장하게 되었다. 날씨파생상품은 1997년 장외시장에서 처음 거래되었으며, 1999년부터 날씨선물과 날씨선물에 대한 옵션이 시카고상업거래소(CME)에 상장되어 거래되고 있다. 날씨파생상품에는 온도를 대상으로 한 파생상품 이외에 일조일 수, 서리낀 날 수, 눈온 날 수 등을 대상으로 한 파생상품 등이 있다.

알면 신나는 파생상품 이야기(산업은행트레이닝센터, 2009. 5. 25)

를 지닌 시장을 백워데이션시장 또는 역조시장(inverted market)이라고 하며, 백워데이션시장과 반대의 양상을 지닌 시장을 콘탱고시장 또는 정상시장(normal market)이라고 한다.

주요 용어

key words

연습문제

■ 완성/선택형 문제

01 이론적 선물가격은 현물가격에 만기일까지 발생한 (   )을 합한 후, (   )을 차감한 값이라 할 수 있다.

02 선물가격이 이론적 선물가격보다 높은 경우에는 과대평가된 (   )을 매도하고, 과소평가된 (   )을 매입하여 보유하는 매수차익거래에 의해서 차익거래 이익을 얻을 수 있다.

03 (   )이란 이자율에 의해서 가격이 결정되는 기초자산(채권)에 대한 선물계약을 의미한다.

04 농산물 등 보관이 불가능한 상품의 경우에는 차익거래논리를 적용하기 어렵기 때문에 보유비용모형에 의해서는 선물가격의 범위도 정할 수 없을 것이다. 이와 같은 경우 선물가격을 설명하는 대표적인 세 가지 가설은 다음과 같다.

첫째, (   )에 의하면 선물가격은 만기일의 기대현물가격과 일치한다.

둘째, (   )에 의하면 선물가격은 만기일의 기대현물가격보다 낮게 형성된다.

셋째, (   )에 의하면 선물가격은 만기일의 기대현물가격보다 높게 형성된다.

05 보유비용모형에서 선물가격을 결정하는 요인과 거리가 가장 먼 것은?

① 현물가격 ② 선물만기일의 기대현물가격
③ 이자비용 ④ 보유수익
⑤ 보유비용

06 다음 중 일반상품 선물의 보유비용(cost of carry)을 구성하는 요소가 아닌 것은?

① 탁송료 ② 검사료 ③ 이자비용
④ 배당금 ⑤ 보관료

07 선물의 가격결정과 관련된 다음의 설명 중 옳지 않은 것은?

① 이론적 선물가격은 현물가격에 만기일까지 발생한 모든 보유수익을 합한 후, 보유비용을 차감한 값이라 할 수 있다.
② 선물가격이 일시적으로 이론적 가격을 이탈하면, 즉각적으로 차익거래자에 의해 차익거래가 일어나 선물가격은 이론적 가격으로 되돌아가고 더 이상 차익거래가 일어나지 않게 된다.
③ 선물가격이 이론적 선물가격보다 높은 경우에는 과대평가된 선물을 매도하고, 과소평가된 현물을 매입하여 보유하는 매수차익거래에 의해서 차익거래이익을 얻을 수 있다.
④ 선물가격이 이론적 선물가격보다 낮은 경우에는 과소평가된 선물을 매입하고, 과대평가된 현물을 공매도하는 매도차익거래에 의해서 차익거래이익을 얻을 수 있다.
⑤ 불완전시장에서의 선물가격은 일정한 범위 내에서 결정되며, 이 범위를 벗어나면 차익거래가 발생하게 된다.

08 주가지수선물에 대한 다음의 설명 중 옳지 않은 것은?

① 주가지수는 실체가 없는 추상적인 수치로서 만기일에 현물결제가 불가능하므로 현금결제를 통하여 주가지수선물거래를 청산하게 된다.

② 주식을 보유하고 있는 투자자는 주가지수선물을 이용하여 체계적 위험을 줄일 수 있다.
③ 미결제약정은 반대매매 또는 만기일의 인수도 등에 의해서 청산되지 않고 남아 있는 선물계약을 의미한다.
④ 주가지수차익거래는 주가지수와 거의 같은 성격을 갖도록 만들어진 지수 포트폴리오 또는 주가지수의 움직임을 잘 반영하는 소수의 대표적인 주식들로 구성한 포트폴리오 등을 이용함으로써 이루어진다.
⑤ 우리나라에서 거래되고 있는 코스피200선물과 코스닥150선물의 거래승수는 모두 1포인트당 50만원이다.

09 선물가격과 기대현물가격간의 관계에 관한 다음의 설명 중 옳지 않은 것은?

① 농산물 등 보관이 불가능한 상품의 경우에는 차익거래논리를 적용하기 어렵기 때문에 보유비용모형에 의해서는 선물가격의 범위도 정할 수 없다.
② 기대가설(expectation hypothesis)에 의하면 선물가격은 만기일의 기대현물가격과 일치한다.
③ 정상적 백워데이션가설(normal backwardation hypothesis)에 의하면 선물가격은 만기일의 기대현물가격보다 낮게 형성된다.
④ 콘탱고가설(contango hypothesis)에 의하면 선물가격은 만기일의 기대현물가격보다 높게 형성된다.
⑤ 선물의 만기가 다가옴에 따라 선물가격과 기대현물가격의 차이가 확대되는 경향이 있다.

10 현재 원/달러 현물환율은 1,100원, 국내이자율은 연 3%, 미국 내 이자율은 연 2%이다. 만기가 3개월(90일)인 미국달러선물 1계약의 이론적 가격에 가장 가까운 것은? (단, 1년은 360일로 가정하며, 미국달러선물의 거래단위는 10,000달러이다.)

① 11,015,200원 ② 11,027,400원 ③ 11,035,500원
④ 11,047,100원 ⑤ 11,055,900원

11 현재 자본시장에서는 무위험자산이 존재하고, 유가증권가격은 자본자산가격결정모형(CAPM)에 의해 결정되며, 선물가격은 현물－선물 패리티(parity)에 따라 결정된다. 배당지급이 없는 유가증권의 선물가격과 기대현물가격(expected spot price)과의 관계에 대한 다음 설명 중 타당한 것은? (CPA 1차 1999)

① 정(+)의 체계적 위험을 지닌 유가증권의 경우 선물가격은 기대현물가격보다 높다.

② 정(+)의 체계적 위험을 지닌 유가증권의 경우 선물가격은 기대현물가격과 동일하다.

③ 정(+)의 체계적 위험을 지닌 유가증권의 경우 선물가격은 기대현물가격보다 낮다.

④ 부(－)의 체계적 위험을 지닌 유가증권의 경우 선물가격은 기대현물가격과 동일하다.

⑤ 부(－)의 체계적 위험을 지닌 유가증권의 경우 선물가격은 기대현물가격보다 낮다.

12 (주)베타의 현재 주가는 10,000원이다. 이 주식을 기초자산으로 하며 만기가 6개월인 선물이 선물시장에서 11,000원에 거래되고 있다. 이 기업은 앞으로 6개월간 배당을 지급하지 않으며 현물 및 선물의 거래에 따른 거래비용은 없다고 가정한다. 무위험이자율 연 10%로 대출과 차입이 가능할 때 차익거래에 관한 다음의 설명 중 옳은 것은? (CPA 1차 2008 수정)

① [주식 공매도＋대출＋선물 매입] 전략을 이용해 차익거래이익을 얻을 수 있다.

② [주식 공매도＋차입＋선물 매입] 전략을 이용해 차익거래이익을 얻을 수 있다.

③ [주식 매입＋대출＋선물 매도] 전략을 이용해 차익거래이익을 얻을 수 있다.

④ [주식 매입＋차입＋선물 매도] 전략을 이용해 차익거래이익을 얻을 수 있다.

⑤ 차익거래 기회가 없다.

13 현재 KOSPI200지수는 75.00포인트이고, 만기 3개월물 KOSPI200선물지수는 76.00포인트에 거래되고 있다. KOSPI200지수를 구성하는 주식들의 평균배당수익률은 연 4%이고, 무위험이자율은 8%이다. 이런 시장 상황에서 지수차익거래가 가능한가? 가능하다면 차익거래의 결과 어떠한 변화가 예상되는가? (차익거래와 관련된 모든 거래비용은 무시하기로 한다.) (CPA 1차 2003)

① 차익거래가 불가능하다.
② 차익거래에 의해 KOSPI200지수와 3개월물 KOSPI200 선물가격이 상승한다.
③ 차익거래에 의해 KOSPI200지수가 상승하고, 3개월물 KOSPI200 선물가격이 하락한다.
④ 차익거래에 의해 KOSPI200지수와 3개월물 KOSPI200 선물가격이 하락한다.
⑤ 차익거래에 의해 KOSPI200지수가 하락하고, 3개월물 KOSPI200 선물가격이 상승한다.

14 현재 코스피200지수는 200.00이고 잔존만기가 3개월인 6월물 코스피200지수 선물의 가격은 202.30이다. 그리고 현재 3개월물 CD이자율은 연 3%, 코스피200지수의 배당수익률은 연 1%이다. 1개월은 30일, 이자율 및 수익률은 이산복리가 적용되며, 시장은 완전하다고 가정한다. 다음 설명 중 적절하지 않은 것은?

① 코스피200선물의 이론가격은 205.00p이다.
② 코스피200선물 매도, 차입, 주식포트폴리오 매수를 통한 차익거래가 기대된다.
③ 현재 코스피200선물은 고평가되어 있다.
④ 매수차익거래로 인해 코스피200선물의 가격이 하락할 것이다.
⑤ 코스피200선물은 콘탱고상태에 놓여 있다.

15 A사 주식의 현재 주가는 10만원, 주식의 연간 배당수익률이 1%, 연간 이자율이 3%라고 할 때 잔존만기가 3개월(91일)인 A사 주식선물의 이론가격에 가장 가까운 것은? (단, 1년은 365일이며 이자율 및 수익률은 이산복리가 적용된다고 가정한다.)

① 100,320원 ② 100,380원 ③ 100,433원
④ 100,499원 ⑤ 100,536원

16 선물가격결정에 관한 다음 설명 중 틀린 것은?

① 편의수익이란 현물을 실제로 보유할 때 선물 매입포지션이 주지 못하는 편의를 말하며, 상품선물의 가격결정 시 현물가격에 순보유비용(이자비용 + 보유비용 − 보유수익)을 더하고 편의수익을 차감한다.
② 보유비용모형에 의하면 선물의 이론가격은 현물가격에 순보유비용을 더하여 결정된다.
③ 주가지수선물의 가격결정 시 현물가격에 이자비용을 더하고 배당금 등의 수익을 차감한다.
④ 이자율이 배당수익률보다 높은 경우 주가지수선물의 이론가격은 현물가격보다 높게 형성된다.
⑤ 보유비용모형에 의하면 금융선물의 경우 순보유비용은 항상 양(+)의 값을 갖는다.

17. 배당을 지급하지 않는 주식 A의 현재 가격은 10달러이다. 현재 환율은 1달러당 1,100원이고, 달러화에 대한 무위험이자율은 1%이며, 원화에 대한 무위험이자율은 3%이다. 주식 A를 1년 후에 원화로 구입하는 선도계약이 가능할 때, 선도가격에 가장 가까운 것은? 단, 무위험이자율로 차입과 대출이 가능하고, 공매도가 허용되며, 거래비용과 차익거래기회가 없다. (CPA 1차 2021)

① 10,786원 ② 11,000원 ③ 11,110원
④ 11,330원 ⑤ 11,443원

■ 서술/계산형 문제

01 현재 우리나라 주가지수선물의 거래제도에 대해서 설명하라.

02 현재 우리나라 금리선물의 거래제도에 대해서 설명하라.

03 현재 우리나라 통화선물의 거래제도에 대해서 설명하라.

04 선물가격과 기대현물가격의 관계에 대해서 설명하라.

05 금선물의 가격결정 (CPA 2차 2012)

만기가 1년인 금선물계약을 고려하자. 금의 현물가격은 온스당 400달러이고 무위험이자율은 연 10%이다. 보관비용은 연간 온스당 2달러이며 만기에 지불된다. 금선물 1계약은 금 100온스 기준이다. 선물거래에 대해서는 만기에 가서 현물을 인수 또는 인도함으로써 계약을 이행한다고 가정하자.

(1) 금선물의 균형가격을 계산하라.

(2) 선물가격이 500인 경우 차익거래(arbitrage)를 통한 차익(payoff)을 계산하라. 계산결과는 아래의 표를 이용하여 시점별 현금흐름의 관점에서 표기하라. (단, 선물계약 1단위 기준으로 작성한다.)

거래내용	$t=0$	$t=1$
⋮	⋮	⋮
차익(payoff)		

(3) 선물가격이 420인 경우 차익거래(arbitrage)를 통한 차익(payoff)을 계산하라. 계산결과는 물음 (2)와 동일하게 표를 이용하여 시점별 현금흐름의 관점에서 표기하라. (단, 선물계약 1단위 기준으로 작성한다.)

(4) 위 질문과 무관하게, 거래금액의 90%에 한해서 공매도가 허용되며 예치금에 대해서는 3%의 이용료가 지급된다. 차입이자율(borrowing rate)과 대출이자율(lending rate)이 각각 12%, 8%일 때 금선물의 차익거래(arbitrage)가 발생하지 않는 비차익구간(no-arbitrage bounds)을 추정하라. 계산결과는 물음 (2)와 동일하게 표를 이용하여 시점별 현금흐름의 관점에서 표기하라. (단, 선물계약 1단위 기준으로 작성한다.)

06 주가지수선물의 가격결정

현재 KOSPI200지수는 260포인트, 무위험이자율은 연 6%, 그리고 KOSPI200지수에 포함되어 있는 주식들의 가중평균배당수익률은 연 4%이다.

(1) 6개월 만기 KOSPI200선물 1계약의 이론적 가격은?

(2) 현재 6개월 만기 KOSPI200선물이 263.4포인트로 거래될 경우 차익거래를 통해서 얻을 수 있는 계약당 차익거래이익은 얼마인가? (단, 차익거래이익이 현재시점에서 발생되도록 차익거래과정을 구성하라.)

(3) 다음과 같은 불완전시장요인이 존재할 경우 6개월 만기 KOSPI200선물 1계약의 가격은 어떤 범위 내에 있어야 하는가?

- 선물 1계약을 매입 또는 매도할 때와 선물포지션을 청산할 때의 수수료는 각각 5만원씩이다.
- KOSPI200 복제포트폴리오를 매입 또는 매도할 때와 현물포지션을 청산할 때의 수수료는 각각 6만원씩이다.
- 차입이자율은 7%, 대출이자율은 5%이다.
- 공매도자금 중 사용가능한 비율은 90%이다.

(4) 물음 (3)에서 6개월 만기 KOSPI200선물 1계약의 가격이 6,450만원일 경우 차익거래과정을 보이고 차익거래이익을 구하라.

07 금리선물을 이용한 차익거래 (CPA 2차 1995 수정)

현재 시장에서 거래되고 있는 1년 만기 할인채권 A와 2년 만기 할인채권 B에 대한 자료는 다음과 같다.

- 채권 A : 만기＝1년, 액면가＝100만원, 시장가격＝93만원
- 채권 B : 만기＝2년, 액면가＝100만원, 시장가격＝87만원

그리고 1년 후 인도되는 1년 만기 할인채권(액면가＝100만원)은 선물시장에서 현재 95만원의 선물가격으로 거래되고 있다.

(1) 1년도 말부터 2년도 말까지 기간의 내재선도이자율은?

(2) 선물의 매도포지션과 동일한 현물의 투자전략은?

(3) 물음 (2)의 투자전략에 의해서 얻을 수 있는 차익거래이익은?

08 고급 금리선물의 만기간 스프레드

현재 채권시장에서는 액면가가 1,000만원으로 동일하나, 만기가 1년, 2년, 3년으로 다른 3개의 순수할인채권 A, B, C가 거래되고 있으며, 이와 같은 순수할인채권을 이용하여 계산한 현물이자율은 다음과 같다.

만기(년)	현물이자율
1	5%
2	6%
3	7%

현재 금리선물시장에서는 다음과 같은 금리선물이 거래되고 있다.

종　　목	금리선물의 만기일	기초자산
금리선물 FB1	1년	만기 1년, 액면가 1,000만원, 순수할인채권
금리선물 FC1	1년	만기 2년, 액면가 1,000만원, 순수할인채권
금리선물 FC2	2년	만기 1년, 액면가 1,000만원, 순수할인채권

이상의 자료를 이용하여 다음의 물음에 답하라.

(1) 금리선물 FB1, FC1, FC2의 이론적 가격은?

(2) 현물 채권을 이용하여 내재선도가격을 구한 후 물음 (1)의 결과와 같음을 확인하라.

(3) 현재 920만원의 가격으로 거래되고 있는 금리선물 FC2의 매입포지션과 동일한 금리선물의 투자전략은?

(4) 물음 (3)의 투자전략에 의해서 얻을 수 있는 차익거래이익은?

09 통화선물의 가격결정과 차익거래

대미달러화 현물환율은 ₩980.70/$이고, 국내 이자율은 연리 6%이며, 미국 내 이자율은 연리 5%이다. (단, 미국달러선물의 거래단위는 10,000달러이다.)

(1) 1년 만기 미국달러선물 1계약의 가격은?

(2) 1년 만기 선물환율이 ₩985.40/$일 경우, 미국달러선물 1계약을 이용하여 얻을 수 있는 차익거래이익은?

[보론 1]
미국의 금리선물

미국의 CME그룹에서 거래되고 있는 대표적인 금리선물에는 유로달러(Eurodollar)선물, T-bond(Treasury bond)선물 등이 있으며, 이와 같은 선물들의 거래제도는 〈표 2A-1〉과 같다.

표 2A-1 미국 주요 금리선물의 거래제도

구 분	유로달러선물	T-bond선물
기초자산	유로달러(3개월)	T-bond
기초자산 특성	순수할인채권	확정이자부채권
거래단위	액면금액 $1,000,000	액면금액 $100,000
가격의 표시(호가방식)	IMM지수	액면금액에 대한 비율
최소가격변동폭 (최소가격변동금액)	1베이시스포인트 ($25)*	1/32% ($31.25)**
결제방법	현금결제	인수도결제

* 단기 금리선물의 최소가격변동금액(1tick의 가치) $= 0.01\% \times \$1{,}000{,}000 \times \frac{90일}{360일} = \$25$
(1베이시스포인트(basis point) = 0.01%)

** 중장기 금리선물의 최소가격변동금액(1tick의 가치) $= 1/32\% \times \$100{,}000 = \$31.25$

A1.1 T-bond선물

중장기 금리선물로 가장 보편적인 것은 CME그룹에서 거래되는 T-bond와 T-note에 대한 선물계약이다. T-note선물에 대한 대부분의 내용들이 T-bond선물과 유사하기 때문에 여기서는 T-bond선물을 중심으로 설명하기로 한다.

T-bond선물의 호가는 액면금액에 대한 비율(%), 즉 100달러 액면가액을 기준으로 표시되며 구체적으로 1/32달러 단위로 표시된다. 예를 들어 T-bond선물의 가격(호가)이 95−25라면, T-bond선물 1계약의 금액은 \$95,781.25 $\left[\left(95+\frac{25}{32}\right)\% \times \$100{,}000\right]$이다. 호가된 선물가격에 의해 산정된 선물결제금액과 선물매도자가 인도일에 실제로 받아야 하는 금액, 즉 인도금액(invoice amount)은 다르며, 인도금액은 다음과 같이 계산된다.

$$\text{인도금액} = \text{선물결제금액} \times \text{전환계수} + \text{발생이자} \qquad (2A\text{-}1)$$

식 (2A-1)에서 채권의 전환계수(conversion factor)는 만기 동안 이자율이 연간 6%(반년복리 기준)라는 가정하에서 구한 인도월 최초일 기준의 원금 1달러당 채권의 공시가격이다.

알아두기

채권의 전환계수 산출

채권의 전환계수는 만기 동안 이자율이 연간 6%(반년복리 기준)라는 가정하에서 구한 인도월 최초일 기준의 원금 1달러당 채권의 공시가격이다. 전환계수를 계산할 때 채권의 만기와 이자지급일까지의 기간은 3개월 단위로 절사하여 구한다. 이와 같은 방법으로 거래소는 포괄적으로 전환계수를 제시한다. 3개월 미만의 기간을 절사한 후 채권의 만기가 6개월 단위로 정확히 나뉘면, 첫 번째 이자는 6개월 후에 지급하는 것으로 가정한다. 그러나 3개월 미만의 기간을 절사한 후 채권의 만기가 6개월 단위로 정확히 나뉘지 않으면(예를 들어 3개월이 남는 경우), 첫 번째 이자는 3개월 후에 지급하는 것으로 가정하고 발생이자는 차감된다.[21]

■ 사례 1 : 액면이자율이 연 10%이고 만기가 20년 2개월 남은 이표채의 전환계수 계산

전환계수를 계산하기 위하여 이 채권은 정확하게 20년의 만기를 가지며, 최초 이자지급일이 6개월 후인 것으로 가정한다. 이자는 원금이 상환되는 20년 후까지 매 6개월마다 지급되며, 할인율은 반년복리 기준으로 연 6%(또는 6개월 3%)이다. 이와 같은 채권의 전환계수를 구하면 다음과 같다.

---

21 김철중 · 윤평식 역, 파생상품의 평가와 헷징전략, 제8판(퍼스트 북, 2014), pp. 184~185 참조.

$$\text{채권의 전환계수} = \sum_{t=1}^{40} \frac{0.05}{(1+0.03)^t} + \frac{1}{(1+0.03)^{40}} = 1.4623$$

■ 사례 2 : 액면이자율이 연 8%이고 만기가 18년 4개월 남은 이표채의 전환계수 계산

전환계수를 계산하기 위하여 이 채권은 정확하게 18년 3개월의 만기를 가지는 것으로 가정한다. 먼저 채권의 전환계수를 3개월 후 시점의 가치로 할인(반년 복리 기준으로 연 6%)하여 구하면 다음과 같다.

$$\text{채권의 전환계수(3개월 후 시점)} = 0.04 + \sum_{t=1}^{36} \frac{0.04}{(1+0.03)^t} + \frac{1}{(1+0.03)^{36}}$$
$$= 1.2583$$

3개월 후 시점의 전환계수를 할인하여 현재가치로 환산한 후 처음 3개월간 채권이자 0.02를 차감하면 채권의 전환계수를 구할 수 있다.

$$\text{채권의 전환계수} = \frac{1.2583}{(1+0.03)^{1/2}} - 0.02 = 1.2198$$

그리고 최종이자지급일과 인도일 사이에 발생된 이자(accrued interest)는 현물(T-bond 등)소유자(선물매도자)에게 귀속되어야 하나, 선물매입자가 현물을 인수한 후(인도일 이후의 정기 이자지급일)에 받게 된다.[22] 따라서 선물매도자가 인도일에서의 인도금액을 계산할 때 이를 포함시켜야 한다. 인도일에서의 발생된 이자는 다음과 같이 계산될 수 있다.

$$\text{발생이자} = \text{6개월간 액면이자액} \times \left(\frac{\text{최종이자지급일로부터 경과된 일수}}{\text{6개월 동안의 일수}} \right)$$

예를 들어 액면이자율이 12%, 전환계수가 1.3755, 그리고 인도일 30일 전에 이자를 지급하는 T-bond선물이 105－25로 호가되는 경우, 선물매도자가 인도일에서 받아야 하는 금액, 즉 인도금액은 다음과 같이 계산될 수

22 T-bond, T-note 등은 1년에 두 번 이자를 지급한다.

있다.[23]

$$
\begin{aligned}
&\text{인도금액}\\
&=\left(105+\frac{25}{32}\right)\% \times \$100{,}000 \times 1.3755+\left(\frac{\$100{,}000 \times 0.06 \times 30\text{일}}{180\text{일}}\right)\\
&=\$146{,}502.11
\end{aligned}
$$

T-bond선물의 인도일에 인도할 수 있는 채권은 매우 다양하다.[24] 이 경우 선물매도자는 인도 가능한 채권 중 가격이 가장 낮은 채권, 즉 최저인도가채권(cheapest-to-deliver bond)을 선택할 수 있다. 최저인도가채권은 선물매도자가 인도일에 채권을 인도하고 받게 되는 금액, 즉 인도금액과 현물(채권)의 매입금액(채권가격+발생이자)의 차이(π)가 가장 큰 채권을 의미한다.

$$\pi = \text{선물결제금액} \times \text{전환계수} - \text{채권가격}$$

T-bond선물의 이론적 가격을 정확히 결정하는 것은 어려운 일이다. 왜냐하면 인도시기 및 인도채권의 선택과 관련된 선물매도자의 권리를 쉽게 평가할 수 없기 때문이다. 그러나 인도일과 최저인도가채권이 알려져 있다고 가정하는 경우에는 지금까지 설명한 보유비용모형에 의해서 T-bond선물의 이론적 가격을 도출할 수 있다.

T-bond의 경우 확정이자부채권이므로 현물매입에 대한 기회비용인 이자비용을 제외한 현물보유비용은 발생하지 않으나 보유수익(매 6개월 지급 액면이자)이 발생한다. 그러므로 앞의 식 (2-1)에 의해서 완전시장에서의 T-bond선물의 가격을 구하면 다음과 같다.

---

23 이자가 지급되는 6개월간 일수를 실제로 계산하여야 하나 여기서는 180일이라고 가정하였다.

24 T-bond선물계약에서는 인도월 최초일 기준으로 15~25년 사이의 만기를 갖는 어떤 국채도 인도될 수 있다.

$$F_{0,\,T} = S_0(1 + r_T) - D_T \qquad (2A\text{-}2)$$

여기서 $F_{0,\,T}$: 현재시점에서 인도일이 T인 T-bond선물의 가격
S_0 : 현재시점에서의 현물(최저인도가채권) 매입가격[25]
r_T : 현재시점에서 인도일까지 기간의 무위험이자율
D_T : 현재시점에서 인도일까지 기간 동안 지급되는 액면이자의 T시점에서의 가치

식 (2A-2)에 의해서 도출된 T-bond선물의 이론적 가격은 선물가격의 호가(액면금액에 대한 비율)와는 다르다. 호가되는 선물가격과 비교하기 위해서는 이론적 호가를 산출하여야 한다. 예를 들어 식 (2A-2)에 의해서 산출된 이론적 선물가격은 \$106,000, 전환계수는 1.2000, 최종이자지급일과 인도일 사이에 발생된 이자는 \$1,000라고 한다면, 이론적 호가는 다음과 같이 산출될 수 있다.

- T-bond선물 1계약의 금액 $= \dfrac{\text{이론적 선물가격} - \text{발생이자}}{\text{전환계수}}$

  $= \dfrac{\$106{,}000 - \$1{,}000}{1.2000} = \$87{,}500$

- 액면금액에 대한 비율 $= \dfrac{\$87{,}500}{\$100{,}000} = 0.875$
- 이론적 호가(%) $= 87 - 16$

A1.2 유로달러선물

유로달러선물은 유로달러(미국 외 지역에 있는 은행에서 거래가 이루어지는 미국 달러화)에서 얻는 이자율, 즉 런던은행간대출금리(London inter-bank offered rate : LIBOR)에 대한 선물계약으로서 다음과 같이 호가된다.

$$\text{IMM지수}(\%) = 100.00 - \text{LIBOR} \qquad (2A\text{-}3)$$

---

25 채권매입일 이전에 발생된 미지급이자를 포함한 가격임.

그리고 유로달러선물 1계약금액은 다음과 같이 정의된다.[26]

$$\text{유로달러선물 1계약금액} = \$1,000,000 \times \left(1 - \frac{LIBOR \times 90\text{일}}{360\text{일}}\right) \quad (2A-4)$$

예를 들어 유로달러선물의 호가가 95.35라면, LIBOR가 4.65%(100% − 95.35%)임을 의미한다. 이 경우 유로달러(90일)선물 1계약에 대한 금액은 다음과 같이 계산된다.

$$\text{선물 1계약금액} = \$1,000,000 \times \left(1 - \frac{0.0465 \times 90\text{일}}{360\text{일}}\right) = \$988,375$$

유로달러선물은 금리(90일 LIBOR)에 대한 선물로 현금결제만 되기 때문에 선물결제금액과 인도금액이 일치한다. 또한 유로달러선물은 할인율(discount yield : DY) 대신에 수익률(add-on yield) 개념인 LIBOR를 사용한다는 점을 유의해야 한다.[27]

---

26 LIBOR는 연간 수익률 개념으로서 다음과 같이 정의될 수 있다.

$$LIBOR = \left(\frac{\$1,000,000 - F_{0,T}}{F_{0,T}}\right) \times \left(\frac{360\text{일}}{90\text{일}}\right)$$

이와 같은 LIBOR의 개념을 정확하게 적용하여 유로달러선물 1계약금액($F_{0,T}$)을 구하면 다음과 같다.

$$F_{0,T} = \frac{\$1,000,000}{1 + \dfrac{LIBOR \times 90\text{일}}{360\text{일}}}$$

그러나 위 식에 의하면 LIBOR가 1베이시스포인트 변동할 때 그 변동금액(1tick의 가치)이 일정하지 않다는 문제가 발생하게 된다. 이와 같은 문제를 보완해서 거래를 원활하게 이루어지도록 하기 위하여 실제 유로달러선물 1계약금액을 산출하는 식, 즉 식 (2A-4)는 할인율 개념을 사용하는 것과 유사하게 정의됨을 유의해야 한다. 식 (2A-4)는 논리적인 모순이 있으나 거래를 위해 만들어진 식으로 이해하면 된다.

27 연간 할인율(DY)의 정의를 이용하여 선물가격을 구하면 다음과 같다.

$$DY = \left(\frac{\$1,000,000 - F_{0,T}}{\$1,000,000}\right) \times \left(\frac{360\text{일}}{90\text{일}}\right) \rightarrow F_{0,T} = \$1,000,000 \times \left(1 - \frac{DY \times 90\text{일}}{360\text{일}}\right)$$

[보론 2]
현물이자율과 선도이자율

A2.1 현물이자율과 만기수익률

시장이자율이 기간에 따라 변할 수 있다. 그 이유는 주로 인플레이션율이 기간에 따라 다르게 예상되기 때문이다. 이와 같은 관계를 설명하기 위하여 다음과 같은 두 개의 순수할인채권을 고려해 보자.

• 채권 A : 만기 = 1년, 액면가 = 1,000원
• 채권 B : 만기 = 2년, 액면가 = 1,000원

그리고 현재부터 1년도 말까지의 이자율 r_1은 8%이며, 현재부터 2년도 말까지의 이자율 r_2는 10%라고 하자. 이와 같은 이자율을 현물이자율(spot interest rate)이라 한다. 여기서 이자율이 서로 다른 이유 중 하나는 인플레이션이 첫 번째 연도보다 두 번째 연도에 더 높아진다고 예상되기 때문일 것이다. 두 채권의 현금흐름유형은 다음과 같다.

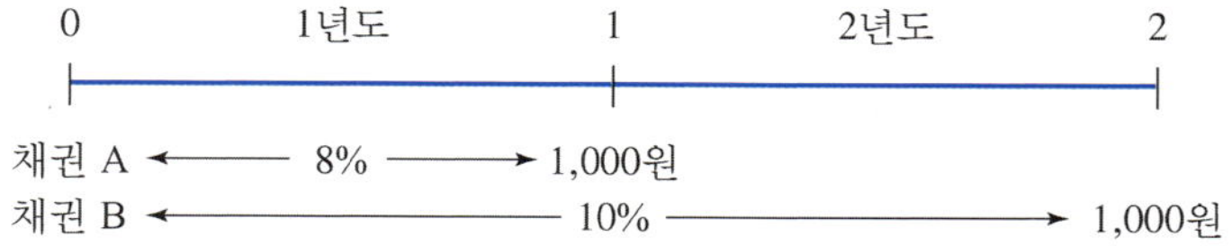

이와 같은 경우 채권 A와 채권 B의 현재가치는 각각 다음과 같이 계산된다.

• $PV_A = \dfrac{1{,}000}{1+0.08} = 925.93$원

• $PV_B = \dfrac{1{,}000}{(1+0.10)^2} = 826.45$원

한편 PV_A와 PV_B를 관찰할 수 있으나 현물이자율을 알지 못한다면, 순수할인채권의 현재가치공식을 이용하여 현물이자율을 구할 수 있다.

• $PV_A = 925.93$원$= \dfrac{1{,}000}{1+r_1} \rightarrow r_1 = 8\%$

• $PV_B = 826.45$원$= \dfrac{1{,}000}{(1+r_2)^2} \rightarrow r_2 = 10\%$

현물이자율은 현재시점에서 순수할인채권을 매입하여 만기까지 보유하는 경우에 투자자가 얻을 수 있는 기간당 평균수익률을 의미하는 한편, 이것은 순수할인채권의 현재가치와 그 채권을 소유할 경우 얻을 수 있는 미래현금흐름의 현재가치를 일치시켜 주는 할인율로 정의된다.

$$PV(\text{순수할인채권}) = \frac{F}{(1+r_n)^n} \tag{2A-5}$$

여기서 r_n : 현재부터 n년도 말 사이에 적용될 현물이자율

순수할인채권의 현재가치를 관찰할 수 있다면, 식 (2A-5)를 풀어서 현물이자율 r_n을 구할 수 있다.

이제 현물이자율과 만기수익률의 관계를 살펴보기 위하여 다음과 같은 예를 생각해 보자. 현물이자율 $r_1 = 8\%$, $r_2 = 10\%$이며, 액면가가 1,000원이고 액면이자율이 5%인 2년 만기의 채권이 있다. 이 채권을 구입하는 경우 1년도 말에 50원의 액면이자를 얻을 수 있으며, 만기일인 2년도 말에는 액면이자 50원과 원금 1,000원을 합한 1,050원을 얻을 수 있다. 그 현금흐름유형은 다음과 같다.

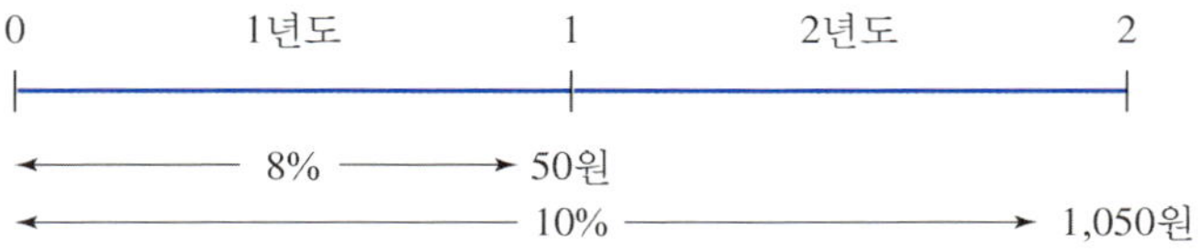

이 채권은 액면가가 50원인 1년 만기의 순수할인채권과 액면가가 1,050원인 2년 만기의 순수할인채권을 합한 것으로 생각할 수 있다. 그러므로 이 채권의 현재가치는 다음과 같이 구할 수 있다.

$$PV = \frac{50}{1+0.08} + \frac{1,050}{(1+0.10)^2} = 914.06\text{원}$$

채권의 현재가치가 주어지면 만기수익률(yield to maturity : YTM)은 다음의 식을 풀어서 구할 수 있다.

$$914.06\text{원} = \frac{50}{1+r} + \frac{1,050}{(1+r)^2}$$

위 식을 풀어서 만기수익률 r을 구하면 9.95%가 된다. 이상에서 살펴본 바와 같이 먼저 현물이자율을 이용하여 채권의 현재가치를 계산한 후, 이에 의해 만기수익률을 구할 수 있음을 알 수 있다. 이 과정에서 두 개의 현물이자율이 하나의 만기수익률로 전환되었기 때문에 만기수익률을 두 현물이자율의 평균으로 생각할 수 있다.[28]

앞의 현물이자율을 그대로 사용하면, 액면가가 1,000원이며 액면이자율이 12%인 2년 만기 채권의 만기수익률은 다음과 같이 계산될 수 있다.

먼저 주어진 현물이자율을 이용하여 이 채권의 현재가치를 구하면 다음과 같다.

$$PV = \frac{120}{1+0.08} + \frac{1,120}{(1+0.10)^2} = 1,036.73\text{원}$$

---

28 여기서 만기수익률 r은 현물이자율 r_1과 r_2의 단순평균이 아니라 시점별 현금흐름에 따라 가중평균된 것이라 할 수 있다.

그러므로

$$1{,}036.73\text{원} = \frac{120}{1+r} + \frac{1{,}120}{(1+r)^2} \rightarrow r = 9.89\%$$

이상의 예에서 볼 수 있듯이 만기가 동일하더라도 액면이자가 다른 두 채권은 서로 다른 만기수익률을 가질 수 있다.

이와 같은 결과를 일반화하면 먼저 각 기간 동안의 현물이자율을 알고 있는 경우 확정이자부채권의 현재가치를 다음과 같이 계산할 수 있다.

$$PV(\text{확정이자부채권}) = \frac{C}{1+r_1} + \frac{C}{(1+r_2)^2} + \cdots + \frac{C}{(1+r_n)^n} + \frac{F}{(1+r_n)^n} \quad (2A\text{-}6)$$

그리고 만기수익률은 현재시점에서 확정이자부채권(이표채)을 매입하여 만기까지 보유하는 경우에 투자자가 얻을 수 있는 기간당 평균수익률을 의미하는 한편, 이것은 확정이자부채권의 현재가치와 그 채권을 소유할 경우 얻을 수 있는 미래 현금흐름의 현재가치를 일치시켜 주는 할인율로 정의된다.[29]

$$PV(\text{확정이자부채권}) = \frac{C}{1+r} + \frac{C}{(1+r)^2} + \cdots + \frac{C}{(1+r)^n} + \frac{F}{(1+r)^n} \quad (2A\text{-}7)$$

여기서 r : 만기수익률

확정이자부채권의 현재가치를 알고 있다면, 식 (2A-7)을 풀어서 만기수익률 r을 구할 수 있다.[30] 각 기간 동안의 현물이자율이 일정하다면, 현물이자율과 만기수익률은 같아진다.

---

29 현물이자율을 순수할인채권의 만기수익률로 생각할 수 있다.

30 일반적으로 만기수익률을 구하기 위해서는 식 (2A-7)이 성립할 때까지 r의 값을 계속해서 대입하는 시행착오법(trial and error method)을 사용한다. 그러나 이 과정은 많은 시간이 소요되기 때문에 EXCEL 등을 이용하여 구하는 것이 좋다.

예제 2A-1 | 현물이자율과 만기수익률

청솔주식회사는 액면가 1,000원, 만기 2년 그리고 액면이자율 10%(단, 이자는 매년 말에 지급됨)인 사채를 발행하려고 한다. 시장이자율에 관한 자료를 얻기 위하여 이 회사의 재무관리자는 현재 시장에서 유통되고 있는 1년 만기 순수할인채권과 2년 만기 순수할인채권의 가격을 조사하였다. 그 결과 다음과 같은 자료를 얻을 수 있었다.

- 1년 만기 순수할인채권 : 액면가=1,000원, 현재시장가격=909.09원
- 2년 만기 순수할인채권 : 액면가=2,000원, 현재시장가격=1,594.39원

(1) 현물이자율 r_1과 r_2를 구하라.

(2) 이 회사는 사채를 얼마에 발행할 수 있는가?

(3) 투자자가 이 사채를 매입하는 경우 얻을 수 있는 평균투자수익률, 즉 만기수익률을 구하라.

해설

(1) $909.09 = \dfrac{1,000}{1+r_1} \rightarrow r_1 = 10\%$

$$1,594.39 = \frac{2,000}{(1+r_2)^2} \rightarrow r_2 = 12\%$$

(2) 물음 (1)에서 구한 현물이자율을 이용하여 사채의 현재 발행가격을 구하면 다음과 같다.

$$PV = \frac{100}{1+0.1} + \frac{1,100}{(1+0.12)^2} = 967.82\text{원}$$

(3) 이 사채의 만기수익률 r은 다음의 식을 풀어 구할 수 있다.

$$967.82 = \frac{100}{1+r} + \frac{1,100}{(1+r)^2} \rightarrow r = 11.90\%$$

A2.2 선도이자율

만약 현재부터 1년도 말 사이에 적용될 현물이자율 r_1이 8%이고 현재부

그림 2A-1 현물이자율과 선도이자율의 관계

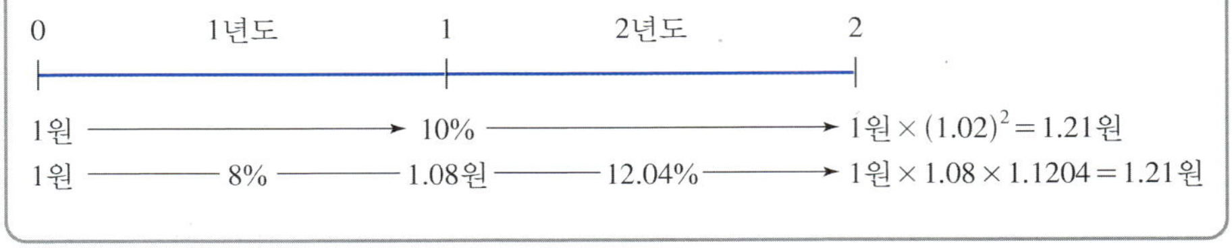

터 2년도 말 사이에 적용될 현물이자율 r_2가 10%라고 하면, 2년 만기의 순수할인채권에 1원을 투자한 사람은 2년도 말에 1원 $\times (1+0.1)^2$을 얻을 수 있다. 그리고 1원 $\times (1+0.1)^2$을 분해하면 다음과 같이 나타낼 수 있다.[31]

$$1\text{원} \times (1+0.1)^2 = 1\text{원} \times (1+0.08) \times (1+0.1204)$$

그러므로 10%의 수익률을 제공하는 2년 만기 순수할인채권에 투자하는 경우에 투자자가 얻을 수 있는 2년도 말의 투자수익은 첫 번째 연도에서 8%의 수익률을 얻고 두 번째 연도에서 12.04%의 수익률을 얻는 경우와 동일하게 된다. 현재 이미 확정된 두 번째 연도의 가설적인 이자율 12.04%를 **선도이자율**(forward interest rate)이라 하며 $f_{1,\,2}$로 표기한다. 이와 같은 관계를 그림으로 나타내면 [그림 2A-1]과 같다.

현재부터 1년도 말 사이에 적용될 현물이자율 r_1과 현재부터 2년도 말 사이에 적용될 현물이자율 r_2가 이미 알려져 있기 때문에 현재시점에서 두 번째 연도의 선도이자율 $f_{1,\,2}$를 계산할 수 있다. 즉 선도이자율은 현재시점에서 측정가능하다. 현물이자율 r_1과 r_2가 주어져 있다면, 1년도 말부터 2년도 말까지, 즉 두 번째 연도의 선도이자율 $f_{1,\,2}$는 다음의 식을 이용하여 구할 수 있다.

$$(1+r_2)^2 = (1+r_1) \times (1+f_{1,\,2}) \qquad (2A\text{-}8)$$

---

31 $\frac{(1+0.1)^2}{1+0.08} - 1 = 0.1204$ 또는 12.04%

그러므로 식 (2A-8)을 풀어서 $f_{1,\,2}$를 구하면 다음과 같다.

$$f_{1,\,2} = \frac{(1+r_2)^2}{1+r_1} - 1 \qquad (2A\text{-}9)$$

그리고 식 (2A-9)를 보다 일반화시키면 다음과 같은 일반식을 얻을 수 있다.

$$f_{n-1,\,n} = \frac{(1+r_n)^n}{(1+r_{n-1})^{n-1}} - 1 \qquad (2A\text{-}10)$$

여기서 $f_{n-1,\,n}$: n번째 연도의 선도이자율

예제 2A-2 선도이자율의 측정

현물이자율이 다음과 같을 경우 각 연도의 선도이자율을 계산하라.

연 도	현물이자율
1	5%
2	6%
3	7%
4	6%

해설

첫 번째 연도의 선도이자율은 정의에 의해서 현재부터 1년도 말까지, 즉 첫 번째 연도의 현물이자율과 동일하다.

$$f_{0,\,1} = r_1 = 5\%$$

그리고 나머지 연도의 선도이자율을 구하면 다음과 같다.

$$f_{1,\,2} = \frac{(1+r_2)^2}{1+r_1} - 1 = \frac{(1.06)^2}{1.05} - 1 = 7.01\%$$

$$f_{2,\,3} = \frac{(1+r_3)^3}{(1+r_2)^2} - 1 = \frac{(1.07)^3}{(1.06)^2} - 1 = 9.03\%$$

$$f_{3,\,4} = \frac{(1+r_4)^4}{(1+r_3)^3} - 1 = \frac{(1.06)^4}{(1.07)^3} - 1 = 3.06\%$$

제3장 선물거래와 위험관리

1. 헤지의 기본원리
2. 최소분산헤지비율
3. 주가지수선물을 이용한 헤징
4. 금리선물을 이용한 헤징

위험관리(risk management)는 기업의 경영활동에서 발생되는 불확실성의 원인을 파악하여 최소화함으로써 기업이 입을 수 있는 손실을 줄이거나 방지하는 활동이다. 선물, 옵션 등 파생상품은 효과적인 위험관리수단으로 이용되고 있다. 헤지(hedge)는 현물시장에서의 가격위험(price risk)을 줄이는 것을 의미한다. 선물을 이용함으로써 현물시장에서의 예측하지 못한 가격변동에 따른 위험을 저렴하고 효과적으로 제거할 수 있다. 이는 선물의 주요한 존재이유 중의 하나이다.

본장에서는 선물을 이용하여 위험을 관리하는 방법에 대해서 설명하고자 한다.

1 헤지의 기본원리

1.1 헤지의 의의

선물시장을 이용한 헤지는 현물시장에서의 가격위험을 제거하기 위해 현물시장에서의 포지션과 반대되는 포지션을 선물시장에서 취하는 것을 의미한다. 헤지를 선물시장에서 취하는 포지션에 따라 매입헤지(long hedge)와 매도헤지(short hedge)로 나눈다.

매입헤지는 미래에 구입할 예정인 현물의 가격상승으로 인한 손실을 방지하기 위하여 선물을 매입하는 것을 의미한다. 매입헤지로 인하여 미래 현물가격의 변동에 관계없이 미래에 구입할 현물의 가격을 현재시점에서 고정시킬 수 있다. 예를 들어 정유회사가 원유가격변동으로 인한 위험을 제거하

알아두기 헤지(hedge)의 어원

헤지거래

파생상품의 주요 기능 중 하나가 바로 보유자산에 대한 위험관리이다. 이러한 기능을 헤지(hedge)라고 표현한다. 헤지(hedge)라는 말은 본래 '가축을 보호하기 위해 낮은 키의 나무로 만든 울타리'를 뜻하는 고대 그리스어 'hecke'에서 유래했다. 헤지의 사전적 의미는 '도박이나 투자를 할 때 위험을 줄여주는 수단이나 행위'를 말한다. 따라서 헤지는 어떤 외부의 위험에 대한 대비책이라는 의미로 해석될 수 있다. 선물, 옵션 등의 파생상품을 이용한 헤지거래는 현재 보유하고 있는 현물의 불확실한 가치에 대하여 파생상품시장에서 반대되는 포지션으로 울타리를 침으로써 가격변동에 따르는 위험을 축소 또는 회피하기 위한 거래이다.

알기 쉬운 증권 · 파생상품시장 지표 해설(한국거래소, 2010)

기 위하여 앞으로 구입할 원유에 대하여 선물계약을 맺는 경우, 이를 매입헤지라 한다. 그러나 원재료인 원유가격의 변동에 따라 생산제품인 석유제품의 판매가격이 연동되어 변할 경우 원재료(원유)에 대한 헤징을 함으로써 오히려 제품(석유제품)의 가격변동에 따른 위험에 노출될 수 있다. 따라서 제품의 판매가격이 안정되어 있을 때 미래에 구입할 원재료에 대한 선물의 매입, 즉 매입헤지에 의해 위험을 제거할 수 있음을 유의해야 한다.

한편 매도헤지는 현재 보유하고 있는 현물의 미래 판매가격하락으로 인한 손실을 방지하기 위하여 선물을 매도하는 것을 의미한다. 매도헤지로 인하여 미래 현물가격의 변동에 관계없이 미래에 판매될 현물의 가격을 현재시점에서 고정시킬 수 있다. 예를 들어 농부가 농산물 가격변동으로 인한 위험을 제거하기 위하여 앞으로 수확할 농산물을 매도하는 선물계약을 맺는 경우, 이를 매도헤지라 한다.

선물을 이용한 헤징의 목적은 미래의 불확실한 현물가격을 현재시점에서 고정시키는 것이지, 보다 많은 이익을 보장받는 것은 아니라는 점을 유의해야 한다. 현물가격이 불리하게 변동했을 때는 선물의 이익으로 인하여 현물에서의 손실이 상쇄될 수 있지만, 현물가격이 유리하게 변동했을 때는 선물의 손실이 오히려 현물에서의 이익을 상쇄시킬 수 있다.

1.2 베이시스

베이시스의 개념

베이시스(basis)는 선물가격과 현물가격간의 차이를 말한다.[1] 이러한 베이시스는 선물가격에 대한 현물가격의 할증 또는 할인 정도를 나타낸다.

---

1 금융선물과 달리 상품선물에서는 베이시스를 「현물가격 – 선물가격」으로 정의하기도 한다. 베이시스를 어떻게 정의하든 부호의 방향만 다를 뿐 결과적으로 선물가격과 현물가격의 차이를 의미한다.

그림 3-1 시간변화에 따른 베이시스의 변동

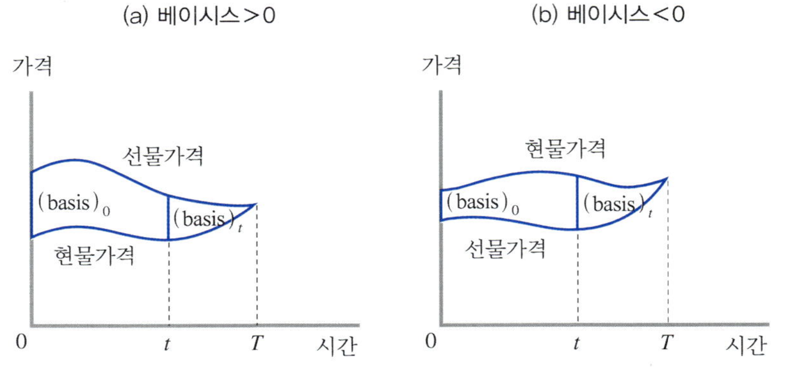

베이시스 = 선물가격 − 현물가격

베이시스는 현물가격과 선물가격간의 상대적인 변화를 반영한다. 따라서 베이시스는 현물과 선물가격에 영향을 미치는 요인에 의해 변동된다고 할 수 있다. 한편 베이시스 변동은 현물가격이나 선물가격의 변동에 비해 상대적으로 더 안정적이고 예측가능한 것으로 알려져 있다.

선물가격이 현물가격으로 수렴하는 특성에 의해서 만기일의 베이시스는 0이 된다. 그러나 만기일 이전에는 베이시스가 0이 되지 않으며, 그 크기 또한 일정하지 않다. 시간변화에 따른 베이시스의 변동은 [그림 3-1]과 같다. 베이시스 변동은 베이시스 강화와 약화로 구분된다. 선물가격이 현물가격보다 상대적으로 높아질 때 베이시스가 강화되었다고 하며, 현물가격이 선물가격보다 상대적으로 높아질 때 베이시스가 약화되었다고 한다.

베이시스위험

선물의 만기일(T) 이전인 헤지종료일(t)에서 헤저(hedger)의 손익은 현물과 선물의 손익을 합하여 다음과 같이 구할 수 있다.

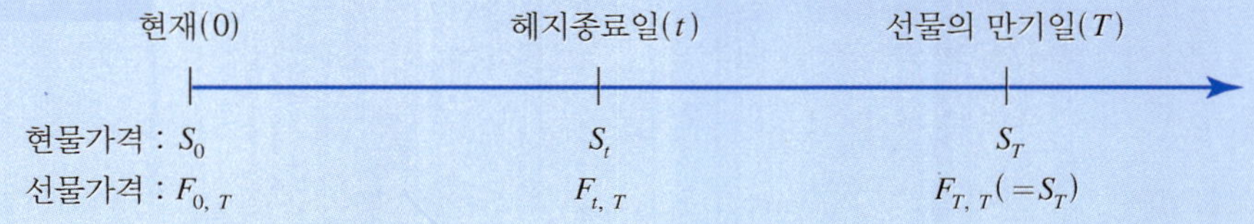

- 매입헤지의 손익 $=(S_0-S_t)+(F_{t,\,T}-F_{0,\,T})=(F_{t,\,T}-S_t)-(F_{0,\,T}-S_0)=(\text{basis})_t-(\text{basis})_0$
- 매도헤지의 손익 $=(S_t-S_0)+(F_{0,\,T}-F_{t,\,T})=(F_{0,\,T}-S_0)-(F_{t,\,T}-S_t)=(\text{basis})_0-(\text{basis})_t$

헤저의 손익은 현재와 헤지종료일간 베이시스의 차이라 할 수 있다.

현재시점(0시점)의 베이시스는 알려져 있으나, 헤지종료일(t시점)에서의 베이시스는 불확실하다.[2] 따라서 베이시스가 변동하는 경우 헤저는 가격위험 대신에 베이시스위험(basis risk)을 부담하게 된다. 베이시스위험은 헤지포지션에 영향을 미친다. 베이시스가 예상보다 축소되는 경우에는 매도헤지가 유리한 반면, 베이시스가 예상보다 확대되는 경우에는 매입헤지가 유리하다. 그러나 베이시스가 일정하거나 헤지종료일과 선물의 만기일이 같은 경우에는 베이시스위험이 제거될 수 있다.[3]

이상에서는 현물과 선물의 기초자산이 동일하다는 전제하에서의 베이시스위험을 살펴보았다. 그러나 선물거래는 일부 표준화된 상품에 대해서만 이루어지고 있기 때문에 현물과 동일한 자산에 대한 선물을 발견하기 어렵다. 따라서 실제로는 현물과 선물의 기초자산이 정확하게 일치하지 않을 수 있으며, 이와 같은 경우의 헤지를 교차헤지(cross hedge)라 한다. 교차헤지에서는 현물과 선물의 기초자산간의 불일치로 인한 추가적인 베이시스위험이 발생하게 된다.

---

2 S_t, $F_{t,\,T}$가 확률변수이므로 t시점의 베이시스는 확률변수이다.

3 베이시스가 일정하다면, '$(\text{basis})_0=(\text{basis})_t$'이다. 따라서 헤저의 손익이 0, 즉 위험이 제거된다. 또는 헤지종료일이 선물의 만기일과 일치한다면, $(\text{basis})_t=0$이다. 따라서 헤저의 손익은 현재시점에서 확정된 값(상수)인 $(\text{basis})_0=S_0\cdot r_T$ 또는 $-(\text{basis})_0=-S_0\cdot r_T$이므로 역시 위험이 제거된다고 할 수 있다. 여기서 헤저의 손익이 0이 되는 경우는 베이시스가 일정하게 유지되는 특별한 상황임을 유의해야 한다.

베이시스와 순포지션의 가격

앞서 살펴본 바와 같이 헤저의 입장에서는 헤지종료일(t시점)에서의 현물가격(S_t)이 아니라 선물과 현물을 함께 고려한 순포지션의 가격(net position price) 또는 순헤지의 가격(net hedged price)에 더욱 많은 관심을 가진다. 이는 헤지를 하는 경우 헤지종료일에서 헤저가 현물을 매입(매도)할 때 부담(수령)하는 금액은 헤지를 하지 않을 경우에 주고받는 현물가격(S_t)과 다르기 때문이다. 매입헤지의 경우 순포지션의 가격은 헤지종료일에서 실현된 순매입가격(net buying price)이 되는데, 이는 다음과 같은 방법으로 측정가능하다.

$$\text{순매입가격} = S_t - (F_{t,T} - F_{0,T}) \tag{3-1}$$

한편 매도헤지의 경우 순포지션의 가격인 순매도가격(net selling price)은 다음과 같다.

$$\text{순매도가격} = S_t + (F_{0,T} - F_{t,T}) \tag{3-2}$$

식 (3-1)과 식 (3-2)는 동일한 식이다. 따라서 순매입가격과 순매도가격은 식 (3-1)과 같이 하나의 형태로 표현가능하다. 그리고 식 (3-1)은 헤지종료일의 베이시스를 이용하여 다음과 같이 나타낼 수 있다.

$$\text{순매입(도)가격} = F_{0,T} - (F_{t,T} - S_t) \tag{3-3}$$

또한 식 (3-3)은 베이시스의 변동을 이용하여 다음과 같이 표현할 수 있다.[4]

$$\begin{aligned}\text{순매입(도)가격} &= S_0 - [(F_{t,T} - S_t) - (F_{0,T} - S_0)] \\ &= S_0 - [(\text{basis})_t - (\text{basis})_0] \end{aligned} \tag{3-4}$$

즉 베이시스가 강화, 즉 확대될수록 순매입(도)가격은 감소한다. 예를 들어 매도헤지의 경우 베이시스가 확대될 때 선물매도자의 손실이 증가하며

4 식 (3-4)는 다음과 같이 나타낼 수도 있다. 순매입(도)가격 $= S_0 - [(S_0 - S_t) - (F_{0,T} - F_{t,T})]$

헤저의 입장에서 순매도가격은 헤지를 하지 않은 경우의 매도가격에 비해 감소하게 된다. 이와 달리 베이시스가 축소될 경우 헤저의 순매도가격은 오히려 증가한다. 따라서 순매입(도)가격은 현재의 현물가격에다 헤지로 인한 손익을 추가로 포함한 결과를 나타내는 것이다.

예제 3-1 헤저와 투기자의 손익

6월 1일 현재 상품 A에 대한 현물과 선물가격은 다음과 같다.

(6월 1일)
현물 A : 100만원
선물 A : 110만원

(1) 6월 30일의 상품 A에 대한 현물과 선물가격이 다음과 같다. 현물을 보유(매입)하고 선물을 매도한 헤저와 그 거래의 상대방인 투기자의 이익은 각각 어떻게 되겠는가?

(가)

(6월 30일)
현물 A : 130만원
선물 A : 140만원

(나)

(6월 30일)
현물 A : 130만원
선물 A : 100만원

(다)

(6월 30일)
현물 A : 130만원
선물 A : 145만원

(2) 위 물음 (1)과 같은 시장상황을 가정하여 각 시장상황에서의 순매도가격은 얼마가 되겠는가? (단, 순매도가격은 베이시스의 변동을 이용하여 구하라.)

해설

(1) 선물계약시점(6월 1일)의 베이시스 = 선물가격 − 현물가격

= 110만원 − 100만원 = 10만원

(가) 베이시스 = 140만원 − 130만원 = 10만원(베이시스 일정) → 완전헤지

구 분	헤저의 손익*	투기자의 손익
현물 A 선물 A	30만원(= 130 − 100) − 30만원(= 110 − 140)	 30만원(= 140 − 110)
합 계	0	30만원

* 헤저의 손익 = $(\text{basis})_0 - (\text{basis})_t$ = 10만원 − 10만원 = 0

(나) 베이시스 = 100만원 − 130만원 = −30만원(베이시스 축소) → 불완전헤지

구 분	헤저의 손익*	투기자의 손익
현물 A 선물 A	30만원(=130−100) 10만원(=110−100)	 −10만원(=100−110)
합 계	40만원	−10만원

* 헤저의 손익 = $(\text{basis})_0 - (\text{basis})_t$ = 10만원 − (−30만원) = 40만원

(다) 베이시스 = 145만원 − 130만원 = 15만원(베이시스 확대) → 불완전헤지

구 분	헤저의 손익*	투기자의 손익
현물 A 선물 A	30만원(=130−100) −35만원(=110−145)	 35만원(=145−110)
합 계	−5만원	35만원

* 헤저의 손익 = $(\text{basis})_0 - (\text{basis})_t$ = 10만원 − 15만원 = −5만원

(2) 베이시스를 이용한 순매도가격은 다음과 같다.

순매도가격 $= S_0 - [(F_{t,\,T} - S_t) - (F_{0,\,T} - S_0)] = S_0 - [(\text{basis})_t - (\text{basis})_0]$

(가) 순매도가격 = 100 − (10 − 10)) = 100

(나) 순매도가격 = 100 − (−30 − 10) = 140

(다) 순매도가격 = 100 − (15 − 10) = 95

위 결과에 따르면, 베이시스가 확대(강화)될수록 순매도가격은 감소하고, 베이시스가 축소(약화)될수록 순매도가격은 증가한다.

2 최소분산헤지비율

현물과 선물의 기초자산, 헤지기간과 선물의 만기일 등이 완전하게 일치하는 경우에만 완전헤지(perfect hedge)가 가능하다. 그러나 이는 현실적으로 어렵기 때문에 불완전헤지(imperfect hedge)를 전제로 위험을 최소화시키려는 노력이 중요하게 된다.

헤저가 현물 1단위와 선물 H단위를 결합하여 헤지포트폴리오를 구성하는 경우 이 포트폴리오의 가치변동(ΔV_H)은 다음과 같다.

$$\Delta V_H = \Delta S + H \Delta F \tag{3-5}$$

여기서 ΔS : 헤지기간 동안 현물의 가격변동$(S_t - S_0)$
ΔF : 헤지기간 동안 선물의 가격변동$(F_{t,T} - F_{0,T})$
H : 현물 1단위에 대한 선물의 헤지비율

헤지포트폴리오의 가치변동에 따른 위험은 식 (3-5)에 분산을 취함으로써 구할 수 있다.

$$Var(\Delta V_H) = Var(\Delta S) + H^2 Var(\Delta F) + 2HCov(\Delta S,\ \Delta F) \tag{3-6}$$

헤지포트폴리오의 위험, 즉 $Var(\Delta V_H)$를 최소화하기 위한 헤지비율, 즉 최소분산헤지비율(minimum variance hedge ratio) H^*를 구하기 위해서는 H에 대하여 편미분한 후 0으로 두어 풀면 된다.

$$\frac{\partial Var(\Delta V_H)}{\partial H} = 2H \cdot Var(\Delta F) + 2Cov(\Delta S,\ \Delta F) = 0$$

위 식을 풀면,

$$H^* = -\frac{Cov(\Delta S,\ \Delta F)}{Var(\Delta F)} = -\frac{\rho(\Delta S,\ \Delta F)\sigma(\Delta S)}{\sigma(\Delta F)} \tag{3-7}$$

여기서 $\rho(\Delta S,\ \Delta F)$: ΔS와 ΔF간의 상관계수

식 (3-7)에서 최소분산헤지비율의 부호가 음(−)인 것은 선물의 포지션이 현물포지션과 정반대임을 의미한다. 그리고 식 (3-7)에서의 최소분산헤지비율은 과거자료(표본자료)를 이용하여 다음과 같은 회귀식에 의해 추정될 수 있다.

$$\Delta S_t = \alpha + \beta \Delta F_t + \varepsilon_t \tag{3-8}$$

여기서 ΔS_t : t기간에서 현물의 가격변동
ΔF_t : t기간에서 선물의 가격변동
α : 절편
β : 회귀계수
ε_t : 잔차항

식 (3-8)에 의해서 추정된 회귀계수($\hat{\beta}$)에 의해서 구한 최소분산헤지비율은 다음과 같다.

$$H^* = -\hat{\beta} \qquad (3\text{-}9)$$

한편 식 (3-7)을 식 (3-6)에 대입하여 정리하면, 헤지포트폴리오의 최소위험[$Var(\Delta V_H)^*$]을 구할 수 있다.[5]

$$Var(\Delta V_H)^* = Var(\Delta S)[1-\rho^2(\Delta S,\ \Delta F)] \qquad (3\text{-}10)$$

식 (3-10)에서 볼 수 있는 바와 같이 현물과 선물의 가격변동간 상관관계가 클수록(현물과 선물의 기초자산간 일치성이 높을수록) 헤지포트폴리오의 위험이 더 작아짐을 알 수 있다. 예를 들어 $\rho^2(\Delta S,\ \Delta F)=1$이면 헤지포트폴리오의 위험은 0이 되어 완전헤지가 가능하나, $\rho^2(\Delta S,\ \Delta F)=0$이면 헤지포트폴리오의 위험은 $Var(\Delta S)$, 즉 현물의 가격위험과 동일하게 된다.

이상에서 설명한 최소분산헤지비율은 엄밀하게 말하면 헤징의 위험을 최소화하는 것이지, 투자자들의 기대효용을 극대화시키는 것은 아니라는 점을 유의해야 한다. 선택가능한 헤지포트폴리오 중 투자자들의 기대효용을 가장 극대화하는 헤지비율을 최적헤지비율(optimal hedge ratio)이라 할 수 있다. 최소분산헤지비율과 최적헤지비율은 [그림 3-2]에 나타나 있다.

---

5 최소분산헤지의 유효성(effectiveness of minimum variance hedge)은 다음과 같이 측정될 수 있다.

$$e^* = \frac{Var(\Delta S) - Var(\Delta V_H)^*}{Var(\Delta S)} = \rho^2(\Delta S,\ \Delta F)$$

그림 3-2 최적헤지포트폴리오의 선택

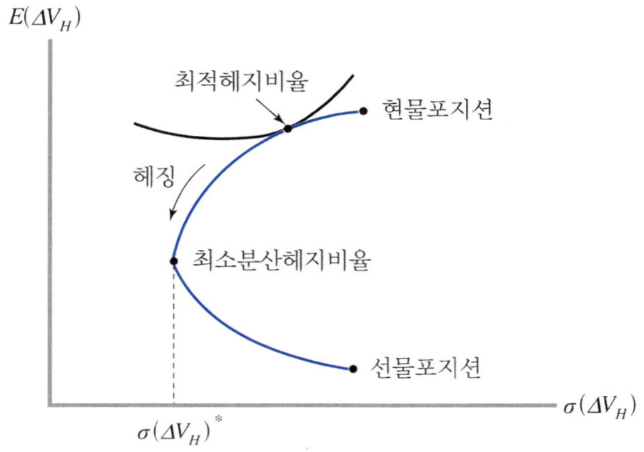

예제 3-2 최소분산헤지비율

(주)ABC에너지는 3개월 후 1,000,000갤런의 난방용 연료를 매입할 예정이며, 현재 이 회사는 가솔린에 대한 선물을 매입하여 현물(난방용 연료)의 가격위험을 헤징하려고 한다. 다음의 자료를 이용하여 (주)ABC에너지의 최소분산헤지비율과 헤징에 필요한 선물의 최적계약 수를 구하라. (단, 가솔린선물의 1계약은 42,000갤런임.)

- 난방용 연료 갤런당 가격의 3개월간 변동액의 표준편차 = 0.06
- 가솔린선물 갤런당 가격의 3개월간 변동액의 표준편차 = 0.05
- 난방용 연료와 가솔린선물의 3개월 동안 가격변동간 상관계수 = 0.8

해설

$$H^* = -\frac{\rho(\Delta S,\ \Delta F)\sigma(\Delta S)}{\sigma(\Delta F)} = -\frac{0.8 \times 0.06}{0.05} = -0.96$$

현물(난방용연료) 1갤런당 가솔린선물 0.96갤런 매입해야 한다. 즉 (주)ABC에너지가 헤지포트폴리오의 위험을 최소화하기 위해서 총 960,000갤런(=0.96×1,000,000갤런)의 가솔린선물을 매입해야 함을 의미한다.

$$\therefore \text{ 가솔린선물의 최적계약 수(매입)} = \frac{960{,}000}{42{,}000} = 22.86\text{계약}$$

헤징을 통해 헤지포트폴리오의 위험을 최소화하기 위해서는 가솔린선물을 22.86계약 매입해야 한다. (현실적으로 선물은 소수 단위로 매입할 수 없기 때문에 가솔린선물을 23계약 매입할 것이다.)

3 주가지수선물을 이용한 헤징

개별주식이나 주식포트폴리오의 체계적 위험을 관리하기 위하여 주가지수선물을 이용할 수 있다.

3.1 주가지수선물을 이용한 포트폴리오의 관리

베타헤징 : 최소분산헤지비율

현물(주식포트폴리오)의 가격변화율(수익률), 즉 $r_S = \frac{\Delta S}{S_0}$, 주가지수선물의 가격변화율(수익률), 즉 $r_F = \frac{\Delta F}{F_{0,T}}$를 이용하여 식 (3-7)을 변형시키면 다음과 같다.

$$H^* = -\frac{S_0}{F_{0,T}}\left(\frac{Cov(r_S, r_F)}{Var(r_F)}\right) = -\frac{S_0}{F_{0,T}}\beta_{SF} \qquad (3\text{-}11)$$

여기서 S_0 : 주식포트폴리오의 현재가치

$F_{0,T}$: 현재시점에서 만기가 T인 주가지수선물 1계약의 가격(선물지수×거래승수)

β_{SF} : 주가지수선물 수익률에 대한 주식포트폴리오 수익률의 민감도[6]

식 (3-11)에서 주가지수선물 수익률(r_F)과 시장포트폴리오 수익률(r_M)이

6 β_{SF}는 다음과 같은 회귀식에 의해서 추정될 수 있다.

$$r_S = \alpha + \beta_{SF} r_F + \varepsilon_t$$

동일하게 움직인다고 가정한다면, β_{SF} 대신 주식포트폴리오의 베타값 β_S를 이용하여 최소분산헤지비율(최소분산헤지에 필요한 최적계약 수)을 구할 수 있다.

$$H^* = -\frac{S_0}{F_{0,T}}\beta_S \tag{3-12}$$

여기서 $\beta_S = \frac{Cov(r_S, r_M)}{Var(r_M)}$

주가지수선물을 이용하여 구성된 헤지포트폴리오의 수익률은 거의 무위험수익률에 가까워진다. 따라서 무위험수익률을 얻는 것이 헤저의 목적이라면 현재시점에서 보유하고 있는 주식들을 매도한 후, 그 대금을 무위험자산에 투자하는 방법이 훨씬 간단하다. 그럼에도 불구하고 헤징이 필요한 이유로 다음과 같은 두 가지를 들 수 있다.

첫째, 포트폴리오를 잘 구성하여 시장보다 더 좋은 성과를 얻을 수 있다고 예상되지만 시장전체의 불확실성으로 인한 위험이 걱정이 되는 경우에 주가지수선물을 이용하면, 시장에 대한 상대적인 성과는 그대로 유지하면서 시장의 불확실성에 따른 위험, 즉 체계적 위험을 제거할 수 있다.

둘째, 주식포트폴리오를 장기간 보유할 경우에 단기적인 시장위험을 제거하기 위하여 헤징을 한다. 단기적으로 포트폴리오를 매도하여 무위험자산에 투자한 후 포트폴리오를 재구성하려면 많은 비용이 발생하기 때문에 주가지수선물을 이용하여 헤징을 하는 것이 더 유리할 수 있다.

체계적 위험의 조정

시장상황에 따라 포트폴리오의 베타를 변화시키고자 할 때도 주가지수선물을 이용할 수 있다. 현재 S_0의 가치를 가지는 포트폴리오를 보유하고 있는 투자자가 임의의 헤지비율 H에 의해 헤지포트폴리오를 구성하는 경우 그 수익률은 다음과 같다.

$$r_H = \frac{\Delta S + H\Delta F}{S_0} = \frac{\Delta S}{S_0} + H \cdot \frac{F_{0,T}}{S_0} \cdot \frac{\Delta F}{F_{0,T}} = r_S + \frac{F_{0,T}}{S_0} \cdot H \cdot r_F$$

따라서 헤지포트폴리오의 베타(β_H)는 다음과 같이 구할 수 있다.

$$\beta_H = \beta_S + \frac{F_{0,T}}{S_0} \cdot H \cdot \beta_F \tag{3-13}$$

식 (3-13)에서 주가지수선물 수익률(r_F)과 시장포트폴리오 수익률(r_M)이 동일하게 움직인다고 가정한다면, 주가지수선물의 베타(β_F)는 1이 된다. 그러므로 현재 보유하고 있는 주식포트폴리오 베타(β_S)를 임의의 헤지포트폴리오 베타(β_H)로 조정하기 위한 헤지비율은 다음과 같다.[7]

$$H = (\beta_H - \beta_S)\frac{S_0}{F_{0,T}} \tag{3-14}$$

시장상황이 좋을 경우에는 베타가 클수록 유리한 반면, 시장상황이 좋지 않으면 베타가 작을수록 유리하다. 그러므로 시장상황에 따라 다음과 같은 투자전략을 세울 수 있다.

- 강세시장(bull market) 예상 : $\beta_H > \beta_S \rightarrow H > 0$(주가지수선물 매입)
- 약세시장(bear market) 예상 : $\beta_H < \beta_S \rightarrow H < 0$(주가지수선물 매도)

이와 같이 주가지수선물을 이용하여 베타를 조정하는 방법은 주식(현물)시장을 이용하여 포트폴리오를 재구성하는 방법보다 거래비용이 훨씬 저렴하다.

7 식 (3-14)에서 헤지포트폴리오의 베타(β_H)를 0으로 만들기 위한 헤지비율을 구하면, 그 헤지비율이 식 (3-12)의 최소분산헤지비율과 동일함을 알 수 있다.

예제 3-3 | 주가지수선물을 이용한 포트폴리오의 관리

국민연금은 현재 다음과 같은 주식포트폴리오를 보유하고 있다.

주　식	투자액(억원)	베　타
A	3	2.0
B	2	1.5
C	5	3.0

현재 KOSPI200지수는 238.50포인트, 3개월물 주가지수선물은 240.00포인트이다. (단, KOSPI200선물의 거래승수는 1포인트당 25만원이다.)

(1) 국민연금이 향후 3개월간 주식포트폴리오의 가치변동에 따른 위험을 헤징하기 위하여 필요한 주가지수선물의 최적계약 수는 얼마인가?

(2) 국민연금은 향후 주식시장이 호황일 것으로 예상하여 현재 주식포트폴리오의 베타보다 1.2만큼 더 높이려고 한다. 이때 매입하여야 하는 선물계약 수는 얼마인가?

해설

(1) $\beta_S = 2.0 \times \left(\frac{3억원}{10억원}\right) + 1.5 \times \left(\frac{2억원}{10억원}\right) + 3.0 \times \left(\frac{5억원}{10억원}\right) = 2.4$

$$\therefore\ H^* = -\frac{S_0}{F_{0,T}}\beta_S = -\frac{10억원}{240.00 \times 250{,}000원} \times 2.4 = -40계약$$

위험을 헤징하기 위해서 국민연금은 주가지수선물 40계약을 매도하여야 한다.

(2) $H = (\beta_H - \beta_S)\frac{S_0}{F_{0,T}} = (3.6 - 2.4) \times \left(\frac{10억원}{240.00 \times 250{,}000원}\right) = 20계약$

주식포트폴리오의 베타를 3.6으로 조정하기 위해서 주가지수선물 20계약을 매입하여야 한다.

3.2 자산배분전략

자산배분전략(asset allocation strategy)은 시장상황에 대한 예측을 근거로 보유하고 있는 자산포트폴리오를 적절하게 재구성하는 전략을 의미한다. 즉 약세시장이 예상되는 경우 주식의 투자비중을 줄이는 반면에 채권의 투자비중을 증가시키고, 강세시장이 예상되는 경우에는 채권의 투자비중을 줄이는 반면에 주식의 투자비중을 증가시키는 전략이다. 현물시장(주식 또는 채권)을 이용하는 것보다 주가지수선물을 이용하는 경우 상대적으로 저렴한 거래비용 때문에 효율적으로 자산배분전략을 수행할 수 있다.

주가지수선물을 이용한 자산배분전략에는 주가하락이 예상되는 경우 주가지수선물을 매도함으로써 주가하락에 따른 손실을 제거하는 전략, 즉 합성무위험채권(synthetic risk-free bond) 전환전략과 주가상승이 예상되는 경우 주가지수선물을 매입함으로써 주가상승으로 인한 이익을 얻으려는 전략, 즉 합성주식포트폴리오(synthetic stock portfolio) 전환전략이 있다.

먼저 합성무위험채권 전환전략은 보유하고 있는 주식포트폴리오 규모만큼 주가지수선물을 매도하는 전략으로서 〈표 3-1〉과 같다. 〈표 3-1〉에서 볼 수 있는 바와 같이 주식포트폴리오를 보유(매입)하고 동시에 주가지수선물을 매도함으로써 만기일에 주가에 관계없이 무위험채권과 동일한 수익률(무위험이자율) r_T를 얻을 수 있음을 알 수 있다.

한편 합성주식포트폴리오 전환전략은 보유하고 있는 무위험채권 규모만큼 주가지수선물을 매입하는 전략으로서 〈표 3-2〉와 같다. 〈표 3-2〉에서 볼 수 있는 바와 같이 무위험채권을 보유(매입)하고 동시에 주가지수선물을 매입함으로써 만기일에 주식포트폴리오를 매입한 것과 동일한 수익률을 얻을 수 있음을 알 수 있다.

이상에서 설명한 자산배분전략은 주가지수선물의 기초자산과 헤지대상

표 3-1 합성무위험채권(주식포트폴리오-주가지수선물) 전환전략

거 래	현금흐름	
	현재(0시점)	만기일(T시점)
주식포트폴리오 S_0로 매입 주가지수선물을 $F_{0,T}$로 매도	$-S_0$ 0	S_T+D_T $F_{0,T}-S_T=S_0(1+r_T)-D_T-S_T$
합 계	$-S_0$	$S_0(1+r_T)$

표 3-2 합성주식포트폴리오(무위험채권+주가지수선물) 전환전략

거　래	현금흐름	
	현재(0시점)	만기일(T시점)
무위험채권을 S_0로 매입(대출) 주가지수선물을 $F_{0,T}$로 매입	$-S_0$ 0	$S_0(1+r_T)$ $S_T - F_{0,T} = S_T - S_0(1+r_T) + D_T$
합　계	$-S_0$	$S_T + D_T$

자산인 현물이 동일한 경우에 가능한 전략이다. 따라서 자산배분전략에서 사용되는 주식포트폴리오는 주가지수선물의 기초자산과 동일하게 구성된 지수 복제포트폴리오임을 유의해야 한다.[8]

예제 3-4 주가지수선물을 이용한 자산배분전략

무위험이자율은 연 12%, 가중평균배당수익률은 연 4%이며, 현재 KOSPI200은 240.00포인트이고, 3개월물 주가지수선물은 이론적 가치와 동일한 244.80포인트[$=240.00\times(1+0.03-0.01)$]이다. 다음의 물음에 답하라.

(1) (주)청운투자신탁의 펀드매니저인 박펀드는 현재 KOSPI200지수 복제포트폴리오를 12억원 보유하고 있다. 향후 주가가 하락할 것으로 예상되는 경우 박펀드가 이 포트폴리오를 3개월 동안 무위험채권으로 전환시키기 위한 전략은?

(2) (주)청운투자신탁의 펀드매니저인 박펀드는 현재 무위험채권을 12억원 보유하고 있다. 향후 주가가 상승할 것으로 예상되는 경우 박펀드가 무위험채권을 3개월 동안 KOSPI200지수 복제포트폴리오로 전환시키기 위한 전략은?

해설

(1) 먼저 보유하고 있는 주식포트폴리오를 합성무위험채권으로 전환하기 위하여 매도해야 하는 주가지수선물 계약 수는 다음과 같이 구할 수 있다.

---

8 지수 복제포트폴리오로서 상장지수펀드(exchange traded fund : ETF) 등을 이용할 수 있다. 상장지수펀드는 특정 주가지수와 연동되는 수익률을 얻을 수 있도록 설계된 지수연동형 펀드(index fund)로서 현물 주식으로 설정 · 해지되며, 거래소에서 주식처럼 거래되는 펀드를 말한다.

$$\text{주가지수선물의 매도계약 수} = \frac{\text{주식포트폴리오의 가치}}{\text{주가지수(현물)} \times \text{거래승수}} = \frac{1,200,000,000}{240.00 \times 250,000}$$

$$= 20\text{계약}$$

그러므로 박펀드는 주가지수선물을 20계약 매도함으로써 현재의 주식포트폴리오를 다음과 같이 합성무위험채권으로 전환시킬 수 있다.

거 래	현금흐름(억원)	
	현재(0시점)	만기일(3개월 후)
주식포트폴리오 매입(보유) 주가지수선물 20계약 매도*	−12 0	$S_T + 12 \times 0.01$ $12.24 - S_T$
합 계	−12	12.36

* 주가지수선물 20계약의 매도금액 = 244.80 × 250,000원 × 20계약 = 12.24억원

합성무위험채권을 구성한 박펀드의 투자성과는 만기일의 주식가치(S_T)에 관계없이 12억원을 무위험채권에 투자하는 경우 3개월 후에 얻을 수 있는 12.36억원[= 12억원 × (1 + 0.03)]과 동일함을 알 수 있다.

(2) 먼저 보유하고 있는 무위험채권을 합성주식포트폴리오로 전환하기 위하여 매입해야 하는 주가지수선물 계약 수는 다음과 같이 구할 수 있다.

$$\text{주가지수선물의 매입계약 수} = \frac{\text{무위험채권의 가치}}{\text{주가지수(현물)} \times \text{거래승수}} = \frac{1,200,000,000}{240.00 \times 250,000}$$

$$= 20\text{계약}$$

그러므로 박펀드는 주가지수선물을 20계약 매입함으로써 현재의 무위험채권을 다음과 같이 합성주식포트폴리오로 전환시킬 수 있다.

거 래	현금흐름(억원)	
	현재(0시점)	만기일(3개월 후)
무위험채권 매입(대출) 주가지수선물 20계약 매입	−12 0	$12 \times (1 + 0.03)$ $S_T - 12.24$
합 계	−12	$S_T + 0.12$

합성주식포트폴리오를 구성하는 경우 박펀드는 만기일의 주식가치(S_T)에 향후 3개월 동안의 배당금 0.12억원(= 12억원 × 0.01)을 합한 투자성과, 즉 주식포트폴리오를 보유하는 것과 동일한 투자성과를 얻을 수 있다.

4 금리선물을 이용한 헤징

이자율변동에 따른 위험은 주로 채권의 듀레이션(duration)에 기인한다. 따라서 이자율변동에 따른 위험을 제거하는 것을 듀레이션헤징이라 하며, 이는 현물(채권)시장 또는 금리선물시장 등을 이용하여 이루어진다.

4.1 듀레이션

듀레이션의 의의

듀레이션은 채권의 만기일까지의 각 기간을, 각 기간에 들어오는 현금흐름의 현재가치가 채권의 현재가치에서 차지하는 비율로 가중하여 합한 가중평균만기(weighted average maturity)를 의미한다. 듀레이션은 매컬리(F. R. Macaulay)에 의해서 제시되었으며, 이를 매컬리 듀레이션이라고도 한다.[9] 다음과 같은 현금흐름유형을 가지고 있는 채권의 듀레이션을 구해 보자.

	0	1	2	3	······	n
		C_1	C_2	C_3	······	C_n
가중치 :		$\frac{C_1(1+r)^{-1}}{B}$	$\frac{C_2(1+r)^{-2}}{B}$	$\frac{C_3(1+r)^{-3}}{B}$	······	$\frac{C_n(1+r)^{-n}}{B}$

각 현금흐름이 발생되는 연수와 그 가중치를 곱한 후 모두 합하여 채권의 듀레이션 D를 구하면 다음과 같다.

$$D=\frac{1\cdot C_1(1+r)^{-1}}{B}+\frac{2\cdot C_2(1+r)^{-2}}{B}+\cdots+\frac{n\cdot C_n(1+r)^{-n}}{B}$$

---

9 Frederick R. Macaulay, *Some Theoretical Problems Suggested by the Movements of Interest Rates, Bond Yields, and Stock Prices in the United States since 1856*(New York : National Bureau of Economics Research, 1938).

$$= \sum_{t=1}^{n} \frac{t \cdot C_t (1+r)^{-t}}{B} \tag{3-15}$$

여기서 C_t : t시점에서의 현금흐름

r : 시장이자율(또는 만기수익률)

$$B = \frac{C_1}{1+r} + \frac{C_2}{(1+r)^2} + \cdots + \frac{C_n}{(1+r)^n} = \sum_{t=1}^{n} \frac{C_t}{(1+r)^t}$$

일반적으로 이표채의 듀레이션은 만기보다 작아진다. 한편 순수할인채권의 듀레이션은 만기와 동일하고, 영구채권의 듀레이션은 $\left(\frac{1+r}{r}\right)$과 같다.[10] 이표채와 순수할인채권에 대한 듀레이션과 만기의 관계를 그림으로 나타내면 [그림 3-3]과 같다.

그림 3-3 듀레이션과 만기의 관계

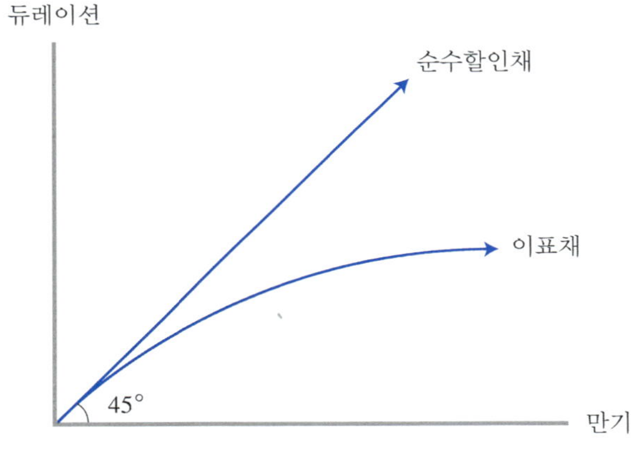

10 $D = \sum_{t=1}^{\infty} \frac{t \cdot C(1+r)^{-t}}{C/r} = r \cdot \sum_{t=1}^{\infty} \frac{t}{(1+r)^t}, \quad \frac{D}{1+r} = r \cdot \sum_{t=1}^{\infty} \frac{t}{(1+r)^{t+1}}$

$$D - \frac{D}{1+r} = r\left[\left(\frac{1}{1+r} + \frac{2}{(1+r)^2} + \frac{3}{(1+r)^3} + \cdots\right) - \left(\frac{1}{(1+r)^2} + \frac{2}{(1+r)^3} + \frac{3}{(1+r)^4} + \cdots\right)\right]$$

$$= r\left(\frac{1}{1+r} + \frac{1}{(1+r)^2} + \frac{1}{(1+r)^3} + \cdots\right) = r\left(\frac{1}{r}\right) = 1$$

$$D\left(\frac{r}{1+r}\right) = 1 \quad \therefore D = \frac{1+r}{r}$$

알아 두기 연간 m회 이자를 지급하는 경우의 듀레이션

연간 m회 이자를 지급하는 경우의 듀레이션(년)은 다음과 같이 구할 수 있다.

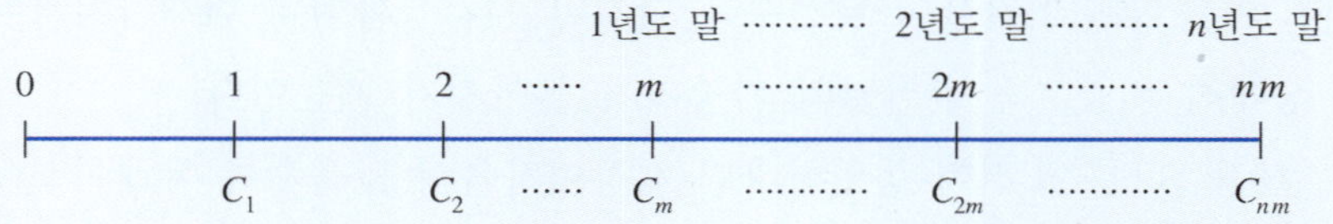

$$D=\frac{\frac{1}{m}\cdot C_1\left(1+\frac{r}{m}\right)^{-1}}{B}+\frac{\frac{2}{m}\cdot C_2\left(1+\frac{r}{m}\right)^{-2}}{B}+\cdots+\frac{\frac{nm}{m}\cdot C_{nm}\left(1+\frac{r}{m}\right)^{-nm}}{B}$$

$$=\sum_{t=1}^{nm}\frac{\frac{t}{m}\cdot C_t\left(1+\frac{r}{m}\right)^{-t}}{B}$$

여기서 $B=\sum_{t=1}^{nm}C_t\left(1+\frac{r}{m}\right)^{-t}$

그리고 채권포트폴리오의 듀레이션은 각 채권의 시장가치에 의한 구성비율로 가중평균하여 구할 수 있다.[11]

$$D_p=\sum_{j=1}^{N}W_jD_j \tag{3-16}$$

여기서 D_p : 채권포트폴리오의 듀레이션

D_j : 채권 j의 듀레이션

W_j : 채권 j의 구성비율$\left(\frac{\text{채권 } j\text{의 시장가치}}{\text{채권포트폴리오의 시장가치}}\right)$

---

11 포트폴리오 베타를 구하는 방법과 동일하며, 식 (3-18)을 이용하여 다음과 같이 증명할 수 있다.

$$B=B_1+B_2+\cdots+B_n,\ \Delta B=\Delta B_1+\Delta B_2+\cdots+\Delta B_n$$

$$D_p=-\frac{\Delta B/B}{\Delta r/(1+r)}=\left(-\frac{\Delta B_1/B}{\Delta r/(1+r)}\right)+\left(-\frac{\Delta B_2/B}{\Delta r/(1+r)}\right)+\cdots+\left(-\frac{\Delta B_n/B}{\Delta r/(1+r)}\right)$$

$$=\left(\frac{B_1}{B}\right)\left(-\frac{\Delta B_1/B_1}{\Delta r/(1+r)}\right)+\left(\frac{B_2}{B}\right)\left(-\frac{\Delta B_2/B_2}{\Delta r/(1+r)}\right)+\cdots+\left(\frac{B_n}{B}\right)\left(-\frac{\Delta B_n/B_n}{\Delta r/(1+r)}\right)=\sum_{j=1}^{n}W_jD_j$$

듀레이션은 다음과 같은 특성을 가지고 있다.

첫째, 다른 조건이 동일하다면 만기가 길수록 듀레이션이 증가한다.[12]

둘째, 다른 조건이 동일하다면 액면이자율이 낮을수록 듀레이션이 증가한다. 이는 액면이자율이 낮을수록 만기일 원금상환액의 현재가치가 차지하는 상대적 비중, 즉 만기일의 가중치가 높아지기 때문이다.

셋째, 다른 조건이 동일하다면 시장이자율이 낮을수록 듀레이션이 증가한다. 이는 시장이자율이 낮을수록 만기일에 가까운 시점의 현금흐름의 현재가치가 높아져서, 만기일에 가까운 시점의 가중치가 상대적으로 높아지기 때문이다.

채권의 가격변화와 듀레이션

시장이자율의 변화에 대한 채권가격의 변화 정도, 즉 민감도를 나타내는 채권가격의 이자율탄력도(interest elasticity of bond price, $\varepsilon_{B,\,r}$)는 다음과 같이 측정될 수 있다.

$$\varepsilon_{B,\,r} = \frac{\text{채권가격의 변화율}}{\text{이자율의 변화율}} = \frac{dB/B}{dr/r} \qquad (3\text{-}17)$$

채권가격의 이자율탄력도 $\varepsilon_{B,\,r}$는 항상 음(−)의 값을 가진다. 그 이유는 이자율과 채권가격이 음(−)의 관계를 가지기 때문이다.

그리고 듀레이션과 채권가격의 이자율탄력도는 다음과 같은 관계를 가진다.[13]

$$D = -\frac{dB/B}{dr/(1+r)} = -\left(\frac{dB/B}{dr/r}\right)\left(\frac{1+r}{r}\right) = -\varepsilon_{B,r}\left(\frac{1+r}{r}\right) \qquad (3\text{-}18)$$

---

12 액면이자율이 상당히 낮은 할인채(deep discount bond)의 경우 만기가 길수록 듀레이션이 증가하다가 만기가 일정수준에 도달하면 듀레이션이 감소할 수도 있다.

13 $B = \frac{C_1}{1+r} + \frac{C_2}{(1+r)^2} + \cdots + \frac{C_n}{(1+r)^n} \rightarrow dB/dr = -\left[\frac{1C_1}{(1+r)^2} + \frac{2C_2}{(1+r)^3} + \cdots + \frac{nC_n}{(1+r)^{n+1}}\right]$

(양변)에 $-(1+r)/B$를 곱하면, $-\frac{dB/B}{dr/(1+r)} = \left[\frac{1C_1}{1+r} + \frac{2C_2}{(1+r)^2} + \cdots + \frac{nC_n}{(1+r)^n}\right] \Big/ B = D$

또는

$$-\varepsilon_{B,r} = D\left(\frac{r}{1+r}\right) \qquad (3\text{-}18)'$$

식 (3-18)′는 시장이자율의 변화가 극히 작을 경우(미분의 경우)에 정확하게 성립하는 식이다. 그러나 시장이자율의 변화가 어느 정도 있는 경우 이 식은 근사적(approximately)으로 성립하게 된다.

$$-\frac{\Delta B/B}{\Delta r/r} \fallingdotseq D\left(\frac{r}{1+r}\right) \qquad (3\text{-}19)$$

식 (3-19)에서 채권의 듀레이션이 길어질수록 채권가격의 이자율탄력도는 커지게 된다. 즉 듀레이션이 길어질수록 이자율변화에 대해서 채권은 보다 민감하게 변함을 의미한다. 일반적으로 만기가 길수록, 액면이자율이 낮을수록 듀레이션은 길어진다. 그러므로 듀레이션을 만기와 액면이자율을 동시에 고려한 상환기간으로 생각할 수 있다.

그리고 식 (3-19)에 의해 다음과 같이 이자율변동에 따른 채권가격변동액을 구할 수 있다.[14]

$$\Delta B \fallingdotseq -\frac{D}{1+r}\cdot\Delta r\cdot B \qquad (3\text{-}20)$$

채권의 가격변화와 볼록성

식 (3-20)과 같이 듀레이션에 의해서 채권가격변동액을 산출할 때 오차가 발생하게 되며, 이는 [그림 3-4]와 같이 채권가격이 원점에 대해 볼록한 형태를 갖기 때문이다. [그림 3-4]에서 시장이자율이 r에서 r^+로 상승할 때

---

14 $\frac{D}{1+r}$를 수정듀레이션이라 한다. 한편 연간 m회 복리되는 경우 수정듀레이션은 $\frac{D}{1+r/m}$이며, 연속복리($m\to\infty$)되는 경우 수정듀레이션은 $D\left(\sum_{i=1}^{n}\frac{t_i C_i e^{-rt_i}}{B}\right.$, 여기서 t_i : 연단위로 환산된 기간$\left.\right)$이다.

그림 3-4 채권가격의 볼록성

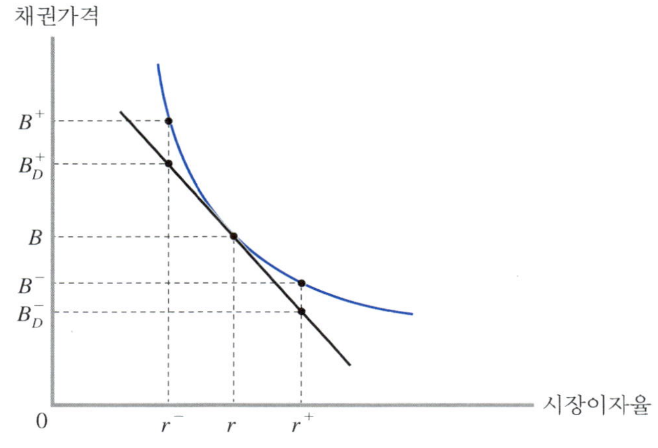

듀레이션에 의해서는 채권가격이 $(B-B_D{}^-)$만큼 하락한 것으로 측정되나, 실제로는 그것보다 작은 $(B-B^-)$만큼 하락하게 된다. 한편 시장이자율이 r에서 r^-로 하락할 때 듀레이션에 의해서는 채권가격이 $(B_D{}^+-B)$만큼 상승한 것으로 측정되나, 실제로는 그것보다 큰 (B^+-B)만큼 상승하게 된다. 따라서 이자율변동 시 듀레이션에 의해 측정된 채권가격은 항상 실제 채권가격보다 저평가되는 경향을 갖게 된다. 이와 같은 오차는 이자율변동폭이 커질수록 더 확대된다.

그러므로 채권가격변동액을 보다 정확하게 산출하기 위해서는 듀레이션뿐만 아니라 볼록성(convexity)도 고려해 주어야 한다.[15]

---

15 r이 r'로 변할 때 새로운 채권가격 B'를 테일러의 전개식(Taylor's series)에 의해 r부근에서 2차접근식으로 나타내면 다음과 같다.

$$B' = B + \frac{dB}{dr}(r'-r) + \frac{1}{2}\frac{d^2B}{dr^2}(r'-r)^2 + \text{오차항} \rightarrow \Delta B \fallingdotseq \frac{dB}{dr}\Delta r + \frac{1}{2}\left(\frac{d^2B}{dr^2}\right)\Delta r^2$$

여기서 $\frac{dB}{dr} = -\left(\frac{D}{1+r}\right)B$ (식 (3-18)에 의해 도출됨)

$$\frac{d^2B}{dr^2} = -\left[\frac{-1\cdot 2C_1}{(1+r)^3} + \frac{-2\cdot 3C_2}{(1+r)^4} + \cdots + \frac{-n(n+1)C_n}{(1+r)^{n+2}}\right]$$

$$\Delta B \fallingdotseq \frac{dB}{dr}\Delta r + \frac{1}{2}\left(\frac{d^2B}{dr^2}\right)\Delta r^2 = -\left(\frac{D}{1+r}\right)\Delta r \cdot B + \frac{1}{2}V \cdot \Delta r^2 \cdot B^{16} \quad (3\text{-}21)$$

여기서[16] 볼록성$(V) = \frac{1}{(1+r)^2}\sum_{t=1}^{n}\frac{t(t+1)C_t(1+r)^{-t}}{B}$

따라서 채권가격의 변동(ΔB)은 듀레이션에 의한 변동부분(첫째 항)과 볼록성에 의한 오차조정부분(둘째 항)을 합한 것이다. 물론 듀레이션과 볼록성을 모두 고려한다 하더라도 약간의 오차는 존재하지만 볼록성을 고려할 경우 오차의 크기를 상당히 줄일 수 있다.

예제 3-5 듀레이션과 볼록성에 의한 채권가격변동

액면금액이 10,000원이고, 액면이자율이 12%인 3년 만기의 채권이 있다. 시장이자율이 8%일 경우 다음의 물음에 답하라.

(1) 이자율이 8%에서 9%로 인상될 경우 채권의 실제가격은 어느 정도 변동하겠는가?

(2) 이자율이 8%에서 9%로 인상될 경우 채권의 듀레이션에 의한 채권가격의 변동액을 구하라.

(3) 물음 (1)과 (2)의 결과가 다른 가장 큰 이유는 볼록성에 의해 나타나는 오차부분이라 할 수 있다. 듀레이션과 볼록성을 모두 고려하여 채권가격의 변동액을 구하라.

$$= \frac{1}{(1+r)^2}\left[\frac{1\cdot 2C_1}{1+r} + \frac{2\cdot 3C_2}{(1+r)^2} + \cdots + \frac{n(n+1)C_n}{(1+r)^n}\right]$$

$$= \frac{1}{(1+r)^2}\sum_{t=1}^{n}\frac{t(t+1)C_t}{(1+r)^t} = \frac{1}{(1+r)^2}\left[\frac{\sum_{t=1}^{n}\frac{t(t+1)C_t}{(1+r)^t}}{B}\right]B$$

16 연간 m회 복리될 경우 $V = \frac{1}{\left(1+\frac{r}{m}\right)^2}\sum_{t=1}^{nm}\frac{\frac{t(t+1)}{m^2}C_t\left(1+\frac{r}{m}\right)^{-t}}{B}$, 연속복리될 경우 $V = \sum_{i=1}^{n}\frac{t_i^2 C_i e^{-rt_i}}{B}$ 이다.

해설

(1) $B=\dfrac{1,200}{1.08}+\dfrac{1,200}{1.08^2}+\dfrac{11,200}{1.08^3}=11,030.84$원

$B'=\dfrac{1,200}{1.09}+\dfrac{1,200}{1.09^2}+\dfrac{11,200}{1.09^3}=10,759.39$원

$\therefore\ \Delta B=B'-B=10,759.39-11,030.84=-271.45$원

이자율이 8%에서 9%로 인상될 경우, 채권가격은 271.45원만큼 하락하게 된다.

(2) $D=1\times\dfrac{1,200/1.08}{11,030.84}+2\times\dfrac{1,200/1.08^2}{11,030.84}+3\times\dfrac{11,200/1.08^3}{11,030.84}=2.7053$년

$\therefore \Delta B\fallingdotseq-\dfrac{D}{1+r}\cdot\Delta r\cdot B=-\left(\dfrac{2.7053}{1.08}\right)\times 0.01\times 11,030.84=-276.31$원

듀레이션에 의한 변동부분만 고려할 경우 채권가격은 276.31원만큼 하락하게 된다.

(3) $V=\dfrac{1}{1.08^2}\left[1\times 2\times\dfrac{1,200/1.08}{11,030.84}+2\times 3\times\dfrac{1,200/1.08^2}{11,030.84}+3\times 4\times\dfrac{11,200/1.08^3}{11,030.84}\right]$

$=8.9447$

$\Delta B\fallingdotseq-\left(\dfrac{D}{1+r}\right)\Delta r\cdot B+\dfrac{1}{2}\cdot V\cdot \Delta r^2\cdot B$

$\fallingdotseq -276.31+\dfrac{1}{2}\times 8.9447\times 0.01^2\times 11,030.84=-271.38$원

듀레이션과 볼록성에 의한 변동부분을 고려할 경우 채권가격은 271.38원만큼 하락하게 된다. 물음 (2)의 결과에 비해 오차의 크기가 상당히 줄어들었음을 알 수 있다.

4.2 듀레이션에 근거한 헤징전략

식 (3-7)을 이용하여 다음과 같은 최소분산헤지비율을 구할 수 있다.

$$H^*=-\frac{\rho(\Delta B_S,\ \Delta B_F)\sigma(\Delta B_S)}{\sigma(\Delta B_F)} \qquad (3\text{-}22)$$

여기서 ΔB_S : 채권포트폴리오(헤지대상자산)의 가격변동
ΔB_F : 금리선물의 가격변동

금리선물을 헤징에 이용할 때 식 (3-22)를 사용할 수 있다. 그러나 듀레

이션 개념도 헤징전략의 수립 시 유용한 대체적 수단이 될 수 있다.

먼저 듀레이션을 이용한 식 (3-20)에 의해 채권포트폴리오, 즉 헤지대상자산의 가치변화를 측정하면 다음과 같다.

$$\Delta B_S = -\frac{D_S}{1+r_S} \cdot \Delta r_S \cdot B_S \qquad (3\text{-}23)$$

여기서 B_S : 헤지대상자산의 가치
D_S : 헤지종료일에서 헤지대상자산의 듀레이션
r_S : 헤지대상자산의 수익률
Δr_S : 헤지대상자산의 수익률 변화

또한 같은 방법으로 금리선물의 계약당 가치변화를 측정하면 다음과 같다.

$$\Delta B_F = -\frac{D_F}{1+r_F} \cdot \Delta r_F \cdot B_F \qquad (3\text{-}24)$$

여기서 B_F : 금리선물 1계약의 가격
D_F : 선물만기일에서 선물계약 기초자산의 듀레이션
r_F : 금리선물계약의 수익률
Δr_F : 금리선물계약의 수익률 변화

헤저가 H계약의 금리선물로 채권포트폴리오(헤지대상자산)를 헤지하기 위하여 구성한 헤지포트폴리오의 가치변화 ΔV_H는 다음과 같다.

$$\Delta V_H = \Delta B_S + H \Delta B_F \qquad (3\text{-}25)$$

그러므로 식 (3-23)과 식 (3-24)를 식 (3-25)에 대입한 후, 헤지포트폴리오의 가치변화를 0으로 만드는 헤지비율 H^*를 구하면 다음과 같다.

$$H^* = -\frac{\Delta B_S}{\Delta B_F} = -\left(\frac{D_S^m}{D_F^m}\right)\left(\frac{B_S}{B_F}\right)\left(\frac{\Delta r_S}{\Delta r_F}\right)$$
$$= -\left(\frac{D_S}{D_F}\right)\left(\frac{B_S}{B_F}\right)\left(\frac{\Delta r_S}{\Delta r_F}\right)\left(\frac{1+r_F}{1+r_S}\right) \qquad (3\text{-}26)$$

여기서 D_S^m : 헤지종료일에서 헤지대상자산의 수정듀레이션$\left(\frac{D_S}{1+r_S}\right)$
D_F^m : 선물만기일에서 선물계약 기초자산의 수정듀레이션$\left(\frac{D_F}{1+r_F}\right)$

식 (3-26)에서 수익률 및 수익률 변화가 항상 일정하다고 가정한다면, 즉 $r_S = r_F$, $\Delta r_S = \Delta r_F$이라면 헤징을 위한 선물의 최적계약 수 H^*는 다음과 같다.[17]

$$H^* = -\left(\frac{D_S}{D_F}\right)\left(\frac{B_S}{B_F}\right) \tag{3-27}$$

식 (3-27)에서 H^*의 부호가 음(−)인 것은 선물포지션이 현물포지션과 반대임을 의미한다. 여기서는 현재 채권포트폴리오를 보유하고 있다는 전제하에서 구한 헤지비율이기 때문에 부호가 음(−), 즉 금리선물을 매도하는 것으로 나타나고 있다. 금리선물을 이용하여 헤지할 때, 이자율과 선물가격이 반대방향으로 움직인다는 것을 명심해야 한다. 따라서 이자율이 하락할 때 손실이 발생하는 기업(변동금리채권 또는 고정금리채무 보유)은 선물을 매입해야 하는 반면, 이자율이 상승할 때 손실이 발생하는 기업(고정금리채권 또는 변동금리채무 보유)은 선물을 매도해야 한다.

한편 이자율이 1베이시스포인트, 즉 0.01%포인트 변동함에 따라 변동하는 금리포지션의 가치변동의 절대값을 BPV(basis point value)라고 하며, 주로 실무에서는 이를 이용하여 헤지비율을 산출한다. BPV를 이용하여 헤지비율을 구하면 다음과 같다.

$$H^* = -b\left(\frac{BPV_S}{BPV_F}\right) \tag{3-28}$$

여기서 b : 수익률 베타(yield beta)$\left(b = \dfrac{\Delta r_S}{\Delta r_F}\right)$[18]

---

17 최소분산헤지비율에 의해서 식 (3-27)과 동일한 결과를 얻을 수 있다. 식 (3-22)에서 $\Delta r_S = \Delta r_F$이면, $\rho(\Delta B_S, \Delta B_F) = 1$이다.

따라서 $H^* = -\dfrac{\sigma(\Delta B_S)}{\sigma(\Delta B_F)}$

또한 $\sigma(\Delta B_S) = -\dfrac{D_S}{1+r_S}\cdot B_S \cdot \sigma(\Delta r_S)$, $\sigma(\Delta B_F) = -\dfrac{D_F}{1+r_F}\cdot B_F \cdot \sigma(\Delta r_F)$

$H^* = -\left(\dfrac{D_S}{D_F}\right)\left(\dfrac{B_S}{B_F}\right)\left(\dfrac{1+r_F}{1+r_S}\right) = -\left(\dfrac{D_S}{D_F}\right)\left(\dfrac{B_S}{B_F}\right)$ $(\because r_S = r_F)$

식 (3-28)에서 이자율이 0.01%포인트 변동하는 경우 현물(채권포트폴리오)과 금리선물의 가격변동금액, 즉 BPV는 식 (3-23)과 식 (3-24)에 의해서 각각 다음과 같이 구할 수 있다.

- $BPV_S = \dfrac{D_S}{1+r_S} \times 0.01\% \times B_S$
- $BPV_F = \dfrac{D_F}{1+r_F} \times 0.01\% \times B_F$

그러므로 위의 식을 식 (3-28)에 대입하여 정리하면, 식 (3-27)과 동일함을 알 수 있다.

$$H^* = -\left(\frac{D_S}{D_F}\right)\left(\frac{B_S}{B_F}\right)\left(\frac{\Delta r_S}{\Delta r_F}\right)\left(\frac{1+r_F}{1+r_S}\right) \quad (\because\ \Delta r_S = \Delta r_F,\ \text{즉 } b=1)$$

$$= -\left(\frac{D_S}{D_F}\right)\left(\frac{B_S}{B_F}\right)\left(\frac{1+r_F}{1+r_S}\right) \quad (\because\ r_S = r_F)$$

$$= -\left(\frac{D_S}{D_F}\right)\left(\frac{B_S}{B_F}\right)$$

그리고 주가지수선물과 마찬가지로 현재 보유하고 있는 채권포트폴리오 듀레이션(D_S)을 임의의 헤지포트폴리오 듀레이션(D_H)으로 조정하기 위한 헤지비율을 다음과 같이 구할 수 있다.[19]

---

18 수익률 베타 b는 다음과 같은 회귀식에 의해 구할 수 있다.

$$r_S = a + br_F + e$$

19 식 (3-25)를 이용하여 다음과 같이 나타낼 수 있다.

$$-\frac{D_H}{1+r} \cdot \Delta r \cdot B_S = -\frac{D_S}{1+r_S} \cdot \Delta r_S \cdot B_S + H \cdot \left(-\frac{D_F}{1+r_F} \cdot \Delta r_F \cdot B_F\right)$$

여기서 $\Delta r = \Delta r_S = \Delta r_F$, $r = r_S = r_F$이라면, 다음과 같이 정리할 수 있다.

$$B_S D_H = B_S D_S + H \cdot B_F D_F$$

위의 식을 풀면, 식 (3-29)를 도출할 수 있다. 그리고 $r \neq r_S \neq r_F$일 경우 수정듀레이션을 사용하여야 한다.

$$H = \left(\frac{D_H - D_S}{D_F}\right)\left(\frac{B_S}{B_F}\right) \tag{3-29}$$

한편 식 (3-29)를 BPV를 이용하여 나타내면 다음과 같다.

$$H = \frac{BPV_H - BPV_S}{BPV_F} \tag{3-30}$$

예제 3-6 듀레이션에 근거한 헤징전략

ABC주식회사는 현재로부터 약 2개월 후 판매대금으로 6억원을 받을 예정이며, 이 자금은 현재로부터 8개월 후 실시되는 실물투자의 재원으로 활용할 계획이기 때문에 판매대금을 회수하는 즉시 6개월 만기인 순수할인채권 A에 투자할 계획이다. 2개월 만기인 순수할인채권 B(91일 만기)에 대한 선물 1계약의 가격은 현재 9,800만원이다. ABC주식회사는 현재로부터 2개월간 이자율하락에 따른 손실을 염려하여 순수할인채권 B 선물로 헤징을 하려고 한다. 이 경우 순수할인채권 B 선물의 최적계약 수는?

해설

순수할인채권은 듀레이션과 만기가 동일하다. 즉 헤지대상자산인 6개월 만기 순수할인채권 A의 듀레이션은 0.5년이며, 선물의 기초자산인 순수할인채권 B의 듀레이션은 0.25년이다. 그러므로 이자율하락에 따른 손실위험을 제거하기 위해 매입해야 하는 순수할인채권 B 선물의 최적계약 수는 다음과 같다.

$$H^* = \left(\frac{0.5\text{년}}{0.25\text{년}}\right)\left(\frac{600{,}000{,}000}{98{,}000{,}000}\right) = 12.24\text{계약}$$

주요 용어

key words

매입헤지 • 100
매도헤지 • 101
베이시스 • 101
베이시스위험 • 103
교차헤지 • 103
순포지션의 가격 • 104
최소분산헤지비율 • 107
최적헤지비율 • 108
자산배분전략 • 113
합성무위험채권 전환전략 • 114
합성주식포트폴리오 전환전략 • 114
듀레이션 • 117
채권가격의 이자율탄력도 • 120
볼록성 • 122

연습문제

■ 완성/선택형 문제

01 헤지를 선물시장에서 취하는 포지션에 따라 (　　)와 (　　)로 나눈다.

02 (　　)는 선물가격과 현물가격간의 차이를 말한다.

03 (　　)은 시장상황에 대한 예측을 근거로 보유하고 있는 자산포트폴리오를 적절하게 재구성하는 전략을 의미한다.

04 (　　)은 채권의 만기일까지의 각 기간을, 각 기간에 들어오는 현금흐름의 현재가치가 전체 현금흐름의 현재가치에서 차지하는 비율로 가중하여 합한 가중평균만기를 의미한다.

05 일반적으로 (　　)가 길수록, (　　) 또는 (　　)이 낮을수록 듀레이션은 길어진다.

06 금리선물을 이용하여 헤지할 경우 이자율이 하락할 때 손실이 발생하는 기업(변동금리채권 또는 고정금리채무 보유)은 선물을 (　　)해야 하는 반면, 이자율이 상승할 때 손실이 발생하는 기업(고정금리채권 또는 변동금리채무 보유)은 선물을 (　　)해야 한다.

07 헤지에 대한 다음의 설명 중 거리가 먼 것은?

① 선물을 이용함으로써 현물시장에서의 예측하지 못한 가격변동에 따른 위험을 저렴하고 효율적으로 제거할 수 있다.

② 선물시장을 이용한 헤지는 현물시장에서의 가격위험을 제거하기 위해 현물시장에서의 포지션과 동일한 포지션을 선물시장에서 취하는 것을 의미한다.

③ 매입헤지로 인하여 미래 현물가격의 변동에 관계없이 미래에 구입할 현물의 가격을 현재시점에서 고정시킬 수 있다.

④ 매도헤지는 현재 보유하고 있는 현물의 미래 판매가격하락으로 인한 손실을 방지하기 위하여 선물을 매도하는 것을 의미한다.

⑤ 선물을 이용한 헤지의 목적은 미래의 불확실한 현물가격을 현재시점에서 고정시키는 것이지, 보다 많은 이익을 보장받는 것은 아니다.

08 베이시스(basis)위험에 대한 다음의 설명 중 거리가 먼 것은? (단, 베이시스＝선물가격－현물가격)

① 선물가격이 현물가격으로 수렴하는 특성에 의해서 만기일의 베이시스는 0이 된다.

② 베이시스가 예상보다 축소되는 경우에는 매도헤지가 유리한 반면, 베이시스가 예상보다 확대되는 경우에는 매입헤지가 유리하다.

③ 베이시스가 일정하거나 헤지종료일과 선물의 만기일이 같은 경우에는 베이시스위험이 제거될 수 있다.

④ 베이시스위험이 제거되면 헤저의 손익은 항상 0이 된다.

⑤ 현물과 선물의 기초자산이 정확하게 일치하지 않을 경우의 헤지, 즉 교차헤지(cross hedge)에서는 현물과 선물의 기초자산간의 불일치로 인한 추가적인 베이시스위험이 발생하게 된다.

09 선물에 관한 설명으로 가장 적절하지 않은 것은? (CPA 1차 2022)

① 선물가격과 현물가격의 차이를 베이시스(basis)라고 하는데 만기일이 가까워지면 베이시스는 점점 작아지고 만기일에는 선물가격과 현물가격이 같

게 된다.

② 현물-선물 등가식(spot-future parity)이 성립하는 경우 효율적인 시장에서는 차익거래의 기회가 존재하지 않는다.

③ 선물가격은 보유비용(cost of carry)만큼 현물가격과 차이가 발생하는데 이 때의 보유비용에는 현물구입자금에 대한 기회비용인 이자비용뿐만 아니라 현물의 보관비용도 포함된다.

④ 선물의 가격이 미래의 기대현물가격보다 높게 형성되었다가 만기일에 접근하면서 기대현물가격에 일치해간다는 가설은 정상적 백워데이션(normal backwardation) 가설이다.

⑤ 명목이자율이 국내보다 높은 외화의 경우 균형상태에서 원/외화 선물환율이 현물환율보다 낮다.

10 7월 1일 현재, 금가격과 12월 만기 금선물의 가격은 각각 12,350원/g, 12,500원/g이다. K씨는 이후 금가격의 상승에 대비하고자 12월 만기 금선물 1계약을 매입하였다. 헤지종료일인 9월 말 현재 금 가격과 12월 만기 금선물의 가격은 각각 13,000원/g, 12,900원/g이 되었다. 이러한 경우 금의 순매입가격은 각각 얼마인가?

① 12,500원/g ② 12,600원/g ③ 12,700원/g
④ 12,800원/g ⑤ 12,900원/g

11 선물을 이용한 다음의 헤지거래 중 가장 잘못된 것은? (CPA 1차 2000)

① 1개월 후에 자금을 차입하려고 하는 기업이 금리선물을 매입하였다.

② 인덱스펀드(index fund)를 보유한 투자자가 주가지수선물을 매도하였다.

③ 2개월 후에 상대국통화로 수출대금을 수취하게 되는 수출업자가 상대국통화선물을 매도하였다.

④ 3개월 후에 채권을 매입하려고 하는 투자자가 금리선물을 매입하였다.

⑤ 보유현물과 동일하지 않으나 정(+)의 상관계수가 큰 선물을 매도하였다.

12 현재는 9월 30일이다. 한 달 후 A항공은 항공기 연료로 사용되는 100만배럴의 제트유가 필요하며, 12월에 만기가 도래하는 난방유선물을 이용하여 가격변동 위험을 헤지하기로 하였다. 분산으로 측정되는 헤지포지션의 위험을 최소화하기 위해 과거 24개월 동안의 역사적 자료를 이용하여 최소분산헤지비율을 구하였다. 최소분산헤지비율을 계산하기 위해 월별 현물가격의 변화를 월별 선물가격의 변화에 대해 회귀분석한 결과의 일부를 다음의 표에 제시하였다. 난방유선물 1계약 단위가 42,000배럴일 때, A항공이 취해야 할 전략으로 가장 적절한 것은? (CPA 1차 2012 수정)

	분 산	표준편차	공 분 산	상관계수
선물가격변화	0.00148	0.03841	0.00105	0.69458
현물가격변화	0.00155	0.03936		

① 난방유선물 13계약 매입
② 난방유선물 15계약 매도
③ 난방유선물 17계약 매입
④ 난방유선물 19계약 매도
⑤ 난방유선물 21계약 매입

13 A사가 현재 유가증권시장에 상장된 주식으로 구성된 포트폴리오를 20억원 보유하고 있다. 주식포트폴리오 베타는 1.5, 현재 코스피200선물의 가격은 200.00포인트이다. 주식시장의 하락을 걱정하는 A사의 입장에서 이용가능한 헤징전략으로 가장 적절한 것은?

① 코스피200선물 30계약을 매입
② 코스피200선물 30계약을 매도
③ 코스피200선물 60계약을 매입
④ 코스피200선물 60계약을 매도
⑤ 코스닥150선물 60계약을 매도

14 투자자 갑은 다음과 같은 주식 포트폴리오를 보유하고 있다.

주 식	주당 주식가격	보유주식 수	베타계수
A	20,000원	2,000주	1.5
B	40,000원	1,000주	1.2
C	10,000원	2,000주	0.8

이 포트폴리오를 현재 선물가격이 200포인트인 KOSPI200 주가지수선물을 이용하여 헤지하고자 한다. 단순헤지비율(naive hedge ratio)을 이용해 100% 헤지하기 위한 선물계약 수와 최소분산헤지비율(minimum variance hedge ratio)을 이용하여 헤지하기 위한 선물계약 수를 계산하였다. 이때, 최소분산헤지비율에 의한 선물계약 수는 단순헤지비율에 의한 선물계약 수의 몇 배인가? 가장 가까운 것을 선택하라. (단, 단순헤지비율은 현물과 선물을 1 : 1 비율로 헤지하는 것으로 주식포트폴리오의 시가총액을 주가지수선물 가치로 나눈 것이고, KOSPI200 주가지수선물의 거래승수는 1포인트당 25만원이다.) (CPA 1차 2013)

① 1.6배 ② 1.8배 ③ 2.0배
④ 2.4배 ⑤ 3.5배

15 펀드매니저 K는 1,000억원 규모의 주식포트폴리오에 대해 1년간 관리하는 임무를 부여받았다. 현재 이 주식포트폴리오의 베타는 1.5이다. K는 향후 약세장을 예상하고 주가지수선물을 이용하여 이 주식포트폴리오의 베타를 1.0으로 줄이려고 한다. 1년 만기를 갖는 주가지수선물의 현재 지수가 80.00포인트(1포인트당 25만원)라고 할 때, 어떻게 해야 하는가? (CPA 1차 2001)

① 1,500계약 매입 ② 1,500계약 매도 ③ 5,000계약 매입
④ 5,000계약 매도 ⑤ 7,500계약 매입

16 펀드매니저 A는 10억원 규모로 KOSPI200지수와 상관계수가 1인 주식인덱스펀드(index fund)를 6개월간 구성하여 운영하려고 한다. 그러나 인덱스펀드의 관리에 어려움을 경험한 펀드매니저 B는 인덱스펀드 대신 만기까지 6개월 남은 KOSPI200선물 40계약과, 연 수익률 6%이고 6개월 만기인 채권을 10억원 매입하였다. 두 펀드 매니저의 펀드 운용결과가 향후 시장의 등락에 관계없이 동일하려면 B는 얼마의 가격에 선물을 매입하여야 하는가? (수수료 및 증거금을 포함한 거래비용은 없으며, 채권은 무위험으로 가정함.) (CPA 1차 2002 수정)

KOSPI200지수 = 100p, 무위험금리 = 연 6%
지수종목주식 기대배당수익률 = 연 4%, 선물승수 = 50만원/p

① 97p ② 99p ③ 101p
④ 103p ⑤ 105p

17 시장이자율이 1% 상승할 때, 다음 채권들 중에서 어느 채권의 가격하락률이 가장 클 것으로 판단되는가?

① 액면이자율이 5%인 10년 만기 채권
② 액면이자율이 10%인 7년 만기 채권
③ 액면이자율이 10%인 10년 만기 채권
④ 액면이자율이 10%인 7년 만기 채권
⑤ 10년 만기 순수할인채권

18 듀레이션에 대한 다음의 설명 중 잘못된 것은?

① 이표채의 듀레이션은 만기보다 작다.
② 시장이자율이 5%일 경우 5년 만기 순수할인채의 듀레이션은 5년이다.
③ 시장이자율이 5%일 경우 영구채의 듀레이션은 21년이다.
④ 다른 조건이 동일하다면 액면이자율이 낮을수록 듀레이션이 감소한다.
⑤ 다른 조건이 동일하다면 시장이자율이 낮을수록 듀레이션이 증가한다.

19 이자율과 채권가격에 관한 설명으로 가장 적절하지 않은 것은? (CPA 1차 2014)

① 이자율이 상승하면 채권가격은 하락한다.
② 만기가 길어질수록 동일한 이자율변동에 대한 채권가격 변동폭이 커진다.
③ 만기가 길어질수록 동일한 이자율변동에 대한 채권가격 변동폭은 체감적으로 증가한다.
④ 이자율 상승 시 채권가격 하락보다 동일 이자율 하락 시 채권가격 상승이 더 크다.
⑤ 액면이자율이 높을수록 동일한 이자율 변동에 대한 채권가격 변동률이 더 크다.

20 듀레이션에 관한 설명으로 가장 적절하지 않은 것은? (CPA 1차 2014)

① 무이표채의 경우 만기가 길어지면 듀레이션은 증가한다.
② 액면이자율이 높아지면 듀레이션은 감소한다.
③ 만기수익률이 높아지면 듀레이션은 감소한다.
④ 시간이 경과함에 따라 듀레이션은 감소한다.
⑤ 상환청구조건(put provision)은 듀레이션을 증가시킨다.

21 채권에 관한 다음 설명 중 가장 적절하지 않은 것은? (CPA 1차 2013)

① 다른 모든 조건이 동일할 때, 만기수익률이 높은 채권일수록 금리의 변화에 덜 민감하게 반응한다.
② 무이표채의 매컬리 듀레이션(Macaulay duration)은 채권의 잔존만기와 같다.
③ 영구채(perpetuity)의 매컬리 듀레이션은 $\frac{1+y}{y}$ 이다. (단, y는 양수의 만기수익률이다.)
④ 다른 모든 조건이 동일할 때, 잔존만기가 길수록 할인채권(discount bond)과 액면가채권(par bond)의 매컬리 듀레이션은 증가한다.
⑤ 다른 모든 조건이 동일할 때, 수의상환조항(call provision)이 있는 채권의 경우 조항이 없는 일반채권에 비해 매컬리 듀레이션이 작다.

22 채권의 듀레이션에 관한 설명으로 가장 적절하지 않은 것은? 단, 이표채의 잔존만기는 1년을 초과한다고 가정한다. (CPA 1차 2016)

① 영구채의 듀레이션은 $\left(\frac{1+\text{만기수익률}}{\text{만기수익률}}\right)$ 이다.
② 다른 조건이 동일할 때, 액면이자율이 낮은 이표채의 듀레이션이 더 길다.
③ 모든 채권은 발행 이후 시간이 경과하면 그 채권의 듀레이션은 짧아진다.
④ 다른 조건이 동일할 때, 만기수익률이 상승하면 이표채의 듀레이션은 짧아진다.
⑤ 이표채의 듀레이션은 만기보다 짧다.

23 채권 A, 채권 B, 채권 C에 대한 정보가 다음의 표와 같다. 시장이자율의 변동이 각 채권의 만기수익률에 동일한 크기의 영향을 미친다고 가정할 때 채권 A, 채권 B, 채권 C에 대한 설명으로 가장 적절하지 않은 것은? (CPA 1차 2011)

분 류	채권 A	채권 B	채권 C
채권 유형	무이표채	이표채	이표채
액면금액	1억원	1억원	1억원
액면이자율	−	연 5%	연 10%
잔존만기	5년	5년	5년
액면이자 지급시기	−	매년 12월 31일	매년 12월 31일
만기수익률	연 8%	연 8%	연 8%

① 현재시점에서 채권 A의 가격이 가장 낮다.
② 시장이자율이 변동하면 채권 A의 가격변동률이 가장 크다.
③ 채권 A의 듀레이션(duration)은 5년이다.
④ 채권 B와 채권 C의 듀레이션은 5년보다 작다.
⑤ 현재시점에서 채권 B의 듀레이션 및 가격은 채권 C의 듀레이션 및 가격보다 작다.

24 만기 5년, 액면가 1,000원, 액면이자율 7%인 이표채가 있다. 만기수익률이 현재 11%에서 9%로 하락할 때, 채권가격의 변화율을 다음의 두 가지 방법으로 구하려고 한다. 첫째, 이표채로부터 발생하는 현금흐름의 현재가치를 구한 아래의 표를 이용하여 실제 채권가격변화율을 구하고 그 값을 채권가격변화율$_A$라고 한다. 둘째, 이표채의 매컬리(Macaulay) 듀레이션을 아래의 표를 이용하여 구하고, 계산된 듀레이션을 이용하여 채권가격변화율을 구하고 그 값을 채권가격변화율$_B$라고 한다. 이때 (채권가격변화율$_A$ − 채권가격변화율$_B$)의 값으로 가장 가까운 것은? (CPA 1차 2012)

(만기수익률이 11%인 경우)

(1) 연 도	(2) 현금흐름	(3) 현금흐름의 현재가치	(1)×(3)
1	70	63.06	63.06
2	70	56.81	113.63
3	70	51.18	153.55
4	70	46.11	184.44
5	1,070	634.99	3,174.96

(만기수익률이 9%인 경우)

(1) 연 도	(2) 현금흐름	(3) 현금흐름의 현재가치	(1)×(3)
1	70	64.22	64.22
2	70	58.92	117.84
3	70	54.05	162.16
4	70	49.59	198.36
5	1,070	695.43	3,477.13

① 0.37% ② 0.42% ③ 0.47%

④ 0.52% ⑤ 0.57%

25 다음 그룹 A~C는 각각 두 가지 채권의 액면이자율(coupon rate), 만기수익률(yield to maturity), 만기를 제시하고 있다. 각각의 그룹에서 제시된 두 가지 채권 가운데 듀레이션이 작은 채권만을 선택한 것은? 단, 각 그룹에서 제시된 채권은 일반채권(옵션적 성격이 없는 채권)이고, 주어진 정보 이외에 다른 조건은 모두 동일하다고 가정한다. (CPA 1차 2017)

그룹	가. 액면이자율 10%, 만기수익률 10%인 10년 만기 이표채권 나. 액면이자율 10%, 만기수익률 10%인 20년 만기 이표채권
그룹	다. 액면이자율 10%, 만기수익률 8%인 10년 만기 이표채권 라. 액면이자율 8%, 만기수익률 8%인 10년 만기 이표채권
그룹	마. 액면이자율 10%, 만기수익률 10%인 10년 만기 이표채권 바. 액면이자율 10%, 만기수익률 8%인 10년 만기 이표채권

	그룹 A	그룹 B	그룹 C
①	가	다	마
②	가	다	바
③	가	라	마
④	나	다	바
⑤	나	라	바

26 총자산이 100조원이고 자기자본비율이 8%인 금융기관이 있다고 하자. 자산과 부채의 듀레이션(duration)은 각각 6년과 4년이다. 이 금융기관의 경영자는 조만간 이자율이 현재 8%에서 9%로 상승한다고 예측하고 대응전략을 강구하고 있다. 만일 이 예측이 사실이라면 주주의 입장에서 얼마만큼의 손실 혹은 이익이 발생하는가? (채권으로 인한 볼록성(convexity)은 무시하고 가장 근사치를 고를 것.) (CPA 1차 2002)

① 2.148조원 손실 ② 2.008조원 이익 ③ 1.525조원 손실
④ 1.525조원 이익 ⑤ 1.945조원 이익

27 채권 A는 액면이자를 기말에 연 1회 지급한다. 현재 채권 A의 만기수익률(y)은 연 10%이며, 동 채권의 수정 듀레이션($=-\frac{dP}{dy}\times\frac{1}{P}$, 단, P는 현재 채권가격)과 볼록성($=\frac{d^2P}{dy^2}\times\frac{1}{P}$)은 각각 4와 50이다. 채권 A의 만기수익률이 0.1% 포인트 상승할 때, 채권가격의 변화율에 가장 가까운 것은? 단, 채권가격의 변화율은 채권가격의 만기수익률에 대한 테일러 전개식(Taylor series expansion)을 이용하여 계산하고 3차 이상의 미분 항들은 무시한다. (CPA 1차 2019)

① −0.1500% ② −0.3611% ③ −0.3975%
④ −0.4025% ⑤ −0.4375%

28 다음 중 금리선물 매도에 의한 헤지가 필요한 경우로 묶인 것은?

> a. 변동금리채권을 보유하고 있는 경우
> b. 고정금리채권을 보유하고 있는 경우
> c. 향후 채권발행을 계획하고 있는 경우
> d. 변동금리로 자금을 차입한 경우

① a ② a, b ③ b, c
④ a, c, d ⑤ b, c, d

29 H사는 현재 300억원의 채권포트폴리오를 관리하고 있다. 현재 포트폴리오의 평균 듀레이션은 2년, 근월물인 3년 국채선물의 가격은 100.00이다. 향후 금리상승을 우려하여 H사는 3년 국채선물을 이용한 헤징을 실시하고자 한다. 다음 중 매도하여야 할 선물계약 수에 가장 가까운 것은? (단, 3년 국채선물의 기초자산인 3년 국채의 듀레이션은 2.8년이라고 가정한다.)

① 200계약 ② 214계약 ③ 218계약
④ 222계약 ⑤ 226계약

■ 서술/계산형 문제

01 헤지의 기본원리에 대해서 설명하라.

02 주가지수선물을 이용한 헤징에 대해서 설명하라.

03 만기, 액면이자율, 시장이자율과 듀레이션의 관계에 대해서 설명하라.

04 채권의 가격변화와 볼록성의 관계에 대해서 설명하라.

05 듀레이션에 근거한 헤징전략에 대해서 설명하라.

06 **헤징전략과 환위험관리** (CPA 2차 2021)

㈜한국정유는 다양한 파생상품을 활용하여 원유가격 인상과 환율 상승에 대비한 헤지 전략을 수립하려고 한다. 원유선도, 선물환, 통화옵션에 대한 정보가 아래와 같을 때 다음 물음에 답하라.

① 3개월 후 10만 배럴의 원유 구입 예정
② 원유 현물가격은 배럴당 40달러, 3개월 만기 원유 선도가격은 배럴당 45달러, 3개월 만기 원유선도 가격에 대한 원유 현물가격의 민감도는 0.9
③ 현재 환율은 1,000원/달러, 3개월 만기 선물환 환율은 1,050원/달러
④ 3개월 만기 행사가격이 1,020원/달러인 유럽형 콜옵션의 현재가격은 1달러당 30원, 유럽형 풋옵션의 현재가격은 1달러당 20원
⑤ 원유선도의 거래단위는 1계약당 1,000배럴, 선물환 및 달러옵션의 거래단위는 1계약당 100,000달러
⑥ 무위험이자율은 연 12%

(1) 원유선도 거래를 이용해 원유가격 변동위험을 헤지하고자 한다. 매입 또는 매도할 선도계약수를 계산하라.

※ 물음 (2)와 물음 (3)은 독립적이다.

(2) 선물환을 이용해 환위험을 헤지하고자 한다. 매입 또는 매도할 선물환 계약수와 3개월 후 지급해야 하는 원화금액을 계산하라. 단, 물음 (1)에서 계약이행을 통해 선도거래를 청산한다고 가정한다.

(3) 달러옵션을 이용해 환위험을 헤지하고자 한다. 차입을 통해 옵션을 매입하는 경우 3개월 후 지급해야 하는 총 비용을 원화금액으로 계산하라. 단, 물음 (1)에서 계약이행을 통해 선도거래를 청산한다고 가정한다.

07 주가지수선물을 이용한 포트폴리오의 관리

국민연금은 현재 다음과 같은 주식포트폴리오를 보유하고 있다.

주 식	투자액(억원)	주식수익률의 분산	KOSPI200 수익률과의 상관계수
A	3	0.36	0.4
B	2	0.49	0.8
C	4	0.25	0.4
D	1	0.36	0.6

국민연금은 향후 3개월간 주식포트폴리오의 위험을 관리하기 위하여 만기가 4개월 후인 KOSPI200선물을 이용하려고 한다. 시장수익률의 대용치인 KOSPI200 수익률의 분산은 0.04, 무위험이자율은 연 10%, KOSPI200의 가중배당수익률은 연 4%이며, 현재 KOSPI200지수는 160.00포인트이다.

(1) 만기가 4개월 후인 KOSPI200선물의 이론적 가격은 얼마인가?

(2) 국민연금이 향후 3개월간 주식포트폴리오의 가치변동에 따른 위험을 헤징하기 위하여 필요한 선물계약 수는 얼마인가?

(3) 3개월 후 KOSPI200지수가 150.00포인트로 예상되는 경우, 물음 (2)에서 구성된 헤지포트폴리오의 기대가치는?

(4) 국민연금은 향후 주식시장이 호황일 것으로 예상하여 현재 주식포트폴리오의 베타보다 1.0만큼 더 높일 경우 필요한 선물계약 수는 얼마인가?

(5) "일반적으로 헤징의 결과 기대되는 수익은 무위험이자율이다. 따라서 국민연금의 경우 주식포트폴리오를 보유하고 선물계약을 매도하여 헤징하는 복잡한 방법을 선택하기보다는, 단순히 주식포트폴리오를 매도한 후 그 대금을 무위험이자율로 투자하는 것이 더 좋다"라는 주장에 대하여 논평하라.

08 고급 듀레이션과 볼록성 (CPA 2차 2006 수정)

갑 채권은 액면가가 10,000원인 무위험 이표채이다. 이 채권의 표면금리는 8%인데, 이자는 매 6개월마다 후급으로 지급된다. 어제 이자가 지급되었고 현재 잔존만기는 2년이며 만기수익률(YTM)은 8%이다. 수익률곡선이 수평하고 또한 수평이동한다고 가정하고 다음 물음에 답하라.

(1) 갑 채권의 매컬리 듀레이션(Macaulay duration : D)은 몇 년인가? (단, 계산 과정 중 금액과 관련된 수치는 반올림하여 소수점 아래 두 자리까지 계산하고, 듀레이션은 반올림하여 소수점 아래 네 자리까지 표시하되 연 단위로 할 것.)

(2) 갑 채권의 수정듀레이션(modified duration : D_m)은 얼마인가? (매컬리 듀레이션을 이용하여 수정듀레이션을 구하되 그 식도 간단히 나타내라. 또한 수정듀레이션은 반올림하여 소수점 아래 네 자리까지 표시하되 단위는 물음 (1)과 동일하게 연 기준으로 할 것.)

(3) 갑 채권의 만기수익률이 오늘 8%에서 7%로 1%p 하락한다면($\Delta r = -1\%$), 채권가격의 변동률은 수정듀레이션으로 계산한 가격변동률과 볼록성(convexity)에 기인한 오차조정부분의 합으로 나타낼 수 있다. 즉

$$\text{채권가격변동률} = -D_m \cdot \Delta r + \text{볼록성에 기인한 오차조정부분}$$

이때, 볼록성에 기인한 오차조정부분은 얼마인가? (볼록성 계산공식을 이용하라. 단, 중간과정의 계산은 반올림하여 소수점 아래 여섯 자리까지 구하고, 답은 % 단위로 표시하되 반올림하여 소수점 아래 네 자리까지 나타낼 것.)

09 듀레이션과 볼록성

(CPA 2차 2011)

액면가격이 10,000원이고 표면금리는 8%이며 만기수익률은 12%인 무위험 이표채 A가 있다. 이 채권의 이자는 매 3개월마다 후급되며 만기까지는 9개월이 남아 있다. (계산과정 중 금액과 관련된 수치는 반올림하여 소수점 아래 두 자리까지 계산하고 이자율 등의 비율과 듀레이션은 반올림하여 소수점 아래 네 자리까지 표시하라.)

(1) 듀레이션을 이용하여 이 채권의 이자율탄력성을 구하라.

(2) 채권가격과 만기수익률과의 관계는 선형관계가 아니기 때문에 가격변화를 더욱 정확하게 추정하기 위해서는 듀레이션과 함께 볼록성을 고려해야 한다. 이 채권의 볼록성은 얼마인가?

(3) (앞의 지문과 물음들을 무시하고 다음의 물음에 답하라.) 기업 B는 시장가치기준으로 100억원의 부채를 가지고 있으며 부채의 평균 듀레이션은 3년이다. 부채 중 50억원은 듀레이션이 4년인 5년 만기 채권으로 이루어져 있다. 이 기업은 부채의 듀레이션을 2년으로 낮추기 위해 1년 만기 무이표

채를 발행하여 5년 만기 채권의 일부를 상환하려고 한다. 수익률곡선이 수평이라는 가정하에 기업 B가 발행해야 할 1년 만기 무이표채의 규모는 얼마인가?

10 단기 금리선물의 헤징전략과 듀레이션관리

(주)천지는 5월 20일 현재 8월 5일 판매대금으로 10억원을 받을 예정이며, 이 자금은 다음 해 2월 실물투자의 재원으로 활용할 계획이다. 따라서 이 회사의 재무관리자는 판매대금을 회수하는 즉시 6개월 만기인 순수할인채에 투자할 계획으로 있다. 6개월 만기 순수할인채의 현재 이자율은 연 8%이다.

(1) (주)천지의 재무관리자는 5월 20일부터 8월 5일 사이의 이자율 하락에 따른 손실을 염려하여 91일 만기 순수할인채에 대한 선물로 헤징을 하려고 한다. 현재 9월에 만기가 되는 순수할인채선물 1계약의 가격은 4억 9천만원이다. 이 경우 순수할인채선물의 최적계약 수는?

(2) 재무관리자가 우려했던 대로 5월 20일과 8월 5일 사이에 6개월 이자율(반년 복리계산)이 1%포인트 하락하여 연 7%가 되었다. 또한 9월에 만기가 되는 순수할인채선물 1계약의 가격은 8월 5일에 4억 9천 1백만원이 되었다. 이와 같은 경우 물음 (1)에서 구성된 헤지포트폴리오의 총손익은?

(3) (주)천지는 이자율이 상승할 것으로 예상하여 헤지종료일(8월 5일)에 매입할 순수할인채의 듀레이션을 1년으로 만들고자 한다. 이를 위해 필요한 순수할인채선물의 계약 수는?

11 장기 금리선물의 헤징전략

8월 2일 현재 (주)ABC의 재무관리자가 1천만달러를 국채에 투자하고 있으며, 향후 3개월간 이자율의 변화가 클 것으로 우려하고 있다. 이 회사의 재무관리자는 이자율변동에 따른 위험을 헤지하기 위하여 12월에 만기가 되는 T-bond 선물계약을 이용하기로 결정하였다. 현재 T-bond선물 1계약의 가격은 93,062.50달러이다. (주)ABC의 재무관리자가 보유하고 있는 채권포트폴리오의 평균듀레이션은 3개월 후 6.80년이 될 것으로 예상된다. 그리고 선물계약의 최저가인도채권은 20년 만기의 연 12%의 액면이자율을 지급하는 국채이며, 그 채권의 수익률은 현재 연 8.80%, 선물계약 만기일에서의 듀레이션은 9.20년으로 예상된다. (주)ABC의 재무관리자가 취할 수 있는 헤징전략은?

12 장기 금리선물의 헤징전략과 듀레이션관리

현재 시장에서 거래되고 있는 채권과 채권선물자료는 다음과 같다.

구 분	가격(액면 100원당 가격)	만기수익률(%)	듀레이션(년)
국채 A	100.00	10	6.82
3개월 만기 국채 B 선물	96.40	12	7.84
AAA등급의 회사채	92.50	14	6.27

국채 B 선물의 거래단위는 액면가 1억원이다. 그리고 국채 B 선물에 대한 국채 A의 수익률의 변화비율은 1이며, 국채 B 선물에 대한 AAA등급 회사채의 수익률의 변화비율은 1.2이다.

(1) 국채 A에 50억원을 투자하고 있는 펀드매니저 갑은 이자율위험을 헤지하기 위해 3개월 만기 국채 B 선물을 이용하려고 한다. 이 경우 3개월 만기 국채 B 선물의 최적계약 수는?

(2) 펀드매니저 을은 20억원의 펀드를 조성하여 AAA등급의 회사채에 투자하려고 한다. 펀드를 조성하는 데 2개월의 시간이 소요되며 그 사이에 이자율이 하락할 가능성이 높은 것으로 예상된다. 이 경우 펀드매니저 을이 취할 수 있는 헤지전략은?

(3) 국채 A에 10억원을 투자하고 있는 펀드매니저 병은 향후 이자율이 하락할 것으로 예상하고 있다. 따라서 펀드매니저 병은 보유하고 있는 국채 A의 수정듀레이션을 8년으로 증가시키려 한다. 이 경우 펀드매니저 병이 취할 수 있는 전략은?

제4장 채권관리와 VaR

1. 채권관리
2. VaR

이자율위험 또는 환위험의 경우 파생상품이 아닌 현물(채권 또는 외환)을 이용하여 위험을 관리할 수 있는 방법이 있다. 특히 금융기관 등에서는 이자율변동에 따른 위험을 관리하기 위한 방법으로서 자산·부채관리(asset and liability management : ALM) 등을 사용하고 있다. 한편 기존의 위험관리기법들은 특정 자산의 위험관리에 한정되는 데 비해, VaR는 주식, 채권, 외환, 파생금융상품 등 여러 자산으로 구성된 전체 포트폴리오의 위험을 관리하는 데 유용하다.

본장에서는 현물(채권)을 이용하여 위험을 관리하는 방법과 VaR에 대해서 설명하고자 한다.

1 채권관리

앞장에서 금리선물을 이용하여 이자율변동에 따른 위험을 관리하는 방법을 설명하였다. 그러나 현물시장을 이용하여 채권포트폴리오를 변경함으로써 이자율변동에 따른 위험을 관리할 수도 있다.

채권관리는 소극적 채권관리와 적극적 채권관리로 구분할 수 있다. 소극적 채권관리는 채권시장이 효율적이라는 전제하에서 채권투자위험을 최소화시키려는 채권투자전략이다. 반면에 적극적 채권관리는 채권시장이 비효율적일 수 있다는 전제하에서 과소평가된 채권을 발견하거나 미래이자율 동향을 예측함으로써 높은 투자성과를 얻고자 하는 채권투자전략이다.

1.1 소극적 채권관리

소극적 채권관리는 현물시장을 이용하여 채권포트폴리오를 변경함으로써 이자율변동에 따른 위험을 제거하는 전략을 의미한다.

채권지수펀드 투자전략

투자자는 한 종류의 채권에 투자하는 것보다 다양한 여러 종류의 채권에 분산투자함으로써 채권투자에 따른 위험을 줄일 수 있다. 채권지수펀드(bond index fund) 투자전략은 채권투자의 성과가 채권지수의 성과와 같아지도록 채권지수와 동일한 종목과 구성비율로 채권포트폴리오를 구성하여 투자함으로써 채권투자위험을 줄이고자 하는 전략이다. 우리나라의 경우 한국거래소(KRX)에서 발표하는 채권지수 등을 활용할 수 있다.

현실적으로 개인투자자들은 투자자금과 거래비용 등의 제약으로 인하여 여러 종류의 채권에 분산투자하기 어렵다. 따라서 개인투자자들은 채권지수펀드와 유사하게 운용하고 있는 채권형 투자신탁에 투자함으로써 채권지수펀드에 투자하는 것과 동일한 효과를 얻을 수 있을 것이다. 그러나 채권지수를 구성하고 있는 채권의 수가 매우 많고, 거래도 원활하지 않기 때문에 채권지수와 동일한 채권지수펀드를 구성하기가 쉽지 않다. 또한 시간이 경과함에 따라 채권들은 만기상환되고 신규로 발행되기 때문에 이에 따라 포트폴리오를 재구성해야 하는 복잡한 문제도 발생하게 된다.

목표시기면역화전략

가장 단순한 방법으로 채권포트폴리오의 목표투자기간과 듀레이션을 일치시킴으로써 이자율변동에 따른 채권투자수익변동(이자율위험)을 없애는 전략, 즉 목표시기면역화전략(target date immunization strategy)이 있다. 이 전략에 의해서 이자율변동에 따른 채권가격변동(가격위험)과 액면이자의 재투자수익변동(재투자위험)이 서로 상쇄되어 순효과, 즉 채권투자수익변동은 0이 될 수 있다. 이를 요약하여 나타내면 〈표 4-1〉과 같다.

목표시기면역화전략은 연기금 등 기관투자자가 미래의 특정 시점에 지급해야 할 채무액의 확실한 확보에 관심을 가질 경우 사용할 수 있다. 그러나 이 전략은 시간의 경과에 따라서 잔여 투자기간과 듀레이션이 일치하도록 채권포트폴리오를 계속 재구성(rebalancing)하는 작업이 필요하다.[1]

표 4-1 목표시기면역화전략과 이자율위험

채권투자수익변동	이자율 상승	이자율 하락
채권가격변동	−	+
재투자수익변동	+	−
순 효 과	0	0

1 채권포트폴리오의 듀레이션과 목표투자기간을 일치시키는 가장 간단한 방법은 만기가 목표투자기간과 일치하는 순수할인채(듀레이션=만기)에 투자하는 것이다. 순수할인채에 투자할 경우 시간이 경과함에 따라 듀레이션과 목표투자기간이 같은 크기로 감소하기 때문에 채권의 듀레이션을 재조정할 필요가 없다.

순자산면역화전략

은행 등 금융기관에서 자산과 부채의 만기구조가 다를 수 있다. 금융기관이 보유하고 있는 자산과 부채의 듀레이션이 서로 다른 경우, 이자율변동에 따라 순자산가치(자기자본가치)가 변동하게 된다. **순자산면역화전략**(net worth immunization strategy)은 자산과 부채의 듀레이션을 적절히 조정하여 이자율변동에 따른 순자산가치의 변동위험을 제거하기 위한 전략이다. 가장 대표적인 순자산면역화전략은 은행 등 금융기관에서 주로 사용하는 듀레이션갭관리(duration gap management)라고 불리는 **자산 · 부채관리**(asset and liability management : ALM)이다.[2] 이는 자산과 부채의 듀레이션의 차이(gap)를 일정한 수준으로 제한하는 데 초점을 둔다. 듀레이션갭관리를 하는 하나의 효과적인 방법은 자산의 시장가치로 가중된 자산의 듀레이션과 부채의 시장가치로 가중된 부채의 듀레이션을 일치시킴으로써, 이자율변동에 따른 순자산가치의 변동위험을 면역화시키는 것이다. 이와 같은 자산과 부채의 구성을 가지고 있는 금융기관의 경우 순자산가치의 듀레이션은 0이 되며, 그 금융기관은 이자율변동에 관계없이 순자산가치를 유지할 수 있다.

이상에서 설명한 내용을 앞장의 식 (3-20)을 이용하여 보다 구체적으로 살펴보자. 이를 위해 시장가치로 작성된 금융기관의 재무상태표는 〈표 4-2〉와 같으며, 자산과 부채의 듀레이션은 각각 D_A, D_L이라고 하자.

표 4-2 금융기관의 재무상태표

자산의 가치(A)	부채의 가치(L) 자기자본가치(E)

2 전통적인 ALM기법으로 금리변동에 따른 순이자소득(이자수익 − 이자비용)의 변동을 관리하는 갭관리(gap management)가 있다. 금리민감자산(rate sensitive asset : RSA)과 금리민감부채(rate sensitive liability : RSL)의 차이를 갭이라 하며, 이는 금리변동에 따른 순이자소득의 민감도 또는 위험도를 나타내는 척도이다.

순이자소득의 변동 $= RSA \times \Delta r - RSL \times \Delta r = (RSA - RSL)\Delta r =$ 갭 $\times \Delta r$ (갭 $=0 \rightarrow$ 이자율위험 제거)

그러나 갭관리는 순자산가치의 변동효과를 정확하게 반영하지 못한다는 단점이 있다.

〈표 4-2〉에서 자기자본가치의 변동(ΔE)은 다음과 같이 측정될 수 있다.

$$\Delta E = \Delta A - \Delta L = \left(-\frac{D_A}{1+r_A}\cdot \Delta r_A \cdot A\right) - \left(-\frac{D_L}{1+r_L}\cdot \Delta r_L \cdot L\right) \qquad (4\text{-}1)$$

여기서 r_A : 자산의 수익률(대출이자율)
r_L : 부채의 이자율(예금이자율)

식 (4-1)에서 r_A와 r_L이 모두 시장이자율 r과 같다면, 식 (4-1)을 다음과 같이 나타낼 수 있다.

$$\Delta E = -(D_A \cdot A - D_L \cdot L)\left(\frac{\Delta r}{1+r}\right) \qquad (4\text{-}1)'$$

단, $r_A = r_L = r$

식 (4-1)′에서 자기자본가치의 변동(ΔE)을 0으로 만들기 위해서는, 즉 이자율변동에 따른 위험을 제거하기 위해서는 다음과 같은 관계를 가지도록 자산과 부채를 구성하면 된다.

$$D_A \cdot A = D_L \cdot L \qquad (4\text{-}2)$$

예제 4-1 순자산면역화전략 (CPA 2차 1999 수정)

K은행의 재무상태표의 구성은 다음과 같으며, 만기가 3년인 장기채권은 10%의 이자를 매년 말 지급하고, 만기가 1년인 정기예금은 10%의 이자를 연말에 지급한다.

재무상태표 (단위 : 억원)

장기채권	1,000	정기예금	700
		자 본 금	300

(1) 이자율이 11%로 상승할 경우 자기자본의 가치변화를 계산하라.
(2) 이자율이 11%로 상승할 경우 자산과 부채의 듀레이션을 이용하여 자기자본가치의 변화를 계산하라.
(3) 물음 (1)과 (2)의 가치변화에 차이가 있다면 그 이유에 대하여 설명하라.
(4) 이자율변동에 따른 위험을 제거하기 위해서는 부채의 듀레이션을 얼마로

하여야 하는가? (단, 자산의 듀레이션은 변경할 수 없다.)

해설

(1) 이자율이 11%로 상승하는 경우 K은행의 장기채권(A')과 정기예금(L')의 현재가치를 구하면 다음과 같다.

• $A' = \dfrac{100}{1+0.11} + \dfrac{100}{(1+0.11)^2} + \dfrac{1,100}{(1+0.11)^3} = 975.56$억원

• $L' = \dfrac{770}{1+0.11} = 693.69$억원

$\rightarrow E' = A' - L' = 975.56 - 693.69 = 281.87$억원

그러므로 자기자본가치의 변동액($\varDelta E$)은 다음과 같이 구할 수 있다.

$\varDelta E = E' - E = 281.87 - 300 = -18.13$억원

또는

$$\begin{aligned}\varDelta E &= \varDelta A - \varDelta L = (A' - A) - (L' - L)\\ &= (975.56 - 1,000) - (693.69 - 700) = -18.13\text{억원}\end{aligned}$$

(2) 자산과 부채의 듀레이션을 구하면 다음과 같다.

• $D_A = \dfrac{1 \times \left(\dfrac{100}{1.1}\right) + 2 \times \left(\dfrac{100}{1.1^2}\right) + 3 \times \left(\dfrac{1,100}{1.1^3}\right)}{1,000} = 2.7355$년

• $D_L = \dfrac{1 \times \left(\dfrac{770}{1.1}\right)}{700} = 1$년

$$\begin{aligned}\therefore\ \varDelta E &= -(D_A \cdot A - D_L \cdot L)\left(\frac{\varDelta r}{1+r}\right)\\ &= -(2.7355 \times 1,000 - 1 \times 700)\left(\frac{0.01}{1+0.1}\right) = -18.5\text{억원}\end{aligned}$$

(3) 듀레이션에 의해서 채권가격변동액을 산출할 때는 이자율과 채권가격간의 함수가 선형이라는 가정이 포함되어 있다. 그러나 실제로는 이자율과 채권가격이 비선형관계, 즉 원점에 대해 볼록한 형태를 갖기 때문에 오차가 발생하게 된다.

(4) $\varDelta E$가 0이 되기 위해서는 $D_A \cdot A = D_L \cdot L$이 성립해야 한다.

$2.7355 \times 1,000 = D_L \times 700 \rightarrow D_L = 3.9079$년

부채(정기예금)의 듀레이션을 3.9079년으로 늘릴 경우 이자율변동에 따른 위험을 제거할 수 있다.

현금흐름대응전략

미래에 지급해야 할 채무(현금유출)와 미래에 얻게 될 채권의 현금흐름(현금유입)을 정확하게 일치시키는 전략을 현금흐름대응전략(cash flow dedication strategy)이라 한다. 이 전략은 듀레이션의 계산이나 포트폴리오의 재구성이 필요 없다는 점에서 의미가 있으나, 현금유출시점과 정확하게 일치하는 만기를 가진 채권확보가 어렵다는 문제를 가지고 있다.

1.2 적극적 채권관리

적극적 채권관리는 채권시장의 비효율성을 이용하여 초과이익을 얻고자 하는 전략이다. 이는 주로 저평가된 채권을 발견하거나 이자율 예상에 따라 듀레이션을 조정함으로써 높은 투자성과를 얻고자 하는 채권투자전략이다.

적극적 채권관리는 대체스왑, 시장간 스프레드스왑, 이자율예상스왑, 순수수익률취득스왑, 세금스왑 등의 채권스왑(bond swap)과 투자기간분석, 그리고 상황별 면역화로 구분될 수 있다.

대체스왑

대체스왑(substitution swap)은 위험, 만기 등이 동일하나 채권가격이 다른 경우 고평가 채권을 매도하고, 저평가 채권을 매입하는 전략이다. 이는 일시적인 채권가격 불균형을 이용하여 초과이익을 얻고자 하는 전략이다.

시장간 스프레드스왑

시장간 스프레드스왑(intermarket spread swap)은 채권시장에서 비정상적 스프레드가 일시적으로 형성될 때 유리한 채권으로 교체하는 전략이다. 예를 들어, 국채와 회사채의 수익률 스프레드가 비정상적으로 높을 경우 국채는 고평가되고 회사채는 저평가되었다고 볼 수 있다. 이 경우 국채를 회사채로 교체함으로써 초과이익을 얻을 수 있다.

이자율예상스왑

이자율예상스왑(rate anticipation swap)은 이자율이 하락할 것으로 예상되는 경우 채권의 듀레이션을 크게 하고, 이자율이 상승할 것으로 예상되는 경우 채권의 듀레이션을 작게 하는 전략이다.

순수수익률취득스왑

순수수익률취득스왑(pure yield curve swap)은 수익률을 극대화(이자율 위험 부담)하기 위하여 만기수익률이 낮은 채권을 매도하고 만기수익률이 높은 채권을 매입하는 전략이다.

세금스왑

세금스왑(tax swap)은 세금상의 이점을 활용하기 위한 채권교환전략으로서 세후 수익률을 극대화하려는 전략을 의미한다. 예를 들어 자본손실이 세금절감 목적상 유리한 경우에는 가격이 하락한 채권을 매도하거나, 고소득 세율 투자자인 경우 세금을 줄이기 위해서 과세채권을 비과세채권으로 전환한다.

투자기간분석

투자기간분석(horizon analysis)은 수익률곡선 등에 의해 투자기간 말의 미래이자율을 예측하여 높은 수익률을 올리려는 전략이다. 대표적인 전략인 수익률곡선타기(riding yield curve)는 수익률곡선이 우상향하는 경우 채권의 잔존기간이 짧아지면서 수익률곡선을 타고 아래로 이동하여 수익률이 하락하게 되는데, 이로 인한 가격상승효과를 얻으려는 전략이다.

예를 들어 [그림 4-1]과 같은 우상향하는 채권의 수익률곡선이 있으며, 1년 후에도 우상향하는 동일한 수익률곡선이 예상된다고 하자. 만약 투자자가 3년 만기 채권을 수익률 7%로 매입하는 경우 1년 후에는 수익률이 6%로 낮아진다. 이와 같은 경우 채권투자자는 1년간의 이자소득(액면이자)뿐만

그림 4-1 수익률곡선타기

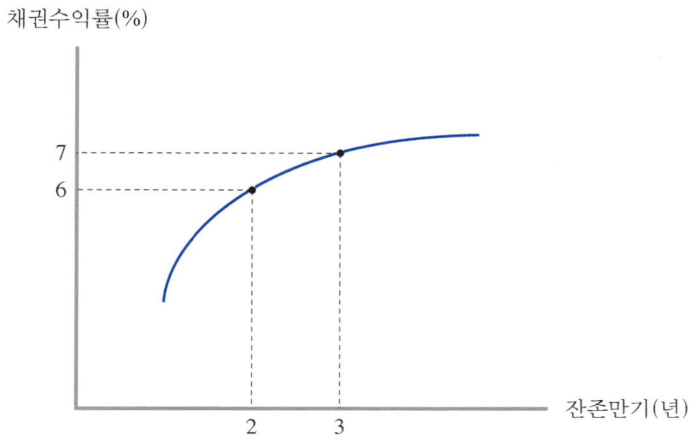

아니라 잔존만기가 2년으로 짧아지면서 수익률의 하락으로 인한 자본이득(채권가격 상승으로 인한 채권매매차익)도 얻을 수 있다. 그러나 1년 후 수익률곡선이 예측과는 달리 우상향하는 형태가 아닐 경우 자본손실을 입을 수 있음을 유의해야 한다.

상황별 면역화

상황별 면역화(contingent immunization)는 목표가치(trigger point), 즉 최소허용가치(minimum acceptable terminal value) 이상에서는 적극적 투자전략을 운용하다가, 이 수준에 이르면 소극적 투자전략인 면역화전략으로 수정하는 전략을 말한다.

알아 두기

채권투자자가 꼭 알아야 할 세 가지 원칙

■ 표면금리가 낮은 채권이 좋다

채권투자를 할 경우 채권수익률과 표면금리, 두 가지를 이해해야 한다. 표면금리는 채권의 권면에 기재된 이율로 발행회사가 채권자에게 채권 액면금액에 대해 연 단위로 지급해야 하는 확정된 이자이다. 한편 채권수익률은 채권에 투자해서 얻을 수 있는 투자수익률을 의미하는 것으로 투자자가 실제로 얻는 수익률이다. 채권투자가 은행예금보다 좋은 것 가운데 하나는 세금 측면에서 유리하기 때문이다. 은행정기예금은 일정기간 동안 발생한 이자소득을 과세표준으로 하여 세금을 부과하지만, 채권에서 얻은 수익은 채권수익률에 의한 수익이라 표면이자로 지급받은 수익에 대해서만 세금이 부과되기 때문에 표면금리가 낮을수록 세후 수익률이 높다. 따라서 증권회사에서 판매하는 동일한 만기와 동일한 신용등급의 채권 중에서 채권수익률은 높고 표면금리가 낮은 채권을 선택해야 높은 세후 수익률을 기대할 수 있다. 표면금리가 높은 채권일수록 실제소득과 무관하게 많은 세금을 내야 하기 때문에 똑같은 수익률을 가진 채권을 사더라도 표면금리가 낮은 상품을 선택하는 것이 세금을 절약하는 길이다.

채권수익률이 7%로 동일하고 표면금리만 다른 A채권(표면금리 1%)과 B채권(표면금리 3%)의 세후 수익률을 비교하여 계산해 보자. A채권이 실제로 실현한 세전 소득은 7%이지만, 세금은 표면이자로 실현한 1%에 대해서만 부과되므로 세후 6.8%의 수익률을 얻을 수 있다. 그러나 B채권은 7%의 세전 소득을 얻지만 세금은 표면이자 3%에 대해 부과되기 때문에 세후 6.5%의 수익률에 만족해야 한다.

■ 채권 특별판매 시기를 이용하라

증권회사들은 종종 개인투자자를 대상으로 채권을 특별판매한다. 자투리 채권이나 상품으로 보유하고 있는 채권을 자금사정상 긴급히 처분하거나 고객서비스 차원에서 비정기적으로 판매하는 경우가 많다. 이때 고객에게 제시하는 채권수익률은 시장 실세금리보다 다소 높다. 특별판매 물량은 판매하는 증권회사 사정에 따라 한정된 물량 범위 내에서만 판매하기 때문에 거래하는 증권회사 직원에게 특별판매가 있을 경우 연락해 달라고 미리 부탁해 두어야 한다.

거의 모든 종류의 주식은 증권회사를 통해 구입할 수 있지만, 채권은 거래하려는 증권회사가 보유한 채권 범위 내에서만 구입할 수 있다. 따라서 우량채권을 많이 보유하고 있는 증권회사를 찾는 일이 중요하다. 현재 상당수의 증권회사가 신규 고객확보 및 기존 고객에 대한 서비스 차원에서 좋은 조건으로 우량채권을 판매하는 경우가 많은데, 이런 기회를 활용하는 것이 바람직하다.

▪ 개인은 기관투자자보다 비싸게 채권을 산다

증권회사는 채권시장에서 채권발행회사로부터 거액의 채권을 인수하여 투자신탁·은행신탁 등 기관투자자에게 채권을 매도함으로써 수수료 수입을 실현하는 도매상 역할을 한다. 개인투자자들이 선호하는 소액규모 채권투자의 경우 증권회사가 보유하고 있는 채권을 직접 매입하는 형식이므로 증권회사 입장에서는 도매로 인수한 가격에 일정한 이익을 얹어 판매한다. 따라서 증권회사에서 개인투자자에게 제시하는 채권수익률은 언론에서 발표하는 수익률보다 낮다. 즉 신문에 실린 채권수익률은 6%인데, 증권회사에서는 이보다 낮은 5%대의 채권을 판매한다. 언론을 통해 개인투자자가 접하는 채권수익률은 기관투자자간에 거래할 때 적용되는 수익률이기 때문이다. 보통 기관투자자간의 채권매매단위는 100억원 이상이다. 따라서 100억원 미만의 채권은 기본거래단위가 되지 못해 유동성이 떨어져 상품성이 낮아지는데, 증권회사는 이에 대한 위험을 개인투자자에게 제공하는 채권수익률에 반영해서 판매하는 것이다. 이렇듯 개인투자자가 증권회사에서 채권을 매수하는 경우, 공표된 기관간 채권수익률보다 낮은 수익률(높은 가격)로 매수하고, 매도 시에는 높은 채권수익률(낮은 가격)로 매도하게 된다.

한국거래소, 시민을 위한 증권투자이야기(한국경제신문, 2005), pp. 155~157.

2 VaR

2.1 VaR의 의의

VaR(value at risk)는 정상적 시장상황하에서 주어진 신뢰수준으로 목표기간 동안에 발생될 수 있는 포트폴리오의 최대손실금액을 말한다. 예를 들어 어떤 금융기관의 1개월 동안 VaR가 신뢰수준 99%에서 10억원이라면, 이 금융기관은 정상적인 시장상황하에서 향후 1개월 동안 10억원 이상의 손실이 발생할 확률이 1%라는 것을 의미한다. VaR는 위험을 구체적인 금액으로 측정하기 때문에 누구나 쉽게 이해할 수 있으며, 기존의 위험관리기법에 비해 종합적인 개념이라 할 수 있다. 기존의 위험관리기법들은 특정 자산의 위험관리에 한정되는 데 비해, VaR는 주식, 채권, 외환, 파생금융상품 등 여러

자산으로 구성된 전체 포트폴리오의 위험을 관리하는 데 유용하다.

2.2 VaR의 측정

VaR를 측정할 때 포트폴리오 수익률의 확률분포를 가정해야 하는데, 일반적으로 정규분포(normal distribution)를 가정한다.[3] 정규분포를 가정하는 경우 평균과 표준편차에 의해서 확률분포의 특성을 알 수 있으며, 이를 평균이 0, 표준편차가 1인 표준정규분포(standard normal distribution)로 변환하면 이용이 간편해진다.

VaR의 개념 및 측정

정규분포를 이용하여 VaR를 계산하려면, 먼저 표준정규분포로 전환해서 최저수익률(r^*)을 표준정규분포변수(Z)로 변환해야 한다.[4]

$$Z = \frac{r^* - E(r)}{\sigma} \tag{4-3}$$

여기서 $E(r)$: 기대수익률
σ : 수익률의 표준편차

신뢰수준이 결정되면 Z값을 구할 수 있으며, 이 값을 식 (4-3)에 대입하면 주어진 신뢰수준하에서의 최저수익률을 구할 수 있다.

$$r^* = E(r) + Z \cdot \sigma \tag{4-4}$$

단, 신뢰수준 = 90% → $Z = -1.28$
신뢰수준 = 95% → $Z = -1.65$
신뢰수준 = 99% → $Z = -2.33$

식 (4-4)에 의해서 주어진 신뢰수준하에서의 최저수익률이 결정되면, 평균(기대값)에 대한 상대손실금액(평균기준 VaR) 또는 0기준으로 계산된 절대

3 이와 같은 가정하에 VaR를 추정하는 방법을 델타-노말(delta-normal)법이라 한다.

4 Z의 왼쪽부분 합은 '1 − 신뢰수준'으로 유의수준(significance level), 즉 신뢰할 수 없는 정도를 나타낸다.

알아두기

신뢰수준과 Z값

예를 들어 신뢰수준이 95%일 경우 Z값은 다음과 같이 찾을 수 있다.

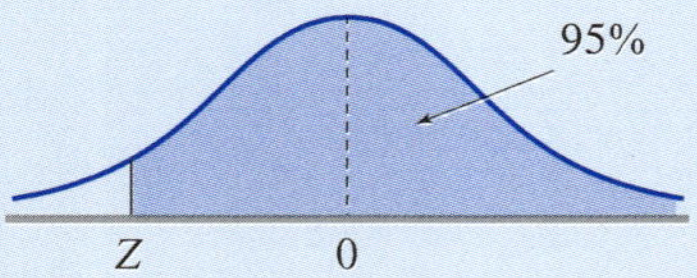

표준정규분포는 좌우대칭이므로 본서의 〈부표〉를 이용하여 먼저 45%의 값에 가까운 *d*값을 찾는다.

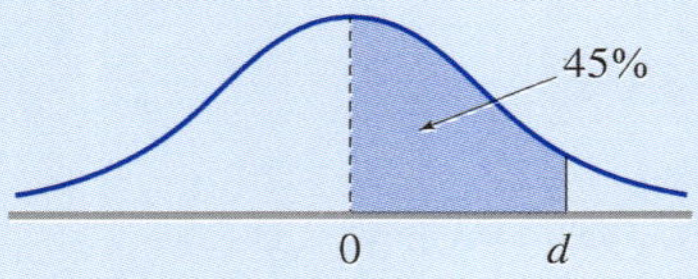

45%에 가장 가까운 값은 0.4505로서 이에 해당하는 *d*값을 읽으면, 그 값은 1.65이다. 따라서 0을 중심으로 대칭된 왼쪽 값, 즉 *Z*값은 −1.65이다.

손실금액(절대손실기준 VaR)을 구할 수 있다. 상대손실금액 또는 **평균기준 VaR**를 상대적 VaR(relative VaR)라고도 하며, 절대손실금액 또는 **절대손실기준 VaR**를 절대적 VaR(absolute VaR)라고도 한다.

현재가치(현재의 총투자금액)가 W_0, 기대수익률이 $E(r)$, 표준편차가 σ인 자산의 평균기준 VaR와 절대손실기준 VaR를 각각 측정하면 다음과 같다.

$$\text{평균기준 } VaR = -W_0(r^* - E(r)) = -W_0 \cdot Z \cdot \sigma \tag{4-5}$$

$$\text{절대손실기준 } VaR = -W_0(r^* - 0) = -W_0 \cdot r^* \tag{4-6}$$

한편 식 (4-5)와 (4-6)에서 기대수익률 $E(r)$과 표준편차 σ가 모두 1기간 기준으로 계산된 수치라면, 목표기간(ΔT)에 따른 기대수익률 및 표준편차는 다음과 같이 조정되어야 한다.

$$목표기간(\Delta T)의\ 기대수익률 = E(r) \cdot \Delta T \tag{4-7}$$

$$목표기간(\Delta T)의\ 표준편차 = \sigma\sqrt{\Delta T} \tag{4-8}$$

따라서 목표기간이 ΔT일 경우 자산의 평균기준 VaR는 다음과 같다.

$$평균기준\ VaR = -W_0 \cdot Z \cdot \sigma\sqrt{\Delta T} \tag{4-9}$$

위 자산의 평균기준 VaR를 VaR_X라고 하고, 이와는 다른 신뢰수준과 목표기간을 적용하는 경우, 즉 Z', Δt인 경우 자산의 평균기준 VaR를 VaR_Y라고 하자. 그러면 VaR_X와 VaR_Y의 관계를 다음과 같이 제시할 수 있다.

$$\begin{aligned} VaR_Y &= -W_0 \cdot Z' \cdot \sigma\sqrt{\Delta t} \\ &= -W_0 \cdot Z \cdot \sigma\sqrt{\Delta T} \cdot \frac{Z'}{Z} \cdot \sqrt{\frac{\Delta t}{\Delta T}} \\ &= VaR_X \cdot \frac{Z'}{Z} \cdot \sqrt{\frac{\Delta t}{\Delta T}} \end{aligned} \tag{4-10}$$

포트폴리오 VaR와 공헌 VaR

개별자산 A와 B로 구성된 포트폴리오가 존재하고, 이 포트폴리오의 현재가치(현재의 총투자금액)는 W_0라고 가정하자. 이러한 포트폴리오의 평균기준 VaR를 구하는 방법은 크게 세 가지로 분류된다. 첫째, 포트폴리오 수익률의 표준편차를 이용한 방법이다. 둘째, 개별 VaR를 이용한 방법이다. 셋째, 금액으로 측정된 포트폴리오의 표준편차를 이용한 방법이다.

먼저 포트폴리오 수익률의 표준편차를 이용한 방법은 포트폴리오 수익률의 표준편차를 측정한 후 이를 식 (4-5)에 대입하여 포트폴리오 VaR를 구하는 방법이다. 포트폴리오 수익률의 표준편차를 식으로 나타내면 다음과 같다.

$$\sigma_p = \sqrt{w_A^2\sigma_A^2 + w_B^2\sigma_B^2 + 2w_A w_B \sigma_{AB}}$$

$$= \sqrt{w_A^2\sigma_A^2 + w_B^2\sigma_B^2 + 2w_Aw_B\sigma_A\sigma_B\rho_{AB}} \quad (4\text{-}11)$$

여기서 w_A, w_B : 자산 A의 구성비율, 자산 B의 구성비율
σ_A, σ_B : 자산 A의 표준편차, 자산 B의 표준편차
σ_{AB} : 자산 A와 B의 공분산
ρ_{AB} : 자산 A와 B의 상관계수

포트폴리오 수익률의 표준편차를 이용한 포트폴리오 VaR(평균기준)는 다음과 같다.

$$\text{포트폴리오 } VaR = -W_0 \cdot Z \cdot \sigma_p \quad (4\text{-}12)$$

다음으로 개별자산의 VaR를 이용하는 방법을 적용할 경우 포트폴리오 VaR는 다음과 같이 구할 수 있다.[5]

$$\text{포트폴리오 } VaR = \sqrt{VaR_A^2 + VaR_B^2 + 2VaR_A \cdot VaR_B \cdot \rho_{AB}} \quad (4\text{-}13)$$

위 식에서 알 수 있는 바와 같이 개별자산의 VaR는 금액으로 측정된 것이므로 이를 이용하여 포트폴리오 VaR를 구할 때에는 개별자산의 가중치(구성비율)가 필요 없다.

마지막으로 금액으로 측정된 포트폴리오의 표준편차를 이용하여 포트폴리오 VaR를 측정하는 방법이다. 이 방법을 적용하기 위해 먼저 금액으로 측정된 포트폴리오의 표준편차에 대한 이해가 필요하다. 금액으로 측정된 포트폴리오의 표준편차(Σ_p)는 포드폴리오를 구성하는 개별자산의 표준편차(금액)를 이용하여 다음과 같이 나타낼 수 있다.

$$\Sigma_p = \sqrt{\Sigma_A^2 + \Sigma_B^2 + 2\Sigma_A\Sigma_B\rho_{AB}} \quad (4\text{-}14)$$

여기서 Σ_A : 자산 A의 현재가치(또는 투자금액) × 자산 A의 표준편차
Σ_B : 자산 B의 현재가치(또는 투자금액) × 자산 B의 표준편차

5 포트폴리오효과, 즉 분산효과는 포트폴리오의 VaR의 경우에도 동일하게 나타난다. 포트폴리오효과는 개별자산의 VaR의 합계에서 식 (4-13)과 같이 측정된 포트폴리오 VaR를 차감한 값을 의미한다. 물론 포트폴리오효과는 식 (4-13) 외에 식 (4-12)와 (4-15)에 의해 측정된 포트폴리오의 VaR를 사용하여도 동일하다.

식 (4-14)와 같이 금액으로 측정된 포트폴리오 표준편차(Σ_p)를 이용하여 포트폴리오 VaR를 구하면 다음과 같다.

$$\text{포트폴리오 } VaR = -Z \cdot \Sigma_p \qquad (4\text{-}15)$$

식 (4-12)와 식 (4-15)를 비교하면 Σ_p는 $W_0 \cdot \sigma_p$와 동일함을 알 수 있다.

공헌 VaR는 개별자산 VaR가 포트폴리오 VaR에서 차지하는 부분을 말한다. 공헌 VaR는 포트폴리오 VaR와 개별자산의 공헌비율을 곱하여 구할 수 있다. 공헌비율은 개별자산이 포트폴리오 VaR에 공헌한 정도를 비율로 나타낸 것이다. 공헌비율을 측정하는 방법도 포트폴리오 VaR를 측정하는 방법과 유사하게 다음의 세 가지 유형으로 분류할 수 있다. 첫째, 수익률의 표준편차를 이용한 방법, 둘째, 개별자산의 VaR를 이용한 방법, 셋째, 금액으로 측정된 표준편차를 이용한 방법이다.

먼저 수익률의 표준편차를 이용하여 공헌비율을 측정하는 방법에 따라 자산 A와 B의 공헌비율을 구하면 다음과 같다.

$$\text{자산 A의 공헌비율} = \frac{w_A^2\sigma_A^2 + w_A w_B \sigma_A \sigma_B \rho_{AB}}{\sigma_p^2} \qquad (4\text{-}16)$$

$$\text{자산 B의 공헌비율} = \frac{w_B^2\sigma_B^2 + w_A w_B \sigma_A \sigma_B \rho_{AB}}{\sigma_p^2}$$

둘째, 개별자산의 VaR를 이용하여 주식 A와 B의 공헌비율을 식으로 나타내면 다음과 같다.

$$\text{개별자산 A의 공헌비율} = \frac{VaR_A^2 + VaR_A \cdot VaR_B \cdot \rho_{AB}}{\text{포트폴리오 } VaR^2} \qquad (4\text{-}17)$$

$$\text{개별자산 B의 공헌비율} = \frac{VaR_B^2 + VaR_A \cdot VaR_B \cdot \rho_{AB}}{\text{포트폴리오 } VaR^2}$$

셋째, 금액으로 측정된 표준편차를 이용한 주식 A와 B의 공헌비율을 식으로 나타내면 다음과 같다.

$$\text{주식 A의 공헌비율} = \frac{\Sigma_A^{\ 2} + \Sigma_A \Sigma_B \rho_{AB}}{\Sigma_p^{\ 2}} \qquad (4\text{-}18)$$

$$\text{주식 B의 공헌비율} = \frac{\Sigma_B^{\ 2} + \Sigma_A \Sigma_B \rho_{AB}}{\Sigma_p^{\ 2}}$$

여기서 포트폴리오의 분산(금액) $\Sigma_p^{\ 2} = \Sigma_A^2 + \Sigma_B^2 + 2\Sigma_A\Sigma_B\rho_{AB}$
$= (\Sigma_A^2 + \Sigma_A\Sigma_B\rho_{AB}) + (\Sigma_B^2 + \Sigma_A\Sigma_B\rho_{AB})$

예제 4-2 VaR의 측정

현재의 주식 A의 투자금액은 100억원이고, 연간 기대수익률은 10%, 연간 수익률의 표준편차는 20%이다. 목표투자기간은 3개월이다.

(1) 신뢰수준 95%에서 주식 A의 평균기준 VaR는 얼마인가?

(2) 신뢰수준 95%에서 주식 A의 절대손실기준 VaR는 얼마인가?

(3) 신뢰수준 95%에서 목표기간이 3개월인 경우 평균기준 VaR가 20.5억원인 주식 B가 존재한다. 주식 A와 B의 상관계수는 0.2이다. 주식 A와 B로 구성된 포트폴리오 VaR는 얼마인가?

해설

(1) 95%의 신뢰수준에서는 $Z = -1.65$이다. 그리고 목표투자기간의 기대수익률과 표준편차를 구하면 다음과 같다.

- 목표기간($\varDelta T$)의 기대수익률($E(r)'$) $= E(r) \cdot \varDelta T = 0.1 \times (3/12) = 0.025$
- 목표기간($\varDelta T$)의 표준편차(σ') $= \sigma\sqrt{\varDelta T} = 0.2 \times \sqrt{3/12} = 0.1$

따라서 최저수익률(r^*)은 다음과 같이 구할 수 있다.

$r^* = E(r)' + Z \cdot \sigma' = 0.025 + (-1.65) \times 0.1 = -0.14$

$\therefore$ 평균기준 $VaR = -100$억원 $\times (-0.14 - 0.025) = 16.5$억원

이는 정상적인 시장상황하에서 향후 3개월 동안 포트폴리오의 기대값 102.5억원($=100$억원$\times 1.025$)을 기준으로 16.5억원 이상의 손실이 발생될 확률이 5%라는 것을 의미한다.

(2) 절대손실기준 $VaR = -100$억원 $\times (-0.14 - 0) = 14$억원

이는 정상적인 시장상황하에서 향후 3개월 동안 포트폴리오의 현재값 100억원을 기준으로 14억원 이상의 손실이 발생될 확률이 5%라는 것을 의미한다.

(3) 포트폴리오 $VaR = \sqrt{VaR_A^2 + VaR_B^2 + 2VaR_A \cdot VaR_B \cdot \rho_{AB}}$

$= \sqrt{16.5\text{억원}^2 + 20.5\text{억원}^2 + 2 \times 16.5\text{억원} \times 20.5\text{억원} \times 0.2}$

$= 28.77\text{억원}$

2.3 채권 VaR

제3장에서 채권가격의 변화와 듀레이션의 관계를 나타내는 식 (3-19)를 도출하였다.

$$-\frac{\Delta B/B}{\Delta r/r} \fallingdotseq D\left(\frac{r}{1+r}\right) \tag{3-19}$$

여기서 B : 채권가격
r : 시장이자율(또는 만기수익률)
D : 듀레이션

식 (3-19)는 다음과 같이 나타낼 수 있다.

$$\frac{\Delta B}{B} \fallingdotseq -\frac{D}{1+r} \cdot \Delta r$$

위 식에서 채권가격의 변화율과 시장이자율의 변화가 확률변수에 해당한다. 따라서 채권가격의 변화율의 표준편차를 구하면 다음과 같다.

$$\sigma\left(\frac{\Delta B}{B}\right) \fallingdotseq \frac{D}{1+r} \cdot \sigma(\Delta r) \tag{4-19}$$

식 (4-19)의 좌변 항은 VaR를 구성하는 요소 중 수익률의 표준편차에 해당한다. 식 (4-19)에서 시장이자율의 변동성인 $\sigma(\Delta r)$이 1기간을 기준으로 한 값일 경우 목표기간이 ΔT인 채권의 평균기준 VaR는 다음과 같다.

$$\text{평균기준 } VaR = -W_0 \cdot Z \cdot \frac{D}{1+r} \cdot \sigma(\Delta r)\sqrt{\Delta T} \tag{4-20}$$

예제 4-3 채권 VaR의 측정

S사는 채권포트폴리오를 200억원 보유하고 있다. 이 채권의 수정듀레이션은 3년이며, 1일 금리변동성은 0.56%, 목표투자기간은 5일이다. 신뢰수준 99%에서 채권포트폴리오의 평균기준 VaR를 구하라.

해설

99%의 신뢰수준에서 $Z=-2.33$이다. 목표투자기간이 5일인 경우 채권포트폴리오의 평균기준 VaR은 다음과 같다.

$$
\begin{aligned}
\text{평균기준 } VaR &= -W_0 \cdot Z \cdot \frac{D}{1+r} \cdot \sigma(\Delta r)\sqrt{\Delta T} \\
&= -200\text{억원} \times (-2.33) \times 3 \times 0.0056 \times \sqrt{5} \\
&= 17.51\text{억원}
\end{aligned}
$$

주요 용어

key words

채권지수펀드 투자전략 • 148
목표시기면역화전략 • 149
순자산면역화전략 • 150
자산 · 부채관리 • 150
현금흐름대응전략 • 153
적극적 채권관리 • 153
대체스왑 • 153
시장간 스프레드스왑 • 153
이자율예상스왑 • 154
순수수익률취득스왑 • 154
세금스왑 • 154
투자기간분석 • 154
수익률곡선타기 • 154
상황별 면역화 • 155
VaR • 157
평균기준 VaR • 159
절대손실기준 VaR • 159
포트폴리오의 평균기준 VaR • 160
공헌 VaR • 162
채권의 평균기준 VaR • 164

연습문제

■ 완성/선택형 문제

01 ( )는 채권시장이 효율적이라는 전제하에서 채권투자위험을 최소화시키려는 채권투자전략인 반면, ( )는 채권시장이 비효율적일 수 있다는 전제하에서 과소평가된 채권을 발견하거나 미래이자율 동향을 예측함으로써 높은 투자성과를 얻고자 하는 채권투자전략이다.

02 ( )은 자산과 부채의 듀레이션을 적절히 조정하여 이자율 변동에 따른 순자산가치의 변동위험을 제거하기 위한 전략이다.

03 ( )은 채권시장에서 비정상적 스프레드가 일시적으로 형성될 때 유리한 채권으로 교체하는 전략이다.

04 ( )는 정상적 시장상황하에서 주어진 신뢰수준으로 목표기간 동안에 발생될 수 있는 포트폴리오의 최대손실금액을 말한다.

05 다음 중 소극적 채권투자전략이 아닌 것은?

① 채권지수펀드 투자전략 ② 목표시기면역전략
③ 순자산면역전략 ④ 현금흐름대응전략
⑤ 채권스왑

06 면역전략에 대한 다음의 설명 중 잘못된 것은?

① 목표시기면역전략에 의해서 채권가격위험과 재투자위험이 서로 상쇄되어 순효과는 0이 될 수 있다.

② 목표시기면역전략은 연기금 등 기관투자자가 미래의 특정 시점에 지급해야 할 채무액의 확실한 확보에 관심을 가질 경우 사용될 수 있다.

③ 순자산면역전략은 자산과 부채의 듀레이션을 적절히 조정하여 이자율 변동에 따른 순자산가치의 변동위험을 제거하기 위한 전략이다.

④ 자산의 시장가치로 가중된 자산의 듀레이션을 부채의 시장가치로 가중된 부채의 듀레이션보다 크게 함으로써, 이자율 변동에 따른 순자산가치의 변동위험을 최소화시킬 수 있다.

⑤ 가장 대표적인 순자산면역화전략은 은행 등 금융기관에서 주로 사용하는 듀레이션갭관리(duration gap management)라고 불리는 자산·부채관리(asset and liability management : ALM)이다.

07 수익률곡선이 우상향하는 경우 채권의 잔존만기가 짧아지면서 수익률곡선을 타고 아래로 이동하여 수익률이 하락하게 된다. 다음 중 이로 인한 가격상승효과를 얻으려는 전략은?

① 순수수익률취득스왑　② 수익률곡선타기
③ 이자율예상스왑　④ 현금흐름대응전략
⑤ 시장간 스프레드스왑

08 목표가치 이상에서는 적극적 투자전략을 운용하다가, 이 수준으로 하락하면 소극적 투자전략인 면역화전략으로 수정하는 전략은?

① 순자산면역전략　② 현금흐름대응전략
③ 대체스왑　④ 시장간 스프레드스왑
⑤ 상황별 면역화

09 채권투자전략으로 가장 올바른 것은?

① 금리상승이 예상될 때 주로 장기채에 투자한다.
② 금리상승이 예상될 때 만기가 동일한 경우 액면이자율이 낮은 채권에 투자한다.
③ 국채와 회사채의 수익률 스프레드가 비정상적으로 높을 경우 국채를 회사채로 교환한다.
④ 이자율이 하락할 것으로 예상되는 경우 채권의 듀레이션을 작게 한다.
⑤ 수익률곡선타기는 수익률곡선이 우하향하는 경우에 적합한 채권투자전략이다.

10 여신전문금융회사인 (주)한강캐피탈은 9.94년의 듀레이션과 100억원의 시장가치를 갖는 자산포트폴리오를 보유하고 있다. 이 자산포트폴리오에 포함된 자산들에 대한 이자는 1년에 2회 6개월마다 수취된다. 이 자산들은 자기자본 10억원과 채권발행 90억원으로 조달된 자금으로 형성되었다. 이 채권의 액면이자는 연 7.25%, 만기는 2년이다. 액면이자는 1년에 2회 6개월마다 지급된다. 현재 이 채권의 시장가격은 액면가와 동일하다. 각 시점에서 발생하는 1원의 현재가치는 다음의 표와 같다.

현금흐름 발생시점 (단위 : 연도)	현가요소	현금흐름 발생시점 (단위 : 연도)	현가요소
0.5	0.9650	1.5	0.8987
1.0	0.9313	2.0	0.8672

(주)한강캐피탈의 자기자본가치의 변동을 면역(immunization)하려면 자산포트폴리오의 듀레이션은 얼마로 조정되어야 하는가? (단, 자산과 부채에 적용되는 시장이자율의 변화는 동일하며, 소수점 셋째 자리에서 반올림하여 계산한다.)

(CPA 1차 2010)

① 1.53 ② 1.62 ③ 1.71
④ 1.83 ⑤ 1.97

11 다음 표는 A은행의 현재 시장가치 기준 자산·부채와 듀레이션을 보여주고 있다. 다음 설명 중 가장 적절하지 않은 것은? (CPA 1차 2018)

자 산	금 액	듀레이션	부채자본	금 액	듀레이션
현금	100억원	0년	고객예금	600억원	1.0년
고객대출	500억원	1.2년	발행사채	300억원	5.5년
회사채	400억원	6.0년	자기자본	100억원	

① 부채의 듀레이션은 2.5년이다.
② 듀레이션갭은 0.5년이다.
③ 금리가 상승하면 자기자본가치가 하락한다.
④ 금리가 하락하면 자산가치의 증가분이 부채가치의 증가분보다 크다.
⑤ 순자산가치 면역전략은 듀레이션갭이 0이 되도록 하는 포트폴리오관리 기법이다.

12 채권에 관한 설명으로 적절한 항목만을 모두 선택한 것은? (CPA 1차 2020)

a. 현재시점($t=0$)에서 수익률곡선이 우상향할 경우, t년 현물이자율 ${}_0i_t$보다 t기의 선도이자율 ${}_{t-1}f_t$가 더 높다.
b. 현재의 우상향 수익률곡선이 향후 변하지 않을 경우, 수익률곡선타기 채권투자전략으로 추가적인 자본이득을 얻을 수 있다.
c. 액면가, 만기, 만기수익률(YTM)이 동일한 일반사채의 경우, 이표이자율이 작을수록 볼록성이 커진다. 따라서 무이표채의 볼록성은 이표채보다 크다.
d. 다른 조건이 동일할 경우, 일반사채의 듀레이션보다 수의상환조건이 있는 채권의 듀레이션은 크며 일반사채의 듀레이션보다 상환청구권이 있는 채권의 듀레이션은 작다.
e. 고정이자부 채권으로 구성된 자산 포트폴리오의 듀레이션은 2.5이고 시장가치는 1,400억원이다. 고정이자부 부채 포트폴리오의 시장가치가 1,000억원일 경우, 순자산의 가치를 이자율위험에 대하여 완전면역화하는 부채 포트폴리오의 듀레이션은 3.5이다.

① a, b ② c, d ③ a, c, d
④ b, d, e ⑤ a, b, c, e

13 채권의 투자전략에 관한 설명으로 가장 적절하지 않은 것은? (CPA 1차 2022)

① 목표시기 면역전략에 의하면 채권의 듀레이션이 목표투자기간보다 짧은 경우에는 이자율 변동에 따른 투자자의 가격위험이 재투자위험보다 크다.

② 순자산가치 면역전략에 의하면 자산과 부채의 듀레이션을 조정하여 자산가치 변동액과 부채가치 변동액의 차이가 영(0)이 되면 순자산가치는 이자율 변동과 관련 없이 일정하게 된다.

③ 채권의 채무불이행위험이나 수의상환위험은 면역전략을 통해서 제거되지 않는다.

④ 듀레이션만을 이용하는 면역전략은 채권가격과 이자율 간의 비선형관계를 반영하지 못한다.

⑤ 현재의 수익률곡선이 우상향의 모양을 가지며 투자기간 동안 그 형태가 변화하지 않을 것으로 예측되는 경우, 투자자는 수익률곡선타기전략을 사용하여 자본이득을 얻을 수 있다.

14 채권가치평가와 채권포트폴리오 관리에 관련된 다음 설명 중 가장 적절하지 않은 것은? (CPA 1차 2008)

① 다른 조건은 동일하고 만기만 다른 채권 A(1년), B(3년), C(5년)가 있다. 시장이자율이 상승할 때, 채권 A와 채권 B의 가격하락폭의 차이는 채권 B와 채권 C의 가격하락폭의 차이보다 작다.

② 다른 조건이 일정할 경우 시장이자율이 하락하면 채권의 듀레이션은 길어진다.

③ 시장이자율이 하락할 때 채권가격이 상승하는 정도는 시장이자율이 같은 크기만큼 상승할 때 채권가격이 하락하는 정도보다 더 크다.

④ 채권포트폴리오의 이자율위험을 면역화하기 위해서는 시간이 경과함에 따라 채권포트폴리오를 지속적으로 재조정해야 한다.

⑤ 채권포트폴리오의 이자율위험을 면역화하기 위해서는 시장이자율이 변동할 때마다 채권포트폴리오를 재조정해야 한다.

15 바젤위원회(Basel Committee)가 권고하고 있는 계수에 의해 산정된 A은행의 VaR(value at risk)가 200억원이다. 이는 신뢰수준 99%, 목표기간 10일을 기준으로 한 평균기준 VaR이다. 만약 신뢰수준이 95%, 목표기간이 50일로 변경될 경우 A은행의 VaR로 가장 근사치 값은 어느 것인가?

① 300억원 ② 313억원 ③ 317억원
④ 319억원 ⑤ 412억원

16 현재 S사가 주식포트폴리오에 투자한 금액은 100억원이고, 이 포지션의 연간 기대수익률은 8%, 연간 수익률의 표준편차는 12%이다. 신뢰수준 95%에서 보유기간 3개월의 절대적 VaR(absolute value at risk)는 얼마인가?

① 7.9억원 ② 8.4억원 ③ 8.9억원
④ 9.4억원 ⑤ 9.9억원

17 현재의 시장가치가 1,000만원인 포트폴리오(P)는 주식 A와 B로 구성되어 있다. 현재 주식 A의 시장가치는 400만원이고 주식 B의 시장가치는 600만원이다. 주식 A와 주식 B의 수익률 표준편차는 각각 5%와 10%이고 상관계수는 −0.5이다. 주식수익률은 정규분포를 따른다고 가정한다. 99% 신뢰수준 하에서 포트폴리오(P)의 최대 가치하락을 측정하는 Value at Rist(VaR)는 아래 식에 의해 계산된다. 포트폴리오(P)의 VaR값과 가장 가까운 것은? (CPA 1차 2019)

$$VaR = 2.33 \times \sigma_P \times \text{포트폴리오(P)의 시장가치}$$

단, σ_P는 포트폴리오(P) 수익률의 표준편차이다.

① 466,110원 ② 659,840원 ③ 807,350원
④ 1,232,920원 ⑤ 2,017,840원

18 K사는 채권포트폴리오를 100억원 보유하고 있다. 이 채권포트폴리오의 수정듀레이션은 2.6년이며, 1일 금리변동성은 0.32%이다. 신뢰수준 99%에서 목표기간 10일간의 평균기준 VaR의 근사치로 가장 적절한 것은?

① 5.25억원 ② 6.13억원 ③ 7.25억원
④ 8.13억원 ⑤ 9.25억원

19 주식 A와 B의 VaR는 각각 20억원, 30억원이다. 두 주식의 상관계수는 0.5이다. 이들 주식으로 구성된 포트폴리오 VaR에 가장 가까운 값은?

① 40.6억원 ② 43.6억원 ③ 46.6억원
④ 49.6억원 ⑤ 52.6억원

20 주식 A의 VaR는 60억원, 주식 B의 VaR는 40억원이며, 두 주식은 서로 독립적이다. 이들 주식으로 구성된 포트폴리오 VaR에 대한 주식 A의 공헌비율은 근사치로 얼마인가?

① 22.22% ② 45.68% ③ 69.23%
④ 82.67% ⑤ 96.15%

■ 서술/계산형 문제

01 소극적 채권투자전략인 목표시기면역전략과 순자산면역전략을 비교 설명하라.

02 적극적 채권투자관리가 어떤 경우에 필요한지를 설명하고, 또한 대표적인 적극적 채권투자전략인 채권스왑의 종류를 세 가지 이상 들고 각각의 의미를 간단히 설명하라.

03 VaR(value at risk)에 대해 설명하라.

04 목표시기면역전략

투자자 K는 액면가 10,000원, 잔존만기 2년, 액면이자율 4%인 사채를 매입하려고 한다. 시장이자율이 6%일 경우 다음의 물음에 답하라.

(1) 투자자 K의 채권매입가격은?

(2) 투자자 K가 매입하려는 채권의 듀레이션은?

(3) 채권투자에 따르는 이자율위험을 제거하기 위해 투자자 K는 투자기간을 얼마로 해야 하는가?

05 목표시기면역전략

(CPA 2차 2007)

5년 후 채무를 상환해야 하는 한 투자자가 정부가 발행한 3년 만기 순수할인채권과 역시 정부가 발행한 영구채권을 이용하여 목표시기면역화전략(immunization strategy)을 적용하기로 하였다. 채무액의 현재가치는 100원이며, 무위험이자율은 연 10%이다. 수익률곡선은 수평이라고 가정한다. (단, 영구채권의 듀레이션=(1+만기수익률)/만기수익률, 모든 수치는 소수점 셋째 자리에서 반올림하라.)

(1) 이자율위험을 면역화하기 위해서 순수할인채권과 영구채권에 대한 투자금액은 얼마이어야 하는지 계산하라.

(2) 순수할인채권과 영구채권을 매입한 직후 무위험이자율이 1%포인트 상승하여 연 11%가 된다면 이자율위험을 면역화하기 위해서 각 채권에 대한 투자금액은 얼마이어야 하는지 계산하라.

(3) 이자율이 11%로 상승하였다고 가정한 물음 (2)를 무시하기로 하자. 면역화전략을 시작한 이후 무위험이자율이 계속 10%를 유지한 채 1년이 지났다면, 이자율위험을 면역화하기 위해서 각 채권에 대한 투자금액은 얼마이어야 하는지 계산하라.

(4) 물음 (1)~(3)의 결과들이 면역화전략에 어떤 시사점을 주는지 다섯 줄 이내로 기술하라.

06 듀레이션과 ALM, 볼록성 (CPA 2차 2013)

금융기관인 (주)바사의 재무상태표에 따르면 자산으로서 장기채권의 시장가치가 1,000이고 부채로서 정기예금이 600, 그리고 자본금이 400으로 되어 있다. 장기채권은 만기가 3년이고 4%의 액면이자를 매년 말 지급한다. 한편 정기예금은 만기가 1년이며 4%의 액면이자를 연말에 지급한다. 현재 시장이자율은 4%라고 가정한다.

(1) 시장이자율이 1%포인트 상승하는 경우와 1%포인트 하락하는 경우 현금흐름할인법을 이용하여 자기자본의 가치변화를 각각 계산하라. 계산결과는 반올림하여 소수점 둘째 자리까지 표기하라.

(2) 시장이자율이 1%포인트 상승하는 경우와 1%포인트 하락하는 경우 (주)바사의 자산과 부채 듀레이션을 이용하여 자기자본의 가치변화를 각각 계산하라. 계산결과는 반올림하여 소수점 둘째 자리까지 표기하라.

(3) 물음 (1)과 물음 (2)의 결과를 요약하고 그 함축적 의미를 설명하라.

07 듀레이션과 채권관리 (CPA 2차 2021)

현재시점($t=0$)인 금년도 1월 1일 기준으로 만기와 액면이자율이 상이한 이표채들이 아래 표에 제시되어 있다. 채권시장에서 이표채 A, B, C는 액면가채권(par value bond)으로 채권가격은 모두 100원으로 동일하며 균형 하에 있다고 가정한다. 채권시장에서 불편기대이론이 성립한다. 모든 채권은 신용위험이 없으며 이자지급 주기를 1년으로 한다. 계산결과는 소수점 아래 다섯째 자리에서 반올림하여 넷째 자리까지 표시하라.

이표채	만기	액면이자율
A	1년	4%
B	2년	5%
C	3년	6%

(1) 현재시점($t=0$)에서 $t=k$년 만기 현물이자율(spot interest rate)을 r_k, $t=k$년 시점에서 1년 만기 선도이자율(forward interest rate)을 ${}_kf_{k+1}$으로 각각 표기한다. 현재시점($t=0$) 채권시장의 수익률곡선을 설명할 수 있는

$(1+r_1)$, $(1+r_2)^2$, $(1+r_3)^3$, ${}_1f_2$, ${}_2f_3$을 각각 계산하라.

(2) 물음 (1)에서 도출된 수익률곡선 하에서 액면가 100원, 만기 3년, 액면이자율 10%인 이표채 D의 현재시점($t=0$) 듀레이션을 계산하라.

(3) 현재시점($t=0$)에서 물음 (1)에서 도출된 수익률곡선이 1%p 하향 평행이동하는 경우 물음 (2)의 이표채 D의 가격변화율을 볼록성(convexity)을 조정하여 계산하라.

(4) 현재시점($t=0$)에서 채권시장에 액면금액이 100원인 3년 만기 무이표채 E가 존재한다. 물음 (1)에서 도출된 수익률곡선이 1년 후에도 그대로 유지될 것으로 예상된다. 목표투자기간이 1년일 때, 현재시점($t=0$)에서 무이표채 E를 이용하여 수익률곡선타기 투자전략을 실행하는 경우 기대 투자수익률을 계산하라.

08 이자율의 위험구조와 듀레이션 (CPA 2차 2017 수정)

가나기업이 발행한 무보증 채권의 현행수익률(current yield)은 3.2%이고, 무위험수익률은 2%이다.

(1) 채권의 현재가격과 만기수익률을 추정하라. 만기수익률은 %기준으로 반올림하여 소수점 둘째 자리까지 표시하라.

(2) 채권의 원리금 상환가능성은 다음과 같은 확률분포를 가질 것으로 예상된다.

상 황	확 률
ⓐ 이자와 원금전액 회수불능	0%
ⓑ 제1회의 이자만 회수	1%
ⓒ 제1회 및 제2회 이자회수와 원금의 70%만 회수	2%
ⓓ 이자와 원금전액 회수	97%

다음 물음에 답하라.

① 상황에 따른 각각의 수익률을 구하라.

② 위 ①에서 구한 수익률을 실현수익률이라고 가정하고 채권의 기대수익률을 구하라. 수익률은 %기준으로 반올림하여 소수점 둘째 자리까지 표시하라.

(3) 물음 (1)의 만기수익률과 물음 (2)의 기대수익률을 이용하여 수익률 스프레드와 채무불이행 위험프리미엄을 각각 구하라. 수익률은 %기준으로 반올림하여 소수점 둘째 자리까지 표시하라.

(4) 물음 (1)과 동일한 조건에서 만기수익률이 2% 포인트 하락하였다($t=0$). 매컬리(Macaulay) 듀레이션을 이용하는 경우의 채권가격변화율과 실제 채권가격변화율의 차이를 구하라. 단, 수익률곡선은 수평이고 평행이동한다고 가정한다. 듀레이션 추정은 소수점 셋째 자리에서 반올림하여 계산하고, 듀레이션을 통한 채권금액변화분은 원 단위까지 계산하며, 각 채권가격변화율은 반올림하여 소수점 다섯째 자리까지 구하여 계산하라.

(5) 만기수익률이 변동하는 경우, 실제 채권의 가격변화와 듀레이션을 통해 추정한 채권의 가격변화 사이의 차이는 왜 발생하는지 설명하고 그 차이를 줄이는 방안을 제시하라.

09 듀레이션과 ALM (CPA 2차 1998 수정)

새나라은행은 현재 매년 말 1,000만원씩 3년 동안 균등분할상환조건으로 대출하려고 한다. 시장이자율이 10%일 경우 다음의 물음에 답하라.

(1) 대출(자산)의 현재가치는?

(2) 대출의 듀레이션을 구하라.

(3) 새나라은행은 이자율변동에 따른 위험을 제거하기 위하여 대출에 필요한 자금 중 일부는 만기 3년의 순수할인채권을 발행하여 조달하고, 나머지는 보유하고 있는 현금으로 조달하려고 한다. 이와 같은 경우 대출안의 면역을 위해서 3년 만기 순수할인채권을 어느 정도 발행하여야 하는가?

(4) 새나라은행은 미래에 이자율이 하락할 것으로 예상하고 있다. 이와 같은 경우 이 은행이 취할 수 있는 ALM전략은?

10 듀레이션과 ALM (CPA 2차 2001 수정)

장부가액으로 작성된 ABC은행의 현재 재무상태표는 다음과 같으며, 시장에서 공통적으로 적용되는 이자율은 10%이다.

재무상태표 (단위 : 원)

현　　금	100,000	요구불예금	100,000
주택대출	200,000	예 금 증 서	50,000
		자 기 자 본	150,000

주택대출은 2년간에 걸쳐 균등상환되며 만기일까지 12%로 재투자된다. (200,000원 $\times 1.12^2 = x \times 1.12 + x$, 균등상환액($x$)은 118,340원이다.) 예금증서는 1년 후 원리금이 상환되며, 이자율은 11%이다. 이와 같은 자료를 이용하여 다음의 물음에 답하라.

(1) 주택대출의 듀레이션을 구하고, ABC은행의 자산의 듀레이션을 구하라.

(2) ABC은행의 부채의 듀레이션을 구하라.

(3) 시장이자율이 10%에서 11%로 상승할 경우 ABC은행의 자기자본가치는 얼마나 변화하겠는가? (단, 듀레이션에 의한 변동부분만 고려하라.)

(4) 이자율변동으로 인한 자기자본가치변화를 헤지하고자 한다. 부채의 듀레이션을 변경할 수 없는 상황에서 자기자본가치변화를 헤지하기 위해서는 자산의 듀레이션이 얼마가 되어야 하는가?

(5) ABC은행은 현재 2년 만기 순수할인채권을 공매도하여 마련한 자금을 현금으로 보유함으로써 자기자본가치를 이자율변동으로부터 면역화시키는 방안을 고려중이다. 얼마의 순수할인채권을 공매도하여야 하는가?

11 고급 듀레이션과 ALM

장부가액으로 작성된 KS은행의 현재 재무상태표는 다음과 같으며, 시장에서 공통적으로 적용되는 예금이자율(부채의 이자율)과 대출이자율(자산의 수익률)은 각각 5%, 6%이다.

재무상태표 (단위 : 억원)

항　　목	금　액	이자율	만기(년)	항　　목	금　액	이자율	만기(년)
현　　금	200	0%	0	요구불예금	100	0%	0
상업대출	500	8%	3	CD	400	3%	1
주택대출	300	7%	2	정 기 예 금	300	4%	2
				자 기 자 본	200	−	−

상업대출, CD, 정기예금은 만기에 원리금이 상환되나, 주택대출은 매년 균등 상환된다. 이와 같은 자료를 이용하여 다음의 물음에 답하라.

(1) KS은행의 자산과 부채의 듀레이션을 각각 구하라.

(2) 시장에서 공통적으로 적용되는 예금이자율과 대출이자율이 1%포인트씩 동일하게 상승하였다.

① 듀레이션에 의한 변동부분만 고려한다면 KS은행의 자기자본가치는 얼마나 변화하겠는가?

② 이와 같이 측정된 자기자본가치의 변화는 실제 자기자본의 가치변화와 약간 차이가 날 수 있는데, 그 이유를 간단히 설명하라.

(3) KS은행은 현재 1년 만기 CD를 추가로 발행하여 마련한 자금을 현금으로 보유함으로써 자기자본가치를 이자율변동으로부터 면역화시키는 방안을 고려중이다. 얼마의 CD를 추가로 발행해야 하는가?

12 듀레이션과 ALM (CPA 2차 2008)

A은행의 장부가치 재무상태표가 다음의 표와 같이 제시되었다.

재무상태표 (단위 : 원)

자 산		부채와 자본	
현 금	50	요구불예금	400
대출채권	400	CD	130
장기채권	150	자 기 자 본	70
합 계	600	합 계	600

대출채권의 연 이자율은 10%이며 2년에 걸쳐 매년 말에 원리금을 균등분할 상환받는 조건이다. 장기채권은 연 8%의 이자를 매년 말에 지급받는 3년 만기 채권이다. 부채 중 CD의 이자율은 연 7%이며, 1년 후에 원리금을 일시 상환하는 조건이다. 현재 시장이자율은 연 8%이다. (모든 계산은 반올림하여 소수점 넷째 자리까지 표시한다.)

(1) A은행이 보유하고 있는 자산의 듀레이션은 얼마인가?

(2) A은행이 보유하고 있는 부채의 듀레이션은 얼마인가?

(3) 시장이자율이 100베이시스포인트(1%p) 상승할 경우 A은행의 자기자본의 시장가치에 미치는 영향을 듀레이션 모형을 이용하여 계산하라.

(4) 다음의 물음에 답하라.

① A은행의 입장에서 순자산가치가 이자율위험으로부터 면역되기 위한 조건은 무엇인가?

② 이러한 조건을 충족하기 위해서는 부채의 듀레이션이 얼마가 되어야 하는가? (단, 자산의 듀레이션은 변경될 수 없다고 가정하라.)

(5) A은행이 이자율위험으로부터 자기자본비율(=자기자본/자산)의 변화를 "0"으로 만들 수 있는 방법을 듀레이션을 이용하여 설명하라.

13 듀레이션과 ALM

(CPA 2차 2010)

(1) 은행이 만기가 2년인 고정금리 대출을 동일한 금액의 만기가 1년인 고정금리 예금으로 조달하였다. 만약 시장이자율이 1년 후 2%p 상승하면 은행이 어떤 종류의 이자율위험에 노출되는지 50자 이내로 설명하라.

※ 물음 (2)~물음 (5)는 다음의 내용을 이용하여 답하라.

현재 S은행의 시장가치기준 재무상태표는 다음과 같다.

재무상태표 (단위 : 억원)

자 산		부채와 자기자본	
현 금	5	CD	90
채 권	100	자기자본	15
합 계	105	합 계	105

채권은 표면이자율이 연 8%이고 만기가 2년이며 이자를 매 6개월마다 지급한다. 만기 1년의 CD는 이자율이 연 8%(반기 복리)이고 액면금액을 만기에 지급한다. 현재 시장이자율은 연 8%(반기 복리)이다. 수익률곡선은 수평이며 평행이동한다. 금액은 억원 단위로 표기하고, 모든 계산은 반올림하여 소수점 둘째 자리까지 나타내라.

(2) 시장이자율이 2%p 상승하면 자기자본의 시장가치가 얼마나 변하는가? 듀레이션을 이용하여 금액 기준으로 답하라.

(3) S은행은 듀레이션갭을 이용하여 이자율위험을 면역화하려고 한다. S은행이 면역화하기 위한 조건식을 도출과정과 함께 제시하라. 그리고 S은행이 부채의 듀레이션과 부채비율을 변경할 수 없다면, 이 은행이 면역화하기 위하여 자산의 듀레이션을 얼마로 조정해야 하는가?

(4) 시장이자율의 2%p 상승이 자기자본의 시장가치에 미치는 영향을 현금흐름할인법(DCF)을 이용하여 계산하라.

(5) 물음 (2)와 물음 (4)의 값에 차이가 발생하는 이유를 30자 이내로 설명하라.

14 듀레이션과 ALM

(CPA 2차 2019)

1년, 2년, 3년 후에 각각 1,000억원을 지불할 부채를 보유하고 있는 ㈜한국보험은 이자율 변동으로 발생하는 부채 포트폴리오의 가치변동위험을 면역화 하려고 한다. 자본시장에서 현재의 채권수익률은 5%이고 수익률곡선은 수평이며 평행이동 한다고 가정한다. 금액은 억원 단위이며, 모든 계산결과는 소수점 아래 다섯째 자리에서 반올림하여 넷째 자리까지 표시하라.

(1) ㈜한국보험이 보유한 부채 포트폴리오의 듀레이션과 볼록성(convexity)은 각각 얼마인가?

(2) ㈜한국보험이 1년 만기 무이표채와 3년 만기 무이표채를 이용하여 면역전략을 수행하고자 한다. 단, ㈜한국보험은 다른 자산을 보유하고 있지 않으며, 자산과 부채 포트폴리오의 현재가치를 일치시켜서 면역전략을 수행한다고 가정한다.

① 1년 만기 및 3년 만기 무이표채에 투자할 비중과 금액은 각각 얼마인가?

② ㈜한국보험이 보유한 자산 포트폴리오의 볼록성은 얼마인가?

③ 이자율 변동으로 발생하는 부채 포트폴리오의 가치변동에 대하여 완전면역이 확보되는지 설명하라.

(3) ㈜한국보험이 1년 만기 무이표채와 2년 만기 무이표채를 이용하여 면역전략을 수행하고자 한다. 단, ㈜한국보험은 다른 자산을 보유하고 있지 않으며, 자산과 부채 포트폴리오의 현재가치를 일치시켜서 면역전략을 수행한다고 가정한다.

① 1년 만기 및 2년 만기 무이표채에 투자할 비중과 금액은 각각 얼마인가?

② ㈜한국보험이 보유한 자산 포트폴리오의 볼록성은 얼마인가?

③ 이자율 변동으로 발생하는 부채 포트폴리오의 가치변동에 대하여 완전면역이 확보되는지 설명하라.

(4) 물음 (2)와 물음 (3)의 전략이 부채 포트폴리오의 가치변동위험에 대한 면역화에 차이를 발생시키는가? 만약 차이를 발생시킨다면 근본적인 이유를 설명하라.

15 포트폴리오 VaR와 공헌 VaR

투자자 갑은 주식 A와 B에 각각 5천만원씩 투자하고 있으며, 이 주식들을 3개월간 보유할 예정이다. 주식 A의 연간 표준편차는 10%, 주식 B의 연간 표준편차는 20%이다.

(1) 신뢰수준 99%에서 주식 A와 B의 평균기준 VaR는 각각 얼마인가?

(2) 두 주식간의 상관계수가 0.2일 경우 신뢰수준 99%에서 투자자 갑의 포트폴리오의 평균기준 VaR는 얼마인가? 또한 포트폴리오효과(분산효과)는 얼마인가?

(3) 물음 (2)에서 각 주식의 포트폴리오 VaR에 대한 공헌, 즉 공헌 VaR는 각각 얼마인가?

16 포트폴리오 VaR (CPA 2차 2009)

리스크관리를 위해서는 노출된 리스크의 크기를 측정하는 것이 필수적인데, 이에 대한 측정치 중의 하나가 Value-at-Risk(VaR)이다. VaR은 시장상황이 정상적일 때 주어진 신뢰수준에서 특정 기간 내에 발생할 수 있는 최대 손실금액으로 정의된다. VaR을 추정하는 방법 중 하나인 정규분포에 기초한 분석적 방법(analytical method)을 이용하여 다음의 물음에 답하라. 백분율은 반올림하여 소수점 첫째 자리까지 계산하고, 금액은 억원 단위로 표기하라.

힌트

정규분포를 따르는 확률변수가 평균(μ)에서 각 표준편차(σ) 범위 내에 포함될 확률은 다음과 같다.

$\text{Prob}(\mu \pm 1 \times \sigma) = 68.3\%$, $\text{Prob}(\mu \pm 1.65 \times \sigma) = 90.0\%$

$\text{Prob}(\mu \pm 1.96 \times \sigma) = 95.0\%$, $\text{Prob}(\mu \pm 2 \times \sigma) = 95.4\%$

$\text{Prob}(\mu \pm 2.33 \times \sigma) = 98.0\%$, $\text{Prob}(\mu \pm 3 \times \sigma) = 99.7\%$

(1) 포트폴리오 연간 수익률의 평균이 16%이고 표준편차가 33%라고 하자. 1년 후 이 포트폴리오의 가치가 절반 이하로 감소할 확률을 구하라.

(2) 주식 A 수익률의 연간 표준편차는 25%이고 주식 B 수익률의 연간 표준편차는 35%이며, 두 주식 수익률간의 상관계수는 0.4이다. 주식 A에는 40억원, 주식 B에는 60억원을 투자해서 구성된 포트폴리오의 VaR을 95% 신뢰수준에서 구하라. 두 주식의 연간 기대수익률은 0%로 가정한다.

(3) 수익률이 독립적이고 동일하게 분포(independently and identically distributed : *iid*)되어 있다고 하자. 투자기간을 6개월로 설정하는 경우 물음 (2)에 주어진 정보를 이용하여 포트폴리오의 VaR을 구하라.

제5장 환위험관리

기업들은 국내뿐만 아니라 외국에서도 영업활동을 하기 때문에 기업의 재무상태 및 경영성과는 환율변동에 따라 영향을 받을 수 있다. 그러므로 기업은 여러 가지 다양한 환위험관리기법을 동원하여 환율변동에 따른 불확실성을 줄이려고 노력하게 된다. 그러나 환위험을 감소 또는 제거시키는 데는 비용이 수반될 수 있으며, 환위험관리의 궁극적인 목표는 환위험 최소화가 아니라 기업가치 극대화임을 유의해야 한다.

본장에서는 외환시장과 환율결정이론, 그리고 환위험을 관리하는 방법에 대해서 설명하고자 한다.

1 외환시장

외환시장(foreign exchange market)은 한 국가의 통화와 다른 국가의 통화가 서로 교환되는 시장, 즉 외환의 수요와 공급을 연결하는 기능적 의미에서의 시장 또는 거래메커니즘을 말한다. 국제무역과 다국적 기업의 활동이 활발해지면서 외환시장의 규모가 크게 증가되어, 외환시장은 세계최대의 금융시장으로 성장하였다. 외환거래의 대부분은 미국 달러(USD, $), 유럽연합 유로(EUR, €), 영국 파운드스털링(GBP, £), 일본 엔(JPY, ¥), 캐나다 달러(CAD, C$), 호주 달러(AUD, A$) 등 몇 개의 통화에 의해 이루어지고 있다.

외환시장에는 은행, 기업, 개인, 정부 등이 참가한다. 외환시장은 거래당사자에 따라 외국환은행과 고객(기업, 개인, 정부 등) 사이에 외환거래가 이루어지는 대고객시장(customer market)과 외국환은행간에 거래가 이루어지는 은행간시장(inter-bank market)으로 구분되는데, 일반적으로 외환시장이라 할 때에는 은행간시장을 지칭한다. 은행간시장에서의 외환거래는 외국환은행의 딜러(dealer)들이 직접 거래하는 장외 직접거래시장과 외국환중개회사를 통한 장내 거래소시장을 통해 이루어진다. 중개회사를 통한 장내 거래소시장은 대부분의 외국환은행이 참가하며 매일 오전 9시에서 오후 4시 30분까지 거래가 이루어진다. 장외시장(over-the-counter market)은 딜러들이 주로 전화나 로이터 딜링머신(Reuters dealing machine)(외환거래 전용 채팅기계)을 통해 사거나 팔려고 하는 외국 돈의 가격을 제시하여 제시가격이 서로 일치하는 상대와 거래를 하는데, 이렇게 거래가 이루어질 때마다 환율은 시시각각 변동하는 것이다.

환율(exchange rate)은 한 나라의 통화(currency)가 다른 나라의 통화로 교환되는 비율을 의미한다. 환율은 자국통화와 외국통화 둘 중 어느 하나를 기준으로 표시할 수 있는데, 어느 통화를 기준으로 하느냐에 따라 직접표시환율(direct quotation) 또는 자국통화표시환율(지급환율), 간접표시환율(indirect quotation) 또는 외국통화표시환율(수취환율)로 구분된다. 직접표시환율은 외국통화 한 단위의 가격을 자국통화로 표시하는 방법이며, 이와 반대로 간접표시환율은 자국통화 한 단위의 가격을 외국통화로 표시하는 방법이다. 예를 들어 우리나라의 경우 1달러=1,000원 또는 ₩1,000/$은 직접표시환율이며, 1원=0.001달러 또는 $0.001/₩은 간접표시환율이다.[1] 일반적으로 환율은 직접표시방법에 의해 표시된다. 직접표시환율을 사용하는 우리나라의 경우 달러환율의 절대치가 커지는 경우(예, 달러당 1,000원에서 1,200원), 환율이 상승하였다고 한다.[2] 이것은 달러가치가 원화에 비해 상승한 반면, 원화가치는 달러에 비해 하락하였음을 뜻한다.

그러나 외환시장에서는 여러 나라의 통화가 거래되므로 자국통화와 외국통화의 교환비율뿐만 아니라 외국통화 상호간의 교환비율도 나타낼 수 있다. 일반적으로 외국통화 1단위에 대한 미달러화의 교환비율을 나타내는 방법, 즉 £1=$1.50 또는 $1.50/£를 미국식(American terms)이라 하며, 미국 달러 1단위에 대한 외국통화의 교환비율인 $1=£0.67 또는 £0.67/$를 유럽식(European terms)이라고 한다. 미달러화가 세계 기축통화(vehicle currency)의 역할을 담당하면서부터 국제외환거래의 대부분은 미달러화와의 매매거래를 통하여 이루어지고 있어, 국제외환시장에서 환율은 대부분 미달러화 1단위에 대한 외국통화의 비율인 유럽식으로 표시되고 있다. 그러나 영국 파운드화와 호주 달러화 등 몇 개 통화는 미국식으로 표시되기도 한다.

외환시장에서의 거래는 크게 현물환거래(spot trade), 선물환거래(forward trade), 스왑거래(swap trade) 등 세 가지로 구분된다. 현물환거래는 외환거래계약 후 통상 2영업일 이내에 현금결제(cash settlement)가 이루어지는 거래를 말하며, 이때 적용되는 환율을 현물환율(spot exchange rate)이라 한다.[3] 일반적으

1 직접표시환율과 간접표시환율은 상호 역수의 관계를 가진다.

2 환율의 변동을 나타낼 때 통화의 상대적 가치상승과 가치하락을, 고정환율제도하에서는 각각 평가절상(revaluation), 평가절하(devaluation)라는 표현을 사용하나, 변동환율제도하에서는 환율상승(appreciation), 환율하락(depreciation)이라고 표현한다.

3 현물환거래에 따른 지불지시(수표 등)가 은행제도를 통해서 결제되는 데는 보통 2영업일이

로 환율이라 하면 현물환율을 말한다.

그리고 선물환거래는 외환매매계약 체결일로부터 일정기간(통상 2영업일) 경과 후 특정일에 외환을 결제하기로 약정한 거래를 말하며, 이와 같은 거래에 적용되는 환율을 선물환율(forward exchange rate)이라 한다.[4] 선물환거래와 유사한 것으로서 통화선물거래(foreign currency futures)가 있다. 통화선물거래는 선물환거래와 마찬가지로 미래의 일정시점에서 외환을 인도 또는 인수하겠다는 계약이지만, 세계주요통화에 대해서만 표준화되어 조직화된 시장에서 거래되고 만기 이전에 청산이 가능하다는 점에서 다르다.

선물환율은 현물환율보다 높을 수도 있고 낮을 수도 있다. 만약 선물환율이 현물환율보다 높다면, 외국통화의 선물환이 할증(premium)되어 거래된다고 말한다.[5] 반대로 만약 선물환율이 현물환율보다 낮으면, 외국통화의 선물환이 할인(discount)되어 거래된다고 말한다. 선물환할증(또는 선물환할인)은 현물환율에 대한 선물환율의 변화율(보통 연율)로 다음과 같이 나타낼 수 있다.

$$\text{선물환할증(또는 할인)} = \frac{\text{선물환율} - \text{현물환율}}{\text{현물환율}} \times \frac{12}{\text{선물계약기간(월)}} \times 100(\%)$$

예를 들어 대미달러화 현물환율이 ₩1,000/$이고 3개월 선물환율이 ₩1,020/$인 경우, 선물환할증은 다음과 같이 구할 수 있다.

$$\text{선물환할증} = \frac{1{,}020 - 1{,}000}{1{,}000} \times \frac{12}{3} \times 100(\%) = 8\%$$

즉 미달러화의 선물환은 현물환에 비해 8% 할증거래됨을 알 수 있다.[6]

소요된다.

4 본서에서는 실무에서 일반적으로 사용되는 용어인 '선물환거래'와 '선물환율'을 사용하고 있으나 이들의 정확한 명칭은 '선도환거래'와 '선도환율'이라 할 수 있다.

5 이는 선물환거래 시 자국통화가 할인(discount)됨을 의미한다.

6 반면 원화의 선물환은 7.84% 할인거래된다.

스왑거래는 미래의 일정시점에서 재매입(재매도)한다는 계약을 체결하면서 외환을 매도(매입)하는 거래를 말하며, 이때 재매입가격(선물환율)과 매도가격(현물환율)의 차이를 스왑률(swap rate)이라 한다. 스왑거래의 핵심은 결제일을 달리하는 실제로 두 개인 거래(현물환거래와 선물환거래)를 하나의 거래로 묶어서 체결한다는 것이다. 예를 들어 은행 A가 은행 B로부터 1백만달러를 원화로 매입하고, 은행 B와 3개월 만기의 선물환 1백만달러를 매도하는 계약을 동시에 체결하는 것이 스왑거래이다. 이 경우 은행 A는 지금 필요한 1백만달러를 확보하고, 나중에 이를 되팔 수 있다.

예제 5-1 | 재정환율

현재 한국 외환시장에서의 대미달러화 환율은 ₩1,140/$이며, 일본 외환시장에서의 대미달러화 환율은 ¥82/$이다. 외환시장은 효율적이고, 거래비용이 존재하지 않는다.

(1) ¥100에 대한 원화환율, 즉 재정환율(arbitrage rate)은 어떻게 되겠는가?

(2) 물음 (1)에서 구한 재정환율과 실제환율이 일치하지 않을 경우 어떻게 되겠는가?

해설

(1)

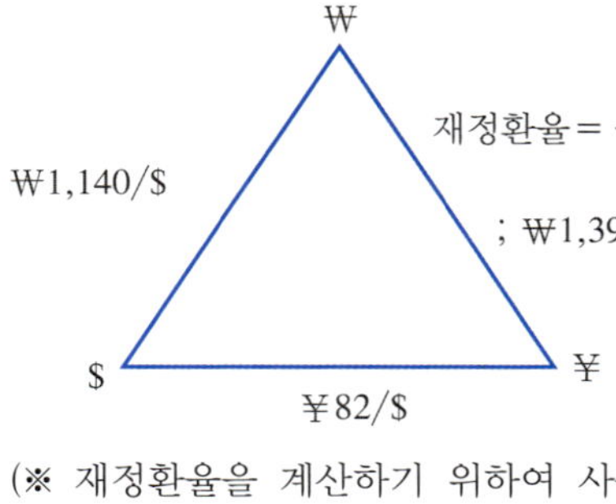

$$\text{재정환율} = \frac{₩1,140/\$}{¥82/\$} = ₩13.9024/¥$$

; ₩1,390.24/¥100

(※ 재정환율을 계산하기 위하여 사용된 미달러화와 엔화의 환율을 교차환율(cross rate)이라 한다.)

$$\frac{(1/1,020)-(1/1,000)}{(1/1,000)} \times \frac{12}{3} \times 100(\%) = -7.84\%$$

(2) 외환시장이 효율적이고 거래비용이 존재하지 않을 경우, 재정환율이 실제환율과 서로 상이하다면 시장간 삼각차익거래(intermarket triangular arbitrage)가 발생되어 재정환율과 실제환율이 같아지게 될 것이다.

2 환율결정이론

2.1 일물일가의 법칙과 구매력평가

현물환율의 결정에 관한 가장 단순한 이론으로서 일물일가의 법칙(law of one price)을 들 수 있다. 이는 동일한 상품은 어느 나라에서 구매하는가에 관계없이 그 가격이 같아야 한다는 주장이다.

$$P_0 = S_0 \cdot P_0^F \tag{5-1}$$

여기서 S_0 : 현재 현물환율(자국통화표시환율)
P_0 : 현재 특정 상품의 국내가격
P_0^F : 현재 동일한 특정 상품에 대한 외국에서의 외국통화표시가격

일물일가의 법칙은 자유롭고 완전한 국제적 상품 차익거래를 통하여 이루어진다. 국제적 상품 차익거래란 두 나라간에 있어서의 특정 상품의 가격 차이가 있는 경우, 가격이 낮은 나라에서 그 특정 상품을 매입한 후 가격이 높은 나라에서 매각함으로써 이익을 얻는 것을 말하며, 이와 같은 거래는 일물일가의 법칙이 성립할 때까지 계속될 것이다. 일물일가의 법칙은 운송비 및 기타 거래비용이 없고, 관세 등의 무역장벽이 존재하지 않으며, 양국에서 거래되는 특정 상품이 완전히 동질적이어야 성립될 것이다. 그러나 현실적으로 운송비 및 기타 거래비용, 관세, 제품의 차별성 등으로 인하여 실제환율은 일물일가의 법칙에 의해 산출되는 환율과 차이가 난다.

알아두기 **빅맥지수**

일물일가의 법칙을 적용한 대표적인 사례로는 전 세계 각국에서 판매되고 있는 맥도날드사 햄버거인 빅맥(Big Mac)의 가격을 기준으로 계산된 환율, 즉 「빅맥지수」를 들 수 있는데, 이는 영국의 경제전문지 「이코노미스트」(The Economist)가 매분기마다 1번씩 발표하고 있다. 예를 들어 빅맥의 가격이 국내에서는 개당 4,000원이고, 미국에서는 개당 4달러라고 하자. 이 경우 빅맥의 가격을 기준으로 환산된 미달러화에 대한 원화의 환율, 즉 빅맥지수를 구하면 다음과 같다.

$$S_0 = \frac{P_0}{P_0^F} = \frac{₩4{,}000}{\$4.00} = ₩1{,}000/\$$$

한편 애플의 스마트폰인 아이폰을 이용하여 산출된 「아이폰지수」(iPhone index)도 발표되고 있다. 이들은 빅맥지수와 마찬가지로 각 국가별 구매력과 물가를 쉽게 비교할 수 있게 해 준다. 맥도날드의 빅맥 햄버거는 각국에서 그 나라의 원료를 이용해 만들기 때문에 국가별 물가비교에 오류가 있을 수 있다는 지적을 받아 왔다. 이러한 빅맥지수의 단점을 보완한 것이 바로 아이폰지수다. 아이폰지수는 캐나다 CBC 뉴스가 2008년 7월 기준으로 21개국 27개 통신업체의 아이폰 가격을 비교한 것이다. 이외에도 스타벅스 커피가격에 기초해 작성되는 「카페라테지수」(Caffe Latte index) 등도 주요 국가의 물가수준과 적정 환율을 비교하는 지수로 사용되고 있다.

소비자들은 여러 상품을 구매하기 때문에 앞에서 설명한 일물일가의 법칙을 하나의 상품뿐만 아니라 다수의 상품에 적용시킨 것을 **구매력평가이론**(purchasing-power parity theorem)이라 한다. 즉 구매력평가이론은 구매되는 나라에 관계없이 다수의 상품으로 구성된 상품의 시장바스켓(market basket) 가격이 동일하도록 환율이 조정된다는 것을 의미한다.[7] 또한 구매력평가를 상

7 이를 절대적 구매력평가이론이라 하기도 한다.

대적인 개념으로 발전시킨 것을 상대적 구매력평가이론(relative purchasing-power parity theorem)이라 하는데, 이는 양국간 물가상승률의 상대적인 차이가 양국간 환율의 변화율을 결정한다는 것이다.

$$\frac{P_1}{P_0}=\frac{S_1}{S_0}\times\frac{P_1^F}{P_0^F} \quad (5\text{-}2)$$

여기서 S_1 : 1기간 후 현물환율(자국통화표시환율)
P_1 : 1기간 후 특정 상품의 국내가격
P_1^F : 1기간 후 동일한 특정 상품에 대한 외국에서의 외국통화표시가격

또는

$$1+\pi=(1+s)\times(1+\pi^F) \quad (5\text{-}3)$$

여기서 s : 자국통화표시환율의 변화율
π : 국내의 물가상승률
π^F : 외국의 물가상승률

식 (5-3)에 의해 자국통화표시환율의 변화율 s를 구하면 다음과 같다.

$$s=\frac{1+\pi}{1+\pi^F}-1 \quad (5\text{-}4)$$

그리고 $s\cdot\pi^F$가 무시할 정도로 아주 작다면, 식 (5-3)은 다음과 같은 근사식으로 나타낼 수 있다.

$$\pi\fallingdotseq s+\pi^F \quad (5\text{-}5)$$

그러므로 식 (5-5)에 의해 s는 다음과 같이 나타낼 수 있다.

$$s\fallingdotseq\pi-\pi^F \quad (5\text{-}6)$$

근사식인 식 (5-6)에 의하면 자국통화표시환율의 변화율은 국내와 외국의 물가상승률의 차이와 같게 됨을 알 수 있다. 상대적 구매력평가이론에 의하면 국내의 물가상승률이 외국에 비해 높은 경우, 자국통화표시환율의 변화율이 증가(환율이 상승)하여 자국통화의 가치가 감소하게 됨을 알 수 있다.

구매력평가가 성립한다는 것은 동일한 어떤 자산에 대한 실질수익률이 어느 나라의 투자자들에게나 모두 같음을 의미한다. 예를 들어 미국의 어떤 자산이 달러로 연 12%의 수익률을 나타내고 있으며, 연간 물가상승률이 미국과 한국에서 각각 6%, 10%라고 하자. 또한 양국간에 구매력평가가 성립하여 연간 달러화가 원화에 비해 4% 정도 가치가 상승하였다고 하자. 그러면 이 자산에 대한 원화표시의 연간 수익률은 약 16%(12%+4%)가 될 것이다. 이 경우 물가상승률을 감안한 연간 실질수익률은 약 6%로 미국의 투자자(12%−6%) 또는 한국의 투자자(16%−10%) 모두 동일할 것이다. 이와 같이 환율변동은 단지 양국의 물가상승률의 차이를 반영하여 양국간의 실질수익률을 동일하게 만드는 데 불과하므로 동일한 자산에 대한 투자결정에 어떠한 영향도 미치지 않는다.

예제 5-2 구매력평가이론

향후 1년 동안 국내의 물가상승률은 10%, 미국의 물가상승률은 6%가 되리라 예상된다. 현재 대미달러화 환율이 1달러당 1,000원이라고 할 때, 1년 후 대미달러화 환율은 어떻게 되겠는가?

해설

$$s = \frac{S_1}{S_0} - 1 = \frac{1+\pi}{1+\pi^F} - 1 = \frac{1+0.1}{1+0.06} - 1 = 0.0377$$

$$\frac{S_1}{1{,}000} = 1.0377$$

따라서 1년 후 대미달러화 환율 S_1은 다음과 같이 구할 수 있다.[8]

$$S_1 = ₩1{,}000/\$ \times 1.0377 = ₩1{,}037.7/\$$$

1년 후 대미달러화 환율이 1달러당 1,037.7원으로 상승하여 원화가치가 하락할 것으로 예상된다.

8 근사식에 의해 1년 후 대미달러화 환율 S_1을 구하면 다음과 같다.

$$s \fallingdotseq \pi - \pi^F = 0.1 - 0.06 = 0.04 \rightarrow S_1 \fallingdotseq ₩1{,}000/\$ \times 1.04 = ₩1{,}040/\$$$

2.2 이자율과 환율 : 이자율평가이론

일물일가의 법칙을 금융시장에도 적용할 수 있는데, 이는 동일한 금융상품의 가격은 완전한 금융시장을 가정할 때 국제적으로 동일한 가격(환율을 조정한 이자율)을 가지게 됨을 의미한다.[9] 이와 같은 전제하에서 이자율평가이론(interest rate parity theorem)은 선물환율의 할증(또는 할인)이 두 국가간의 상대적 이자율 차이에 의해 결정된다는 것이다. 이 이론은 국내 이자율이 외국의 이자율보다 높다면 외국통화의 선물환이 할증거래되며, 그리고 국내 이자율이 외국의 이자율보다 낮다면 외국통화의 선물환이 할인거래된다는 것을 의미한다.

이자율평가이론을 설명하기 위하여 다음의 두 투자를 생각해 보자.

■ 투자 1 : 국내통화 1단위를 국내에 기간당 이자율 r로 1기간 투자함.

■ 투자 2 :

① 외국통화로 환전한 자금 $(1/S_0)$을 해외에 이자율 r^F로 1기간 투자함.[10]

② 동시에 1기간 후 상환받는 투자의 원리금 $(1/S_0)(1+r^F)$를 자국통화로 환전하기 위하여 선물환율 $F_{0,1}$로 1기간 후에 만기가 되는 선물

---

9 동일한 금융상품이란 만기와 위험이 동일함을 의미한다.

10 S_0는 자국통화표시 현물환율이며, 자국통화 1단위에 대한 외국통화의 교환비율은 그 역수인 $1/S_0$이 된다.

환 매도계약을 체결함.

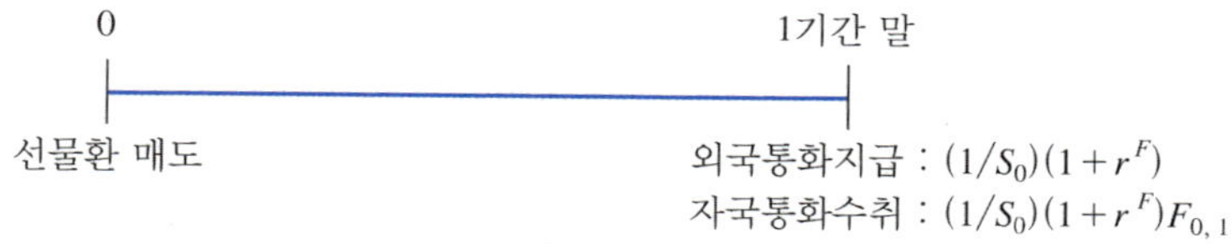

금융시장에서의 일물일가의 법칙에 의해 1기간 후 국내투자와 해외투자의 성과는 같아야 한다.

$$\text{국내 투자성과} = \text{해외 투자성과}$$
$$1+r = (1/S_0)(1+r^F)F_{0,1}$$

그러므로[11]

$$\frac{F_{0,1}}{S_0} = \frac{1+r}{1+r^F} \tag{5-7}$$

또는

$$\frac{F_{0,1}-S_0}{S_0} = \frac{1+r}{1+r^F} - 1 \tag{5-8}$$

그리고 식 (5-8)을 근사식으로 표현하면 다음과 같다.

$$\frac{F_{0,1}-S_0}{S_0} \fallingdotseq r - r^F \tag{5-9}$$

식 (5-9)에 의하면, 선물환율의 할증(또는 할인)은 국내의 이자율에서 외국의 이자율을 차감한 값임을 알 수 있다. 국내의 이자율이 외국의 이자율보다 높을 때($r-r^F>0$) 외국통화의 선물환은 할증거래되며, 반대로 국내의 이자율이 외국의 이자율보다 낮을 때($r-r^F<0$) 외국통화의 선물환은 할인거래된다. 이자율평가이론에 의하면 금융시장과 외환시장이 서로 상충관계에 있

11 식 (5-7)은 제2장에서 설명한 통화선물의 가격을 나타내는 식 (2-11)′와 동일함을 알 수 있다.

음을 알 수 있다. 상대적으로 명목금리가 낮은 통화에 투자하는 경우 단기금융시장에서는 금리 차이만큼 수익률이 낮으나, 외환시장에서의 선물환할증에 의해 보상을 받게 된다. 반대로 금리가 높은 통화에 투자하여 단기금융시장에서 상대적으로 높은 수익률을 얻게 되는 경우에는 외환시장에서 그만큼 선물환할인으로 상쇄된다.

예제 5-3 이자율평가이론

대미달러화 현물환율은 ₩1,140/$이고, 국내 이자율은 연리 4%이며, 미국 내 이자율은 연리 3%이다. 1년 만기 선물환율을 구하라.

해설

$$\frac{F_{0,1}-S_0}{S_0}=\frac{1+r}{1+r^F}-1 \rightarrow \frac{F_{0,1}-1,140}{1,140}=\frac{1+0.04}{1+0.03}-1$$

위의 식을 풀어 1년 만기 선물환율 $F_{0,1}$을 구하면 다음과 같다.

$F_{0,1}=$ ₩1,151.07/$

2.3 피셔효과와 국제피셔효과

피셔효과

피셔효과(Fisher effect)에 의하면 국내의 명목이자율은 실질이자율과 예상물가상승률의 합과 같다.[12]

$$r \fallingdotseq R+\pi \tag{5-10}$$

여기서 r : 국내의 명목이자율
R : 국내의 실질이자율
π : 국내의 예상물가상승률

12 이 식은 근사식이며, 정확한 식은 다음과 같다.

$r=R+\pi+R\cdot\pi$

그리고 외국에 있어서의 명목이자율(r^F), 실질이자율(R^F), 예상물가상승률(π^F)의 관계도 또한 피셔효과에 의해 다음과 같이 나타낼 수 있다.

$$r^F \fallingdotseq R^F + \pi^F \tag{5-11}$$

식 (5-10)에서 식 (5-11)을 빼면 다음과 같은 식을 얻을 수 있다.

$$r - r^F \fallingdotseq (R - R^F) + (\pi - \pi^F) \tag{5-12}$$

식 (5-12)는 국내와 해외의 명목이자율의 차이는 국내와 해외의 실질이자율의 차이와 예상물가상승률의 차이를 합한 것과 같다는 것을 말해 준다. 그런데 장기에 있어서는 국내와 해외의 실질이자율이 서로 같아지는, 즉 $R - R^F = 0$이 되는 경향이 있다. 따라서 장기적으로 국내와 해외의 명목이자율의 차이는 국내와 해외의 예상물가상승률의 차이와 같게 된다.

$$r - r^F \fallingdotseq \pi - \pi^F \tag{5-13}$$

국제피셔효과

국제피셔효과(international Fisher effect)는 상대적 구매력평가이론, 즉 식 (5-6)에 피셔효과, 즉 식 (5-13)을 대입하여 다음과 같이 구할 수 있다.[13]

$$\frac{E(S_1) - S_0}{S_0} \fallingdotseq r - r^F \tag{5-14}$$

여기서 $E(S_1)$: 1기간 후 현물환율의 기대치

식 (5-14)는 근사식이며, 왼쪽 항 $\frac{E(S_1) - S_0}{S_0}$은 현재(0시점)로부터 1기간 후(1시점)의 자국통화표시환율의 예상변화율(s)을 나타낸다. 식 (5-14)에

13 이 식을 보다 정확한 관계식으로 표현하면 다음과 같다.

$$\frac{E(S_1) - S_0}{S_0} = \frac{1 + r}{1 + r^F} - 1$$

한편 국제피셔효과를 위험노출 이자율평가이론(uncovered interest parity)이라고도 한다.

서 볼 수 있는 바와 같이 국제피셔효과는 예상되는 현물환율의 변화율이 양국간 명목이자율의 차이와 같다는 것이다. 국내의 이자율이 외국의 이자율보다 높을 때($r-r^F>0$) 미래의 예상현물환율이 상승하며(국내 통화가치가 감소하며), 국내의 이자율이 외국의 이자율보다 낮을 때($r-r^F<0$) 미래의 예상현물환율이 하락하게(국내 통화가치가 증가하게) 된다. 국제피셔효과에 의해서도 금융시장과 외환시장이 서로 상충관계에 있음을 알 수 있다. 다시 말하면, 단기금융시장에서의 이자율 차이가 현물환시장에서의 예상환율변화에 의해 정확히 상쇄된다는 것이다.[14]

예제 5-4 국제피셔효과

1년 만기 정부채의 수익률이 국내와 미국에서 각각 12%, 8%이며, 대미달러화 현물환율이 ₩1,000/$라고 할 때, 1년 후의 대미달러화 현물환율수준은 어떻게 되리라고 예상할 수 있는가?

해설

$$\frac{E(S_1)-S_0}{S_0}=r-r^F \rightarrow \frac{E(S_1)-1{,}000}{1{,}000}=0.12-0.08=0.04$$

위의 식을 풀어 1년 후의 대미달러화 예상현물환율 $E(S_1)$을 구하면 다음과 같다.

$E(S_1)=$₩1,040/$

선물환율은 미래의 현물환율의 기대값과 밀접한 관계를 가지고 있다. 선물환계약의 매입 및 매도 의사결정은 미래의 현물환율의 기대에 달려 있다. 따라서 외환시장이 균형상태에 있다고 할 때, 선물환율은 미래 현물환율에 대한 불편추정치가 될 수 있을 것이다. 이자율평가이론을 나타내는 식 (5-9)와 국제피셔효과를 나타내는 식 (5-14)를 비교해 보면, 선물환율과 미래 예

14 이것이 성립하지 않으면 이자율 차이에 따른 초과이득을 얻기 위하여 차익거래를 실시할 것이며, 이를 위험노출(uncovered) 금리차익거래라 한다.

그림 5-1 환율결정이론

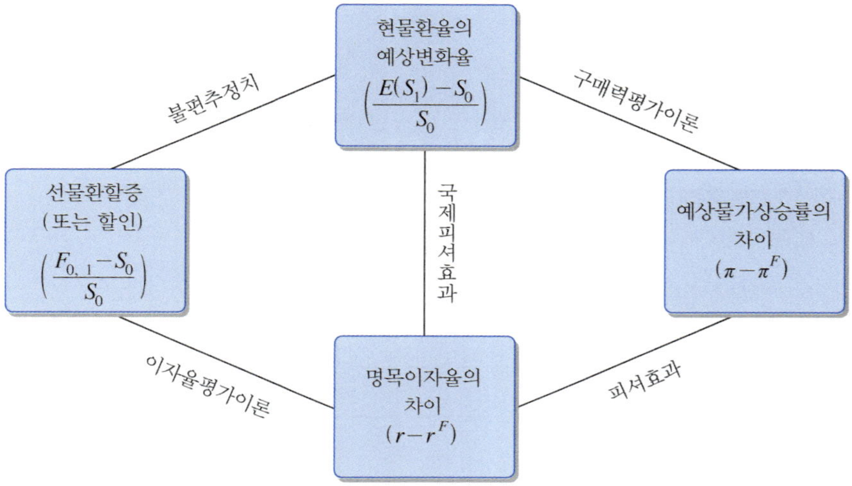

상현물환율이 같아짐을 알 수 있다.

지금까지 설명한 환율결정이론들의 관계를 그림으로 나타내면 [그림 5-1]과 같다.

3 환위험의 의의 및 측정

환위험(foreign exchange risk)이란 환율이 변동함으로써 기업의 재무적 성과가 변동할 가능성을 말하며, 흔히 환노출(foreign exchange exposure)이라 하기도 한다.

3.1 환노출의 의의와 종류

환노출은 환율변동으로 인한 기업의 수익성, 순현금흐름, 그리고 시장가

그림 5-2 환노출의 종류

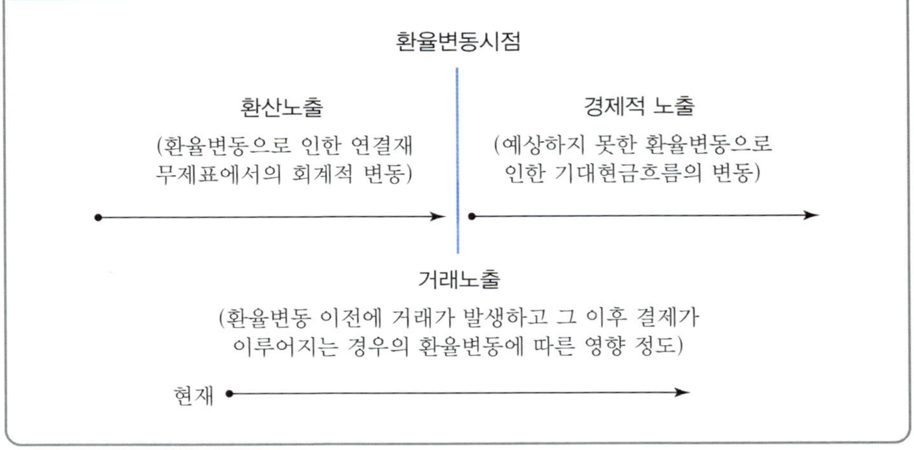

치의 변동가능성을 측정하는 것으로서, 거래노출(transaction exposure), 환산노출(translation exposure), 경제적 노출(economic exposure) 등 세 가지로 구분된다. 이들을 비교하여 나타내면 [그림 5-2]와 같다.

[그림 5-2]에서 볼 수 있는 바와 같이 환산노출은 환율변동 이전에 완료된 거래에 의해서 나타나며, 거래노출은 환율변동 이전에 거래가 발생되었으나 대금결제가 이루어지지 않은 경우에 나타난다. 그리고 경제적 노출은 환율변동 이후의 거래와 관련된 것이다.

3.2 환노출의 측정

거래노출의 측정

거래노출은 환율변동 이전에 거래가 발생되었으나, 환율변동 이후에 결제가 이루어지는 외화표시 자산 또는 부채의 가치변동을 측정하는 것이다. 이와 같은 거래노출은 외화표시 매출채권 또는 매입채무, 외화표시 자금의 차입 또는 대출 등을 발생시키는 거래에 의해서 나타난다. 기업은 외화표시 채무(매입채무 또는 차입금)를 보유하는 경우 환율상승 시 손실을 보는 반면,

외화표시 채권(매출채권 또는 대출금)을 보유하는 경우 환율하락 시 손실을 보게 된다.

환산노출의 측정

환산노출은 다국적 연결재무제표 작성 시 외국 자회사의 외화표시 재무제표를 보고통화(reporting currency), 즉 모기업 국가통화로 환산해야 하기 때문에 발생되는 소유주 지분의 회계적 변동가능성으로서, 환율변동으로 인해 가치의 변동이 초래되는 외화표시 자산과 부채의 차이로 측정된다. 이와 같은 의미에서 환산노출을 회계적 노출(accounting exposure)이라 하기도 한다.

경제적 노출의 측정

경제적 노출은 예상하지 못한 환율변동으로 인하여 기업의 미래 영업현금흐름이 변동하게 되며, 그 결과 발생하는 기업 현재가치에서의 변동을 측정하는 것이다. 이와 같은 경제적 노출을 운영적 노출(operating exposure), 경쟁적 노출(competitive exposure), 또는 전략적 노출(strategic exposure)이라고도 한다. 환율변동이 미래 매출량, 판매가격, 또는 원가에 미치는 영향에 의해 기업가치의 변동 정도가 결정된다고 할 수 있다.

4 환위험의 관리

환노출에 의해 기업의 재무성과가 불확실하게 되기 때문에 기업은 여러 가지 다양한 환위험관리기법을 동원하여 환율변동에 따른 불확실성을 줄이려고 노력하게 된다. 그러나 환위험을 감소 또는 제거시키는 데는 비용이 수반될 수 있으며, 환위험관리의 궁극적인 목표는 환위험 최소화가 아니라 기업가치 극대화임을 유의해야 한다.

거래노출, 환산노출, 경제적 노출 등 환노출을 측정한 후, 그 환위험을 관리하기 위한 다양한 전략이 사용될 수 있다. 거래노출은 기업이 다양한 변화를 줄 수 있는 여지가 있으므로 전략적인 환위험관리가 가능한 반면, 환산노출 또는 경제적 노출은 적극적으로 대응하기에는 여러 가지 한계가 있다.

4.1 거래노출의 관리

대내적 환노출관리방법

대내적 환노출관리방법으로는 네팅(netting), 매칭(matching), 리딩(leading)과 래깅(lagging) 등이 사용된다. 네팅은 다국적기업의 본사 및 현지자회사들간에 발생하는 채권과 채무의 차액만을 일정한 기간마다 결제하는 방법으로서, 각 채권·채무의 이행비용을 절감하고, 자금결제의 효율성을 제고할 수 있다. 매칭은 다국적기업의 사내거래뿐만 아니라 제3자와의 거래에도 이용할 수 있는 것으로서, 통화별로 현금흐름의 규모 및 시기를 의도적으로 일치시키는 방법이다. 리딩과 래깅은 각종 대금지급시기를 인위적으로 앞당기거나 지연시키는 방법이다. 예를 들어 자국통화의 평가절하가 예상되는 경우 외화채권의 수취는 늦추고, 외화부채의 지급은 가급적 빨리 하는 반면, 자국통화의 평가절상이 예상되는 경우 외화채권의 수취는 빨리 하고, 외화부채의 지급은 가급적 늦게 한다. 이 방법은 주로 본사와 현지자회사간에 많이 이용되며, 제3자와의 거래에서는 당사자간의 이해대립으로 인해 이용되기 어렵다.

대외적 환노출관리방법

대외적으로 환노출을 관리하는 대표적인 방법으로는 선물환 또는 통화선물시장을 이용하는 방법, 금융시장을 이용하는 방법 등이 있다.

선물환시장을 이용한 헤징은 선물환매매계약에 의해 미래 일정시점의 불확실한 미래 현물환율을 현재시점의 선물환율로 고정시킴으로써 환율변동에 따른 위험을 없애는 방법이다. 즉 외화표시 채권을 보유하고 있는 경우 현재

시점에서 선물환을 매도하는 반면, 외화표시 채무를 보유하고 있는 경우 현재시점에서 선물환을 매입하는 전략이다.[15]

금융시장을 이용한 헤징은 외화자산이 있는 경우에는 외화부채를 조달하여 환위험을 없애고, 외화부채가 있는 경우에는 외화자산을 취득하여 환위험을 제거하는 방법이다. 예를 들어 외화표시 채무(채권)를 보유하고 있는 경우 국내금융시장에서 원화로 자금을 차입(대출 또는 예금)하고, 동시에 국제금융시장에서 외화로 대출 또는 예금(차입)함으로써 환위험을 제거하는 방법이다. 이 방법은 금융계약에 의해 환위험을 없앤다는 점에서 원칙적으로 선물환시장을 이용하는 방법과 차이가 없으나, 이용시장이 국내·외 금융시장이라는 점에서 서로 다르다. 이 방법은 선물환시장을 이용하는 방법보다 장기계약체결이 가능하며, 선물환시장이 발달하지 못한 지역과의 거래에 대해 사용될 수 있다. 그러나 금융시장을 이용한 헤징은 상대적으로 비용이 많이 든다. 금융시장이 효율적이고 일체의 거래비용이 존재하지 않는 경우에는 이자율평가이론이 성립하기 때문에 선물환시장을 이용한 헤징과 금융시장을 이용한 헤징은 동일한 효과를 가져다 줄 수 있다.

이상에서 설명한 방법 외에 통화옵션시장 또는 통화스왑시장 등을 이용할 수도 있다.

4.2 환산노출의 관리

환산노출을 관리하는 대표적인 기법은 재무상태표 헤지(statement of financial position hedge)로서, 이는 다국적기업의 연결재무상태표상의 항목 중 환위험에 노출된 특정 외화표시 자산항목들의 합계가 동일 통화표시 부채항목들의

---

15 통화선물은 선물환과는 달리 미래의 외화자금 결제일이 불확정적인 거래에 이용될 수 있고, 환율변동의 추이에 따라 결제일 이전이라도 유리한 시점에서 쉽게 반대매매를 할 수 있으며, 거래비용이 저렴하다는 장점이 있다. 그러나 통화선물시장에서 제시된 몇 개의 통화에 대해서만 거래가 가능하며, 거래형태도 표준화되어 있기 때문에 개별적인 요구를 충족시키기 어렵다는 단점이 있다.

합계와 일치하도록 하는 방법이다. 이와 같은 경우 순환산노출액은 0이 되며, 특정 외국통화의 가치가 변하더라도 환차손 또는 환차익이 발생하지 않게 된다. 재무상태표 헤지를 하려면 재무상태표상의 항목들의 표시통화를 변경시켜야 하는데, 이는 자금차입비용 또는 영업활동의 효율성 측면에서 부담이 될 수 있다.

4.3 경제적 노출의 관리

경제적 환노출을 관리하는 가장 효율적인 방법은 영업활동 및 자본조달 원천을 다변화하여 분산효과를 도모하는 것이다. 즉 수출시장, 수입선, 생산거점, 차입통화 등을 다변화할 경우 환율이 변동하더라도 손실과 이익이 서로 상쇄되어 안정적인 기업가치를 유지할 수 있다.

예제 5-5 | 환위험관리 : 선물환시장 또는 금융시장을 이용한 헤징

한국의 D전자는 5월 1일 현재 미국에 TV를 수출하고, 6개월 후인 10월 30일에 1,000만달러를 받기로 하였다. 5월 1일 현재 환율 및 이자율에 관한 자료는 다음과 같다.

- 현물환율＝₩1,150/$
- 6개월물 선물환율＝₩1,200/$
- 한국의 이자율＝8%
- 미국의 이자율＝6%

D전자의 재무관리자는 환율변동에 따른 위험을 제거하기 위하여 다음과 같은 두 가지 방안을 고려하고 있다.

- 제1안 : 6개월물 선물환을 매도함.
- 제2안 : 미국 내 은행에서 차입하여 조달한 자금을 국내통화로 환전하여 국내은행에 예금함.

(1) 두 가지 방안 중 어느 것이 더 유리한가?

(2) 두 방안이 무차별하려면, 6개월 만기 선물환율은 얼마가 되어야 하는가?

해설

(1) 두 안에 의해 6개월 후 받을 수 있는 TV 판매대금을 계산하면 다음과 같다.

① 제1안 : 6개월물 미달러화 선물환 1,000만달러 매도
6개월 후 총수입액 = 1,000만달러 × ₩1,200/$ = 1,200,000만원

② 제2안 :

• (미국 내 은행에서의 차입금액) × $\left(1+\frac{0.06}{2}\right)$ = 1,000만달러

→ 미국 내 은행에서의 차입금액 = 970.8738만달러

• 국내 은행에서의 예금액 = 970.8738만달러 × ₩1,150/$ = 1,116,504.87만원

∴ 6개월 후 총수입액(국내은행 예금액의 원리합계)

= 1,116,504.87만원 × $\left(1+\frac{0.08}{2}\right)$ = 1,161,165.07만원

따라서 6개월 후 총수입액이 더 많은 제1안을 선택하는 것이 유리하다.

☞ 두 안의 성과가 서로 다를 경우 차익거래(과대평가된 미달러선물을 매도하고 과소평가된 현물을 매입함)를 할 수 있으며, 그 차익거래과정은 다음과 같다.

차익거래	현금흐름(만원)	
	현재(0시점)	만기일(6개월 후)
미달러선물 매도	0	$1{,}000 \times 1{,}200 - S_T$
현물(미달러화) 매입*	$-1{,}150 \times (1{,}000/1.03)$	S_T
현금차입	$1{,}150 \times (1{,}000/1.03)$	$-1{,}150 \times (1{,}000/1.03) \times 1.04$
차익거래이익	0	38,834.95

* 현물인 미달러화는 매입 후 미국 내 은행에 예금함.

(2) 두 안이 차이가 나는 것은 선물환율이 국내와 미국간의 이자율 차이를 완전히 반영하지 못하기 때문이다. 따라서 이자율평가이론에 의해 6개월물의 선물환율을 구하면 다음과 같다.

$$\frac{F_{0,\,6개월} - 1{,}150}{1{,}150} = \frac{1+0.04}{1+0.03} - 1 = 0.009709$$

$$\therefore\ F_{0,\,6개월} = ₩1{,}161.17/\$$$

주요 용어

key words

연습문제

■ 완성/선택형 문제

01 (   )은 한 국가의 통화와 다른 국가의 통화가 서로 교환되는 시장, 즉 외환의 수요와 공급을 연결하는 기능적 의미에서의 시장 또는 거래메커니즘을 말한다.

02 (   )는 외환매매계약 체결일로부터 일정기간(통상 2영업일) 경과 후 특정일에 외환을 결제하기로 약정한 거래를 말하며, 이와 같은 거래에 적용되는 환율을 (   )이라 한다.

03 (   )은 선물환율의 할증(또는 할인)이 두 국가간의 상대적 이자율 차이에 의해 결정된다는 것이다.

04 (   )은 환율변동 이전에 거래가 발생되었으나, 환율변동 이후에 결제가 이루어지는 외화표시 자산 또는 부채의 가치변동을 측정하는 것이다.

05 대미달러화 현물환율이 ₩1,100/$이고 3개월 선물환율이 ₩1,080/$인 경우, 미달러화의 선물환은 현물환에 비해 얼마나 할증 또는 할인 거래되고 있는가?

① 7.27% 할증　② 7.27% 할인　③ 7.41% 할증
④ 7.41% 할인　⑤ 7.52% 할증

06 현재 한국 외환시장에서의 대미달러화 환율은 ₩1,010/$이며, 일본 외환시장에서의 대미달러화 환율은 ¥90/$이다. 외환시장은 효율적이고 거래비용이 존

재하지 않는다고 할 경우 ￥100에 대한 원화환율, 즉 재정환율(arbitrage rate)에 가장 가까운 것은?

① ₩1,122.22 ② ₩1,133.33 ③ ₩1,144.44
④ ₩1,155.55 ⑤ ₩1,166.66

07 외환시장과 환율에 관한 다음의 설명 중 적절하지 않은 것은?

① 외환시장은 거래당사자에 따라 외국환은행과 고객(기업, 개인, 정부 등) 사이에 외환거래가 이루어지는 대고객시장과 외국환은행간에 거래가 이루어지는 은행간시장으로 구분된다.
② 직접표시환율(또는 자국통화표시환율)을 사용하는 우리나라의 경우 환율이 상승하였다는 것은 달러가치가 원화에 비해 하락한 반면, 원화가치는 달러에 비해 상승하였음을 뜻한다.
③ 일반적으로 외국통화 1단위에 대한 미달러화의 교환비율을 나타내는 방법, 즉 £1=$1.50 또는 $1.50/£를 미국식(American terms)이라 하며, 미국 달러 1단위에 대한 외국통화의 교환비율인 $1=£0.67 또는 £0.67/$를 유럽식(European terms)이라고 한다.
④ 현물환거래는 외환거래계약 후 통상 2영업일 이내에 현금결제가 이루어지는 거래를 말하며, 이때 적용되는 환율을 현물환율이라 한다.
⑤ 스왑거래는 미래의 일정시점에서 재매입(재매도)한다는 계약을 체결하면서 외환을 매도(매입)하는 거래를 말하며, 이때 재매입가격(선물환율)과 매도가격(현물환율)의 차이를 스왑률(swap rate)이라 한다.

08 현재 한국의 이자율은 연 8%, 미국의 이자율은 연 5%, 그리고 일본의 이자율은 연 2%로 알려져 있다. 이자율평가이론(interest rate parity theorem)이 성립한다고 가정할 때 1년 만기 원-달러(₩/$) 선물환율과 엔-달러(￥/$) 선물환율에 관한 내용으로 올바르게 묶인 것은?

① 원-달러 선물환 할증, 엔-달러 선물환 할증
② 원-달러 선물환 할증, 엔-달러 선물환 할인
③ 원-달러 선물환 할인, 엔-달러 선물환 할증

④ 원-달러 선물환 할인, 엔-달러 선물환 할인
⑤ 선물환의 할인과 할증이 존재하지 않는다.

09 선물환과 통화선물에 대한 다음의 설명 중 적절하지 않은 것은?

① 장내파생상품인 통화선물과 달리 선물환은 장외파생상품이다.
② 통화선물과 선물환은 미래의 일정시점에서 외환을 인도 또는 인수하겠다는 계약이라는 점에서 유사하다.
③ 통화선물과 선물환은 대부분 만기일 이전 반대매매에 의해 청산된다.
④ 선물환의 경우 계약이행이 전적으로 상대방의 신용도에 의존한다.
⑤ 통화선물의 경우 계약이행은 결제소가 보증한다.

10 환율결정이론에 관한 다음 설명 중 가장 타당하지 않은 것은?
(CPA 1차 2000)

① 피셔효과가 성립하면, 양국간 명목이자율의 차이는 기대인플레이션율의 차이와 같게 된다.
② 구매력평가이론(PPP)에 따르면, 양국 통화간 현물환율의 기대변동률은 양국간 기대인플레이션율의 차이와 같게 된다.
③ 양국 통화간 현물환율의 기대변동률이 양국간 명목이자율의 차이와 같게 되는 현상을 국제피셔효과라고 한다.
④ 이자율평가이론(IRP)에 따르면, 양국간 실질이자율의 차이는 선물환율의 할증률(혹은 할인율)과 같게 된다.
⑤ 이자율평가이론과 국제피셔효과가 성립하면, 선물환율은 미래 현물환율의 불편추정치가 된다.

11 한국의 90일 만기 국채의 만기수익률은 연 5%이며 180일 만기 국채의 만기수익률은 연 6%이다. 미국의 90일 만기 국채의 만기수익률은 연 5%이며 180일 만기 국채의 만기수익률은 연 5.5%이다. 이자율평가설(interest rate parity theory)이 성립한다고 가정하면 다음 중 가장 옳은 것은? (CPA 1차 2007)

① 현물환율과 90일 선물환율이 동일하다.
② 현물환율과 180일 선물환율이 동일하다.
③ 90일 선물환율과 180일 선물환율이 동일하다.
④ 주어진 정보로는 현물환율과 선물환율의 크기를 비교할 수 없다.
⑤ 한국 국채의 수익률곡선은 우하향 모양을 띠게 된다.

12 (주)대한은 3,300만원의 투자자금을 보유하고 있다. 현재 현물환율은 KRW 1,100/US$1이다. 미국의 금리는 연 10%이고 국내의 금리는 연 5%이다. 외환시장에서 선물환율(forward exchange rate)이 이자율평가이론(interest rate parity theorem)에 의하여 결정된다고 하자. 현시점에서 1년 만기 선물환계약과 함께 미국의 단기금융시장에 총 3,300만원을 투자할 경우 1년 만기 선물환율과 투자회수총액의 조합으로 가장 적절한 것은? (CPA 1차 2011 수정)

	1년 만기 선물환율(KRW/US$1)	투자회수총액(만원)
①	1,025	3,275
②	1,050	3,465
③	1,075	3,585
④	1,100	3,660
⑤	1,125	3,685

13 미국달러와 원화 환율에 대한 90일 만기 선물환율이 현재 국내외환시장과 뉴욕외환시장에서 각각 1,250원/$과 0.00077$/원에 형성되었다고 하자. 두 시장에서 동시에 거래할 수 있는 국내은행의 외환딜러라면 어떤 차익거래(arbitrage transaction)를 해야 하는가? (CPA 1차 2001 수정)

① 한국시장에서 달러매도, 뉴욕시장에서 원화매도 선물환 체결
② 한국시장에서 달러매입, 뉴욕시장에서 원화매도 선물환 체결
③ 한국시장에서 달러매도, 뉴욕시장에서 원화매입 선물환 체결
④ 한국시장에서 달러매입, 뉴욕시장에서 원화매입 선물환 체결
⑤ 차익거래의 기회가 없다.

14 현재 미국의 $1에 대해서 현물환율은 1,000원이고 1년 만기 선물환율은 1,020원이다. 무위험이자율은 한국에서 연 5%이고 미국에서는 연 2%이다. 무위험이자율로 차입과 대출이 가능하고 거래비용이 없을 때, 차익거래의 방법으로 가장 적절한 것은? (CPA 1차 2017)

① 선물 매수, 달러 차입, 원화로 환전, 원화 대출
② 선물 매수, 원화 차입, 달러로 환전, 달러 대출
③ 선물 매도, 달러 차입, 원화로 환전, 원화 대출
④ 선물 매도, 원화 차입, 달러로 환전, 달러 대출
⑤ 선물 매도, 원화 차입, 달러로 환전, 원화 대출

15 현재 외환시장과 단기금융시장에서 대미달러 환율, 한국과 미국의 단기이자율에 대한 정보가 다음과 같이 알려져 있다. 시장이 완전하다고 할 때 다음 설명 중 올바른 것은?

- 현물환율 : $1 = ₩1,110
- 6개월 선물환율 : $1 = ₩1,100
- 한국의 이자율 : 연 4%
- 미국의 이자율 : 연 2%

① 6개월 선물환율은 할증상태에 있다.
② 실제 선물환율이 이론 선물환율보다 고평가되어 있다.
③ 이론 선물환율은 $1 = ₩1,122.05이다.
④ 6개월 선물환율은 할인되어야 한다.
⑤ 미국은행에서 달러를 차입한 후 이를 원화로 바꾸어 국내은행에 예금하고 선물환을 매입하는 차익거래를 할 수 있다.

16 (주)한국건설은 미국 L사로부터 첨단 기중기를 구입하고 1년 후 잔금 100만달러를 지급하기로 하였다. 현재 원-달러 현물환율은 ₩1,100/$이고, 한국의 이자율은 연 4%, 미국의 이자율은 연 2%로 알려져 있다. (주)한국건설은 단기자금시장을 이용하여 환위험을 헤지하고자 한다. 이때 (주)한국건설이 1년 후 지불해야 하는 원화금액에 가장 가까운 것은? (단, 시장은 완전하다고 가정한다.)

① 11억 2,157만원 ② 13억 2,230만원 ③ 16억 4,223만원
④ 19억 4,624만원 ⑤ 22억 3,533만원

■ 서술/계산형 문제

01 외환거래의 종류를 열거하고, 이들을 각각 설명하라.

02 환율결정이론에 대해서 설명하라.

03 환위험관리방법에 대해서 설명하라.

04 재정환율과 삼각차익거래

현물환 시장에서 환율이 다음과 같이 형성되어 있다.

- 서울 : $1 = ₩1,260.00
- 동경 : $1 = ¥120.00

외환시장은 효율적이며, 거래비용이 존재하지 않는다고 가정한다.

(1) 일본엔화에 대한 원화환율, 즉 재정환율(arbitrage rate)을 구하라.

(2) 현재 서울에서 일본엔화에 대한 원화환율이 ₩10.0/¥으로 형성되어 있다. 차익거래가 가능한가? 가능하다면 당신이 지금 ₩10,000,000을 가지고 있다고 가정하고 얼마만큼의 이익을 얻을 수 있는지 계산해 보라.

05 이자율평가이론과 매수차익거래

현재 환율 및 이자율에 관한 자료는 다음과 같다.

- 현물환율 = ₩1,000/$
- 6개월물 선물환율 = ₩1,010/$
- 국내 이자율 = 연 4%
- 미국 내 이자율 = 연 6%

(1) 당신이 현재 차입할 수 있는 금액은 10만달러(또는 10,000만원)이고 차익

거래에 따른 거래비용은 없다고 가정하는 경우 차익거래이익과 그 과정을 제시하라.

(2) 현물환율과 국내 및 미국 내 이자율이 적정하다고 가정한다면, 6개월물 선물환율은 어떻게 되겠는가?

(3) 물음 (2)에서 구한 6개월물 선물환율이 ₩1,010/$과 다른 경우에도 거래비용이 존재한다면 차익거래가 발생하지 않을 수 있다. 시장의 불완전성으로 인하여 발생될 수 있는 거래비용을 구체적으로 설명하라. (문제에서 제시된 자료를 이용하여 현실적으로 발생가능한 거래비용의 종류를 제시할 것.)

06 이자율평가이론과 매도차익거래 (CPA 2차 2006)

한국의 무위험이자율이 8%이고 미국의 무위험이자율이 4%이며, 1US달러당 원화의 현물환율이 950원이라고 하자. 1년 만기 선도환율이 950원이라면 어떤 차익거래가 있는지를 아래의 a, b, c 순서대로 답하라. (단, 미국에서는 10,000달러만, 한국에서는 950만원만을 무위험이자율로 차입할 수 있으며, 세금이나 거래비용이 없으며 거래 관련 신용위험도 없다고 가정한다. 차익은 만기 시점에서만 발생하도록 포지션을 구성해야 한다. 이론선도환율(₩/$)은 소수점 셋째 자리에서 반올림하라.)

a. 이자율평가설(interest-rate parity)을 이용하여 미국달러화에 대한 1년 만기 이론선도환율 도출
b. 구성해야 할 포지션
c. 만기에서의 원화기준 차익

07 선물환시장 또는 금융시장을 이용한 헤징 (CPA 2차 2008 수정)

한국의 (주)산일은 20×1년 6월 1일 현재 미국의 (주)포토맥으로부터 목재를 수입하고, 1년 후에 3,000만달러의 수입대금을 지급하기로 하였다. 20×1년 6월 1일 현재 현물환율(spot exchange rate), 선물환율(forward exchange rate), 한국과 미국의 단기금융시장에서의 이자율은 다음과 같다. 예대금리차는 없는 것으로 가정한다. 단기금융시장에서의 차입 및 투자에 세금, 거래비용, 신용위험은 없다고 가정한다.

- 현물환율 : ₩1,000/US$
- 1년물 선물환율 : ₩1,100/US$
- 한국 단기금융시장의 연 이자율 : 6%
- 미국 단기금융시장의 연 이자율 : 4%

(주)산일은 미래 환율변동에 따른 위험을 헤지하기 위하여 1년 만기 달러선물환을 이용하거나 한국과 미국의 단기금융시장을 이용하는 두 가지 헤징방법을 고려하고 있다. (모든 계산은 반올림하여 소수점 넷째 자리까지 표시한다.)

(1) 두 가지 헤징방법 각각에 대해 1년 후인 20×2년 6월 1일의 원화표시 수입대금 지급액을 계산하고 두 가지 헤징방법 중 최적헤징방법을 선택하라.

(2) 한국과 미국의 금융시장이 균형하에 있다고 가정한다. 위의 두 가지 헤징방법이 무차별한 1년 만기 균형 선물환율을 계산하라.

08 금융시장 또는 통화선물시장을 이용한 환위험관리

한국의 SH상사는 현재 미국으로부터 오렌지를 수입하고, 3개월 후에 1,000만 달러를 지급하기로 하였다. 현재 환율 및 이자율에 관한 자료는 다음과 같다.

- 대미달러화 현물환율 = ₩1,200/$
- 한국의 이자율 = 연 8.04%
- 미국의 이자율 = 연 4.00%

한국거래소(KRX)에서 거래되고 있는 미국달러선물의 거래단위는 모두 $10,000이다. 이상의 자료를 이용하여 다음의 물음에 답하라.

(1) 3개월 만기 미국달러선물 1계약의 가격은?

(2) SH상사의 재무관리자는 통화선물시장 또는 단기금융시장을 이용하여 환율변동에 따른 위험을 제거하려고 한다. 이 회사의 재무관리자가 현재 취할 수 있는 두 가지 전략을 구체적으로 설명하고, 그 결과를 비교하라.

09 고급 거래비용과 차익거래 (CPA 2차 2002 수정)

지금까지 국내 수요에만 의존하던 S전자는 올해 처음으로 미국에 전자제품을 수출하고 수출대금 $10,000,000를 3개월 후에 받기로 하였다. 환율 하락으로 인하여 3개월 후에 받을 수출대금의 원화가치가 감소할 위험을 방지하기 위해서 S전자는 헤징을 하기로 결정하였다. 현재 환율 및 이자율에 관한 자료는 다음과 같다.

- 달러화 현물(spot) 매입환율 : ₩1,245/$
- 달러화 현물(spot) 매도환율 : ₩1,235/$
- 달러화 3개월 선물환(forward) 매입환율 : ₩1,242/$
- 달러화 3개월 선물환(forward) 매도환율 : ₩1,230/$
- 원화 예금이자율 : 연 5.6%
- 원화 차입이자율 : 연 6.4%
- 달러화 예금이자율 : 연 7.6%
- 달러화 차입이자율 : 연 8.4%

※ 매입 또는 매도환율은 S전자가 달러화를 매입 또는 매도할 때 적용되는 환율을 의미함.

예를 들어 이자율이 연 5.6%라고 하면, 현재시점에서 100의 3개월 후 미래가치가 「100 × (1 + 0.056 ÷ 4) = 101.4」와 같은 방식으로 계산된다고 할 때 다음의 물음에 답하라.

(1) 달러 선물환 매도를 통한 헤징과, 단기금융시장(money market)을 이용한 헤징 중 어떤 것이 S전자에 더 유리한지 3개월 후에 확보되는 원화 금액을 비교하라. 단기금융시장을 이용한다는 것은 단기간에 걸쳐 달러화 또는 원화로 차입하거나 예금할 수 있음을 의미한다.

(2) 위의 물음 (1)에서 어느 한 쪽이 유리하다면 차익거래(arbitrage)의 가능성을 생각해 볼 수도 있을 것이다. 앞에서의 헤징과 별도로, S전자가 외환시장과 단기금융시장의 불균형을 이용한 차익거래이익을 만들어 낼 수 있는지 여부를 구체적으로 계산을 통해서 제시하라.

10 고급 세금과 환위험관리

(주)글로벌은 미국기업에 상품을 수출하고 6개월 후 400만달러를 받기로 하였다. (주)글로벌은 환율 하락으로 인하여 6개월 후에 받을 수출대금의 원화가치가 감소할 위험을 방지하려고 한다. 이를 위해 (주)글로벌은 미국 내 은행과 교섭하여 6개월 후 받을 수출대금과 동일한 금액의 달러화를 8%의 이자율로 차입하고, 이를 현물환율에 의해 원화로 환전하여 6%의 이자율로 한국에 투자한다. 한편 (주)글로벌은 6개월 후 수출대금 400만달러를 미국 내 은행에서의 차입금을 상환하는 데 사용한다. 양국의 유효세율은 20%로 동일할 경우 다음의 물음에 답하라.

(1) 현물환율이 ₩980/$이라면, 6개월 후 (주)글로벌이 받을 수 있는 원화표시금액은 얼마인가?

(2) (주)글로벌이 선물환시장을 이용하여 물음 (1)과 동일한 결과를 얻을 수 있다면 선물환율은 얼마인가? 또한 이 회사는 헤지를 위해 선물환의 매입포지션 또는 매도포지션 중 어느 포지션을 취해야 하는가?

(3) 선물환시장에서 (주)글로벌과 반대의 포지션을 취하는 투기자는 그 대가로 위험프리미엄을 요구한다. 이 경우 선물환율은 6개월 후 현물환율에 대한 예상치(기대현물환율)와 비교하여 어떻게(높게 또는 낮게) 형성되는가?

11 해외채권투자와 환위험 (CPA 2차 1996 수정)

국민펀드는 10억원의 기금을 조성하여 미국, 일본, 한국의 국채에 투자하려고 한다. 각국의 이자율은 한국이 8%, 일본이 6%, 미국이 5%이며, 환율에 대한 자료는 다음과 같다.

환율 \ 통화	일 본	미 국
현물환율	₩10.5/¥	₩1,180/$
1년 후 기대환율	₩10.8/¥	₩1,220/$

(1) 미래의 기대수익률을 기준으로 투자할 경우 국민펀드는 10억원을 어느 국가에 투자해야 하는가? 그리고 이와 같은 투자결정의 문제점은?

(2) 국민펀드가 환위험에 대해 헤지를 하는 경우, 각국에서의 투자 시 기대되는 투자수익률은?

(3) 1년 후 일본, 미국의 이자율은 변동이 없으나 한국만 명목이자율의 변동 없이 2%p의 실질이자율이 하락할 것으로 예상된다면, 각국의 통화에 대한 1년 후 기대현물환율은 얼마인가?

제6장 스왑거래

1. 스왑거래의 의의
2. 선도금리계약
3. 금리스왑
4. 통화스왑

스왑(swap)은 미래 현금흐름을 교환하기로 약정을 맺는 것으로서 선물과 매우 유사하며, 다양한 형태로 이루어지고 있다. 스왑거래의 가장 대표적인 두 형태는 금리스왑(interest rate swap)과 통화스왑(currency swap)이라 할 수 있다. 스왑거래는 상대적 비교우위에 따른 이점을 활용하여 차입비용을 절감하거나, 금리 및 환위험을 헤지하기 위한 목적으로 사용된다. 또한 스왑거래는 선물과 옵션만으로 충족시키지 못하는 부분에 대한 보완적 상품이라 할 수 있다.

본장에서는 선도금리계약(forward rate agreement : FRA), 금리스왑, 통화스왑 등에 대해서 설명하고자 한다.

1 스왑거래의 의의

스왑(swap)은 미래 현금흐름을 교환하기로 두 당사자간 약정을 맺는 것으로서 선도계약 또는 선물계약과 유사하다. 스왑거래는 다양한 형태로 이루어지고 있으나, 가장 대표적인 두 형태는 금리스왑(interest rate swap)과 통화스왑(currency swap)이라 할 수 있다. 금리스왑은 두 채무자가 각각의 채무에 대한 이자지급의무를 일정기간 동안 상호교환하기로 약정하는 거래이며, 통화스왑은 서로 다른 통화로 자금을 조달한 두 채무자가 채무에 대한 원리금상환의무를 상호교환하기로 약정한 거래이다.

스왑거래는 상대적 비교우위에 따른 이점을 활용하여 차입비용을 절감하거나, 금리 및 환위험을 헤지하기 위한 목적으로 사용된다. 또한 스왑거래는 선물과 옵션만으로 충족시키지 못하는 부분에 대한 보완적 상품이라 할 수 있다.

2 선도금리계약

선도금리계약(FRA)은 일종의 선도계약으로서 미래 특정일에 명목원금에 대한 고정금리와 변동금리를 교환하는 계약을 말한다. FRA를 매입(매도)하면 미래 특정 시점에서 고정금리를 지급(수취)하는 동시에 변동금리를 수취(지급)하게 된다. 이러한 FRA는 금리스왑의 가장 단순한 형태에 속한다고 할 수 있다. FRA거래 시 일반적으로 런던은행간대출금리(London inter-bank offered rate : LIBOR)가 변동금리의 기준금리로 사용된다. 고정금리는 FRA의 매매시점에서 거래당사자끼리 정하며, FRA의 만기일에 보통 LIBOR와 고정금리를 비교하여 현금으로 결제하는 현금결제방식을 따른다. 그리고 FRA거래에서는 표시원금(notional principal)의 교환이 일어나지 않는다. 이러한 점에서 FRA거래는 스왑의 가장 단순한 형태라고 할 수 있다.

예를 들어 기업 A가 1월 현재로부터 1개월 후인 2월에 은행 B로부터 1백만달러를 3개월(90일)간 변동금리 LIBOR + 1%로 차입할 예정이라고 하자. 이럴 경우 기업 A가 지급하게 될 이자비용은 자금을 차입하는 시점인 2월의 LIBOR 크기에 영향을 받게 된다. 따라서 기업 A가 LIBOR의 변동성으로 인한 위험을 부담할 수밖에 없다. 이러한 위험을 헤지하는 방안으로서 금리선물과 FRA를 이용하는 방법을 들 수 있다.

금리선물을 이용할 경우 금리선물을 매도하면 이자율이 상승할 때 선물가격 하락으로 인한 이익을 취할 수 있으며, 이러한 이익은 이자율 상승으로 인한 기업 A의 이자비용의 증가분을 상쇄할 수 있다.

FRA를 이용하여 이자율 상승으로 인한 위험을 제거하고자 할 경우 현재로부터 1개월 만기 FRA(3개월 동안의 이자 대상)를 매입하여야 한다. FRA를 매입하면 만기일인 2월에 약속한 고정금리를 지급하는 동시에 변동금리인 LIBOR를 수취하게 된다.[1] 이와 같은 경우 기업 A는 FRA 매입의 결과 변동금리인 LIBOR로 이자를 수취하는 동시에 은행 B로부터 차입한 원금에 대하여 LIBOR + 1%로 이자를 지급하게 된다. 따라서 기업 A는 2월에 LIBOR가 어떻게 변동되는지와 무관하게 이자비용을 고정금리로 확정짓게 된다. 결국 기업 A의 입장에서 변동금리인 LIBOR의 불확실성으로 인한 위험을 제거하는 효과를 얻게 된다.

3 금리스왑

3.1 금리스왑의 기초

금리스왑은 두 당사자 사이에 일정기간 동안 서로 금리를 교환하는 거

1 2월에 변동금리가 고정금리보다 높을(낮을) 경우 FRA 매입으로 인한 이익(손실)이 기대된다.

래이다. 금리스왑의 가장 기본적인 형태는 고정금리와 변동금리를 상호교환하는 것이다. 이러한 스왑을 표준형 금리스왑(plain vanilla swap)이라고 한다. 금리스왑의 경우에도 FRA와 같이 표시원금의 교환 없이 이자만을 교환한다.

금리스왑은 이자율 변동에 따른 위험을 헤지하기 위한 목적으로 도입되었다. 예를 들어 기업이 변동금리로 조달된 자금을 고정금리로 운용하는 경우 금리상승 시 손실이 기대된다. 이러한 경우 기업이 고정금리를 지급하는 금리스왑, 즉 고정금리를 지급하고 변동금리를 수취하는 금리스왑을 체결함으로써 금리상승으로 인한 위험을 헤지할 수 있다. 고정금리를 지급하는 금리스왑 체결 시 기업은 고정금리 지급자(fixed rate payer)가 된다. 이와 달리 기업이 고정금리 수취자(fixed rate receiver)가 되어야 하는 상황도 있다. 기업이 고정금리로 조달된 자금을 변동금리로 운용하는 경우 금리하락으로 인한 손실이 초래된다. 이때 고정금리를 수취하는 금리스왑, 즉 변동금리를 지급하고 고정금리를 수취하는 금리스왑을 체결함으로써 금리하락에 따른 위험을 헤지할 수 있다.

알아두기

금리스왑 가격의 고시방법

은행간 스왑거래의 경우 실제 금리스왑을 할 때 로이터나 블룸버그 단말기를 통해 스왑 브로커회사들이 고시하는 가격을 참고하여 거래가 이뤄진다. 금리스왑의 가격은 각 만기별 원화금리스왑(KRW/KRW), 원달러통화스왑(KRW/USD) 등의 유형으로 고시된다. 예를 들어 이자교환이 발생하는 만기 1년인 원화금리스왑의 고시가격이 4.55%−4.53%라고 하자. 이러한 가격표시는 '스왑딜러가 받고자 하는 고정금리'(offer rate or ask rate)가 4.55%이고 '스왑딜러가 지급하고자 하는 고정금리'(bid rare)가 4.53%임을 의미한다. 스왑 브로커회사들이 고시하는 금리스왑의 가격은 회사별로 차이가 있으나, 스왑달러들이 그 가격정보를 분석하여 매수 또는 매도 주문을 한다. 은행간 시장에서는 금리스왑거래가 실시간 가격으로 체결되지만, 은행에 비해 상대적으로 신용도가 약한 일반기업과 은행간 거래에서는 은행간 거래가격에 신용스프레드와 은행의 마진을 고려한 스왑금리가 적용된다.

알면 신나는 파생상품이야기(한국산업은행, 2009)

한편 금리스왑의 계약 시 변동금리와 교환되는 고정금리를 스왑금리(swap rate)라고 한다. 여기서 변동금리는 주로 LIBOR가 사용되나 LIBOR 외에 기업어음의 이자율, T-bill(Treasury bill) 수익률 등이 사용되기도 한다.

3.2 금리스왑의 과정

금리스왑은 금융시장에서 차입자의 기존 부채 또는 신규 부채에 대한 금리변동위험의 헤지 또는 차입비용의 절감을 위해서 두 차입자가 각자의 차입조건을 상호간에 교환하는 경우에 사용가능한 계약이다.[2]

일반적으로 변동금리부 금융자산보다 고정금리부 금융자산의 경우 투자자들은 차입자의 신용도에 대하여 훨씬 민감해진다.[3] 따라서 고정금리부 금융자산인 유로채권(Eurobond)의 경우 차입자의 신용도에 따라 금리는 2~3%포인트의 차이를 보이는 반면, 변동금리 자금시장에서는 차입자의 신용도에 따른 이자율간의 스프레드(spread)가 상대적으로 작게 나타나는 경향이 있다. 이와 같은 경우 금리스왑의 당사자들은 각각 상대방보다 자금의 차입비용면에서 비교우위에 있는 시장에서 자금을 차입한 후, 각자의 이자지급 의무를 서로 교환하기로 하는 금리스왑계약을 체결함으로써 차익거래이익을 얻을 수 있게 된다.

예를 들어 신용도 및 차입조건이 〈표 6-1〉과 같은 두 회사를 생각해 보자. A회사는 신용도가 높기 때문에 고정금리 및 변동금리 모두 B회사에 비해 저렴하다. 그러나 A회사는 고정금리에서 상대적으로 비교우위를 보이고 있는 반면, B회사는 변동금리에서 상대적으로 비교우위를 보이고 있다. 이와 같은 상황하에서 A회사는 고정금리 자금시장에서 차입을 하고 B회사는

2 금리스왑은 자금차입비용의 절감뿐만 아니라 신용도 또는 과다한 자금차입 등의 이유로 특정 자금시장에의 직접 접근이 어려울 경우 그 자금시장에 간접적으로 접근할 수 있는 수단을 제공할 수 있다.

3 변동금리시장에서는 대출자가 차입자의 신용상태에 따라 매기간 이자율 조정 및 대출연장 여부를 결정할 수 있는 반면, 고정금리시장에서는 대출자가 이와 같이 대출조건을 변경할 수 있는 권리를 가지고 있지 않다.

표 6-1 두 회사의 신용도 및 차입조건

	A회사	B회사	스프레드(B–A)
신용등급	AAA	BBB	
고정금리	11%	12%	1%포인트
변동금리	LIBOR+0.3%	LIBOR+0.7%	0.4%포인트

변동금리 자금시장에서 자금을 차입한 후, 금리스왑계약을 체결하여 각자의 이자지급의무를 서로 교환함으로써 두 회사 모두 자금차입비용을 절감할 수 있다. 두 회사가 금리스왑거래를 함으로써 얻을 수 있는 금리절감효과는 스프레드 차이(spread differential)인 0.6%포인트(1%포인트－0.4%포인트)이다. 이와 같은 금리절감효과는 A와 B 두 회사간에 배분되는데, 배분내용은 두 회사간의 신용도나 스왑거래에 대한 수요·공급사정에 따라 결정된다.

앞의 예에서 금리절감효과가 두 회사에 균등하게 배분되도록 스왑계약을 하려면, A회사의 경우 원래의 변동금리 「LIBOR+0.3%」보다 0.3%포인트 낮은 LIBOR로, B회사는 원래의 고정금리인 12%보다 0.3%포인트 낮은 11.7%에 자금을 조달하는 것이 가능하도록 계약을 체결하면 된다. 이와 같은 금리스왑의 과정은 [그림 6-1]과 같다. [그림 6-1]에서 A회사와 B회사가 각각 비교우위에 있는 자금시장에서 자금을 차입한 후 이자지급의무를 서로 교환하여, A회사는 B회사에게 변동금리 LIBOR를 지급하고 B회사는 A회사에게 고정금리 11%를 지급하는 스왑거래를 체결함으로써 두 회사 모두 0.3%포인트의 금리절감효과를 얻을 수 있음을 알 수 있다.

스왑거래에 있어서 실제로는 적절한 거래상대방을 찾기가 어렵기 때문

그림 6-1 금리스왑의 과정

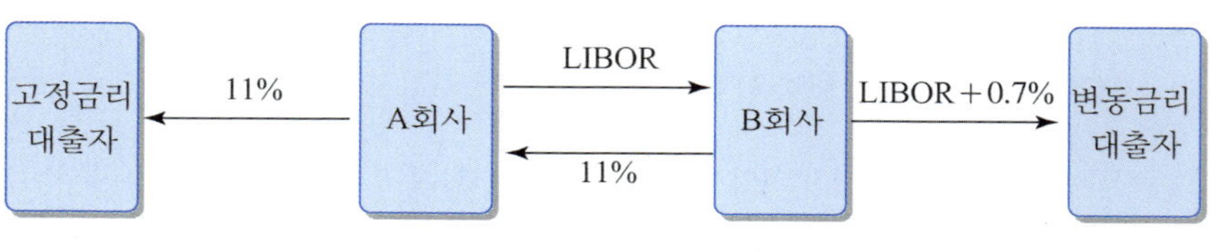

그림 6-2 중개은행을 이용한 금리스왑

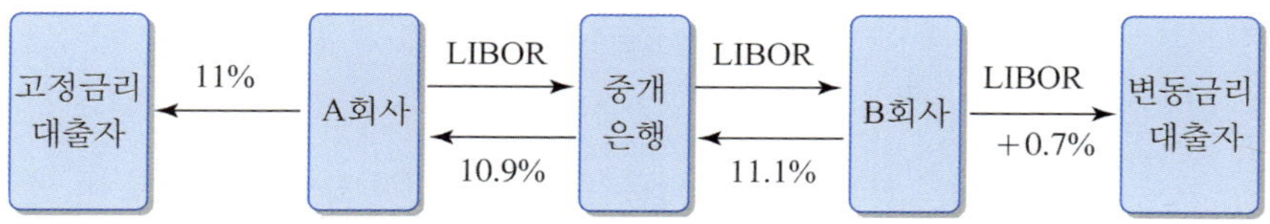

에 중개은행(intermediary bank)이 개입하게 되는데, 중개은행은 각 당사자와 별개의 계약을 체결하면 된다. 따라서 스왑거래의 참여자는 상대방의 기관명이나 차입조건 등을 모르며 신용상태에 신경을 쓰지 않고 중개은행과 직접 거래를 하는 것이 일반적이다. 중개은행을 이용한 금리스왑의 과정은 [그림 6-2]와 같다. 중개은행이 금리스왑을 중개해 주는 대가(수수료)로서 0.2%포인트(11.1% − 10.9%)의 이익을 취할 경우, 기업 A는 중개은행에 변동금리로 LIBOR를 지급하고 고정금리인 10.9%를 수취한다. 그리고 기업 B는 중개은행에 고정금리로 11.1%를 지급하고 변동금리로 LIBOR를 수취하게 된다. 이와 같이 중개은행을 이용할 경우 두 회사 모두 중개은행을 이용하지 않을 경우에 비해 0.1%포인트 낮은 0.2%포인트의 금리절감효과를 얻게 됨을 알 수 있다.

3.3 금리스왑의 평가

지급불능위험이 없다면, 금리스왑은 한 채권에 매도포지션을 취하고 동시에 다른 채권에 매입포지션을 취한 포트폴리오 또는 선도계약의 포트폴리오로 볼 수 있다. 변동금리를 지급하고 고정금리를 받는 스왑을 생각해 보자. 이는 변동금리채권(floating rate bond)에 매도포지션을 취하고 고정금리채권(fixed rate bond)에 매입포지션을 취한 채권포트폴리오로 볼 수 있으며, 이와 같은 개념에 의해 스왑을 평가하면 다음과 같다.[4]

---

4 고정금리채권과 변동금리채권의 현금흐름은 다음과 같다.

$$V_S = B_{fx} - B_{fl} \tag{6-1}$$

여기서 V_S : 금리스왑의 가치

B_{fx} : 스왑의 기초가 되는 고정금리채권의 가치

$$\left(B_{fx} = \frac{C}{1+r_1} + \frac{C}{(1+r_2)^2} + \cdots + \frac{C}{(1+r_n)^n} + \frac{F}{(1+r_n)^n}\right)$$

B_{fl} : 스왑의 기초가 되는 변동금리채권의 가치(첫 번째 이자지급일 후 변동금리채권의 가치는 항상 액면가액(F)이 되기 때문에 변동금리채권의 현재가치는 첫 번째 이자지급일 시점에서 지급되는 변동금리이자지급액(C^*)과 액면가액(F)의 현재가치를 합하여 구할 수 있음. $\left(B_{fl} = \frac{C^*}{1+r_1} + \frac{F}{1+r_1}\right)$

또한 스왑은 이자지급 시점마다 변동금리를 지급하고 고정금리를 받는 선도계약을 체결하는 것, 즉 선도계약의 포트폴리오로 볼 수 있으며, 이와 같은 개념에 의해 스왑을 평가하면 다음과 같다.[5]

$$V_S = \frac{C - C^*}{1+r_1} + \frac{C - f_{1,2}F}{(1+r_2)^2} + \cdots + \frac{C - f_{n-1,n}F}{(1+r_n)^n} \tag{6-2}$$

여기서 $f_{t-1,t}$: $t-1$시점과 t시점 사이의 선도이자율($t=2, 3, \cdots, n$)

4 통화스왑

4.1 통화스왑의 과정

통화스왑은 서로 다른 통화로 차입한 두 기업이 이자 및 원금을 서로 교환하는 거래이다. 통화스왑의 기본형태는 한 나라 통화기준의 차입원금 및

채권 \ 시점	0	1	2	3	…	n
고정금리채권		C	C	C	…	$C+F$
변동금리채권		C^*	$f_{1,2}F$	$f_{2,3}F$	…	$f_{n-1,n}F+F$

5 고정금리를 지급하고 변동금리를 받는 스왑의 가치는 다음과 같다.

$$V_S = B_{fl} - B_{fx} = \frac{C^* - C}{1+r_1} + \frac{f_{1,2}F - C}{(1+r_2)^2} + \cdots + \frac{f_{n-1,n}F - C}{(1+r_n)^n}$$

표 6-2 두 회사의 차입조건

	A회사	B회사	스프레드(B–A)
원 화	8%	10%	2%포인트
달 러 화	11.6%	12%	0.4%포인트

고정금리와 다른 나라 통화기준의 거의 동등한 차입원금과 고정금리를 서로 교환하는 것이다. 금리스왑의 경우와 마찬가지로 통화스왑시장이 성장하게 된 이유도 두 당사자가 모두 통화스왑을 통하여 각각의 자금차입비용을 절감할 수 있다는 점이다. 또한 통화스왑은 이와 같은 비용상의 이점 이외에도 기업에게 일반적인 경우에는 접근하기 어려운 외국의 자본시장에 접근할 수 있는 수단을 제공해 줄 수 있다는 이점이 있다.

예를 들어 원화 및 달러화의 차입조건이 〈표 6-2〉와 같은 두 회사를 생각해 보자. A회사는 원화와 달러화 모두 B회사보다 낮은 금리로 차입할 수 있기 때문에 신용도가 더 높음을 알 수 있다. 그러나 A회사는 한국 원화 시장에서 상대적으로 비교우위를 보이고 있는 반면, B회사는 미국 달러화 시장에서 상대적으로 비교우위를 보이고 있다. 그리고 A회사는 달러화를 차입하기를 원하고, B회사는 원화를 차입하기를 원한다고 하자. 이와 같은 상황하에서 A회사는 원화로 차입을 하고, B회사는 달러화로 차입한 후, 통화스왑계약을 체결함으로써 두 회사 모두 자금차입비용을 절감할 수 있을 것이다. 두 회사가 통화스왑거래를 함으로써 얻을 수 있는 금리절감효과는 스프레드 차이인 1.6%포인트(2%포인트 – 0.4%포인트)이다.

이와 같은 금리절감효과를 A와 B 두 회사간에 공평하게 배분하기로 약정했다면, 그 통화스왑과정은 [그림 6-3]과 같다. [그림 6-3]에서 볼 수 있는 바와 같이 스왑거래를 통해 A회사는 연 10.8%의 달러화 이자율로 차입하는 효과를 얻고, B회사는 연 9.2%의 원화 이자율로 차입하는 효과를 얻는다. 스왑은 각 회사가 원하는 자본시장을 직접 이용하는 것보다 0.8%포인트씩 낮은 이자율로 자금을 조달할 수 있게 해 준다.

그림 6-3 통화스왑의 과정

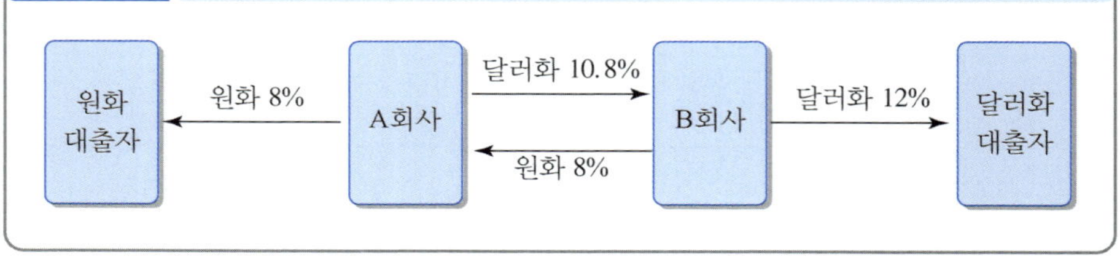

그림 6-4 중개은행을 이용한 통화스왑

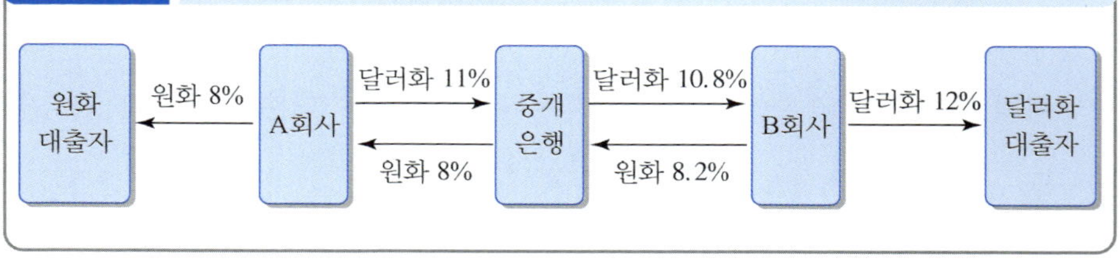

중개은행을 이용한 통화스왑의 과정은 [그림 6-4]와 같다. 중개은행이 통화스왑을 중개해 주는 대가(수수료)로서 0.4%포인트[(11% − 10.8%) + (8.2% − 8%)]의 이익을 취할 경우, 두 회사 모두 중개은행을 이용하지 않을 경우보다 0.2%포인트 낮은 0.6%포인트의 금리절감효과를 얻게 됨을 알 수 있다.

통화스왑계약에서는 원금이 두 통화로 각각 명시되어야 하며, 원금은 스왑계약시점과 종료시점에서 교환된다. 두 통화로 표시되는 원금은 스왑계약시점의 환율과 거의 같아지도록 결정된다.

4.2 통화스왑의 평가

지급불능위험이 없다면, 통화스왑은 금리스왑에서와 마찬가지로 채권포트폴리오 또는 선도계약의 포트폴리오로 볼 수 있다. 자국통화표시 채권의 원리금을 지급하고 외국통화표시 채권의 원리금을 받는 통화스왑을 생각해 보자. 이는 자국통화표시 채권에 매도포지션을 취하고 외국통화표시 채권에 매입포지션을 취한 채권포트폴리오로 볼 수 있으며, 이와 같은 개념에 의해

스왑을 평가하면 다음과 같다.[6][7]

$$V_S = S_0 B_F - B_D \tag{6-3}$$

여기서 V_S : 통화스왑의 가치

S_0 : 현물환율(자국통화표시환율)

B_F : 스왑의 기초가 되는 외국통화표시 채권의 가치

B_D : 스왑의 기초가 되는 자국통화표시 채권의 가치

또한 통화스왑을 선도계약의 포트폴리오로 볼 수 있으며, 이와 같은 개념에 의해 스왑을 평가하면 다음과 같다.[8]

$$V_S = \frac{F_{0,1}C_F - C_D}{1+r_1} + \frac{F_{0,2}C_F - C_D}{(1+r_2)^2} + \cdots + \frac{F_{0,n}C_F - C_D}{(1+r_n)^n} + \frac{F_{0,n}F_F - F_D}{(1+r_n)^n} \tag{6-4}$$

여기서 $F_{0,t}$: 선물환율($t=1,\cdots, n$)

C_F : 외국통화표시 채권의 이자지급액

C_D : 자국통화표시 채권의 이자지급액

F_F : 외국통화표시 채권의 원금

F_D : 자국통화표시 채권의 원금

---

6 외국통화표시 채권과 자국통화표시 채권의 현금흐름은 다음과 같다.

채권 \ 시점	0	1	2	3	⋯	n
외국통화표시 채권		$F_{0,1}C_F$	$F_{0,2}C_F$	$F_{0,3}C_F$	⋯	$F_{0,n}C_F + F_{0,n}F_F$
자국통화표시 채권		C_D	C_D	C_D	⋯	$C_D + F_D$

7 $$\frac{F_{0,1}C_F}{1+r_1} + \frac{F_{0,2}C_F}{(1+r_2)^2} + \cdots + \frac{F_{0,n}C_F}{(1+r_n)^n} + \frac{F_{0,n}F_F}{(1+r_n)^n}$$

$$= S_0\left[\frac{C_F}{1+r_1^F} + \frac{C_F}{(1+r_2^F)^2} + \cdots + \frac{C_F}{(1+r_n^F)^n} + \frac{F_F}{(1+r_n^F)^n}\right]$$

$$= S_0 B_F \quad \text{여기서} F_{0,t} = S_0\left(\frac{1+r_t}{1+r_t^F}\right)^t, t=1,\ 2,\ \cdots,\ n$$

8 외국통화표시 채권의 원리금을 지급하고 자국통화표시 채권의 원리금을 받는 통화스왑의 가치는 다음과 같다.

$$V_S = B_D - S_0 B_F = \frac{C_D - F_{0,1}C_F}{1+r_1} + \frac{C_D - F_{0,2}C_F}{(1+r_2)^2} + \cdots + \frac{C_D - F_{0,n}C_F}{(1+r_n)^n} + \frac{F_D - F_{0,n}F_F}{(1+r_n)^n}$$

알아두기 총수익스왑과 신용부도스왑

총수익스왑(total return swap: TRS)과 신용부도스왑(credit default swap: CDS)은 보장매입자가 주식, 채권 등의 기초자산과 결부된 신용위험을 헤지할 목적으로 사용되는 신용파생상품이라는 점에서 공통점을 지닌다. 하지만 총수익스왑과 신용부도스왑은 보장매입자로부터 보장매도자에게 전가할 수 있는 위험의 유형에 따라 구분할 수 있다. 총수익스왑의 경우 전가대상 위험에 신용위험과 더불어 시장위험을 포함하는 반면 신용부도스왑은 신용위험만을 대상으로 한다는 점에서 구별된다.

▪ 총수익스왑(TRS)은 보장매입자(protection buyer)인 총수익지급자(TRS payer)가 보장매도자(protection seller)인 총수익수취자(TRS receiver) 대신 기초자산(주식, 채권 등)을 매입하고, 기초자산의 가격이 변동하면서 발생하는 이익과 손실은 보장매도자에게 귀속시키며 보장매도자는 이를 대가로 보장매입자에게 수수료를 지급하는 조건의 계약이다. 총수익스왑을 체결하는 경우 기초자산에 대한 투자는 보장매입자가 실행하지만 투자나 소유에 따른 이익과 손실은 보장매도자가 갖게 된다.

환매 연기 사태를 빚은 라임자산운용, 알펜루트자산운용과 증권사의 TRS 계약도 이런 형태다. 보장매입자(총수익지급자)인 증권사와 보장매도자(총수익수취자)인 자산운용사가 TRS거래를 할 경우 기초자산이 주식이라면 주식투자는 증권사가 하지만 주식 보유에 따른 이익 보상과 손실 위험을 모두 자산운용사에 넘긴다. 자산운용사는 증권사에 약정된 이자와 증거금을 지급한다. 기초자산의 신용도 하락으로 인한 손실이나 파산 등으로 인해 발생하는 손실을 보전하는 내용이 포함된다. 이렇게 하면 자산운용사는 약정된 이자만으로 자금을 차입해서 투자하는 레버리지효과를 낼 수 있다. 즉, 증권사에 일정 비율의 증거금(담보 비율)만 내고, 지정한 기초자산을 매입해 손익을 이전받으므로 보유한 자금에 비해 많은 규모의 투자를 할 수 있다. TRS 계약은 만기가 돌아오면 롤오버(roll over)하는 식으로 유지되지만 만기 시점이나 중간에 상환할 수도 있다. 증권사는 담보로 설정한 운용사의 펀드가 손실이 나거나 증거금 납입이 어려울 것으로 판단되면 담보비율을 높이거나, 상환을 요구하게 된다. 한편 TRS 거래는 기업 간의 M&A 과정에서도 종종 활용된다. 지분을 인수하고 싶은 기업이 증권사와 TRS계약을 맺고, 중간에 특수목적회사(Special Purpose Company; SPC)를 만든다. 증권사는 이 SPC에 자금을 빌려주고 수수료 수익을 취한다. SPC는 빌린 자금으로 지분을 사들이고, 지분 보유에 따른 이익과 손실 등은 인수기업이 갖는다. 이는 사실상 대출과 유사한 구조를 만드는 셈이다.

총수익스왑의 거래구조는 다음과 같다.

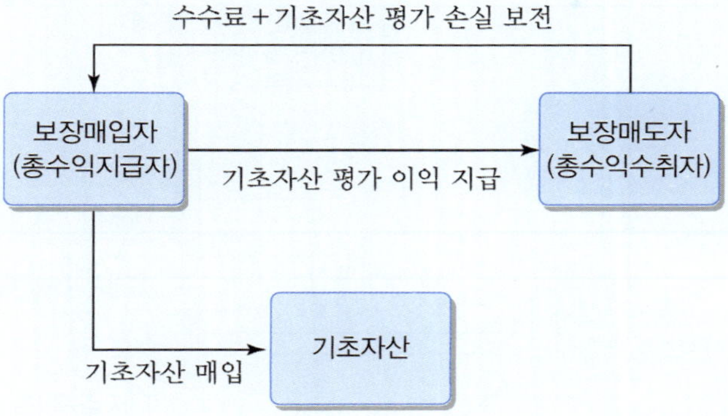

■ 신용부도스왑(CDS)은 보장매입자(신용보장매입자)가 보장매도자(신용보장매도자)에게 약정한 수수료(CDS 프리미엄)를 지급하고, 그 대가로 기초자산을 발행한 기업의 채무불이행, 도산 등의 신용사건이 발생할 경우 보장매도자로부터 약정에 따른 손실액을 보상받는 조건이 부여된 계약이다. 예를 들어, A은행이 B기업의 회사채를 인수한 경우에 B기업이 파산하면 A은행은 채권에 투자한 원금을 회수할 수 없게 된다. A은행은 이러한 신용위험을 피하기 위하여 C금융회사에 정기적으로 수수료를 지급하는 대신, B기업이 파산할 경우에 C금융회사로부터 투자원금을 받도록 거래하는 것이다. CDS의 프리미엄은 기초자산의 채무불이행 가능성, 즉 신용위험이 높아질수록 상승하는 경향이 있다. 따라서 CDS 프리미엄은 기초자산 발행 주체의 신용도 지표로 해석되기도 한다.

신용부도스왑은 1990년대 중반 투자은행들이 신흥 경제국에 투자하는 데 따르는 신용위험을 다른 투자기관으로 이전하려는 목적에서 비롯되었으며, 2004년 이후 활발하게 거래되었다. 신용부도스왑은 채권매입자에게 채권발행자의 채무불이행으로 인한 위험을 방지할 수 있는 기회를 제공함으로써 채권발행자에겐 자금조달을 용이하게 한다는 점에서 유용하다. 그러나 채권발행자가 파산할 경우 보장매도자인 금융회사에 손실이 발생하고, 이로 인하여 금융회사가 부실해지면 채권매입자도 연쇄적으로 부실화된다. CDS 물량이 한꺼번에 쏟아져 나올 경우 자금조달 시장이 마비될 우려가 있으며, 실제로 이는 서브프라임 모기지론 사태로 촉발된 미국의 금융위기를 증폭시킨 요인으로 지적된다.

신용부도스왑의 거래구조는 다음과 같다.

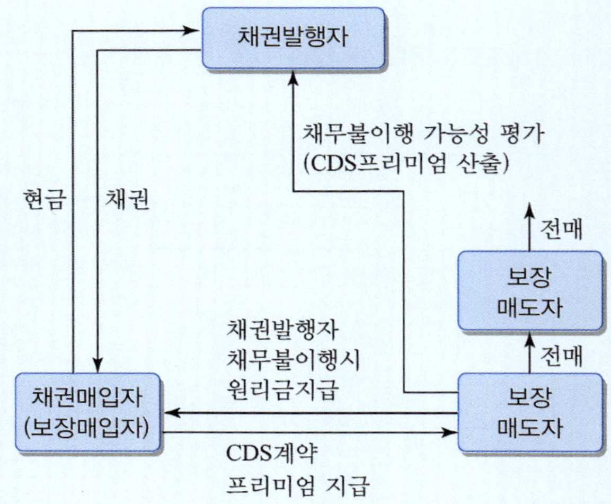

출처: 연합인포맥스(2020.2.3.), CFI(corporate financeinstitute.com), 네이버 지식백과(시사경제 용어사전, 2017.11) 수정

주요 용어

key words

스왑 • 218
선도금리계약 • 218
런던은행간대출금리 • 218
금리스왑 • 219
고정금리지급자 • 220
고정금리수취자 • 220
스왑금리 • 221
중개은행 • 223
통화스왑 • 224

연습문제

■ 완성/선택형 문제

01 (   )은 미래 현금흐름을 교환하기로 두 당사자간 약정을 맺는 것으로서 선도계약 또는 선물계약과 유사하다.

02 (   )은 일종의 선도계약으로서 미래 특정일에 명목원금에 대한 고정금리와 변동금리를 교환하는 계약을 말한다.

03 (   )은 금융시장에서 차입자의 기존 부채 또는 신규 부채에 대한 금리변동위험의 헤지 또는 차입비용의 절감을 위해서 두 차입자가 각자의 차입조건을 상호간에 교환하는 계약이다.

04 금리스왑의 계약 시 변동금리와 교환되는 고정금리를 (   )라고 한다.

05 (   )은 서로 다른 통화로 차입한 두 기업이 이자 및 원금을 서로 교환하는 거래이다.

06 다음 중 이자율 변동 시 고정금리를 지급하는 금리스왑과 유사한 위험을 지니는 포지션은?

① 선도금리계약(FRA) 매도　② FRA 매입
③ 고정금리부 채권 매입　④ 금리선물 매입
⑤ 변동금리부 자금 차입

07 기업 A는 자금조달을 위해 표면이자율 LIBOR + 1.0%의 채권을 발행하였다. 이자율 상승에 따른 위험을 제거하고자 고정금리를 지급하는 금리스왑을 실시하려 한다. 스왑금리가 3.52% − 3.46%로 고시되고 있다면 금리스왑 실시 후 기업 A가 최종적으로 부담하는 순차입비용(금리)은 얼마가 되겠는가?

① 2.46% ② 2.52% ③ 3.49%
④ 4.46% ⑤ 4.52%

08 스왑에 대한 다음 설명 중 가장 잘못된 것은? (CPA 1차 2003)

① 스왑은 두 거래당사자간 미래 현금흐름을 교환하는 계약으로 일련의 선도거래 또는 선물계약을 한 번에 체결하는 것과 유사한 효과를 갖는다.
② 스왑은 표준화된 상품인 선물, 옵션과 같이 거래소에서 거래되지 않고, 스왑딜러 및 브로커의 도움을 얻어 주로 장외에서 거래가 이루어진다.
③ 금리스왑은 미래 일정기간 동안 거래당사자간 명목원금에 대한 변동금리 이자와 고정금리 이자 금액만을 교환하는 거래로서 원금 교환은 이루어지지 않는다.
④ 통화스왑은 미래 일정기간 동안 거래당사자간 서로 다른 통화표시 채무원금에 대한 이자 금액만을 교환하는 거래로서 원금 교환은 이루어지지 않는다.
⑤ 스왑은 두 거래당사자간 필요에 따라 다양하게 설계될 수 있는 장점이 있어 금리 또는 환위험관리를 위해 적절하게 사용될 수 있다.

09 현재 A사와 B사는 자금을 차입하려고 하는데, 자금시장에서 요구되는 금리가 다음과 같다고 가정한다.

	고정금리	변동금리
A사	6.5%	Libor + 1.0%
B사	7.5%	Libor + 1.4%

A사는 변동금리 차입을 원하고 B사는 고정금리 차입을 원하고 있다. 이와 같은 경우 각각 비교우위가 있는 방식으로 자금을 조달한 후 금리스왑을 한다면 두 회사가 절약하게 될 금리는 총 얼마가 되는가? (단, 거래비용은 존재하

지 않는다.)

① 0.2%포인트 ② 0.4%포인트 ③ 0.6%포인트
④ 0.8%포인트 ⑤ 1.0%포인트

10 오랜 거래관계를 유지해 온 한국의 기업 K와 중국의 기업 C는 각각 상대국에서 신규 사업을 위해 중국 금융시장에서 위안화로, 한국 금융시장에서 원화로 1년 만기 동일규모의 자금을 차입하고자 한다. 원화/위안화 환율은 고정환율로서 변동되지 않는다고 가정한다. 기업 K와 기업 C가 각국 금융시장에서 차입할 때의 시장이자율은 다음 표에서 요약된 바와 같다.

	한국 금융시장에서 원화 차입	중국 금융시장에서 위안화 차입
기업 C	6.60%	4.20%
기업 K	5.60%	3.83%

통화스왑 계약에서 거래비용은 존재하지 않으며 금융기관의 중개를 통하지 않고 기업 K와 기업 C의 양자계약(bilateral contract)의 형태를 갖는다고 가정한다. 기업 K와 기업 C가 1년 만기 통화스왑을 고려할 때 다음 중 옳지 않은 항목만으로 구성된 것은? (CPA 1차 2010)

a. 기업 K는 기업 C에 비하여 원화 및 위안화 차입에서 모두 낮은 이자율을 지급하므로 통화스왑을 맺을 경제적 유인을 갖지 않는다.
b. 기업 K는 원화 차입, 기업 C는 위안화 차입 후에 통화스왑을 통해 부채비용을 절감할 수 있다.
c. 기업 K와 기업 C가 통화스왑을 통해 절감할 수 있는 부채비용의 최대 폭은 63베이시스포인트(basis point)이며, 통화스왑 당사자들은 이를 균등하게 분할해야 한다.
d. 통화스왑의 경우 이자율스왑과는 상이하게 차입원금이 교환되며 계약상 약정된 환율에 의하여 상환되는 것이 일반적이다.
e. 본 통화스왑에서 신용위험은 존재하지 않으며, 이자율 및 환율의 변동에 따라서 스왑이자율의 조정 및 계약의 갱신 여부 등이 결정될 수 있다.

① a, c, e ② a, d, e ③ b, c, d
④ b, d, e ⑤ c, d, e

11 기업 A, B는 국제금융시장에서 각각 다음과 같은 조건으로 자금을 차입할 수 있다. 은행이 기업 A와 B 사이에서 스왑을 중개하고자 한다. 은행이 기업 A에게 변동금리를 지급하고 고정금리를 수취하는 스왑계약을 체결하며, 기업 B와는 그 반대의 스왑계약을 체결한다. 본 스왑으로 인한 은행의 총마진은 0.2%이며, 스왑이득은 두 기업에게 동일하다. 만약 은행이 기업 A에게 LIBOR+1%를 지급한다면 기업 A는 은행에게 얼마의 고정금리를 지급해야 하는가? (CPA 1차 2006)

	유로본드 시장	유로달러 시장
기업 A	8%	LIBOR+1%
기업 B	9%	LIBOR+3%

① 8% ② 7.8% ③ 7.6%
④ 7.4% ⑤ 7.2%

12 아래의 표와 같은 고정금리 차입조건하에서 한국의 ㈜대한은 1,000만엔, ㈜민국은 10만달러를 차입하려고 한다. ㈜대한은 비교우위를 갖고 있는 달러화시장에서 10만달러, ㈜민국은 엔화시장에서 1,000만엔을 차입한 후, ㈜대한은 1,000만엔에 대한 연 5.5%의 이자를 ㈜민국에게 직접 지급하고 ㈜민국은 10만달러에 대한 연 3%의 이자를 ㈜대한에게 직접 지급하는 통화스왑계약을 체결하려고 한다. 이 통화스왑에서 정기적인 이자지급 외에도 ㈜대한은 계약시점에서 1,000만엔을 받고 10만달러를 주고, 만기시점에서는 10만달러를 돌려받고 1,000만엔을 돌려주어야 한다. 현재 환율이 100엔/달러일 때, 통화스왑으로 인해 발생하는 결과로 가장 적절한 것은? (CPA 1차 2017)

	달러화 차입금리	엔화 차입금리
㈜대한	3%	6%
㈜민국	5%	7%

① ㈜대한은 달러화 환위험에 노출된다.
② ㈜민국은 달러화와 엔화 환위험에 노출된다.
③ ㈜대한은 달러화차입비용을 0.5%p 줄일 수 있게 된다.
④ ㈜민국은 달러화차입비용을 0.5%p 줄일 수 있게 된다.
⑤ ㈜민국은 엔화차입비용을 0.5%p 줄일 수 있게 된다.

13 기업 D는 명목원금(notional principal) 1억원, 1년 만기 변동금리를 지급하고 8% 고정금리를 수취하는 5년 만기의 이자율 스왑계약을 3년 6개월 전에 체결하였다. 현재 동 스왑의 잔존만기는 1년 6개월이다. 현재가치 계산을 위해 활용되는 6개월과 1년 6개월 만기 현물이자율은 각각 연 10%와 연 11%이다. 직전 현금흐름 교환 시점의 1년 만기 변동금리는 연 10.5%였다. 기업 D의 관점에서 이 이자율 스왑 계약의 현재가치와 가장 가까운 것은? 단, 현금흐름은 기말에 연 1회 교환되고 이자율기간구조의 불편기대이론이 성립한다고 가정하며, $\frac{1}{1.10^{0.5}}=0.9535$, $\frac{1}{1.11^{1.5}}=0.8551$이다. (CPA 1차 2019)

① −5,382,950원 ② −4,906,200원 ③ 0원
④ 4,906,200원 ⑤ 5,382,950원

■ 서술/계산형 문제

01 금리스왑에 대해서 설명하라.

02 통화스왑에 대해서 설명하라.

03 금리스왑과 선도금리계약(FRA) (CPA 2차 2017)

A기업은 B기업에게 고정금리를 지급하고 변동금리를 수령하는 금리스왑계약을 가지고 있다. 금액은 반올림하여 억원 단위로 소수점 둘째 자리까지 표시하고, 금리 및 할인율은 반올림하여 소수점 넷째 자리까지 표시하라.

- 액면금액 100억원, 잔존만기 3년, 연 1회 이자교환
- 지급 고정금리 : 6%
- 수취 변동금리 : 1년 현물이자율
- 만기별 현물이자율 : 6개월 4%, 1년 5%, 2년 6%, 3년 7%

(1) 채권가격을 이용하여 금리스왑의 가치를 평가하라.

(2) 선도금리계약(FRA)을 이용하여 금리스왑의 가치를 평가하라.

(3) 스왑의 가치를 0으로 만드는 고정금리를 구하라.

(4) C기업은 6개월 후에 6개월 동안 차입할 예정이며 향후 금리 상승을 우려하여 선도금리계약에 대한 매입포지션을 취하였다. 오늘부터 6개월 후까지는 일수가 182일이고 이후부터 만기일인 1년 후까지는 일수가 183일이다. 6개월 후 실제 금리가 7%라면 C기업이 수령하는 금액은 얼마인가?

04 금리스왑의 가치평가 (CPA 2차 2003)

(주)가야는 20×1년 1월 1일 100억원을 5년 만기, 고정금리 13.5%라는 조건으로 XY은행으로부터 차입하였다. 20×3년 1월 1일 현재 (주)가야의 재무담당자는 AB은행으로부터 변동금리로 이 채무를 스왑해 주겠다는 제의를 받았다. 1년 만기 현물이자율은 10%, 2년 만기 현물이자율은 12%, 3년 만기 현물이자율은 13%이다. (단, 이자는 매년 말에 1회 지급하고, 이자율 기간구조의 순수기대이론이 성립하며, 시장참가자들은 위험중립적이라고 가정한다.)

(1) (주)가야의 입장에서 스왑거래에 따른 매년의 순현금흐름을 계산하라. (백만원 단위 이하 절사)

(2) 스왑거래의 대가로 AB은행은 2억원의 수수료를 요구하고 있다. 이 제의를 받아들일 것인가를 평가하라.

05 고급 스왑금리의 결정과 금리스왑의 가치변동

(주)한반도는 3월 31일 현재 CD금리를 기준으로 매 3개월마다 이자를 지급하고 12월 말에 상환하는 조건으로 100억원을 차입하였다. 또한 이 회사는 CD금리의 변동위험을 헤지하기 위하여 고정금리를 지급하고 변동금리를 받는 스왑계약을 HK은행과 체결하였다. 3월 31일 현재 CD금리의 기간구조는 다음과 같다. (단, 이자율은 매 3개월 단위로 결정된다.)

만 기	현물이자율(연리)
3개월	6%
6개월	8%
9개월	10%

(1) 3월 31일 현재 HK은행과 스왑거래를 할 때 (주)한반도가 지급할 수 있는 최대고정금리는 얼마인가?

(2) 물음 (1)에서 구한 고정금리로 스왑계약을 체결한 후 CD금리의 기간구조가 다음과 같이 변동하였다.

만 기	현물이자율(연리)
3개월	5%
6개월	7%
9개월	9%

(주)한반도의 스왑거래의 가치는 얼마인가?

06 금리스왑의 과정과 평가 (CPA 2차 2009)

건설업종의 중견기업 (주)다비드는 100억원 규모의 3년 만기 부채조달을 고려하고 있다. 채권시장에서 다비드기업의 부채조달조건은 고정금리 10% 혹은 LIBOR+2.3%이다. 유통업종의 대기업 (주)골리앗도 3년 만기로 100억원의 부채조달을 고려하고 있는데, 조달조건은 고정금리 8% 혹은 LIBOR+1.5%로 알려져 있다. 금액은 억원 단위로 표기하고, 반올림하여 소수점 넷째자리까지 계산하라.

(1) 우연한 기회에 두 회사의 자금담당임원들이 만나 부채조달에 대한 의견을 나누던 중 서로의 조달조건을 확인하고 금리스왑계약을 체결하기로 하였다. 다만, 골리앗기업은 자신의 유리한 조달조건 등을 내세워 스왑계약으로 인한 이익의 6할을 차지하고 나머지는 다비드기업 몫으로 하되, 동 스왑의 변동금리는 LIBOR금리로 하자고 제안하였다. 다비드기업이 제안을 받아들여 스왑계약이 체결될 경우, 해당 계약으로 인한 현금흐름을 그림으로 나타내라.

(2) 스왑계약으로 인한 이익조정문제로 두 기업의 계약체결이 지연되자, 두 기업과 동시에 거래하고 있던 방코은행이 거래중재에 나섰다. 은행은 20bp의 이익을 얻고 나머지 이익은 두 기업에게 균등하게 배분되도록 하되, 변동금리는 모두 LIBOR금리로 하자고 제안하였다. 은행중개를 통한 스왑계약이 체결될 경우, 해당 계약을 통해 은행이 두 기업에게 지급하고 지급받는 고정금리를 각각 구하라.

(3) 다비드기업의 입장에서 물음 (2)에서 제시된 스왑계약의 가치를 평가하라. 스왑계약은 매년 말에 한 번씩 이자지급액의 차액만을 주고받으며, 현재 LIBOR금리의 기간구조는 다음과 같고 순수기대이론을 가정한다.

만기(년)	1	2	3
이자율(%)	5.5	6.0	6.5

07 고급 총수익스왑(TRS)과 신용부도스왑(CDS) (CPA 2차 2020)

㈜대한은 SPC인 ㈜케이일차와의 총수익스왑(TRS)계약을 통해 ㈜민국을 인수하고자 한다. TRS 계약 내용은 아래와 같다.

① 보장매도자: ㈜대한, 보장매수자: ㈜케이일차
② 정산일: 계약일로부터 2년
③ 보장매도자는 보장매수자에게 정산일에 투자금액 기준 연 3%의 고정이자를 지급
④ 보장매수자는 ㈜민국 배당금 수령 시 보장매도자에게 이를 즉시 지급하고, 정산일에 보장매도자로부터 투자금액 수취 후 ㈜민국의 주식을 양도

TRS 계약일인 1월 1일(t=0)에 ㈜케이일차는 액면가 5,000원인 ㈜민국 주식을 주당 10,000원씩 100만주 취득했다. ㈜민국의 주가는 매년 말 60% 확률로 10% 상승, 또는 40% 확률로 5% 하락할 것으로 예상된다. ㈜민국은 액면가기준 2%의 현금배당을 주가변동 직후인 매년 말 지급한다. 무위험이자율은 1%이다. 2년 동안 증자나 감자는 없다고 가정한다.

(1) ㈜대한 입장에서 매년 말 현금흐름을 추정하라. 단, 현금흐름은 주식가치 변동분을 포함한다. 계산결과는 십만원 단위에서 반올림하여 백만원 단위로 표시하라.
(2) ㈜대한은 TRS 정산일에 ㈜케이일차로부터 ㈜민국의 주식을 인수하지 않을 수 있는 풋옵션을 보유하고 있다고 가정한다. 1주당 풋옵션의 가치를 구하라. 계산결과는 반올림하여 원 단위로 표시하라.
(3) ㈜케이일차는 TRS 정산일에 ㈜민국의 주가가 주식 취득 시보다 상승할

경우 ㈜대한에 주식을 양도하지 않을 수 있는 권리를 보유하고 있다고 가정한다. 이 권리의 1주당 가치를 구하시오. 계산결과는 반올림하여 원 단위로 표시하라.

(4) 신용부도스왑(CDS)의 보장매도자와 보장매수자 간 현금흐름에 대해 설명하고, 이전되는 위험종류에 대해 총수익스왑(TRS)과의 차이점을 4줄 이내로 기술하라.

08 통화스왑의 평가

(주)글로벌은 미국의 AM은행과 통화스왑계약을 체결하려고 한다. 통화스왑을 통해 (주)글로벌은 3년간 AM은행에게 매년 1,000만달러의 원금에 대하여 연 5%의 이자를 지급하고, AM은행으로부터 매년 100억원의 원금에 대하여 연 6%의 이자를 받는다. 또한 3년 후 달러화 원금(1,000만달러)을 지급하고 원화 원금(100억원)을 받을 수 있다. 현재 현물환율은 ₩980/$이고, 한국과 미국의 현물이자율은 각각 6%, 4%이며, 양국 이자율의 기간구조는 수평이다. (주)글로벌이 체결한 통화스왑의 가치는 얼마인가?

제 2 편

옵　　션

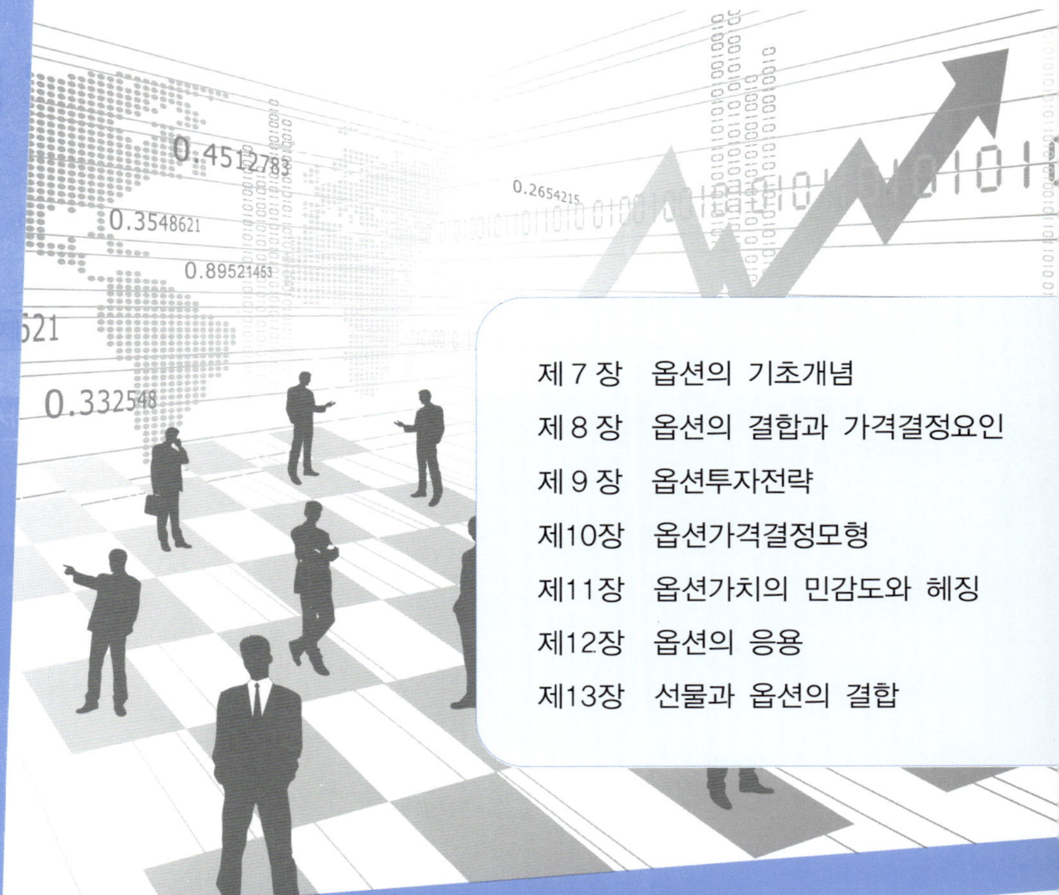

제7장 옵션의 기초개념

1. 옵션의 의의
2. 만기일에서의 옵션가치
3. 한국거래소 옵션시장

옵션(option)은 그 소유자에게 지정된 시기 또는 그 시기 이내에 정해진 가격으로 특정 자산을 사거나 팔 수 있는 권리를 주는 특별한 계약이다. 옵션의 가장 일반적인 형태로 주식에 대하여 사거나 팔 수 있는 권리가 주어진 주식옵션(stock option)을 들 수 있다. 주식옵션은 주식을 기초자산으로 하여 만들어진 새로운 유가증권으로서 가장 대표적인 파생증권(derivative securities)의 하나이다.

옵션에 대한 거래는 1973년 미국의 조직화된 거래소인 시카고옵션거래소(Chicago Board Options Exchange : CBOE)에서 주식옵션에 대한 거래가 이루어진 이후 급성장하고 있다. 한편 우리나라에서는 현재 한국거래소(Korea Exchange : KRX)의 파생상품시장에서 코스피(KOSPI)200옵션, 미니코스피200옵션, 코스닥(KOSDAQ)150옵션, 개별주식옵션, 미국달러옵션 등이 거래되고 있다.

본장에서는 먼저 기초적 개념으로서 옵션의 의의와 유형에 대해서 살펴보고자 한다.

1 옵션의 의의

옵션은 특정 자산(주로 주식)을 지정된 날짜 또는 그 이전에 미리 약정된 가격으로 사거나 팔 수 있는 권리를 그 소유자에게 부여하는 계약을 의미한다.[1] 옵션은 반드시 이행할 의무는 없으며 유리할 경우에만 그 권리를 행사할 수 있는 독특한 형태의 재무적 계약이다.

옵션거래에서 옵션을 매입한 사람을 매입자 또는 소유자(buyer, owner, holder)라 하며, 그 거래상대방인 옵션을 매도한 사람을 매도자 또는 발행자(seller, writer)라 한다. 옵션거래는 기초자산인 주식의 발행자(해당기업)와 관계없이 옵션거래소(한국거래소의 파생상품시장)를 통해 옵션의 매입자와 매도자간에 이루어지는 특별한 계약이다. 옵션의 매입자는 향후 옵션을 행사할 권리를 가지는 대가로서 일정한 금액(옵션가격 또는 옵션프리미엄)을 옵션의 매도자에게 지불하게 된다. 이와 달리 옵션을 매도한 사람은 일정한 금액을 받게 되나, 향후 옵션의 매입자가 옵션을 행사할 때 반드시 이를 이행하여야 할 의무를 지게 된다. 이와 같은 관계는 [그림 7-1]에 나타나 있다.[2]

알아두기 옵션 관련 용어

- 옵션의 행사(exercising the option) : 옵션의 행사는 옵션계약을 통해 기초자산을 사거나 파는 행위를 의미한다.
- 기초자산(underlying asset) : 기초자산이란 옵션계약의 대상이 되는 자산으로서, 주식옵션일 경우 기초자산은 주식이 된다.
- 행사가격(striking or exercise price) : 행사가격이란 옵션계약 시 약정된 기초자

---

1 옵션은 주식을 대상으로 하는 주식옵션이 가장 보편적이지만, 주가지수에 대한 옵션(주가지수옵션), 외환에 대한 옵션(통화옵션), 채권에 대한 옵션(금리옵션), 선물계약에 대한 옵션(선물옵션) 등 특수한 형태의 옵션도 존재한다.

2 옵션의 매입자와 매도자간의 손익관계는 매입자(매도자)가 얻게 되는 이익만큼 매도자(매입자)에게 손실이 발생하는 제로섬게임(zero-sum game)의 관계라 할 수 있다.

그림 7-1 옵션의 매입자와 매도자간의 권리-의무관계

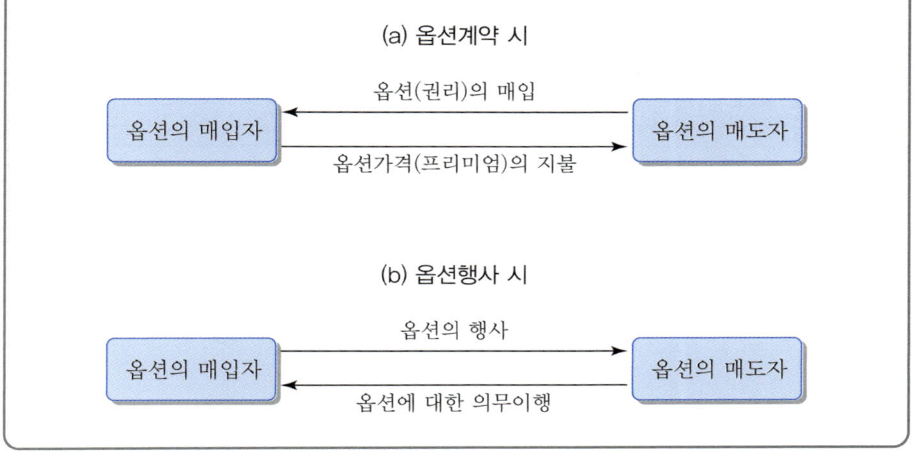

산의 매입 또는 매도가격을 의미한다.

- 만기일(expiration date) : 옵션의 만기일은 옵션을 행사하여야 하는 최종일로서, 만기일이 지나면 그 옵션은 사라지게 된다.
- 미국형 옵션(American option)과 유럽형 옵션(European option) : 미국형 옵션은 만기일 이내 언제든지 행사가 가능하나, 유럽형 옵션은 만기일에만 행사할 수 있다.
- 콜옵션(call option)과 풋옵션(put option) : 콜옵션은 기초자산을 살 수 있는 권리가 부여된 옵션이고, 풋옵션은 기초자산을 팔 수 있는 권리가 부여된 옵션이다.

앞에서 설명한 선물거래는 계약쌍방이 그 계약을 이행하여야 할 의무가 있다는 점에서 권리를 나타내고 있는 옵션과 근본적으로 다르다. 옵션의 소유자(매입자)는 옵션의 행사가 자신에게 불리한 경우 그 옵션의 행사를 포기할 수 있지만, 선물계약은 계약당사자가 임의적으로 그 계약을 파기할 수 없다. 이와 같은 선물거래와 옵션거래의 차이점을 요약하면 〈표 7-1〉과 같다.

표 7-1 선물거래와 옵션거래의 비교

구　분	선물거래	옵션거래
거래 대상	기초자산 그 자체에 대한 매매계약	기초자산의 매수 또는 매도에 대한 권리
거래 대가	없음(선물의 가치＝0)	옵션가격(프리미엄)
포지션 청산	반대매매 또는 실물인수도	반대매매 또는 옵션행사
권리와 의무	매수자와 매도자 모두 선물계약이행에 대한 권리·의무를 가짐	옵션행사에 대하여 매수자는 권리, 매도자는 의무를 가짐
증 거 금	매수자와 매도자 모두 납입	매도자만 납입

알아 두기

옵션의 역사

옵션의 역사를 고대 그리스 시절 기하학의 아버지로 불리는 탈레스(Thales)로부터 찾는 사람들도 있다. 당시에는 올리브유를 얻기 위해서 돈을 주고 압착기를 빌려야 했는데, 탈레스는 파종기에 미리 돈을 주고 수확기에 일정한 임대료로 압착기를 빌릴 수 있는 권리를 사두었다. 올리브 풍작으로 압착기를 필요로 하는 사람이 많아지면 임대료가 상승할 것으로 판단했던 것이다.

한편 성경에서 옵션의 기원을 찾는 사람들도 있다. 구약성경에는 야곱이 라반의 두 딸 중 동생 라헬과 결혼하기 위해 라반의 농장에서 7년간 일하겠다는 조건을 수락했다는 기록이 남아 있는데, 이것이 옵션의 시작이라는 것이다. 이를테면 야곱은 라헬과의 결혼을 위해 7년간 일하겠다는 프리미엄을 지불하면서 라헬과 결혼할 수 있는 권리인 콜을 취득했다는 것이다. 한편 7년의 기한이 되었을 때 야곱은 라반과의 약속을 어기고 언니인 레아와 결혼하게 되었는데, 이 역시 옵션의 '불확정 계약'에 대한 사례로 들 수 있다.

진정한 의미에서 옵션거래가 처음으로 크게 유행한 것은 17세기 네덜란드에서 찾아 볼 수 있다. 당시 네덜란드에서는 튤립뿌리의 투기가 성행하면서 부자는

물론 가난한 사람들까지 튤립 재배 및 매매에 참가했다. 하지만 작황에 따라 가격 변동폭이 심한 것이 문제였다. 이에 튤립시장에서 튤립을 기초자산으로 하는 옵션이 처음으로 거래되기 시작한 것이다. 결국 옵션은 헤지의 수단으로 이용되었는데, 딜러들은 튤립의 가격상승에 대비하여 필요한 양의 콜옵션을 매수했고, 튤립 재배자들은 안정적으로 튤립을 판매하기 위해 일정한 가격의 풋옵션을 매수했다. 그러나 갑자기 튤립의 가격이 폭락하면서 풋옵션 발행자들이 계약을 이행하지 못하게 되었고 혼란 상황에 빠지기도 했다. 그 결과 네덜란드 경제는 공황으로까지 치닫게 되었다. 이는 유럽전역에 옵션에 대한 나쁜 인상을 남기게 된 사례가 되었다.

알기 쉬운 증권 · 파생상품시장 지표 해설(한국거래소, 2010)

2 만기일에서의 옵션가치

2.1 콜 옵 션

콜옵션은 그 소유자에게 기초자산(주식 등)을 지정된 날짜 또는 그 이전에 미리 약정된 가격으로 살 수 있는 권리를 부여한다. 예를 들어 어떤 사람이 옵션거래소를 통해 3개월 후 또는 그 이전에 A기업 주식 1주를 30,000원에 살 수 있는 콜옵션을 매입하였다고 생각해 보자. 이 경우 콜옵션의 기초자산은 'A주식 1주', 만기일은 '3개월 후', 행사가격은 '30,000원'으로서, 이는 A기업과 전혀 관계없이 옵션거래소를 통해 개개인들간, 즉 콜옵션의 매입자와 매도자 사이에 이루어진 계약이다.

만기일에서의 옵션의 가치는 기초자산인 보통주의 만기일 가치에 의해 결정된다. 만기일(T)에 보통주의 가치(S_T)가 행사가격(X)보다 크다면, 콜옵션의 소유자가 보통주의 가격보다 낮은 행사가격으로 주식을 구입할 수 있기 때문에 콜옵션의 가치는 그 차이인 (S_T-X)가 된다. 예를 들어 만기일에 행사가격이 30,000원이며 기초자산인 보통주의 가격이 35,000원인 콜옵션이 있다면, 그 소유자는 콜옵션을 행사하여(콜옵션의 매도자에게 30,000원을 지불하여) 35,000원의 가치를 가진 보통주를 취득할 것이다. 따라서 만기일에서의 콜옵션의 가치는 그 차액인 5,000원(35,000원 − 30,000원)이 된다.

그러나 만기일(T)에 보통주의 가치(S_T)가 행사가격(X)보다 작다면, 콜옵션의 소유자는 보통주의 가격보다 높은 행사가격을 가진 콜옵션을 행사하여 주식을 구입하기보다는 직접 주식시장에서 그 주식을 구입하는 것이 더 유리하기 때문에 콜옵션을 행사하지 않을 것이다. 따라서 그 옵션의 가치는 0이 된다. 예를 들어 만기일에 행사가격이 30,000원이며 기초자산인 보통주의 가격이 25,000원인 콜옵션이 있다면, 그 소유자는 콜옵션을 행사하여(콜옵션의 매도자에게 30,000원을 지불하여) 25,000원의 가치를 가진 보통주를 취득하지는 않을 것이다. 콜옵션의 소유자는 그 권리를 포기하게 되므로 그 콜옵션의 가치는 0이 된다.

따라서 만기일에서의 보통주의 가치에 따라 콜옵션의 가치는 다음과 같다.

$$C_T \begin{cases} S_T - X\text{, 만약 } S_T > X \text{ 라면} \\ 0 \quad\quad\quad\text{, 만약 } S_T \leq X \text{ 라면} \end{cases} \tag{7-1}$$

여기서 C_T : 만기일(T)에서의 콜옵션의 가치

앞의 식 (7-1)을 수학적 기호를 사용하여 하나의 식으로 나타내면 다음과 같다.[3]

$$C_T = \text{Max}[S_T - X,\ 0] \tag{7-2}$$

이상에서 살펴본 만기일에서의 콜옵션의 가치를 그림으로 나타내면 [그림 7-2]와 같다. [그림 7-2]에서 볼 수 있는 바와 같이 콜옵션의 가치는 결코 0보다 작을 수 없다는 점을 유의하여야 한다. 이는 콜옵션이 유한책임증

---

3 $\text{Max}[S_T - X,\ 0]$는 수학적 기호로서 괄호 안의 두 값 중 큰 것을 취한다는 것을 의미한다. $S_T > X$인 경우 $(S_T - X) > 0$이므로 $(S_T - X)$가 되며, 반대로 $S_T \leq X$인 경우 $(S_T - X) \leq 0$이므로 0이 된다.

그림 7-2 콜옵션의 만기일 가치

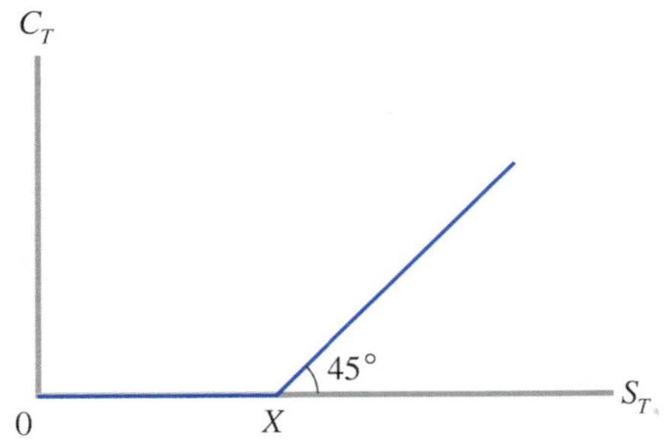

권(limited-liability instrument)임을 나타내는 것으로, 옵션매입자의 손실은 콜옵션의 매입가격에 한정된다. 옵션의 매입자(소유자)는 옵션의 행사가 자신에게 불리할 경우 그 권리를 포기하면 된다.

2.2 풋 옵 션

풋옵션은 콜옵션과 상반되는 것으로서, 그 소유자에게 기초자산(주식 등)을 지정된 날짜 또는 그 이전에 미리 약정된 가격으로 팔 수 있는 권리를 부여한다. 예를 들어 어떤 사람이 옵션거래소를 통해 3개월 후 또는 그 이전에 A기업 주식 1주를 30,000원에 팔 수 있는 풋옵션을 매입하였다고 생각해 보자. 이 경우 풋옵션의 기초자산은 'A주식 1주', 만기일은 '3개월 후', 행사가격은 '30,000원'으로서, 이는 A기업과 전혀 관계없이 옵션거래소를 통해 개개인들간, 즉 풋옵션의 매입자와 매도자 사이에 이루어진 계약이다.

만기일에서의 풋옵션의 가치를 결정하는 상황은 콜옵션의 경우와 상반된다. 만기일에 보통주의 가치(S_T)가 행사가격(X)보다 작다면, 풋옵션의 소유자가 보통주의 가격보다 높은 행사가격으로 풋옵션의 발행자(또는 매도자)에게 주식을 매도할 수 있기 때문에 풋옵션의 가치는 그 차이인 $(X-S_T)$가 된다. 예를 들어 만기일에 행사가격이 30,000원이며 기초자산인 보통주의 가격이 25,000원인 풋옵션이 있다면, 그 소유자는 풋옵션을 행사하여(풋옵션의 매도자로부터 30,000원을 받고서) 25,000원의 가치를 가진 보통주를 매도할 수 있다. 따라서 만기일에서 풋옵션의 가치는 그 차액인 5,000원(30,000원－25,000원)이 된다. 그러나 만기일(T)에 보통주의 가치(S_T)가 행사가격(X)보다 크다면, 풋옵션의 소유자는 보통주의 가격보다 낮은 행사가격을 가진 풋옵션을 행사하여 주식을 매도하기보다는 직접 주식시장에서 그 주식을 매도하는 것이 더 유리하기 때문에 풋옵션을 행사하지 않을 것이다. 따라서 그 옵션의 가치는 0이 된다. 예를 들어 만기일에 행사가격이 30,000원이며 기초자산인 보통주의 가격이 35,000원인 풋옵션이 있다면, 그 소유자는 풋옵션을 행사하여(풋옵션의 매도자로부터 30,000원을 받고서) 35,000원의 가치를 가진 보통주를 매도하지는 않을 것이다. 풋옵션의 소유자는 그 권리를 포기하게 되므로 그 풋옵션의 가치는 0이 된다.[4]

따라서 만기일에서의 보통주의 가치에 따라 풋옵션의 가치를 다음과 같이 나타낼 수 있다.

$$P_T \begin{cases} X-S_T, & \text{만약 } S_T < X \text{ 라면} \\ 0, & \text{만약 } S_T \geq X \text{ 라면} \end{cases} \qquad (7\text{-}3)$$

여기서 P_T: 만기일(T)에서의 풋옵션의 가치

식 (7-3)을 앞의 식 (7-2)와 같이 수학적 기호를 사용하여 하나의 식으로 나타내면 다음과 같다.

$$P_T = \text{Max}[X - S_T,\ 0] \qquad (7\text{-}4)$$

이상에서 살펴본 만기일에서의 풋옵션의 가치를 그림으로 나타내면 [그림 7-3]과 같다. [그림 7-3]을 앞의 [그림 7-2]와 비교해 보면, 콜옵션은 주

4 콜옵션과 마찬가지로 풋옵션의 가치도 역시 0보다 작을 수 없다. 즉 풋옵션도 유한책임증권이다.

그림 7-3 풋옵션의 만기일 가치

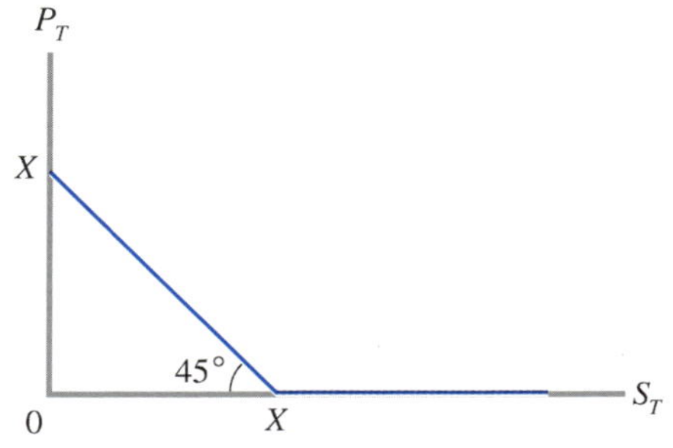

가가 행사가격보다 높을 때 가치가 있으나 풋옵션은 주가가 행사가격보다 낮을 때 가치가 있음을 알 수 있다. 그러므로 콜옵션은 향후 주가가 행사가격보다 높을 가능성이 있을 때 매입하는 반면, 풋옵션은 주가가 행사가격보다 낮을 가능성이 있을 때 매입하게 된다.

2.3 옵션의 매도

콜옵션을 매도한 사람은 콜옵션 소유자가 그 옵션을 행사할 때 옵션계약상의 기초자산인 주식을 행사가격으로 인도할 의무를 져야 한다. 만기에 보통주의 가격(S_T)이 행사가격(X)보다 낮으면 콜옵션은 행사되지 않을 것이며, 매도자의 의무는 없어진다. 그러나 만기에 보통주의 가격(S_T)이 행사가격(X)보다 높으면 콜옵션은 행사될 것이며, 이 경우 매도자는 매입자가 얻게 되는 이익인 ($S_T - X$)만큼의 손실을 입게 된다.

반면 풋옵션을 매도한 사람은 풋옵션 소유자가 그 옵션을 행사할 때 옵션계약상의 기초자산인 주식을 행사가격으로 인수할 의무를 져야 한다. 만기에 보통주의 가격(S_T)이 행사가격(X)보다 높으면 풋옵션은 행사되지 않을 것이며, 매도자의 의무는 없어진다. 그러나 만기에 보통주의 가격(S_T)이 행사가격(X)보다 낮으면 풋옵션은 행사될 것이며, 이 경우 매도자는 매입자가 얻

표 7-2 콜옵션과 풋옵션 매도자의 만기일 성과

구 분	만기일 성과	
	$S_T<X$	$S_T \geq X$
콜옵션의 매도자	0	$-(S_T-X)$
풋옵션의 매도자	$-(X-S_T)$	0

게 되는 이익인 $(X-S_T)$만큼의 손실을 입게 된다.

이상에서 설명한 콜옵션과 풋옵션 매도자의 만기일에서의 성과를 요약하면 〈표 7-2〉와 같다.[5]

그리고 콜옵션과 풋옵션 매도자의 만기일에서의 성과를 그림으로 나타내면 [그림 7-4]와 같다.

그림 7-4 콜옵션과 풋옵션 매도자의 만기일 성과

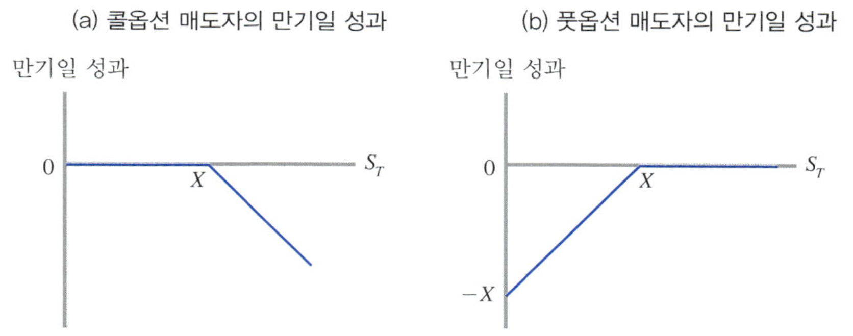

5 옵션의 매도자는 옵션소유자가 옵션을 행사할 때 그 상대방으로서 의무를 이행해야 할 책임을 져야 한다. 따라서 옵션매도자의 만기일에서의 성과는 항상 0 이하의 값을 가지게 된다.

3 한국거래소 옵션시장

우리나라는 1997년 7월 7일 한국증권거래소에서 코스피200지수를 기초자산으로 하는 주가지수옵션 거래가 처음으로 이루어졌다. 그 이후 꾸준한 증가세를 보이던 옵션시장이 2001년에는 급격히 성장하였고, 2002년 1월 28일에는 기초자산이 해당종목의 주식인 주식옵션시장이 개설되면서 본격적인 옵션시장이 열리게 되었다. 현재 우리나라에서는 코스피200옵션, 미니코스피200옵션, 개별주식옵션, 미국달러옵션 등이 거래되고 있다.[6]

3.1 한국거래소 옵션의 주요 명세

기초자산

코스피200옵션, 미니코스피200옵션 등 주가지수옵션은 실물이 없는 추상적인 코스피200지수(한국거래소의 유가증권시장에 상장된 주권 200종목의 시가총액기준으로 산출된 지수, 산출기준시점 1990. 1. 3)를 기초자산으로 만들어진 것이다. 개별주식옵션의 기초자산은 주식시장에 상장되어 있고 유통주식수가 200만주 이상, 소액주주수가 2,000명 이상, 1년간 총거래대금이 5,000억원 이상인 보통주식 중에서 시가총액과 재무상태 등을 감안하여 선정된다. 통화옵션인 미국달러옵션은 미국달러(USD)를 기초자산으로 한다.

거래수량단위, 계약금액 및 거래승수

옵션상품의 거래수량단위는 1계약이다. 옵션 1계약의 금액은 옵션의 가격(프리미엄)에 거래승수를 곱하여 산출한다. 코스피200옵션의 거래승수는 25만원이고, 미니코스피200옵션의 거래승수는 5만원, 개별주식옵션의 거래

6 개별주식옵션과 유사한 주식워런트(equity linked warrant : ELW)는 만기에 정해진 가격으로 주식을 사거나(call) 팔(put) 수 있는 권리로서 금융기관에 의해 발행된다. 그러나 한국거래소에 의해 결제가 보증되는 옵션과 달리 발행자(금융기관)에 따라 결제위험이 존재할 수 있다.

승수는 10주, 미국달러옵션의 거래승수는 1만이다.[7]

결 제 월

코스피200옵션의 경우 결제월은 매월이며, 상장 결제월은 비분기월 4개와 분기월 7개(3, 9월 : 각 1개, 6월 : 2개, 12월 : 3개)이다. 예를 들어 20×1년 3월 2일 기준의 코스피200옵션은 비분기월 4개(20×1년 4월, 5월, 7월, 8월) 및 분기월 7개(20×1년 3월, 6월, 9월, 12월, 20×2년 6월, 12월, 20×3년 12월)의 결제월 상품이 상장된다. 그리고 미니코스피200옵션의 결제월은 매월이며, 연속 6개월(분기월 2개, 비분기월 4개) 결제월이 상장된다. 한편 개별주식옵션의 결제월은 비분기월 중 2개, 분기월 중 4개이며, 1년 이내의 6개 결제월이 상장된다. 미국달러옵션(통화옵션)의 결제월은 분기월 2개와 그 밖의 월 중 2개이며, 6개월 이내의 4개 결제월이 상장된다.

행사가격

코스피200옵션 거래의 행사가격은 각 결제월의 거래개시일에 비분기월, 3월 및 9월 종목의 경우 5포인트 간격으로 49개, 6월 및 12월 종목의 경우 10포인트 간격으로 25개를 설정하고 그 이후 결제월에 따라 일정간격(2.5포인트, 5포인트, 10포인트)으로 설정되지 않은 행사가격을 추가 설정한다.[8] 미니코스피200옵션 거래의 행사가격은 각 결제월의 거래개시일에 5포인트 간격으로 33개를 설정하고 그 이후 결제월에 따라 일정간격(2.5포인트, 5포인트)으로 설정되지 않은 행사가격을 추가 설정한다. 개별주식옵션 거래의 행사가격은 각 결제월의 거래개시일에 9개를 설정하며, 행사가격의 간격은 권리행

---

7 미니코스피200옵션은 기존 코스피200옵션과 동일하게 한국의 대표 주가지수인 코스피200지수를 기초자산으로 하는 상품이지만, 1계약금액을 1/5(거래승수 25만원→5만원)로 축소함으로써 소액투자가 가능하여 다양한 거래기회를 이용할 수 있다.

8 기초자산가격과 행사가격이 동일한 등가격(at the money : ATM) 옵션 1개를 중심으로, 옵션을 즉시 행사할 때 양(+)의 현금흐름이 발생하는 내가격(in the money : ITM) 옵션과 음(−)의 현금흐름이 발생하는 외가격(out of the money : OTM) 옵션의 개수가 동일해지도록 행사가격이 설정된다.

사가격의 수준 및 잔존만기에 따라 달리 적용한다. 미국달러옵션 거래의 행사가격은 각 결제월의 거래개시일에 10원 간격으로 7개를 설정한다.

호가가격단위

코스피200옵션 거래의 호가가격단위는 옵션가격(프리미엄)이 10포인트 미만인 경우에는 0.01포인트, 10포인트 이상인 경우에는 0.05포인트로 한다. 미니코스피200옵션 거래의 호가가격단위는 옵션가격(프리미엄)이 3포인트 미만인 경우에는 0.01포인트, 3포인트 이상에서 10포인트 미만인 경우 0.02포인트, 10포인트 이상인 경우에는 0.05포인트로 한다. 개별주식옵션 거래의 호가가격단위는 옵션가격이 1천원 미만인 경우에는 10원, 1천원 이상 2천원 미만인 경우에는 20원, 2천원 이상 5천원 미만인 경우에는 50원, 5천원 이상 1만원 미만인 경우에는 100원, 1만원 이상인 경우에는 200원으로 한다. 미국달러옵션 거래의 호가가격단위는 0.10원으로 한다.

최종거래일과 최종결제일

우리나라 옵션상품은 만기, 즉 결제월의 최종거래일에만 권리행사를 할 수 있는 유럽형 옵션에 해당한다. 코스피200옵션, 미니코스피200옵션, 그리고 개별주식옵션 거래의 최종거래일은 결제월의 두 번째 목요일(공휴일인 경우 순차적으로 앞당김)로 하고, 권리행사에 대한 결제일(최종결제일)은 최종거래일의 다음 거래일로 한다. 미국달러옵션 거래의 최종거래일은 결제월의 세 번째 월요일(공휴일인 경우 순차적으로 앞당김)로 하고, 최종결제일은 최종거래일의 다음 거래일로 한다.

권리행사결제

코스피200옵션과 미니코스피200옵션 거래의 권리행사결제는 권리행사결제수량(배정수량)에 대하여 권리행사차금(행사가격과 권리행사결제기준가격과의 차이에 권리행사결제수량 및 거래승수를 곱하여 산출되는 금액)을 주고받는 방법으

표 7-3 우리나라 옵션의 주요 명세

구　　분	코스피200옵션	미니코스피200옵션	개별주식옵션	미국달러옵션*
기초자산	코스피200지수	코스피200지수	한국거래소 상장기업 주식	미국달러(USD)
옵션의 종류	콜옵션과 풋옵션	콜옵션과 풋옵션	콜옵션과 풋옵션	콜옵션과 풋옵션
옵션의 유형	유럽형	유럽형	유럽형	유럽형
거래단위 (승수)	1포인트당 25만원	1포인트당 5만원	10주	US $10,000
상장 결제월	11개 결제월	6개 결제월	6개 결제월	4개 결제월
결제방법	현금결제	현금결제	현금결제	현금결제

* 2021년 1월부터 새로운 결제월 종목의 거래개시(상장)가 중지됨(휴면 지정).

로 한다. 주가지수옵션 거래의 권리행사결제기준가격은 권리행사일(최종거래일) 주가지수(기초자산)의 종가로 한다. 개별주식옵션 거래의 권리행사결제는 권리행사결제수량에 대하여 권리행사차금을 주고받는 방법으로 한다. 개별주식옵션 거래의 권리행사결제기준가격은 권리행사일 기초주권의 종가로 한다. 미국달러옵션 거래의 권리행사결제는 권리행사결제수량에 대하여 권리행사차금을 주고받는 방법으로 한다. 미국달러옵션 거래의 권리행사결제기준가격은 외국환중개회사의 대표가 권리행사일의 다음 날 영업개시 30분 전까지 기획재정부장관 등에 통보하는 매매기준율로 한다.

현재 우리나라에서 거래되고 있는 옵션들에 대한 주요 명세는 〈표 7-3〉에 나타나 있다. 그리고 〈표 7-4〉는 코스피200옵션 시세표 일부를 예시한 것이다. 종가는 당일의 마지막 거래에 적용된 옵션가격으로, 다음 날 거래의 기준가격이 된다. 시가는 당일의 첫 거래에 적용된 옵션가격이며, 고가와 저

표 7-4 코스피200옵션 시세표(20×1년 7월 21일 현재) (단위 : 포인트, 계약)

구분	결제월	행사가격	종　가	전일대비	시　가	고　가	저　가	거래량	미결제 약정수량
콜	20×108	362.5	2.39	−0.09	2.96	3.45	2.36	40,615	18,951
풋	20×108	362.5	3.15	−0.05	2.66	3.15	2.18	63,063	8,970

가는 각각 당일거래 중 가장 높은 가격과 낮은 가격을 의미한다. 여기서 행사가격이 362.5포인트인 20×1년 8월물 콜옵션 1계약을 종가로 매입하는 경우 매입금액은 597,500원(2.39×25만원)이며, 풋옵션 1계약을 종가로 매입하는 경우 매입금액은 787,500원(3.15×25만원)이 된다. 그리고 미결제약정수량은 현재 만기일이 도래하지 않았거나 반대매매에 의해서 청산되지 못한 옵션의 계약수를 의미한다.

알아두기

우리나라 파생상품의 분류

우리나라 파생상품시장에 관한 가장 주된 법률은 '자본시장과 금융투자업에 관한 법률'로서 통상 자본시장법이라고 한다. 자본시장법에 따르면 금융상품을 원금손실 가능성 여부에 따라서 금융상품과 비금융상품으로 구분된다. 원금손실이 없는 예금 등은 비금융상품으로 분류된다. 일상적인 의미를 따지자면 예금은 당연히 금융상품에 속하겠지만 자본시장법상의 용어로는 비금융상품에 해당하게 된다. 금융상품은 원금초과손실 가능성 여부에 따라 선물, 옵션 등의 파생상품(원금초과손실 가능)과 주식, 채권 등의 증권(원금초과손실 불가능)으로 구분되며, 파생상품은 장내파생상품과 장외파생상품으로 세분화된다. 자본시장법 제5조 2항에 따르면 장내파생상품이란 '파생상품으로서 파생상품시장에서 거래되는 것 또는 해외파생상품시장에서 거래되는 것'을 지칭하는데, 여기서 파생상품시장이란 한국거래소 파생상품시장을 의미한다. 장외파생상품은 거래소에서 거래되는 상품을 제외한 모든 상품을 의미한다. 장외파생상품의 종류로는 선도·옵션·스왑 등이 있으며, 거래에 대한 정해진 규정 없이 당사자간의 협의에 의해 만기일 등 계약내용을 정할 수 있어 장내거래상품보다 훨씬 많이 이용되고 있다. 대표적인 장외상품으로는 은행에서 제공하는 FX(foreign exchange)거래 등을 들 수 있다.

〈자본시장법상 금융상품의 분류〉

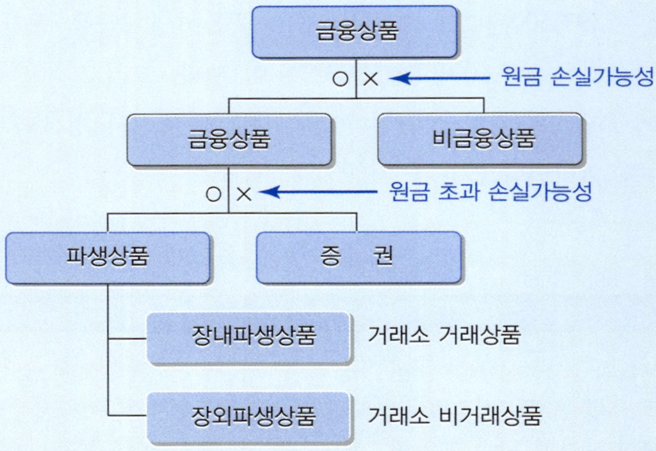

알기 쉬운 증권 · 파생상품시장 지표 해설(한국거래소, 2010)

3.2 옵션의 거래절차

옵션 거래절차

증거금 및 결제제도 등 특정 부분을 제외하고는 선물과 옵션의 거래절차는 거의 동일하다. 따라서 여기에서는 옵션의 거래절차를 간략하게 설명하기로 한다. 옵션의 거래절차는 옵션의 계좌개설, 증거금 납부, 주문, 거래체결, 체결내용의 통보, 청산 및 최종결제 등의 단계로 이루어진다.

먼저 한국거래소(KRX)의 파생상품시장에서 옵션을 거래하고자 하는 고객은 회원사 또는 회원사 제휴은행 등에서 거래계좌를 개설하여야 한다. 옵션거래에 있어서 증거금은 미래의 채무이행을 성실히 수행하겠다는 표시로 예탁하는 보증금 성격의 자금이라 할 수 있다. 따라서 투자자들은 옵션거래에 의한 미래의 채무이행을 위하여 증거금을 예탁하고 모든 채무를 이행한 후에 해당 증거금을 찾아가게 된다. 고객은 주문 시 컴퓨터 통신, 서면(팩스 포함), 전화를 이용하거나 회원사로 직접 방문할 수 있다. 회원사에 접수된 고객의 주문은 신속하고 정확하게 파생상품시장본부 전산시스템에 전달되고 전달된 주문은 가격우선, 시간우선 등의 정해진 원칙에 따라 체결이 이루어진다. 회원사는 주문이 체결되거나 미결제약정에 대하여 최종결제 또는 옵션 권리행사 배정이 있을 경우에는 그 내용을 고객에게 전화, 휴대폰의 문자 또는 컴퓨터 통신 등의 방법으로 통지한다. 보유하고 있는 옵션에 대하여 최종거래일 이전에 반대매매에 의해 청산하는 방법과 결제일에 최종결제에 의해 청산하는 방법이 있다

청산 및 최종결제

고객은 최종거래일 이전에 옵션의 미결제약정을 반대매매로 종결할 수 있으며, 반대매매한 경우 고객이 미결제약정을 취할 때의 약정금액과 전매 또는 환매한 약정금액과의 차이에 해당하는 금액을 주고받음으로써 거래관계가 종결된다.

최종결제방식에는 인수도결제방식과 현금결제방식이 있다. 인수도결제는 최종거래일까지 반대매매가 되지 않은 미결제약정에 대해 실물을 직접 인수하거나 인도하는 방식으로 최종결제 처리하는 것을 말한다. 현금결제는 옵션의 행사가격과 권리행사결제기준가격의 가격차이에 거래승수 및 계약 수를 곱한 금액을 주고받아 결제 처리하는 방식이다. 현재 한국거래소 파생상품시장에서 거래되는 옵션은 모두 만기 시 현금결제방식을 적용받고 있다.

알아두기

코스피200옵션 거래의 결제방법

■ 프리미엄(옵션가격)의 수수

옵션거래가 성립한 경우에는 매도고객은 매수고객으로부터 옵션대금을 결제금액으로 지급받는다. 또한, 옵션대금을 주고받은 후에는 동일 종목의 옵션 매도·매수가격은 같아지게 되므로, 선물거래와 같이 동일 종목의 매도·매수수량은 같

은 수량에서 자동 상계·소멸하게 된다. 즉 3포인트로 옵션 1계약을 매도한 자가 동일 종목을 2포인트로 1계약 매수한 경우 1포인트(매도 3포인트－매수 2포인트)를 지급받은 후 매도·매수의 같은 수량 1계약은 자동 소멸되어 미결제약정은 없어진다.

■ 권리행사 및 권리행사의 포기

코스피200옵션 거래는 최종거래일에만 권리행사를 할 수 있다. 즉 최종거래일의 매매거래시간 종료 시까지 소멸되지 않은 매수 미결제약정을 보유하고 있는 고객은 매매거래시간 종료 후 1시간 30분 이내에 증권사에 권리행사를 하겠다는 의사표시 신고를 해야 한다. 그러나 0.01포인트(5,000원) 이상의 이익이 발생하는 때에는 권리행사의 신고가 없더라도 신고한 것으로 본다. 권리행사할 경우 오히려 손해가 발생하는 옵션매수의 미결제약정을 보유한 자는 권리행사를 포기할 수 있다. 권리행사의 포기는 특별한 의사표시가 필요하지 않으며, 권리행사 신고기한까지 신고하지 않은 경우에는 포기한 것으로 보아 미결제약정은 자동 소멸된다. 만기일의 권리행사 시 현금결제방식에 따라 옵션의 매도자는 매수자에게 아래와 같은 권리행사 차금을 지급하여야 한다.

- 콜옵션 : (권리행사결제기준가격－옵션행사가격)×종목별 미결제약정수량 ×25만원
- 풋옵션 : (옵션행사가격－권리행사결제기준가격)×종목별 미결제약정수량 ×25만원

알아두기

옵션이 로또보다 100배 낫다

옵션을 공부할 때, 복권과 자주 비교한다. 이해를 돕기 위해서다. 그러나 그러한 비유는 이해를 돕기는커녕 방해가 된다. 옵션이 복권과 다른 점은 너무나 많고, 다르다는 사실은 자명하다. 옵션이 복권과 같은 점이 없는 것은 아니다. "그거 해서 돈 벌기 힘들다. 그거 사서 성공했다는 사람 주변에는 없다." 강력한 공통점이다. 그러나 그 정도 공통점은 경마에도 있고, 고스톱에도 있으니 별로 특별할 것은 없다. 로또는 가장 진화한 형태의 복권이다. 로또발행자는 '땅 짚고 헤엄치기'로 돈을 번다. 로또는 인간이 생각해 낼 수 있는 가장 완벽한 형태의 사기다. 로또의 환급률은 50%다. 로또발행자는 리스크가 전무한 상황에서 매출액의 50%를 수익

으로 올린다. 일반 추첨식 복권은 생각보다 리스크가 크다. 복권을 10만장 발행했는데, 딱 한 장만 팔릴 수 있다. 그리고 그 팔린 한 장이 1등에 당첨될 수 있다. 실수로 같은 번호가 2장 인쇄되었는데, 마침 그 번호가 1등에 당첨될 수도 있다. 로또는 그런 위험이 없다. 1등이 수없이 나와도 아무런 위험이 없다.

가장 완벽한 형태의 복권인 로또와 옵션은 질적으로 다르다.

첫째, 발행자의 의무에서 다르다. 로또발행자는 모든 위험을 통제한다. 환급률을 발행자가 통제한다. 리스크는 없다. 옵션발행자(옵션매도자)는 어떤 위험도 통제하지 못한다. 시장을, 최대 손실가능액을 옵션발행자가 통제하지 못한다. 옵션발행자도 시장가격의 순응자일 뿐이다.

둘째, 옵션의 가격은 변한다. 옵션은 남아 있는 시간의 길이(잔존기간), 시장의 변동성, 이자율, 기초자산의 가격 등의 영향을 받아 가격이 변한다. 한 번 발행하면 어떠한 변화에도 영향을 받지 않는 복권과는 다르다. 옵션의 가격변화가 옵션을 어렵게 만든다. 조금만 이익을 보면 팔고 싶고, 손해가 나면 좌불안석이다. 그런 면에서 옵션이 복권에 비해 불리하다. 너무 많은 심리적 스트레스에 노출된다. 그 스트레스 때문에 스스로 무너지는 것이 옵션이란 게임이다.

셋째, 옵션은 제로섬게임이다. 옵션의 수수료와 제반 비용은 아주 낮은 수준이다. (투자자의 입장에서는 적지 않다.) 그러나 경마의 30% 구전, 로또의 50% 구전에 비하면 할아버지다.

로또가 발행자 입장에서 완벽한 사기라면, 옵션은 매수자 입장에서 가장 유리한 도박이다. 공통점을 찾아보자. 첫째는 맨 처음에 지적한 '돈 벌기 힘들다'는 점이다. 둘째는 대박의 신화다. 큰돈을 빨리 벌 수 있다는 신화다. 꿈을 가지고 복권을 사듯이 꿈을 가지고 옵션을 한다. 그 점에서 많이 닮았다. 인간의 나약한 허상을 노리는 사기가 복권이라면, 옵션도 그런 면이 없지 않다.

옵션이 로또에 비해 유리함에도 불구하고, 옵션으로 성공하기는 복권으로 성공하는 것만큼 어렵다. 복권은 구조적으로 매수자를 파멸시키지만, 옵션은 심리적으로 매수자, 매도자를 모두 파멸시킨다. 쉽게 흔들리는 자, 돈에 욕심을 내는 자 모두 스스로 파멸하는 심리게임이다. 돈을 놓고 게임을 하면서, 돈을 탐하지 말아야 한다는 사실을 어떻게 받아들일 수 있고, 그것이 어떻게 가능하겠는가? 그래서 옵션은 스스로 무너지는 게임이다. 옵션에서 성공하기 위해서는 복권이 아닌 것처럼 하면 된다. 즉 타워팰리스를, 렉서스를, 해외여행을, 멋진 인생역전을 머릿속에 그리지 말라. 욕심 없이, 겸손한 마음가짐으로 옵션매도도 해 보고, 다양한 옵션 합성전략을 짜보라. 옵션에서 성공하기 위해서는 복권인 것처럼 하면 된다. 복권 사서 망했다는 사람 없지만, 옵션으로 망했다는 사람은 부지기수다. 왜 유리한 게임을 하는데 매번 실패하나? 베팅을 잘 못하기 때문이다. 복권 1,500만원 사는 사람 있나? 돈 생기는 족족 복권 사는 사람 있나? 없다. 옵션을 사되 복권처럼 조금 씩만 사면, 로또보다 100배 훌륭한 상품이다.

(머니투데이, 2004. 7. 28 수정)

주요 용어

key words

연습문제

■ 완성/선택형 문제

01 (   )은 특정 자산(주로 주식)을 지정된 날짜 또는 그 이전에 미리 약정된 가격으로 팔 수 있는 권리를 그 소유자에게 부여하는 계약을 의미한다.

02 (   )은 만기일 이내 언제든지 행사가 가능하나, (   )은 만기일에만 행사할 수 있다.

03 만기일에서의 옵션의 가치는 기초자산인 보통주의 (   )에 의해 결정된다.

04 옵션에 대한 다음의 설명 중 잘못된 것은?

① 옵션거래는 기초자산인 주식의 발행자(해당기업)와 관계없이 옵션거래소를 통해 옵션의 매입자와 매도자간에 이루어진 특별한 계약이다.

② 유럽형 옵션은 만기일 이내 언제든지 행사가 가능하나, 미국형 옵션은 만기일에만 행사할 수 있다.

③ 옵션의 만기일은 옵션을 행사하여야 하는 최종일로서, 만기일이 지나면 그 옵션은 사라지게 된다.

④ 옵션은 유한책임증권으로서 옵션매입자의 손실은 옵션의 매입가격에 한정된다.

⑤ 콜옵션은 향후 주가가 행사가격보다 높을 가능성이 있을 때 매입하는 반면, 풋옵션은 주가가 행사가격보다 낮을 가능성이 있을 때 매입하게 된다.

05 다음 설명 중 틀린 것은?

① 선물은 계약시점에 거래대가가 수수되지 않는 반면, 옵션의 경우 계약 시 옵션가격(프리미엄)의 수수가 발생한다.
② 옵션거래는 기초자산인 주식의 발행자(해당기업)와 관계없이 옵션거래소(한국거래소의 파생상품시장)를 통해 옵션의 매입자와 매도자간에 이루어지는 특별한 계약이다.
③ 선물은 매수자와 매도자 모두 권리와 계약이행의무를 동시에 갖지만, 옵션의 경우 매수자는 권리를 갖고 매도자는 의무를 진다.
④ 만기일에 기초자산 가격이 행사가격보다 높을 경우 유럽형 풋옵션의 가치는 음(−)의 값을 갖는다.
⑤ 선물거래 시 매수자와 매도자 모두 증거금을 내지만, 옵션의 경우 매도자만 증거금을 납부한다.

06 A씨는 행사가격이 210.05인 코스피200콜옵션 1계약을 1.00의 가격(프리미엄)에 매입하였다. 만약 옵션의 만기일에서 코스피200지수가 215.05일 경우 옵션거래에 따른 A씨의 손익은 얼마인가? (단, 코스피200옵션의 거래승수는 25만원이다.)

① 100만원 이익　② 100만원 손실　③ 125만원 이익
④ 125만원 손실　⑤ 150만원 손실

07 다음 중 현재 우리나라에서 거래되는 옵션이 아닌 것은?

① 코스피200옵션　② 삼성전자옵션　③ 미니코스피200옵션
④ POSCO옵션　⑤ 3년 국채옵션

■ 서술/계산형 문제

01 선물거래와 옵션거래를 비교하여 설명하라.

02 현재 우리나라에서 거래되고 있는 옵션의 종류 및 의미, 거래제도 등을 한국거래소(http://www.krx.co.kr)에서 조사하라.

03 콜옵션의 만기일 가치와 손익

박매입은 행사가격이 260.00포인트이고, 1달 후에 만기가 되는 코스피200콜옵션 10계약을 계약당 5포인트의 가격으로 매입하였다. (단, 거래승수는 1포인트당 25만원임.)

(1) 만기일의 코스피200이 268.06포인트일 경우, 콜옵션의 만기일 가치와 손익은?

(2) 만기일의 코스피200이 258.80포인트일 경우, 콜옵션의 만기일 가치와 손익은?

04 풋옵션의 만기일 가치와 손익

이매입은 행사가격이 240.00포인트이고, 3개월 후에 만기가 되는 코스피200 풋옵션 1계약을 3포인트의 가격으로 매입하였다. (단, 거래승수는 1포인트당 25만원임.)

(1) 만기일의 코스피200이 238.02포인트일 경우, 풋옵션의 만기일 가치와 손익은?

(2) 만기일의 코스피200이 248.50포인트일 경우, 풋옵션의 만기일 가치와 손익은?

제8장 옵션의 결합과 가격결정요인

1. 옵션의 결합 : 풋-콜 패리티
2. 옵션가격의 범위와 결정요인

옵션(option)은 그 소유자에게 지정된 시기 또는 그 시기 이내에 정해진 가격으로 특정 자산을 사거나 팔 수 있는 권리를 주는 특별한 계약으로서, 이를 이용하여 다양한 금융상품을 만들 수 있다. 한편 제7장에서 만기일에서의 옵션가치에 대해서 살펴보았다. 그러면 현재시점에서의 옵션가치는 어떻게 결정되는가? 이와 같은 물음에 구체적으로 답하기 이전에 먼저 현재시점에서의 옵션가치가 어떠한 요인들에 의해서 결정될 것인가를 알아야 한다.

본장에서는 옵션의 결합, 옵션가격의 범위와 결정요인 등에 대해서 살펴보고자 한다.

1 옵션의 결합: 풋-콜 패리티

콜옵션과 풋옵션을 이용하면 보다 다양한 형태의 금융상품을 만들 수 있다. 예를 들어 주식을 하나 매입하고 동시에 그 주식에 대한 풋옵션을 매입하여 새로운 금융상품(또는 포트폴리오)을 하나 만든다고 생각해 보자. 만약 만기일에서의 주가(S_T)가 행사가격(X)보다 더 크다면, 풋옵션은 가치가 없게 되어 주식과 풋옵션을 결합하여 만든 새로운 금융상품의 가치는 주식의 가치(S_T)와 동일하게 된다. 그러나 만약 만기일에서의 주가(S_T)가 행사가격(X)보다 작다면 풋옵션의 가치는 $(X-S_T)$가 되므로, 이것과 주식의 가치(S_T)를 합하여 새로운 금융상품의 가치를 구하면 행사가격(X)과 같게 된다. $S_T<X$일 경우 주식과 풋옵션의 결합가치가 항상 일정한 값, 즉 행사가격을 갖게 되는 것은 주식가치의 하락이 풋옵션가치의 상승에 의해서 정확히 상쇄되기 때문이다. 이상의 결과를 요약하면 〈표 8-1〉와 같다.

그리고 이와 같은 관계를 그림으로 나타내면 [그림 8-1]과 같다.[1] [그림 8-1]에서 제시된 주식과 풋옵션의 결합가치는 앞장의 [그림 7-2]의 콜옵션 매입가치와 같은 형태이나, [그림 7-4] (a)의 콜옵션 매도가치와는 정반대 형태를 가지고 있다. 이는 옵션을 이용함으로써 위험을 제거할 수 있는 가능

표 8-1 주식과 풋옵션의 결합

포트폴리오	만기일 성과	
	$S_T<X$	$S_T \geq X$
주식 매입 풋옵션 매입	S_T $X-S_T$	S_T 0
합 계	X	S_T

1 주식과 풋옵션을 매입하는 전략을 방어적 풋(protective put)이라 하며, 이는 주가가 상승하는 경우 이익을 그대로 취하나, 하락할 경우 손실을 일정수준으로 제한하는 전략이다. 이에 대한 자세한 내용은 제9장을 참조하기 바람.

그림 8-1 주식과 풋옵션의 결합

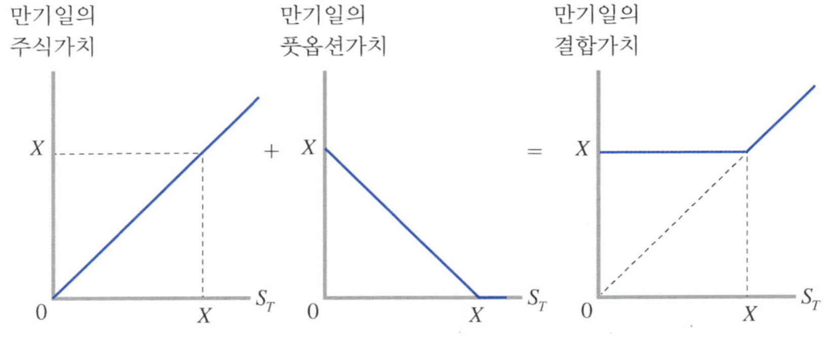

성을 보여준다. 즉 주식과 풋옵션을 각각 하나씩 매입하고, 콜옵션을 하나 매도함으로써 무위험포트폴리오(헤지포트폴리오)를 구성할 수 있다. 이 경우 콜옵션과 풋옵션은 유럽형 옵션으로서 동일한 주식에 대하여 설정되며, 그 행사가격과 만기가 모두 같아야 한다. 이와 같이 구성된 포트폴리오의 성과는 〈표 8-2〉에 나타나 있다. 〈표 8-2〉에서 포트폴리오의 만기일 성과(또는 가치)는 미래의 주가변동에 관계없이 항상 일정한 값, 즉 행사가격(X)을 가지기 때문에 이 포트폴리오는 무위험포트폴리오이다.[2] 무위험포트폴리오의 구성을 위한 현재의 투자액은 $(S+P-C)$이며, 그것에 대한 만기일(T)에서의 투자성과는 행사가격(X)으로서 위험이 없다.

따라서 균형상태하에서(차익거래에 의한 이익이 존재하지 않는 상황하에서)는 다음과 같은 관계가 성립한다.

---

2 주식과 풋옵션을 매입하고 콜옵션을 매도함으로써 무위험포트폴리오를 구성할 수 있다는 사실은 다음과 같이 간단하게 생각해 볼 수 있다.

- $S_T<X$일 경우 : 콜옵션은 가치가 없고 매입한 풋옵션을 행사한다. 즉 보유하고 있는 주식을 행사가격(X)으로 매도한다. 따라서 만기의 포트폴리오성과는 X이다.
- $S_T \geq X$일 경우 : 풋옵션은 가치가 없고 매도하였던 콜옵션이 상대방에 의해서 행사된다. 즉 보유하고 있던 주식을 행사가격(X)으로 매도하여야 한다. 따라서 이 경우에도 만기의 포트폴리오성과는 X이다.

표 8-2 무위험포트폴리오의 구성

포트폴리오	투 자 액	만기일(T) 성과	
		$S_T < X$	$S_T \geq X$
주식 매입	S	S_T	S_T
풋옵션 매입	P	$X - S_T$	0
콜옵션 매도	$-C$	0	$-(S_T - X)$
합　계	$S + P - C$	X	X

주) S : 주식의 현재가치, P : 풋옵션의 현재가치, C : 콜옵션의 현재가치

$$S + P - C = \frac{X}{1 + r_T} \quad (8\text{-}1)$$

여기서 r_T : 현재부터 만기일인 T시점까지 기간의 무위험이자율

식 (8-1)을 풋-콜 패리티(put-call parity)라 하며, 이는 동일한 행사가격과 만기를 가진 유럽형 풋옵션과 콜옵션의 가치 사이의 균형관계를 말한다. 식 (8-1)을 약간 변형하면 다음과 같다.[3]

$$P = C - S + \frac{X}{1 + r_T} \quad (8\text{-}1)'$$

콜옵션의 현재가치가 구해지면, 식 (8-1)′를 이용하여 풋옵션의 현재가치도 구할 수 있다.

---

3 r_T의 연리가 r이고, T가 연 단위로 환산된 만기라면 복리계산방법에 따라 다음과 같이 나타낼 수 있다.

- 이산복리의 경우 : $P = C - S + \dfrac{X}{(1+r)^T}$
- 연속복리의 경우 : $P = C - S + Xe^{-rT}$

  여기서 e : 자연지수라 하며, 그 값은 2.71828⋯임

알아두기

합성증권의 구성

식 (8-1)에 의해서 다음과 같은 합성증권을 구성할 수 있다.

- 합성주식(synthetic stock)

  $S = -P + C + \dfrac{X}{1+r_T}$: 1풋 매도, 1콜 매입, 무위험채권 $\dfrac{X}{1+r_T}$ 매입(대출)

- 합성풋(synthetic put)

  $P = -S + C + \dfrac{X}{1+r_T}$: 1주식 공매도, 1콜 매입, 무위험채권 $\dfrac{X}{1+r_T}$ 매입(대출)

- 합성콜(synthetic call)

  $C = S + P - \dfrac{X}{1+r_T}$: 1주식 매입, 1풋 매입, 무위험채권 $\dfrac{X}{1+r_T}$ 공매도(차입)

- 합성무위험채권(synthetic risk-free bond)

  $\dfrac{X}{1+r_T} = S + P - C$: 1주식 매입, 1풋 매입, 1콜 매도

지금까지의 설명은 배당이 없는 주식을 가정한 것이다. 그러나 옵션(유럽형)의 만기일 이전에 배당이 지급되는 경우, 〈표 8-2〉와 같이 구성된 무위험포트폴리오의 성과를 수정하면 〈표 8-3〉과 같다. 〈표 8-3〉에 의해서 만기일 이전에 배당이 지급되는 경우, 풋-콜 패리티는 다음과 같이 수정될 수 있다.[4]

$$S - PV(D) + P - C = \frac{X}{1+r_T} \qquad (8\text{-}2)$$

여기서 $PV(D)$: 만기일 이전에 지급되는 배당금의 현재가치$\left(\dfrac{D_T}{1+r_T}\right)$

---

4 미국형 콜옵션의 가격과 풋옵션의 가격간의 관계는 다음과 같이 나타낼 수 있다.

- 배당이 없는 경우 : $S - X \leq C - P \leq S - \dfrac{X}{1+r_T}$
- 배당이 있는 경우 : $S - PV(D) - X \leq C - P \leq S - \dfrac{X}{1+r_T}$

두 식의 증명은, 김영규 · 감형규 · 신용재, 고급재무관리(박영사, 2007), pp. 472~474 참조.

표 8-3 배당이 지급되는 경우 무위험포트폴리오의 구성

포트폴리오	투 자 액	만기일(T) 성과	
		$S_T < X$	$S_T \geq X$
주식 매입	S	$S_T + D_T$	$S_T + D_T$
풋옵션 매입	P	$X - S_T$	0
콜옵션 매도	$-C$	0	$-(S_T - X)$
합 계	$S + P - C$	$X + D_T$	$X + D_T$

주) D_T : 만기일 이전에 지급되는 배당금의 만기일(T)에서의 가치

예제 8-1 풋-콜 패리티

A기업의 주식에 대한 콜옵션과 풋옵션의 행사가격이 모두 33,000원으로 동일하며, 두 옵션은 유럽형 옵션으로 만기일 전에 행사할 수 없다고 가정하자. 그리고 만기일은 1년 후, 현재의 주가는 28,000원이며 주식에 대한 배당은 없다. 또한 1년간의 무위험이자율은 10%로 알려져 있다.

(1) 주식, 풋옵션, 콜옵션을 이용하여 무위험포트폴리오를 구성하라.

(2) 콜옵션의 현재가격이 4,000원일 경우 풋옵션의 현재가치는 얼마인가?

해설

(1)

(단위 : 원)

포트폴리오	투 자 액	만기일(T) 성과	
		$S_T < 33{,}000$	$S_T \geq 33{,}000$
주식 매입	28,000	S_T	S_T
풋옵션 매입	P	$33{,}000 - S_T$	0
콜옵션 매도	$-C$	0	$-(S_T - 33{,}000)$
합 계	$28{,}000 + P - C$	33,000	33,000

(2) 풋-콜 패리티를 이용하면, 다음과 같이 풋옵션의 가격을 구할 수 있다.

$$P = 4{,}000 - 28{,}000 + \frac{33{,}000}{1 + 0.1} = 6{,}000\text{원}$$

2 옵션가격의 범위와 결정요인

지금까지 만기일에서의 옵션가치에 대해서 살펴보았다. 그러면 현재시점에서의 옵션가치는 어떻게 결정되는가? 이와 같은 물음에 구체적으로 답하기 이전에 먼저 현재시점에서의 옵션가치가 어떠한 요인들에 의해서 결정될 것인가를 살펴보도록 하자.

2.1 콜옵션가격의 범위와 결정요인

콜옵션가격의 범위

콜옵션가격의 범위를 살펴보면 다음과 같다.

첫째, 콜옵션의 가격은 현재의 주식가격보다 더 클 수는 없다($C \leq S$). 콜옵션은 행사가격을 지불하고 주식을 살 수 있는 권리이다. 따라서 주식을 구입할 수 있는 권리의 가격이 주식 자체의 가격보다 클 수는 없다.

둘째, 콜옵션의 가격은 항상 0보다 크거나 같다($C \geq 0$). 콜옵션은 권리로서 주가가 행사가격보다 작을 경우 그 권리를 포기하면 되기 때문에 그 가격은 0보다 작을 수 없다.

셋째, 현재의 주가가 행사가격보다 높을 경우 미국형 콜옵션의 가격은 주가에서 행사가격을 뺀 것보다 더 작을 수 없다($C \geq S-X$).[5] 만약 콜옵션의 가격 C가 $(S-X)$보다 작다면, 투자자가 콜옵션을 매입하고 그 즉시 행사함

---

5 유럽형 콜옵션의 경우 만기일에만 행사할 수 있기 때문에 그 가격은 주가에서 행사가격의 현재가치를 뺀 것보다 더 크다. 이와 같은 관계는 앞에서 설명한 풋-콜 패리티에 의해 확인할 수 있다.

$$P = C - S + \frac{X}{1+r_T} \geq 0 \rightarrow C \geq S - \frac{X}{1+r_T} \quad \left(\text{배당이 있는 경우 : } C \geq S - PV(D) - \frac{X}{1+r_T}\right)$$

그리고 배당이 없는 경우 미국형 콜옵션은 조기행사되지 않는데, 이는 계속 보유할 경우 행사기회 증가와 행사가격의 현재가치 감소로 인해 미국형 콜옵션가치가 더 커질 수 있기 때문이다. 따라서 그 가격범위는 유럽형 콜옵션과 동일하게 된다.

그림 8-2 콜옵션가격의 범위

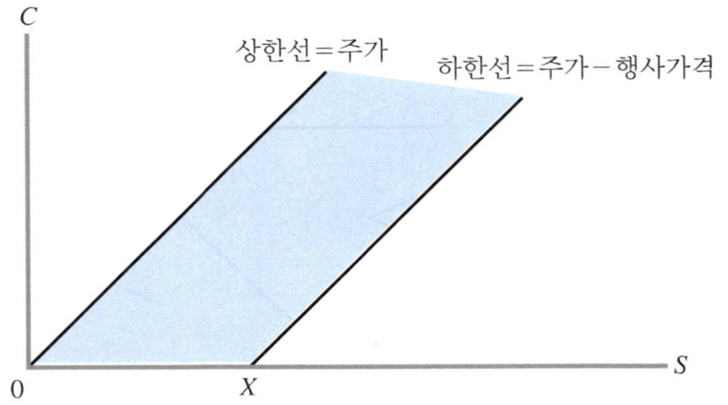

으로써 $[(S-X)-C]$의 차익거래이익을 얻을 수 있다. 이 경우 차익거래이익을 얻기 위한 투자자들의 차익거래(콜옵션을 매입하고 그 즉시 행사함)로 인하여 콜옵션의 가격이 상승하게 되고, 그 결과 콜옵션의 가격은 $(S-X)$보다 작지 않게 된다. 예를 들어 어떤 투자자가 행사가격이 30,000원인 미국형 콜옵션을 8,000원에 매입하였다고 하자. 만약 그 콜옵션의 기초증권인 주식의 현재 가격이 40,000원이라면 콜옵션의 매입자는 즉시 콜옵션을 행사함으로써 2,000원[(40,000원−30,000원)−8,000원]의 차익거래이익을 얻을 수 있다. 이와 같은 차익거래는 콜옵션의 가격이 적어도 10,000원은 넘어야 사라질 것이다.

이상에서 설명한 콜옵션가격의 범위를 나타내면 [그림 8-2]와 같다. 미국형 콜옵션의 가격은 반드시 [그림 8-2]에서 상한선과 하한선 사이의 채색된 영역 내에 존재하게 된다.

콜옵션가격의 결정요인

옵션의 가치를 결정하는 요인은 크게 두 부분으로 나눌 수 있다. 한 부분은 행사가격, 만기 등 옵션계약의 특성에 의한 부분이고, 또 다른 부분은 현재의 주식가격, 주식의 변동성, 무위험이자율 등 기초자산인 주식 및 시장의 특성과 관련된 부분이다.

▸ 행사가격

행사가격은 콜옵션을 행사하여 주식을 매입할 때 지불하여야 하는 금액이다. 따라서 다른 모든 것이 일정하다면, 행사가격이 높을수록 콜옵션의 가치는 낮아지게 된다. 그러나 콜옵션의 행사가격이 아무리 높다 하여도 콜옵션의 가치는 음(−)의 값을 가지지 않는다. 만기일 이전에 기초자산의 가격이 행사가격을 초과할 가능성이 존재한다면 그 옵션은 가치를 가지게 된다.

▸ 만 기

미국형 콜옵션은 만기일 이전에 언제든지 옵션의 행사가 가능하다. 따라서 미국형 콜옵션의 경우 만기가 길면 길수록 옵션을 행사할 수 있는 기회를 보다 더 많이 가지게 되므로 옵션의 가치는 상승하게 된다.

이러한 관계는 유럽형 콜옵션의 경우 성립하지 않을 수 있다. 예를 들어 다른 것은 모두 동일하지만 만기일이 11월인 유럽형 콜옵션과 그 다음 해 3월인 유럽형 콜옵션이 있으며, 이들의 기초자산인 주식을 발행한 기업이 12월 말에 대규모의 현금배당을 계획하고 있다고 하자. 이 경우 만기일이 11월인 콜옵션의 소유자는 현금배당 전인 11월에 옵션을 행사하여 주식을 보유할 수 있기 때문에 현금배당을 받을 수 있는 반면, 만기일이 다음 해 3월인 콜옵션의 소유자는 현금배당을 받을 수 없다. 따라서 현금배당 후 주가가 배당 전 주가를 회복하지 못할 경우 만기가 짧은 콜옵션(만기일이 11월인 콜옵션)의 가치가 더 높을 수 있다. 이는 옵션의 경우 현금배당이 조정되지 않기 때문이다.[6]

▸ 주식가격

다른 모든 것이 동일하다면, 현재의 주식가격이 높을수록 콜옵션의 가치는 더 높게 된다. 콜옵션의 가격과 주가와의 관계는 [그림 8-3]에 나타나

---

6 옵션의 기한 내 주식분할이나 주식배당이 있는 경우 이에 대한 행사가격, 거래승수 등에 대한 조정은 이루어진다.

그림 8-3 콜옵션가치와 주가의 관계

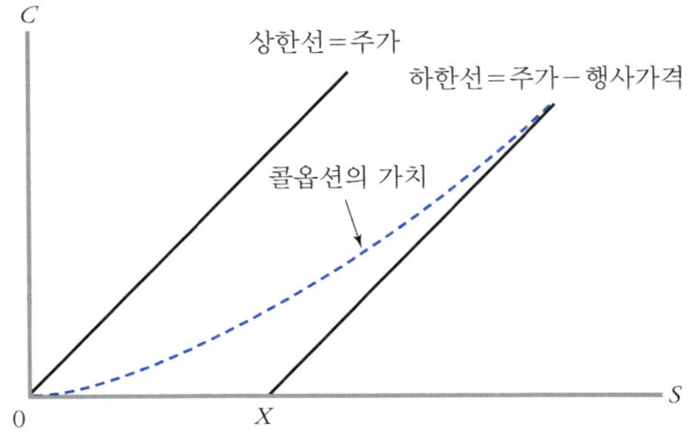

있다. 점선으로 된 곡선은 주가가 상승함에 따라 콜옵션의 가격이 상승하는 것을 보여준다. 또한 그것은 원점에 대해서 볼록한(convex) 곡선으로서 주가의 상승에 따라 콜옵션의 가격이 체증적으로 상승한다는 것을 보여준다. 즉 이는 주가가 낮은 수준에서보다 높은 수준에서 주가의 상승에 따른 콜옵션의 가격상승이 더 크게 나타남을 의미한다.

▸ 주식의 변동성

주식의 변동성이 커지면, 콜옵션의 가치는 상승하게 된다. 옵션은 유한책임증권으로서 주식가격이 큰 폭으로 변동한다 하더라도 옵션가치가 있는 부분(주가가 행사가격보다 큰 경우)만 옵션의 가치에 영향을 미친다. 따라서 주식의 변동성이 증가하는 경우 주가가 크게 상승하거나 하락할 수 있으나, 크게 상승하는 부분만이 옵션의 가치에 영향을 미치게 되어 콜옵션의 가치가 상승하게 된다. 예를 들어 만기일에서 주가의 확률분포가 다음과 같은 두 주식을 생각해 보자.

주식 A	주식 B	확 률
24,000원	20,000원	50%
28,000원	32,000원	50%

주) 주식 A의 기대가치 = 24,000 × 0.5 + 28,000 × 0.5 = 26,000원
주식 B의 기대가치 = 20,000 × 0.5 + 32,000 × 0.5 = 26,000원

주식 A와 B는 모두 그 기대가치가 26,000원으로서 동일하나, 주식 B가 주식 A보다 그 변동폭이 더 크다. 여기서 두 주식 각각에 대하여 동일한 행사가격 30,000원으로 콜옵션이 설정되어 있다고 하자. 이와 같은 경우 변동폭이 작은 주식 A에 대한 콜옵션은 만기일에서의 주식 A의 주가가 어떤 경우라도 모두 행사가격보다 작기 때문에 가치가 없다. 그러나 변동폭이 보다 큰 주식 B에 대한 콜옵션은 만기일에서의 주식 B의 주가가 행사가격 30,000원보다 높은 32,000원일 가능성이 50%이기 때문에 가치를 가진다. 이는 기초자산에 대한 옵션을 보유하는 것과 기초자산 그 자체를 보유하는 것이 근본적으로 다름을 의미하는 것이다. 따라서 위험회피형 투자자라 하더라도 주식에 직접 투자할 경우 위험이 작은 주식 A를 선택하나, 콜옵션을 매입할 경우 변동성이 더 높은 주식 B에 대한 콜옵션을 선택하게 된다.

▸ 무위험이자율

콜옵션가격은 이자율의 수준에 의해서도 영향을 받는다. 콜옵션의 매입자는 옵션을 행사할 때까지 행사가격을 지불하지 않는다. 이와 같은 경우 이자율이 낮을 때보다 높을 때 콜옵션 행사가격의 현재가치가 더 작아지기 때문에 콜옵션은 훨씬 큰 가치를 가진다. 그러므로 콜옵션의 가치는 이자율과 양(+)의 상관관계를 가진다.

2.2 풋옵션가격의 범위와 결정요인

풋옵션가격의 범위

풋옵션가격의 범위를 살펴보면 다음과 같다.[7]

첫째, 미국형 풋옵션은 행사가격으로 주식을 팔 수 있는 권리이므로 그 가격은 항상 행사가격보다 작을 것이다($P \leq X$).

둘째, 풋옵션도 콜옵션과 마찬가지로 권리이기 때문에 그 가격은 항상 0보다 크다($P \geq 0$).

셋째, 미국형 풋옵션은 언제든지 행사가능하므로 그 가격은 항상 행사가격에서 주가를 뺀 값보다 크다($P \geq X - S$).

이상에서 설명한 풋옵션가격의 범위를 나타내면 [그림 8-4]와 같다. 미국형 풋옵션의 가격은 [그림 8-4]에서 상한선과 하한선 사이의 채색된 영역 내에 존재하게 된다.

풋옵션가격의 결정요인

앞에서 설명한 콜옵션가격의 결정요인을 이용하여 풋옵션가격의 결정

그림 8-4 풋옵션가격의 범위

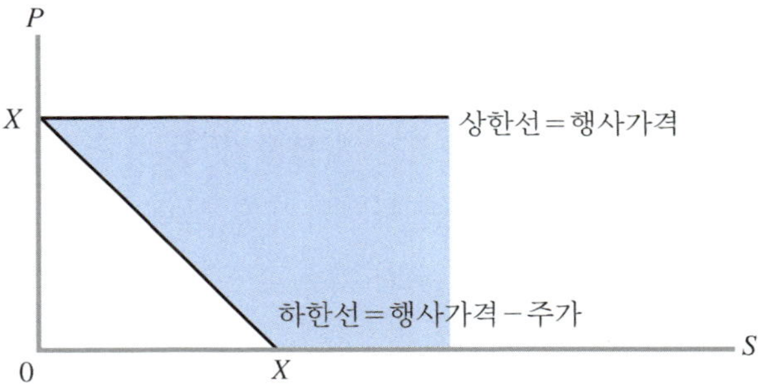

7 유럽형 풋옵션의 경우 그 가격범위는 다음과 같다.

$$P \leq \frac{X}{1+r_T},\ P \geq 0,\ P \geq \frac{X}{1+r_T} - S \ \left(\text{배당이 있는 경우 : } P \geq \frac{X}{1+r_T} - S + PV(D)\right)$$

요인에 대해서도 설명해 보기로 하자.

▶ 행사가격

행사가격은 풋옵션을 행사하여 주식을 매도할 때 받게 되는 금액이다. 따라서 다른 모든 것이 일정하다면, 행사가격이 높을수록 풋옵션의 가치는 높아지게 된다.

▶ 만 기

미국형 풋옵션은 만기일 이전에 언제든지 옵션의 행사가 가능하다. 따라서 미국형 풋옵션의 경우 만기가 길면 길수록 옵션을 행사할 수 있는 기회를 보다 더 많이 가지게 되므로 옵션의 가치가 상승하게 된다.

이러한 관계는 유럽형 풋옵션의 경우 성립하지 않을 수 있다. 왜냐하면 유럽형 풋옵션은 만기일까지의 기간이 증가함에 따라 상반된 효과, 즉 '풋옵션의 행사기회 증가로 인한 풋옵션의 가치상승'과 '행사가격의 현재가치 감소로 인한 풋옵션의 가치하락'이 동시에 나타나기 때문이다.

▶ 주식가격

다른 모든 것이 동일하다면, 풋옵션의 가치는 주가가 행사가격 이하일 때 가치를 가지기 때문에 현재의 주식가격이 높을수록 풋옵션의 가치는 하락한다.

▶ 주식의 변동성

주식의 변동성이 커지면, 풋옵션의 가치가 상승하게 된다. 풋옵션도 콜옵션과 마찬가지로 유한책임증권으로서 주식가격이 큰 폭으로 변동한다 하더라도 옵션가치가 있는 부분(주가가 행사가격보다 낮은 경우)만 옵션의 가치에 영향을 미친다. 따라서 주식의 변동성이 증가하는 경우 주가가 크게 상승하거나 하락할 수 있으나, 크게 하락하는 부분만이 옵션의 가치에 영향을 미치게 되어 풋옵션의 가치가 상승하게 된다.

표 8-4 옵션가치에 영향을 미치는 요인

요 인	콜 옵 션	풋 옵 션
행사가격(X)	−	+
만기*(T)	+	+
기초자산의 가치(주식가격)(S)	+	−
기초자산(주식)의 변동성(σ^2)	+	+
무위험이자율(r_T)	+	−

* 이 관계는 유럽형 옵션의 경우에는 성립하지 않을 수 있다.

▸ 무위험이자율

풋옵션의 매입자는 옵션이 행사될 때까지 행사가격을 받지 못할 것이다. 이자율이 높을 때 풋옵션의 매입자가 받게 되는 행사가격의 현재가치는 작아지기 때문에 풋옵션의 가치는 하락하게 된다. 그러므로 풋옵션의 가치는 이자율과 음(−)의 상관관계를 가진다.

지금까지 설명한 다섯 가지 요인들이 옵션가치에 어떤 영향을 미치는지를 요약하면 〈표 8-4〉와 같다. 〈표 8-4〉에서 볼 수 있는 바와 같이 다섯 가지 요인 중 행사가격, 기초자산의 가치 및 무위험이자율이 콜옵션가치와 풋옵션가치에 미치는 영향은 서로 상반됨을 알 수 있다.

2.3 옵션의 내재가치와 시간가치

옵션의 가격은 내재가치(intrinsic value)와 시간가치(time value)의 합이라 할 수 있다. 내재가치는 권리를 즉시 행사할 때의 가치와 0 중에서 큰 값을 의미하는 것으로서 콜옵션의 내재가치는 Max[$S-X$, 0]이며, 풋옵션의 내재가치는 Max[$X-S$, 0]이다. 옵션의 소유자가 옵션을 즉시 행사할 때 양(+)의 현금흐름이 발생되는 경우(콜 : $S>X$, 풋 : $S<X$)에는 내가격(in the money : ITM)이라 하며, 음(−)의 현금흐름이 발생되는 경우(콜 : $S<X$, 풋 : $S>X$)에는 외가격(out of the money : OTM)이라고 한다. 한편 $S=X$인 경우 등가격(at the money :

그림 8-5 옵션의 내재가치와 시간가치

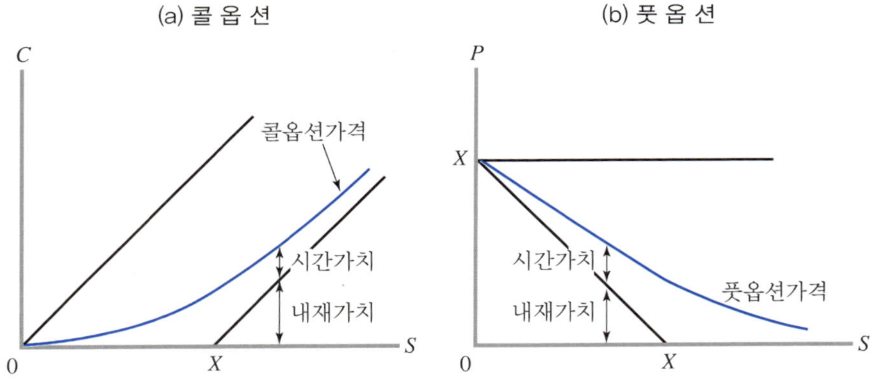

ATM)이라 한다. 그러므로 옵션이 내가격일 경우에만 내재가치가 존재하게 된다. 그리고 시간가치 또는 시간프리미엄(time premium)은 옵션을 계속 보유할 경우 행사가치의 감소 또는 주가의 변동성 등에 의해 추가적으로 얻을 수 있는 가치이다. 옵션의 내재가치와 시간가치를 그림으로 나타내면 [그림 8-5]와 같다.

주요 용어

key words

무위험포트폴리오 • 269
풋-콜 패리티 • 270
내가격 • 280
내재가치 • 280
외가격 • 280
등가격 • 280
시간가치 • 281

연습문제

■ 완성/선택형 문제

01 주식과 풋옵션을 각각 하나씩 매입하고, 콜옵션을 하나 매도함으로써 (　　)를 구성할 수 있다.

02 옵션가치에 영향을 미치는 다섯 가지 요인들이 옵션가치에 어떤 영향을 미치는지에 대한 다음의 표를 완성하라. (단, 양의 관계는 +로, 음의 관계는 −로 표기할 것.)

요　인	콜 옵 션	풋 옵 션
행사가격	(　　)	(　　)
만기일*	(　　)	(　　)
기초자산의 가치(주식가격)	(　　)	(　　)
기초자산(주식)의 변동성	(　　)	(　　)
무위험이자율	(　　)	(　　)

* 이 관계는 유럽형 옵션일 경우 성립하지 않을 수 있음.

03 주식옵션의 경우 기초자산의 가격인 주가와 그 콜옵션의 행사가격 사이의 관계에 따라 다음과 같은 용어를 사용한다.

- 주가 > 행사가격 → (　　)
- 주가 = 행사가격 → (　　)
- 주가 < 행사가격 → (　　)

04 다음 중 주가가 상승할 것으로 예상하여 주식을 매입한 투자자가 예상외의 주가하락으로 인한 위험을 회피할 수 있는 가장 적합한 방법은?

① 콜옵션을 매입한다. ② 콜옵션을 매도한다.
③ 풋옵션을 매입한다. ④ 풋옵션을 매도한다.
⑤ 콜옵션과 풋옵션을 동시에 매입한다.

05 풋-콜 패리티에 대한 다음의 설명 중 잘못된 것은?

① 옵션을 이용함으로써 위험을 제거할 수 있는 가능성을 보여준다.
② 콜옵션과 풋옵션은 미국형 옵션으로서 동일한 주식에 대하여 설정되며, 그 행사가격과 만기가 모두 같아야 한다.
③ 동일한 행사가격과 만기를 가진 유럽형 풋옵션과 콜옵션의 가치 사이의 균형관계를 말한다.
④ 콜옵션의 현재가치가 구해지면, 풋-콜 패리티를 이용하여 풋옵션의 현재가치도 구할 수 있다.
⑤ 주식의 가격에 풋옵션의 가격을 더하고 콜옵션의 가격을 차감한 값은 무위험이자율로 할인된 행사가격의 현재가치와 같다.

06 다음 중 주식 1주를 매입하는 것과 동일한 성과를 얻을 수 있는 투자전략은?

① 콜옵션 1개 매입, 풋옵션 1개 매도, 그리고 무위험채권 매입(대출)
② 콜옵션 1개 매도, 풋옵션 1개 매도, 그리고 무위험채권 매입(대출)
③ 콜옵션 1개 매입, 풋옵션 1개 매입, 그리고 무위험채권 매입(대출)
④ 콜옵션 1개 매도, 풋옵션 1개 매도, 그리고 무위험채권 매도(차입)
⑤ 콜옵션 1개 매도, 풋옵션 1개 매입, 그리고 무위험채권 매도(차입)

07 다음 중 무위험포트폴리오(헤지포트폴리오)를 구성하기 위한 투자전략은?

① 주식 1주 매입, 콜옵션 1개 매입, 풋옵션 1개 매도
② 주식 1주 매도, 콜옵션 1개 매입, 풋옵션 1개 매입
③ 주식 1주 매입, 콜옵션 1개 매입, 풋옵션 1개 매입
④ 주식 1주 매도, 콜옵션 1개 매도, 풋옵션 1개 매입
⑤ 주식 1주 매입, 콜옵션 1개 매도, 풋옵션 1개 매입

08 옵션가치의 결정요인에 대한 다음의 설명 중 잘못된 것은?

① 행사가격이 높을수록 콜옵션의 가치는 하락하게 된다.

② 주식의 변동성이 커지면, 콜옵션의 가치는 상승하게 된다.

③ 미국형 콜옵션과 풋옵션의 경우 모두 만기가 길면 길수록 항상 옵션의 가치는 상승하게 된다.

④ 주식의 변동성이 커지면, 풋옵션의 가치는 하락하게 된다.

⑤ 풋옵션의 가치는 이자율과 음(−)의 상관관계를 가진다.

09 옵션에 대한 다음의 설명 중 잘못된 것은?

① 콜옵션과 풋옵션은 모두 유한책임증권이다.

② 콜옵션의 가격은 현재의 주식가격보다 더 클 수 없다.

③ 현재의 주가가 행사가격보다 높을 경우 미국형 콜옵션의 가격은 주가에서 행사가격을 뺀 것보다 더 작을 수 있다.

④ 콜옵션과 풋옵션의 가격은 항상 0보다 크거나 같다.

⑤ 미국형 풋옵션의 가격은 항상 행사가격보다 작거나 같다.

10 배당지급이 없는 주식에 대한 옵션가격에 관한 설명으로 가장 적절하지 않은 것은? (단, C는 콜옵션의 가격, S는 주식의 현재가치, K는 옵션행사가격이고, $PV(K)$는 행사가격의 현재가치이다.) (CPA 1차 2012 수정)

① 유럽식 콜옵션은 권리이므로 행사의 의무를 가지지 않으며, 만기일에 영(0) 아니면 양(+)의 수익을 얻는다.

② $C \geq \text{Max}\,[S - PV(K),\ 0]$이다. 이 조건이 충족되지 않는 경우, 투자자는 콜옵션을 매입하고 주식을 공매도하여 얻은 자금을 무위험이자율로 투자하여 차익을 얻을 수 있다.

③ 이자율이 양(+)이면, 만기 전 미국식 콜옵션의 매도가격은 행사로부터의 이득보다 크다.

④ 외가격(out of the money)이나 등가격(at the money) 옵션의 내재가치는 0이다.

⑤ 콜옵션가격의 상한선은 주식의 현재가치에서 콜옵션의 행사가격을 차감

한 값이다(즉 $C \leq S-K$). 이 조건이 충족되지 않는 경우, 투자자는 콜옵션을 매도하고 주식을 매입하는 전략으로 차익을 얻을 수 있다.

11 다음 내용 중 가장 옳지 않은 것은? (CPA 1차 2007)

① 콜옵션의 가격은 주식(기초자산)의 주가보다 높을 수 없다.
② 무배당 주식에 대한 미국형 콜옵션의 경우 만기일 전에 권리를 행사하지 않는 것이 최적이다.
③ 무위험이자율이 상승하면 콜옵션의 가격은 하락한다.
④ 콜옵션의 가격이 행사가격보다 높을 수 있다.
⑤ 다른 조건이 일정할 경우, 콜옵션의 기초자산인 주식의 변동성이 커지면 콜옵션의 가치는 커진다.

12 다음 상황에 관한 설명으로 가장 적절하지 않은 것은? (CPA 1차 2020)

투자자 갑은 현재 주가가 45,000원인 주식 A 1주를 보유하고 있다. 투자자 갑은 "만기일인 한 달 후에 주식 A의 가격이 50,000원 이상이면 1주를 50,000원에 투자자 갑으로부터 매입할 수 있고 50,000원 미만이면 매입하지 않아도 되는 옵션"을 투자자 을에게 7,000원에 매도하였다.

① 투자자 갑은 투자자 을에게 콜옵션을 매도하였다.
② 이 옵션은 현재 외가격상태에 있다.
③ 이 옵션의 내재가치(intrinsic value)는 5,000원이다.
④ 이 옵션의 시간가치(time value)는 7,000원이다.
⑤ 이 옵션의 행사가격은 50,000원이다.

13 다음 표는 어느 특정일의 코스피200 주가지수 옵션시세표 중 일부이다. 다음의 설명 중 가장 적절하지 않은 것은? (단, 만기 전 배당, 거래비용, 세금은 없다고 가정한다. 1포인트는 25만원이다.) (CPA 1차 2010 수정)

(단위 : 포인트, 계약)

종　목	종　가	전　일 대　비	고　가	저　가	거 래 량	미결제 약정수량
코스피200	213.44	3.71	213.56	212.09	–	–
C 20×103 217.5	1.99	0.78	2.17	1.43	597,323	73,427
C 20×103 215.0	3.05	1.15	3.25	2.31	265,900	63,076
C 20×103 212.5	4.55	1.70	4.55	3.40	57,825	44,939
C 20×103 210.5	5.85	1.85	6.15	4.80	34,650	30,597
P 20×103 215.0	4.55	−2.95	6.10	4.35	24,324	26,032
P 20×103 212.5	3.30	−2.55	4.85	3.20	39,636	21,824
P 20×103 210.5	2.40	−2.15	3.50	2.34	253,298	49,416
P 20×103 207.5	1.73	−1.67	2.60	1.69	329,762	33,767

① 등가격(ATM)에 가장 가까운 종목 중 행사가격이 동일한 콜과 풋옵션의 경우 콜옵션가격이 풋옵션가격보다 비싸다.

② 행사가격이 210.5인 풋옵션 10계약을 장중 최저가에 매입한 후 최고가에 매도하였다면 290만원의 매매차익을 얻었을 것이다.

③ 외가격(OTM)이 심한 종목일수록 거래량이 많았다.

④ 콜옵션의 경우 내가격(ITM)이 심한 종목일수록 청산되지 않고 남아 있는 수량이 적었다.

⑤ 풋-콜 패리티(put-call parity)를 통한 계산결과, 행사가격이 212.5인 풋옵션은 과소평가되어 있다. (단, $(1+\text{무위험수익률})^{\text{잔존기간}}$은 1.002이다.)

14 현재 옵션시장에서는 ㈜마바 주식을 기초자산으로 하고 만기가 동일하게 1년씩 남은 콜옵션과 풋옵션이 각각 거래되고 있다. 행사가격이 200,000원인 콜옵션의 가격은 20,000원이고 행사가격이 180,000원인 풋옵션의 가격은 10,000원이며 무위험이자율은 연 10%이다. 무위험이자율로 차입하여, 위의 콜옵션과 풋옵션을 각각 1개씩 매입한 투자자가 만기에 손실을 볼 수 있는 ㈜마바 주식가격(P)의 범위로 가장 적절한 것은? (CPA 1차 2015)

① P＜147,000원　② P＜169,000원

③ P＞233,000원　④ 11,000원＜P＜33,000원

⑤ 147,000원＜P＜233,000원

15 유럽형 옵션의 이론적 가격에 관한 설명 중 가장 적절하지 않은 것은?
(CPA 1차 2017)

① 풋옵션의 가격은 행사가격의 현재가치보다 작거나 같다.

② 배당을 지급하지 않는 주식을 기초자산으로 하는 콜옵션의 가격은 주식가격(S_0)과 행사가격(X)의 현재가치와의 차이($S_0 - PV(X)$)보다 크거나 같다.

③ 다른 조건이 동일할 때, 배당을 지급하는 주식을 기초자산으로 하는 콜옵션의 가격은 배당을 지급하지 않는 주식을 기초자산으로 하는 콜옵션 가격보다 낮거나 같다.

④ 다른 조건이 동일할 때, 배당을 지급하는 주식을 기초자산으로 하는 풋옵션의 가격은 배당을 지급하지 않는 주식을 기초로 하는 풋옵션 가격보다 높거나 같다.

⑤ 다른 조건이 동일할 때, 행사가격이 높은 콜옵션의 가격은 행사가격이 낮은 콜옵션의 가격보다 높거나 같다.

16 다음의 표는 잔존만기와 기초자산이 동일한 유럽형 옵션의 시장가를 정리한 것이다. 잔존만기와 무위험이자율이 양수라고 가정할 때, 다음 중 차익거래가 나타날 수 있는 포지션은? (CPA 1차 2018)

행사가격	콜가격	풋가격
100	9.0	3.0
105	5.2	6.0
110	2.0	11.5

① 콜(100) 1개 매수, 콜(105) 1개 매도

② 풋(105) 1개 매수, 풋(110) 1개 매도

③ 콜(100) 1개 매수, 콜(105) 2개 매도, 콜(110) 1개 매수

④ 풋(100) 1개 매수, 풋(105) 2개 매도, 풋(110) 1개 매수

⑤ 콜(100) 1개 매수, 풋(100) 1개 매수

17 투자자 L씨는 현재 만기 3개월이고 행사가격 220.0인 코스피200콜옵션 1계약을 1포인트의 가격(프리미엄)에 매입하였다. 현재 코스피200지수가 218포인트라고 할 때 콜옵션의 시간가치(포인트)는 얼마이겠는가?

① 0　　② 1　　③ 2
④ 3　　⑤ 4

18 주식 A를 기초자산으로 하는 만기가 1개월, 행사가격이 10,000원인 유럽형 콜옵션의 현재가격이 1,000원이다. 현재 주식 A의 가격은 9,000원이고 1개월 동안의 무위험이자율은 0.2%이다. 유럽형 콜옵션과 동일한 기초자산, 만기 및 행사가격을 지닌 유럽형 풋옵션의 가격에 가장 가까운 값은? (단, 주식 A는 배당금을 지급하지 않으며, 이자율 계산은 이산복리를 적용한다.)

① 1,780원　　② 1,880원　　③ 1,980원
④ 2,080원　　⑤ 2,180원

19 코스피200옵션의 만기일인 현재 코스피200지수가 210.50일 때 다음 〈보　기〉 중 내가격(in-the-money) 상태의 코스피200옵션은 어느 것인가?

〈보　기〉

a. 행사가격 212.0 풋옵션　　b. 행사가격 190.5 콜옵션
c. 행사가격 188.0 풋옵션　　d. 행사가격 212.0 콜옵션
e. 행사가격 210.5 풋옵션

① a　　② a, b　　③ a, b, e
④ c, d　　⑤ c, d, e

20 현재 미국달러 현물환율은 1,069원/$이다. 그리고 행사가격이 1,070원/$, 만기 1개월인 미국달러 콜옵션이 계약당 0.1원에 거래되고, 이 옵션과 동일한 행사가격과 만기를 가진 미국달러 풋옵션은 계약당 1.5원에 거래되고 있다. 이러한 경우 콜옵션 1계약과 풋옵션 1계약의 시간가치의 합은 얼마인가? (단, 미국달러옵션의 거래승수는 1만이다.)

① 5,000원　　② 6,000원　　③ 7,000원
④ 8,000원　　⑤ 9,000원

■ 서술/계산형 문제

01 풋-콜 패리티(put-call parity)에 대해서 설명하라.

02 행사가격, 만기일, 기초자산가격, 기초자산의 변동성, 무위험이자율 등이 콜옵션과 풋옵션의 가격에 미치는 영향을 설명하라.

03 콜옵션의 가격범위

옵션과 주식의 시장가격이 다음과 같이 주어져 있다.

- 미국형 콜옵션(행사가격 = 20,000원)의 시장가격 = 3,000원
- 주식의 시장가격 = 25,000원

(1) 이 경우 당신은 어떻게 해야 하는가? 그것에 따른 당신의 이익 또는 손실은?
(2) 미국형 콜옵션가격의 하한 값은?
(3) 미국형 콜옵션가격의 상한 값은?

04 풋-콜 패리티

(주)서울의 주식에 대한 콜옵션과 풋옵션의 행사가격이 모두 21,000원으로 동일하며, 두 옵션은 유럽형 옵션으로 만기일 전에 행사할 수 없다고 가정하자. 그리고 만기일은 1년 후이며, 현재주가는 19,000원으로서 만기일에 주가가 18,000원 또는 23,000원이 된다고 한다. 또한 무위험이자율은 연간 5%로 알려져 있다.

(1) 주식, 풋옵션, 콜옵션을 이용하여 무위험포트폴리오를 구성하라.
(2) 콜옵션의 현재가격이 743원일 경우 풋옵션의 현재가치는 얼마인가?

05 미국형 옵션의 풋-콜 패리티 (보험계리사 2차 2017)

만기, 기초자산, 행사가격이 동일한 미국형 콜옵션(C)과 미국형 풋옵션(P)이 있다. 이 두 옵션의 행사가격은 3만원, 만기는 1년이다. 현재 기초자산인 주식의 가격은 2만 8천원이고 무위험이자율은 연 5%이다. 옵션만기까지 기초자산인 주식에 배당이 없다고 가정하고 다음 질문에 답하라. (단, 모든 이자계산은 연속복리로 하고, 모든 계산값은 반올림하여 소수점 둘째 자리까지 표시하라.)

(1) 시장에 차익거래기회가 없다고 가정하면, 두 미국형 옵션 사이의 가격차이($P-C$)의 최대값과 최소값을 계산하라. (단, $e^{-0.05}=0.951229$)

(2) 현재 시장에서 차익거래기회가 발생하는 미국형 풋옵션가격의 범위를 식과 그래프로 표현하라. (단, $x-y$축 그래프에서 x축은 미국형 콜옵션가격으로, y축은 미국형 풋옵션가격으로 표시하라.)

06 옵션의 결합 (CPA 2차 2002 수정)

(주)서울전자 주가는 앞으로 1년 후에 각각 30%, 40%, 30%의 확률을 가지고 110, 100, 90이 될 것으로 예상된다. 한편 시장에서는 (주)서울전자 주식을 기초자산으로 하고 만기가 1년인 다양한 유럽형 옵션이 존재하는데, 이와 같은 옵션들의 현재 시장에서의 프리미엄은 다음과 같다.

옵션의 유형	옵션프리미엄
행사가격 90의 콜옵션	7.2
행사가격 100의 콜옵션	1.6
행사가격 100의 풋옵션	2.4

현재 시장은 균형상태이므로 차익거래기회(arbitrage opportunity)가 존재하지 않는다고 할 때 아래의 물음에 답하라. (단, 수익률은 '(기말가격 − 기초가격)/기초가격'으로 계산한다.)

(1) 1년 동안의 무위험수익률은 얼마인가?

(2) (주)서울전자 주식의 1년 동안의 기대수익률은 얼마인가?

07 풋-콜 패리티와 차익거래 (CPA 2차 2007)

현재가격이 31,000원인 무배당 주식(S)에 대해 콜옵션과 풋옵션이 거래되고 있다. 유럽형 콜옵션(C)의 가격은 3,000원이며 유럽형 풋옵션(P)의 가격은 2,200원이다. 이들 옵션의 행사가격(X)은 30,000원, 만기(T)는 1년, 무위험이자율(r)은 3%이다. (모든 수치는 소수점 셋째 자리에서 반올림하라.)

(1) 콜옵션의 가격하한선 조건의 식을 쓰고 이 조건이 성립하는지 확인하라.

(2) 풋-콜 패리티(put-call parity)가 성립하는지 확인하라.

(3) 공매도가 가능하며 무위험이자율로 차입과 대출이 가능하다고 가정하고 차익거래를 위한 전략을 기술하라.

(4) 차익거래전략을 통해 만기일에 얻게 되는 순이익을 계산하라.

08 풋-콜 패리티와 차익거래 (CPA 2차 2004)

동일한 주식을 기초자산으로 하고 만기도 동일하지만, 행사가격이 다른 두 유럽형 풋옵션의 현재가격은 다음과 같다.

- 행사가격 40의 풋옵션 프리미엄 1.46
- 행사가격 50의 풋옵션 프리미엄 11.15

한편 만기가 위의 옵션들과 동일하며 액면이 100인 무위험할인채권의 현재가격은 95이다. 해당 투자자는 무위험이자율로 차입(borrowing)과 대출(lending)을 할 수 있다고 가정한다.

이러한 경우 어떠한 포지션을 취하면 차익거래(arbitrage)를 만들어 낼 수 있는지 기술하라. 포지션을 구성함에 있어서, 차익(arbitrage profit)이 만기시점에서만 발생하도록 할 것이며, 행사가격 40의 풋옵션 1단위를 기준으로 표현하라. 답안에는 다음의 사항들이 포함되어야 한다.

(i) 어떠한 포지션을 구성해야 하는가?

(ii) 이러한 포지션을 구성했을 때 오늘의 현금흐름은 0이 된다는 것을 계산하여 보일 것.

(iii) 이러한 포지션을 구성했을 때 만기에서의 현금흐름이 만기시점에서의 주가 S_T에 따라 어떻게 달라지는가에 대한 구체적 표현

제9장 옵션투자전략

1. 기본포지션
2. 헤지포지션
3. 스프레드
4. 콤비네이션
5. 칼　　라
6. 포트폴리오보험

옵션을 이용하여 다양한 형태의 투자성과를 가져다 주는 포트폴리오를 구성할 수 있다. 본 장에서는 옵션을 이용한 대표적인 투자전략을 살펴보고자 한다.

1 기본포지션

기본포지션(naked position)은 콜옵션 또는 풋옵션 1개에 투자하는 전략을 말한다. 기본포지션은 콜옵션과 풋옵션의 가격이 향후 어떻게 될 것인지, 즉 기초자산 가격의 전망에 기초한 투자전략이라고 할 수 있다.[1]

1.1 콜 옵 션

주가가 상승할 것으로 예상할 때 콜옵션을 매입하는 반면, 주가가 하락할 것으로 예상할 때는 콜옵션을 매도하게 된다. 〈표 9-1〉은 콜옵션의 매입 또는 매도 시 만기일에서의 성과(가치)를 나타낸 표이다. 콜옵션 매입 또는 매도에 따른 손익은 만기일 성과에서 투자액을 차감한 것으로서, 이를 나타내면 [그림 9-1] (a)와 같다.[2]

표 9-1 콜옵션의 만기일 성과

포 지 션	투 자 액	만기일 성과	
		$S_T<X$	$S_T \geq X$
콜옵션 매입	C	0	S_T-X
콜옵션 매도	$-C$	0	$-(S_T-X)$

1 이러한 투자전략을 실무에서는 방향성 투자전략이라고 한다. 한편 방향성 투자전략과 구분하여 변동성 투자전략이 있는데, 이는 기초자산의 가격변동성에 근거한 투자전략을 의미한다.

2 이론적으로 만기일에서의 손익을 구할 때 현재시점의 투자액을 만기일 가치로 환산하여, 즉 시간적 가치를 고려하여 손익을 구해야 한다. 그러나 본서에서는 실무 등에서 일반적으로 사용하는 방식을 고려하여 현재시점에서 지출된 투자액의 시간적 가치를 무시하고 손익을 계산한다.

그림 9-1 기본포지션의 손익

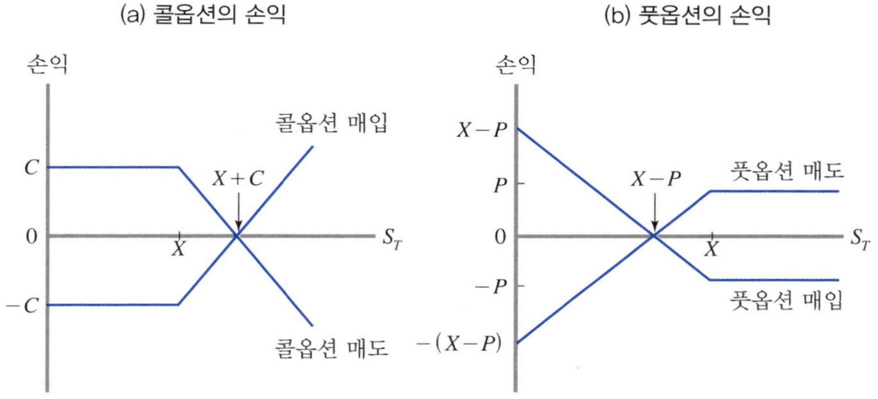

1.2 풋 옵 션

주가가 하락할 것으로 예상할 때 풋옵션을 매입하는 반면, 주가가 상승할 것으로 예상할 때는 풋옵션을 매도하게 된다. 〈표 9-2〉는 풋옵션의 매입 또는 매도 시 만기일에서의 성과(가치)를 나타낸 표이다. 풋옵션 매입 또는 매도에 따른 손익은 만기일 성과에서 투자액을 차감한 것으로서, 이를 나타내면 [그림 9-1] (b)와 같다.

표 9-2 풋옵션의 만기일 성과

포 지 션	투 자 액	만기일 성과	
		$S_T < X$	$S_T \geq X$
풋옵션 매입	P	$X - S_T$	0
풋옵션 매도	$-P$	$-(X - S_T)$	0

2 헤지포지션

헤지포지션(hedge position)은 투자손실위험을 제거하기 위해서 주식과 옵션을 결합하여 투자하는 전략이다.

2.1 방비 콜

방비 콜(covered call)은 주식 1주를 매입하고 동시에 그 주식에 대한 콜옵션 1개를 매도하는 전략을 말한다.[3] 여기서 방비의 의미는 콜옵션 발행에 따라 부담하는 주식매도의무가 주식을 보유함으로써 커버됨을 말한다. 방비 콜의 만기일 성과 및 손익은 〈표 9-3〉, [그림 9-2] (a)에 나타나 있다.

한편 방비 콜의 경우 콜옵션의 행사가격의 수준에 따라 손익구조가 달라질 수 있다. 방비 콜을 구성하는 콜옵션의 행사가격이 낮을수록 주가하락에 따른 손실의 폭이 감소함과 동시에 주가상승에 따른 이익의 폭도 줄어드는 특성을 지닌다.

표 9-3 방비 콜의 만기일 성과

포트폴리오	투 자 액	만기일 성과	
		$S_T<X$	$S_T \geq X$
주식 매입 콜옵션 매도	S $-C$	S_T 0	S_T $-(S_T-X)$
방비 콜	$S-C$	S_T	X

3 방비 콜(covered call)은 원어 발음을 그대로 사용하여 커버드 콜이라고도 한다.

그림 9-2 헤지포지션의 손익

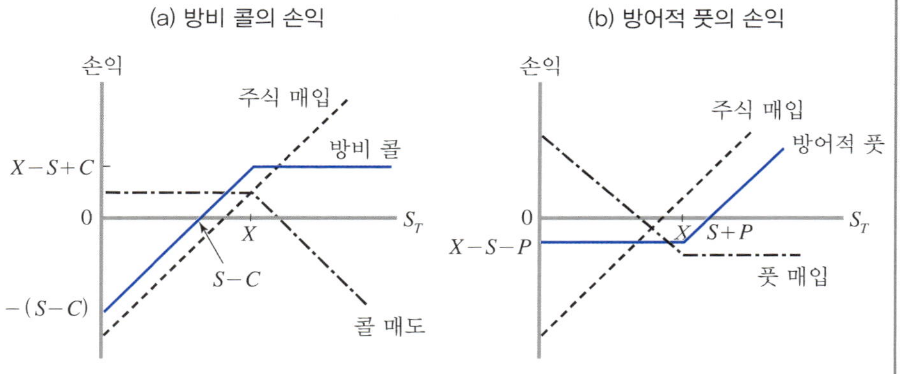

2.2 방어적 풋

방어적 풋(protective put)은 주식 1주를 매입하고 동시에 그 주식에 대한 풋옵션 1개를 매입하는 전략을 말한다. 방어적 풋은 주가가 옵션의 행사가격 이하로 하락할 경우 투자자가 입게 될 손실을 풋옵션 행사에 따른 이익으로 상쇄시켜 주며, 주가상승에 따른 이익은 그대로 실현될 수 있게 한다. 즉 방어적 풋은 포트폴리오의 가치가 옵션의 행사가격 이하로 하락하는 것을 방지해 주는 보험기능을 갖는다. 방어적 풋의 만기일 성과 및 손익은 〈표 9-4〉, [그림 9-2] (b)에 나타나 있다.

표 9-4 방어적 풋의 만기일 성과

포트폴리오	투 자 액	만기일 성과	
		$S_T<X$	$S_T \geq X$
주식 매입 풋옵션 매입	S P	S_T $X-S_T$	S_T 0
방어적 풋	$S+P$	X	S_T

3 스프레드

스프레드(spread)는 두 개 이상의 같은 종류 옵션(두 개 이상의 콜 또는 두 개 이상의 풋)을 결합하는 전략을 의미한다.

3.1 강세스프레드

강세스프레드(bull spread)는 만기는 동일하나, 행사가격이 서로 다른 두 개의 콜옵션을 결합(행사가격이 낮은(X_1) 콜옵션을 매입하고, 행사가격이 높은(X_2) 콜옵션을 매도함)하는 전략이다. 강세스프레드의 만기일 성과 및 손익은 〈표 9-5〉, [그림 9-3] (a)에 나타나 있다. [그림 9-3] (a)에서 볼 수 있는 바와 같이 강세스프레드는 주가가 상승할 경우 얻을 수 있는 이익과 하락할 경우에 발생하는 손실을 모두 일정한 수준에 한정시킨다. 이러한 강세스프레드는 향후 강세시장(bull market)이 예상되나 확신이 서지 않을 때 실시가능한 보수적인 투자전략의 일환으로 사용된다. 강세스프레드는 행사가격이 X_1인 콜옵션을 매입한 투자자가 행사가격이 X_2인 콜옵션을 매도함으로써 주가상승 시 얻을 수 있는 이익의 일부를 포기한 전략이라 할 수 있다. 행사가격이 낮은 콜옵션의 가격(프리미엄)이 행사가격이 높은 콜옵션의 가격보다 높으므로 콜옵션을 이용한 강세스프레드를 구성하는 시점에서 옵션거래에 따른 순

표 9-5 강세스프레드의 만기일 성과

포트폴리오	투 자 액	만기일 성과		
		$S_T < X_1$	$X_1 \leq S_T < X_2$	$S_T \geq X_2$
콜옵션(행사가격 $= X_1$) 매입 콜옵션(행사가격 $= X_2$) 매도	C_1 $-C_2$	0 0	$S_T - X_1$ 0	$S_T - X_1$ $-(S_T - X_2)$
강세스프레드	$C_1 - C_2$	0	$S_T - X_1$	$X_2 - X_1$

그림 9-3 스프레드의 손익

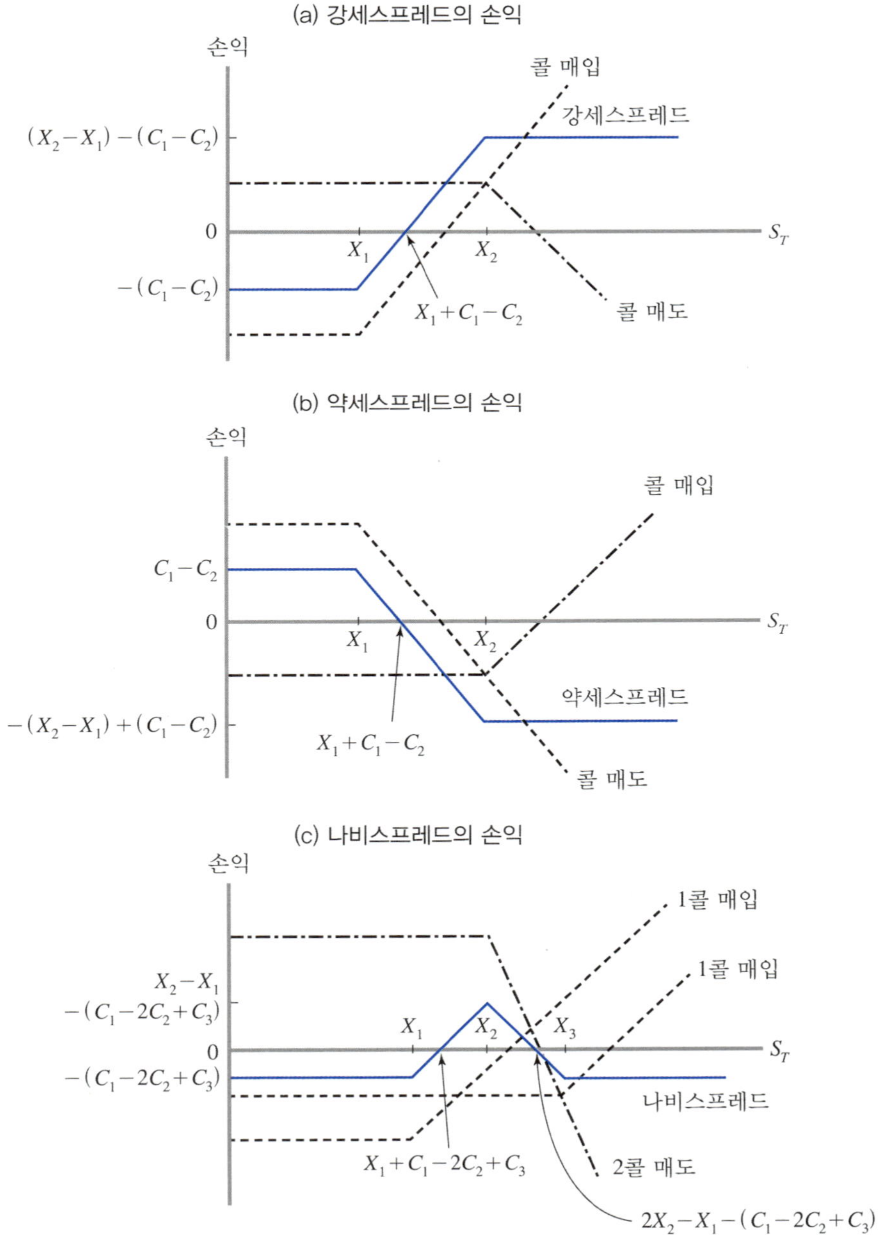

현금흐름(현금유입 − 현금유출)은 음(−)의 값이 된다.[4] 한편 강세스프레드는 행사가격이 낮은 풋옵션을 매입하고 행사가격이 높은 풋옵션을 매도하는 전략에 의해서도 만들 수 있다.[5]

3.2 약세스프레드

약세스프레드(bear spread)는 만기는 동일하나, 행사가격이 서로 다른 두 개의 콜옵션을 결합(행사가격이 높은(X_2) 콜옵션을 매입하고, 행사가격이 낮은(X_1) 콜옵션을 매도함)하는 전략이다. 약세스프레드의 만기일 성과 및 손익은 〈표 9-6〉, [그림 9-3] (b)에 나타나 있다. [그림 9-3] (b)에서 볼 수 있는 바와 같이 약세스프레드는 주가하락 시 얻을 수 있는 이익과 상승 시 발생하는 손실을 모두 일정한 수준에 한정시킨다. 한편 약세스프레드는 행사가격이 높은 풋옵션을 매입하고 행사가격이 낮은 풋옵션을 매도하는 전략에 의해서도 만들 수 있다.

표 9-6 약세스프레드의 만기일 성과

포트폴리오	투 자 액	만기일 성과		
		$S_T < X_1$	$X_1 \le S_T < X_2$	$S_T \ge X_2$
콜옵션(행사가격 = X_1) 매도	$-C_1$	0	$-(S_T - X_1)$	$-(S_T - X_1)$
콜옵션(행사가격 = X_2) 매입	C_2	0	0	$S_T - X_2$
약세스프레드	$C_2 - C_1$	0	$-S_T + X_1$	$X_1 - X_2$

3.3 나비스프레드

나비스프레드(butterfly spread)는 만기는 동일하나 행사가격이 상이한 세 가지 옵션을 결합하는 전략이다. 즉 나비스프레드는 상대적으로 행사가격이

4 이는 콜옵션을 이용한 강세스프레드의 구성 시점에서 콜옵션 가격 차이로 인한 순지출(양(+)의 투자)이 발생함을 의미한다.

5 풋옵션을 이용한 강세스프레드의 경우 스프레드를 구성 시점에서 풋옵션 가격 차이에 따른 순수입(음(−)의 투자)이 발생한다.

낮은(X_1) 콜옵션 1개와 행사가격이 높은(X_3) 콜옵션 1개를 매입하고, 행사가격이 X_1과 X_3의 중간수준(X_2)인 콜옵션 2개를 매도하는 전략이다.[6] 나비스프레드의 만기일 성과 및 손익은 〈표 9-7〉, [그림 9-3] (c)에 나타나 있다. [그림 9-3] (c)에서 볼 수 있는 바와 같이 나비스프레드는 만기일의 주가가 X_2와 크게 차이가 나지 않으면 이익을 얻고, 주가가 크게 상승하거나 하락하면 약간의 손실을 본다. 즉 나비스프레드의 손익구조는 주가의 변동성이 감소할 경우 이익이 기대되나 주가의 변동성이 증가할 경우 제한된 손실이 발생하는 특징을 지닌다. 이러한 점에서 나비스프레드는 주가가 큰 폭으로 변하지 않을 경우, 즉 주가의 변동성이 감소할 것으로 예상되는 경우 적절한 투자전략이다. 한편 나비스프레드는 상대적으로 행사가격이 낮은(X_1) 풋옵션 1개와 행사가격이 높은(X_3) 풋옵션 1개를 매입하고, 행사가격이 X_1과 X_3의 중간수준(X_2)인 풋옵션 2개를 매도하는 전략에 의해서도 만들 수 있다. 만일 모든 옵션이 유럽형 옵션이면 풋옵션을 이용한 나비스프레드와 콜옵션을 이용한 나비스프레드는 동일하게 된다.[7]

표 9-7 나비스프레드의 만기일 성과

포트폴리오	투 자 액	만기일 성과			
		$S_T<X_1$	$X_1\le S_T<X_2$	$X_2\le S_T<X_3$	$S_T\ge X_3$
콜(X_1) 1개 매입	C_1	0	S_T-X_1	S_T-X_1	S_T-X_1
콜(X_2) 2개 매도	$-2C_2$	0	0	$-2(S_T-X_2)$	$-2(S_T-X_2)$
콜(X_3) 1개 매입	C_3	0	0	0	S_T-X_3
나비스프레드	$C_1-2C_2+C_3$	0	S_T-X_1	$-S_T+2X_2-X_1$	$2X_2-X_1-X_3$

주) $X_2=\dfrac{X_1+X_3}{2} \rightarrow 2X_2-X_1-X_3=0$

6 나비스프레드와 정반대 포지션을 취하는 투자전략(행사가격이 낮은(X_1) 콜옵션 1개와 행사가격이 높은(X_3) 콜옵션 1개를 매도하고, 행사가격이 X_1과 X_3의 중간수준(X_2)인 콜옵션 2개를 매입하는 전략)을 샌드위치스프레드(sandwich spread)라 한다.

7 $S+P_1=C_1+\dfrac{X_1}{1+r_T},\ S+P_2=C_2+\dfrac{X_2}{1+r_T},\ S+P_3=C_3+\dfrac{X_3}{1+r_T}$

$$\rightarrow P_1+P_3-2P_2=C_1+C_3-2C_2+\frac{X_1+X_3-2X_2}{1+r_T} \quad \therefore\ P_1+P_3-2P_2=C_1+C_3-2C_2$$

3.4 캘린더스프레드

캘린더스프레드(calendar spread)는 행사가격은 동일하나 만기가 다른 두 개의 옵션을 결합하는 전략으로서 수평스프레드(horizontal spread) 또는 시간스프레드(time spread)라 한다.[8] 캘린더스프레드는 상대적으로 만기가 짧은 콜옵션을 매도하고, 동일한 행사가격의 만기가 긴 콜옵션을 매입함으로써 구성된다. 만기가 짧은 콜옵션의 만기일(T_1)에서 캘린더스프레드의 손익을 그림으로 나타내면 [그림 9-4]와 같다. [그림 9-4]에서 만기가 긴(T_2) 콜옵션의 손익은 아직 만기까지 기간이 남아 있어서 곡선형태가 된다.

캘린더스프레드는 장·단기에 따른 옵션의 시간가치 차이를 이용한 것으로 기간이 짧은 옵션을 매도하고 기간이 긴 옵션을 매수하여 시간가치의 감소 차이에서 이익을 얻으려는 전략이다. 일반적으로 옵션의 가치는 만기가 길수록 증가하기 때문에, 캘린더스프레드를 구성하기 위해서는 보통 초기에 투자를 해야 한다. 한편 캘린더스프레드는 상대적으로 만기가 짧은 풋

그림 9-4 캘린더스프레드의 손익

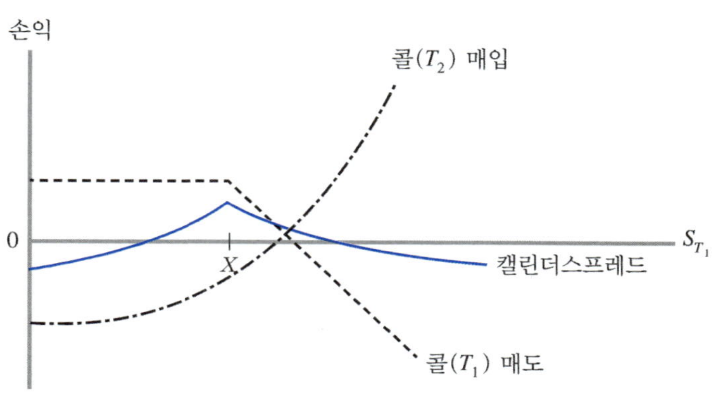

8 만기는 동일하나 행사가격이 다른 두 개의 옵션을 결합하는 전략(강세스프레드, 약세스프레드, 나비스프레드 등)을 수직스프레드(vertical spread)라 한다.

옵션을 매도하고, 동일한 행사가격의 만기가 긴 풋옵션을 매입하는 전략에 의해서도 만들 수 있다.

4 콤비네이션

콤비네이션(combination)은 동일한 주식에 대한 콜옵션과 풋옵션을 동시에 발행(매도)하거나 매입하는 전략, 즉 서로 다른 종류의 옵션을 결합하는 전략이다.

4.1 스트래들

스트래들(straddle)은 행사가격과 만기일이 동일한 콜옵션과 풋옵션을 매입하는 전략이다. 이 전략은 현물가격이 크게 변동할 것으로 예상되지만 그 변동의 방향이 불확실한 경우 사용된다. 스트래들의 만기일 성과 및 손익은 〈표 9-8〉, [그림 9-5] (a)에 나타나 있다.

표 9-8 스트래들의 만기일 성과

포트폴리오	투 자 액	만기일 성과	
		$S_T < X$	$S_T \geq X$
콜옵션 매입 풋옵션 매입	C P	0 $X - S_T$	$S_T - X$ 0
스트래들	$C + P$	$X - S_T$	$S_T - X$

그림 9-5 콤비네이션의 손익

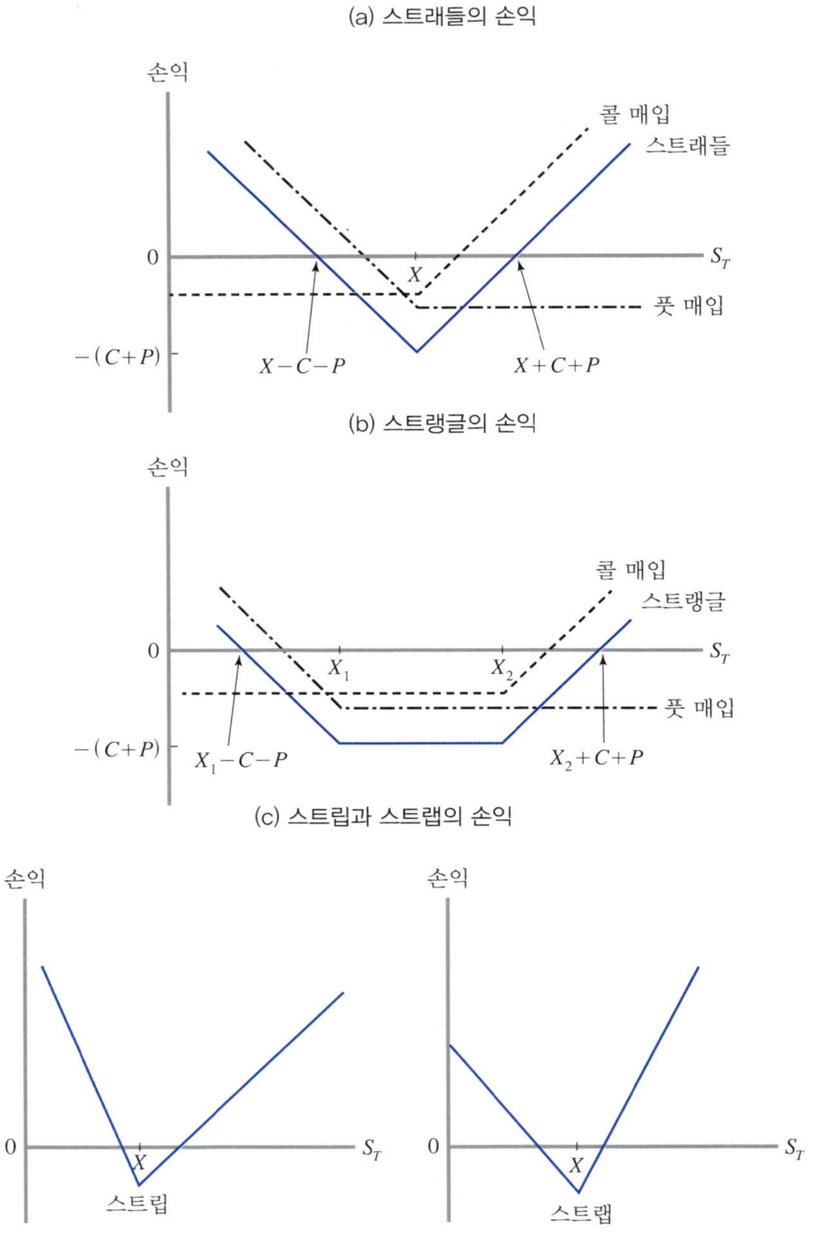

4.2 스트랭글

스트랭글(strangle)은 만기일이 같으나 행사가격이 서로 다른 콜옵션(X_2)과 풋옵션(X_1)을 매입하는 전략이다. 스트랭글은 미래의 주가가 큰 폭으로 변동할 때 이익을 얻을 수 있으며, 예상과 달리 주가변동이 적더라도 손실을 일정수준으로 막을 수 있는 전략이다. 스트랭글의 만기일 성과 및 손익은 〈표 9-9〉, [그림 9-5] (b)에 나타나 있다.

표 9-9 스트랭글의 만기일 성과

포트폴리오	투 자 액	만기일 성과		
		$S_T < X_1$	$X_1 \leq S_T < X_2$	$S_T \geq X_2$
콜옵션(X_2) 매입	C	0	0	$S_T - X_2$
풋옵션(X_1) 매입	P	$X_1 - S_T$	0	0
스트랭글	$C+P$	$X_1 - S_T$	0	$S_T - X_2$

4.3 스트립과 스트랩

스트립(strip)은 만기일과 행사가격이 같은 콜옵션 1개와 풋옵션 2개를 매입하는 전략이며, 스트랩(strap)은 만기일과 행사가격이 같은 콜옵션 2개와 풋옵션 1개를 매입하는 전략이다. 스트립과 스트랩의 손익은 [그림 9-5] (c)에 나타나 있다. [그림 9-5] (c)에서 볼 수 있는 바와 같이 주가가 큰 폭으로 변동될 것으로 예상되며, 그 방향은 약세일 가능성이 높다고 판단되는 경우 스트립을 취한다. 한편 주가가 큰 폭으로 변동될 것으로 예상되며, 그 방향은 강세일 가능성이 높다고 판단되는 경우에는 스트랩을 취한다.

5 칼 라

칼라(collar)는 만기는 동일하나 행사가격이 높은(X_2) 콜옵션 1개를 매도하고 행사가격이 낮은(X_1) 풋옵션 1개를 매입하는 전략이다. 이 전략은 선물매도와 유사하나 만기일 주가(S_T)와 관계없이 만기일 성과가 변하지 않는 일정한 범위가 존재하기 때문에 차이가 있다. 칼라의 만기일 성과 및 손익은 〈표 9-10〉, [그림 9-6] (a)에 나타나 있다.

칼라전략은 기초자산과 결합하여 범위선도계약(range forward)을 구성할

표 9-10 칼라의 만기일 성과

포트폴리오	투 자 액	만기일 성과		
		$S_T<X_1$	$X_1 \le S_T < X_2$	$S_T \ge X_2$
콜옵션(X_2) 매도	$-C$	0	0	$-(S_T-X_2)$
풋옵션(X_1) 매입	P	X_1-S_T	0	0
칼　　라	$P-C$	X_1-S_T	0	$-S_T+X_2$

그림 9-6 칼라와 범위선도계약의 손익

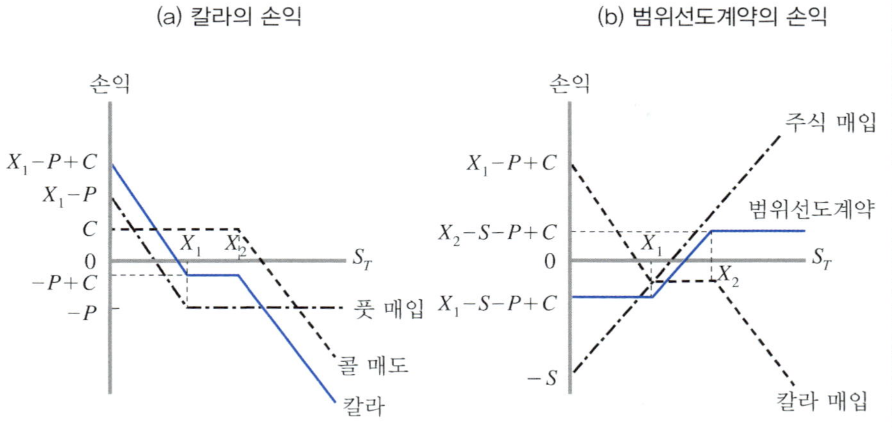

표 9-11 범위선도계약의 만기일 성과

포트폴리오	투 자 액	만기일 성과		
		$S_T < X_1$	$X_1 \leq S_T < X_2$	$S_T \geq X_2$
주식 매입	S	S_T	S_T	S_T
콜옵션(X_2) 매도	$-C$	0	0	$-(S_T - X_2)$
풋옵션(X_1) 매입	P	$X_1 - S_T$	0	0
범위선도계약	$S+P-C$	X_1	S_T	X_2

수 있다. 범위선도계약은 주식을 1주 매입하고 동시에 칼라를 매입하여 손익의 범위를 한정 짓는 전략이다. 범위선도계약의 성과 및 손익은 〈표 9-11〉, [그림 9-6] (b)에 나타나 있다.

예제 9-1 옵션투자전략

현재 만기가 동일한 KOSPI200옵션은 행사가격에 따라 다음과 같이 거래되고 있다. (단, KOSPI200옵션의 거래승수는 1포인트당 25만원이다.)

옵션의 종류	행사가격	옵션프리미엄
콜	172.5	2.4
콜	175.0	1.6
콜	177.5	1.4
풋	175.0	1.0

(1) 행사가격이 175.0인 콜옵션과 풋옵션을 각각 1계약씩 매도할 때 옵션만기일의 손익그래프를 도시하고, 이익이 발생하는 범위와 최대가능이익 및 최대가능손실을 구하라.

(2) 행사가격이 175.0인 콜옵션을 2계약 매도하고 행사가격이 172.5인 콜옵션과 행사가격이 177.5인 콜옵션을 각각 1계약씩 매입할 때 옵션만기일의 손익그래프를 도시하고, 이익이 발생하는 범위와 최대가능이익 및 최대가능손실을 구하라.

해설

(1)

(단위 : 만원)

포트폴리오	투 자 액	만기일 성과	
		$S_T < 4,375$	$S_T \geq 4,375$
콜(175.0) 매도 풋(175.0) 매도	-40 -25	0 $-(4,375-S_T)$	$-(S_T-4,375)$ 0
스트래들 매도	-65	$S_T-4,375$	$-S_T+4,375$

만기일에서의 KOSPI200의 가치에 따라 손익(만기일 성과 − 투자액)을 구하면 다음과 같다.

- $S_T < 4,375$: 손익 $= S_T - 4,375 - (-65) = S_T - 4,310$
- $S_T \geq 4,375$: 손익 $= -S_T + 4,375 - (-65) = -S_T + 4,440$

이와 같은 자료에 의해 손익그래프를 도시하면 다음과 같다.

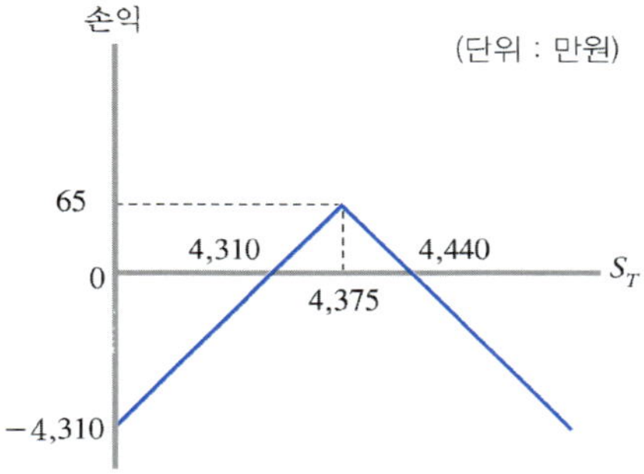

- 이익발생범위 : 4,310만원 $< S_T <$ 4,440만원
- 최대가능이익 = 65만원
- 최대가능손실 $= -\infty$

(2)

(단위 : 만원)

포트폴리오	투자액	만기일 성과			
		$S_T < 4,312.5$	$4,312.5 \leq S_T < 4,375$	$4,375 \leq S_T < 4,437.5$	$S_T \geq 4,437.5$
콜(172.5) 1개 매입 콜(175.0) 2개 매도 콜(177.5) 1개 매입	60 -80 35	0 0 0	$S_T-4,312.5$ 0 0	$S_T-4,312.5$ $-2(S_T-4,375)$ 0	$S_T-4,312.5$ $-2(S_T-4,375)$ $S_T-4,437.5$
나비스프레드	15	0	$S_T-4,312.5$	$-S_T+4,437.5$	0

만기일에서 KOSPI200의 가치에 따라 손익(만기일 성과 − 투자액)을 구하면 다음과 같다.

- $S_T < 4{,}312.5$: 손익 $= 0 - 15 = -15$
- $4{,}312.5 \le S_T < 4{,}375$: 손익 $= S_T - 4{,}312.5 - 15 = S_T - 4{,}327.5$
- $4{,}375 \le S_T < 4{,}437.5$: 손익 $= -S_T + 4{,}437.5 - 15 = -S_T + 4{,}422.5$
- $S_T \ge 4{,}437.5$: 손익 $= 0 - 15 = -15$

이와 같은 자료에 의해 손익그래프를 도시하면 다음과 같다.

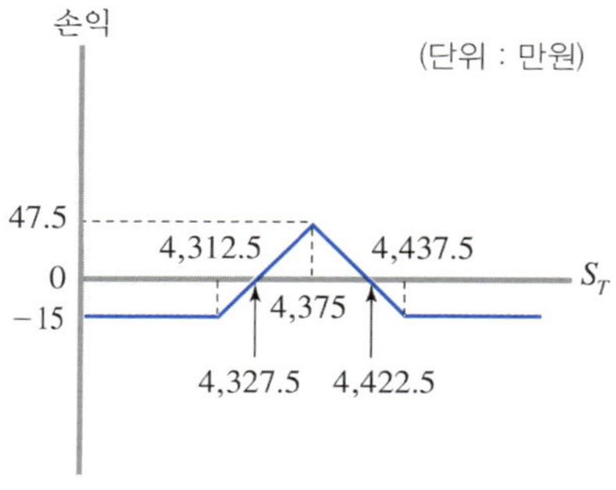

- 이익발생범위 : 4,327.5만원 $< S_T <$ 4,422.5만원
- 최대가능이익 = 47.5만원
- 최대가능손실 = −15만원

6 포트폴리오보험

포트폴리오보험(portfolio insurance)은 주가가 상승하는 경우 이익은 그대로 취하나, 하락할 경우 손실을 일정수준으로 제한하는 전략을 의미한다. 주식과 풋옵션을 매입하는 전략, 즉 방어적 풋(protective put)은 가장 단순한 형태의 포트폴리오보험이라 할 수 있다. 그러나 방어적 풋은 주가하락 시 포트폴리오의 최소가치가 풋옵션의 행사가격으로 제한된다는 한계가 있다. 이와 같은 한계점을 해결하기 위해서 방어적 풋과 무위험채권을 결합함으로써 투자자가 원하는 포트폴리오 만기일 가치의 최저수준을 정할 수 있게 된다.

현재 보유하고 있는 투자자금 W를 가지고 주가지수와 동일하게 구성된 주식포트폴리오(S)와 주가지수 풋옵션(P)을 각각 N계약씩 매입하고, 무위험이자율로 D만큼 대출하여 구성한 포트폴리오의 만기일(T) 가치는 만기일에서의 주가지수의 가치(주가지수×거래승수) S_T에 따라 다음과 같이 나타낼 수

있다.[9]

$$\text{포트폴리오의 만기일 가치} = NX + D(1+r_T), \quad S_T < X \qquad (9\text{-}1a)$$

$$\text{포트폴리오의 만기일 가치} = NS_T + D(1+r_T), \quad S_T \geq X \qquad (9\text{-}1b)$$

여기서 r_T : 현재부터 만기일(T)까지 기간의 무위험이자율
X : 주가지수 풋옵션의 행사가격
$N(S+P)+D=W \rightarrow N=\dfrac{W-D}{S+P}$

식 (9-1a)에서 볼 수 있는 바와 같이 $S_T<X$일 때 보험이 작동되어(kick in), 포트폴리오의 가치가 일정한 수준으로 보장됨을 알 수 있다. 여기서 포트폴리오관리자가 원하는 포트폴리오 만기일 가치의 최저수준(target floor value)이 F인 경우, 식 (9-1a)에 N값을 대입한 후 풀면 무위험대출액 D를 다음과 같이 구할 수 있다.[10]

$$D = \frac{F(S+P) - WX}{(S+P)(1+r_T) - X} \qquad (9\text{-}2)$$

예제 9-2 | 주가지수 풋옵션을 이용한 포트폴리오보험전략

현재 200억원의 투자자금을 가지고 있는 국민연금의 펀드매니저는 KOSPI200과 동일하게 구성된 주식포트폴리오와 KOSPI200풋옵션을 이용하여 1년 후 최소한 205억원을 보장받고자 한다. 1년 만기 KOSPI200풋옵션의 가격과 행사가격은 각각 5.00, 257.5이다. 그리고 현재 KOSPI200지수는 260.00, KOSPI200옵션의 거래승수는 1포인트당 25만원, 연간 무위험이자율은 3%이다.

국민연금의 펀드매니저가 취할 수 있는 포트폴리오보험전략은?

---

9 주가지수 콜옵션을 N계약 매입하고, 무위험이자율로 D'만큼 대출하여 포트폴리오보험전략을 구성할 수 있다($N \cdot C + D' = W$, $D'(1+r_T) = F$). 이는 무위험채권(D')에 투자하여 포트폴리오관리자가 원하는 만기일 가치의 최저수준(F)을 확보하고, 남는 자금으로 주가지수 콜옵션을 매입하여 주가상승 시 이익을 취하는 전략이라 할 수 있다.

10 일반적으로 포트폴리오관리자는 최소한 투자원금을 보존하고 싶어하므로 포트폴리오 만기일 가치의 최저수준은 투자원금인 W가 되는 경우가 많다.

해설

포트폴리오보험을 구성하기 위해서 주식포트폴리오와 주가지수 풋옵션을 각각 N계약씩 매입하고, 무위험이자율로 D만큼 대출하는 전략을 취해야 한다.

그러므로 주식포트폴리오 또는 주가지수 풋옵션의 매입수량 N은 다음과 같이 구할 수 있다.

$$N = \frac{W-D}{S+P} = \frac{200\text{억원}-D}{260.00\times 25\text{만원}+5.00\times 25\text{만원}} = \frac{200\text{억원}-D}{6{,}625\text{만원}} \qquad \cdots \text{(i)}$$

그리고 만기일의 KOSPI200지수의 가치가 KOSPI200풋옵션의 행사가격(257.5×25만원=6,437.5만원)보다 작을 때(S_T<6,437.5만원) 만기일에서 포트폴리오보험은 최저가치를 가지며, 그 값은 205억원이 되어야 한다.

$$205\text{억원} = \left(\frac{200\text{억원}-D}{6{,}625\text{만원}}\right)\times 6{,}437.5\text{만원}+D\times(1+0.03) \qquad \cdots \text{(ii)}$$

식 (i)과 (ii)에 의해서 N과 D를 구하면 다음과 같다.

$$D = \frac{205\text{억원}\times 6{,}625\text{만원}-200\text{억원}\times 6{,}437.5\text{만원}}{6{,}625\text{만원}\times(1+0.03)-6{,}437.5\text{만원}} = 182.848\text{억원}$$

$$N = \frac{200\text{억원}-182.848\text{억원}}{6{,}625\text{만원}} = 25.890\text{계약}$$

200억원 중 182.848억원을 무위험이자율로 대출한 후, 17.152억원으로 주식포트폴리오와 KOSPI200풋옵션을 각각 25.890계약 매입함으로써 최소 205억원의 가치를 보장받을 수 있는 포트폴리오보험을 구성할 수 있다. 이와 같은 포트폴리오보험의 만기일 가치(성과)는 다음과 같다.

포트폴리오보험의 만기일 가치(성과)

포트폴리오	투 자 액	만기일 가치(성과)	
		S_T<6,437.5만원	S_T≥6,437.5만원
주식 25.890개 매입	16.829억원	25.890S_T	25.890S_T
풋옵션 25.890계약 매입	0.324억원	25.890×(6.437.5만원−S_T)	0
182.848억원 대출	182.848억원	188.333억원	188.333억원
포트폴리오보험	200억원	205억원	25.890S_T+188.333억원

* 반올림에 의한 약간의 차이는 조정하였음.

즉 S_T<6,437.5만원인 경우 포트폴리오보험이 작동하며, 그 최저가치는 205억원임을 확인할 수 있다.

알아두기 옵션투자전략의 비교

옵션투자전략은 방향성 투자전략과 변동성 투자전략으로 구분할 수 있다. 방향성 투자전략은 기초자산의 가격 방향성에 근거한 투자전략이며, 변동성 투자전략은 기초자산 가격의 변동성에 근거한 투자전략이다. 본장에서 소개한 옵션투자전략을 방향성 또는 변동성 투자전략으로 구분한 뒤 각 시장상황에 유리한 투자전략을 간단히 요약하면 다음과 같다..

<table>
<tr><th rowspan="3">투자전략의 구분</th><th rowspan="3">시장상황</th><th rowspan="3">실행가능 투자전략</th><th colspan="3">손 익</th></tr>
<tr><th rowspan="2">그 림</th><th colspan="2">특 징</th></tr>
<tr><th>이 익</th><th>손 실</th></tr>
<tr><td rowspan="8">방향성 투자전략</td><td rowspan="4">기초자산의 가격상승 : 강세시장</td><td>콜 매입</td><td></td><td>무한정</td><td>한정</td></tr>
<tr><td>풋 매도</td><td>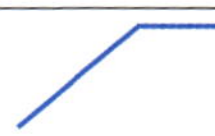</td><td>한정</td><td>한정</td></tr>
<tr><td>강세스프레드</td><td></td><td>한정</td><td>한정</td></tr>
<tr><td>범위선도계약 매입</td><td></td><td>한정</td><td>한정</td></tr>
<tr><td rowspan="4">기초자산의 가격하락 : 약세시장</td><td>콜 매도</td><td>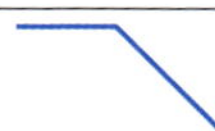</td><td>한정</td><td>무한정</td></tr>
<tr><td>풋 매입</td><td>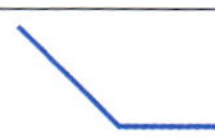</td><td>한정</td><td>한정</td></tr>
<tr><td>약세스프레드</td><td></td><td>한정</td><td>한정</td></tr>
<tr><td>칼라 매입</td><td></td><td>한정</td><td>무한정</td></tr>
</table>

변동성 투자전략	기초자산의 가격변동성 증가	스트래들 매입		무한정	한정
		스트랭글 매입		무한정	한정
		나비스프레드 매도		한정	한정
		캘린더스프레드 매도		한정	한정
	기초자산의 가격변동성 감소	스트래들 매도		한정	무한정
		스트랭글 매도		한정	무한정
		나비스프레드 매입		한정	한정
		캘린더스프레드 매입		한정	한정

주요 용어

key words

연습문제

■ 완성/선택형 문제

01 (   )은 투자손실위험을 제거하기 위해서 주식과 옵션을 결합하여 투자하는 전략이다.

02 (   )는 두 개 이상의 같은 종류 옵션(두 개 이상의 콜 또는 두 개 이상의 풋)을 결합하는 전략을 의미한다.

03 (   )은 동일한 주식에 대한 콜옵션과 풋옵션을 동시에 발행(매도)하거나 매입하는 전략, 즉 서로 다른 종류의 옵션을 결합하는 전략이다.

04 (   )은 주가가 상승하는 경우 이익은 그대로 취하나, 하락할 경우 손실을 일정수준으로 제한하는 전략을 의미한다.

05 다음 중 주식과 풋옵션을 결합하여 주가가 폭락하더라도 결합가치를 최소한 풋옵션의 행사가격만큼 보장받을 수 있게 하는 투자전략은?

① 방비 콜 ② 방어적 풋 ③ 나비스프레드
④ 스트래들 ⑤ 스트립

06 다음 중 행사가격과 만기일이 동일한 콜옵션과 풋옵션을 매입하는 전략으로 현물가격이 크게 변동할 것으로 예상되지만 그 변동의 방향이 불확실한 경우 사용되는 투자전략은?

① 강세스프레드 ② 캘린더스프레드 ③ 스트랭글
④ 스트래들 ⑤ 칼라

07 강세시장을 기대하는 투자자가 이익과 손실을 제한하고, 투자전략을 실행하는 시점에서 옵션거래에 따른 현금유입을 기대할 수 있는 투자전략으로 가장 적절한 것은?

① 콜 매입 ② 풋 매도
③ 콜옵션을 이용한 강세스프레드 ④ 풋옵션을 이용한 강세스프레드
⑤ 스트래들

08 다음 중 향후 기초자산 가격의 변동성이 감소할 것으로 예상될 때 적절한 옵션투자전략은?

① 콜옵션을 이용한 강세스프레드 ② 스트래들 매입
③ 스트랭글 매도 ④ 풋옵션 매도
⑤ 콜옵션 매입

09 다음 중 향후 기초자산 가격 변동성의 증가가 예상되는 동시에 약세시장에 비해 강세시장의 가능성이 상대적으로 높을 것으로 기대될 때 적절한 옵션투자전략은?

① 풋옵션을 이용한 강세스프레드 ② 스트랭글 매도
③ 나비스프레드 매입 ④ 스트랩 매입
⑤ 스트립 매입

10 옵션 투자전략에 관한 설명으로 가장 적절하지 않은 것은? (CPA 1차 2016)

① 보호풋(protective put) 전략과 방비콜(covered call) 전략은 일종의 헤지(hedge)전략이다.
② 약세 스프레드(bear spread) 전략은 행사가격이 낮은 옵션을 매도하고 행사가격이 높은 옵션을 매입하는 전략이다.

③ 박스스프레드(box spread) 전략은 콜옵션을 이용한 강세 스프레드와 풋옵션을 이용한 약세 스프레드를 결합한 전략이다.

④ 스트래들(straddle) 매입 전략은 만기와 행사가격이 동일한 콜옵션과 풋옵션을 동시에 매입하는 전략이다.

⑤ 스트립(strip) 전략은 만기와 행사가격이 동일한 콜옵션을 2개 매입하고 풋옵션을 1개 매입하는 전략이다.

11 옵션투자전략에 관한 설명으로 가장 적절하지 않은 것은? (CPA 1차 2014 수정)

① 순수포지션(naked position) 전략은 한 가지 상품에만 투자한 경우로 헤지가 되어 있지 않은 전략이다.

② 방어적 풋(protective put) 전략은 기초자산을 보유한 투자자가 향후 자산가격이 하락할 경우를 대비하여 풋옵션을 매입하는 전략이다.

③ 방비 콜(covered call) 전략은 기초자산을 보유한 투자자가 향후 자산가격이 하락하거나 상승하지 않을 경우를 대비하여 콜옵션을 매입하는 전략이다.

④ 기초자산을 1개 매입하고 풋옵션을 1개 매입하며 콜옵션을 1개 매도하는 풋-콜 패리티(put-call parity) 전략을 이용하면, 만기시점의 기초자산 가격과 관계없이 항상 행사가격만큼 얻게 되어 가격변동위험을 완전히 없앨 수 있다.

⑤ 강세스프레드(bull spread) 전략은 행사가격이 낮은 옵션을 매입하고 행사가격이 높은 옵션을 매도하는 전략으로 기초자산의 가격이 상승할 때 이득을 얻는 전략이다.

12 다음의 설명 중 틀린 것은?

① 방어적 풋(protective put) 매입포지션은 기초자산의 가격하락에 따른 위험을 제거할 수 있을 뿐만 아니라 기초자산 가격상승에 따른 이익도 누릴 수 있다.

② 선물을 이용한 매도전략은 방어적 풋(protective put) 매입전략과 같이 기초자산의 가격하락으로 인한 위험을 제거할 수 있다.

③ 방비 콜(covered call) 전략의 손익구조는 풋옵션 매도포지션과 유사하다.

④ 스트래들 매입전략은 기초자산의 가격이 크게 변동할 것으로 예상되지만 그 변동의 방향이 불확실한 경우 사용된다.
⑤ 나비스프레드 매도전략은 기초자산의 가격변동성이 감소할 경우 이익이 기대되나 그 반대의 경우 제한된 손실이 발생하는 특징을 지닌다.

13 주가지수를 추종하는 주식포트폴리오의 가치하락 시 하향손실(downside loss)을 일정 수준으로 한정시키면서 가치상승 시 상향이익(upside potential)을 얻을 수 있는 포트폴리오 운용전략으로 적절한 항목만을 모두 고르면? (단, 파생상품의 기초자산은 주가지수이다.) (CPA 1차 2013)

(가) 주식포트폴리오를 보유한 상태에서 풋옵션을 매수한다.
(나) 무위험채권에 투자한 상태에서 콜옵션을 매수한다.
(다) 주식포트폴리오를 보유한 상태에서 선물을 매도하고, 헤지비율을 시장상황에 따라 동적으로 변화시킨다.
(라) 주식포트폴리오와 무위험채권을 매수하고, 무위험채권의 투자비율을 시장상황에 따라 동적으로 변화시킨다.

① (가), (나) ② (다), (라) ③ (가), (나), (다)
④ (나), (다), (라) ⑤ (가), (나), (다), (라)

14 투자자 갑은 3개월 만기 콜옵션 1계약과 3개월 만기 풋옵션 1계약을 이용하여 주가지수옵션에 대한 스트랭글 매도(short strangle) 투자전략을 구사하려 한다. 현재 형성된 옵션시세는 다음과 같다. 만기 주가지수가 1,120포인트일 때 투자자의 만기손익과 최대손익을 구하라. (CPA 1차 2009 수정)

a. 3개월 만기 주가지수 콜옵션
(행사가격 = 1,100포인트, 콜옵션 프리미엄 = 35포인트)
b. 3개월 만기 주가지수 풋옵션
(행사가격 = 1,100포인트, 풋옵션 프리미엄 = 21포인트)

c. 3개월 만기 주가지수 콜옵션
(행사가격＝1,200포인트, 콜옵션 프리미엄＝32포인트)
d. 3개월 만기 주가지수 풋옵션
(행사가격＝1,200포인트, 풋옵션 프리미엄＝27포인트)

	만기손익(포인트)	최대손익(포인트)
①	53	53
②	56	56
③	59	59
④	－60	60
⑤	－62	－62

15 기초자산의 가격변화에 따른 옵션의 투자전략에 대한 설명 중 옳은 항목만으로 구성된 것은? (CPA 1차 2010)

a. 기초자산 가격의 변동에 따른 이익 및 손실의 범위를 한정하기 위해서는 칼라(collar)를 이용하면 된다.
b. 기초자산 가격이 큰 폭으로 변동할 것으로 예상되지만 방향을 알지 못하는 경우 스트랭글(strangle)을 매입하면 된다.
c. 기초자산 가격이 변화하지 않을 것으로 예상되는 경우 스트래들(straddle)을 매도하면 된다.
d. 기초자산 가격변동에 따른 손익을 곡선의 형태로 실현하기 위해서는 수직스프레드(vertical spread)를 이용하면 된다.
e. 기초자산 가격이 큰 폭으로 변동하고 특히 하락보다는 상승이 예상되는 경우 스트립(strip)을 매입하면 된다.

① a, b, c ② a, c, d ③ a, d, e
④ b, c, e ⑤ b, d, e

16 포트폴리오보험(portfolio insurance)에 관한 설명으로 가장 적절하지 않은 것은? (CPA 1차 2015)

① 보유하고 있는 포트폴리오의 가치가 일정수준 이하로 하락하는 것을 방지하면서 가치상승 시에는 이익을 얻도록 하는 전략이다.

② 기초자산을 보유한 투자자가 풋옵션을 매도하여 기초자산의 가치가 행사가격 이하가 되지 않도록 방지하는 포트폴리오보험전략을 실행할 수 있다.

③ 주식포트폴리오에 대해 선물계약이 존재하는 경우 포트폴리오보험은 선물계약과 무위험순수할인채권의 매입으로 합성될 수 있다.

④ 보유한 자산에 대한 풋옵션이 존재하지 않거나 투자기간과 풋옵션의 만기가 일치하지 않는 경우 풋옵션 대신 주식과 채권으로 복제된 합성풋옵션을 이용하여 보호풋전략을 실행할 수 있다.

⑤ 시간이 흐름에 따라 풋옵션 델타가 변하는 경우 기초자산 투자액과 무위험대출액을 계속적으로 조정해야 하므로 합성풋옵션을 이용한 포트폴리오보험전략은 동적헤지전략의 일종으로 볼 수 있다.

■ 서술/계산형 문제

01 스프레드(spread)에 대해서 설명하라.

02 스트립(strip)과 스트랩(strap)을 비교하여 설명하라.

03 칼라(collar)에 대해서 설명하라.

04 포트폴리오보험(portfolio insurance)에 대해서 설명하라.

05 금융상품과 옵션투자전략

KS은행은 KOSPI200지수에 따라 만기일 성과(가치)가 결정되는 6개월 만기의 새로운 금융상품을 개발하였다. 이 금융상품의 만기일 성과는 다음과 같다.

KOSPI200지수	만기일 성과(만원)
$S_T < 160$	$5{,}000 + (160 - S_T) \times 25$
$160 \leq S_T < 180$	$5{,}000$
$S_T \geq 180$	$5{,}000 + (S_T - 180) \times 25$

그리고 현재 만기가 6개월 후인 KOSPI200옵션은 다음과 같이 거래되고 있다. (단, KOSPI200옵션의 거래승수는 1포인트당 25만원이다.)

옵션의 종류	행사가격	옵션프리미엄
콜	160.0	2.4
콜	180.0	1.6
풋	160.0	4.0
풋	180.0	6.0

(1) KS은행이 개발한 새로운 금융상품의 만기일 성과를 그래프로 나타내라.

(2) KS은행이 개발한 새로운 금융상품의 적정가격을 계산하라. (단, 무위험이자율은 연 10%이다.)

06 옵션투자전략 비교

K씨는 몇 년 전에 구입한 S전자의 주식 2,000주를 보유하고 있다. 이 주식의 현재가격은 50,000원이다. K씨는 6개월 후 최소한 원금을 보장함과 동시에 11,000만원도 가능한 투자전략을 수립하고자 한다. 이를 위해 K씨는 투자자문회사로부터 다음과 같은 4가지 전략을 추천받았다.

- 전략 1 : S전자 주식을 지금 매각한 후, 그 자금으로 연 10%의 이자를 지급하는 6개월 만기 CD를 매입함.
- 전략 2 : 만기가 6개월 후인 S전자 콜옵션(행사가격＝55,000원) 200계약을 계약당 20,000원에 매도(발행)함.

- 전략 3 : 만기가 6개월 후인 S전자 풋옵션(행사가격=50,000원) 200계약을 계약당 20,000원에 매입함.
- 전략 4 : 만기가 6개월 후인 S전자 콜옵션(행사가격=55,000원) 200계약을 매도하여 얻은 자금으로 S전자 풋옵션(행사가격=50,000원) 200계약을 매입함.

연 10%의 무위험이자율로 차입 또는 대출이 가능하다고 가정하여, 다음의 물음에 답하라. (단, 개별주식옵션의 거래단위는 10주임.)

(1) 각 전략에 대한 6개월 후 투자성과(현금흐름)를 표와 그래프로 나타내라. (단, 현재 추가적인 투자는 없다고 가정한다.)

(2) K씨에게 가장 적합한 투자전략은?

07 풋-콜 패리티와 스트랭글 (CPA 2차 2020)

㈜대한과 ㈜민국의 현재 주가는 각각 1,100원이며 주식의 공매가 가능하다. 이 기업들은 향후 5년간 배당을 지급하지 않을 계획이다. 무위험이자율은 연 10%로 향후 변동이 없으며 차입과 투자가 가능하다. 거래비용은 없으며, 시장에는 어떠한 차익거래의 기회도 없다고 가정한다.

※ 물음 (1)과 (2)는 독립적이다.

(1) ㈜대한의 주식은 매년 가격이 20% 상승하거나 20% 하락하는 이항과정을 따른다. 이 주식을 기초자산으로 하고 행사가격이 1,100원으로 동일한 다음의 3가지 유형의 옵션들이 현재 시장에서 거래되고 있다.

옵션	구분	만기(년)	옵션프리미엄(원)
A	유럽형 풋	5	21
B	미국형 풋	5	63
C	미국형 콜	5	

옵션 C의 프리미엄을 구하라. 계산결과는 반올림하여 원 단위로 표시하라.

(2) ㈜민국의 주식을 기초자산으로 하고 잔존만기가 1년인 아래의 2가지 옵션이 시장에서 거래되고 있다.

옵션	구분	행사가격(원)	옵션프리미엄(원)
D	유럽형 콜	1,100	155
E	유럽형 콜	1,200	80

① ㈜민국의 주가 변화에 따라 아래와 같은 현금흐름을 제공하는 포트폴리오를 현재 구성하고자 한다. 앞서 제시된 무위험자산, 주식, 옵션들을 조합한 포트폴리오 구성 방법을 나타내라.

1년 후 주가(S1) 범위	1년 후 현금흐름
$S_1 \leq 1{,}100$	$1{,}100 - S_1$
$1{,}100 < S_1 \leq 1{,}200$	0
$1{,}200 < S_1$	$S_1 - 1{,}200$

② 위의 포트폴리오를 구성하는데 소요되는 현재 시점에서의 총 비용을 구하라.

08 스프레드 (CPA 2차 2015)

AAA기업의 주식을 기초자산으로 하고 잔존만기가 1년으로 동일한 다음의 6가지 유럽형 옵션이 현재 시장에서 거래되고 있다. 단, 무위험이자율은 연 10%이다.

옵션의 종류	행사가격	옵션프리미엄
콜옵션	1,000원	100원
	1,150원	40원
	1,300원	5원
풋옵션	1,000원	20원
	1,150원	60원
	1,300원	105원

(1) 1년 후 옵션의 만기 시에 AAA기업의 주가의 변화에 따라 아래와 같은 만기 손익을 동일하게 복제하는 옵션 포트폴리오를 만들고자 한다. 위에서 제시된 옵션들을 조합하여 만들 수 있는 거래전략을 두 가지 방법으로 나누어 제시하라. 단, 손익계산 시 옵션프리미엄은 고려하지 않는다.

주 가	만기손익
$S_T \leq 1,000$	0
$1,000 < S_T \leq 1,150$	$S_T - 1,000$
$1,150 < S_T \leq 1,300$	$1,300 - S_T$
$1,300 < S_T$	0

주) S_T: 만기 시 AAA기업의 주가

(2) 물음 (1)의 두 가지 거래 전략에 소요되는 현재시점에서의 총 비용을 각각 원단위로 계산하라.

(3) 앞의 6가지 유럽형 옵션들 사이에는 차익거래기회가 존재한다. 6가지 옵션 모두를 이용하여 현재시점에서는 비용이 소요되지 않는 차익거래전략을 제시하고 만기일에서의 차익거래이익을 원단위로 계산하라.

(4) 옵션의 만기 시 AAA기업의 주가에 관계없이 150원이라는 확실한 현금흐름을 제공하는 옵션 포트폴리오를 만들고자 한다. 위에서 제시된 옵션들을 조합한 두 가지 거래 전략을 제시하고 각 거래 전략의 수익률을 계산하라. 계산결과는 %단위로 표시하되 반올림하여 소수점 첫째 자리까지 표시하라.

09 스프레드 (CPA 2차 2016)

㈜가나의 주식을 기초자산으로 하고 잔존만기가 1년인 다음의 4가지 유럽형 옵션이 현재 시장에서 거래되고 있으며 무위험이자율은 연 10%이다.

옵션의 종류	행사가격	옵션프리미엄
콜옵션	2,000	200
	2,300	20
풋옵션	2,000	40
	2,300	120

(1) 옵션 만기일에 ㈜가나의 주가와 무관하게 항상 300원의 현금흐름을 가져오는 옵션 포트폴리오를 구성하려 한다. 위에서 제시한 4가지 유럽형 옵션을 모두 이용한 거래전략을 제시하라.

(2) 물음 (1)의 거래전략에 소요되는 총비용을 현재시점을 기준으로 반올림하여 원단위로 계산하라.

(3) 현재 거래되는 4가지 유럽형 옵션들 사이에는 차익거래기회가 존재한다. 현재시점에서 비용이 들지 않는 차익거래전략을 제시하고 차익거래이익을 만기시점을 기준으로 반올림하여 원단위로 계산하라.

(4) 현재 시장에는 ㈜가나의 주식을 기초자산으로 하고 행사가격이 2,600원, 옵션프리미엄이 10원, 잔존만기가 1년인 콜옵션도 거래되고 있다. 콜옵션을 이용한 나비스프레드(butterfly spread) 전략을 제시하고, 옵션 만기일에 ㈜가나의 주가가 2,400원인 경우의 수익률을 계산하라. 계산결과는 %단위로 표시하되 반올림하여 소수점 첫째 자리까지 표시하라.

10 스트랭글과 스프레드 (CPA 2차 2018)

다음 표는 북해산 브렌트 원유를 기초자산으로 하는 만기 1년의 유럽형 콜옵션과 풋옵션의 프리미엄을 정리한 것이다. 행사가격은 1리터당 가격이고, 가격의 단위는 원이다. 다음 물음에 답하라.

행사가격	콜프리미엄	풋프리미엄
1,500	104	70
1,600	60	125

(1) 위의 옵션을 이용하여 매수스트랭글(long strangle)을 취하는 두 가지 방법을 제시하고, 만기일의 현금흐름을 나타내는 그림을 각각 그리시오. 또한 현금흐름의 최소값을 각각 구하고, 그림에서 최소값을 표시하라.

(2) 앞의 물음 (1)의 두 방법 중에서 어느 것이 더 유리한가? 또한 그 이유가 무엇인지 근거를 제시하라. 단, 무위험이자율은 연 3%라고 가정한다.

(3) 위의 옵션을 이용하여 강세스프레드(bull spread)의 매수포지션을 취하는 두 가지 방법을 제시하고, 만기일의 현금흐름을 나타내는 그림을 각각 그리시오. 또한 현금흐름의 최대값을 각각 구하고, 그림에서 최대값을 표시하라.

(4) 시장에 차익거래의 기회가 없기 위한 무위험이자율을 구하라. %단위로, 소수점 아래 셋째 자리에서 반올림하여 둘째 자리까지 표시하라.

11 방어적 풋과 델타중립 포트폴리오 (CPA 2차 2017)

어떤 주식의 현재주가는 10,000원이고 매년 20% 상승하거나 20% 하락하는 이항분포를 따른다고 가정한다. 이 주식은 배당을 지급하지 않으며, 무위험이자율은 연 5%이다. 2기간 이항모형을 이용하여 답하라. 금액은 반올림하여 소수점 둘째 자리까지 표시하고, 확률, 델타, 주식 및 옵션의 개수는 반올림하여 소수점 넷째 자리까지 표시하라.

(1) 만기가 2년이고 행사가격이 10,000원인 유럽형 풋옵션을 포함하는 방어풋(protective put) 포트폴리오를 구성하는 데 들어가는 비용($t=0$)과 1년 후 시점($t=1$)에서 주가가 하락하였을 때 포트폴리오의 가치를 구하라.

(2) 방어풋 전략 대신 포트폴리오보험전략을 시행하려고 한다. 다음 물음에 답하라.

① 현재시점($t=0$)에서의 주식의 개수와 무위험채권의 금액을 구하라.

② 1년 후 시점($t=1$)에서 주가가 하락하였을 때 새로 구성해야 할 주식의 개수와 무위험채권의 금액을 구하라.

③ 만기($t=2$)에서 주가가 6,400원이 되었을 때 포트폴리오의 가치를 구하라.

(3) 다음 물음에 답하라.

① 현재시점($t=0$)에서 주식 1주를 기준으로 델타중립 포트폴리오를 구성하라.

② 1년 후 시점($t=1$)에서 델타중립 포트폴리오의 가치를 구하라.

③ 만기($t=2$)에 주가가 하락하여 9,600원이 된 상황(A)과 주가가 상승하여 9,600원이 된 상황(B) 하에서 델타중립 포트폴리오의 가치를 각각 구하라.

12 방어적 풋과 포트폴리오보험전략 (CPA 2차 2014 수정)

(주)다라의 현재 주당가격은 10,000원이다. (주)다라의 주식을 기초자산으로 하는 행사가격 10,000원, 1년 만기 유럽형 풋옵션의 가격은 500원이고 무위험이자율은 연 10%이다.

(1) 현재 (주)다라 주식 1,000주를 보유한 투자자 갑이 1년 후의 가격하락 위

험을 제거하기 위하여 방어적 풋(protective put) 전략을 사용하려 할 때 필요한 풋옵션의 개수와 이 포트폴리오의 현재시점 가치를 각각 구하라.

(2) 물음 (1)과 같이 구성한 다음 1년 후 (주)다라의 주가가 5,000원이 된 경우와 15,000원이 된 경우의 투자성과를 비교하라.

(3) 투자자 병은 현재 1,000만원을 보유하고 있다. 투자자 병이 (주)다라 주식과 풋옵션 및 무위험대출을 이용하여 1년 후 최소한 1,000만원을 확보하기 위해 필요한 (주)다라 주식의 개수, 풋옵션의 개수 및 대출액을 각각 계산하라. 계산결과는 반올림하여 소수점 둘째 자리까지 표기하라.

(4) 포트폴리오 보험전략을 간략하게 설명하라.

13 고급 포트폴리오보험전략

현재 10억원의 투자자금을 가지고 있는 K씨는 3개월 동안 주식투자를 고려하고 있으나, 주가하락 시 발생될 손실을 염려하고 있다. 따라서 K씨는 주식시장이 하락국면에 있을 경우 발생될 수 있는 손실을 회피하고자 다양한 포트폴리오보험전략을 고려하고 있다. 이와 같은 전략에 이용될 수 있는 3개월 만기 KOSPI200콜옵션과 풋옵션에 관한 자료는 다음과 같다.

옵션의 종류	행사가격	옵션가격(프리미엄)
콜	198.9	5.0
풋	198.9	6.0

현재 KOSPI200지수는 194.0포인트, KOSPI200옵션의 거래승수는 1포인트당 25만원, 무위험이자율은 연 8%이며, 3개월 동안 배당은 지급되지 않는다. (단, 아래의 물음에서 요구하는 각 전략을 구성할 때 현재시점의 투자액(또는 현금흐름)과 만기일(3개월 후)의 성과를 각각 제시해야 하며, 모든 계산과정 및 결과에서 금액은 반올림하여 만원 단위로 표시하고, 계약수는 반올림하여 소수점 아래 둘째 자리까지 표시하라.)

(1) K씨는 주식시장이 하락국면에 있을 경우 발생될 수 있는 손실을 회피하기 위하여 방어적 풋 전략을 고려하고 있다. K씨가 수립할 수 있는 방어적 풋 전략은?

(2) K씨는 KOSPI200콜옵션과 무위험채권을 이용하여 방어적 풋과 동일한

성과를 얻을 수 있다. 가능한 전략을 수립하라.

(3) K씨는 3개월 후 만기가 되는 KOSPI200선물을 이용하여 방어적 풋과 동일한 성과를 얻을 수 있다. 가능한 전략을 수립하라. (단, KOSPI200선물의 거래승수는 1포인트당 25만원이다.)

(4) K씨는 3개월 후 최소한 투자원금 10억원을 보장받고자 한다. 이와 같은 경우 취할 수 있는 전략은?

(5) 행사가격 198.9인 3개월 만기 KOSPI200풋옵션의 가격이 7.0으로 상승한다면, K씨는 차익거래이익을 얻을 수 있는 기회를 가질 수 있다. K씨가 KOSPI200풋옵션 1계약을 이용하여 얻을 수 있는 차익거래이익을 구하고, 그 차익거래과정을 제시하라.

제10장 옵션가격결정모형

대표적인 파생증권(derivative securities)의 하나인 옵션은 상황에 따라 그 성과가 달라지는 조건부 청구권(contingent claim)이라 할 수 있다. 그러므로 주식, 채권 등과 달리 옵션은 기초자산에서 파생된 증권으로서 독립적으로 평가되는 것이 아니라 주어진 기초자산의 가격에 근거하여 종속적으로 평가된다. 옵션가격결정모형(option pricing model : OPM)에는 콕스, 로스, 루빈스타인(J. Cox, S. Ross, and M. Rubinstein)에 의해서 개발된 이항옵션가격결정모형(binomial option pricing model)과 블랙과 숄즈(F. Black and M. Scholes)에 의해서 개발된 블랙-숄즈 옵션가격결정모형(Black-Scholes option pricing model)이 있다.

본장에서는 이항옵션가격결정모형과 블랙-숄즈 옵션가격결정모형을 차례로 설명하고자 한다.

1 이항옵션가격결정모형

1.1 기본 이항옵션가격결정모형

1기간 모형

이항옵션가격결정모형은 주가가 이산적(discrete)으로 변하며 그 변동은 두 가지로 한정된다는 가정, 즉 주가변동이 이항분포(binomial distribution)를 따른다는 가정하에서 도출된 모형이다.[1] 예를 들어 현재 주가(S)가 20,000원인 주식이 콜옵션의 만기일(T)에 24,000원으로 상승하거나 18,000원으로 하락할 것이라고 가정하자. 그리고 주가가 상승할 확률은 70%이며 하락할 확률은 30%라고 하자. 이를 요약하여 나타내면 [그림 10-1] (a)와 같다. [그림 10-1] (a)에서 u는 주가의 상승계수(24,000/20,000=1.2), d는 주가의 하락계수(18,000/20,000=0.9)를 의미한다.[2] 이제 행사가격(X)이 21,000원인 콜옵션을 생각해 보자. 만기일에 주가가 24,000원으로 상승하면, 콜옵션의 가치(C_u)는 3,000원(24,000원−21,000원)이 된다. 그리고 주가가 18,000원으로 하락하면, 콜옵션은 행사되지 않으므로 콜옵션의 가치(C_d)는 0원이 된다. 이와 같이 주가변화에 따른 콜옵션의 가치는 [그림 10-1] (b)에 제시되어 있다.

[그림 10-1] (b)에서 볼 수 있는 바와 같이 콜옵션의 가치가 만기일에서 3,000원(70%의 확률) 또는 0원(30%의 확률)이 될 때, 이 콜옵션의 현재가치(C)는 얼마인가?[3] 이에 대한 해답을 얻기 위하여, 주식을 a주 매입하고 그

---

1 J. Cox, S. Ross, and M. Rubinstein, "Option Pricing : A Simplified Approach," *Journal of Financial Economics*, Vol. 7(September 1979), pp. 229~263.

2 $u>(1+\text{무위험이자율})>d$

3 현재 주가는 만기일에서의 기대가치를 위험조정할인율, 즉 기대수익률($E(r)$)로 할인하여 구할 수 있다.

$$S=\frac{quS+(1-q)dS}{1+E(r)} \rightarrow E(r)=[qu+(1-q)d]-1,\ q=\frac{[1+E(r)]-d}{u-d}$$

주식과 콜옵션의 만기일에서의 현금흐름양상(위험)이 서로 다르기 때문에 위의 식에서 사용

그림 10-1 주가 및 콜옵션의 가치변동 : 1기간

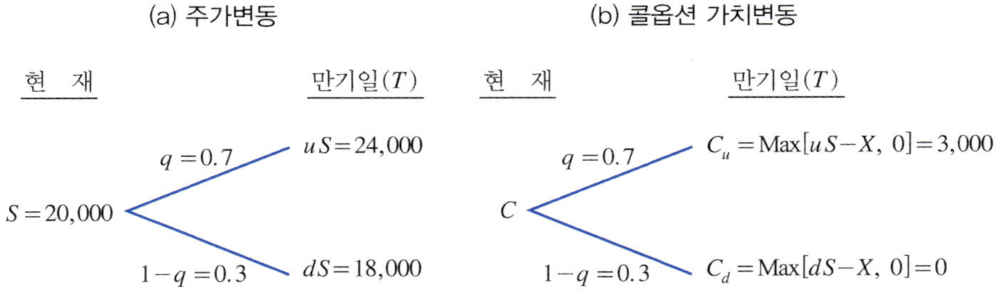

그림 10-2 포트폴리오의 성과

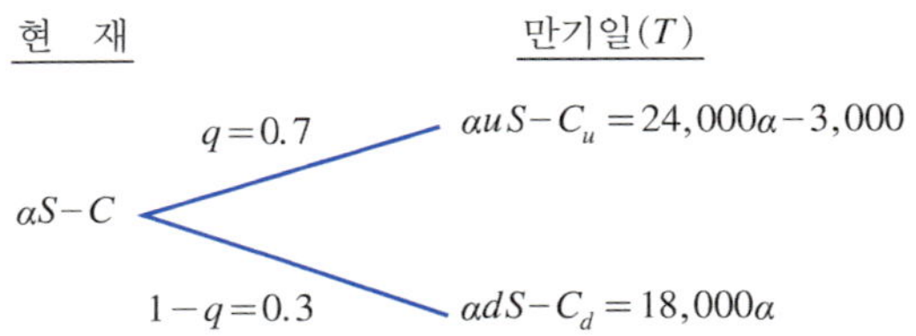

주식에 대한 콜옵션 1개를 매도하는 포트폴리오를 구성해 보자. 이와 같이 구성한 포트폴리오의 성과는 [그림 10-2]와 같다. [그림 10-2]에서 $(\alpha S-C)$는 주식을 α주 매입하고 그 주식에 대한 콜옵션 1개를 매도하는 포트폴리오를 구성하기 위하여 필요한 금액(투자액)이며, $(\alpha uS-C_u)$와 $(\alpha dS-C_d)$는 각각 주가가 상승하거나 하락하였을 때의 포트폴리오의 만기일에서의 성과를 의미한다.

위험이 없는 무위험포트폴리오, 즉 헤지포트폴리오(hedge portfolio)를 구성하기 위해서는 주가의 상승 또는 하락과 관계없이 만기일에서의 포트폴리오의 성과가 항상 일정해야 한다.

$$\alpha uS-C_u=\alpha dS-C_d \tag{10-1}$$

한 기대수익률을 이용하여 콜옵션가격을 구할 수 없다.

식 (10-1)을 α에 관해서 풀면 다음과 같다.

$$\alpha = \frac{C_u - C_d}{(u-d)S} \tag{10-2}$$

식 (10-2)에서 α는 헤지비율(hedge ratio)로서 무위험포트폴리오를 구성하기 위해 콜옵션 1개를 매도(매입)할 때 매입(매도)하여야 하는 주식의 수를 의미한다. 앞의 예에서 헤지비율 α를 구하면 다음과 같다.

$$24{,}000\alpha - 3{,}000 = 18{,}000\alpha \rightarrow \alpha = 0.5$$

또는

$$\alpha = \frac{3{,}000 - 0}{(1.2 - 0.9) \times 20{,}000} = 0.5$$

20,000원하는 주식 0.5주를 매입하고 이 주식에 대한 콜옵션 1개를 매도하여 구성한 포트폴리오의 만기성과는 주가의 변동에 관계없이 9,000원 $(24{,}000 \times 0.5 - 3{,}000 = 18{,}000 \times 0.5)$으로 항상 일정하게 된다.[4]

이와 같이 구성한 헤지포트폴리오의 수익률은 무위험이자율 r_T가 되어야 한다.

$$(\alpha S - C)(1 + r_T) = \alpha uS - C_u = \alpha dS - C_d \tag{10-3}$$

이제 식 (10-2)와 식 (10-3)을 이용하여 콜옵션의 가격 C를 구하면 다음과 같다.

$$C = \left[C_u\left(\frac{(1+r_T)-d}{u-d}\right) + C_d\left(\frac{u-(1+r_T)}{u-d}\right)\right] \div (1+r_T) \tag{10-4}$$

여기서

4 또는 주식 1주를 매입하고 동시에 콜옵션 2개를 매도하는 경우에도 헤지포트폴리오를 구성할 수 있다.

$$p = \frac{(1+r_T)-d}{u-d}, \quad 1-p = \frac{u-(1+r_T)}{u-d}$$

로 놓는다면, 식 (10-4)를 다음과 같이 간단히 표현할 수 있다.

$$C = \frac{pC_u + (1-p)C_d}{1+r_T} \tag{10-5}$$

식 (10-5)에서 p는 확률과 유사한 성격을 가지는 것으로서 위험중립확률(risk-neutral probability) 또는 헤지확률(hedge probability)이라 한다.

만기일까지의 무위험이자율이 10%라고 한다면, 이상의 예에서 콜옵션의 가격은 식 (10-5)를 이용하여 다음과 같이 구할 수 있다.[5]

$$p = \frac{(1+0.1)-0.9}{1.2-0.9} = \frac{2}{3}, \quad 1-p = \frac{1.2-(1+0.1)}{1.2-0.9} = \frac{1}{3}$$

$$\therefore \ C = \frac{1}{1+0.1}\left(\frac{2}{3}\times 3{,}000 + \frac{1}{3}\times 0\right) = 1{,}818.18\text{원}$$

식 (10-5)는 옵션가격결정에 대한 몇 가지 중요한 특징을 내포하고 있다.

첫째, 식 (10-5)에서 볼 수 있는 바와 같이 옵션가격을 결정하는 변수에 주가가 상승할 확률(q) 또는 하락할 확률($1-q$)이 포함되어 있지 않다. 즉 현재의 주가가 주어진 상황하에서 옵션가격은 주가가 상승하거나 하락할 확률과 관계없이 결정된다.[6] 이는 옵션의 가치가 주어진 주가에 근거하여 상대적으로 평가되고, 주가의 상승 또는 하락확률은 이미 주가에 반영되어 있기 때문이다.

둘째, 위험에 대한 투자자들의 태도가 옵션가격에 영향을 주지 않는다. 식 (10-5)에서는 "부(富)는 많을수록 더 좋다"는 가정만 하고 있다.

셋째, 옵션가격은 다른 주식들, 특히 시장포트폴리오의 가격변동에 관

5 또는 식 (10-3)을 이용하여 콜옵션의 가치를 직접 구하면 다음과 같다.

$$(0.5\times 20{,}000 - C)\times(1+0.1) = 0.5\times 24{,}000 - 3{,}000 \quad \therefore \ C = 1{,}818.18\text{원}$$

6 확률의 변화에 따라 현재 주가가 변할 경우에는 옵션가격이 영향을 받을 수 있음을 유의해야 한다.

계없이 기초주식 그 자체의 가격변동에 의해서 영향을 받는다. 옵션은 기초자산인 주식으로부터 파생된 자산으로서 주어진 주가에 근거하여 종속적으로 평가됨을 유의해야 한다.

이상의 특징들을 살펴볼 때, 콜옵션가격은 항상 무위험상태(hedge state)에서 유도되기 때문에 그 평가과정은 투자자의 위험선호형태와도 무관하다는 사실을 알 수 있다. 즉 콜옵션가격은 위험중립가격결정관계(risk-neutral valuation relationship)에 의해서 도출된다고 할 수 있다.[7]

알아두기 1기간 모형의 대체적 방법

■ 복제포트폴리오를 이용하는 방법

주식을 α주 매입하고 그 주식에 대한 콜옵션 1개를 매도하여 구성한 헤지포트폴리오는 무위험채권을 복제한 것으로 볼 수 있다.

$$\alpha S - C = B \rightarrow C = \alpha S - B$$

따라서 주식 α주를 매입하고 무위험채권 B를 공매도(차입)하여 콜옵션을 복제할 수 있으며, 그 성과는 다음과 같다.

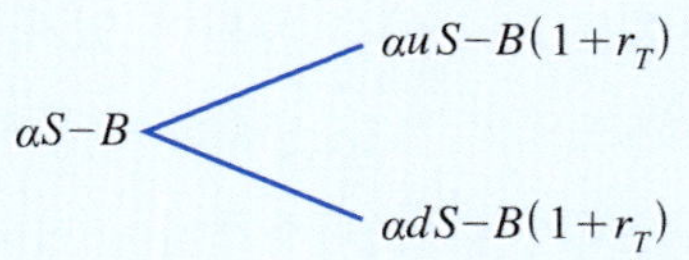

콜옵션 복제포트폴리오의 만기일 성과는 콜옵션과 동일해야 한다.

$$\alpha uS - B(1+r_T) = C_u, \quad \alpha dS - B(1+r_T) = C_d$$

두 식에 의해 α와 B를 구하면 다음과 같다.

$$\alpha = \frac{C_u - C_d}{(u-d)S}, \quad B = \frac{\left(\frac{C_u - C_d}{u-d}\right)u - C_u}{1 + r_T}$$

---

7 옵션가격결정모형은 위험회피형 투자자 등 엄격한 가정하에 도출된 CAPM보다 완화된 가정하에서 도출된 모형이라 할 수 있다.

이제 α와 B를 대입하여 콜옵션의 현재가치를 구할 수 있으며, 이는 식 (10-5)와 동일하다.

$$C = \alpha S - B = \frac{pC_u + (1-p)C_d}{1+r_T}$$

■ 위험중립확률을 이용하는 방법

만기일에서의 기대가치에서 위험부분을 제거한 가치, 즉 확실성등가가치(certainty equivalent value)를 만들어 주는 확률, 즉 위험중립확률(또는 헤지확률) p를 이용하여 현재의 주가를 계산하면 다음과 같다.

$$S = \frac{puS + (1-p)dS}{1+r_T}$$

위의 식을 이용하여 위험중립확률을 구하면 다음과 같다.

$$1 + r_T = pu + (1-p)d \rightarrow p = \frac{(1+r_T) - d}{u-d}$$

위험중립확률은 주식의 기대수익률과 무위험이자율을 같아지게 만들어 주는 확률개념이라 할 수 있다. 주가변동과 동일한 이항분포를 하는 자산의 가격은 위험중립확률(p)을 이용하여 구할 수 있다. 따라서 콜옵션의 가격은 다음과 같이 구할 수 있으며, 이는 식 (10-5)와 동일하다.

$$C = \frac{pC_u + (1-p)C_d}{1+r_T}$$

콜옵션가격은 위험중립가정하에서의 기대가치(확실성등가가치)를 무위험이자율로 할인한 현재가치라 할 수 있다.

2기간 모형

지금까지는 만기일까지 주가가 한 번만 변동한다는 1기간 모형을 설명하였다. 이제 이를 확장하여 만기일까지 주가가 두 번 변동하는 경우를 살펴보자. 주식가격이 이항분포를 따른다면 2기간 동안 주가 및 콜옵션의 가치 변동은 [그림 10-3]과 같다.

그림 10-3 주가 및 콜옵션의 가치변동 : 2기간

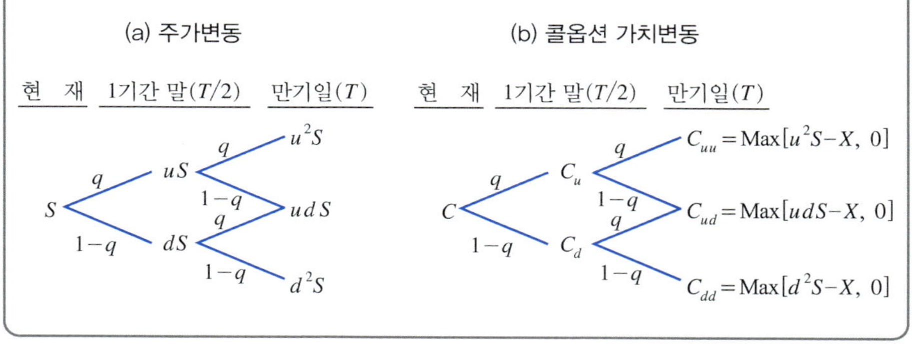

앞에서 도출한 옵션만기일까지 1기간이 남아 있는 경우의 콜옵션평가모형인 식 (10-5)를 이용하여 먼저 1기간 말($T/2$시점)에서의 콜옵션가치인 C_u와 C_d를 구하면 다음과 같다.

$$C_u = \frac{pC_{uu} + (1-p)C_{ud}}{1 + r_{T/2}}, \quad C_d = \frac{pC_{du} + (1-p)C_{dd}}{1 + r_{T/2}}$$

여기서 $r_{T/2}$: 1기간 동안의 무위험이자율

$$p = \frac{(1 + r_{T/2}) - d}{u - d}, \quad 1 - p = \frac{u - (1 + r_{T/2})}{u - d}$$

여기서 구한 C_u와 C_d를 식 (10-5)에 대입하여 정리하면, 다음과 같은 2기간 콜옵션가격결정모형을 도출할 수 있다.

$$C = \frac{p^2 C_{uu} + 2p(1-p)C_{ud} + (1-p)^2 C_{dd}}{(1 + r_{T/2})^2} \tag{10-6}$$

이상에서 살펴본 바와 같이 주가가 2기간 이상 변동할 경우 만기일부터 1기간씩 역순으로 콜옵션가치를 계속 추정해 나가는 방법을 이용하면 현재의 콜옵션가치를 구할 수 있을 것이다.[8]

---

8 콜옵션의 만기일(T)까지 기간 동안 주가가 n번 변동할 경우의 일반식, 즉 n기간 이항옵션가격결정모형을 다음과 같이 나타낼 수 있다.

알아두기

파스칼의 삼각형

파스칼의 삼각형(Pascal's triangle)은 이항분포에서 시행횟수에 따른 각 상황이 발생할 경우의 수를 나타내는 것으로 다음과 같은 구조를 갖는다.

시행횟수	파스칼의 삼각형
0	1
1	1 1
2	1 2 1
3	1 3 3 1
4	1 4 6 4 1
.	. . . . . .

그림에서 각 행은 바로 위 행의 인접한 열의 값을 합하여 구할 수 있으며, 이들은 $[p+(1-p)]^n$의 전개식에서 계수를 나타낸다. 여기서 시행횟수는 옵션의 만기일까지 주가의 변동횟수로 볼 수 있다. 이를 이용하여 옵션의 만기일까지 주가가 3번 변하는 3기간 모형을 구하면 다음과 같다.

$$C=\frac{p^3C_{uuu}+3p^2(1-p)C_{uud}+3p(1-p)^2C_{udd}+(1-p)^3C_{ddd}}{(1+r_{T/3})^3}$$

예제 10-1 2기간 콜옵션가격결정모형

현재 주가는 30,000원이며, 주가는 매 3개월마다 5% 상승하거나 5% 하락한다. 3개월간 무위험이자율은 3%이다. 행사가격이 28,000원이고 만기가 6개월인 유럽형 콜옵션의 가치를 구하라.

$$C=\frac{\sum_{j=0}^{n}\frac{n!}{j!(n-j)!}p^j(1-p)^{n-j}\,\mathrm{Max}[u^jd^{n-j}S-X,\ 0]}{(1+r_{T/n})^n},\quad p=\frac{(1+r_{T/n})-d}{u-d}$$

만기일까지 기간당 배당수익률 r_d로 배당을 m번 지급하고, 배당지급 후 주가가 S에서 $S_T(1-r_d)^m$으로 변할 경우 만기일의 옵션가치는 배당지급 후 만기일 주가, 즉 $u^jd^{n-j}S(1-r_d)^m$에 의해 계산됨을 유의해야 한다. 옵션의 경우 현금배당(보유수익)을 받을 수 없기 때문에 그 가치를 구할 때 배당부분을 차감해야 한다.

해설

만기일인 6개월 후 콜옵션의 가치는 다음과 같다.

현 재	3개월 후	6개월 후
		$C_{uu}=\text{Max}[u^2S-X,\ 0]=\text{Max}[(1.05)^2\times 30{,}000-28{,}000,\ 0]=5{,}075$원
	C_u	
C		$C_{ud}=\text{Max}[udS-X,\ 0]=\text{Max}[1.05\times 0.95\times 30{,}000-28{,}000,\ 0]=1{,}925$원
	C_d	
		$C_{dd}=\text{Max}[d^2S-X,\ 0]=\text{Max}[(0.95)^2\times 30{,}000-28{,}000,\ 0]=0$

그리고 헤지확률 p를 구하면 다음과 같다.

$$p=\frac{(1+r_{T/2})-d}{u-d}=\frac{1.03-0.95}{1.05-0.95}=0.8,\ 1-p=0.2$$

$$\therefore\ C=\frac{p^2C_{uu}+2p(1-p)C_{ud}+(1-p)^2C_{dd}}{(1+r_{T/2})^2}$$

$$=\frac{0.8^2\times 5{,}075+2\times 0.8\times 0.2\times 1{,}925+0.2^2\times 0}{1.03^2}=3{,}642.19\text{원}$$

1.2 이항옵션가격결정모형의 확장

풋 옵 션

먼저 1기간 모형을 살펴보자. 주가 및 풋옵션(행사가격=21,000원)의 가치 변동은 [그림 10-4]와 같다. [그림 10-4] (b)에서 볼 수 있는 바와 같이 풋옵션의 가치가 만기일에서 0원(70%의 확률) 또는 3,000원(30%의 확률)이 될 때, 이 풋옵션의 현재가치(P)는 얼마인가? 이에 대한 해답을 얻기 위하여, 주식을 α'주 매입하고 동시에 그 주식에 대한 풋옵션 1개를 매입하는 포트폴리오를 구성해 보자. 이와 같이 구성한 포트폴리오의 성과는 [그림 10-5]와 같다.

헤지포트폴리오를 구성하기 위해서는 주가의 상승 또는 하락과 관계없이 만기일에서의 포트폴리오의 성과가 항상 일정해야 한다.

그림 10-4 주가 및 풋옵션의 가치변동 : 1기간

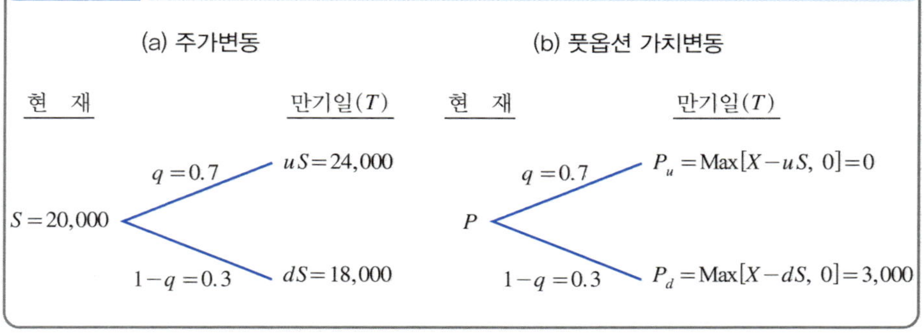

그림 10-5 포트폴리오의 성과

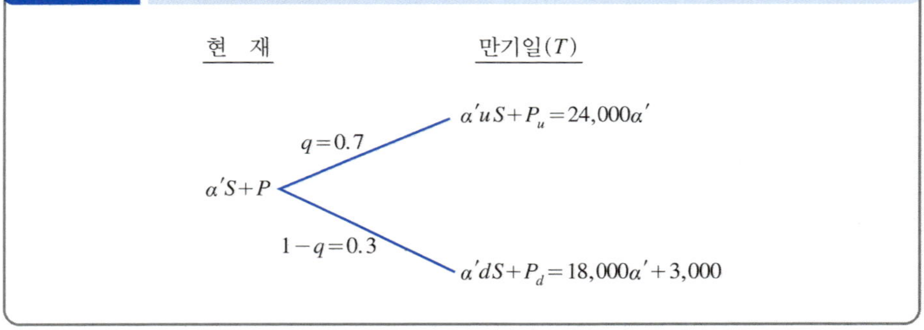

$$\alpha' uS + P_u = \alpha' dS + P_d \tag{10-7}$$

식 (10-7)을 α'에 관해서 풀면 다음과 같다.

$$\alpha' = \frac{P_d - P_u}{(u-d)S} \tag{10-8}$$

식 (10-8)에서 α'는 헤지비율로서 무위험포트폴리오를 구성하기 위해 풋옵션 1개를 매입할 때 매입하여야 하는 주식의 수를 의미한다. 위의 예에서 헤지비율 α'를 구하면 다음과 같다.

$$24{,}000\alpha' = 18{,}000\alpha' + 3{,}000 \rightarrow \alpha' = 0.5$$

또는

$$\alpha' = \frac{3{,}000 - 0}{(1.2 - 0.9) \times 20{,}000} = 0.5$$

20,000원하는 주식 0.5주를 매입하고 동시에 이 주식에 대한 풋옵션 1개를 매입하여 구성한 포트폴리오의 만기성과는 주가의 변동에 관계없이 12,000원($24{,}000 \times 0.5 = 18{,}000 \times 0.5 + 3{,}000$)으로 항상 일정하게 된다. 이와 같이 구성한 헤지포트폴리오의 수익률은 무위험이자율 r_T가 되어야 한다.

$$(\alpha' S + P)(1 + r_T) = \alpha' uS + P_u = \alpha' dS + P_d \tag{10-9}$$

이제 식 (10-8)과 식 (10-9)를 이용하여 풋옵션의 가격 P를 구하면 다음과 같다.[9]

$$P = \left[P_u\left(\frac{(1 + r_T) - d}{u - d}\right) + P_d\left(\frac{u - (1 + r_T)}{u - d}\right)\right] \div (1 + r_T)$$

$$= \frac{pP_u + (1 - p)P_d}{1 + r_T} \tag{10-10}$$

여기서 $p = \dfrac{(1 + r_T) - d}{u - d}$, $1 - p = \dfrac{u - (1 + r_T)}{u - d}$

만기일까지의 무위험이자율이 10%라고 한다면, 이상의 예에서 풋옵션의 가격은 식 (10-10)을 이용하여 다음과 같이 구할 수 있다.[10]

---

9 주식을 α'주 매입하고 동시에 그 주식에 대한 풋옵션 1개를 매입하여 구성한 헤지포트폴리오는 무위험채권을 복제한 것으로 볼 수 있다.

$\alpha' S + P = B' \rightarrow P = -\alpha' S + B'$

따라서 주식 α'주를 공매도하고 무위험채권 B'를 매입(대출)하여 풋옵션을 복제할 수 있다.

10 식 (10-9)를 이용하여 풋옵션의 가치를 직접 구하면 다음과 같다.

$(0.5 \times 20{,}000 + P)(1 + 0.1) = 0.5 \times 24{,}000 \quad \therefore \; P = 909.09$원

또는 풋-콜 패리티를 이용하여 풋옵션의 가치를 구할 수도 있다.

$$P = C - S + \frac{X}{1 + r_T} = 1{,}818.18 - 20{,}000 + \frac{21{,}000}{1 + 0.1} = 909.09$$

그림 10-6 주가 및 콜옵션의 가치변동 : 2기간

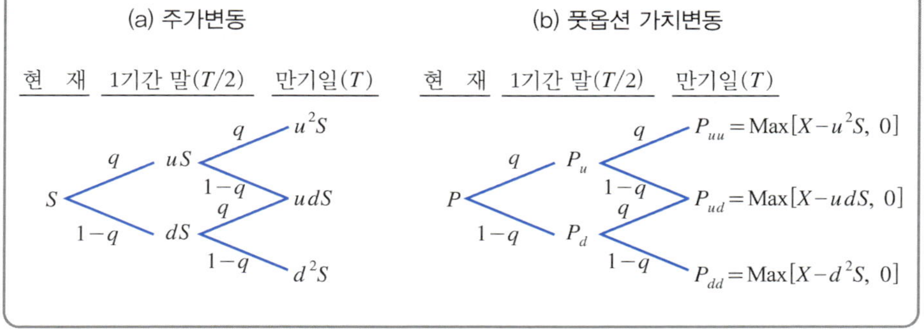

$$p = \frac{(1+0.1)-0.9}{1.2-0.9} = \frac{2}{3},\ 1-p = \frac{1.2-(1+0.1)}{1.2-0.9} = \frac{1}{3}$$

$$\therefore\ P = \frac{1}{1+0.1}\left(\frac{2}{3}\times 0 + \frac{1}{3}\times 3{,}000\right) = 909.09\text{원}$$

이제 만기일까지 주가가 두 번 변동하고 이항분포를 따른다면 2기간 동안 주가 및 풋옵션의 가치변동은 [그림 10-6]과 같다. 이와 같은 경우 2기간 콜옵션과 동일한 방법으로 2기간 풋옵션가격결정모형을 도출하면 다음과 같다.

$$P = \frac{p^2 P_{uu} + 2p(1-p)P_{ud} + (1-p)^2 P_{dd}}{(1+r_{T/2})^2} \qquad (10\text{-}11)$$

미국형 옵션과 조기행사

지금까지 도출한 옵션가격결정모형은 모두 유럽형 옵션에 대한 것이다. 미국형 옵션 중 콜옵션은 배당이 존재하는 경우에 조기행사될 수 있으며, 풋옵션은 배당의 존재 여부와 상관없이 조기행사될 수 있다. 이와 같이 조기행사가 가능한 미국형 옵션의 경우 유럽형 옵션과는 달리, 만기일부터 현재 시점으로 이항과정을 역행하면서 매기간 말마다 옵션을 행사하는 것이 최적인지를 판단해야 한다. 즉 매기간 말마다 1기간 모형[식 (10-5) 또는 식 (10-

10)]에 의해서 계산된 옵션가치와 그 시점에서 옵션을 조기행사하여 얻을 수 있는 가치를 비교한 후, 큰 값을 그 시점에서의 옵션가치로 한다. 이와 같은 방식으로 이항과정을 계속 역행하면서 매기간 말 옵션가치를 계산해 나가면 현재시점에서의 미국형 옵션가치를 구할 수 있다.

예제 10-2 미국형 풋옵션과 조기행사

현재 주가는 60,000원이며, 매 6개월마다 10% 상승하거나 10% 하락한다. 무위험이자율은 연 10%이며, 행사가격이 59,000원이다.

(1) 만기가 1년인 유럽형 풋옵션의 가치를 구하라.

(2) 만기가 1년인 미국형 풋옵션의 가치를 구하라.

해설

만기일인 1년 후 풋옵션의 가치는 다음과 같다.

현 재	6개월 후	1년 후
		$P_{uu}=\text{Max}[X-u^2S,\ 0]=\text{Max}[59{,}000-(1.1)^2\times 60{,}000,\ 0]=0$
	P_u	
P		$P_{ud}=\text{Max}[X-udS,\ 0]=\text{Max}[59{,}000-1.1\times 0.9\times 60{,}000,\ 0]=0$
	P_d	
		$P_{dd}=\text{Max}[X-d^2S,\ 0]=\text{Max}[59{,}000-(0.9)^2\times 60{,}000,\ 0]=10{,}400$원

그리고 헤지확률 p를 구하면 다음과 같다.

$$p=\frac{(1+r_{T/2})-d}{u-d}=\frac{1.05-0.9}{1.1-0.9}=0.75,\ 1-p=0.25$$

(1) 유럽형 풋옵션의 가치는 다음과 같이 구할 수 있다.

$$P=\frac{p^2P_{uu}+2p(1-p)P_{ud}+(1-p)^2P_{dd}}{(1+r_{T/2})^2}$$

$$=\frac{(0.75)^2\times 0+2\times 0.75\times 0.25\times 0+(0.25)^2\times 10{,}400}{1.05^2}=589.57\text{원}$$

(2) 미국형 풋옵션은 조기행사가 가능하므로 다음과 같은 절차에 의해서 구한다.

① 1기간 말(6개월 후)에서의 풋옵션가치평가

• 주가상승 시

$$P_u = \frac{pP_{uu} + (1-p)P_{ud}}{1 + r_{T/2}} = \frac{0.75 \times 0 + 0.25 \times 0}{1.05} = 0\text{원}$$

$$P_u^* = \text{Max}[X - uS,\ 0] = \text{Max}[59{,}000 - 1.1 \times 60{,}000,\ 0] = 0\text{원}$$

계속 보유하는 경우의 미국형 풋옵션가치(P_u=0원)는 조기행사 시의 가치(P_u^*=0원)와 같기 때문에 이 옵션은 조기행사에 무차별할 것이다. 따라서 이 시점에서의 미국형 풋옵션가치는 0원이 된다.

• 주가하락 시

$$P_d = \frac{pP_{ud} + (1-p)P_{dd}}{1 + r_{T/2}} = \frac{0.75 \times 0 + 0.25 \times 10{,}400}{1.05} = 2{,}476.19\text{원}$$

$$P_d^* = \text{Max}[X - dS,\ 0] = \text{Max}[59{,}000 - 0.9 \times 60{,}000,\ 0] = 5{,}000\text{원}$$

계속 보유하는 경우의 미국형 풋옵션가치(P_d=2,476.19원)는 조기행사 시의 가치(P_d^*=5,000원)보다 작기 때문에 이 옵션은 조기행사될 것이다. 따라서 이 시점에서의 미국형 풋옵션가치는 5,000원이 된다.

② 현재시점에서의 풋옵션가치평가

$$P = \frac{pP_u + (1-p)P_d^*}{1 + r_{T/2}} = \frac{0.75 \times 0 + 0.25 \times 5{,}000}{1.05} = 1{,}190.48\text{원}$$

$$P^* = \text{Max}[X - S,\ 0] = \text{Max}[59{,}000 - 60{,}000,\ 0] = 0\text{원}$$

계속 보유하는 경우의 미국형 풋옵션가치(P=1,190.48원)는 조기행사 시의 가치(P^*=0원)보다 더 크기 때문에 이 옵션은 조기행사되지 않을 것이다. 따라서 현재시점에서의 미국형 풋옵션가치는 1,190.48원이다.

통화옵션

통화옵션(currency option)에서 기초자산인 외국통화는 배당수익률을 지급하는 주식과 유사하다. 외국통화의 소유자는 외국의 무위험이자율 r_T^F와 같은 수준의 배당수익률을 받는 것으로 생각할 수 있다.

그림 10-7 현물환율(₩/$) 및 통화콜옵션의 가치변동 : 1기간

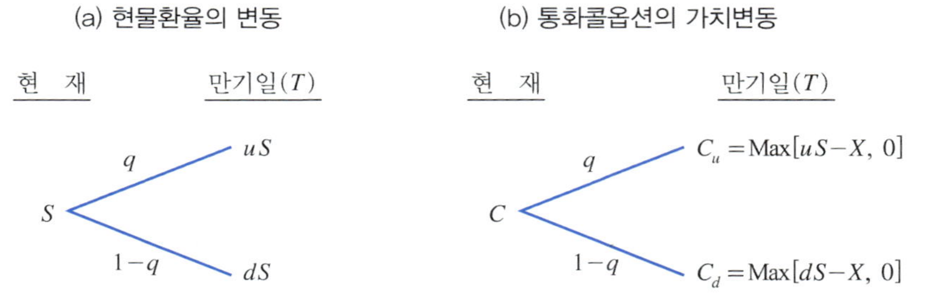

그림 10-8 헤지포트폴리오의 성과

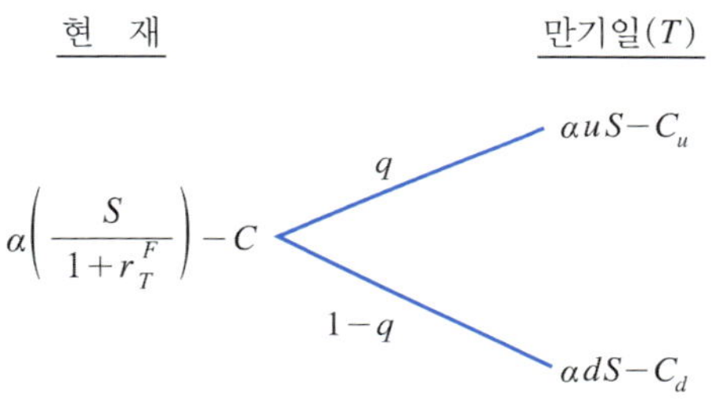

현물환율(spot exchange rate) S가 콜옵션의 만기일(T)에 uS로 상승하거나 또는 dS로 하락하는 경우 현물환율 및 통화콜옵션(행사가격$=X$)의 가치변동을 나타내면 [그림 10-7]과 같다.

외국통화 $\left(\frac{\alpha}{1+r_T^F}\right)$단위를 매입하고 그 외국통화에 대한 콜옵션 1개를 매도하여 구성한 헤지포트폴리오의 성과는 [그림 10-8]과 같다.[11]

헤지포트폴리오를 구성하기 위해서는 현물환율의 상승 또는 하락과 관계없이 만기일에서의 포트폴리오의 성과가 항상 일정해야 한다.

---

11 외국통화의 경우 투자를 통해서 외국의 무위험이자율 r_T^F를 얻을 수 있다. 따라서 헤지포트폴리오를 구성할 때 외국통화의 투자액은 외국의 무위험이자율을 할인한 금액이 되어야 함을 유의해야 한다.

$$\alpha uS - C_u = \alpha dS - C_d \rightarrow \alpha = \frac{C_u - C_d}{(u-d)S}$$

이와 같이 구성한 헤지포트폴리오의 수익률은 무위험이자율(국내) r_T가 되어야 할 것이다.

$$\left[\alpha\left(\frac{S}{1+r_T^F}\right) - C\right](1+r_T) = \alpha uS - C_u = \alpha dS - C_d$$

이상의 두 식에 의해 통화콜옵션의 가격 C를 구하면 다음과 같다.[12]

$$C = \frac{pC_u + (1-p)C_d}{1+r_T} \tag{10-12}$$

여기서 $p = \dfrac{\left(\dfrac{1+r_T}{1+r_T^F}\right) - d}{u-d} = \dfrac{(1+r_T) - d(1+r_T^F)}{u(1+r_T^F) - d(1+r_T^F)}$

또한 위험중립확률 p는 위험중립평가원칙에 의해서도 구할 수 있다.

$$\frac{S}{1+r_T^F} = \frac{puS + (1-p)dS}{1+r_T} \rightarrow p = \frac{\left(\dfrac{1+r_T}{1+r_T^F}\right) - d}{u-d}$$

그리고 유럽형 통화옵션의 풋-콜 패리티는 다음과 같다.

$$\frac{S}{1+r_T^F} + P - C = \frac{X}{1+r_T} \tag{10-13}$$

배당수익률 r_{d_T}로 배당을 지급하며, 배당지급 후 주가 또는 주가지수가 S에서 S_T(단일 기간일 경우 uS 또는 dS)로 변할 경우 주식옵션 또는 주가지수옵션의 경우도 통화옵션과 동일한 방법으로 콜옵션의 가격과 풋-콜 패리티를 구할 수 있다.

---

12 $p \fallingdotseq \dfrac{(1+r_T - r_T{}^F) - d}{u-d}$

$$C = \frac{pC_u + (1-p)C_d}{1+r_T} \qquad (10\text{-}12)'$$

여기서 $p = \dfrac{\left(\dfrac{1+r_T}{1+r_{d_T}}\right) - d}{u-d}$

$$\frac{S}{1+r_{d_T}} + P - C = \frac{X}{1+r_T} \qquad (10\text{-}13)'$$

알아두기 배당지급과 위험중립확률

배당지급(r_{d_T}) 후 주가 또는 주가지수가 S에서 S_T(단일 기간일 경우 uS 또는 dS)로 변할 경우 만기일에서 배당지급 후 주가와 콜옵션가치는 다음과 같다.[13]

$$S \begin{cases} uS(1+r_{d_T}) \rightarrow uS\ ;\ C_u = \text{Max}[uS - X,\ 0] \\ dS(1+r_{d_T}) \rightarrow dS\ ;\ C_d = \text{Max}[dS - X,\ 0] \end{cases}$$

이와 같은 경우 위험중립확률은 다음과 같이 구할 수 있다.

$$p = \frac{(1+r_T) - d(1+r_{d_T})}{u(1+r_{d_T}) - d(1+r_{d_T})} = \frac{\left(\dfrac{1+r_T}{1+r_{d_T}}\right) - d}{u-d}$$

한편 배당지급 후 주가 또는 주가지수가 S에서 $S_T(1-r_{d_T})$로 변할 경우 만기일에서 배당지급 후 주가와 콜옵션가치는 다음과 같다.[14]

---

13 배당수익률이 현재 주가를 기준으로 계산되는 경우 위험중립확률은 약간의 차이가 있다.

$$S \begin{cases} S(u+r_{d_T}) \rightarrow uS\ ;\ C_u = \text{Max}[uS - X,\ 0] \\ S(d+r_{d_T}) \rightarrow dS\ ;\ C_d = \text{Max}[dS - X,\ 0] \end{cases}$$

$$\rightarrow\ p = \frac{(1+r_T) - (d+r_{d_T})}{(u+r_{d_T}) - (d+r_{d_T})} = \frac{(1+r_T - r_{d_T}) - d}{u-d}$$

14 배당지급 후 주가의 변화과정이 앞의 주석 8에서 설명한 경우와 동일하다.

$$S \begin{cases} uS \rightarrow uS(1-r_{d_T}) \ ; \ C_u = \text{Max}[uS(1-r_{d_T})-X,\ 0] \\ dS \rightarrow dS(1-r_{d_T}) \ ; \ C_d = \text{Max}[dS(1-r_{d_T})-X,\ 0] \end{cases}$$

이와 같은 경우 위험중립확률은 다음과 같이 구할 수 있다.

$$p = \frac{(1+r_T)-d}{u-d}$$

2 블랙-숄즈 옵션가격결정모형

블랙과 숄즈는 몇 가지 엄격한 가정하에서 콜옵션의 가치를 계산하기 위한 다음과 같은 수학적 모형을 개발하였다.[15]

$$C = SN(d_1) - Xe^{-rT}N(d_2) \tag{10-14}$$

여기서 $d_1 = \dfrac{\ln\dfrac{S}{X}+\left(r+\dfrac{1}{2}\sigma^2\right)T}{\sigma\sqrt{T}}$, $d_2 = d_1 - \sigma\sqrt{T}$

C : 콜옵션의 현재가치
S : 현재의 주가
X : 행사가격
e : 자연지수(2.71828……)
r : 무위험이자율(연리)

15 F. Black and M. Scholes, "The Pricing of Option and Corporate Liabilities," *Journal of Political Economy*, Vol. 81(May-June 1973), pp. 637~659.
블랙-숄즈 옵션가격결정모형을 도출하기 위한 기본적인 가정은 다음과 같다.
1. 공매도(short sale)에 대한 제약과 부담금은 없다.
2. 거래비용과 세금이 존재하지 않는다.
3. 유럽형 옵션을 전제로 한다.
4. 주식(기초자산)은 배당을 지불하지 않는다.
5. 주가는 갑작스러운 변동 없이 연속적으로 변동한다.
6. 무위험이자율은 알려져 있으며 일정하다.
7. 주가는 로그노말분포(lognormal distribution)를 이룬다.

T : 연 단위로 환산된 만기일까지의 잔여기간
$N(d)$: d에서의 누적표준정규분포의 값[16]
ln : 자연로그(natural logarithm)
σ : 주식 연간 수익률의 표준편차

식 (10-14)에서 옵션의 가치를 결정하는 요인은 현재의 주가(S), 행사가격(X), 만기(T), 무위험이자율(r), 주가의 변동성(σ)의 다섯 가지라는 것을 확인할 수 있다. 블랙-숄즈 옵션가격결정모형은 복잡한 식으로 표현되어 있지만 사실은 재무론의 다른 어떤 모형들보다 이용하기가 훨씬 간편하다. 왜냐하면 이 모형에서 콜옵션의 가치를 계산하는 데 필요한 5가지 변수들, 즉 S, X, T, r, σ 중에서 σ를 제외하고는 쉽고 확실하게 확인할 수 있기 때문이다.

그리고 식 (10-14)에서 제시된 콜옵션의 가격결정모형을 풋-콜 패리티, 즉 제8장의 식 (8-1)′에 대입하여 정리하면, 다음과 같은 풋옵션의 가격결정모형을 도출할 수 있다.

$$\begin{aligned} P &= C - S + Xe^{-rT} \\ &= SN(d_1) - Xe^{-rT}N(d_2) - S + Xe^{-rT} \\ &= Xe^{-rT}[1 - N(d_2)] - S[1 - N(d_1)] \qquad (10\text{-}15) \end{aligned}$$

이상에서 설명한 블랙-숄즈모형은 주식과 옵션을 이용하여 헤지포트폴리오를 구성하여 옵션의 가격을 도출한다는 점에서 이항모형과 동일하다. 그러나 블랙-숄즈모형은 이항모형과 달리 주가가 연속적으로 변한다고 가정하고 있기 때문에 헤지비율도 계속 변한다는 점을 유의해야 한다.

블랙-숄즈모형에서 헤지비율은 다음과 같이 나타낼 수 있다.[17] [18]

---

16 $N(d)$의 값은 다음의 표준정규분포 그래프에서 채색된 부분의 면적을 의미한다.

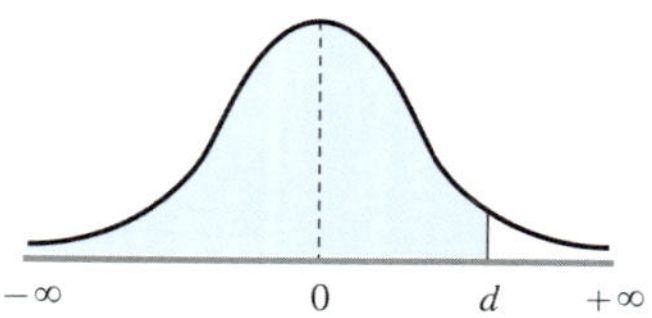

17 $C(tS, tX) = tC(S, X)$가 성립하므로 콜옵션가격은 S와 X에 대하여 1차 동차함수이다. 따라

$$콜옵션의\ 헤지비율 = \frac{\partial C}{\partial S} = N(d_1) \tag{10-16}$$

$$풋옵션의\ 헤지비율 = -\frac{\partial P}{\partial S} = 1 - N(d_1) = N(-d_1) \tag{10-17}$$

식 (10-16)에서 $N(d_1)$은 주가의 변화에 대한 콜옵션가격의 민감도를 나타내는 값이다.[19] 즉 주가가 순간적으로 1원 변할 때 콜옵션가격은 $N(d_1)$만큼 변한다는 것을 의미하며, 이를 콜옵션델타라고도 한다. 따라서 콜옵션 1개를 매도하고 주식 $N(d_1)$주를 매입함으로써 헤지포트폴리오(무위험채권)를 구성할 수 있을 것이다. 그리고 식 (10-14)에 의하면 주식 $N(d_1)$주를 매입하고, 무위험채권 $Xe^{-rT}N(d_2)$를 공매도(차입)함으로써 콜옵션을 복제할 수 있음을 알 수 있다.

식 (10-17)에서 $1-N(d_1)[=N(-d_1)]$은 주가의 변화에 대한 풋옵션가격의 민감도를 나타내는 값이다. 즉 주가가 순간적으로 1원 변할 때 풋옵션가격은 $-[1-N(d_1)]$만큼 변한다는 것을 의미하며, 이를 풋옵션델타라고도 한다. 따라서 풋옵션 1개를 매입하고 주식 $1-N(d_1)$주를 매입함으로써 헤지포트폴리오(무위험채권)를 구성할 수 있을 것이다. 그리고 식 (10-15)에 의하면 주식 $1-N(d_1)$주를 공매도하고, 무위험채권 $Xe^{-rT}[1-N(d_2)]$를 매입(대출)함으로써 풋옵션을 복제할 수 있음을 알 수 있다.

한편 식 (10-14), 식 (10-15)에서 $N(d_2)$와 $1-N(d_2)[=N(-d_2)]$는 각각 콜옵션과 풋옵션이 행사될 확률을 의미한다.

서 콜옵션가격 C를 오일러정리(Euler's theorem)를 이용하여 전개하면, $C(S, X) = \frac{\partial C}{\partial S}S + \frac{\partial C}{\partial X}X$이다. 이 식을 식 (10-14)와 비교하면 $\frac{\partial C}{\partial S} = N(d_1)$, $\frac{\partial C}{\partial X} = -N(d_2)e^{-rT}$이다. 풋옵션의 경우도 동일한 방법으로 증명할 수 있다.

18 이항모형의 헤지비율과 비교하면 콜옵션의 헤지비율인 $N(d_1)$은 α, 풋옵션의 헤지비율인 $1-N(d_1)$은 α'와 동일한 의미를 가진다고 할 수 있다.

19 식 (10-16)에서 ∂는 편미분(partial differential)을 나타내는 기호로서 여러 변수 중 변수 하나의 순간적인 변동을 나타내며, 라운드 디(round d)라고 읽는다.

알아두기 세계 경제 뒤흔든 블랙-숄즈 방정식

2008년 글로벌 금융위기를 불러온 원인은 무엇일까. 경제위기 원인은 백가쟁명(百家爭鳴)이다. 작게는 파생상품이나 신용부도스왑(credit default swap : CDS)에서부터 크게는 자본주의와 자유주의의 모순에 이르기까지 각양각색이다. 따라서 처방도 다양하다. 경제학 교과서를 완전히 다시 써야 한다는 주장에서부터, 찻잔 속 태풍에 불과하다는 시각도 있다. 그럼에도 이번 위기의 주범으로 가장 많이 회자되는 것이 바로 서브프라임(subprime)과 그것의 이론적 토대를 만들어 준 금융공학(financial engineering)이다. 이 중 서브프라임은 워낙 많이 거론되었고, 주택저당과 관계있는 용어라서 이제 그리 낯설지 않다. 반면 금융공학은 누구에게나 아직도 생소하기만 하다.

실제 금융공학은 수학적인 도구와 경영·경제·산업공학 등의 이론을 융합시켜 주식과 채권, 원자재 등의 현물시장과 선물·파생시장을 분석하는 분야다. 금융공학이 발달하면서 특정한 기초자산을 근거로 수없이 많은 선물과 파생상품이 쏟아져 나왔다. 특히 금융공학은 90년대 이후 냉전 종식으로 미국의 우주개발에 대한 투자가 감소하면서, 물리학자들이 금융계로 몰려들어 급속히 발전했다고 한다. 금융공학의 발전에 가장 핵심적인 기여를 한 것은 바로 1973년에 발표된 블랙-숄즈(Black-Scholes) 방정식이다. 이 방정식은 일본 이토(Ito) 교토대 교수의 확률미적분이론을 이용해 파생상품인 옵션의 가격을 계산한 모델이다.

이토 교수는 공기 중에 피어오르는 연기나 물 위를 떠다니는 꽃가루와 같은 불규칙한 운동을 수학적으로 설명해 냈는데, 블랙-숄즈 모델은 이토 이론을 응용한 특정한 방정식을 통해 옵션과 같은 금융상품의 가격결정 원리를 풀어냈다. 즉 위험이 전혀 없는 차익거래는 불가능하다는 공리를 세우고 주식의 현물과 선물, 옵션 그리고 위험이 거의 없는 국채, 리보(런던은행간대출금리)간 관계식을 세워 방정식을 유도해 옵션가격을 결정하는 방법을 정립했다. 이 과정에서 블랙-숄즈는 물리학의 열 방정식을 기초로 확률론적인 방법으로 해(解)를 구했다고 한다. 이 모델이 등장한 이후 월가에는 수없이 많은 파생상품이 쏟아져 나왔고, 투자은행들은 한동안 천문학적인 수익을 올렸다. 1980년대에는 노벨상 수상자와 수학자, 물리학자 등이 직접 헤지펀드의 효시가 된 LTCM(Long-Term Capital Management)을 만들기도 했다. 숄즈는 파생상품을 발전시켜 금융의 영역을 크게 넓힌 기여로 97년 노벨경제학상을 받았다. (그러나 블랙은 안타깝게도 95년 암으로 사망해 사후에는 노벨상을 수여하지 않는 전통에 따라 수상하지 못했다. 대신 숄즈와 헤지펀드를 같이 만든 머튼 교수가 공동 수상했다.)

결국 블랙-숄즈 방정식으로 파생상품의 가치평가가 가능하게 되었으며, 이에

따라 옵션을 부여한 상품도 세상에서 빛을 보게 된 것이다. 이 방정식 하나로 지난 십여 년간 월스트리트는 역사상 최대 호황을 누렸고, 미국은 세계의 금융산업을 제패했었다. 그러나 역시 이론은 이론이다. 엄격한 가정과 조건 속에서만 작동하는 모델을 변동성이 너무 큰 시장에 무리하게 적용하다가 오늘의 파국을 맞은 게 아니겠는가.

(매경이코노미, 2009. 5. 20 수정)

예제 10-3 B-S 옵션가격결정모형

청솔주식회사의 주가는 현재 20,000원이다. 이 주식에 대한 콜옵션이 존재하며, 그 콜옵션의 만기일은 6개월 후이고, 행사가격은 21,000원이다. 그리고 주식 연간 수익률의 표준편차는 0.8이고, 연간 무위험이자율은 10%이다.

(1) 블랙-숄즈의 옵션가격결정모형을 이용하여 콜옵션의 현재가치를 계산하라.

(2) 헤지비율은 얼마인가?

(3) 위의 콜옵션과 동일한 행사가격과 만기를 가지고 있는 풋옵션의 현재가치를 구하라.

해설

(1) $S=20{,}000$원, $X=21{,}000$원, $T=0.5$년, $r=0.1$, $\sigma=0.8$이므로 먼저 d_1과 d_2의 값을 구하면 다음과 같다.

$$d_1=\frac{\ln\frac{S}{X}+\left(r+\frac{1}{2}\sigma^2\right)T}{\sigma\sqrt{T}}=\frac{\ln\left(\frac{20{,}000}{21{,}000}\right)+\left(0.1+\frac{1}{2}\times0.8^2\right)\times0.5}{0.8\times\sqrt{0.5}}=0.2850$$

$$d_2=d_1-\sigma\sqrt{T}=0.2850-0.8\times\sqrt{0.5}=-0.2807$$

본서의 〈부표〉를 이용하여 $N(d_1)$과 $N(d_2)$의 값을 구하면 다음과 같다.[20]

$$N(d_1)=N(0.2850)\fallingdotseq N(0.29)=0.5+0.1141=0.6141$$
$$N(d_2)=N(-0.2807)\fallingdotseq N(-0.28)=0.5-0.1103=0.3897$$

---

20 $N(d)$값을 보다 정확하게 계산하기 위해서는 Excel의 함수식, 즉 '=Normsdist(d)'를 이용할 수 있으나 여기서는 근사치를 사용한다.

$$\therefore\ C = SN(d_1) - Xe^{-rT}N(d_2)$$
$$= 20{,}000 \times 0.6141 - 21{,}000 \times e^{-0.1 \times 0.5} \times 0.3897 = 4{,}497.42\text{원}$$

(2) 헤지비율(α)은 $N(d_1)$이며, 그 값은 0.6141이다. 즉 콜옵션 1개를 매도하고 주식 0.6141주를 매입하면 헤지상태에 있게 된다.

(3) 풋-콜 패리티 공식을 이용하여 풋옵션의 가치를 구하면 다음과 같다.

$$P = C - S + Xe^{-rT} = 4{,}497.42 - 20{,}000 + 21{,}000 \times e^{-0.1 \times 0.5} = 4{,}473.24\text{원}$$

주요 용어

key words

연습문제

■ 완성/선택형 문제

01 (　　)은 주가가 이산적(discrete)으로 변하며 그 변동은 두 가지로 한정된다는 가정, 즉 주가변동이 이항분포(binomial distribution)를 따른다는 가정하에서 도출된 모형이다.

02 (　　)은 무위험포트폴리오를 구성하기 위해 콜옵션 1개를 매도(매입)할 때 매입(매도)하여야 하는 주식의 수를 의미한다.

03 미국형 옵션의 경우 (　　)가 가능하기 때문에 유럽형 옵션과는 달리, 만기일부터 현재시점으로 이항과정을 역행하면서 매기간 말마다 옵션을 행사하는 것이 최적인지를 판단해야 한다.

04 (주)새나라전자의 현재 주식가격은 10,000원이다. 지금으로부터 6개월 후 이 회사의 주식가격은 다음과 같이 예상된다.

상　황	확　률	주　가
상　승	0.5	15,000원
하　락	0.5	7,500원

이 회사의 주식에 대한 콜옵션은 12,000원의 행사가격으로 단지 6개월 후에만 행사될 수 있다. 무위험이자율이 연 6%일 때 콜옵션의 가격(프리미엄)은? (단, 기초주식의 주가변동은 단일기간의 이항분포를 따른다고 가정한다.)

① 1,032.18원　② 1,053.32원　③ 1,076.24원
④ 1,087.38원　⑤ 1,097.48원

05 현재 (주)가나 주식의 가격은 10,000원이고 주가는 1년 후 80%의 확률로 20% 상승하거나 20%의 확률로 40% 하락하는 이항모형을 따른다. (주)가나의 주식을 기초자산으로 하는 만기 1년, 행사가격 9,000원의 유럽형 콜옵션이 현재 시장에서 거래되고 있다. 무위험이자율이 연 5%일 때 모든 조건이 이 콜옵션과 동일한 풋옵션의 현재가격에 가장 가까운 것은? (CPA 1차 2014)

① 715원 ② 750원 ③ 2,143원
④ 2,250원 ⑤ 3,000원

06 주식 A는 배당을 하지 않으며, 현재 시장에서 4,000원에 거래되고 있다. 1년 후 이 주식은 72.22%의 확률로 5,000원이 되고, 27.78%의 확률로 3,000원이 된다. 주식 A가 기초자산이고 행사가격이 3,500원이며 만기가 1년인 유럽형 풋옵션은 현재 200원에 거래되고 있다. 주식의 공매도가 허용되고 무위험이자율로 차입과 대출이 가능하고 거래비용과 차익거래기회가 없다면, 1년 후 항상 10,000원을 지급하는 무위험자산의 현재 가격에 가장 가까운 것은?
(CPA 1차 2021)

① 9,000원 ② 9,200원 ③ 9,400원
④ 9,600원 ⑤ 9,800원

07 현재 코스피200지수는 200포인트이다. 현재로부터 6개월 후에 코스피200지수가 220포인트로 상승하거나 190포인트로 하락할 것으로 예상된다. 무위험이자율이 연 4%일 경우 등가격(ATM) 코스피200풋옵션(잔존만기 6개월)의 가격(포인트)에 가장 가까운 값은? (단, 코스피200지수의 가격변동은 이항분포를 따른다.)

① 4.93포인트 ② 5.23포인트 ③ 5.53포인트
④ 5.83포인트 ⑤ 6.13포인트

08 현재 주가는 10,000원이고, 무위험이자율은 연 3%이다. 1년 후 주가는 15,000원으로 상승하거나 7,000원으로 하락할 것으로 예상된다. 이 주식을 기초자산으로 하는 유럽형 옵션의 만기는 1년이고 행사가격은 10,000원이며 주식은 배당을 지급하지 않는다. 1기간 이항모형을 이용하는 경우, 주식과 옵션으로 구

성된 헤지포트폴리오(hedge portfolio)로 적절한 항목만을 모두 고르면? (단, 주식과 옵션은 소수 단위로 분할하여 거래가 가능하다.) (CPA 1차 2013)

(가) 주식 1주 매입,	콜옵션 $\frac{8}{5}$개 매도
(나) 주식 $\frac{5}{8}$주 매도,	콜옵션 1개 매입
(다) 주식 1주 매입,	풋옵션 $\frac{8}{3}$개 매입
(라) 주식 $\frac{3}{8}$주 매도,	풋옵션 1개 매도

① (가), (다) ② (나), (라)
③ (가), (나), (다) ④ (가), (나), (라)
⑤ (가), (나), (다), (라)

09 (주)한국의 주가가 현재 100만원인데, 1년 후 이 주식의 주가는 120만원 혹은 105만원 중 하나의 값을 갖는다고 가정한다. 이 주식의 주가를 기초자산으로 하고, 만기는 1년이며, 행사가격이 110만원인 콜옵션과 풋옵션이 있다. 기초자산과 옵션을 이용한 차익거래가 발생하지 못하는 옵션가격들을 이항모형을 이용하여 구한 후, 콜옵션과 풋옵션의 가격차이의 절대값을 계산하라. 1년 무위험이자율은 10%이고 옵션만기까지 배당은 없다. (CPA 1차 2009)

① 0원 ② 500원 ③ 1,000원
④ 5,000원 ⑤ 10,000원

10 외환시장에서 1년 후 유로화의 현물환율이 1유로당 1,900원으로 상승하거나 1,500원으로 하락하는 두 가지 경우만 존재한다고 가정하자. 잔존만기가 1년인 유로선물환율은 현재 1유로당 1,800원에 거래되고 있다. 다음 중 적절하지 않은 것은? (CPA 1차 2018)

① 국내시장의 무위험이자율이 EU시장의 무위험이자율보다 크다.
② 유로화의 현물환율이 1년 후 1,900원으로 상승할 위험중립확률은 0.75이다.

③ 행사가격이 1,800원인 유로콜의 가격은 동일 행사가격의 유로풋 가격과 같다.

④ 행사가격이 1,600원인 유로콜의 가격은 동일 행사가격의 유로풋 가격보다 크다.

⑤ 국내시장의 무위험이자율이 10%일 때, 행사가격이 1,570원인 유로콜의 1기간 이항모형가격은 225원이다.

11 옵션에 관한 설명으로 가장 적절하지 않은 것은? (CPA 1차 2015)

① 위험헤지를 위하여 콜옵션 1단위 매도에 대하여 매입하여야 할 주식수를 헤지비율(hedge ratio)이라고 한다.

② 주식과 무위험채권을 적절히 이용하면 콜옵션과 동일한 손익구조를 갖는 복제포트폴리오를 구성할 수 있다.

③ 다기간 이항모형은 단일기간 이항모형과 달리 기간별로 헤지비율이 달라질 수 있으므로 옵션의 만기까지 지속적인 헤지를 원하는 경우 지속적으로 헤지포트폴리오의 구성을 재조정해야 하며 이를 동적헤지(dynamic hedge)라고 한다.

④ 이항모형에 의하면 옵션의 가치를 구하는 식에서 투자자의 위험에 대한 태도는 고려하지 않는다.

⑤ 옵션탄력성(option elasticity)이 1보다 작다는 의미는 옵션이 기초자산보다 훨씬 위험이 크다는 것을 나타낸다.

12 A회사의 주식이 10,000원에 거래되고 있다. 이 주식에 대해 행사가격이 10,000원이며 6개월 후에 만기가 도래하는 콜옵션의 가치는 블랙-숄즈모형을 이용해 구한 결과 2,000원이었다. 주가가 10% 올라서 11,000원이 된다면 콜옵션 가치의 변화에 대해 가장 잘 설명하는 것은 무엇인가? (CPA 1차 2008)

① 콜옵션 가치는 1,000원보다 적게 증가하고 콜옵션 가치의 증가율은 10%보다 높다.

② 콜옵션 가치는 1,000원보다 많이 증가하고 콜옵션 가치의 증가율은 10%보다 높다.

③ 콜옵션 가치는 1,000원보다 적게 증가하고 콜옵션 가치의 증가율은 10%보다 낮다.
④ 콜옵션 가치는 1,000원보다 많이 증가하고 콜옵션 가치의 증가율은 10%보다 낮다.
⑤ 콜옵션 가치는 1,000원 증가하고 콜옵션 가치의 증가율은 10%이다.

13 다음 중 블랙-숄즈 옵션가격결정모형을 도출하기 위한 기본적인 가정에 속하지 않는 것은?

① 공매도(short sale)에 대한 제약과 부담금은 없다.
② 거래비용과 세금이 존재하지 않는다.
③ 미국형 옵션을 전제로 한다.
④ 기초자산은 배당을 지불하지 않는다.
⑤ 무위험이자율은 알려져 있으며 일정하다.

14 블랙－숄즈(1973) 또는 머튼(1973)의 모형을 이용하여 무배당주식옵션의 가치를 평가하려 한다. 다음 설명 중 적절한 것은? (단, $N(d_1)$은 유럽형 콜옵션의 델타이고, $d_2 = d_1 -$ 변동성 $\times \sqrt{\text{만기}}$ 이다) (CPA 1차 2018)

① 옵션가를 계산하기 위해 주식의 현재 가격 및 베타, 행사가격, 이자율 등의 정보가 모두 필요하다.
② $N(d_1)-1$은 유럽형 풋옵션의 델타이다.
③ $N(d_2)$는 만기에 유럽형 풋옵션이 행사될 위험중립확률이다.
④ $N(d_1)$은 유럽형 콜옵션 한 개의 매수 포지션을 동적헤지하기 위해 보유해야 할 주식의 개수이다.
⑤ 이 모형은 옵션만기시점의 주가가 정규분포를 따른다고 가정한다.

15 배당을 지급하지 않는 주식을 기초자산으로 하는 선물과 옵션에 관한 다음 설명 중 가장 적절하지 않은 것은? (단, 시장이자율은 양수이다.) (CPA 1차 2013 수정)

① 다른 모든 조건이 같다고 할 때, 행사가격이 주식가격과 같은 등가격 유럽형 콜옵션의 이론가격은 등가격 유럽형 풋옵션의 이론가격과 같다.
② 선물의 이론가격을 계산할 때 주식의 변동성은 고려할 필요가 없다.
③ 블랙-숄즈모형에서 $N(d_1)$은 콜옵션의 델타이다.
④ 블랙-숄즈모형에서 $N(d_2)$는 옵션의 만기시 콜옵션이 내가격(in-the-money)이 될 위험중립확률이다.
⑤ 주식의 가격이 아무리 상승하더라도 미국형 콜옵션을 만기 전에 조기행사하는 것은 합리적인 행위가 아니다.

16 배당을 하지 않는 A기업의 현재 주식가격은 10,000원이다. A기업의 주식을 기초자산으로 하는 만기 1년, 행사가격 10,000원인 유럽형 옵션이 현재 시장에서 거래되고 있다. 1년 후 A기업의 주식가격이 12,000원이 될 확률은 40%, 8,000원이 될 확률은 60%이다. 현재 무위험이자율이 10%이며, 이 옵션의 가격결정은 1기간 이항모형을 이용한 무위험 헤지포트폴리오를 구성하여 구한다. 다음 중 가장 적절하지 않은 것은? (단, 소수점 아래 둘째자리에서 반올림하여 계산한다.) (CPA 1차 2022)

① 풋옵션의 균형가격은 654.6원이다.
② 콜옵션의 균형가격은 1,363.6원이다.
③ 주식 1개 매입 시 콜옵션 2개 매도로 헤지한다.
④ 풋옵션의 델타는 (－)0.5이다.
⑤ 콜옵션의 델타는 0.5이다.

■ 서술/계산형 문제

01 이항옵션가격결정이 내포하고 있는 중요한 특징을 설명하라.

02 블랙-숄즈 옵션가격결정모형의 기본가정을 제시하라.

03 1기간 이항옵션가격결정모형

새나라(주)의 현재 주식가격은 10,000원이다. 지금으로부터 1년 후 이 회사의 주식가격은 다음과 같이 예상된다.

상 황	확 률	주식가격
1	0.6	13,000원
2	0.4	9,000원

이 회사의 주식에 대한 풋옵션은 11,000원의 행사가격으로 단지 1년 후에만 행사할 수 있다. 무위험이자율이 연 5%일 때 다음의 물음에 답하라.

(1) 헤지포트폴리오를 구성하여 풋옵션의 가격을 구하라.

(2) 풋옵션의 복제포트폴리오를 구성하여 풋옵션의 가격을 구하라.

(3) 위험중립확률을 구하여 풋옵션의 가격을 구하라.

(4) 풋옵션과 동일한 기초자산, 행사가격, 만기를 가지는 콜옵션이 존재한다면 그것의 현재가치를 풋-콜 패리티를 이용하여 구하라.

(5) 상승확률이 0.6에서 0.7로 변할 경우 풋옵션 또는 콜옵션의 가격은 어떻게 변화하겠는가? 또한 투자자의 위험선호형태가 바뀔 경우 풋옵션 또는 콜옵션의 가격은 어떻게 변화하겠는가?

04 1기간 이항옵션가격결정모형 : 복제포트폴리오를 이용하는 방법 (CPA 2차 2013)

(주)마바의 현재 주당 가격은 10,000원이다. 주가변동은 이항분포를 따르는데, 1년 후 주가가 상승하여 12,000원이 될 확률은 60%, 주가가 하락하여 7,000원이 될 확률은 40%이다. 투자자는 위험중립적이고 무위험이자율은 10%이며 (주)마바 주식을 기초자산으로 하는 1년 만기 유럽형 콜옵션과 풋옵션의 행사가격은 10,000원으로 동일하다.

(1) 헤지포트폴리오를 구성하여 현재의 콜옵션가치를 계산하라. 계산결과는 반올림하여 소수점 둘째 자리까지 표기하라.

(2) 무위험 헤지포트폴리오(riskless hedge portfolio)의 속성을 간략하게 설명하라.

(3) 기초주식과 무위험채권을 이용하여 콜옵션을 보유한 것과 동일한 포트폴리오를 구성하고 현재 콜옵션 가격이 1,600원일 때 차익거래전략을 현재

와 만기 두 시점별 현금흐름의 관점에서 제시하라. 계산결과는 반올림하여 소수점 둘째 자리까지 표기하라.

(4) 이항모형으로 복제포트폴리오를 구성하여 풋옵션의 가치를 구하고 현재 풋옵션가격이 600원일 때 차익거래전략을 현재와 만기 두 시점별 현금흐름의 관점에서 제시하라. 계산결과는 반올림하여 소수점 둘째 자리까지 표기하라.

05 고급 풋-콜 패리티와 2기간 미국형 풋옵션의 가치평가

현재 주가는 21,000원이고, 매 6개월마다 주가가 10% 상승하거나 5% 하락할 것으로 예상된다. 6개월 후 832원의 현금배당이 한 번 지급되며, 무위험이자율은 연 8%이다.

(1) 행사가격이 20,000원인 1년 만기 유럽형 콜옵션의 현재가치를 계산하라.

(2) 풋-콜 패리티를 이용하여 행사가격이 20,000원인 1년 만기 유럽형 풋옵션의 가격을 구하라. 또한 현재 시장에서 동일한 유럽형 풋옵션이 250원으로 거래될 경우 차익거래과정을 구체적으로 설명하라.

(3) 행사가격이 20,000원인 1년 만기 미국형 풋옵션의 현재가치를 계산하라.

06 2기간 이항옵션가격결정모형 : 배당이 존재하는 경우

현재 주가는 20,000원이고, 매 6개월마다 주가가 10% 상승하거나 5% 하락할 것으로 예상된다. 6개월간 무위험이자율은 4%이다.

(1) 현금배당은 6개월 후에 한 번 지급되며, 그 배당수익률은 4%이다. (단, 배당수익률은 배당이 지급될 시점에서의 주가를 기준으로 계산된다고 가정한다.)

① 행사가격이 19,000원인 1년 만기 유럽형 콜옵션의 현재가치를 계산하라.

② 행사가격이 19,000원인 1년 만기 미국형 콜옵션의 현재가치를 계산하라.

(2) 6개월 후 850원의 현금배당이 한 번 지급된다.

① 행사가격이 19,000원인 1년 만기 유럽형 콜옵션의 현재가치를 계산하라.

② 행사가격이 19,000원인 1년 만기 미국형 콜옵션의 현재가치를 계산하라.

③ 주가의 상승률 10% 또는 하락률 5%는 주가에서 배당의 현재가치를

차감한 값을 기준으로 계산된 것이라 가정하는 경우, 행사가격이 19,000원인 1년 만기 미국형 콜옵션의 현재가치를 계산하라.

07 고급 2기간 이항모형과 배당수익률 (CPA 2차 2006 수정)

통일증권거래소의 상장회사인 (주)동남아의 현재 주가는 20,000원(액면가 : 5,000원)이며, (주)동남아의 주가는 6개월마다 20% 상승하거나 10% 하락하는 이항과정을 따른다고 한다. 그리고 무위험이자율은 연 12%, 이산(discrete)배당수익률은 연 8%라고 한다. (단, 이하 모든 계산과정 및 결과에서 금액은 소수점 아래 셋째 자리에서 반올림하여 소수점 아래 둘째 자리까지 표시하고, 백분율은 소수점 아래 다섯째 자리에서 반올림하여 소수점 아래 넷째 자리까지 표시하라.)

(1) 잔존기간(time to maturity)이 1년이고, (주)동남아의 주식을 기초자산으로 하는 등가격(at-the-money) 유럽형 콜옵션의 가격은 얼마인가? (단, 문제풀이과정에 i) (주)동남아의 주가(S)와 콜옵션(C)의 가치변화, ii) 배당수익률을 반영한 헤지확률(p), iii) 콜옵션의 가격 등이 반드시 나타나도록 하라.)

(2) 잔존기간이 1년이고, (주)동남아의 주식을 기초자산으로 하는 등가격 유럽형 풋옵션의 가격을 풋-콜 패리티(put-call parity)를 사용하여 구하라.

(3) 잔존기간이 1년이고, (주)동남아의 주식을 기초자산으로 하는 등가격 미국형 콜옵션의 가격은 얼마인가?

08 다양한 옵션가치평가방법 (CPA 2차 2021)

※ 물음 (1)~(3)은 독립적이다.

(1) 무배당기업인 ㈜가나의 현재 주가는 18,000원이다. ㈜가나의 주가가 1년 후 상승하여 24,000원이 될 확률은 70%이고, 하락하여 16,000원이 될 확률은 30%라고 하자. 이 주식에 대한 유럽형 콜옵션의 행사가격은 20,000원이고, 무위험이자율은 연 10%이다. 1기간은 1년이며, 1기간 이항모형이 성립한다고 가정한다. 옵션의 균형가격은 소수점 아래 셋째 자리에서 반올림하여 둘째 자리까지 표시하고, 위험프리미엄은 % 단위로 소수점 아래 첫째 자리에서 반올림하라.

① ㈜가나 주식의 위험프리미엄을 계산하라.

② 위험중립가치평가법을 활용하여 콜옵션의 균형가격을 계산하라.

③ 이 콜옵션과 모든 조건이 동일한 풋옵션의 균형가격을 주식과 무위험채권을 이용한 복제포트폴리오접근법으로 계산하라.

④ ③에서 계산한 풋옵션의 균형가격과 풋-콜패러티를 활용하여 콜옵션의 균형가격을 계산하라.

(2) 다음 그림은 ㈜다라의 주가(S) 변화를 나타낸 것이다. 무배당기업인 ㈜다라의 주가는 현재 10,000원이고, 매년 10%씩 상승하거나 하락한다. 2기간 이항모형을 이용하여 ㈜다라 주식에 대한 유럽형 콜옵션의 가치를 평가하고자 한다. 단, 1기간은 1년이고, 무위험이자율은 연 5%이다.

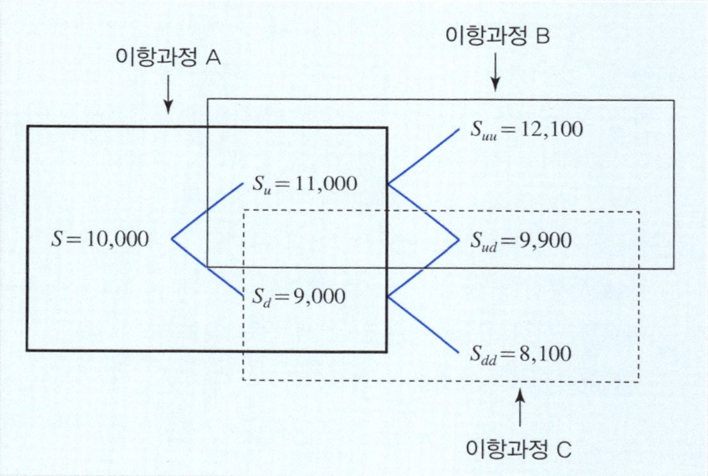

① 그림에서 제시된 주가 변화를 이용하여 위험중립확률을 계산하라. 계산결과는 소수점 아래 셋째 자리에서 반올림하여 둘째 자리까지 표시하라.

② 이항과정 B와 이항과정 C에서 콜옵션의 델타가 각각 0.5와 0일 때, 이 콜옵션의 행사가격과 균형가격을 각각 계산하라. 행사가격은 원 단위로 표시하고, 옵션의 균형가격은 소수점 아래 셋째 자리에서 반올림하여 둘째 자리까지 표시하라.

(3) 2기간 이항모형이 성립한다고 가정하자. ㈜마바의 현재 주가는 1,000원이고 이 기업의 주가는 매 기간 10% 상승하거나 10% 하락할 것으로 예상된다. 이 기업은 8개월 이후에 100원의 배당을 지급할 것이다. 만기는 1

년 남아 있고, 행사가격이 1,000원인 유럽형 콜옵션의 균형가격을 위험중립가치평가법으로 계산하라. 단, 1기간은 6개월이고, 무위험이자율은 연 12%이며, $\frac{1}{(1+0.06)^{4/3}}=0.9252$ 그리고 $\frac{1}{(1+0.06)^{1/3}}=0.9808$이다. 계산결과는 소수점 아래 셋째 자리에서 반올림하여 둘째 자리까지 표시하라.

09 헤지비율과 3기간 모형 (CPA 2차 2012)

(주)태백의 무배당 주식의 현재가격은 2만원인데, 매년 주식가격이 10% 상승하거나 10% 하락하는 이항과정을 따른다고 가정한다. 또한 시장의 무위험이자율은 연 6%로 향후 변동이 없으며, 시장에는 어떠한 차익거래의 기회도 없다고 가정한다.

(1) (주)태백의 주식을 100주 보유한 투자자가 이 주식을 기초자산으로 하고 행사가격이 19,000원이며, 잔존만기가 1년인 유럽식 표준형 풋옵션을 이용하여 무위험포트폴리오를 만들고자 한다. 풋옵션을 얼마나 매수 또는 매도해야 하는가?

(2) 위의 물음 (1)에 제시된 풋옵션 1개의 적정 가치를 구하라. 계산결과는 반올림하여 소수점 둘째 자리까지 나타내라.

(3) (주)태백의 주식을 기초자산으로 하고 잔존만기가 3년이며 만기수익이 다음과 같이 나타나는 옵션의 적정 가치를 3기간 이항모형을 이용하여 구하라. 계산결과는 반올림하여 소수점 둘째 자리까지 나타내라.

> 옵션의 만기수익(원) $= \text{Max}\left[0, \frac{S_T}{20{,}000}-1\right]\times 8{,}000$
>
> 단, S_T는 3년 후 주식의 가격을 나타낸다.

(4) 주가가 만기일 행사시점까지 17,000원 이하로 한 번이라도 하락하면 계약이 자동 소멸되는, 즉 KO(knock-out) 조항이 부여된 유럽형 풋옵션의 적정 가격을 3기간 이항모형을 이용하여 구하라. 이때 옵션의 잔존만기는 3년이고 행사가격은 22,000원이다. 계산결과는 반올림하여 소수점 둘째 자리까지 나타내라.

10 통화옵션 (CPA 2차 2005)

외환시장에서 1년 후 달러화의 현물환율이 각각 1,100원/$ 또는 950원/$으로 상승 또는 하락하는 두 가지 경우만 존재한다고 가정하자. 달러옵션과 달러선물의 잔존만기는 1년으로 동일하며, 달러선물은 현재 1,050원/$의 가격에 거래되고 있다. 이 기간 동안 국내 자본시장의 무위험이자율은 6%이다. 자본시장은 완전하고 차익거래의 기회는 존재하지 않는다고 가정하자. 달러선물과 달러옵션계약의 1계약 규모는 50만달러이다. 다음 질문에 답하라.

(1) 행사가격이 980원/$인 달러에 대한 풋옵션 1계약 매수포지션에 대하여 헤지해야 할 달러화의 규모를 밝히고 아울러 매수 또는 매도 여부를 제시하라.

(2) 위험중립자의 입장에서 환율이 1년 후 1,100원/$으로 상승할 확률은 얼마인가? (계산은 반올림하여 소수점 둘째 자리까지만 표시한다.)

(3) 옵션의 만기 시 현물환율을 S_T라고 정의하고 만기 시 옵션의 수익이 Min[S_T-920, 50]으로 나타나는 옵션의 적정 프리미엄을 제시하라. (계산은 반올림하여 천원 단위로 표시한다.)

11 통화옵션과 풋-콜 패리티 (CPA 2차 2010)

한국과 미국의 무위험이자율은 각각 연간 6%와 4%이다. 한국의 금융시장에서 달러화의 현물환율은 1달러당 1,250원이다. 잔존만기가 1년이고 행사가격이 1,000원인 유럽형 콜옵션이 300원에 거래되고 있다. 국내 및 미국의 금융시장에는 어떠한 차익거래의 기회도 존재하지 않는다고 가정하라. 소수점 첫째 자리에서 반올림하여 답하라.

(1) 미화 1달러에 대한 1년 만기 선물의 적정 가격을 구하라.

(2) 한국의 대미 수출기업인 (주)한텍은 환리스크를 헤지하고자 한국의 금융시장에서 달러화를 기초자산으로 하고 행사가격이 1,000원이며, 만기가 1년인 유럽형 풋옵션을 매입하고자 한다. 이 풋옵션의 적정 프리미엄은 얼마인가?

(3) 미국에 본사를 둔 Detroit Hardware Inc.는 한국에 공구를 수출하는 기업이다. 이 기업은 수출대금으로 수취할 원화 100만원을 시카고옵션시장에

서 1,000달러에 처분할 수 있는 풋옵션을 매입하고자 한다. 100만원에 대한 1년 만기 유럽형 풋옵션의 적정 프리미엄은 달러화로 얼마인가? (단, 미국의 금융시장에서 원화에 대한 현물환율은 1/1,250(USD/원) = 0.0008(USD/원)이다.)

12 2기간 이항모형을 이용한 통화옵션의 가격결정

외환시장에서 현재 달러화의 현물환율은 1,000원/$이고, 매 6개월마다 10% 상승하거나 5% 하락하는 두 가지 경우만 존재한다고 가정하자. 미달러콜옵션의 잔존만기는 1년이며, 행사가격은 980원/$이다. 국내의 무위험이자율은 연 4%, 미국의 무위험이자율은 연 6%이다.

(1) 1년 만기 유럽형 미달러콜옵션의 현재가치를 계산하라.

(2) 1년 만기 미국형 미달러콜옵션의 현재가치를 계산하라.

13 옵션의 결합, 블랙-숄즈모형 (CPA 2차 2009)

(주)한반도의 무배당주식을 기초자산으로 하는 잔존만기 3개월의 유럽형 콜옵션과 풋옵션의 시장가격을 정리하면 다음과 같다.

- 행사가격이 25,000원인 콜옵션과 풋옵션의 가격이 각각 1,000원과 522원이다.
- 행사가격이 27,000원인 콜옵션과 풋옵션의 가격이 각각 244원과 1,717원이다.

또한 동일한 만기의 주식선물의 가격은 25,490원이다. 아래의 독립된 질문에 각각 답하라. (단, 계산은 반올림하여 원 단위로 표시하라.)

(1) 행사가격이 25,000원인 콜옵션을 매수하고 동일 행사가격의 풋옵션을 매도하는 합성포지션에 대해 만기손익(profit/loss)을 그림으로 나타내고, 손익이 0이 되는 만기주가를 함께 표시하라. 시장에는 어떠한 차익거래의 기회도 존재하지 않는다고 가정하며, 옵션프리미엄의 시간적 가치를 고려하라.

(2) (주)한반도의 주식 100주를 보유하고 있는 어느 투자자가 위에서 주어진 옵션을 이용하여 향후 주가의 변동에 상관없이 3개월 후 보유자산의 가치를 270만원에 고정시키고자 한다. 요구되는 옵션거래전략과 소요되는 초기비용(또는 수익)을 계산하라. 시장에는 어떠한 차익거래의 기회도 존재하지 않으며 초기비용(또는 수익)은 3개월 후 투자자가 보유한 자산의 가치에 영향을 주지 않는다고 가정한다.

(3) (주)한반도의 현재 주가가 24,866원이라고 하자. 만약 3개월 후 시점에서 주가가 25,000원 이상이면 100만원을 받고 25,000원 미만이면 한 푼도 받지 못하는 금융상품을 고려하자.

① 이 상품의 적정 프리미엄을 구하라. (단, 위에서 주어진 행사가격 25,000원인 콜옵션의 델타는 0.6165이며, 시장에는 차익거래의 기회가 존재하지 않는다고 가정한다.)

② 일반적으로 블랙-숄즈(Black-Scholes)의 옵션가격모형에서 $N(d_1)$과 $N(d_2)$가 무엇을 의미하는지를 각각 3줄 이내로 설명하라.

힌트

블랙-숄즈의 옵션가격공식은 다음과 같다.

$$C = SN(d_1) - Ke^{-rT}N(d_2)$$

$$d_1 = \frac{\ln(S/K) + \left(r + \frac{1}{2}\sigma^2\right)T}{\sigma\sqrt{T}}, \quad d_2 = d_1 - \sigma\sqrt{T},$$

단, C는 콜옵션의 가격, S는 기초자산의 현재가격, K는 행사가격, r은 연속복리 연간 무위험이자율, T는 잔존만기, $N(\cdot)$는 누적표준정규분포확률함수, σ는 기초자산의 변동성이다.

14 이항모형과 옵션의 결합전략 (CPA 2차 2011)

JKM(주)의 주식은 현재 16,000원에 거래되고 있고 1년 후($t=1$) 주가가 50,000원으로 상승하거나 2,000원으로 하락할 것으로 예상된다. 투자자 A는 이 회사의 주식을 기초자산으로 하고 동일한 만기 및 행사가격을 갖는 한 개의 콜옵션(call option)과 한 개의 풋옵션(put option)을 동시에 매입하여 구성한 포트폴리오를 보유하고 있다. 두 옵션의 행사가격은 15,000원이며 만기는 1년이고, 무위험이자율은 8%이다. 계산결과는 소수점 넷째 자리까지 표시하고, 금액은 원 단위로 표기하라.

(1) 이 포트폴리오에 포함된 콜옵션의 가치를 이항모형(binomial model)으로 복제포트폴리오(replicating portfolio)를 구성하여 구하라.

(2) 이 포트폴리오에 포함된 풋옵션의 가치를 물음 (1)과 동일한 방식을 이용하여 구하고, 이 포트폴리오의 총가치를 구하라.

(3) 이 포트폴리오와 같은 포지션을 롱 스트래들(long straddle)이라 한다. 롱 스트래들의 손익구조(payoff diagram)를 그리고(콜옵션, 풋옵션, 스트래들 모두 도시), 그 의미를 3줄 이내로 논하라.

[보론]
배당과 블랙-숄즈모형

현금배당이 존재하는 경우 블랙-숄즈모형을 이용한 옵션의 가치평가에 대하여 살펴본다.

A.1 조기행사가 없는 경우 : 유럽형 옵션

현금배당이 있는 경우 블랙-숄즈모형은 배당을 반영하여 수정되어야 한다. 옵션의 만기일 이전에 지급될 배당금과 지급시기를 알 수 있을 경우 현재 주가(S)에서 만기일 이전에 지급되는 배당금의 현재가치($PV(D)$)를 차감한 주가, 즉 배당조정주가(S')를 구할 수 있다. 그리고 배당조정주가를 블랙-숄즈모형에서 S값 대신 사용하여 콜옵션의 가치를 구한다.

$$C = S'N(d_1) - Xe^{-rT}N(d_2) \tag{10A-1}$$

여기서 $S' = S - PV(D)$

$$d_1 = \frac{\ln\frac{S'}{X} + \left(r + \frac{1}{2}\sigma^2\right)T}{\sigma\sqrt{T}}, \quad d_2 = d_1 - \sigma\sqrt{T}$$

한편 배당을 지급하는 경우(연속배당수익률 $= \delta$) 주가가 S에서 S_T로 변한다고 하면, 배당을 지급하지 않는 경우에는 S에서 $S_T e^{\delta T}$로 변하게 될 것이다. 즉 배당을 지급하지 않는 경우에 만기일 주가가 S_T가 되려면 현재 주가는 $Se^{-\delta T}$이어야 한다. 따라서 현재 주가를 S에서 $Se^{-\delta T}$로 감소시킨 후 마치 주식이 배당을 지급하지 않는 것처럼 블랙-숄즈모형을 사용하여 옵션의 가

치를 평가할 수 있다.[21]

$$C = Se^{-\delta T}N(d_1) - Xe^{-rT}N(d_2) \qquad (10A\text{-}2)$$

$$\text{여기서 } d_1 = \frac{\ln\left(\frac{Se^{-\delta T}}{X}\right) + \left(r + \frac{1}{2}\sigma^2\right)T}{\sigma\sqrt{T}} = \frac{\ln\frac{S}{X} + \left(r - \delta + \frac{1}{2}\sigma^2\right)T}{\sigma\sqrt{T}},\ d_2 = d_1 - \sigma\sqrt{T}$$

식 (10A-2)는 머튼(R. C. Merton)에 의해 처음으로 도출된 것으로 머튼모형이라고도 한다.[22]

통화옵션은 외국통화를 기초자산으로 하는 옵션으로서, 기초자산인 외국통화는 연속배당수익률과 동일한 의미를 가지는 외국의 무위험이자율(r^F)을 지급받을 수 있다. 따라서 연속배당수익률 대신 외국의 무위험이자율(r^F)을 사용하여 식 (10A-2)에 의해 통화옵션의 가치를 구할 수 있다.

A.2 조기행사가 가능한 경우 : 미국형 옵션

조기행사가 가능한 경우 이를 반영하여 옵션가치를 평가하는 방법에는 크게 두 가지가 있다.[23]

첫 번째 방법은 블랙이 제시한 방법인 가성 미국형 옵션가치평가방법(pseudo-American valuation)으로 각 배당락일 직전에 만기가 되는 유럽형 옵션의 가치와, 만기일까지 보유하는 경우의 유럽형 옵션가치를 비교하여, 이 중에서 가장 큰 값을 미국형 옵션의 가치로 선택하는 방법이다. 이 방법의 구체적인 절차는 다음과 같다.

① 배당의 지급시기와 배당금을 예측한다.

② 기대배당금의 현재가치만큼 주가에서 차감하는 방법을 이용하여 각 배당락일 직전에 만기가 되는 유럽형 콜옵션의 가치를 평가한다. 또

---

21 풋-콜 패리티 : $Se^{-\delta T} + P - C = Xe^{-rT}$

22 R. C. Merton, "Theory of Rational Option Pricing," *Bell Journal of Economics and Management Science*, Vol. 4(Spring 1973), pp. 141~183.

23 A. Damodaran, *Investment Valuation*, 2nd ed.(John Wiley & Sons, 2002), pp. 101~104.

한 미국형 콜옵션과 만기가 같은 유럽형 콜옵션의 가치도 평가한다.

③ ②에서 계산한 콜옵션가격 중에서 가장 큰 값을 미국형 콜옵션의 가격으로 선택한다.

두 번째 방법으로 이항분포모형을 이용하는 방법이 있다. 이 방법의 구체적인 절차는 다음과 같다.

① 위험중립평가 원칙을 적용하여 이항분포모형에서 사용할 u, d, p를 각각 다음과 같이 계산한다.[24]

$$u = e^{\sigma\sqrt{T/n}}, \quad d = \frac{1}{u}, \quad p = \frac{e^{r(T/n)} - d}{u - d} \qquad \text{(10A-3)}$$

여기서 r : 연간 무위험이자율
T : 연 단위로 환산된 만기
n : 만기일까지 기간(주가변동기간)의 수(단, $T/n \rightarrow 0$일수록 정확한 값을 구할 수 있음.)
σ : 주식 연간 수익률의 표준편차

② 배당이 예상되는 시점에 이를 반영하여 주가를 조정해 준다.

③ 배당락일 직전에 조기행사의 가능성을 고려하면서 각 시점별로 콜옵션의 가치를 평가한다. 옵션의 시간가치(또는 시간프리미엄)가 배당으로 인한 옵션가치의 하락 예상액보다 작으면 조기행사될 수 있다.

④ 앞에서 설명한 조기행사가 가능한 경우의 이항모형접근법(만기일부터 현재시점까지 이항과정을 역행하면서 매시점(배당락일)마다 옵션을 행사하는 것이 최적인지를 판단함)을 사용하여 현재시점에서의 콜옵션의 가치를 평가한다.

24 연속배당수익률이 δ이며 배당지급 후 주가가 S에서 S_T로 변할 경우, 헤지확률 p는 다음과 같이 조정된다.

$$p = \frac{e^{(r-\delta)(T/n)} - d}{u - d}$$

예제 10A-1 가성 미국형 옵션가치 평가방법

행사가격이 18,000원이고, 만기가 8개월인 미국형 콜옵션이 있다. 현재 주가는 20,000원이고, 주식수익률의 분산은 0.05이다. 그리고 무위험이자율은 6%이고, 다음과 같이 세 번의 배당을 기대하고 있다.

기대배당금	배당락일
400원	1개월 후
400원	4개월 후
400원	7개월 후

이상의 자료를 이용하여 미국형 콜옵션의 현재가치를 구하라.

해설

① 첫 번째 배당락일(1개월 후) 직전의 콜옵션의 가치(C_1)
블랙-숄즈모형에 각 변수의 값($S=20{,}000$원, $X=18{,}000$원, $T=1/12$, $\sigma^2=0.05$, $r=0.06$)을 대입하여 콜옵션의 가치를 구하면 다음과 같다.

$$d_1=\frac{\ln\frac{S}{X}+\left(r+\frac{1}{2}\sigma^2\right)T}{\sigma\sqrt{T}}=1.7420,\quad d_2=d_1-\sigma\sqrt{T}=1.6775$$

$$\rightarrow N(d_1)=0.9592,\quad N(d_2)=0.9533$$

$$\therefore\ C_1=SN(d_1)-Xe^{-rT}N(d_2)=2{,}110\text{원}$$

② 두 번째 배당락일(4개월 후) 직전의 콜옵션의 가치(C_2)
다른 변수의 값은 동일하며, 배당조정된 주가($S'=20{,}000-400/1.06^{1/12}=19{,}602$원)와 만기일($T=4/12$)을 이용하여 콜옵션의 가치를 구하면 다음과 같다.

$$d_1=0.8799,\quad d_2=0.7508\ \rightarrow\ N(d_1)=0.8105,\quad N(d_2)=0.7736$$

$$\therefore\ C_2=2{,}238\text{원}$$

③ 세 번째 배당락일(7개월 후) 직전의 콜옵션의 가치(C_3)
다른 변수의 값은 동일하며, 배당조정된 주가(S')와 만기일(T)을 이용하여 콜옵션의 가치를 구하면 다음과 같다.

- $S'=20{,}000-400/1.06^{1/12}-400/1.06^{4/12}=19{,}210$원, $T=7/12$
- $d_1=0.6713,\ d_2=0.5005\ \rightarrow\ N(d_1)=0.7490,\ N(d_2)=0.6916$

$\therefore\ C_3 = 2{,}368$원

④ 만기일(8개월 후)의 콜옵션의 가치(C_4)

다른 변수의 값은 동일하며, 배당조정된 주가(S')와 만기일(T)을 이용하여 콜옵션의 가치를 구하면 다음과 같다.

- $S' = 20{,}000 - 400/1.06^{1/12} - 400/1.06^{4/12} - 400/1.06^{7/12} = 18{,}823$원, $T = 8/12$
- $d_1 = 0.5553,\ d_2 = 0.3727 \rightarrow N(d_1) = 0.7107,\ N(d_2) = 0.6453$

$\therefore\ C_4 = 2{,}218$원

⑤ 이상의 결과를 서로 비교하여 미국형 콜옵션의 가치를 구하면 다음과 같다.

$C = \text{Max}(2{,}110$원, $2{,}238$원, $2{,}368$원, $2{,}218$원$) = 2{,}368$원

제11장 옵션가치의 민감도와 헤징

1. 옵션가치의 민감도
2. 주식옵션을 이용한 헤징
3. 주가지수옵션을 이용한 델타헤징

옵션가치의 변화는 다양한 요인들에 의해 이루어지며, 그 결정요인의 변화에 따른 옵션가치의 변화 정도를 측정하는 것을 민감도분석(sensitivity test)이라 한다. 이와 같은 민감도분석은 다양한 헤징전략의 기초가 된다.

본장에서는 옵션가치의 민감도와 주식옵션 또는 주가지수옵션을 이용한 헤징에 대해서 설명하고자 한다.

1 옵션가치의 민감도

옵션가치의 변화는 다양한 요인들에 의해 이루어지며, 그 결정요인의 변화에 따른 옵션가치의 변화 정도를 측정하는 것을 민감도분석(sensitivity test)이라 한다.[1] 옵션가치의 민감도분석은 기본적으로 기초자산의 가격(S), 만기(T), 기초자산의 변동성(σ), 무위험이자율(r) 등의 변화에 대한 옵션가치의 변화 정도를 측정하는 것이다.

1.1 옵션델타

옵션델타(delta : $\varDelta$)는 기초자산의 가격변화에 대한 옵션가격의 변화를 나타내는 것으로서 콜옵션델타($\varDelta_C$)는 다음과 같이 측정된다.

$$\varDelta_C = \frac{\partial C}{\partial S} \tag{11-1}$$

옵션델타는 기초자산가격의 함수인 옵션가격 곡선의 기울기를 의미한다. 만약 옵션델타가 0.5이면 기초자산이 1원 변할 때 옵션가격은 0.5원 변한다는 것을 의미한다. 제10장에서 살펴본 블랙-숄즈모형을 이용하여 옵션델타를 구하면 다음과 같다.[2]

- 콜옵션델타($\varDelta_C$) $= N(d_1)$
- 풋옵션델타($\varDelta_P$) $= \dfrac{\partial P}{\partial S} = N(d_1) - 1$

---

1 테일러의 전개식(Taylor's series)에 의해 콜옵션의 가치변동($\varDelta C$)을 구하면 다음과 같다.

$$\varDelta C = \frac{\partial C}{\partial S}\varDelta S + \frac{\partial C}{\partial t}\varDelta t + \frac{\partial C}{\partial \sigma}\varDelta \sigma + \frac{\partial C}{\partial r}\varDelta r + \frac{1}{2}\frac{\partial^2 C}{\partial S^2}\varDelta S^2 + \cdots$$

2 $\varDelta_C - \varDelta_P = N(d_1) - [N(d_1) - 1] = 1$

$N(d_1)$이 0과 1 사이의 값을 가지므로 콜옵션델타는 0과 1 사이의 값을 가지며 풋옵션델타는 0과 −1 사이의 값을 지닌다. 즉 콜옵션델타는 양(+)의 값을 지니며, 풋옵션델타는 음(−)의 값을 지닌다. 이는 콜옵션(풋옵션)의 가격이 기초자산의 가격변화와 같은(반대) 방향으로 움직임을 의미한다. 따라서 옵션델타를 이용함으로써 기초자산의 가격변동에 따른 위험을 헤지하는 델타헤징이 가능하다. 콜옵션(풋옵션)에 의한 델타헤징은 콜옵션(풋옵션)을 기초자산과 반대(같은) 방향의 포지션을 취하는 방식으로 이루어진다.

일반적으로 포트폴리오의 델타는 포지션의 형태에 따라 달라진다. 예를 들어 콜옵션 매입포지션의 델타는 양(+)의 값이나 콜옵션 매도포지션의 델타는 음(−)의 값이 된다.[3] 옵션델타를 투자전략에 활용할 경우, 기초자산의 가격상승 시 기초자산과 옵션으로 구성된 포트폴리오의 델타를 0보다 크게 가져가는 것이 유리하다. 반면 기초자산의 가격하락이 예상될 경우 포트폴리오 델타를 0보다 작게 가져가는 전략이 유리할 것이다. 포트폴리오의 델타가 0일 경우 포트폴리오 가치가 기초자산의 가격변동과 무관하게 된다. 이런 상태의 포트폴리오를 델타중립 포트폴리오(delta-neutral portfolio)라고 한다.

한편 기초자산이 동일한 N종류의 옵션으로 구성된 포트폴리오의 델타는 다음과 같은 식을 이용하여 구할 수 있다.

$$\text{포트폴리오의 델타} = \sum_{j=1}^{N} w_j \Delta_j \tag{11-2}$$

여기서 w_j : 개별옵션 j의 매입수량
Δ_j : 개별옵션 j의 델타

무배당 주식을 기초자산으로 하는 콜옵션과 풋옵션의 델타와 주가의 관계를 그림으로 제시하면 [그림 11-1]과 같다. 콜옵션델타는 주가가 상승할수록 증가하는 형태를 보이며 주가가 매우 낮은 경우와 매우 높은 경우에 각각 0과 1에 가까운 값을 보인다. 한편 풋옵션델타는 주가가 상승할수록

3 옵션 매입에 따른 포지션의 민감도는 옵션민감도 그 자체의 값과 같은 부호를 지니며 옵션 매도포지션의 민감도는 옵션민감도와 반대의 부호를 지니게 된다.

그림 11-1 주가와 옵션델타

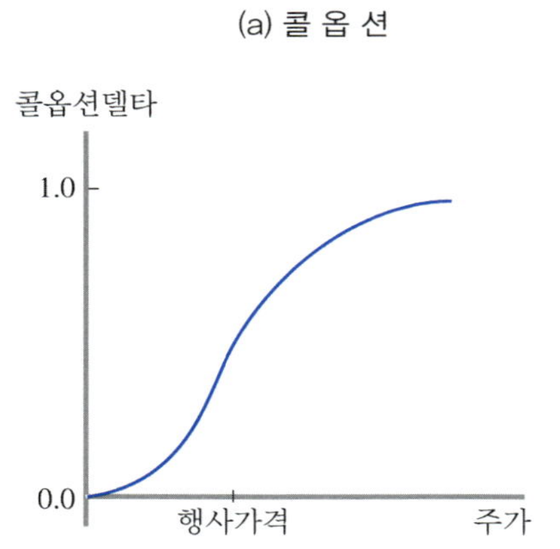

그림 11-2 잔존만기와 콜옵션델타

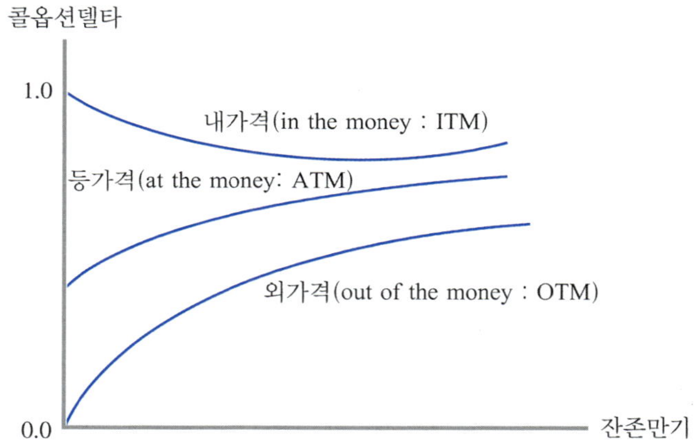

증가하며 극단적인 외가격 상태에서는 0에 가깝다는 점에서 콜옵션과 유사하다. 다만 풋옵션델타는 내가격 상태가 심해질수록 −1에 수렴한다는 점에서 콜옵션델타와 구분된다.

옵션델타는 잔존만기(time to maturity)에 따라 영향을 받는다. [그림 11-2]

는 잔존만기와 콜옵션델타의 관계를 제시하고 있다. 시간이 경과할수록, 즉 잔존만기가 줄어들수록 내가격 콜옵션의 델타는 점점 증가하여 1에 수렴하나, 외가격 콜옵션의 델타는 점점 감소하여 0의 값에 수렴한다.

1.2 옵션감마

옵션감마(gamma : Γ)는 기초자산의 가격변화에 대한 옵션델타의 변화를 나타내는 것으로서 콜옵션감마(Γ_C)는 다음과 같이 측정된다.

$$\Gamma_C = \frac{\partial \Delta_C}{\partial S} = \frac{\partial^2 C}{\partial S^2} \tag{11-3}$$

식 (11-3)에서 볼 수 있는 바와 같이 옵션감마는 옵션가격을 기초자산의 가격에 의해 2차 편미분한 것으로서 옵션의 곡률(option curvature)을 의미한다. 옵션감마의 값(절대치)이 클수록, 옵션델타는 기초자산의 가격변화에 민감해진다.

델타중립 포트폴리오를 일정한 기간 동안 그대로 내버려 둔다는 것은 상당히 위험할 수 있다. 왜냐하면 기초자산의 가격이 변동됨에 따라 델타중립 포트폴리오가 델타중립 상태를 벗어날 가능성이 높기 때문이다. [그림 11-3]은 그러한 예를 보여준다. 기초자산인 주식의 가격이 S에서 S'로 상승할 때 실제 콜옵션의 가격은 C에서 C''으로 상승한다. 그럼에도 불구하고 옵션델타를 이용한 헤징은 콜옵션의 가격이 C에서 C'으로 변한다는 것을 전제로 한다. 여기서 실제로 변동된 콜옵션의 가격과 델타헤징 가정하에서의 변동된 콜옵션의 가격간에는 차이($C''-C'$)가 존재한다. 이러한 차이는 기존의 옵션델타를 이용한 헤징 시 헤징오류(hedging error)를 발생시키는 요인이 되며, 이는 옵션의 곡률로 인해 초래된 것이다. 따라서 기초자산 가격이 변동되는 경우 효과적인 델타헤징을 위해서는 기존의 델타 값이 아닌 새로운 델타 값을 이용하여야 한다. 새로운 델타 값은 기존의 델타 값에다 감마 값을 더하여 구할 수 있다. 이런 점에서 델타중립헤징의 효과를 높이기 위한 방안

그림 11-3 옵션곡률과 델타헤징 오류

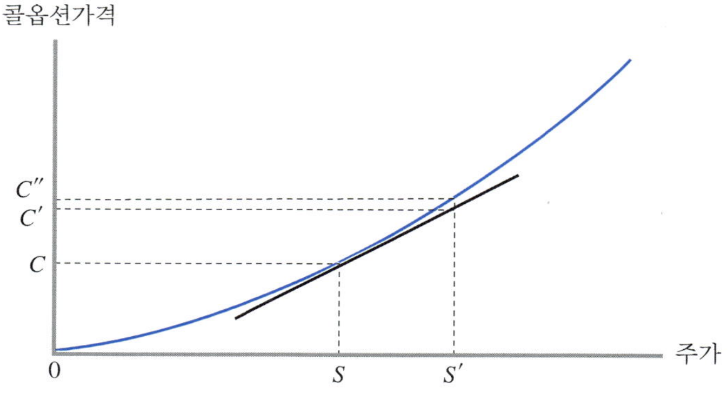

그림 11-4 주가와 옵션감마

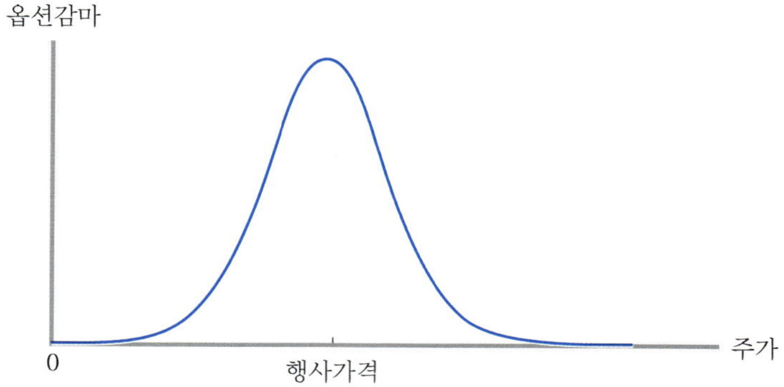

으로 옵션감마를 고려해야 하며 감마가 클수록 포트폴리오 재조정(헤지비율 수정)을 더욱 빈번하게 수행하여야 한다.

일반적으로 콜 매입, 풋 매입 등의 옵션 매입포지션의 감마는 양(+)의 값이나 콜 매도, 풋 매도 등의 옵션 매도포지션은 음(−)의 감마를 지닌다. 무배당 주식을 기초자산으로 하는 유럽형 옵션의 경우 주가의 변화에 따라 옵션감마의 변화의 형태를 그림으로 제시하면 [그림 11-4]와 같다. 옵션감

그림 11-5 잔존만기와 옵션감마

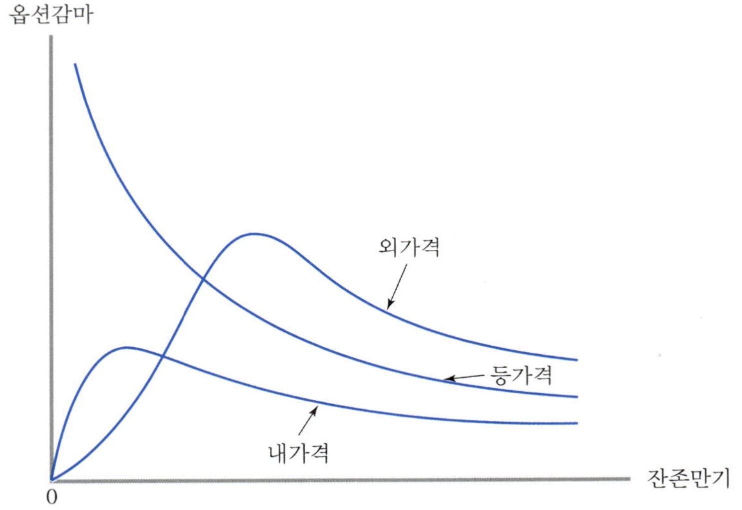

마는 등가격일 때 가장 크고, 내가격이나 외가격 상태가 심해질수록 0의 값에 가까워진다.

[그림 11-5]는 무배당 주식을 기초자산으로 하는 유럽형 옵션을 대상으로 잔존만기와 옵션감마의 관계를 나타낸 것이다. 등가격일 경우 잔존만기가 줄어들수록, 즉 만기일에 가까워질수록 옵션감마가 커진다. 그러나 외가격과 내가격 옵션은 잔존만기가 줄어들수록 옵션감마가 증가하다가 일정시점을 지나면서 감소하며 만기일에 가까워질수록 0에 수렴하는 경향을 보인다.

1.3 옵션세타

옵션세타(theta : Θ)는 시간경과에 대한(만기일까지의 기간이 감소함에 따른) 옵션가격의 변화를 나타내는 것으로서 콜옵션세타(Θ_C)는 다음과 같이 측정된다.

그림 11-6 주가와 콜옵션세타

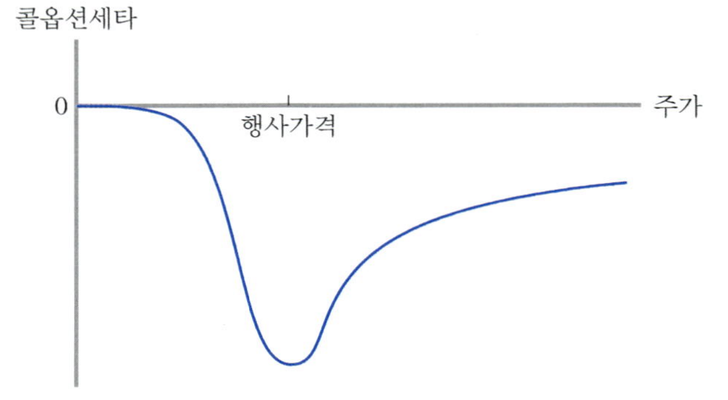

$$\Theta_C = \frac{\partial C}{\partial t} \tag{11-4}$$

잔존만기, 즉 만기일까지의 기간$(T-t)$이 감소함에 따라 옵션가치가 감소하는 경향이 있으므로 대부분의 경우에 옵션세타의 부호는 음(−)일 것이다.[4] 무배당 주식에 대한 유럽형 콜옵션을 대상으로 주가와 콜옵션세타의 관계는 [그림 11-6]과 같다. 주가가 매우 낮은 수준에서 콜옵션세타는 0에 가깝고, 주가가 행사가격에 근접할 경우 콜옵션세타가 가장 작아지는 특징을 보인다.

[그림 11-7]은 잔존만기와 무배당 주식을 기초자산으로 하는 유럽형 콜옵션의 세타의 관계를 보여준다. 등가격 콜옵션의 경우 콜옵션세타는 잔존만기가 줄어들수록 급격히 감소하는 형태를 지닌다. 외가격 콜옵션의 경우 콜옵션세타는 잔존만기가 줄어듦에 따라 점점 감소한 후 일정시점을 지나면서 증가하여 만기일이 가까워질수록 0에 근접하는 경향을 보인다. 내가격 콜옵션의 세타는 외가격 콜옵션의 세타와 유사한 흐름을 보이나 외가격 콜옵션 세타에 비해 낮은 수준이다.

---

4 예외적으로 무배당 주식에 대한 내가격 유럽형 풋옵션과 이자율이 매우 높은 통화에 대한 내가격 유럽형 콜옵션의 경우 옵션세타의 부호가 양(+)일 수 있다.

그림 11-7 잔존만기와 콜옵션세타

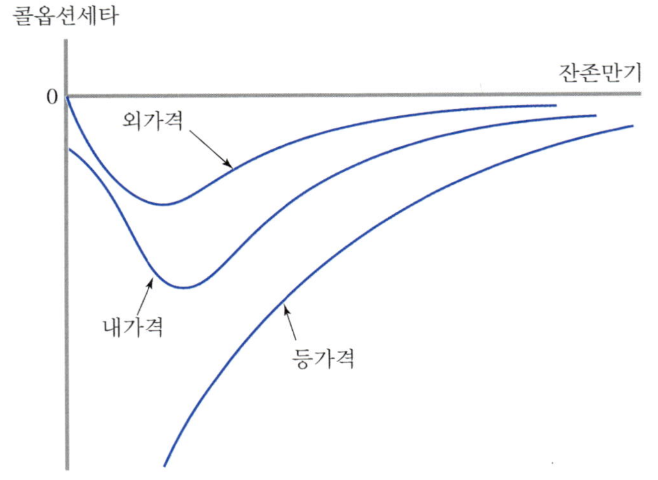

1.4 옵션베가

옵션베가(vega : Λ)는 기초자산 변동성의 변화에 대한 옵션가격의 변화를 나타내는 것으로서 콜옵션베가(Λ_C)는 다음과 같이 측정된다.

$$\Lambda_C = \frac{\partial C}{\partial \sigma} \tag{11-5}$$

옵션베가의 값이 클수록, 옵션가치는 기초자산의 변동성의 변화에 민감해진다. 옵션의 베가는 콜옵션 또는 풋옵션 등 옵션의 유형과 무관하게 모두 양(+)의 값을 지닌다. 따라서 옵션 매입포지션의 베가는 양(+)의 값, 옵션 매도포지션의 베가는 음(−)의 값을 지닌다.

무배당 주식의 유럽형 옵션을 대상으로 주가와 베가의 관계는 [그림 11-8]과 같다. 주가가 행사가격인 등가격 옵션의 베가가 가장 크고, 주가가 매우 낮거나 또는 매우 높은 영역에서의 옵션베가는 0에 가까운 값을 지닌다.

그림 11-8 주가와 옵션베가

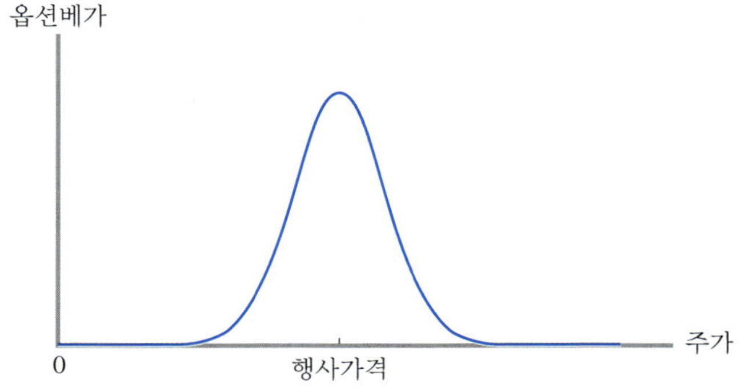

1.5 옵 션 로

옵션로(rho : ρ)는 무위험이자율의 변화에 대한 옵션가격의 변화를 나타내는 것으로서 콜옵션로(ρ_C)는 다음과 같이 측정된다.

$$\rho_C = \frac{\partial C}{\partial r} \tag{11-6}$$

2 주식옵션을 이용한 헤징

2.1 델타헤징

주식과 그 주식을 기초자산으로 하는 옵션으로 구성된 포트폴리오의 델타(Δ)를 0으로 만들면, 주가(S)가 변하더라도 포트폴리오의 가치는 변하지 않게 된다. 이를 델타헤징(delta hedging)이라 하고, 그 포지션을 델타중립(delta neutral)이라 한다.

델타헤징을 위하여 구성한 헤지포트폴리오의 가치(V_H)는 다음과 같다.

$$V_H = n_S S + n_C C \qquad (11\text{-}7)$$

여기서 n_S : 주식의 매입수량
n_C : 콜옵션의 매입수량

식 (11-7)에 의해 헤지포트폴리오의 델타를 구해서 0으로 놓으면 다음과 같다.

$$\frac{\partial V_H}{\partial S} = n_S \frac{\partial S}{\partial S} + n_C \frac{\partial C}{\partial S} = n_S + n_C \Delta_C = 0 \qquad (11\text{-}8)$$

여기서 Δ_C : 콜옵션의 델타

식 (11-8)에서 콜옵션 1개 매도($n_C = -1$)에 대한 주식의 매입수량(n_S), 즉 헤지비율은 Δ_C이다.[5] 제10장에서 설명한 이항모형과 블랙-숄즈모형에서 헤지비율을 살펴보면 다음과 같다.[6]

$$\alpha = \frac{C_u - C_d}{(u-d)S} = \frac{\Delta C}{\Delta S} = \Delta_C, \quad N(d_1) = \frac{\partial C}{\partial S} = \Delta_C$$

기초자산인 주가가 변함에 따라 델타도 변하기 때문에 헤지비율을 재조정(rebalancing)해 주어야 하며, 이를 동적헤징전략(dynamic hedging schemes)이라 한다.

---

5 주식 1주를 매입하고 콜옵션을 $1/\Delta_C$개 매도해도 델타헤징을 할 수 있다. 한편 선물계약을 이용하여 델타헤징을 할 수 있다.

$$V_H = n_F F + n_C C = n_F S(1+r_T) + n_C C \rightarrow \frac{\partial V_H}{\partial S} = n_F(1+r_T) + n_C \Delta_C = 0$$

여기서 n_F : 선물의 매입수량
F : 현재의 선물가격(보유수익 및 보유비용이 없다고 가정함)

그러므로 콜옵션 1개를 매도($n_C = -1$)할 때 델타헤징을 위해 매입해야 할 선물수량(n_F)은 $\Delta_C/(1+r_T)$가 된다.

6 주식과 풋옵션을 매입하여 헤지포트폴리오를 구성하는 경우 헤지비율(풋옵션 1개 매입에 대한 주식의 매입수량)은 다음과 같다.

$$\alpha' = \frac{P_d - P_u}{(u-d)S} = \frac{-(P_u - P_d)}{(u-d)S} = -\frac{\Delta P}{\Delta S} = -\Delta_P, \quad 1 - N(d_1) = -\frac{\partial P}{\partial S} = -\Delta_P$$

여기서 Δ_P : 풋옵션의 델타(부호는 음(−)임)

2.2 델타 - 감마헤징

감마(Γ)는 기초자산의 가격변화에 대한 델타의 변화를 나타내는 것으로서 감마(절대치)가 작으면 델타는 천천히 변하며, 포트폴리오가 델타중립을 유지하기 위한 재조정의 필요성이 줄어든다. 그러나 감마(절대치)가 크면 델타는 주가변화에 민감해지기 때문에 포트폴리오를 일정기간 동안 조정하지 않을 경우 델타중립이 심각하게 훼손될 수 있다.

기초자산 포지션의 감마는 0이다. 따라서 포트폴리오의 감마를 변화시킬 수 있는 유일한 방법은 거래되는 옵션에 포지션을 취하는 것이다. 델타-감마헤징을 위하여 구성한 헤지포트폴리오의 가치(V_H)는 다음과 같다.[7]

$$V_H = V_D + n_S S + n_C C \tag{11-9}$$

여기서 V_D : 델타중립 포트폴리오의 가치

식 (11-9)에 의해 헤지포트폴리오의 델타와 감마를 구해서 0으로 놓으면 다음과 같다.

$$\frac{\partial V_H}{\partial S} = \frac{\partial V_D}{\partial S} + n_S \frac{\partial S}{\partial S} + n_C \frac{\partial C}{\partial S} = 0 + n_S + n_C \Delta_C = 0 \tag{11-10}$$

$$\frac{\partial^2 V_H}{\partial S^2} = \frac{\partial^2 V_D}{\partial S^2} + n_S \frac{\partial^2 S}{\partial S^2} + n_C \frac{\partial^2 C}{\partial S^2} = \Gamma_D + 0 + n_C \Gamma_C = 0 \tag{11-11}$$

여기서 Γ_D : 델타중립 포트폴리오의 감마
Γ_C : 콜옵션의 감마

식 (11-10)과 식 (11-11)에 의해 델타-감마헤징에 필요한 주식 및 콜옵션의 매입(또는 매도)수량을 구할 수 있다. 델타중립인 포트폴리오를 감마중립으로 만드는 것은 델타헤징을 수행할 때 기초자산의 포지션을 계속적으로 조정할 수 없다는 현실에 대한 첫 번째 수정으로 볼 수 있다. 델타중립이 되면 재조정 사이에 발생하는 비교적 작은 주가변화에 대하여 포트폴리오의

---

7 $V_H = n_S S + n_{C_1} C_1 + n_{C_2} C_2$ (단, $n_{C_1} = -1$)

가치를 보호할 수 있다. 한편 감마중립은 헤징 재조정 사이에 발생하는 비교적 큰 폭의 주가변화에 대해서도 포트폴리오의 가치를 보호해 준다.

2.3 델타 – 감마 – 베가헤징

베가(Λ)는 기초자산 변동성의 변화에 대한 포트폴리오 가치의 변화를 나타내는 것으로서 베가 값(절대치)이 크면 변동성의 작은 변화에 대해서도 포트폴리오의 가치가 민감하게 영향을 받는다.

기초자산 포지션의 베가는 0이기 때문에 포트폴리오의 베가는 옵션의 포지션을 이용하여 변화시켜야 한다. 일반적으로 감마중립인 포트폴리오는 베가중립이지 않고, 베가중립인 포트폴리오는 감마중립이지 않다. 따라서 헤저가 감마중립과 베가중립을 동시에 원하면 최소한 2개의 옵션이 필요하게 된다. 델타-감마-베가헤징을 위하여 구성한 헤지포트폴리오의 가치(V_H)는 다음과 같다.[8]

$$V_H = V_D + n_S S + n_{C_1} C_1 + n_{C_2} C_2 \tag{11-12}$$

식 (11-12)에 의해 헤지포트폴리오의 델타, 감마, 그리고 베가를 구해서 0으로 놓으면 다음과 같다.

$$\begin{aligned} \frac{\partial V_H}{\partial S} &= \frac{\partial V_D}{\partial S} + n_S \frac{\partial S}{\partial S} + n_{C_1} \frac{\partial C_1}{\partial S} + n_{C_2} \frac{\partial C_2}{\partial S} \\ &= 0 + n_S + n_{C_1} \Delta_{C_1} + n_{C_2} \Delta_{C_2} = 0 \end{aligned} \tag{11-13}$$

$$\begin{aligned} \frac{\partial^2 V_H}{\partial S^2} &= \frac{\partial^2 V_D}{\partial S^2} + n_S \frac{\partial^2 S}{\partial S^2} + n_{C_1} \frac{\partial^2 C_1}{\partial S^2} + n_{C_2} \frac{\partial^2 C_2}{\partial S^2} \\ &= \Gamma_D + 0 + n_{C_1} \Gamma_{C_1} + n_{C_2} \Gamma_{C_2} = 0 \end{aligned} \tag{11-14}$$

$$\frac{\partial V_H}{\partial \sigma} = \frac{\partial V_D}{\partial \sigma} + n_S \frac{\partial S}{\partial \sigma} + n_{C_1} \frac{\partial C_1}{\partial \sigma} + n_{C_2} \frac{\partial C_2}{\partial \sigma}$$

8 $V_H = n_S S + n_{C_1} C_1 + n_{C_2} C_2 + n_{C_3} C_3$ (단, $n_{C_1} = -1$)

$$= \Lambda_D + 0 + n_{C_1}\Lambda_{C_1} + n_{C_2}\Lambda_{C_2} = 0 \qquad (11\text{-}15)$$

여기서 Λ_D : 델타중립 포트폴리오의 베가
Λ_{C_1} : 첫 번째 콜옵션의 베가
Λ_{C_2} : 두 번째 콜옵션의 베가

식 (11-13), 식 (11-14), 식 (11-15)에 의해 델타-감마-베가헤징에 필요한 주식 및 콜옵션의 매입(또는 매도)수량을 구할 수 있다. 베가중립은 기초자산 변동성의 변화로부터 포트폴리오의 가치를 보호해 준다. 감마헤징과 베가헤징을 하기 위해 옵션을 사용하는 것이 최선이냐는 헤징 재조정간의 시간과 변동성의 변화에 달려 있다.

옵션거래자들이 델타중립, 감마중립, 베가중립 등을 유지하기 위해서는 계속적인 포트폴리오의 재조정이 필요하나, 이는 많은 거래비용을 발생시킨다. 따라서 옵션거래자들은 모든 위험을 제거하기보다는 위험의 정도를 분석하여 어느 정도의 위험을 감수할 수 있는지를 파악하는 데 보다 많은 노력을 해야 한다.

예제 11-1 주식옵션을 이용한 헤징

헤징에 관한 다음의 상호독립적인 물음에 답하라.

(1) 투자자 갑은 콜옵션 200계약(주식 2,000주에 대한 옵션)을 매도하였다. 콜옵션의 가격은 10,000원, 주식가격은 100,000원, 콜옵션의 델타는 0.6이다. 델타헤징에 필요한 주식 수를 구하라.

(2) 투자자 을은 델타중립이고 감마가 −3,000인 포트폴리오 A를 보유하고 있다. 지금 시장에서 델타는 0.62, 감마는 1.50인 콜옵션이 거래되고 있다. 투자자 을이 현재 보유하고 있는 포트폴리오 A를 델타와 감마중립으로 만들기 위해 취할 수 있는 전략은 무엇인가?

(3) 투자자 병은 델타중립이고 감마가 −5,000, 베가가 −8,000인 포트폴리오 B를 보유하고 있다. 지금 시장에서 델타는 0.6, 감마는 0.5, 베가는 2.0인 콜옵션 1과 델타는 0.5, 감마는 0.8, 베가는 1.2인 콜옵션 2가 거래

되고 있다. 투자자 병이 현재 보유하고 있는 포트폴리오 B를 델타-감마-베가중립으로 만들기 위해 취할 수 있는 전략은 무엇인가?

해설

(1) 주식의 매입량 $= 0.6 \times 2{,}000 = 1{,}200$주

(2) 주식과 옵션에 의해 구성된 델타-감마중립 포트폴리오는 다음과 같다.

$$V_H = V_A + n_S S + n_C C$$
$$\rightarrow \ \Delta_H = \Delta_A + n_S + n_C \Delta_C = 0 + n_S + n_C \times 0.62 = 0$$
$$\Gamma_H = \Gamma_A + 0 + n_C \Gamma_C = -3{,}000 + 0 + n_C \times 1.50 = 0$$
$$\therefore \ n_S = -1{,}240, \ n_C = 2{,}000$$

따라서 투자자 을이 델타-감마중립인 포트폴리오를 구성하기 위해서는 주식 1,240주를 매도하고, 동시에 콜옵션 2,000개(200계약)를 매입해야 한다.

(3) 주식과 옵션에 의해 구성된 델타-감마-베가중립 포트폴리오는 다음과 같다.

$$V_H = V_B + n_S S + n_{C_1} C_1 + n_{C_2} C_2$$
$$\rightarrow \ \Delta_H = \Delta_B + n_S + n_{C_1} \Delta_{C_1} + n_{C_2} \Delta_{C_2} = 0 + n_S + n_{C_1} \times 0.6 + n_{C_2} \times 0.5 = 0$$
$$\Gamma_H = \Gamma_B + 0 + n_{C_1} \Gamma_{C_1} + n_{C_2} \Gamma_{C_2} = -5{,}000 + 0 + n_{C_1} \times 0.5 + n_{C_2} \times 0.8 = 0$$
$$\Lambda_H = \Lambda_B + 0 + n_{C_1} \Lambda_{C_1} + n_{C_2} \Lambda_{C_2} = -8{,}000 + 0 + n_{C_1} \times 2.0 + n_{C_2} \times 1.2 = 0$$
$$\therefore \ n_S = -3{,}240, \ n_{C_1} = 400, \ n_{C_2} = 6{,}000$$

따라서 투자자 병이 델타-감마-베가중립인 포트폴리오를 구성하기 위해서는 주식 3,240주를 매도하고, 동시에 400개(40계약)의 콜옵션 1과 6,000개(600계약)의 콜옵션 2를 매입해야 한다.

3 주가지수옵션을 이용한 델타헤징

주식포트폴리오와 주가지수옵션으로 구성된 포트폴리오의 델타(Δ)를 0으로 만들면, 주가지수의 가치(I)가 변하더라도 포트폴리오의 가치는 변하지

않게 된다. 주식포트폴리오와 주가지수 콜옵션으로 구성된 헤지포트폴리오의 가치(V_H)는 다음과 같다.

$$V_H = V_S + n_C C \tag{11-16}$$

여기서 V_S : 주식포트폴리오의 가치

식 (11-16)에 의해 헤지포트폴리오의 델타를 구하면 다음과 같다.

$$\frac{\partial V_H}{\partial I} = \frac{\partial V_S}{\partial I} + n_C \frac{\partial C}{\partial I} = \frac{\partial V_S}{\partial I} + n_C \Delta_C = 0 \tag{11-17}$$

그리고 주가지수에 대한 포트폴리오의 민감도, 즉 베타(β_S)는 다음과 같이 정의될 수 있다.

$$\beta_S = \frac{\text{주식포트폴리오 가치의 변화율}}{\text{주가지수가치의 변화율}} = \frac{\dfrac{\partial V_S}{V_S}}{\dfrac{\partial I}{I}} = \frac{\partial V_S}{\partial I} \cdot \frac{I}{V_S} \tag{11-18}$$

식 (11-18)에서 $\dfrac{\partial V_S}{\partial I} = \dfrac{\beta_S V_S}{I}$이므로 이를 식 (11-17)에 대입하여 정리하면, 델타헤징에 필요한 주가지수 콜옵션의 계약 수(n_C)는 다음과 같이 구할 수 있다.[9]

$$n_C = -\frac{\beta_S V_S}{I \Delta_C} \tag{11-19}$$

---

9 제3장에서 설명한 최소분산헤지비율 개념에 의해서도 동일한 결과를 얻을 수 있다.

$$\Delta V_H = \Delta V_S + n_C \Delta C \rightarrow \frac{\partial Var(\Delta V_H)}{\partial n_C} = 0$$

$$\therefore n_C = -\frac{Cov(\Delta V_S, \Delta C)}{Var(\Delta C)} = -\frac{V_S \times C \times Cov\left(\dfrac{\Delta V_S}{V_S}, \dfrac{\Delta C}{C}\right)}{C^2 \times Var\left(\dfrac{\Delta C}{C}\right)} = -\left(\frac{V_S}{C}\right)\beta_{SC} = -\left(\frac{V_S}{C}\right)\left(\frac{\dfrac{\partial V_S}{V_S}}{\dfrac{\partial C}{C}}\right)$$

$$= -\left(\frac{V_S}{C}\right)\left(\frac{\dfrac{\partial V_S}{V_S} \Big/ \dfrac{\partial I}{I}}{\dfrac{\partial C}{C} \Big/ \dfrac{\partial I}{I}}\right) = -\left(\frac{V_S}{C}\right)\left(\frac{\beta_S}{\dfrac{\partial C}{\partial I} \times \dfrac{I}{C}}\right) = -\frac{\beta_S V_S}{I \Delta_C}$$

식 (11-19)에서 n_C의 부호는 음(−)이며, 이는 보유하고 있는 주식포트폴리오를 헤지하기 위해서 주가지수 콜옵션을 $\frac{\beta_S V_S}{I\Delta_C}$만큼 매도하여야 한다는 것을 의미한다.

만약 헤지대상자산인 현물(주식포트폴리오)과 델타헤징에 사용하는 주가지수옵션의 기초자산이 동일하다면($V_S = I$), 델타헤징에 필요한 주가지수 콜옵션의 계약 수는 $n_C = -\frac{1}{\Delta_C}$이다. 이는 앞의 식 (11-8)에 의해 구해진 결과와 동일하다.[10]

한편 시장상황에 따라 주식포트폴리오의 베타를 변화시키고자 할 때도 주가지수옵션을 이용할 수 있다. 식 (11-16)에서 헤지포트폴리오의 베타를 구하면 다음과 같다.

$$\beta_H = \beta_S\left(\frac{V_S}{V_S + n_C C}\right) + \beta_C\left(\frac{n_C C}{V_S + n_C C}\right) \tag{11-20}$$

여기서 β_H : 헤지포트폴리오의 베타

β_C : 주가지수 콜옵션의 베타

현재 보유하고 있는 주식포트폴리오의 베타(β_S)를 임의의 헤지포트폴리오의 베타(β_H)로 조정하기 위한 주가지수 콜옵션의 계약 수는 식 (11-20)에 의해서 다음과 같이 나타낼 수 있다.

$$n_C = \frac{V_S(\beta_H - \beta_S)}{C(\beta_C - \beta_H)} \tag{11-21}$$

여기서 $\beta_C = \dfrac{\frac{\partial C}{C}}{\frac{\partial I}{I}} = \frac{\partial C}{\partial I} \times \frac{I}{C} = \Delta_C \times \frac{I}{C}$

식 (11-21)에서 $\beta_H = 0$인 경우에는 앞의 식 (11-19)와 동일하게 된다. 따라서 식 (11-19)에 의해 구성된 헤지포트폴리오는 체계적 위험(베타)을 0

10 현물, 즉 헤지대상자산(주식포트폴리오)과 델타헤징에서 사용하는 주가지수옵션의 기초자산(주가지수)이 동일한 경우 완전헤지를 실현할 수 있으나, 서로 다를 경우 완전헤지를 달성하기 어려울 것이다.

으로 만드는 것으로서, 이는 시장전체의 변동에 영향을 받지 않도록 하기 위해서 구성된 포트폴리오라 할 수 있다.

동일한 방법으로 델타헤징에 필요한 주가지수 풋옵션의 계약 수(n_P)를 구하면 다음과 같다.

$$n_P = -\frac{\beta_S V_S}{I\Delta_P} \tag{11-22}$$

여기서 Δ_P : 주가지수 풋옵션의 델타(<0)

식 (11-22)에서 n_p의 부호는 양(+)이며, 이는 보유하고 있는 주식포트폴리오를 헤지하기 위해서 주가지수 풋옵션을 $-\frac{\beta_S V_S}{I\Delta_P}$만큼 매입하여야 한다는 것을 의미한다.

예제 11-2 주가지수옵션을 이용한 델타헤징

현재 보유하고 있는 주식포트폴리오의 가치는 10억원이며, KOSPI200에 대한 주식포트폴리오의 베타(β_S)는 2.0이다. KOSPI200콜옵션의 가격과 델타 값은 각각 5.00, 0.80, 풋옵션의 가격과 델타 값은 각각 3.00, −0.40이다. 현재 KOSPI200 지수는 260.00이며, KOSPI200옵션의 거래승수는 1포인트당 25만원이다.

(1) KOSP200콜옵션을 이용하여 헤지전략을 수립하라.

(2) KOSP200풋옵션을 이용하여 헤지전략을 수립하라.

해설

(1) $n_C = -\frac{\beta_S V_S}{I\Delta_C} = -\frac{2.0 \times 100{,}000\text{만원}}{260.00 \times 25\text{만원} \times 0.80} = -38.46$

지수하락에 대비하여 현재 보유하고 있는 주식포트폴리오를 헤지하기 위해서는 KOSPI200콜옵션 38.46계약을 매도하여야 한다.

(2) $n_P = -\frac{\beta_S V_S}{I\Delta_P} = -\frac{2.0 \times 100{,}000\text{만원}}{260.00 \times 25\text{만원} \times (-0.4)} = 76.92$

지수하락에 대비하여 현재 보유하고 있는 주식포트폴리오를 헤지하기 위해서는 KOSPI200풋옵션 76.92계약을 매입하여야 한다.

주요 용어

key words

연습문제

■ 완성/선택형 문제

01 (　　)는 기초자산의 가격변화에 대한 옵션가격의 변화를 나타낸다.

02 (　　)는 기초자산의 가격변화에 대한 옵션델타의 변화를 나타낸다.

03 주식과 그 주식을 기초자산으로 하는 옵션으로 구성된 포트폴리오의 델타(Δ)를 0으로 만들면, 주가(S)가 변하더라도 포트폴리오의 가치는 변하지 않게 된다. 이를 (　　)이라 하고, 그 포지션을 (　　)이라 한다.

04 옵션델타에 관한 설명 중 틀린 것은?

① 옵션델타는 기초자산의 가격변화에 따른 옵션가격의 변화를 나타낸 값이다.

② 무배당 주식을 기초자산으로 하는 유럽형 콜옵션의 델타는 0과 1 사이의 값을 지닌다.

③ 무배당 주식을 기초자산으로 하는 유럽형 콜옵션의 델타는 $N(d_1)$이다.

④ 풋옵션의 델타는 기초자산 가격이 상승할수록 0의 값에 수렴하며, 기초자산 가격이 하락할수록 -1의 값에 근접한다.

⑤ 무배당 주식을 기초자산으로 하는 유럽형 콜옵션의 델타는 잔존만기가 줄어들수록 감소한다.

05 기초자산의 현재가격이 10,000원이고 이에 대한 콜옵션의 현재가격은 2,000원이다. 콜옵션의 델타가 0.8일 때 기초자산의 가격이 9,000원이 되면 콜옵션의 가격은 얼마가 되겠는가? (CPA 1차 2014)

① 300원 ② 800원 ③ 1,200원
④ 1,700원 ⑤ 2,800원

06 옵션감마에 관한 설명 중 틀린 것은?

① 기초자산의 가격변화에 대한 옵션델타의 변화를 나타낸다.
② 무배당 주식을 기초자산으로 하는 유럽형 옵션이 등가격인 경우 만기일에 가까워질수록 옵션감마가 커진다.
③ 무배당 주식을 기초자산으로 하는 유럽형 옵션의 감마 값은 주가가 상승할수록 점점 커진다.
④ 옵션감마는 옵션포지션이 매수일 경우에는 양(+)의 값을 갖는 반면, 매도일 경우에는 음(−)의 값을 갖는다.
⑤ 기초자산의 가격변화가 있을 경우에 옵션델타는 기존의 옵션델타와 옵션감마의 합계로 산출할 수 있다.

07 옵션민감도에 관한 다음 설명 중 틀린 것은?

① 옵션베가의 값이 클수록, 옵션가치는 기초자산의 변동성의 변화에 민감해진다.
② 무배당 주식에 대한 유럽형 옵션의 경우 주가가 행사가격인 수준에서 옵션의 베가가 가장 작은 값을 보인다.
③ 옵션베가는 콜옵션 또는 풋옵션 등 옵션의 유형과 무관하게 모두 양(+)의 값을 지닌다.
④ 무배당 주식을 기초자산으로 하는 유럽형 콜옵션의 세타는 주가가 행사가격인 수준에서 가장 낮다.
⑤ 옵션로(rho)는 무위험이자율의 변화에 대한 옵션가격의 변화를 측정한 값이다.

08 옵션의 가치와 옵션가격결정요인들에 관한 설명으로 가장 적절하지 않은 것은? (CPA 1차 2011)

① 일반적으로 콜옵션의 델타(delta)는 양(+)의 값, 풋옵션의 델타는 음(−)의 값을 갖는다.

② 옵션의 세타(theta)는 시간이 지남에 따라 옵션가치가 변하는 정도를 나타내는 지표이다.

③ 다른 조건이 동일하다면 등가격 상태에서 콜옵션의 시간가치는 풋옵션의 시간가치보다 작다.

④ 배당 등의 현금흐름이 없는 유럽형 콜옵션의 감마(gamma)는 일반적으로 양(+)의 값을 갖는다.

⑤ 옵션의 감마 값은 등가격 부근에서 크고 외가격이나 내가격으로 갈수록 감소한다.

09 현재 ㈜다라 주식의 가격은 200,000원이다. ㈜다라 주식을 기초자산으로 하고 행사가격이 200,000원인 풋옵션의 현재가격은 20,000원이다. 풋옵션의 델타가 −0.6일 때 ㈜다라 주식의 가격이 190,000원이 되면 풋옵션의 가격은 얼마가 되겠는가? (CPA 1차 2015)

① 6,000원　② 12,000원　③ 14,000원
④ 26,000원　⑤ 60,000원

10 ㈜가나의 현재 주가는 100,000원이다. ㈜가나의 주가는 1년 후 120,000원이 될 확률이 70%이고 80,000원이 될 확률이 30%인 이항모형을 따른다. ㈜가나의 주식을 기초자산으로 하는 만기 1년, 행사가격 90,000원의 유럽형 콜옵션과 풋옵션이 현재 시장에서 거래되고 있다. 무위험이자율이 연 10%일 때 풋옵션의 델타와 콜옵션의 델타로 가장 적절한 것은? (CPA 1차 2016)

	풋옵션델타	콜옵션델타
①	−0.25	0.25
②	−0.50	0.50
③	−0.25	0.75

④ −0.50 0.75

⑤ −0.75 0.75

11 현재 델타가 0.5이고, 감마가 0.02인 콜옵션을 5개 매입하고 델타가 −0.3이고 감마가 0.01인 풋옵션을 5개 매도하여 구성된 포트폴리오가 있다. 만약 기초자산 가격이 1단위 상승하는 경우 포트폴리오의 가치는 얼마나 변하겠는가? (단, 옵션의 기초자산은 동일하다.)

① 1.15단위 ② 2.15단위 ③ 2.85단위
④ 3.05단위 ⑤ 4.05단위

12 현재 10만원인 S사 주식을 300주 보유한 투자자 K씨는 S사 주식을 기초자산으로 하는 콜옵션을 50계약(주식 500주에 대한 옵션) 매도하여 포트폴리오를 구성하려 한다. 포트폴리오 구성시점에서 콜옵션의 델타와 감마는 각각 0.6, 0.05이다. 만약 S사 주가가 1원 상승할 경우 포트폴리오의 가치는 얼마나 변하겠는가? (단, 옵션의 기초자산은 동일하다.)

① −15원 ② −25원 ③ 0원
④ 15원 ⑤ 25원

13 주식 C를 기초자산으로 하는 콜옵션 20계약을 매도하고 풋옵션 10계약을 매수하고자 한다. 해당 콜옵션의 델타(delta)는 0.5이고 풋옵션의 델타는 −0.3이다. 델타중립(delta-neutral) 포지션 구축을 위한 주식 C의 거래로 가장 적절한 것은? 단, 옵션 1계약 당 거래단위(승수)는 100주이다. (CPA 1차 2019)

① 아무 거래도 하지 않음 ② 700주 매수
③ 700주 매도 ④ 1,300주 매수
⑤ 1,300주 매도

■ 서술/계산형 문제

01 기초자산의 가격(S), 만기(T), 기초자산의 변동성(σ), 무위험이자율(r) 등의 변화에 대한 옵션가치의 변화를 설명하라.

02 주가지수옵션을 이용한 델타헤징전략을 설명하라.

03 고급 델타중립 포트폴리오와 포트폴리오보험 (CPA 2차 2010)

현재 주가는 20,000원이고 매년 20%씩 상승하거나 또는 하락하는 이항분포를 따른다고 가정하자. 무위험이자율은 연간 5%이고 주식은 배당을 지급하지 않는다. 2기간 이항모형을 이용하여 답하라.

(1) 만기가 2년이고 행사가격이 20,000원인 유럽형 풋옵션의 가격을 구하라. 가격은 소수점 셋째 자리에서 반올림하여 답하라.

(2) 주가가 20,000원일 때 풋옵션의 델타를 구하라. 그리고 델타중립 포트폴리오를 구성하고 그 포트폴리오의 1년 후 가치를 계산하라. 델타와 증권개수는 소수점 다섯째 자리에서 반올림하여 답하라. 델타중립 포트폴리오는 주식 1주를 기준으로 구성하고, 개수와 매입/매도 여부를 기술하라.

(3) 주식 1주를 소유하고 있는 투자자가 포트폴리오보험(portfolio insurance) 전략을 취하고자 한다. 이 투자자가 현재시점에서 포지션 조정 후 보유하게 될 주식과 무위험채권의 규모는 각각 얼마인가?

(4) 위와는 독립적으로, 시장에서 다음과 같이 옵션가격이 형성되어 있다. 옵션은 모두 1년 만기 유럽형이고 기초자산은 동일하다. 무위험이자율은 연간 7%이다. (단, 두 행사가격의 차이는 4,000원이다.)

행사가격	콜 옵 션	풋 옵 션
K1	4,640원	2,950원
K2	2,470원	4,490원

주어진 조건에서 차익거래 기회가 있는지의 여부를 확인하고, 만약 있다

면 차익거래 포지션을 구체적으로 기술하라. 또한 차익(arbitrage profit)을 현재가치기준으로 소수점 셋째 자리에서 반올림하여 답하라.

04 주가지수옵션을 이용한 델타헤징 (CPA 2차 1997 수정)

국민연금은 현재 현물펀드로 1억원을 운용하고 있다. 이 현물펀드는 다음과 같이 구성되어 있다.

종 목	A	B	C
베타계수	0.8	0.5	1.2
투자금액	2,000만원	5,000만원	3,000만원

국민연금은 미래의 주가하락을 우려하고 있으며, 주가하락에 대처하기 위하여 주가지수옵션을 이용하려고 한다.

현재 KOSPI200지수는 110포인트이고, KOSPI200콜옵션 가격은 11포인트이다. 1포인트당 거래승수는 25만원이며, KOSPI200콜옵션의 델타(Δ_C)는 0.7이다.

(1) 국민연금은 주식가격 하락에 대비하려고 한다. 콜옵션을 어떻게 이용해야 하는가? 그리고 헤지(hedge)를 위한 콜옵션의 계약 수를 구하라.

(2) 콜옵션의 만기에 KOSPI200지수가 10% 하락하였다. 헤지결과를 보여라.

(3) 국민연금은 향후 주가가 상승할 것으로 예상하여 현물펀드의 베타를 2.0으로 증가시키려고 한다. 이를 위해 필요한 콜옵션의 계약 수를 구하라.

05 고급 주식옵션을 이용한 헤징 (보험계리사 2차 2015)

대한은행은 다음과 같이 민국전자 주식을 기초자산으로 하는 옵션으로 포트폴리오를 구성하고 있다고 가정하자.

옵션유형	포지션	옵션의 델타	옵션의 감마	옵션의 베가
콜	−1,000	0.5	2.2	1.8
콜	−500	0.3	0.6	0.2
풋	2,000	−0.4	1.3	0.7
풋	−500	−0.7	1.8	1.4

또한 대한은행은 옵션 포트폴리오의 위험을 헤지(hedge)하고자 추가적으로

다음과 같은 개별주식 옵션 A와 옵션 B를 고려하고 있다.

종　류	옵션의 델타	옵션의 감마	옵션의 베가
옵션 A	0.9	1.6	0.8
옵션 B	−0.1	0.7	0.6

(1) 옵션 포트폴리오를 델타-중립 및 감마-중립으로 만들기 위한 민국전자 주식과 옵션 A의 포지션을 구하라.

(2) 옵션 포트폴리오를 델타-중립, 감마-중립, 베가-중립으로 만들기 위한 민국전자 주식, 옵션 A, 옵션 B의 포지션을 구하라.

제12장 옵션의 응용

1. 주식과 사채
2. 옵션성격을 가진 증권
3. 실물옵션

시장에서 거래되는 많은 증권들이 옵션적 성격을 가지고 있다. 따라서 옵션이론은 주식과 사채뿐만 아니라 신주인수권, 전환사채, 수의상환사채, 상환청구권부사채 등 옵션성격을 가진 증권(option-like securities)의 가치평가에 활용될 수 있다. 또한 옵션의 기본원리는 기업의 재무활동을 새로운 시각으로 이해하는 데 많은 도움을 주고 있다. 최근에는 전통적 순현가법의 문제점을 해결하기 위해 실물옵션에 대한 개념이 도입되어 자본예산에 있어서 유용한 방법론을 제공하고 있다.

1 주식과 사채

1.1 주식의 가치평가

부채의 상환일(T)에서 기업자산의 가치(V_T)가 부채의 상환액(D)보다 클 경우 주주들은 부채를 상환하고 그 잔액($V_T - D$)을 가지게 된다. 그러나 부채의 상환일(T)에 기업자산의 가치(V_T)가 부채의 상환액(D)보다 작을 경우 주주들은 부채를 상환하지 않고 파산하기 때문에 주식의 가치는 0이 된다. 이와 같이 주식은 유한책임증권으로서 부채의 상환일(T)에서의 기업가치(V_T)에 따라 주식의 가치(S_T)는 다음과 같이 나타낼 수 있다.

$$S_T = \text{Max}[V_T - D,\ 0] \qquad (12\text{-}1)$$

여기서 D : 부채의 상환액(액면액)

주식은 기업자산을 기초자산으로 하는 일종의 콜옵션으로서 만기일은 부채의 상환일, 행사가격은 부채의 상환액이라 할 수 있다. 이상에서 살펴본 부채의 상환일에서의 주식의 가치를 나타내면 [그림 12-1]과 같다.

블랙-숄즈모형을 이용하여 주식(자기자본)의 현재가치(S)를 구하면 다음

그림 12-1 부채의 상환일에서의 주식의 가치

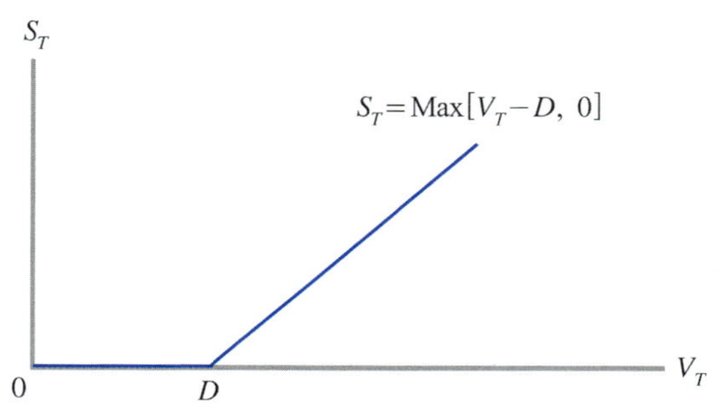

과 같다.[1]

$$S = VN(d_1) - De^{-rT}N(d_2) \tag{12-2}$$

여기서 $d_1 = \dfrac{\ln\dfrac{V}{D} + \left(r + \dfrac{1}{2}\sigma^2\right)T}{\sigma\sqrt{T}}$, $d_2 = d_1 - \sigma\sqrt{T}$

V : 기업의 현재가치
σ : 기업자산 연간 수익률의 표준편차
T : 부채의 상환일까지의 잔여기간(연수)
r : 연간 무위험이자율

1.2 풋-콜 패리티와 위험부채의 가치평가

기업자산을 기초자산으로 하는 콜옵션으로서의 주식을 풋-콜 패리티에 적용하면 다음과 같은 관계가 성립할 수 있다.

$$V + P - S = \frac{D}{(1+r)^T} \tag{12-3}$$

여기서 P : 기업자산에 대한 풋옵션의 현재가치(만기일 : T, 행사가격 : D)

식 (12-3)을 다음과 같이 약간 변형해 보자.

$$V = S + \frac{D}{(1+r)^T} - P = S + [PV(D) - P] = S + B \tag{12-3$'$}$$

여기서 $PV(D)$: 무위험부채(순수할인채)의 현재가치
B : 위험부채의 현재가치

식 (12-3)′에서 위험부채의 경우 채권자들이 주주에게 기업자산을 기초자산으로 하는 풋옵션을 하나 발행해 준 것으로 볼 수 있다. 이 경우 풋옵션의 가치는 지급불능위험으로 인한 부채가치의 감소액을 나타낸다. 은행이나

1 기업가치 등 다른 변수가 일정할 경우 기업자산 수익률의 분산이 증가하면, 자기자본가치가 증가($\partial S / \partial\sigma^2 > 0$)하고 자기자본의 체계적 위험은 감소($\partial\beta_S / \partial\sigma^2 < 0$)하게 된다. 이는 주주의 유한책임으로 인하여 기업위험이 높아짐(기업가치 등이 일정하다는 전제하에서는 비체계적 위험이 변함)에 따라 부채가치가 감소하고 자기자본가치가 증가하는 부의 이전현상으로 설명될 수 있다.

그림 12-2 부채의 상환일에서의 위험부채의 가치

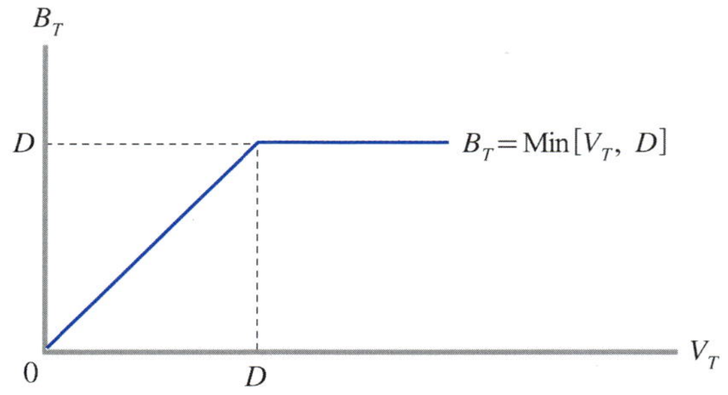

정부의 지급보증에 의해 위험부채가 무위험부채로 전환될 수 있다면, 이때 지급보증의 가치는 풋옵션의 가치와 동일하게 된다.

부채의 상환일에서 위험부채의 가치(B_T)는 다음과 같다.[2]

$$B_T = D - P_T = D - \text{Max}[D - V_T,\ 0] = \text{Min}[V_T,\ D] \tag{12-4}$$

부채의 상환일에서의 위험부채의 가치를 나타내면 [그림 12-2]와 같다.

식 (12-2)와 식 (12-3)′를 이용하여 위험부채의 현재가치(B)를 구하면 다음과 같다.[3]

$$B = De^{-rT} - P = V - S = V[1 - N(d_1)] + De^{-rT}N(d_2) \tag{12-5}$$

2 부채의 상환일에서 위험부채의 가치는 V_T와 D 중에서 항상 작은 값을 취한다. 그러므로 이를 수학적 기호를 사용하여 나타내면 $\text{Min}[V_T,\ D]$가 된다.

$$B_T = D - P_T = D - \text{Max}[D - V_T,\ 0] = \begin{cases} D, & \text{만약 } V_T > D \\ V_T, & \text{만약 } V_T \le D \end{cases}$$

$$\rightarrow B_T = \text{Min}[V_T,\ D]$$

또는 $B_T = D - \text{Max}[D - V_T,\ 0] = D + \text{Min}[-D + V_T,\ 0] = \text{Min}[D - D + V_T,\ D] = \text{Min}[V_T,\ D]$

3 연속복리를 가정하고 있으며, $P = De^{-rT}[1 - N(d_2)] - V[1 - N(d_1)]$이다.

1.3 담보부대출의 가치

금융기관 등에서 기업에 자금을 대출하는 경우, 원리금의 상환을 보증하기 위해 담보의 제공을 요구하게 된다. 이와 같은 대출을 **담보부대출**(collateralized loan)이라 한다.

그림 12-3 담보부대출의 과정

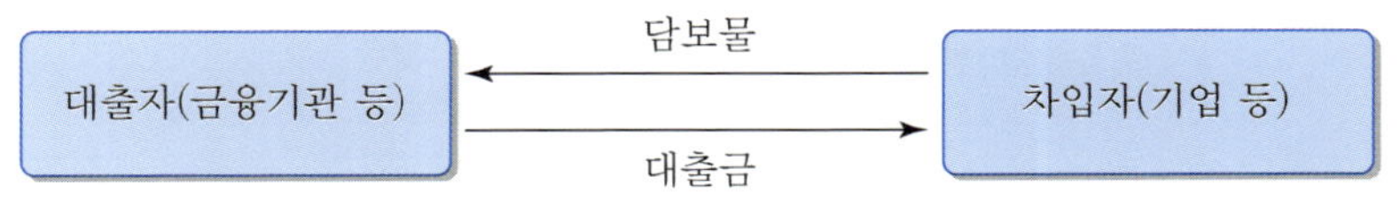

대출자의 입장

대출자(금융기관 등 채권자)입장에서는 만기일(상환일)에서 차입자의 대출금상환 여부에 따라 담보부대출의 만기가치(B_T)가 결정된다. 즉 만기일에 담보물의 가치(V_T)가 담보부대출의 상환액(D)보다 작을 경우 차입자는 대출금을 상환하지 않을 것이기 때문에 담보부대출의 만기가치는 담보물의 만기가치와 같아지게 된다. 한편 만기일에 담보물의 가치가 담보부대출의 상환액보다 클 경우 차입자는 대출금을 상환할 것이기 때문에 담보부대출의 만기가치는 만기일의 상환액과 같아지게 된다.[4]

$$\begin{aligned} B_T &= \mathrm{Min}[V_T,\ D] \\ &= V_T + \mathrm{Min}[0,\ D - V_T] = V_T - \mathrm{Max}[0,\ V_T - D] = V_T - C_T \\ &= D + \mathrm{Min}[V_T - D,\ 0] = D - \mathrm{Max}[D - V_T,\ 0] = D - P_T \end{aligned} \tag{12-6}$$

식 (12-6)에서 대출자입장에서 담보부대출은 대출의 대가로 담보물을 취득하고 동시에 담보물을 만기일에 담보부대출의 상환액(행사가격)으로 살

4 기업의 부채는 기업자산을 담보물로 하는 담보부대출과 동일한 것으로 볼 수 있다.

수 있는 권리, 즉 콜옵션을 차입자에게 발행해 준 것으로 볼 수 있다. 또한 이는 무위험대출과 동시에 담보물을 만기일에 담보부대출의 상환액(행사가격)으로 팔 수 있는 권리, 즉 풋옵션을 차입자에게 발행해 준 것과 동일하다.

그러므로 대출자입장에서 담보부대출의 현재가치(B)는 다음과 같다.

$$B = V - C = PV(D) - P \tag{12-7}$$

여기서 V : 담보물(기초자산)의 현재가치
$PV(D)$: 무위험대출금(행사가격)의 현재가치
C : 콜옵션의 현재가치
P : 풋옵션의 현재가치

차입자의 입장

차입자는 만기일에 담보물의 가치(V_T)와 담보부대출의 상환액(D)을 비교하여 대출금상환 여부를 결정하게 된다. 따라서 차입자입장에서는 만기일에 담보물의 가치가 담보부대출의 상환액보다 작을 경우 담보물을 포기하고 대출금을 상환하지 않을 것이기 때문에 담보부대출의 만기가치(B_T')는 만기일의 상환액과 같아지게 된다. 한편 만기일에 담보물의 가치가 담보부대출의 상환액보다 클 경우 차입자는 대출금을 상환하고 담보물을 찾아올 것이기 때문에 담보부대출의 만기가치는 담보물의 만기가치와 같아지게 된다.

$$\begin{aligned} B_T' &= \text{Max}[V_T,\ D] \\ &= D + \text{Max}[V_T - D,\ 0] = D + C_T \\ &= V_T + \text{Max}[0,\ D - V_T] = V_T + P_T \end{aligned} \tag{12-8}$$

식 (12-8)에서 차입자입장에서 담보부대출은 담보물을 제공하여 무위험대출을 받고 동시에 담보물이 기초자산인 콜옵션(행사가격$=D$)을 취득한 것으로 볼 수 있다. 또한 이는 담보물과 그것을 기초자산으로 하는 풋옵션(행사가격$=D$)을 취득한 것과 동일하다.

그러므로 차입자입장에서 담보부대출의 현재가치(B')는 다음과 같다.

그림 12-4 담보부대출의 만기가치

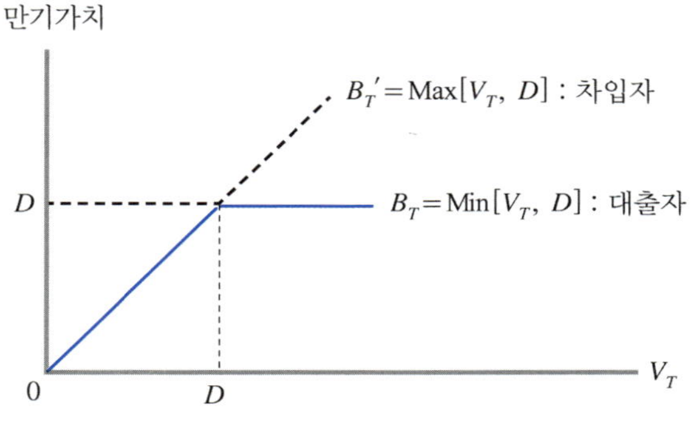

$$B' = PV(D) + C = V + P \qquad (12\text{-}9)$$

이상에서 설명한 대출자 또는 차입자의 입장에서 담보부대출의 만기가치를 나타내면 [그림 12-4]와 같다.

예제 12-1 옵션을 이용한 자기자본 및 부채의 가치평가

서울식품(주)에 관한 자료는 다음과 같다.

- 자산의 총시장가치 = 120억원
- 자산의 연간 수익률의 분산 = 0.6
- 부채의 액면가(순수할인사채, 만기 : 2년) = 70억원

그리고 연간 무위험이자율은 10%이며, 서울식품(주)은 현금배당을 실시하지 않는다.

(1) 블랙-숄즈의 옵션가격결정모형을 이용하여 서울식품(주)의 자기자본 및 부채의 현재가치를 구하라.

(2) 서울식품(주)은 현재 다음과 같은 상호배타적인 두 사업에의 진출을 고려하고 있다.

	생수사업	화장품사업
순현가(NPV)	10억원	9억원
연간 투자수익률의 분산	0.02	1.2

각 사업(투자안)에 소요되는 투자지출액은 40억원으로 같으며, 그 자금은 신주를 발행하여 조달할 예정이다. 그리고 각 사업의 현금흐름은 서울식품(주)의 기존 현금흐름과 독립적으로 발생된다고 가정한다.

① 생수사업에 진출하는 경우 서울식품(주)의 자기자본 및 부채의 현재가치를 구하라.

② 화장품사업에 진출하는 경우 서울식품(주)의 자기자본 및 부채의 현재가치를 구하라.

③ 물음 ①과 ②의 결과에 의해 주주의 위험선호유인을 설명하라.

해설

(1) $V=120$억원, $D=70$억원, $T=2$년, $r=0.1$, $\sigma^2=0.6$이므로 먼저 d_1과 d_2의 값을 구하면 다음과 같다.

$$d_1=\frac{\ln\frac{V}{D}+\left(r+\frac{1}{2}\sigma^2\right)T}{\sigma\sqrt{T}}=\frac{\ln\left(\frac{120}{70}\right)+\left(0.1+\frac{1}{2}\times 0.6\right)\times 2}{\sqrt{0.6}\sqrt{2}}=1.22$$

$$d_2=d_1-\sigma\sqrt{T}=1.22-\sqrt{0.6}\sqrt{2}=0.12$$

본서의 〈부표〉를 이용하여 $N(d_1)$과 $N(d_2)$의 값을 구하면 다음과 같다.

$$N(d_1)=N(1.22)=0.5+0.3888=0.8888$$
$$N(d_2)=N(0.12)=0.5+0.0478=0.5478$$

따라서 자기자본의 가치(S)는 다음과 같이 구할 수 있다.

$$S=VN(d_1)-De^{-rT}N(d_2)$$
$$=120\text{억원}\times 0.8888-70\text{억원}\times e^{-0.1\times 2}\times 0.5478=75.26\text{억원}$$

그리고 부채의 현재시장가치(B)는 다음과 같다.

$$B=V-S=120\text{억원}-75.26\text{억원}=44.74\text{억원}$$

(2) ① 생수사업에 진출하는 경우 기업의 가치(V)와 연간 자산수익률의 분산(σ^2)을 구하면 다음과 같다.[5]

- $V = 120$억원 $+ (40$억원 $+ 10$억원$) = 170$억원
- $\sigma^2 = \left(\frac{120}{170}\right)^2 \times 0.6 + \left(\frac{50}{170}\right)^2 \times 0.02 = 0.3007$

그리고 $D = 70$억원, $T = 2$년, $r = 0.1$이므로 블랙-숄즈 옵션가격결정모형을 이용하여 생수사업에 진출한 후의 자기자본가치와 부채가치를 구하면 다음과 같다.

$$d_1 = \frac{\ln\frac{V}{D} + \left(r + \frac{1}{2}\sigma^2\right)T}{\sigma\sqrt{T}} = \frac{\ln\left(\frac{170}{70}\right) + \left(0.1 + \frac{1}{2} \times 0.3007\right) \times 2}{\sqrt{0.3007}\sqrt{2}} = 1.79$$
$$d_2 = d_1 - \sigma\sqrt{T} = 1.79 - \sqrt{0.3007}\sqrt{2} = 1.01$$

본서의 〈부표〉를 이용하여 $N(d_1)$과 $N(d_2)$의 값을 구하면 다음과 같다.

$$N(d_1) = N(1.79) = 0.5 + 0.4633 = 0.9633$$
$$N(d_2) = N(1.01) = 0.5 + 0.3488 = 0.8438$$

따라서 자기자본의 가치(S)는 다음과 같이 구할 수 있다.

$$S = VN(d_1) - De^{-rT}N(d_2)$$
$$= 170\text{억원} \times 0.9633 - 70\text{억원} \times e^{-0.1 \times 2} \times 0.8438 = 115.40\text{억원}$$

그리고 부채의 현재시장가치(B)는 다음과 같다.

$$B = V - S = 170\text{억원} - 115.40\text{억원} = 54.60\text{억원}$$

② 화장품사업에 진출하는 경우 기업의 가치(V)와 연간 자산수익률의 분산(σ^2)을 구하면 다음과 같다.

- $V = 120$억원 $+ (40$억원 $+ 9$억원$) = 169$억원
- $\sigma^2 = \left(\frac{120}{169}\right)^2 \times 0.6 + \left(\frac{49}{169}\right)^2 \times 1.2 = 0.4034$

그리고 $D = 70$억원, $T = 2$년, $r = 0.1$이므로 블랙-숄즈 옵션가격결정모형을 이용하여 화장품사업에 진출한 후의 자기자본가치와 부채가치를 구하면 다음과 같다.

---

5 기존 기업과 생수사업은 서로 독립적이므로 공분산은 0이 된다.

$$d_1 = \frac{\ln\frac{V}{D} + \left(r + \frac{1}{2}\sigma^2\right)T}{\sigma\sqrt{T}} = \frac{\ln\left(\frac{169}{70}\right) + \left(0.1 + \frac{1}{2}\times 0.4034\right)\times 2}{\sqrt{0.4034}\,\sqrt{2}} = 1.65$$

$$d_2 = d_1 - \sigma\sqrt{T} = 1.65 - \sqrt{0.4034}\,\sqrt{2} = 0.75$$

본서의 〈부표〉를 이용하여 $N(d_1)$과 $N(d_2)$의 값을 구하면 다음과 같다.

$$N(d_1) = N(1.65) = 0.5 + 0.4505 = 0.9505$$
$$N(d_2) = N(0.75) = 0.5 + 0.2734 = 0.7734$$

따라서 자기자본의 가치(S)는 다음과 같이 구할 수 있다.

$$S = VN(d_1) - De^{-rT}N(d_2)$$
$$= 169\text{억원} \times 0.9505 - 70\text{억원} \times e^{-0.1\times 2} \times 0.7734 = 116.31\text{억원}$$

그리고 부채의 현재시장가치(B)는 다음과 같다.

$$B = V - S = 169\text{억원} - 116.31\text{억원} = 52.69\text{억원}$$

③ 각 사업에 진출하는 경우 기업가치, 자기자본의 가치, 부채가치

	기업가치	자기자본가치	부채가치
생수사업	170억원	115.40억원	54.60억원
화장품사업	169억원	116.31억원	52.69억원

기업가치의 극대화목표를 달성하기 위해서는 순현가가 큰 생수사업에 투자하여야 한다. 그러나 주주들의 입장에서 볼 때 위험이 상대적으로 높은 화장품사업에 투자하는 경우 자기자본가치가 더 커지게 된다. 따라서 주주들은 화장품사업에 투자하려 할 것이며, 이 경우 부채가치는 감소하게 된다. 이와 같이 주주들은 위험이 높은 투자안을 선택함으로써 채권자의 부를 감소시켜 자신의 지분가치를 증가시키려는 유인을 가지고 있는데, 이를 위험선호유인이라 한다. 주주들의 위험선호유인은 주주의 유한책임 때문에 발생된다.

2 옵션성격을 가진 증권

2.1 신주인수권

신주인수권의 의의

신주인수권(warrant)은 주어진 기간 내에 정해진 가격으로 기업으로부터 직접 보통주를 매입할 수 있는 권리가 부여된 증권이다. 신주인수권의 성질은 콜옵션과 유사하므로 콜옵션의 가치를 구하는 방법을 사용하여 신주인수권의 가치를 구할 수 있다. 그러나 신주인수권의 경우 행사일에 신주가 발행되므로 콜옵션과 달리 발행주식 수가 증가하게 되며, 주가와 행사가격의 차이로 인하여 주가가 희석(dilution)될 수 있음을 유의하여야 한다.

유상증자 시 기존 주주들의 권리를 보호하기 위하여 그들에게 신주를 일정한 가격으로 살 수 있는 권리, 즉 신주인수권을 부여하기도 하며, 신주인수권이 포함된 사채, 즉 신주인수권부사채(bond with warrant)가 발행되기도 한다.

알아두기

주식워런트(ELW)

금융기관에 의해 발행되는 주식워런트(equity linked warrant : ELW)는 주식을 사거나(call) 팔(put) 수 있는 권리로서 권리행사 시 신주가 발행되지 않는다는 점에서 신주인수권과 구분된다. 한편 한국거래소에 의해 결제가 보증되는 옵션과 달리 주식워런트는 발행자(금융기관)에 따라 결제불이행위험이 존재할 수 있다. 신주인수권, 주식워런트(ELW), 옵션을 비교하면 다음과 같다.

구 분	신주인수권	주식워런트(ELW)	옵 션
발행주체	주식 발행회사	금융기관	불특정 다수
권리유형	콜 매입	콜/풋 매입	콜/풋 매입, 매도
신주발행	신주발행	신주발행 불필요	신주발행 불필요
신용위험	−	발행자 신용위험에 노출	결제소 이행보증
표 준 화	표준화 안 됨	표준화 안 됨	표준화됨
분 류	유가증권	유가증권	파생상품

신주인수권의 가치평가

만기일(T)에서의 신주인수권 1개의 가치(w_T)는 다음과 같이 구할 수 있다.

$$w_T = \text{Max}[\text{주식가격} - \text{행사가격},\ 0]$$

$$= \text{Max}\left[\frac{NS_T + N_w x}{N + N_w} - x,\ 0\right] = \frac{N}{N + N_w}\text{Max}[S_T - x,\ 0] \qquad (12\text{-}10)$$

여기서 N : 기존(신주발행 전)의 발행주식 수
N_w : 신주인수권의 행사에 의해 발행하여야 하는 주식의 수[6]
S_T : 만기일에서의 주가
x : 신주인수권 1개의 행사가격

식 (12-10)에서 우변의 $N/(N+N_w)$는 신주발행으로 인한 희석효과를 반영한다. 그러므로 신주인수권의 가치는 발행주식수의 변화를 가져오지 않는 콜옵션의 가치보다 희석효과를 반영하여 그만큼 낮게 형성된다. 이와 같은 신주인수권의 현재가치를 구하기 위한 구체적인 절차는 다음과 같다.

① 먼저 희석효과를 고려하지 않은 신주인수권의 가치(w_{nd})를 블랙-숄즈모형 등에 의해 구해야 한다. 이 경우 기초자산의 현재가치로 신주인수권의 발행금액을 포함시킨 총지분가치와 동일한 가치를 가지나 신주인수권을 발행하지 않은 대체기업(alternative firm)의 주가를 사용하여야 한다.[7]

---

6 기존 주식 1주당 신주인수권의 발행비율이 q인 경우 $N_w = Nq$, $\frac{N}{N+N_w} = \frac{N}{N+Nq} = \frac{1}{1+q}$이다.

7 신주인수권의 발행에 따라 위험도 변할 수 있기 때문에 주식수익률의 표준편차도 수정해 주어야 한다. 그러나 여기서는 주식수익률의 표준편차가 변하지 않는다고 가정하였다. 이에 대한 자세한 내용은 다음을 참조(R. A. Brealey and S. C. Myers, *Principles of Corporate Finance*, 6th ed.(McGraw-Hill, 2000), pp. 648~650).
한편 신주인수권의 발행금액을 모두 배당한다고 가정하여 신주인수권의 발행가격을 조정하지 않은 현재의 주가를 기초자산의 현재가치로 사용할 수도 있으며, 이에 대한 내용은 다음을 참조(S. A. Ross, R. W. Westerfield, and J. Jaffe, *Corporate Finance*, 9th ed.(McGraw-Hill, 2010), pp. 748~749).

$$w_{nd} = SN(d_1) - xe^{-rT}N(d_2) \tag{12-11}$$

여기서 $d_1 = \dfrac{\ln\dfrac{S}{x} + \left(r + \dfrac{1}{2}\sigma^2\right)T}{\sigma\sqrt{T}}$, $d_2 = d_1 - \sigma\sqrt{T}$

$S = \dfrac{NS' + N_w w'}{N} = S' + \dfrac{N_w w'}{N}$

(단, S' : 현재(신주인수권 발행 전)의 주가, w' : 신주인수권의 발행가격)

② ①에서 구한 가치에 희석효과를 고려하여 신주인수권 1개의 가치를 구한다.

$$w = \left(\frac{N}{N + N_w}\right) w_{nd} \tag{12-12}$$

③ 신주인수권 1개의 가치에 신주인수권의 행사에 의해 발행하여야 하는 주식의 수를 곱하면 신주인수권의 총현재가치(W)를 구할 수 있다.

$$W = N_w w \tag{12-13}$$

신주인수권의 가치평가 : 대체적 방법

식 (12-10)에 N_w를 곱하여 만기일(T)에서 신주인수권의 총가치($W_T = N_w \cdot w_T$)를 구하면 다음과 같다.

$$W_T = \text{Max}\left[a(V_T + X) - X, 0\right] = \text{Max}[aV_T - (1-a)X,\ 0] \tag{12-14}$$

여기서 V_T : 만기일에서 신주인수권 행사 전 총지분가치(NS_T)
X : 신주인수권의 총행사가격($N_w x$)
a : 신주인수권 행사 후 신주인수권자의 지분비율$\left(\dfrac{N_w}{N + N_w}\right)$

식 (12-14)의 만기일 가치를 고려하여 변수의 값(기초자산의 현재가치 = aV, 행사가격 = $(1-a)X$ 등)을 결정한 후, 블랙-숄즈모형에 의해 신주인수권의 총현재가치(W)를 구하면 다음과 같다.

$$W = aVN(d_1) - (1-a)Xe^{-rT}N(d_2) \quad (12\text{-}15)$$

여기서 $d_1 = \dfrac{\ln\left[\dfrac{aV}{(1-a)X}\right] + \left(r + \dfrac{1}{2}\sigma^2\right)T}{\sigma\sqrt{T}}$, $d_2 = d_1 - \sigma\sqrt{T}$

V : 부채를 제외한 현재의 기업가치, 즉 총지분가치(신주인수권의 발행금액 포함)

예제 12-2 신주인수권의 가치평가

(주)서해의 현재 자산가치는 200억원, 부채의 시장가치는 80억원, 총발행주식수는 100만주이다. 이 회사는 신주인수권(warrant) 50,000주를 내일 발행할 예정이며, 그 발행수입은 발행 즉시 전액 배당으로 지급된다. 이 신주인수권과 동일한 조건으로 발행되는 콜옵션의 가격은 3,000원이다. 이 경우 신주인수권의 발행가격은 얼마이어야 하는가?

해설

신주인수권(warrant)의 경우 행사일에 신주가 발행되므로 콜옵션과 달리 발행주식수가 증가하게 되며, 주가와 행사가격의 차이로 인하여 주가가 희석(dilution)된다. 따라서 신주인수권의 가치는 발행주식수의 변화를 가져오지 않는 콜옵션의 가치보다 희석효과를 반영한 만큼 낮게 형성된다.[8]

$$\text{신주인수권 가치} = \frac{N}{N+N_w} \times \text{콜옵션 가치} = \frac{100\text{만주}}{100\text{만주}+5\text{만주}} \times 3{,}000\text{원} = 2{,}857.14\text{원}$$

2.2 전환사채

전환사채의 의의

전환사채(convertible bond)란 그 소유자에게 일정한 기간(전환기간) 내 일정한 조건(전환조건)에 따라 전환사채를 발행한 기업의 주식으로 전환할 수 있는 권리(전환권)를 부여한 사채이다. 전환사채의 소유자는 전환사채를 발행한

8 신주인수권의 발행금액을 발행 즉시 전액 배당하기 때문에 현재 주가를 조정하여 평가할 필요가 없다.

회사의 주가가 상승하는 경우 전환권을 행사하여 사채 대신 주식을 소유할 수 있으며, 주가가 하락하는 경우 전환권을 행사하지 않고 사채로 보유할 수도 있다. 따라서 전환사채는 일반사채와 주식으로 전환할 수 있는 전환권이 결합된 혼합증권(hybrid securities)으로 볼 수 있다. 전환사채는 주식을 취득할 수 있는 콜옵션적 성격을 가지고 있다는 점에서 신주인수권부사채와 유사하다. 그러나 전환사채의 경우 그 소유자가 전환권을 행사함으로써 사채를 포기하고 대신 주식을 취득하는 반면, 신주인수권부사채는 사채를 그대로 소유하면서 그 사채에 첨부된 신주인수권을 행사하여 주식을 취득한다는 점에서 서로 다르다.

알아두기

전환사채 관련 용어

- 전환비율(conversion ratio) : 전환사채를 전환할 때 받게 되는 보통주의 수를 의미한다.
- 전환가격(conversion price) : 보통주 1주로 전환하기 위하여 포기하여야 하는 사채의 액면가치로서 사채의 액면가를 전환비율로 나누어(사채의 액면가/전환비율) 구한다.
- 전환프리미엄(conversion premium) : 보통주 1주를 얻기 위하여 포기하여야 하는 전환사채의 가치(전환가격)가 현재 주가를 초과하는 정도를 의미한다.

$$\text{전환프리미엄} = \frac{\text{전환가격} - \text{현재 주가}}{\text{현재 주가}}$$

예를 들어 어떤 회사가 액면 100만원, 액면이자율 6%, 만기 5년의 전환사채를 발행한다고 하자. 이 전환사채는 50주의 보통주로 전환될 수 있으며, 발행기업의 현재 주가는 16,000원이다. 이 경우 전환비율, 전환가격, 전환프리미엄은 각각 다음과 같이 계산된다.

- 전환비율 = 50
- $\text{전환가격} = \frac{\text{사채의 액면가}}{\text{전환비율}} = \frac{100\text{만원}}{50} = 20{,}000\text{원}$
- $\text{전환프리미엄} = \frac{\text{전환가격} - \text{현재 주가}}{\text{현재 주가}} = \frac{20{,}000 - 16{,}000}{16{,}000} = 0.25$

전환사채의 가치평가

만기일(T)에서의 전환권의 가치(C_T)는 다음과 같이 구할 수 있다.[9]

$$C_T = \text{Max}[aV_T - B_T,\ 0] \tag{12-16}$$

여기서 a : 전환권 행사 후 전환사채 소유자의 지분비율$[N_c/(N+N_c)]$
N_c : 전환권 행사에 의해 발행해야 할 주식의 수(전환비율)
V_T : 주식과 전환사채로만 자본을 조달한 기업의 만기일 가치
aV_T : 만기일의 전환가치
B_T : 일반사채의 만기일 가치($\text{Min}[V_T,\ D]$)

만기일에서의 전환사채의 가치(CB_T)는 일반사채의 만기일 가치에 전환권(콜옵션)의 만기일 가치를 합하여 다음과 같이 구할 수 있다.

$$CB_T = B_T + \text{Max}[aV_T - B_T,\ 0] = \text{Max}[aV_T,\ B_T] \tag{12-17}$$

식 (12-17)에서 구간별로 전환사채의 만기일 가치를 살펴보면 다음과 같다.

- $V_T < D,\quad CB_T = V_T$
- $D \le V_T < \dfrac{D}{a},\quad CB_T = D$
- $V_T \ge \dfrac{D}{a},\quad CB_T = aV_T$

이와 같이 구한 구간별 전환사채의 만기일 가치를 그림으로 나타내면 [그림 12-5]와 같다.

식 (12-17), 즉 전환사채의 만기일 가치에 근거하면, 전환사채의 현재가치는 일반사채로서의 가치(straight bond value), 주식으로의 전환가치(conversion value) 그리고 옵션의 시간가치(option value)에 의해 결정됨을 알 수 있다.

- 일반사채가치 : 일반사채가치는 전환권을 행사하지 않을 경우의 전환사채의 가치를 말하며, 이는 일반적으로 채권과 관련된 현금흐름(액면

---

9 행사가격인 사채가치가 일정하지 않기 때문에 블랙-숄즈모형을 적용하기 어렵다.

그림 12-5 전환사채의 만기일 가치

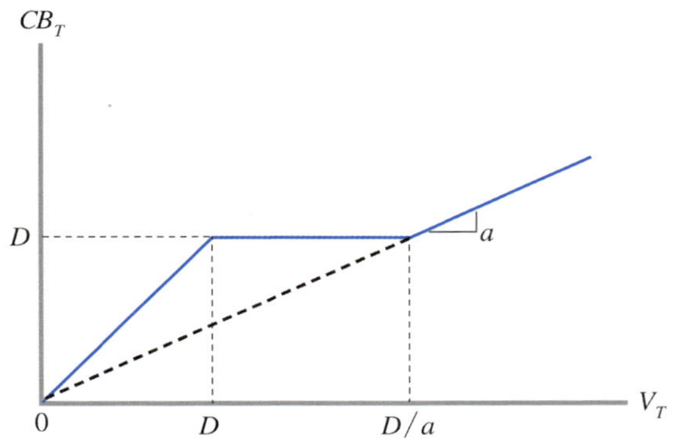

이자와 액면가)의 할인가치로 측정하는 채권평가모형에 의해 구할 수 있다.

- 전환가치 : 전환가치는 전환사채를 보통주로 전환하는 경우의 가치를 말하며, 이는 전환비율과 보통주의 가격을 곱하여 구한다.
- 옵션의 시간가치 : 전환사채의 소유자는 만기일까지 전환권의 행사를 연기하여 자신에게 가장 유리한 행동을 취할 수 있는 선택권을 가지고 있다. 이와 같은 선택권은 가치를 가지며, 이를 옵션의 시간가치라 한다. 옵션의 시간가치는 만기가 길수록 커진다.

그러므로 전환사채의 현재가치는 다음과 같이 결정된다.

$$\text{전환사채의 현재가치} = \text{일반사채가치} + \text{전환권의 현재가치}$$
$$= \text{Max}[aV,\ B] + \text{옵션의 시간가치} \qquad (12\text{-}18)$$

식 (12-18)에서 전환사채의 현재가치는 전환가치(aV 또는 전환비율×주가) 또는 일반사채가치 중 큰 값을 하한으로 하여 그보다 높은 값으로 결정됨을 알 수 있다. 이와 같은 전환사채의 현재가치를 나타내면 [그림 12-6]과 같다.

그림 12-6 전환사채의 현재가치

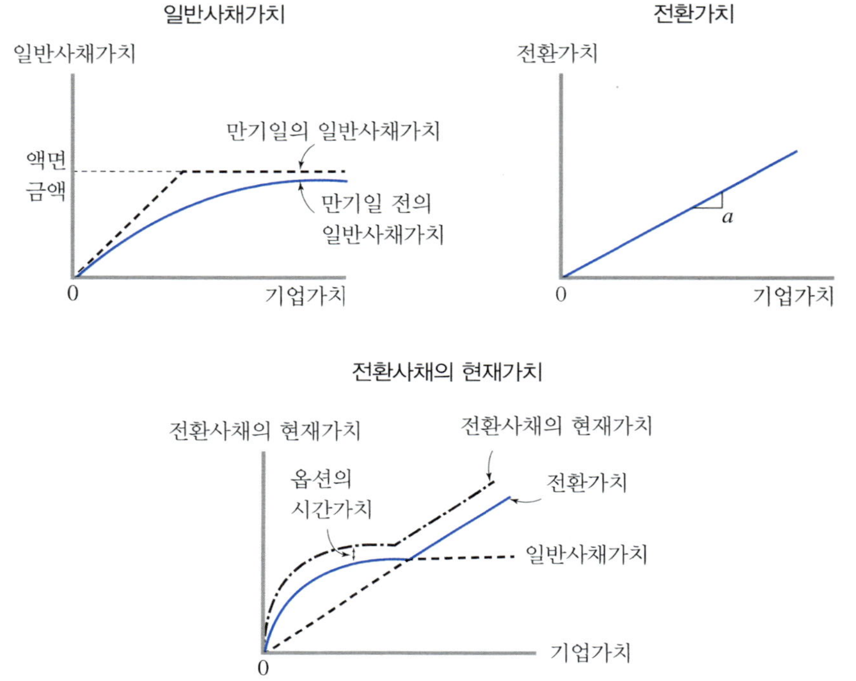

예제 12-3 전환사채의 가치평가

다음은 전환사채에 관한 자료이다.

전환가격 : 50,000원/주	액면이자율 : 9%
액면가 : 1,000,000원	만기 : 10년

전환사채와 동일한 위험을 가지고 있는 비전환사채의 만기수익률은 10%이다. 그리고 전환사채를 발행한 기업의 현재 주가는 49,000원이다. 이상의 자료를 이용하여 전환사채가 매각될 수 있는 최소한의 가격을 구하라.

해설

전환사채의 가치의 최소값은 전환가치 또는 일반사채가치 중 큰 값이다.

- 일반사채가치 $= \sum_{t=1}^{10} \frac{90,000}{(1+0.1)^t} + \frac{1,000,000}{(1+0.1)^{10}} = 938,554$원
- 전환가치 = 전환비율 × 주가 = $\left(\frac{\text{사채의 액면가}}{\text{전환가격}}\right)$ × 주가

$$= \frac{1,000,000}{50,000} \times 49,000 = 980,000\text{원}$$

따라서 전환사채가 매각될 수 있는 최소한의 가격은 전환가치인 980,000원이다.

2.3 수의상환사채와 상환청구권부사채

수의상환사채

수의상환사채(callable bond)란 사채의 발행회사가 사채의 만기일 이전에 미리 약정된 가격(수의상환가격)으로 사채를 상환할 수 있는 권리, 즉 수의상환권(call provision)을 가지고 있는 채권을 말한다. 현재 이자율이 높으나 향후 이자율이 하락할 것으로 예상되는 경우 기업은 수의상환사채를 발행하여 우선 필요한 자금을 조달하고, 이자율이 하락하였을 때 이를 상환하여 높은 금리부담을 줄일 목적으로 수의상환사채를 발행한다.

수의상환권은 기초자산이 사채이고, 행사가격이 상환가격인 금리콜옵션이라 할 수 있으며, 수의상환일(만기일 $=T$)에서의 수의상환권의 가치는 다음과 같이 나타낼 수 있다.[10]

---

10 블랙-숄즈모형을 이용하여 다음과 같이 수의상환권(금리콜옵션)의 현재가치(C)를 구할 수 있다.

$$C = BN(d_1) - Xe^{-rT}N(d_2),\ \text{여기서}\ d_1 = \frac{\ln\frac{B}{X} + \left(r + \frac{1}{2}\sigma^2\right)T}{\sigma\sqrt{T}}, d_2 = d_1 - \sigma\sqrt{T}$$

블랙-숄즈모형은 기초자산의 변동성이 일정하다고 가정하고 있다. 그러나 금리옵션의 경우 기초자산인 채권가격의 변동성(σ^2)은 시간이 지나감에 따라 만기가 감소하여 줄어들기 때문에 블랙-숄즈모형의 적용 시 문제가 발생할 수 있음을 유의해야 한다.

$$\text{수의상환권의 만기일 가치} = \text{Max}[B_T - X,\ 0] \tag{12-19}$$

여기서 B_T : 수의상환일에서의 일반사채가치
X : 수의상환가격(행사가격)

수의상환권은 사채발행회사가 갖는 권리로서 사채발행회사는 콜옵션을 매입하고 채권자는 콜옵션을 매도한 것이라 할 수 있다. 투자자(채권자)입장에서는 수의상환사채가 일반사채에 비해 불리하기 때문에 일반사채의 가치에서 수의상환권의 가치만큼 차감되지 않으면 수의상환사채를 매입하지 않을 것이다. 따라서 수의상환사채의 만기일 가치는 일반사채의 만기일 가치에서 수의상환권의 만기일 가치를 차감한 것과 같아야 한다.

$$\begin{aligned}\text{수의상환사채의 만기일 가치} &= B_T - \text{Max}[0,\ B_T - X] \\ &= \text{Min}[B_T,\ X]\end{aligned} \tag{12-20}$$

그리고 수의상환사채의 현재가치는 다음과 같이 나타낼 수 있다.

$$\begin{aligned}\text{수의상환사채의 현재가치} &= \text{일반사채가치} - \text{수의상환권의 현재가치} \\ &= \text{Min}[B,\ X] - \text{옵션의 시간가치}\end{aligned} \tag{12-21}$$

일반적으로 수의상환사채의 현재가치는 일반사채가치 또는 수의상환가

그림 12-7 수의상환사채의 현재가치

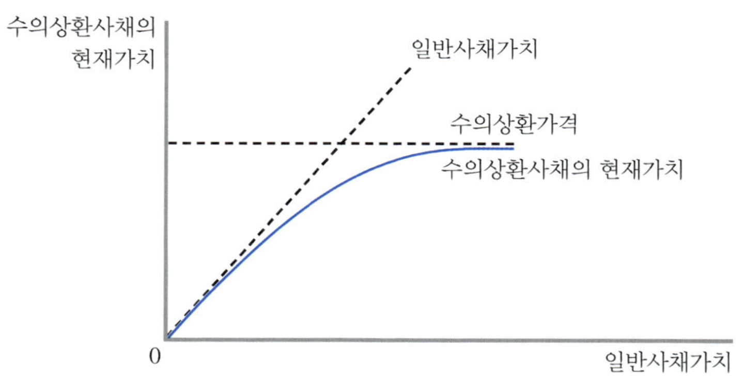

격 중 작은 값을 상한으로 하여 그보다 낮은 값으로 결정될 것이다. 이는 수의상환사채의 발행회사가 지금 즉시 수의상환권을 행사하지 않고 만기일까지 기다림으로써 가장 유리한 시점에서 수의상환권을 행사할 수 있는 기회, 즉 옵션의 시간가치를 가질 수 있기 때문이다. 이와 같은 수의상환사채의 현재가치를 나타내면 [그림 12-7]과 같다.

상환청구권부사채

상환청구권부사채(putable bond)는 수의상환사채와는 달리 채권매입자가 사채의 만기일 이전에 미리 약정된 가격(상환청구가격)으로 사채의 상환을 요구할 수 있는 권리, 즉 상환청구권(put provision)을 가지고 있는 채권을 말한다. 현재 이자율이 낮으나 향후 이자율이 상승할 것으로 예상되는 경우, 채권투자자들은 현재의 낮은 금리 때문에 채권을 매입하지 않으려 할 것이다. 이와 같은 경우 기업이 필요한 자금을 조달할 목적으로 채권매입자에게 상환청구권을 부여할 수 있다.

상환청구권은 기초자산이 사채이고, 행사가격이 상환청구가격인 금리풋옵션이라 할 수 있으며, 상환청구일(만기일 $=T$)에서의 상환청구권의 가치는 다음과 같이 나타낼 수 있다.[11]

$$\text{상환청구권의 만기일 가치} = \text{Max}[X - B_T,\ 0] \qquad (12\text{-}22)$$

여기서 B_T : 상환청구일에서의 일반사채가치
X : 상환청구가격(행사가격)

상환청구권은 채권매입자가 갖는 권리로서 사채발행회사는 풋옵션을 매도하고 채권자는 풋옵션을 매입한 것이라 할 수 있다. 투자자(채권자)입장에서는 상환청구권부사채가 일반사채에 비해 유리하기 때문에 일반사채의

---

11 블랙-숄즈모형을 이용하여 다음과 같이 상환청구권(금리풋옵션)의 현재가치(P)를 구할 수 있다.

$$P = Xe^{-rT}N(-d_2) - BN(-d_1),\ \text{여기서}\ d_1 = \frac{\ln\frac{B}{X} + \left(r + \frac{1}{2}\sigma^2\right)T}{\sigma\sqrt{T}},\ d_2 = d_1 - \sigma\sqrt{T}$$

가치와 상환청구권의 가치를 합한 금액으로 매입할 수 있을 것이다. 따라서 상환청구권부사채의 만기일 가치는 일반사채의 만기일 가치에서 상환청구권의 만기일 가치를 합한 것과 같아야 한다.

$$\begin{aligned}\text{상환청구권부사채의 만기일 가치} &= B_T + \text{Max}[0,\ X - B_T] \\ &= \text{Max}[B_T,\ X] \qquad (12\text{-}23)\end{aligned}$$

그리고 상환청구권부사채의 현재가치는 다음과 같이 나타낼 수 있다.

$$\begin{aligned}&\text{상환청구권부사채의 현재가치} \\ &\quad = \text{일반사채가치} + \text{상환청구권의 현재가치} \\ &\quad = \text{Max}[B,\ X] + \text{옵션의 시간가치} \qquad (12\text{-}24)\end{aligned}$$

일반적으로 상환청구권부사채의 현재가치는 일반사채가치 또는 상환청구가격 중 큰 값을 하한으로 하여 그보다 높은 값으로 결정될 것이다. 이는 상환청구권부사채의 매입자가 지금 즉시 상환청구권을 행사하지 않고 만기일까지 기다림으로써 가장 유리한 시점에서 상환청구권을 행사할 수 있는 기회, 즉 옵션의 시간가치를 가질 수 있기 때문이다. 이와 같은 상환청구권부사채의 현재가치를 나타내면 [그림 12-8]과 같다.

그림 12-8 상환청구권부사채의 현재가치

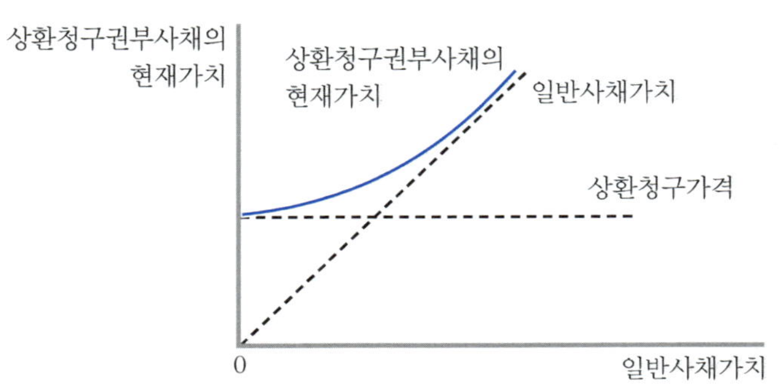

3 실물옵션

3.1 실물옵션의 의의

전통적인 투자안 평가방법인 NPV법은 현재시점에서 주어진 정보를 바탕으로 투자결정이 내려지면, 그 후 투자안의 수명이 다할 때까지 처음 의사결정을 변경하지 못한다고 가정하고 있다. 전통적 NPV법은 미래상황의 안정성을 전제로 하며, 의사결정 이후 상황변화에 따른 의사결정의 변경가능성(연기, 확장, 포기, 축소 등), 즉 경영의 유연성(managerial flexibility)을 무시하고 있다. 경영의 유연성은 기업에 유리할 경우 취할 수 있는 경영자의 선택적 권리를 나타내기 때문에 옵션의 성격을 가진 것으로 볼 수 있으며, 이를 실물옵션(real option)이라 한다. 전통적 순현가법과 달리 실물옵션접근법은 이와 같은 경영의 유연성을 투자안의 가치평가에 반영하고 있다.

이상에서 설명한 두 가지 접근법은 정보를 다르게 활용하고 있다. NPV법은 미래의 정보를 현재시점에서 예측하여 투자안을 평가하는 반면, 실물옵션접근법은 정보가 활용가능한 미래시점에서 추가적인 의사결정을 할 수 있다는 유연성을 포함하여 투자안을 평가한다. 경영의 유연성의 가치는 다음과 같은 경우에 높아진다.[12]

- 미래의 높은 불확실성 : 시간에 따라 새로운 정보의 입수가능성이 매우 크다.
- 경영의 유연성을 발휘할 여지가 높음 : 새로운 정보에 적절히 대응하도록 경영자에게 허용한다.
- 유연성이 없는 NPV가 0에 근접함 : 투자안의 좋고 나쁨을 판단하기 어려울 경우 의사결정을 바꿀 수 있는 유연성이 높아지기 때문에 유

12 T. Copeland and V. Antikarvv, *Real Options*, Texere LLC(2001), p. 14.

연성의 가치가 훨씬 높아질 수 있다.

이와 같이 유연성의 가치가 높아지는 경우 전통적 순현가법에 의해 산출된 투자안의 가치와 실물옵션접근법에 의해 산출된 투자안의 가치간에는 상당한 차이가 발생될 수 있다. 따라서 투자안을 평가할 때 투자안에 내포된 옵션, 즉 실물옵션의 가치를 고려해 주어야 한다.

투자안의 NPV = 전통적 NPV + 실물옵션의 가치

실물옵션의 가치는 옵션가격결정모형, 즉 이항모형 또는 블랙-숄즈모형 등에 의해 평가할 수 있으며, 유연성을 포함하지 않은 투자안을 기초자산으로 활용할 수 있다. 이 경우 기초자산인 투자안의 가치는 현재시점에서 주어진 정보에 근거하여 기대현금흐름을 측정한 후 위험조정할인율(자본비용)로 할인하여 평가하는 전통적인 현금흐름할인(discounted cash flow : DCF)법을 이용하여 구한다.

3.2 실물옵션의 분류와 평가

투자안 연기에 대한 옵션

현재시점에서 순현가가 음(−)인 투자안이라 하더라도 일정한 기간이 지난 후 긍정적인 상황이 전개되어 사업성이 좋은 투자안으로 바뀔 수 있다. 그러므로 현재시점에서 투자결정을 하기보다는 긍정적인 상황(투자안의 가치 > 투자비용)이 확인될 때까지 일정기간 동안 투자결정을 연기할 수 있으며, 이와 같은 투자안 연기(delay)에 대한 선택권을 일종의 콜옵션으로 생각할 수 있을 것이다.

그러므로 투자안 연기에 대한 옵션의 만기일 가치 C_T는 다음과 같이 나타낼 수 있다.

$$C_T = \text{Max}[V_T - X,\ 0] \qquad (12\text{-}25)$$

여기서 V_T : 투자안의 실행일(옵션의 만기일)에서의 투자안 가치
X : 초기(투자실행시점)의 투자비용

이상에서 설명한 투자안 연기에 대한 옵션의 결정요인을 살펴보면 다음과 같다.[13]

- 기초자산의 현재가치 : 투자안을 지금 실행할 경우 얻을 수 있는 현금흐름의 현재가치
- 행사가격 : 초기의 투자비용
- 만기 : 투자안에 대한 독점적 권리를 보유하고 있는 기간[14]
- 기초자산의 변동성 : 투자안 현재가치의 변동성

블랙-숄즈모형 등에 의해 구해진 연기옵션의 가치는 연기에 대한 유연성을 가진 투자안의 NPV라 할 수 있다. 연기 자체의 가치를 분리하여 그 가치를 다음과 같이 구할 수도 있다.

> 연기의 가치 = 연기에 대한 유연성을 가진 투자안의 NPV − 전통적 NPV

예제 12-4 투자안 연기에 대한 옵션

(주)경민제약은 새로운 비만치료제를 개발하여 20년 동안 독점적 권리를 보장하는 특허권을 받았다. 그러나 막대한 투자비용에 비해 현재의 시장은 그 규모가 작다고 판단된다. 초기의 투자비용은 500억원이며, 현재 비만치료제를 생산하는 경우 얻을 수 있는 현금흐름의 현재가치는 350억원이다. 기술과 시장상황은 변동적이며, 시뮬레이션에 의해 추정된 투자안 현재가치의 연간 분산은

---

13 기간이 경과함에 따라 독점적 권한으로 인한 초과이익이 감소할 수 있으며, 이와 같이 감소된 초과이익을 연간 지연비용(annual cost of delay)이라 하며, 이는 배당수익률에 해당되는 부분으로 볼 수 있다.

14 법적인 권한, 경쟁자에 대한 진입장벽 등에 의해 보유하고 있는 투자안에 대한 독점적 권리가 소멸하면 투자안 연기에 대한 옵션이 소멸되기 때문에 그 시점을 만기일로 볼 수 있다.

0.05이다. 그리고 연간 무위험이자율은 7%이다.

새로운 비만치료제사업의 연기에 대한 옵션의 가치를 구하라. (단, 기간이 경과함에 따라 독점적 권한으로 인한 초과이익은 감소되지 않는다고 가정한다.)

해설

먼저 새로운 비만치료제사업의 연기에 대한 옵션결정요인을 살펴보면 다음과 같다.

- 기초자산의 현재가치$(S)=350$억원
- 행사가격$(X)=500$억원
- 만기$(T)=20$년
- 기초자산의 변동성$(\sigma^2)=0.05$
- 무위험이자율$(r)=7\%$

이상의 자료를 이용하여 블랙-숄즈모형에 의해서 새로운 비만치료제사업의 연기에 대한 옵션, 즉 콜옵션의 가치를 구하면 다음과 같다.

$$d_1=\frac{\ln\frac{S}{X}+\left(r+\frac{1}{2}\sigma^2\right)T}{\sigma\sqrt{T}}=\frac{\ln\left(\frac{350}{500}\right)+\left(0.07+\frac{1}{2}\times 0.05\right)\times 20}{\sqrt{0.05}\sqrt{20}}=1.54$$

$$d_2=d_1-\sigma\sqrt{T}=1.54-\sqrt{0.05}\sqrt{20}=0.54$$

본서의 〈부표〉를 이용하여 $N(d_1)$과 $N(d_2)$의 값을 구하면 다음과 같다.

$$N(d_1)=N(1.54)=0.5+0.4382=0.9382$$

$$N(d_2)=N(0.54)=0.5+0.2054=0.7054$$

따라서 콜옵션의 가치(C)는 다음과 같이 구할 수 있다.

$$C=SN(d_1)-Xe^{-rT}N(d_2)$$

$$=350\times 0.9382-500\times e^{-0.07\times 20}\times 0.7054=241.40\text{억원}$$

(주)경민제약의 경우 새로운 비만치료제사업은 현재시점에서 볼 때는 순현가가 −150억원(=350억원−500억원)으로 가치가 없는 것처럼 보이나, 연기에 대한 옵션가치를 고려하면 이 사업은 241.40억원의 가치를 가지는 것으로 판단된다.

투자안 확장에 대한 옵션

기업은 향후 다른 사업 또는 시장에 진출하기 위한 교두보를 마련할 목적으로 현재시점에서 사업성이 없는 투자안을 채택하기도 한다. 이 경우 현재시점에서의 투자안은 기업이 다른 사업을 할 수 있도록 허용하는 선택권, 즉 옵션을 제공할 수 있다. 따라서 투자안을 평가할 때 이와 같은 추가적인 확장(expand)에 대한 옵션가치를 고려해야 할 것이다.

투자안 확장에 대한 옵션의 만기일 가치 C_T는 다음과 같이 나타낼 수 있다.

$$C_T = \text{Max}[V_T - X,\ 0] \tag{12-26}$$

여기서 V_T : 확장투자안의 실행일(옵션의 만기일)에서의 확장투자안 가치
X : 확장투자안의 초기 투자비용

이상에서 설명한 투자안 확장에 대한 옵션의 결정요인을 살펴보면 다음과 같다.

- 기초자산의 현재가치 : 확장투자안을 지금 실행할 경우 얻을 수 있는 현금흐름의 현재가치
- 행사가격 : 확장투자안의 초기 투자비용
- 만기 : 투자안 확장에 대한 선택권을 보유하고 있는 기간
- 기초자산의 변동성 : 확장투자안 현재가치의 변동성

블랙-숄즈모형 등을 이용하여 구한 확장옵션의 가치는 기존 투자안에 추가될 수 있는 가치이다.

투자안의 NPV = 전통적 NPV + 확장옵션의 가치

투자안 포기에 대한 옵션

상황에 따라서는 이미 시작된 투자안이라 하더라도 그 처분가치가 투자

안의 잔여기간 동안의 현금흐름 가치보다 더 클 경우 이 투자안을 포기해야 할 것이다. 따라서 중도에 포기할 수 있는 선택권, 즉 옵션이 주어진 투자안의 경우 중도 포기(abandon)에 대한 옵션가치를 고려해야 한다. 투자안 포기에 대한 옵션은 행사가격인 처분가치(abandonment value)로 투자안을 포기(매도)할 수 있는 권리가 주어진 풋옵션이라 할 수 있다.[15]

투자안 포기에 대한 옵션의 만기일 가치 P_T는 다음과 같이 나타낼 수 있다.

$$P_T = \text{Max}[X - V_T,\ 0] \tag{12-27}$$

여기서 V_T : 투자안 포기일(옵션의 만기일)에서의 투자안의 잔여가치
X : 투자안의 처분가치

이상에서 설명한 투자안 포기에 대한 옵션의 결정요인을 살펴보면 다음과 같다.

- 기초자산의 현재가치 : 투자안으로부터 발생하는 현금흐름의 현재가치
- 행사가격 : 투자안 포기에 따른 처분가치
- 만기 : 투자안 포기에 대한 선택권을 보유하고 있는 기간, 즉 투자안의 내용연수
- 기초자산의 변동성 : 투자안 현재가치의 변동성

블랙-숄즈모형 등을 이용하여 구한 포기옵션의 가치는 기존 투자안에 추가될 수 있는 가치이다.

> 투자안의 NPV = 전통적 NPV + 포기옵션의 가치

---

15 투자안 축소(contract)에 대한 옵션의 만기일 가치 P_T는 다음과 같이 나타낼 수 있다.

$P_T = \text{Max}[X - V_T,\ 0]$

여기서 V_T : 투자안 축소일(옵션의 만기일)에서의 축소로 인한 투자안 가치감소액
X : 축소로 인한 투자안의 처분가치

예제 12-5 투자안 포기에 대한 옵션

(주)청운은 1년 후 20억원의 가치를 가질 확률이 60%, 10억원의 가치를 가질 확률이 40%인 투자안을 고려하고 있다. 이 투자안의 요구수익률은 10%이며, (주)청운이 1년 후 이 투자안을 포기한다면 15억원을 받을 수 있다고 한다. 그리고 무위험이자율은 5%이다. 이 투자안의 포기에 대한 옵션가치를 구하라.

해설

먼저 포기기회가 없는 투자안의 현재가치를 구하면 다음과 같다.

$$PV(\text{투자안}) = \frac{20\times 0.6 + 10\times 0.4}{1.1} = 14.55\text{억원}$$

이 투자안의 1년 후 처분가치(행사가격)는 15억원이며, 1년 후(만기일) 투자안 가치는 20억원(기초자산인 투자안의 가치가 상승할 경우) 또는 10억원(기초자산인 투자안의 가치가 하락할 경우)이다. 그러므로 만기일인 1년 후 투자안 포기옵션, 즉 풋옵션의 가치와 헤지확률 p를 각각 구하면 다음과 같다.

- $P_u = \text{Max}[15\text{억원} - 20\text{억원},\ 0] = 0, \quad P_d = \text{Max}[15\text{억원} - 10\text{억원},\ 0] = 5\text{억원}$
- $u = \dfrac{20}{14.55} = 1.37,\ d = \dfrac{10}{14.55} = 0.69$

$$\rightarrow p = \frac{(1+r_T)-d}{u-d} = \frac{1.05-0.69}{1.37-0.69} = 0.53,\ 1-p = 0.47$$

그러므로 1기간모형을 이용하여 투자안 포기옵션, 즉 풋옵션의 현재가치를 구하면 다음과 같다.

$$P = \frac{pP_u + (1-p)P_d}{1+r_T} = \frac{0.53\times 0 + 0.47\times 5}{1.05} = 2.24\text{억원}$$

그리고 (주)청운이 고려하고 있는 투자안의 가치를 구하면 다음과 같다.[16]

---

16 포기기회를 포함한 투자안 가치는 다음과 같이 구할 수도 있다.

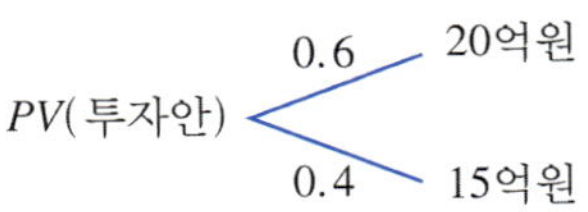

$$\rightarrow PV(\text{투자안}) = \frac{0.53\times 20 + 0.47\times 15}{1.05} = 16.8\text{억원}$$

투자안의 가치 = 포기기회가 없는 경우의 투자안 가치 + 포기옵션의 가치
= 14.55 + 2.24 = 16.79억원

3.3 실물옵션의 문제점

옵션 등 파생상품의 가치는 현물을 이용하여 파생상품의 복제가 가능하다는 전제하에 구할 수 있을 것이다. 그러나 금융자산과는 달리 거래가 활발하게 이루어지지 않는 실물자산은 유동성이 매우 낮기 때문에, 이를 기초자산으로 하는 실물옵션의 경우 현실적으로 복제포트폴리오의 구성이 어렵다. 그러므로 옵션모형을 이용하여 구해진 실물옵션의 가치는 이와 같은 문제점을 고려하여 해석해야 한다.

또한 옵션모형에서는 기초자산의 분산은 알려져 있으며, 만기일까지 변하지 않는다고 가정하고 있다. 그러나 만기가 장기이고 가격의 형성도 효율적이지 못할 가능성이 큰 실물자산의 경우 분산의 추정 및 안정성에 문제가 있을 수 있다. 게다가 실물옵션의 행사가격(투자비용, 처분가치 등)이 일정하지 않거나 불확실한 경우가 대부분이다.

예제 12-6 실물옵션의 응용 및 문제점 (CPA 2차 2003 수정)

앞으로의 상황은 불황과 호황의 두 가지 상황만 존재하며, 각각의 확률은 0.3과 0.7이다. 균형상황에서, (주)K&K의 수익률과 무위험수익률은 다음과 같다.

상 황	(주)K&K의 수익률(%)	무위험수익률(%)
불 황	−10	10
호 황	30	10

(주)K&K는 호황이 되면 152억원, 불황이 되면 90억원을 얻는 투자안에 100억원을 투자하려 한다.

(1) 옵션모형을 이용하여 이 투자안의 순현재가치를 구하라. (세금이나 거래비용 등은 존재하지 않는다.)

(2) 옵션모형을 이용하여 투자안의 가치를 구할 때 나타날 수 있는 대표적인 문제점을 설명하라.

해설

(1) (주)K&K의 경우 불황일 때 −10%의 수익률을 얻고, 호황일 때는 30%의 수익률을 얻을 수 있다. 따라서 (주)K&K가 현재 100억원을 투자한다면 향후 불황일 경우 90억원[=100억원×(1−0.1)]을 얻을 수 있으며, 호황일 경우 130억원[=100억원×(1+0.3)]을 얻을 수 있을 것이다. 이와 같은 경우 호황이 되면 152억원, 불황이 되면 90억원을 얻는 투자안의 현재가치(*PV*)를 옵션의 가격결정모형을 이용하여 다음과 같이 구할 수 있다.

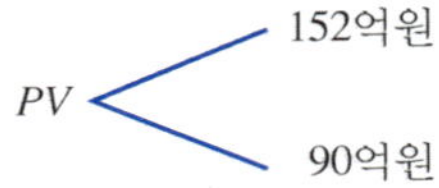

(주)K&K를 α개 매입하고 새로운 투자안을 1개 매도하여 헤지포트폴리오를 구성하면 다음과 같다.

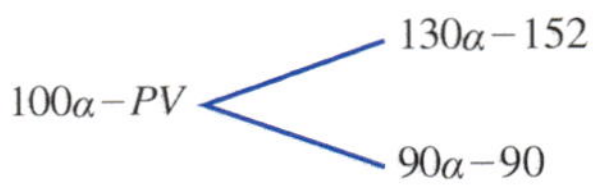

$$130\alpha - 152 = 90\alpha - 90 \rightarrow \alpha = 1.55$$

그러므로 새로운 투자안의 현재가치는 다음과 같이 구할 수 있다.

$$100 \times 1.55 - PV = \frac{130 \times 1.55 - 152}{1.1} \rightarrow PV = 110\text{억원}$$

새로운 투자안의 현재가치가 110억원이고, 그 투자비용은 100억원이므로 순현재가치(NPV)는 10억원이 된다.

$$NPV = 110\text{억원} - 100\text{억원} = 10\text{억원}$$

☞ (주)K&K가 실시하려는 새로운 투자안의 향후 현금흐름 양상이 기존 기업과 다르기 때문에(위험이 서로 상이함), 기존 기업의 기대수익률 18%(= −10%×0.3+30%×0.7)를 적용하여 새로운 투자안을 평가해서는 안 됨을 유의해야 한다.

※ 별해 1 : 헤지확률(위험중립확률)을 이용하는 방법

$$u = 1 + 0.3 = 1.3,\ d = 1 - 0.1 = 0.9$$

$$\rightarrow p = \frac{(1 + r_T) - d}{u - d} = \frac{1.1 - 0.9}{1.3 - 0.9} = 0.5,\ 1 - p = 0.5$$

그러므로 옵션평가의 1기간 모형을 이용하여 (주)K&K의 새로운 투자안의 가치(PV)를 구하면 다음과 같다.

$$PV = \frac{pC_u + (1-p)C_d}{1+r_T} = \frac{0.5 \times 152 + 0.5 \times 90}{1+0.1} = 110\text{억원}$$

$$\therefore\ NPV = 110\text{억원} - 100\text{억원} = 10\text{억원}$$

※ 별해 2 : 복제포트폴리오를 이용하는 방법

(주)K&K의 기존 투자안(현재가치 = 100억원)과 무위험채권(현재가치 = B)을 이용하여 다음과 같이 새로운 투자안(현재가치 = PV)을 복제할 수 있다.

$$100\alpha - B = PV \begin{cases} 130\alpha - B(1+0.1) = 152 \\ 90\alpha - B(1+0.1) = 90 \end{cases}$$

$$\alpha = 1.55,\ B = 45 \ \rightarrow\ PV = 100 \times 1.55 - 45 = 110\text{억원}$$

$$\therefore\ NPV = 110\text{억원} - 100\text{억원} = 10\text{억원}$$

(2) (주)K&K의 자산 또는 새로운 투자안은 유동성이 낮은 것으로 볼 수 있기 때문에, 이를 이용하여 헤지포트폴리오 또는 복제포트폴리오를 구성하는 것은 현실적으로 어려운 문제이다.

주요 용어

key words

- 담보부대출 • 403
- 신주인수권 • 409
- 신주인수권부사채 • 409
- 전환사채 • 412
- 혼합증권 • 413
- 일반사채가치 • 414
- 전환가치 • 415
- 옵션의 시간가치 • 415
- 수의상환사채 • 417
- 수의상환권 • 417
- 상환청구권부사채 • 419
- 상환청구권 • 419
- 실물옵션 • 421
- 투자안 연기 • 422
- 투자안 확장 • 425
- 투자안 포기 • 426

연습문제

■ 완성/선택형 문제

01 위험부채의 경우 채권자들이 주주에게 기업자산을 기초자산으로 하는 (　　)을 하나 발행해 준 것으로 볼 수 있다.

02 (　　)은 주어진 기간 내에 정해진 가격으로 기업으로부터 직접 보통주를 매입할 수 있는 권리가 부여된 증권이다.

03 (　　)란 그 소유자에게 일정한 기간(전환기간) 내 일정한 조건(전환조건)에 따라 주식으로 전환할 수 있는 권리(전환권)를 부여한 사채이다.

04 (　　)란 사채의 발행회사가 사채의 만기일 이전에 미리 약정된 가격(수의상환가격)으로 사채를 상환할 수 있는 권리, 즉 수의상환권(call provision)을 가지고 있는 채권을 말한다.

05 (　　)는 채권매입자가 사채의 만기일 이전에 미리 약정된 가격(상환청구가격)으로 사채의 상환을 요구할 수 있는 권리, 즉 상환청구권(put provision)을 가지고 있는 채권을 말한다.

06 경영의 유연성은 기업에 유리할 경우 취할 수 있는 경영자의 선택적 권리를 나타내기 때문에 옵션의 성격을 가진 것으로 볼 수 있으며, 이를 (　　)이라 한다.

07 다음은 옵션이론을 이용한 기업가치평가와 관련된 설명이다. 이 중 적절하지 않은 것은?

① 주식은 기업자산을 기초자산으로 하는 일종의 콜옵션에 속한다.
② 옵션가치평가모형을 이용한 주식가치 평가 시 만기일은 부채의 상환일, 행사가격은 부채의 상환액이 된다.
③ 위험부채의 가치는 무위험부채의 가치에서 채권자들이 주주에게 발행해 준 풋옵션(기초자산 : 기업자산, 행사가격 : 부채의 액면가)의 가치를 차감한 값에 해당한다.
④ 위험부채의 가치평가 시 풋옵션의 가치는 지급불능위험으로 인한 부채가치의 감소액을 나타낸다.
⑤ 부채의 상환일에서 위험부채의 가치는 기업가치와 부채의 액면가 중에서 항상 큰 값을 취한다.

08 전환사채와 신주인수권부사채에 관한 설명 중 틀린 것은?

① 전환사채는 일반사채와 주식으로 전환할 수 있는 전환권이 결합된 혼합증권(hybrid securities)으로 볼 수 있다.
② 전환사채의 현재가치는 일반사채로서의 가치(straight bond value)와 주식으로의 전환가치(conversion value)의 합으로 결정된다.
③ 전환사채는 주식을 취득할 수 있는 콜옵션적 성격을 가지고 있다는 점에서 신주인수권부사채와 유사한 면을 지닌다.
④ 신주인수권부사채는 사채를 그대로 소유하면서 그 사채에 첨부된 신주인수권을 행사하여 주식을 취득할 수 있다.
⑤ 신주인수권부사채에 부여된 신주인수권의 가치평가 시 일반적인 콜옵션과 달리 행사일에 신주가 발행되므로 주가의 희석(dilution)효과를 반영하여야 한다.

09 다음의 수의상환채권에 관한 설명 중 틀린 것은?

① 수의상환사채(callable bond)란 사채의 발행회사가 사채의 만기일 이전에 미리 약정된 가격(수의상환가격)으로 사채를 상환할 수 있는 권리, 즉 수의상

환권을 가지고 있는 채권을 말한다.

② 수의상환권은 기초자산은 사채이고, 행사가격이 상환가격인 금리콜옵션이라 할 수 있다.

③ 수의상환채권을 발행하는 기업은 현재 이자율이 높으나 향후 이자율이 하락할 것으로 예상되는 경우 수의상환사채를 발행하여 우선 필요한 자금을 조달하고, 이자율이 하락하였을 때 이를 상환함으로써 높은 금리부담을 줄일 수 있다.

④ 수의상환사채의 만기일 가치는 일반사채의 만기일 가치와 수의상환권의 만기일 가치를 합한 것과 같다.

⑤ 일반적으로 수의상환사채의 현재가치는 일반사채가치 또는 수의상환가격 중 작은 값을 상한으로 하여 그보다 낮은 값으로 결정된다.

10 실물옵션(real option)을 이용한 투자안 평가방법에 대한 다음의 설명 중 가장 적절하지 않은 것은? (CPA 1차 2008)

① 연기옵션(option to wait)의 행사가격은 투자시점 초기의 비용이다.

② 연기옵션의 가치를 고려한 투자안의 순현재가치가 양의 값을 가지더라도, 지금 투자할 경우의 순현재가치보다 낮을 경우에는 투자를 연기하지 않는 것이 유리하다.

③ 확장옵션(expansion option)의 만기는 후속 투자안이 종료되는 시점이다.

④ 확장옵션에서 기초자산의 현재가격은 후속 투자안을 지금 실행할 경우 유입되는 현금흐름의 현재가치이다.

⑤ 포기옵션(abandonment option)은 투자안 포기에 따른 처분가치를 행사가격으로 하는 풋옵션이다.

11 그동안 5억원을 들여 조사한 바에 의하면 현재($t=0$) 30억원을 들여 생산시설을 구축하면 미래 현금흐름의 1년 후 시점($t=1$)의 현가(PV)는 수요가 많을 경우 40억원이며 수요가 적을 경우 25억원이다. 수요가 많을 확률은 60%이며 수요가 적을 확률은 40%이다. 적절한 할인율은 10%이다. 그런데 생산시설을 구축하고 수요가 확인된 1년 후 20억원을 추가로 투자해 생산시설을 확장할 수

있다고 하자. 이때 미래 현금흐름의 1년 후 시점($t=1$)에서의 현가(PV)는 수요가 많을 경우 70억원이며 수요가 적을 경우 35억원이다. 무위험이자율이 6%일 때 1년 후 생산시설을 대규모 시설로 확장할 수 있는 실물옵션(real option)의 현재시점($t=0$)의 현가(PV)는 근사치로 얼마인가? (CPA 1차 2007 수정)

① 1.82억원 ② 2.58억원 ③ 3.06억원
④ 4.88억원 ⑤ 5.45억원

12 (주)자원은 북태평양에서의 석유시추사업에 지금 당장 참여할 것인지 여부를 결정해야 한다. 사업을 지금 개시하게 되면 당장 100억원을 투자해야 하고 그로 인해 발생하는 미래 현금흐름의 현가(PV)는 100억원이다. 그런데 석유시추사업권을 매입하면 향후 3년까지 1년 단위로 사업개시 시점을 늦출 수 있다. 사업개시 시점을 늦추더라도 미래 현금흐름의 사업개시 시점에서의 현가(PV)는 100억원으로 동일하나 사업개시 시점에서의 투자액은 첫 해에는 95억원, 둘째 해에는 90억원, 셋째 해에는 88억원이다. 할인율은 30%이다. (주)자원이 석유시추사업권을 매입해 얻게 되는 실물옵션(real option), 즉 연기옵션 또는 지연옵션(option to delay 또는 timing option) 가치와 가장 가까운 것은?

(CPA 1차 2011)

① 5.46억원 ② 5.92억원 ③ 10.0억원
④ 12.0억원 ⑤ 15.23억원

■ 서술/계산형 문제

01 대출자와 차입자의 입장에서 각각 담보부대출의 가치를 설명하라.

02 옵션성격을 가진 증권에 대해서 설명하라.

03 실물옵션에 대해서 설명하라.

04 이항모형을 이용한 주식과 부채의 가치평가 (CPA 2차 2008)

단일기간에 걸쳐 단일사업을 하는 (주)한반도는 중도에 이자지급 없이 사업종료 시점에 50억원을 상환하기로 사업초기에 약정한 부채가 있다. 사업기간 중 무위험이자율은 10%이다. (금액은 억원 단위로 소수점 둘째 자리까지 표시한다.)

(1) 사업종료 시점에 회사 자산의 시장가치가 80%의 확률로 60억원이 되고, 20%의 확률로 40억원이 되는 사업 A에 투자하기로 했다. 자산의 현재 시장가치는 50억원이다. 이항모형(binomial model)을 이용하여 다음에 답하라. (힌트 : 주식의 시장가치는 부채상환액을 행사가격으로 하는 회사 자산에 대한 콜옵션의 가치와 같다.)

① 현재 주식의 시장가치는 얼마인가?

② 현재 부채의 시장가치는 얼마인가?

(2) 물음 (1)의 사업 A에 투자하는 대신에 사업종료 시점에 회사 자산의 시장가치가 72억원이 되거나 혹은 8억원이 되는 사업 B에 투자하기로 결정했다. 이에 따라 자산의 현재 시장가치가 40억원으로 하락했다. 이항모형(binomial model)을 이용하여 다음에 답하라.

① 현재 주식의 시장가치는 얼마인가?

② 현재 부채의 시장가치는 얼마인가?

(3) 풋-콜 패리티(put-call parity)에 의하면 (주)한반도의 주주는 회사 자산을 보유하고 채권자에게 무위험부채를 발행함과 동시에 회사 자산을 대상으로 하는 풋옵션을 보유한 것과 같다. 이를 채권자입장에서 보면 무위험부채에 투자함과 동시에 회사 자산에 대한 풋옵션을 주주에게 발행한 것이 된다.

① 사업 A를 선택한 경우와 비교해 사업 B를 선택한 경우 주주가 보유한 풋옵션의 가치는 얼마나 상승(혹은 하락)하는가? (단, 물음 (1)을 답하지 못한 경우 부채의 시장가치를 43억원, 물음 (2)를 답하지 못한 경우 부채의 시장가치를 29억원으로 가정하여 답하라.)

② 경영자는 주주의 이익을 위해 채권자에게는 불리한 수익의 변동성이 더 큰 사업을 선택하려는 유인이 있다. 채권자가 채권계약 당시 이러한 경영자의 유인을 인지하고 있다는 사실이 기업으로 하여금 부채사용을 장려하게 하는지 아니면 억제하게 하는지 자본구조이론의 관점에서 100자 이내로 간략히 답하라.

05 담보부대출의 가치

KM은행이 1년 후 2억원의 만기상환액을 받기로 하고 갑돌이에게 담보부대출을 하려고 한다. 갑돌이는 현재 시가가 2.1억원인 아파트를 담보로 제공하며, 이 아파트는 1년 후 10% 상승하거나 10% 하락할 것으로 예상된다. 현재 시장의 무위험이자율이 5%일 경우 다음의 물음에 답하라.

(1) 담보물인 아파트가 기초자산이며, 담보부대출의 만기상환액이 행사가격인 1년 만기 콜옵션과 풋옵션의 가치를 구하라.

(2) KM은행이 허용할 수 있는 담보부대출액은 얼마인가? 그리고 이 경우 이자율은 얼마가 되는가?

(3) KM은행이 무위험이자율을 적용하여 갑돌이에게 담보부대출을 해 줄 경우 담보부족으로 인한 손실을 볼 수 있기 때문에 추가적인 지급보증을 요구하고 있다. 그리고 갑돌이는 추가적인 지급보증을 위해 보증보험을 이용하려고 한다. 이 경우 갑돌이가 보험료로 지급할 수 있는 최대금액은 얼마인가?

06 신주인수권부사채의 가치평가

(CPA 2차 1997 수정)

만기가 4년인 신주인수권부사채의 발행가격은 20억원이고, 일반사채로서의 가치는 15억원이며, 무위험이자율은 10%이다. 신주인수권을 발행하기 전인 현재의 주가는 주당 11,500원이고, 총발행주식수는 100만주이며, 주식수익률의 표준편차는 0.4이다. 신주인수권의 행사가격은 10,000원이고, 신주인수권은 4년 후인 만기일에만 행사할 수 있으며, 신주인수권을 모두 행사할 경우 발행될 주식수는 총 10만주이다. 신주인수권의 행사시점까지 배당의 지급은 없으며, 블랙-숄즈모형을 이용하여 신주인수권의 가치를 평가한다고 할 때, 다음의 물음에 답하라.

(1) 신주인수권 행사 시 발생될 수 있는 희석효과(dilution effect)를 고려하여 신주인수권의 총가치를 구하라.

(2) 신주인수권부사채의 과대평가 또는 과소평가 여부를 판단하라.

07 이항모형을 이용한 신주인수권, 전환권의 가치평가 (CPA 2차 2012 수정)

(주)한국은 자금조달을 위해 액면가 100,000원, 만기 2년, 표면이자율 2%의 회사채 10만좌를 발행하려고 한다. (주)한국은 이 사채에 대해 신주인수권부 또는 전환사채 형태의 발행을 고려하고 있다. 신주인수권(warrants)은 사채 1좌당 신주 1주를 10,500원에 인수할 수 있는 권리를, 전환사채는 1좌당 10주의 보통주로 전환할 수 있는 권리를 부여할 예정이며 둘 다 만기 시에만 행사가 가능하다. 이 사채와 모든 조건이 동일한 일반사채의 만기수익률은 6%이며 무위험이자율은 5%이다.

(주)한국의 발행주식수는 100만주이며 주가는 현재 10,000원이다. 주가는 사채발행 직후에도 변화가 없을 것이며 매년 20% 상승하거나 10% 하락할 것으로 예상된다. (주)한국은 향후 2년간 주식에 대한 배당을 실시하지 않을 계획이다.

(1) 신주인수권 행사에 따른 희석효과가 존재하는 경우 신주인수권 1단위당 가치를 계산하라. 계산결과는 반올림하여 소수점 둘째 자리까지 나타내라.

(2) 전환권 행사에 따른 희석효과가 존재하는 경우 전환권 1단위당 가치를 계산하라. 계산결과는 반올림하여 소수점 둘째 자리까지 나타내라.

(3) (주)한국은 신주인수권부사채나 전환사채를 각각 95억원에 발행하려고 한다. 이 경우 두 사채 발행가격의 과대평가 또는 과소평가 여부를 판단하라.

(4) 위 물음과는 독립적으로 (주)한국이 현재 8,000원에 25만주를 유상증자하는 경우 신주인수권(preemptive right)의 1단위당 가치를 계산하라.

08 위험중립확률과 전환사채의 가치평가 (CPA 2차 2022)

다음은 ㈜부여(발행자)가 2021년 12월 31일(발행시점)에 발행한 전환사채에 관한 내용이다.

① '전환사채의 만기'는 발행시점으로부터 2년임.
② 전환사채에 포함된 '전환권'은 만기가 발행시점으로부터 1년인 유럽식 옵션임.
③ 전환권은 전환권 만기에 전환사채 당 주식 100주와 교환할 수 있는 권리임.
④ 전환사채의 액면가는 100만원이며 무이표채임.

기타 정보는 다음과 같다.

① 무위험이자율은 항상 0%임.
② 발행시점에서 발행자의 1년 만기 채권에 대한 신용스프레드(credit spread)는 0%임.

다음 표는 발행시점으로부터 1년 후 1년 만기 신용스프레드와 주가에 관한 시나리오이다.

발행시점으로부터 1년 후 시나리오	1년 만기 신용스프레드(%)	주가(원)
호황	0	25,000
불황	25	5,000

다음 물음에 답하라.

(1) '전환권이 없는 채권'(일반채권)의 발행시점의 현재가치는 95만원이다. 이를 이용하여 발행시점의 주가를 구하라.

(2) 발행시점에서 전환사채의 가치를 구하라.

(3) 다음 표는 발행시점으로부터 1년 후 위기 상황이 고려된 1년 만기 신용스프레드와 주가에 관한 시나리오이다.

발행시점으로부터 1년 후 시나리오	1년 만기 신용스프레드(%)	주가(원)
호황	0	25,000
불황	25	5,000
위기	100	0

위기가 발생할 위험중립확률은 10%이고 일반채권의 발행시점의 현재가치는 89만원이다. 행사가격이 1만원이고 발행자의 주식을 기초자산으로 하는 콜옵션의 발행시점의 가치를 구하라.

(4) 물음 (3)의 상황 하에서 발행자의 주식을 기초자산으로 하는 풋옵션의 발행시점의 가치가 1,530원일 때 행사가격을 구하라.

09 이항모형을 이용한 수의상환사채의 가치평가

(주)서울은 투자자금을 마련하기 위하여 만기 3년, 액면이자율(coupon rate) 10%, 액면가 100억원인 수의상환사채를 발행하였다. 수의상환권은 발행 후 1년이 지난 시점부터 행사할 수 있으며, 수의상환가격은 101억원이다. 현재

시장이자율은 10%로 매년 동일한 확률로 10% 상승하거나 10% 하락한다고 한다. (단, 채무불이행위험은 없다고 가정한다.)

(1) 수의상환권이 없는 일반사채로서의 가치를 구하라.

(2) 수의상환사채의 가치를 구하라.

(3) 수의상환권의 가치를 구하라.

10 고급 수의상환권부 전환사채의 가치평가

수의상환권부 전환사채에 관한 자료는 다음과 같다.

- 무위험이자율은 연 8%로 일정하다.
- 현재 기업가치는 400억원이다.
- 기업가치가 30% 상승할 확률은 60%이며, 기업가치가 20% 하락할 확률은 40%이다.
- 현재 두 종류의 증권(주식 150만주, 수의상환권부 전환사채 100만단위)을 발행하고 있으며, 이 채권은 만기 이전 언제라도 1단위당 0.5주의 비율로 주식으로 전환될 수 있다.
- 채권이 주식으로 전환되는 경우 채권보유자들은 50/(150+50)=25%의 회사지분을 갖게 된다.
- 이 채권의 단위당 액면가는 10,000원, 액면이자율은 10%, 만기는 2년이다.
- 이 회사는 1년도 말에 채권 단위당 12,000원으로 채권을 상환할 수 있다.
- 이 회사는 배당금을 지불하지 않는다.

이 채권의 현재가치를 구하라.

11 전환사채와 수의상환권부 전환사채의 가치평가 (CPA 2차 2015 수정)

BBB기업이 만기 2년, 무이표 전환사채(convertible bond)를 발행할 예정이다. 채권의 액면가는 100만원이고 채권은 만기일을 포함하여 언제나 주식 2주로 전환이 가능하다. 채권 발행 당시의 BBB기업 무배당 주식의 현재 가격은 50만원이며, 매년 주가가 15% 상승하거나 15% 하락하는 이항과정을 따른다고 가정한다. 위험중립하의 주가의 상승 확률은 55%이고 하락 확률은 45%이다. 무위험이자율은 연 1%로 향후 변동이 없으며, 시장에는 어떠한 차익거래의 기회도 없다고 가정한다.

(1) BBB기업이 발행하는 전환사채의 현재가치를 2기간 이항모형을 이용하여 원단위로 계산하라.

(2) BBB기업은 물음 (1)과 동일한 전환사채에 수의상환권(call option)을 추가한 수의상환권부(callable) 전환사채를 발행할 계획이다. 채권의 만기일 이전에만 수의상환권을 행사할 수 있으며 수의상환가격은 108만원이다. 단, BBB기업이 수의상환을 결정하기에 앞서 항상 채권투자자가 전환권을 행사할 수 있다.

① 만기 2년의 수의상환권부 전환사채의 현재가치를 2기간 이항모형을 이용하여 원단위로 계산하라.

② 채권에 포함되어 있는 수의상환권의 현재가치를 원단위로 계산하라.

(3) BBB기업이 발행한 물음 (2)의 수의상환권부 전환사채의 가치평가 시 BBB기업의 파산위험을 추가로 고려하기로 한다. 매 기말시점에서 위험중립하의 파산 확률(default probability)은 2%로 가정하고 주가의 상승확률은 55%, 하락확률은 43%로 재설정한다. 파산 시 주가는 0원이 되고 채권 액면금액의 30%가 회수된다고 가정한다. 만기 2년의 수의상환권부 전환사채의 현재가치를 파산을 고려한 2기간 삼항모형을 이용하여 원단위로 계산하라.

12 실물옵션과 투자안 평가 (CPA 2차 2014)

㈜한국건설은 주택을 건설한 후 임대할 예정이다. 주택건설에 소요되는 초기투자비용은 600억원이며, 잔존가치 없이 향후 3년간 정액법으로 감가상각된다. 주택임대수요가 향후 3년간 높을 확률은 60%이며, 낮을 확률은 40%로 예상된다. 임대수요가 높을 경우 향후 3년간 매년 임대소득 500억원, 매년 현금지출비용 120억원이 발생한다. 임대수요가 낮을 경우 매년 임대소득 350억원, 매년 현금지출비용 100억원이 발생한다. ㈜한국건설의 자본비용은 10%이며 법인세율은 40%이다. 현재 평균시장이자율은 연 10%이다. 기간 3년, 할인율 10%인 연금의 현가이자요소($=\sum_{t=1}^{3}\frac{1}{(1.10)^t}$)는 2.4869이다. 모든 계산결과는 억원 단위로 표시하되 반올림하여 소수점 둘째 자리까지 표기하라.

(1) 주택임대수요가 높을 경우와 낮을 경우 연간 영업현금흐름을 각각 구하라.

(2) 현재시점에서 투자안의 기대NPV를 계산하라.

(3) ㈜한국건설은 임대수요를 정확히 파악할 수 있도록 주택건설을 1년간 연기할 수 있는 기회를 가지고 있다.

① 1년 후 주택건설을 시행할 경우 투자안의 기대NPV를 계산하라. 단, 주택건설의 초기 투자비용, 임대로 인한 현금흐름 및 임대수요의 확률분포는 투자시기와 관계없이 변하지 않는다고 가정한다.

② 1년간 임대수요조사를 위해 5억원의 추가 비용을 현재시점에서 지불해야 한다면, 주택건설을 당장 시행하는 방안과 1년간 연기하는 방안 중 어떤 방안이 유리한가?

(4) 투자안 평가에서 실물옵션접근법 사용 시 장점 및 문제점을 5줄 이내로 설명하라.

13 투자안 연기에 대한 옵션

최근 (주)HK전자는 차세대 스마트폰을 생산·판매하는 투자안을 고려하고 있다. 현재 차세대 스마트폰에 대한 시장이 성숙되지 않았다고 판단되기 때문에 이 제품의 생산 첫 해에는 10만대가 판매될 것으로 예상된다. 그러나 향후 시장상황에 따라 그 이후부터의 판매량은 30만대로 늘어나서 영원히 유지되거나 또는 생산 첫 해와 같은 10만대가 영원히 유지될 것으로 예상되며, 그 가능성은 각각 50%이다. 이 제품을 생산·판매하는 경우 대당 10만원의 현금흐름을 영원히 창출할 수 있을 것으로 예상된다. 이 투자안의 초기 투자비용은 투자시기와 관계없이 2,100억원이며, 적절한 할인율은 10%이다. 그리고 무위험이자율이 6%일 경우 다음의 물음에 답하라. (단, 이하 모든 계산과정 및 결과에서 금액은 반올림하여 억원 단위로 표시하고 비율은 반올림하여 소수점 아래 넷째 자리까지 표시하라.)

(1) 현재 (주)HK전자는 이 사업을 추진해야 하는가?

(2) (주)HK전자는 이 사업을 1년간 연기할 수 있는 기회를 가지고 있다고 한다. 이 사업의 연기에 대한 옵션가치를 구하여 이 투자안을 평가하라.

14 투자안 연기에 대한 옵션 (CPA 2차 2022)

㈜민국은 해외 현지기업 ㈜다랑 인수를 통해 해외시장을 개척하고자 한다. 현재($t=0$) 해외시장에서는 전쟁 발생의 위험이 존재하며 1년 후($t=1$)에는 전쟁 발생여부가 결정된다. 현 시점($t=0$)에 ㈜다랑을 인수하는 경우 250억원의 투자비용이 소요된다. 1년 후 ㈜다랑을 인수하는 경우에는 400억원이 소요된다. 만약, 전쟁이 발생할 경우 ㈜민국은 투자비용 전액 손실을 감수하여야 한다.

1년 후 전쟁이 발생하지 않을 확률은 60%이며 이 경우 매년 확실한 30억원의 영구 현금흐름이 발생한다. 반면, 전쟁이 발생할 확률은 40%이며 이 경우 현금흐름은 0원이다.

현재 휴업중인 ㈜다랑은 1년 후($t=1$)부터 사업을 재개한다. 투자안의 자본비용은 20%이며 무위험이자율은 5%이다. 다음 물음에 답하라.

(1) ㈜민국이 현 시점에 ㈜다랑을 인수할 경우 순현가(NPV)를 구하라.

(2) ㈜민국의 관점에서 투자결정을 연기할 수 있는 권리의 가치를 구하라.

(3) ㈜민국의 관점에서 현 시점에 ㈜다랑을 인수하는 것이 유리한 투자의사결정이 되는 전쟁발생 확률의 범위를 구하라.

15 확장옵션을 이용한 투자안 평가

(주)부산건설은 현재 서울시청에서 추진하고 있는 택지조성사업에 참여할 것을 고려하고 있다. 택지조성사업 자체의 순현가(NPV)는 −20억원으로서 사업성이 없는 것으로 판단된다. 그러나 이 사업에 참여하는 경우 향후 5년 동안 언제라도 서울지역에서의 아파트 건설사업에 진출할 수 있는 옵션을 획득할 수 있다. 아파트 건설사업에 소요되는 초기 투자비용은 200억원이나, 현재시점에서는 아파트 건설사업으로부터 기대되는 현금흐름의 현재가치는 150억원에 불과한 것으로 예상된다. 그러나 이와 같은 추정치는 향후 경기상황에 따라 달라질 수 있는 불확실한 것이며, 시뮬레이션에 의해 추정된 아파트 건설사업의 분산은 0.08이다. 그리고 연간 무위험이자율이 6%이다.

(1) 아파트 건설사업에 대한 옵션의 현재가치는?

(2) 이 회사는 현재시점에서 택지조성사업에 참여해야 하는가?

16 포기옵션을 이용한 투자안 평가

(주)SH전자는 베트남 내수시장을 대상으로 스마트폰을 생산·판매하는 투자안을 고려하고 있다. 투자로 인해 스마트폰을 매년 평균 10만개씩 팔리며, 개당 1만원의 현금흐름을 영원히 창출할 수 있을 것으로 예상된다. 1년 후 이 사업의 성패를 알 수 있다고 한다. 만일 처음 1년 동안 제품에 대한 현지 평판이 좋으면 그 이후부터의 예상 판매량은 15만개로 늘어나고, 나쁘면 5만개로 줄어들 수 있다. 가능성은 반반이며, 예상 판매량은 영원히 유지된다고 한다. 이 투자안의 초기 투자비용은 55억원이며, 위험조정할인율은 20%이다. 그리고 무위험이자율이 10%일 경우 다음의 물음에 답하라.

(1) (주)SH전자는 이 사업을 추진해야 하는가?

(2) 1년 후 사업을 포기할 경우 베트남의 판매파트너가 이 사업 전체를 40억원에 사겠다고 제안하고 있다. 이를 고려할 경우 물음 (1)의 결과는 달라지는가?

17 실물옵션을 이용한 투자안 평가 (CPA 2차 2018)

㈜신생은 초기투자비용이 1,100만원인 사업에 대한 투자를 고려하고 있다. 이 사업의 1년 후 현금흐름은 다음과 같으며, 현재 무위험이자율은 10%이다. 금액의 단위는 만원이며, 소수점 아래 셋째 자리에서 반올림하여 둘째 자리까지 표시하라.

상 황	확 률	1년 후 현금흐름
호 황	60%	1,800만원
불 황	40%	800만원

(1) ㈜신생은 이 투자안의 평가를 위해 주식시장의 자료를 사용하기로 하고, 재무위험이 동일한 ㈜벤치를 대용기업으로 선정하였다. ㈜벤치의 현재 주가는 24,560원이다. 이 주식의 1년 후 주가는 호황일 경우 36,000원이고 불황일 경우 16,000원이며, 그 가능성은 각각 60%와 40%이다. 이를 이용하여 ㈜신생이 고려하고 있는 투자안에 대한 적절한 할인율과 투자안의 NPV를 구하라. 단, 현재 주식시장은 효율적 시장이라고 가정한다.

(2) ㈜신생에게 투자결정을 1년 연기할 수 있는 옵션이 주어졌으며, 1년 후

현금흐름을 확실히 알 수 있다고 한다. 1년을 연기하여 투자하는 경우 투자비용은 10% 증가하며, 현금흐름 1,800만원 또는 800만원은 2년 후 ($t=2$) 발생한다. 위 옵션의 가치를 구하라.

(3) 물음 (2)와 관련 없이, 정부는 1년 후 불황일 경우 이 사업을 1,800만원에 인수할 것을 보증하였다. 정부보증의 가치를 구하라.

(4) 물음 (2)~(3)과 관련 없이, ㈜신생은 1년 후 다음과 같은 실물옵션들을 행사할 수 있다고 한다.

- 추가적으로 500만원을 투자하여 현금흐름을 30% 증가시킬 수 있음
- 1년 후 이 투자안을 초기투자비용의 75%를 받고 처분할 수 있음

이와 같은 실물옵션들을 고려할 경우 투자안의 NPV를 구하라.

18 포기옵션을 이용한 투자안 평가 (보험계리사 2차 2015)

㈜한국은 새로운 사업에 대한 투자를 고려하고 있다. 본 사업의 초기투자비용은 115억원이고, 사업이 성공적으로 진행되면 1년 말 200억원의 가치를, 사업이 부진하게 되면 70억원의 가치를 갖게 된다. 성공과 부진의 확률은 각각 40%와 60%이다. 본 사업의 자본비용은 연 10%이며, 무위험이자율은 연 5%이다. 단, ㈜한국은 본 사업을 1년 말에 포기할 수 있는 권리를 가지고 있다. 포기할 경우 본 사업은 시장에서 80억원에 처분할 수 있다고 한다. 시장에서 차익거래(arbitrage) 기회가 없다고 가정할 때, 다음 질문에 답하라.

(1) 1년 말 사업의 포기권리를 고려하지 않을 경우, 본 사업의 순현재가치를 구하고, 투자 여부를 결정하라.

(2) 이항분포모형(binomial model)을 이용하여 내재된 포기옵션의 현재가치를 구하라.

(3) 포기옵션이 내재된 본 투자사업의 순현재가치(NPV)를 구하고, 투자 여부를 결정하라.

19 실물옵션 종합 (CPA 2차 2000 수정)

ABC제약회사는 1년 전 신약품연구업체에 50억원의 자금을 지원하여 1년 동안의 시간이 소요되는 신약연구를 의뢰하였다. 현재 발표된 연구결과를 이용하여 신약을 생산하는 경우 1년 후 신약생산의 투자안 가치는 70%의 확률로 600억원이 되거나, 30%의 확률로 100억원이 될 것으로 예상된다. 그리고 신약생산에 필요한 초기 투자비용은 400억원이며, 이 투자안의 적절한 할인율은 50%이다. 무위험이자율이 20%라고 할 때 다음의 물음에 답하라. (단, 각 물음은 독립적이다.)

(1) 현재시점에서 신약생산 투자안의 순현재가치(NPV)는 얼마인가?

(2) ABC제약회사는 신약생산을 1년간 연기할 수 있는 기회를 가지고 있다고 한다. 신약생산의 연기에 대한 옵션가치를 구하여 이 투자안을 평가하라.

(3) 현재 ABC제약회사가 신약생산 투자안을 실시하는 경우 그 투자안을 1년 후 300억원에 처분할 수 있는 기회를 가질 수 있다고 한다. 이와 같이 주어진 처분기회의 옵션가치를 구하여 이 투자안을 평가하라.

20 실물옵션을 이용한 유전의 가치평가 (CPA 2차 2011)

정유회사인 XYZ(주)는 30억배럴의 매장량을 갖고 있는 미개발 유전 M에 대한 채굴권 계약을 했다. 이 유전의 개발비용은 290억달러로 예측되며 계약기간은 향후 12년이다. 원유가격은 배럴당 43달러, 생산비용은 배럴당 28달러로 추정되고 원유가격 변화율의 분산은 0.04, 무위험이자율은 8%로 가정한다. 계산결과는 소수점 넷째 자리까지 표시하고, 금액은 억달러 단위로 표기하라.

(1) 유전 M이 개발 완료되어 생산을 시작하면 매년 유전 가치의 5%에 해당하는 순현금유입(net cash inflow)이 발생할 것으로 예상된다. 유전 M에 대한 채굴권의 가치를 배당이 있는 경우의 블랙-숄즈 옵션가격공식을 사용하여 구하라. 만기까지의 기간(T)은 12년이다. (단, 무배당인 경우의 블랙-숄즈 옵션가격공식에서 기초자산의 가치(S)는 408.2억달러이고, 배당을 고려해서 S를 조정하여 d_1 및 콜옵션가격을 구한다.)

힌트

무배당인 경우의 블랙-숄즈 옵션가격공식은 다음과 같다 :

$$C = SN(d_1) - Xe^{-rT}N(d_2)$$

$$d_1 = \frac{\ln\frac{S}{X} + \left(r + \frac{\sigma^2}{2}\right)T}{\sigma\sqrt{T}}, \quad d_2 = d_1 - \sigma\sqrt{T}$$

$\ln(0.7165) = -0.3334$, $\ln(0.7724) = -0.2582$,

$e^{-0.4} = 0.6703$, $e^{-0.6} = 0.5488$, $e^{-0.96} = 0.3829$,

$N(0.6666) = 0.7475$, $N(0.8807) = 0.8108$, $N(1.3594) = 0.9130$

(2) 이 회사는 기존에 개발 완료되어 생산중인 유전 K도 보유하고 있는데, 이 유전으로부터는 3년간 매년 27억달러씩의 현금흐름이 발생할 것으로 예상되며 할인율은 9%이다. 한편 이 회사의 주가는 65달러, 발행주식수는 1.5억주이고 총부채는 65억달러이다. 보유 유전은 유전 K와 유전 M이 전부라면 현재 주식이 고평가 혹은 저평가되어 있는지 판단하라.

(3) 순현가법(NPV)과 같은 전통적인 투자안 평가방법과 비교하여 실물옵션(real option) 접근방법이 제공하는 장점을 5줄 이내로 논하라.

21 고급 실물옵션을 이용한 투자안의 가치평가

프로젝트의 현재가치는 100억원이며, 그 가치는 매년 20% 상승하거나 20% 하락한다. 그리고 프로젝트를 시작하기 위해 소요되는 현재시점의 투자액은 105억원이다. 프로젝트의 기대수익률은 10%이며, 무위험이자율은 8%이다.

(1) 유연성이 없는 현재의 상태에서 다음의 물음에 답하라.

① 프로젝트의 2년간 사상트리(event tree)를 구성하라.

② 프로젝트의 순현가를 구하라.

③ 상승 시의 객관적 확률과 위험중립확률을 각각 계산하라.

(2) 시점에 관계없이 경영자는 다음과 같은 실물옵션들을 행사할 수 있다.

- 확장옵션 : 추가적으로 15억원을 투자하여 프로젝트의 가치를 20% 증가시킬 수 있음.
- 축소옵션 : 프로젝트의 가치를 20% 감소시킬 경우 25억원의 비용을 절감할 수 있음.
- 포기옵션 : 프로젝트를 포기하면 100억원의 잔존가치가 발생함.

이와 같은 실물옵션들을 고려하는 경우 프로젝트의 순현가는?

22 이항모형과 풋백옵션

현재 (주)동해는 공모가 20,000원인 주식을 10만주 발행하여 기업공개를 하였다. 인수 후 2개월 이내에 공모가 이하로 주가가 하락할 경우 (주)동해가 그 차액을 전액 보상해 준다는 조건하에서 최초공모주(initial public offerings : IPO) 전체를 서해금융이 인수하였다. 현재 주가는 20,000원이며, 매월 5% 상승하거나 5% 하락한다. 무위험이자율은 연 12%이다. (주)동해가 서해금융에 제시한 인수조건, 즉 풋백옵션(put back option)에 의해 (주)동해가 부담해야 하는 비용은 얼마인가?

제13장 선물과 옵션의 결합

1. 선물과 옵션의 결합
2. 선물옵션
3. 스 왑 션

보론 : 블랙모형을 이용한 선물옵션의 평가

서로 다른 옵션을 결합하여 선물포지션을 만들거나, 선물과 옵션을 결합하여 새로운 형태의 옵션포지션을 만드는 것을 합성포지션(synthetic position)이라 한다. 한편 선물옵션(option on futures, futures option)은 현물이 아닌 선물을 기초자산으로 하는 옵션으로서, 미래의 일정시점에 약정된 가격으로 선물계약을 체결할 수 있는 권리를 말한다. 그리고 스왑옵션(swap option)은 금리스왑을 기초자산으로 하는 옵션으로서 스왑션(swaption)이라고도 한다.

본장에서는 선물과 옵션의 결합, 선물옵션, 스왑션 등에 대해서 설명하고자 한다.

1 선물과 옵션의 결합

서로 다른 옵션을 결합하여 선물포지션을 만들거나, 선물과 옵션을 결합하여 새로운 형태의 옵션포지션을 만드는 것을 합성포지션(synthetic position)이라 한다. 풋-콜 패리티에 의하면 다음과 같은 식이 성립한다.

$$S - \frac{X}{1+r_T} + P = C \tag{13-1}$$

그리고 선물은 현금을 차입(무위험채권 공매도)하여 현물을 매입하는 것과 동일하다.

$$\text{선물} = \text{현물} - \text{무위험채권} \tag{13-2}$$

식 (13-1)과 식 (13-2)에 의해서 선물과 옵션은 다음과 같은 관계가 성립하게 된다.

$$F + P = C \tag{13-3}$$

식 (13-3)은 선물과 옵션의 만기일이 동일하고, 선물가격과 옵션의 행사가격이 같아야 성립함을 유의해야 한다.

1.1 옵션의 합성

합 성 콜

식 (13-3)에 의해 합성콜(synthetic call)을 만들 수 있다.

$$\text{합성콜 매입}(C) = \text{선물 매입}(F) + \text{풋 매입}(P) \tag{13-4}$$

〈표 13-1〉은 합성콜의 만기일 성과를 나타낸 표이다. 그리고 합성콜 매입에 따른 손익은 만기일 성과에서 투자액을 차감한 것으로서, 이를 그림으

표 13-1 합성콜의 만기일 성과

포트폴리오	투 자 액	만기일 성과	
		$S_T<X$	$S_T \geq X$
선물 매입 풋 매입	0 P	S_T-X $X-S_T$	S_T-X 0
합 성 콜	P	0	S_T-X

그림 13-1 합성콜의 손익

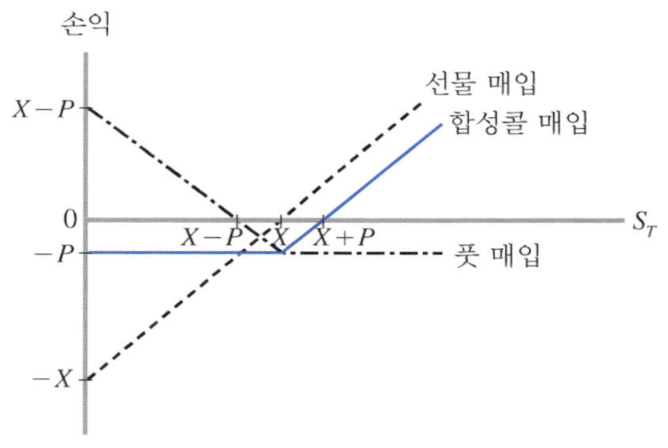

로 나타내면 [그림 13-1과 같다.

그리고 합성콜 매도(발행)와 같은 효과를 얻기 위해서는 식 (13-4)와 반대의 포지션을 취하면 된다.

$$\text{합성콜 매도}(-C)=\text{선물 매도}(-F)+\text{풋 매도}(-P) \qquad (13\text{-}5)$$

합 성 풋

동일한 방법으로 합성풋(synthetic put)을 만들 수 있다.

$$\text{합성풋 매입}(P)=\text{선물 매도}(-F)+\text{콜 매입}(C) \qquad (13\text{-}6)$$

〈표 13-2〉는 합성풋의 만기일 성과를 나타낸 표이다. 그리고 합성풋 매

표 13-2 합성풋의 만기일 성과

포트폴리오	투 자 액	만기일 성과	
		$S_T < X$	$S_T \geq X$
선물 매도 콜 매입	0 C	$X - S_T$ 0	$X - S_T$ $S_T - X$
합 성 풋	C	$X - S_T$	0

그림 13-2 합성풋의 손익

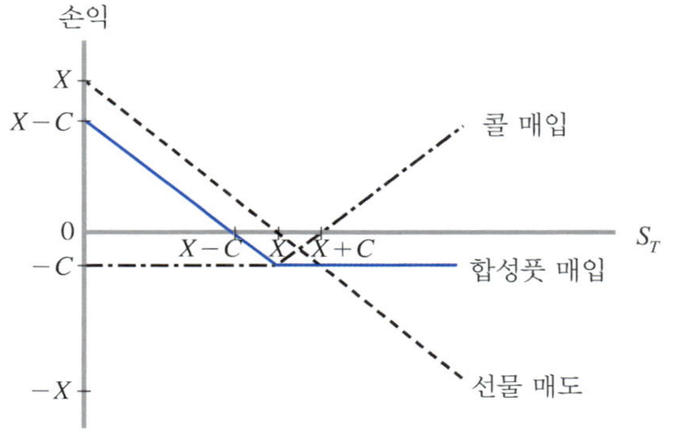

입에 따른 손익은 만기일 성과에서 투자액을 차감한 것으로서, 이를 그림으로 나타내면 [그림 13-2]와 같다.

그리고 합성풋 매도(발행)와 같은 효과를 얻기 위해서는 식 (13-6)과 반대의 포지션을 취하면 된다.

$$\text{합성풋 매도}(-P) = \text{선물 매입}(F) + \text{콜 매도}(-C) \qquad (13\text{-}7)$$

1.2 선물의 합성

합성선물(synthetic futures)을 만들면 다음과 같다.

$$\text{합성선물 매입}(F) = \text{콜 매입}(C) + \text{풋 매도}(-P) \qquad (13\text{-}8)$$

표 13-3 합성선물의 만기일 성과

포트폴리오	투 자 액	만기일 성과	
		$S_T<X$	$S_T \geq X$
콜 매입 풋 매도	C $-P$	0 $-(X-S_T)$	S_T-X 0
합성선물	$C-P$	S_T-X	S_T-X

그림 13-3 합성선물의 손익

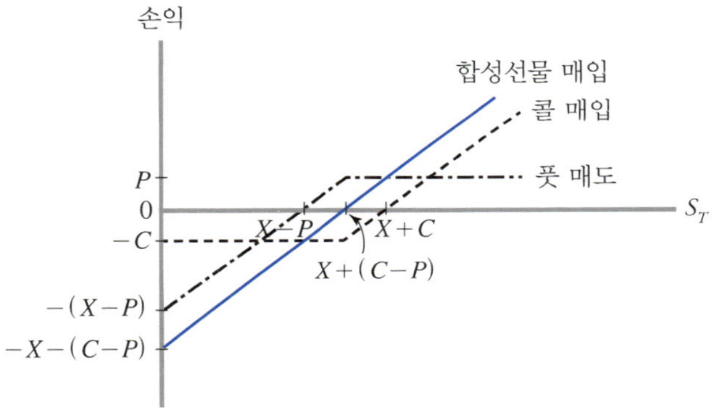

〈표 13-3〉은 합성선물의 만기일 성과를 나타낸 표이다. 그리고 합성풋 매입에 따른 손익은 만기일 성과에서 투자액을 차감한 것으로서, 이를 그림으로 나타내면 [그림 13-3]과 같다.

〈표 13-3〉에서 콜의 가격이 풋의 가격보다 더 큰 경우, 즉 $C-P>0$인 경우 합성선물의 만기일 성과(S_T-X)는 실제 선물의 만기일 성과(S_T-F)보다 커야 한다.

$$C-P>0 \rightarrow S_T-X>S_T-F \quad \therefore\ X<F$$

이와 동일한 논리로 다음의 관계도 성립한다.

$$C-P=0 \rightarrow S_T-X=S_T-F \quad \therefore\ X=F$$

$$C-P<0 \rightarrow S_T-X<S_T-F \quad \therefore\ X>F$$

현물가격(S)은 선물가격(F)을 무위험이자율(r_T)로 할인한 현재가치라 할 수 있으며, 이를 식 (13-1), 즉 풋-콜 패리티에 대입하면 다음과 같다.[1]

$$C - P = \frac{F - X}{1 + r_T} \tag{13-9}$$

식 (13-9)를 선물-옵션 패리티(futures-options parity)라 하며 이를 통해서도 옵션의 행사가격(X)과 선물가격(F) 사이의 관계를 확인할 수 있다.[2]

그리고 합성선물 매도와 같은 효과를 얻기 위해서는 식 (13-8)과 반대의 포지션을 취하면 된다.

$$\text{합성선물 매도}(-F) = \text{콜 매도}(-C) + \text{풋 매입}(P) \tag{13-10}$$

2 선물옵션

2.1 선물옵션의 의의

선물옵션(option on futures, futures option)은 현물이 아닌 선물을 기초자산으로 하는 옵션으로서, 미래의 일정시점에 약정된 가격으로 선물계약을 체결할 수 있는 권리를 말한다. 선물콜옵션(call option on futures)은 약정된 가격(행

---

1 보유비용과 보유수익을 무시하면 $S = \dfrac{F}{1+r_T}$ 이다.

2 선물-옵션 패리티는 배당이 있는 경우에도 성립한다.

- 풋-콜 패리티 : $S - PV(D) + P - C = \dfrac{X}{1+r_T}$
- $F = S(1+r_T) - D_T \;\rightarrow\; S = \dfrac{F}{1+r_T} + \dfrac{D_T}{1+r_T} = \dfrac{F}{1+r_T} + PV(D)$

위의 두 식에 의해 선물-옵션 패리티가 성립함을 알 수 있다.

$$\frac{F}{1+r_T} + PV(D) - PV(D) + P - C = \frac{X}{1+r_T} \;\rightarrow\; C - P = \frac{F-X}{1+r_T}$$

사가격)으로 선물계약에 매입포지션을 취할 수 있는 권리이며, 선물풋옵션(put option on futures)은 약정된 가격으로 선물계약에 매도포지션을 취할 수 있는 권리를 말한다. 대부분의 선물옵션은 옵션의 잔존기간 중 언제라도 행사할 수 있는 미국형 옵션이며, 선물옵션의 만기일은 일반적으로 기초선물계약의 가장 빠른 인도일과 같거나 며칠 전이다.

현재(0), 선물옵션의 만기일(T), 그리고 선물의 만기일(T')에서 각 시점의 선물가격을 나타내면 다음과 같다.

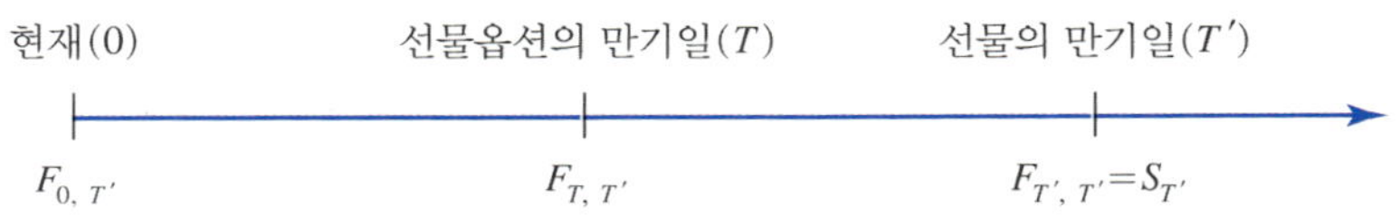

선물옵션의 만기일(T)에서 행사가격이 X인 선물콜옵션의 가치(C_T)와 선물풋옵션의 가치(P_T)를 살펴보면 다음과 같다.

- $C_T = \text{Max}[F_{T,\,T'} - X,\ 0]$
- $P_T = \text{Max}[X - F_{T,\,T'},\ 0]$

2.2 풋-콜 패리티

기초자산인 선물과 선물풋옵션을 각각 하나씩 매입하고, 선물콜옵션을 하나 매도함으로써 무위험포트폴리오를 구성할 수 있다. 이 경우 선물콜옵션과 선물풋옵션은 유럽형 옵션으로서 동일한 선물에 대하여 설정되며, 그 행사가격과 만기가 모두 같아야 한다. 이와 같이 구성된 포트폴리오의 성과는 〈표 13-4〉에 나타나 있다.

따라서 균형상태하에서(차익거래이익이 존재하지 않는 상황하에서)는 다음과 같은 관계, 즉 선물옵션의 풋-콜 패리티가 성립한다.[3]

3 미국형 선물옵션의 경우 선물콜옵션의 가격과 선물풋옵션의 가격 사이의 관계는 다음과 같다.

표 13-4 선물옵션을 이용한 무위험포트폴리오의 구성

포트폴리오	투 자 액	만기일(T)의 성과	
		$F_{T,T'}<X$	$F_{T,T'}\geq X$
선물을 $F_{0,T'}$로 매입	0	$F_{T,T'}-F_{0,T'}$	$F_{T,T'}-F_{0,T'}$
선물풋옵션 매입	P	$X-F_{T,T'}$	0
선물콜옵션 매도	$-C$	0	$-(F_{T,T'}-X)$
합 계	$P-C$	$X-F_{0,T'}$	$X-F_{0,T'}$

$$\frac{F_{0,T'}}{1+r_T}+P-C=\frac{X}{1+r_T} \tag{13-11}$$

식 (13-11)의 풋-콜 패리티로부터 유럽형 선물콜옵션과 선물풋옵션 가격의 하한선을 유도할 수 있다.

- $C-P=\dfrac{F_{0,T'}-X}{1+r_T},\ P\geq 0 \ \rightarrow\ C\geq \dfrac{F_{0,T'}-X}{1+r_T}$
- $P-C=\dfrac{X-F_{0,T'}}{1+r_T},\ C\geq 0 \ \rightarrow\ P\geq \dfrac{X-F_{0,T'}}{1+r_T}$

한편 미국형 선물옵션은 만기일 전 언제든지 행사할 수 있으므로 다음 식이 성립한다.

- $C\geq F_{0,T'}-X$
- $P\geq X-F_{0,T'}$

2.3 이항분포모형을 이용한 선물옵션의 평가

선물옵션의 만기일에 선물가격이 $uF_{0,T'}$로 상승하거나, $dF_{0,T'}$로 하락할 경우 선물과 선물콜옵션의 만기일에서의 성과를 살펴보면 [그림 13-4]와

$$\frac{F_{0,T'}}{1+r_T}-X\leq C-P\leq F_{0,T'}-\frac{X}{1+r_T}$$

그림 13-4 선물과 선물콜옵션의 성과

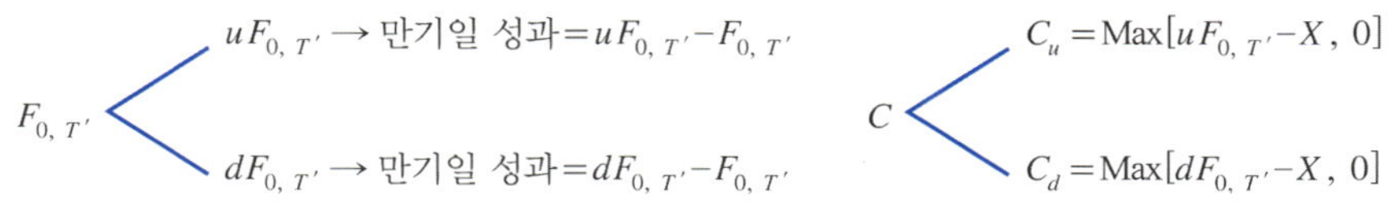

그림 13-5 헤지포트폴리오의 성과

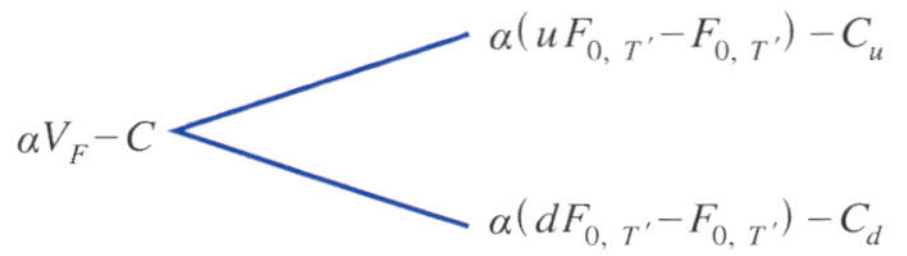

여기서 V_F: 기초자산인 선물의 현재가치이며, 그 값은 0임

같다.

[그림 13-4]에서 선물을 α개 매입하고 그 선물에 대한 콜옵션을 1개 매도하여 헤지포트폴리오를 구성하면, [그림 13-5]와 같다.

헤지포트폴리오를 구성하기 위해서는 선물가격의 상승 또는 하락과 관계없이 선물옵션의 만기일에서의 포트폴리오의 성과가 항상 일정해야 한다.

$$\alpha(uF_{0,T'} - F_{0,T'}) - C_u = \alpha(dF_{0,T'} - F_{0,T'}) - C_d$$

$$\rightarrow \alpha = \frac{C_u - C_d}{(u-d)F_{0,T'}} \qquad (13\text{-}12)$$

식 (13-12)에서 α는 헤지비율로서 헤지포트폴리오를 구성하기 위해 선물콜옵션 1개를 매도(매입)할 때 매입(매도)하여야 하는 선물의 수를 의미한다. 이와 같이 구성한 헤지포트폴리오의 수익률은 무위험이자율 r_T가 되어야 할 것이다.

$$\alpha V_F - C = -C = \frac{\alpha(uF_{0,T'} - F_{0,T'}) - C_u}{1 + r_T} \tag{13-13}$$

이제 식 (13-12)를 식 (13-13)에 대입하여 선물콜옵션의 가격을 구하면 다음과 같다.[4]

$$C = \frac{pC_u + (1-p)C_d}{1 + r_T} \tag{13-14}$$

여기서 $p = \frac{1-d}{u-d}$, $1-p = \frac{u-1}{u-d}$

예제 13-1 | 선물옵션

4월 현재 9월물 3년 국채선물가격은 102.40이며, 이를 기초자산으로 하고 만기가 2개월 후, 행사가격이 108.0인 6월물 3년 국채선물콜옵션이 거래되고 있다. 6월물 3년 국채선물콜옵션의 만기인 2개월 후에 9월물 3년 국채선물가격은 112.64로 상승하거나 92.16으로 하락할 것으로 예상된다. 무위험이자율이 연 6%일 때 다음의 물음에 답하라.

(1) 6월물 3년 국채선물콜옵션의 균형가격은 얼마인가?

(2) 풋-콜 패리티(put-call parity)를 이용하여 행사가격과 만기가 동일한 3년 국채선물풋옵션의 균형가격을 구하라. (단, 3년 국채선물옵션은 유럽형 옵션이라고 가정한다.)

해설

(1) 만기일(2개월 후)에서 9월물 3년 국채선물과 이를 기초자산으로 하는 6월물 3년 국채선물콜옵션의 가격변동을 살펴보면 다음과 같다.

• $F_{0,T'}(=102.40)$

- $uF_{0,T'} = 112.64 \rightarrow$ 만기일 성과 $= 112.64 - 102.40 = 10.24$
- $dF_{0,T'} = 92.16 \rightarrow$ 만기일 성과 $= 92.16 - 102.40 = -10.24$

---

4 $V_F(=0) = \frac{p(uF_{0,T'} - F_{0,T'}) + (1-p)(dF_{0,T'} - F_{0,T'})}{1 + r_T} \rightarrow F_{0,T'} = puF_{0,T'} + (1-p)dF_{0,T'}$

$\therefore\ p = \frac{1-d}{u-d}$

• $C \begin{cases} C_u = \text{Max}[112.64 - 108.0,\ 0] = 4.64 \\ C_d = \text{Max}[92.16 - 108.0,\ 0] = 0 \end{cases}$

선물을 α개 매입하고 콜을 1개 매도하여 헤지포트폴리오를 구성하면 다음과 같다.

$$\alpha V_F - C(= -C) \begin{cases} 10.24\alpha - 4.64 \\ -10.24\alpha \end{cases}$$

$$10.24\alpha - 4.64 = -10.24\alpha \rightarrow \alpha = 0.2266$$

이와 같이 구성한 헤지포트폴리오의 수익률은 무위험이자율이 되어야 한다.

$$-C = \frac{10.24 \times 0.2266 - 4.64}{1 + 0.06 \times \frac{2}{12}} \quad \therefore\ C = 2.30$$

※ 위험중립확률을 이용하여도 동일한 결과를 얻을 수 있다.[5]

$$u = \frac{112.64}{102.40} = 1.1,\ d = \frac{92.16}{102.40} = 0.9 \rightarrow p = \frac{1 - 0.9}{1.1 - 0.9} = 0.5,\ 1 - p = 0.5$$

$$\therefore\ C = \frac{0.5 \times 4.64 + 0.5 \times 0}{1 + 0.01} = 2.30$$

(2) 풋-콜 패리티를 이용하여 선물풋옵션의 가치를 구하면 다음과 같다.

$$\frac{F_{0,T'}}{1 + r_T} + P - C = \frac{X}{1 + r_T}$$

$$\therefore\ P = 2.30 - \frac{102.40}{1 + 0.01} + \frac{108.0}{1 + 0.01} = 7.84$$

※ 위험중립확률을 이용하여도 동일한 결과를 얻을 수 있다.

$$P \begin{cases} P_u = \text{Max}[108.0 - 112.64,\ 0] = 0 \\ P_d = \text{Max}[108.0 - 92.16,\ 0] = 15.84 \end{cases}$$

$$\therefore\ P = \frac{0.5 \times 0 + 0.5 \times 15.84}{1 + 0.01} = 7.84$$

5 $F_{0,T'} = puF_{0,T'} + (1 - p)dF_{0,T'} \rightarrow 102.40 = p \times 112.64 + (1 - p) \times 92.16 \quad \therefore\ p = 0.5$

3 스 왑 션

스왑옵션(swap option)은 금리스왑을 기초자산으로 하는 옵션으로서 스왑션(swaption)이라고도 한다. 스왑션은 그 소유자에게 스왑션 계약시점에서 미리 정한 금리스왑을 미래 특정 시점에서 체결할 수 있는 권리를 부여하는 계약이다. 스왑션은 옵션의 일종이므로 스왑션의 매입자는 권리만 가질 뿐 선물매입자와 같은 의무는 부담하지 않는다. 따라서 스왑션을 계약하는 시점에서 스왑션의 매입자는 권리를 매입한 대가로 스왑션 구입가격(프리미엄)을 지불하여야 한다. 금리스왑과 같이 스왑션도 거래 쌍방의 계약에 의해 성립하는데, 일반적으로 스왑션의 매입자는 기업이고 매도자는 금융기관이 된다. 스왑션의 매입자와 매도자간의 권리-의무관계는 [그림 13-6]과 같다.

그림 13-6 스왑션의 매입자와 매도자간의 권리-의무관계

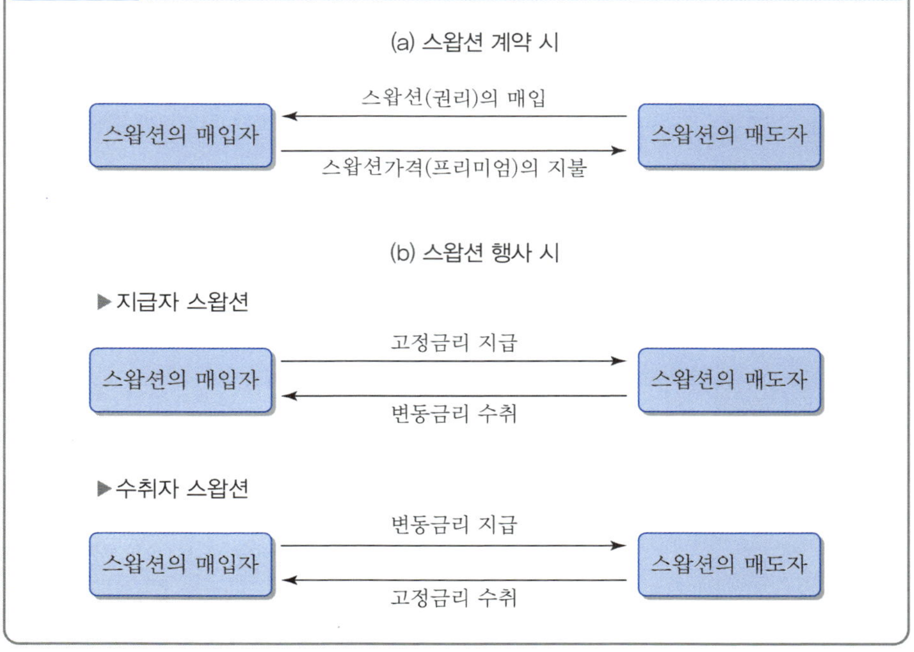

스왑션은 만기일 또는 만기일 이전 언제라도 권리행사가 가능한지 여부에 따라 유럽형과 미국형으로 구분된다. 그리고 스왑션의 매입(보유)자가 기초자산인 금리스왑 거래에서 고정금리를 지급 또는 수취하는지 그 여부에 따라 지급자 스왑션(payer swaption)과 수취자 스왑션(receiver swaption)으로 분류된다. 지급자 스왑션을 매입한 자는 고정금리를 지급하면서 변동금리를 수취하는 스왑거래를 요구할 수 있는 권리를 지닌다. 즉 지급자 스왑션은 스왑션 매입자로 하여금 고정금리 지급자(fixed rate payer)로서 스왑거래에 참가할 수 있는 권리를 부여한다. 한편 수취자 스왑션을 매입한 자는 변동금리를 지급하면서 고정금리를 수취하는 스왑거래를 요구할 수 있는 권리를 지닌다. 즉 수취자 스왑션은 매입자로 하여금 고정금리 수취자(fixed rate receiver)로서 스왑거래에 참가할 수 있는 권리를 부여한다.

유럽형 스왑션의 권리행사 여부는 유럽형 옵션과 동일한 방식으로 이해할 수 있다. 유럽형 스왑션의 경우 스왑션 만기일에 시장에서 형성된 스왑의 고정금리, 즉 시장고정금리(market fixed rate)와 스왑션 계약 시 정한 스왑의 고정금리(contractual fixed rate), 즉 행사가격(excercise price)을 서로 비교하여 권리행사 여부가 결정된다. 지급자 스왑션의 권리행사는 시장고정금리가 행사가격보다 클 경우에 이루어진다. 이에 반해 수취자 스왑션의 권리행사는 시장고정금리가 행사가격보다 작을 경우에 이루어진다. 이는 스왑가격인 이자율이 증가할수록 지급자 스왑션의 권리가 행사될 가능성이 높아지고 그 반대의 경우 수취자 스왑션의 권리가 행사될 가능성이 높아짐을 의미한다.

예를 들어 표시원금 $1,000,000이고 매년 이자지급 조건의 5년 만기 스왑을 기초자산으로 하는 스왑션이 있다. 이 스왑계약에서 약정된 고정금리는 연 8%이고 변동금리는 LIBOR이다. 이 스왑션이 지급자 스왑션인 경우 만기일에서의 권리행사 여부를 살펴보자. 지급자 스왑션의 보유자가 스왑션의 만기일에 권리행사를 할 경우 그는 그 만기일로부터 5년 동안 고정이자율 연 8%를 지급하고 변동이자율 LIBOR를 수취하게 된다. 따라서 지급자 스왑션을 보유한 자는 스왑션의 만기일에 시장에서 형성된 스왑의 고정금리가 스왑션의 행사가격인 연 8%에 비해 높을 경우 스왑션의 권리행사를 실시할 것이다. 반면 시장 고정금리가 행사가격보다 낮을 경우 스왑션은 권리행사되지 않고 소멸할 것이다. 한편 이와 같은 스왑션이 수취자 스왑션일 경우 시장 고정금리가 행사가격인 8%보다 낮을 경우 권리의 행사가 이루어질 것이고 그 반대의 경우 스왑션은 소멸될 것이다.

주요 용어

key words

- 합성포지션 • 450
- 합성콜 • 450
- 합성풋 • 451
- 합성선물 • 452
- 선물-옵션 패리티 • 454
- 선물옵션 • 454
- 선물콜옵션 • 454
- 선물풋옵션 • 455
- 선물옵션의 풋-콜 패리티 • 455
- 스왑션 • 460
- 수취자 스왑션 • 461
- 고정금리 지급자 • 461
- 지급자 스왑션 • 461
- 고정금리 수취자 • 461

연습문제

■ 완성/선택형 문제

01 콜옵션을 매입한 것과 동일한 성과를 얻기 위해서는 선물을 (   )하고 풋옵션을 (   )해야 한다.

02 선물을 매입한 것과 동일한 성과를 얻기 위해서는 콜옵션을 (   )하고 풋옵션을 (   )해야 한다.

03 (   )은 현물이 아닌 선물을 기초자산으로 하는 옵션으로서, 미래의 일정시점에 약정된 가격으로 선물계약을 체결할 수 있는 권리를 말한다.

04 금리스왑을 기초자산으로 하는 옵션인 (   )은 그 계약시점에서 미리 정한 이자율스왑을 미래 특정 시점에서 체결할 수 있는 권리가 부여된 계약이다.

05 (   )은 스왑션 매입자로 하여금 고정금리 지급자(fixed rate payer)로서 스왑거래에 참가할 수 있는 권리를 부여하는 반면, (   )은 매입자로 하여금 고정금리 수취자(fixed rate receiver)로서 스왑거래에 참가할 수 있는 권리를 부여한다.

06 배당을 지급하지 않는 A기업의 주가는 현재 10,000원이다. 투자자는 1년 동안 10,000원을 예금하는 경우 만기에 11,000원을 확정적으로 받게 되며, 예금금리와 동일한 금리로 자금을 차입할 수 있다. 여기서 콜옵션과 풋옵션은 A기업 주식에 대한 만기 1년의 유럽형(European) 옵션을 의미하며, 행사가격은 11,000

원으로 동일하다. 콜옵션가격이 3,000원이라면 다음 중 옳은 것은?

(CPA 1차 2004)

① 풋옵션가격이 2,000원이라면, 콜옵션 하나를 매수하고 풋옵션 하나를 매도함으로써 1년 후 1,100원의 무위험차익을 얻을 수 있다.

② 콜옵션 2개를 매수하고 A기업 주식 1주를 공매도(short selling)함과 동시에 10,000원을 예금하는 경우, 만기에 주가가 2,500원으로 하락하거나 12,500원으로 상승하면 이익이 발생한다.

③ A기업의 주식에 대한 만기 1년 선도계약의 선도가격이 10,500원이고 풋옵션가격이 2,500원이라면 무위험차익거래(arbitrage) 기회는 존재하지 않는다.

④ 무위험차익거래 기회가 존재하지 않는 경우, 풋옵션 1개를 매수함과 동시에 10,000원을 차입하여 A기업 주식 한 주를 매수함으로써 A기업 주식에 대한 만기 1년의 미국형(American) 콜옵션을 매수하는 것과 같은 효과를 얻을 수 있다.

⑤ 콜옵션과 풋옵션에 대한 행사가격이 A기업 주식에 대한 1년 만기 선도계약의 선도가격과 같다면, 무위험차익거래 기회가 존재하지 않기 위해서는 콜가격은 풋가격보다 높아야 한다.

07 차익거래(arbitrage)에 관한 다음의 설명 중 가장 적절하지 않은 것은? (단, 매도포지션을 취하는 데 제약이 없으며 거래비용은 없다고 가정한다.) (CPA 1차 2010)

① 현물환 시장에서, 1달러는 1,200원, 100엔은 1,140원, 100엔은 0.95달러의 환율이 형성되어 있다면 차익거래는 가능하지 않다.

② 1년 만기 무이표채의 가격이 원금의 92%이고 2년 만기 무이표채의 가격이 원금의 87%인 경우 액면이자율이 8%이고 원금이 10,000원이며 만기가 2년인 이표채(연 1회 이자지급)의 무차익 가격은 10,132원이다.

③ 주식의 가격이 10,000원이고 6개월 후에 400원의 배당이 지급될 예정이다. 만기가 1년인 주식선물의 가격이 10,100원이면 선물계약이 과대평가되었으므로 차익거래가 가능하다. (단, 무위험이자율은 연 5%이다.)

④ 행사가격이 K_1, K_2, K_3이고 $K_3-K_2=K_2-K_1$이 성립하는 경우, 풋옵션의 가격이 각각 800원, 1,300원, 1,700원이면, 차익거래전략은 행사가격이

K_1인 풋옵션 1개 매입, 행사가격이 K_3인 풋옵션 1개 매입, 그리고 행사가격이 K_2인 풋옵션 2개를 매도하는 것이다. 여기서 풋옵션은 기초자산과 만기가 동일한 유럽형이다.

⑤ 1년과 2년 만기 현물이자율이 각각 6%와 7%이다. 만일 1년 후부터 시작하는 1년 동안 7.5%의 이자율로 차입할 수 있다면 차익거래자는 1년 만기 무이표채를 매입하고 2년 만기 무이표채를 공매도하여 무위험이익을 얻을 수 있다.

08 동일한 수익구조를 만들어 내는 복제포트폴리오의 구성방법 중 옳은 항목만을 모두 모은 것은? (CPA 1차 2010)

a. 미 달러화 선물환 매도＝원화채권 매입＋현물환 매도＋미 달러채권 매도
b. 채권 매입＝선물 매도＋기초자산 매입
c. 주식 공매도＝채권 매도＋콜옵션 매도＋풋옵션 매입

① a, b, c　② b, c　③ a, c
④ c　⑤ a, b

■ 서술/계산형 문제

01 선물과 콜옵션을 이용하여 풋옵션 매입과 동일한 성과를 가져오는 전략을 구성하라.

02 선물옵션의 평가방법에 대해서 설명하라.

03 스왑션에 대해 설명하라.

04 선물과 옵션의 결합 (CPA 2차 1999 수정)

5월 1일 현재 KOSPI200지수는 100포인트이며, 현재로부터 40일 후에 만기가 되는 6월물 KOSPI200선물지수는 101.5포인트이다. 한편 선물과 동일한 만기를 갖는 KOSPI200옵션의 행사가격별 현재가격(프리미엄)은 다음과 같다.

(단위 : 포인트)

옵 션	행사가격	가격(프리미엄)
콜	97.5	3.00
콜	100.0	2.50
풋	100.0	2.50
풋	102.5	3.00

무위험이자율은 연 12%, 평균배당수익률은 연 3%이며 1년은 360일이라고 가정하여 아래의 물음에 답하라.

(1) 6월물 KOSPI200선물의 균형가격은 얼마인가?

(2) 6월물 KOSPI200선물의 매입과 동일한 손익효과를 얻을 수 있는 옵션전략을 구성하라.

(3) 6월물 KOSPI200선물 한 단위를 이용해서 얻을 수 있는 차익거래이익을 구하라. (단, 현물은 이용할 수 없다고 가정한다.)

05 합성선물과 선물-옵션 패리티

현재 KOSPI200지수는 100.00포인트, 만기가 3개월인 KOSPI200선물가격은 101.00포인트이다. 한편 선물과 동일한 만기를 가지는 KOSPI200옵션에 관한 자료는 다음과 같다. (단, KOSPI200옵션과 KOSPI200선물의 거래승수는 1포인트당 25만원이다.)

옵 션	행사가격	가격(프리미엄)
콜	100.0	3.00
풋	100.0	2.50

(1) KOPSI200 콜옵션과 풋옵션을 이용하여 KOPSI200선물 매입전략을 구성하라.

(2) 3개월 만기 선물 1계약을 이용하여 얻을 수 있는 만기시점(3개월 후)에서의 차익거래이익을 구하고, 그 차익거래과정을 보여라.

06 선물-옵션 패리티 (CPA 2차 2018)

㈜백두는 1만달러에 대해 만기 1년, 행사가격 1,000원의 유럽형 콜옵션을 보유하고 있고, 한라은행은 동일 기초자산, 동일 만기, 동일 행사가격의 유럽형 풋옵션을 보유하고 있다. 본 옵션계약에서 ㈜백두와 한라은행은 서로 거래상대방이다. 또한 달러에 대한 만기 1년의 선물가격(futures price)은 970원/$이고 국내의 무위험이자율은 연 3%이다. 시장에 차익거래의 기회가 없다고 가정하여 다음 물음에 답하라.

(1) ㈜백두 입장에서 본 계약의 현재가치를 계산하라. 금액은 반올림하여 정수로 표시하라.

(2) 만약 만기가 1년이고 행사가격이 1,000원인 콜옵션의 가격이 50원일 경우, 풋옵션의 가격은 얼마인지 계산하라. 금액은 소수점 아래 셋째 자리에서 반올림하여 둘째 자리까지 표시하라.

(3) 1년 후 만기 시점에 달러의 원화환율이 900원/$이 되었다. 현금결제방식(cash settlement)을 가정하여 ㈜백두 입장에서 만기일의 현금흐름이 얼마인지 계산하라.

(4) 앞의 물음 (3)에서 ㈜백두와 한라은행은 만기결제를 하는 대신, 이 결제금액이 반영되고 ㈜백두가 매수포지션인 1년 만기의 달러 선도계약(forward contract)을 새롭게 체결하려 한다. 1년 후 시점의 국내와 미국의 무위험이자율이 각각 3%와 2%일 때 적정 달러선도가격을 계산하라. 금액은 소수점 아래 셋째 자리에서 반올림하여 둘째 자리까지 표시하라.

[보론] 블랙모형을 이용한 선물옵션의 평가

선물옵션은 연속배당수익률을 지급하는 주식에 대한 옵션과 유사하므로 그와 동일한 방법으로 분석할 수 있다. 즉 선물가격이 무위험이자율 r로 연속배당을 지급하는 주식의 가격과 동일한 형태로 변한다는 것이다. 따라서 블랙(1976)은 유럽형 선물옵션을 평가하기 위해 연속배당수익률(δ)을 알고 있는 경우의 수정된 블랙-숄즈모형[제10장 보론의 식 (10A-2)]에서 S를 $F_{0,T'}$로 대체하고, $\delta = r$로 놓음으로써 다음과 같은 유럽형 선물콜옵션의 가격결정모형을 도출하였다.[6]

$$C = F_{0,T'}e^{-rT}N(d_1) - Xe^{-rT}N(d_2) \qquad (13A\text{-}1)$$

여기서 $d_1 = \dfrac{\ln\left(\dfrac{F_{0,T'}}{X}\right) + \left(\dfrac{\sigma^2}{2}\right)T}{\sigma\sqrt{T}}$, $d_2 = d_1 - \sigma\sqrt{T}$

그리고 선물옵션의 풋-콜 패리티에 의해서 선물풋옵션의 가치를 구하면 다음과 같다.

$$P = Xe^{-rT}[1 - N(d_2)] - F_{0,T'}e^{-rT}[1 - N(d_1)] \qquad (13A\text{-}2)$$

6 F. Black, "The Pricing of Commodity Contracts," *Journal of Financial Economics*, Vol. 3(Jan/March 1976), pp. 167~179.

부　　록

- 연습문제 풀이
- 부표 : 표준정규분포표

연습문제 풀이

제 1 장 선물거래의 기초개념

완성/선택형 문제

1. 기초자산, 현물가격, 만기일(또는 인도일), 선물가격 2. 반대매매 3. 상품선물, 금융선물 4. 증거금 5. 개시증거금, 유지증거금 6. 마진콜(margin call) 7. 헤저(hedger), 투기자(speculator), 차익거래자(arbitrageur) 8. ⑤ 9. ⑤ 10. ② 11. ③ 12. ④ 13. ① 14. ④ 15. ① 16. ③ 17. ⑤ 18. ④ 19. ① 20. ⑤

계산형 문제

4. (1) 일일정산에 따른 이매입(선물매입자)의 일일정산이익(손실)은 다음과 같다.

① 이매입의 일일정산이익＝(당일정산가격－전일정산가격)×25만원×10계약

- 3월 15일 : 일일정산이익＝(260.40－262.30)×25만원×10＝－475만원
- 3월 16일 : 일일정산이익＝(261.20－260.40)×25만원×10＝200만원

② 이매입의 총이익＝(최종결제가격－선물약정가격)×25만원×10계약

＝(261.20－262.30)×25만원×10＝－275만원

그러므로 3월 16일 거래종료 후 선물거래로 인한 총손실은 275만원(＝－475만원＋200만원)이다.

(2) 일일정산에 따른 박매도(선물매도자)의 일일정산이익(손실)은 다음과 같다.

① 박매도의 일일정산이익＝(전일정산가격－당일정산가격)×25만원×10계약

- 3월 15일 : 일일정산이익＝(262.30－260.40)×25만원×10＝475만원
- 3월 16일 : 일일정산이익＝(260.40－261.20)×25만원×10＝－200만원

② 박매도의 총이익＝(선물약정가격－최종결제가격)×25만원×10계약

＝(262.30－261.20)×25만원×10＝275만원

그러므로 3월 16일 거래종료 후 선물거래로 인한 총이익은 275만원(=475만원−200만원)이다.

제 2 장 선물의 가격결정

완성/선택형 문제

1. 보유비용, 보유수익 2. 선물, 현물 3. 금리선물 4. 기대가설(expectation hypothesis), 정상적 백워데이션가설(normal backwardation hypothesis), 콘탱고가설(contango hypothesis) 5. ② 6. ④ 7. ① 8. ⑤ 9. ⑤ 10. ② 11. ③ 12. ④ 13. ③ 14. ① 15. ④ 16. ⑤ 17. ④

계산형 문제

5. (1) $F_{0,T}=S_0(1+r_T)+C_T-D_T=400\times(1+0.1)+2=\$442$/온스

그러므로 금선물 1계약금액은 \$44,200(=\$442/온스×100온스)이다.

(2) 금선물가격(\$500/온스) > 금선물의 이론적 가격(\$442/온스)

→ 매수차익거래(현물보유차익거래)

거래내용	$t=0$	$t=1$
금선물 1계약 매도	0	$\$50,000-S_T$
금 100온스 매입	−\$40,000	$S_T-\$200$
현금 \$40,000 차입	\$40,000	−\$40,000×(1+0.1)=−\$44,000
차익(payoff)	0	\$5,800

(3) 금선물가격(\$420/온스) < 금선물의 이론적 가격(\$442/온스)

→ 매도차익거래(역현물보유차익거래)

거래내용	$t=0$	$t=1$
금선물 1계약 매입	0	$S_T-\$42,000$
금 100온스 공매도	\$40,000	$-S_T+\$200$
현금 \$40,000 대출	−\$40,000	\$40,000×(1+0.1)=\$44,000
차익(payoff)	0	\$2,200

(4) ① 금선물가격이 과대평가된 경우 다음과 같은 매수차익거래를 할 수 있다.

거래내용	$t=0$	$t=1$
금선물 1계약 매도 금 100온스 매입 현금 \$40,000 차입	0 $-\$40,000$ \$40,000	$F_{0,\,T}-S_T$ $S_T-\$200$ $-\$40,000\times(1+0.12)=-\$44,800$
차익(payoff)	0	$F_{0,\,T}-\$45,000$

$F_{0,\,T}-\$45,000\le 0 \quad \therefore\ F_{0,\,T}\le \$45,000$

② 금선물가격이 과소평가된 경우 다음과 같은 매도차익거래를 할 수 있다.

거래내용	$t=0$	$t=1$
금선물 1계약 매입 금 100온스 공매도 현금 \$36,000 대출	0 $\$40,000\times0.9=\$36,000$ $-\$36,000$	$S_T-F_{0,\,T}$ $-S_T+\$200+\$40,000\times0.1\times1.03$ $\$36,000\times(1+0.08)=\$38,880$
차익(payoff)	0	$-F_{0,\,T}+\$43,200$

$-F_{0,\,T}+\$43,200\le 0 \quad \therefore\ F_{0,\,T}\ge \$43,200$

③ ①과 ②의 결과에 의해서 차익거래기회가 존재하지 않기 위해서는 1년물 금선물은 다음과 같은 범위 내에 있어야 한다.

$\$43,200\le F_{0,\,T}\le \$45,000$

즉 선물가격이 $\$43,200\le F_{0,\,T}\le \$45,000$ 범위를 벗어나면 차익거래가 발생하게 된다.

6. (1) $F_{0,\,T}=S_0(1+r_T-d_T)$

$$=260\times\left[1+(0.06-0.04)\times\left(\frac{6월}{12월}\right)\right]=262.6포인트$$

따라서 6개월 만기 KOSPI200선물 1계약의 가격은 6,565만원(=262.6포인트 ×25만원)이다.

(2) KOSPI200선물가격(263.4포인트) > 이론적 KOSPI200선물가격(262.6포인트)

차익거래	현금흐름(만원)	
	현재(0시점)	만기일(6개월 후)
KOSPI200선물 1계약 매도 KOSPI200 복제포트폴리오 매입 현금 차입	0 $-6,500$ $6,715/(1+0.03)$	$6,585-S_T$ $S_T+6,500\times0.02$ $-6,715$
차익거래이익	19.42	0

(3) ① 먼저 선물이 과대평가된 경우 다음과 같은 매수차익거래를 할 수 있다.

차익거래	현금흐름(만원)	
	현재(0시점)	만기일(6개월 후)
KOSPI200선물 1계약 매도	0	$F_{0,T}-S_T$
KOSPI200 복제포트폴리오 매입	$-6,500$	$S_T+6,500\times0.02$
거래수수료	-11	-11
현금 차입	6,511	$-6,511\times(1+0.035)=-6,738.89$
차익거래이익	0	$F_{0,T}-6,619.89$

매수차익거래기회가 존재하지 않기 위해서는 매수차익거래에서 만기일(6개월 후)의 현금흐름(차익거래이익)이 0보다 작아야 할 것이다.

$F_{0,T}-6,619.89$만원$\le 0 \rightarrow F_{0,T}\le 6,619.89$만원

② 한편 선물가격이 과소평가된 경우 다음과 같은 매도차익거래를 할 수 있다.

차익거래	현금흐름(만원)	
	현재(0시점)	만기일(6개월 후)
KOSPI200선물 1계약 매입	0	$S_T-F_{0,T}$
KOSPI200 복제포트폴리오 공매도	$6,500\times0.9$	$-S_T-6,500\times0.02+6,500\times0.1$
거래수수료	-11	-11
현금 대출	$-5,839$	$5,839\times(1+0.025)=5,984.98$
차익거래이익	0	$-F_{0,T}+6,493.98$

이와 같은 매도차익거래기회가 존재하지 않기 위해서는 매도차익거래에서 만기일(3개월 후)의 현금흐름(차익거래이익)이 0보다 작아야 할 것이다.

$-F_{0,T}+6,493.98$만원$\le 0 \rightarrow F_{0,T}\ge 6,493.98$만원

③ $6,493.98$만원$\le F_{0,T}\le 6,619.89$만원

(4) KOSPI200선물 1계약의 가격은 6,450만원으로서 물음 (3)에서 구한 하한 값보다 작다. 이는 거래비용을 고려하더라도 현재의 선물가격이 과소평가되었음을 의미한다.

차익거래	현금흐름(만원)	
	현재(0시점)	만기일(6개월 후)
KOSPI200선물 1계약 매입	0	$S_T-6,450$
KOSPI200 복제포트폴리오 공매도	$6,500\times0.9$	$-S_T-6,500\times0.02+6,500\times0.1$
거래수수료	-11	-11
현금 대출	$-5,839$	$5,839\times(1+0.025)=5,984.98$
차익거래이익	0	43.98

7. (1) $93=\dfrac{100}{1+r_1} \rightarrow r_1=0.075269$

$$87=\frac{100}{(1+r_2)^2} \rightarrow r_2=0.072113$$

$$\therefore f_{1,2}=\frac{(1+r_2)^2}{1+r_1}-1=\frac{(1+0.072113)^2}{1+0.075269}-1=0.068966$$

(2) 선물 매도＝현물(2년 만기 채권 B) 공매도＋대출(1년 만기 채권 A 매입)

거래		현금흐름(만원)		
		현재(0시점)	1년 후	2년 후
I	선물 매도	0	95	−100
II	채권 B 공매도	87	0	−100
	채권 A 0.93548개 매입*	−87	93.548	0
	합 계	0	93.548	−100

* 87만원/93만원＝0.93548개

(3) 거래 II의 경우 거래 I(선물매도)에 비해 1년 후 현금흐름이 적음을 알 수 있다. 이는 현재 선물이 과대평가되고 현물(채권 B)이 과소평가됨을 의미한다.

☞ 선물가격＝95만원＞이론적 선물가격＝87만원×(1＋0.075269)＝93.548만원

차익거래	현금흐름(만원)		
	현재(0시점)	1년 후	2년 후
선물 매도	0	95	−100
채권 B 매입	−87	0	100
채권 A 0.93548개 공매도(차입)	87	−93.548	0
차익거래이익	0	1.452	0

Tip

물음 (3)에서 실질적인 차익거래는 선물만기일(1년 후)에서 종료된다. 따라서 다음과 같이 차익거래를 구성해도 결과가 동일함을 알 수 있다.

차익거래	현금흐름(만원)	
	현재(0시점)	만기일(1년 후)
선물 매도	0	$95-S_T$
채권 B 매입	−87	S_T
채권 A 0.93548개 공매도(차입)	87	−93.548
차익거래이익	0	1.452

8.

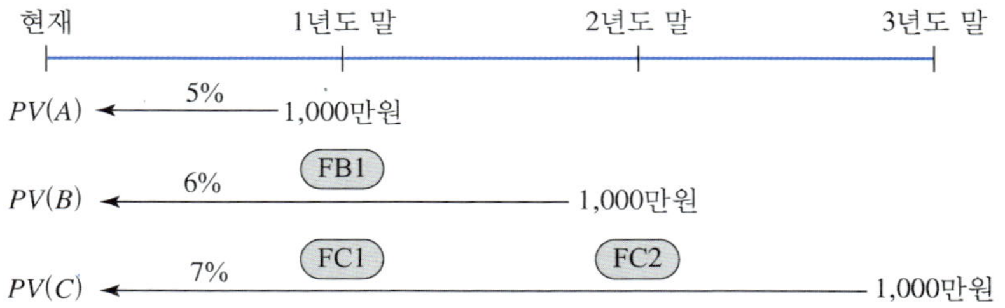

(1) 먼저 액면가 1,000만원인 순수할인채권의 현재가치를 각각 구하면 다음과 같다.

- $PV(A) = \dfrac{1{,}000\text{만원}}{1+0.05} = 952.4\text{만원}$

- $PV(B) = \dfrac{1{,}000\text{만원}}{(1+0.06)^2} = 890.0\text{만원}$

- $PV(C) = \dfrac{1{,}000\text{만원}}{(1+0.07)^3} = 816.3\text{만원}$

이와 같은 채권을 기초자산으로 하는 금리선물의 이론적 가격은 다음과 같다.

- FB1의 이론적 가격 $= PV(B)(1+r_1) = 890.0 \times (1+0.05) = 934.5$만원
- FC1의 이론적 가격 $= PV(C)(1+r_1) = 816.3 \times (1+0.05) = 857.1$만원
- FC2의 이론적 가격 $= PV(C)(1+r_2)^2 = 816.3 \times (1+0.06)^2 = 917.2$만원

(2) $f_{1,\,2} = \dfrac{(1+r_2)^2}{1+r_1} - 1 = \dfrac{1.06^2}{1.05} - 1 = 0.0701$

$f_{2,\,3} = \dfrac{(1+r_3)^3}{(1+r_2)^2} - 1 = \dfrac{1.07^3}{1.06^2} - 1 = 0.0903$

- 채권 B의 1년 후 내재선도가격 $= \dfrac{1{,}000\text{만원}}{1+0.0701} = 934.5\text{만원}$

- 채권 C의 1년 후 내재선도가격 $= \dfrac{1{,}000\text{만원}}{(1+0.0701)\times(1+0.0903)} = 857.1\text{만원}$

- 채권 C의 2년 후 내재선도가격 $= \dfrac{1{,}000\text{만원}}{1+0.0903} = 917.2\text{만원}$

(3)

거　래		현금흐름(만원)		
		현재(0시점)	1년 후	2년 후
I	금리선물 FC2 매입	0	0	S_2-920
II	금리선물 FC1 매입	0	$S_1-857.1$	0
	1년 후 현물(채권 C) 매입	0	$-S_1$	S_2
	금리선물 FB1 0.9172계약 매도*	0	857.1	−917.2
	합　계	0	0	$S_2-917.2$

* 금리선물 FB1 1계약의 가격은 934.5만원이므로 1년 후 857.1만원의 현금흐름을 얻기 위해서는 0.9172계약(=857.1만원/934.5만원)을 매도해야 하며, 이는 1년 후에 857.1만원을 차입하고 2년 후 원리금 917.2만원[=857.1만원×(1+0.0701)]을 상환하는 것과 동일함.

(4) 거래 II가 거래 I에 비해 2년 후 현금흐름이 많음을 알 수 있다. 이는 현재 금리선물 FC2는 과대평가되고 금리선물 FC1은 과소평가되었음을 의미한다.

차익거래	현금흐름(만원)		
	현재(0시점)	1년 후	2년 후
금리선물 FC2 매도	0	0	$920-S_2$
금리선물 FC1 매입	0	$S_1-857.1$	0
1년 후 현물(채권 C) 매입	0	$-S_1$	S_2
금리선물 FB1 0.9172계약 매도	0	857.1	−917.2
차익거래이익	0	0	2.8

Tip

물음 (4)에서 만기일이 서로 다른 선물가격간의 차이, 즉 만기간 스프레드(FC2−FC1)는 62.9만원(=920만원−857.1만원)으로서 금리선물 FC1의 가격에 1년도 말부터 2년도 말까지의 선도이자율을 곱한 값(FC1 · $f_{1,2}$)인 60.1만원(=857.1만원×0.0701)보다 크다. 따라서 과대평가된 원월물 금리선물 FC2를 매도하고, 과소평가된 근월물 금리선물 FC1을 매입하는 차익거래를 함으로써 2.8만원(=62.9만원−60.1만원)의 차익거래이익을 얻을 수 있다.

9\. (1) $F_{0,T}=S_0\left(\dfrac{1+r_T}{1+r_T^F}\right)=₩980.70/\$\times\left(\dfrac{1+0.06}{1+0.05}\right)=₩990.04/\$$

∴ 1년 만기 미국달러선물 1계약의 가격 = ₩990.04/$ × $10,000 = ₩9,900,400

(2) 선물환율(₩985.40/$) < 이론적 선물환율(₩990.04/$)

차익거래	현금흐름(만원)	
	현재(0시점)	만기일(1년 후)
1년 만기 미국달러선물 1계약 매입[1]	0	$S_T - 985.4$
미국달러(현물) 공매도[2]	934	$-S_T$
현금 대출	−934	$934 \times (1+0.06)$
차익거래이익	0	4.64

주) 1. $10,000 × ₩985.40/$ = 985.4만원, 2. $\frac{\$10,000}{1.05} \times$ ₩980.70/$ = 934만원

제 3 장 선물거래와 위험관리

완성/선택형 문제

1. 매입헤지, 매도헤지 2. 베이시스(basis) 3. 자산배분전략(asset allocation strategy) 4. 듀레이션 5. 만기, 액면이자율, 시장이자율 6. 매입, 매도 7. ② 8. ④ 9. ④ 10. ② 11. ① 12. ③ 13. ④ 14. ④ 15. ② 16. ③ 17. ⑤ 18. ④ 19. ⑤ 20. ⑤ 21. ④ 22. ③ 23. ⑤ 24. ② 25. ① 26. ① 27. ③ 28. ⑤ 29. ②

계산형 문제

6. (1) 현물과 선물의 기초자산(원유), 헤지기간 종료일과 선물의 만기일(3개월)이 일치하므로 완전헤지가 가능하게 된다.

$$\therefore \text{ 원유선도거래 매입계약수} = \frac{100{,}000\text{배럴}}{1{,}000\text{배럴}} = 100\text{계약}$$

(2) $$\text{선물환 매입계약수} = \frac{100\text{계약} \times 1{,}000\text{배럴} \times 45\text{달러}}{100{,}000\text{달러}} = 45\text{계약}$$

3개월 후 지급해야 하는 원화금액 = 45계약 × 100,000달러 × 1,050원/달러

= 4,725백만원

(3) 선물-옵션 패리티(※ 제13장 참조)를 이용하면 다음과 관계가 성립한다.

$$\frac{F-X}{1+r_T} = C - P$$

$$\frac{F}{1+r_T} = C - P + \frac{X}{1+r_T}$$

옵션이 만기일 T시점에서의 합성선물(F)의 가격은 다음과 같으며, 이는 T시점에서 지급해야 할 총비용에 해당된다.

$$F = (C - P) \times (1 + r_T) + X$$

$$= 45\text{계약} \times 100{,}000\text{달러} \times (30\text{원/달러} - 20\text{원/달러}) \times \left(1 + \frac{0.12}{4}\right)$$

$$+ 45\text{계약} \times 100{,}000\text{달러} \times 1{,}020\text{원/달러}$$

$$= 46.35\text{백만원} + 4{,}590\text{백만원}$$

$$= 4{,}636.35\text{백만원}$$

따라서 3개월 후 지급해야 하는 총비용(원화금액)은 합성선물의 가격인 4,636.35백만원이 된다.

7. (1) $F_{0,\,T} = S_0(1 + r_T - d_T) = 160.00 \times \left[1 + (0.10 - 0.04) \times \left(\frac{4\text{개월}}{12\text{개월}}\right)\right] = 163.20\text{포인트}$

(2) $\beta_A = \frac{\rho_{A,\,M}\,\sigma_A}{\sigma_M} = \frac{0.4 \times 0.6}{0.2} = 1.2$, $\beta_B = \frac{0.8 \times 0.7}{0.2} = 2.8$, $\beta_C = \frac{0.4 \times 0.5}{0.2} = 1.0$,

$\beta_D = \frac{0.6 \times 0.6}{0.2} = 1.8$

$$\rightarrow \beta_p = 1.2 \times \left(\frac{3\text{억원}}{10\text{억원}}\right) + 2.8 \times \left(\frac{2\text{억원}}{10\text{억원}}\right) + 1.0 \times \left(\frac{4\text{억원}}{10\text{억원}}\right) + 1.8 \times \left(\frac{1\text{억원}}{10\text{억원}}\right)$$

$$= 1.5$$

$$\therefore\ H^* = -\frac{S_0}{F_{0,\,T}}\beta_p = -\frac{10\text{억원}}{163.20 \times 25\text{만원}} \times 1.5 = -36.76\text{계약}$$

베타헤징을 위해 KOSPI200선물 36.76계약을 매도하여야 한다.

(3) • 주식포트폴리오의 기대가치 = 10억원 × (1 − 0.09125) = 9.0875억원

※ $E(r_p) = r_f + [E(r_M) - r_f]\beta_p = 0.025 + (-0.0525 - 0.025) \times 1.5 = -0.09125$

여기서 $r_f = 0.1 \times \left(\frac{1}{4}\right) = 0.025$, $E(r_M) = \frac{150 - 160}{160} + 0.04 \times \left(\frac{1}{4}\right) = -0.0525$

• 선물매도포지션의 손익(가치) = (163.20 − 150.75) × 25만원 × 36.76계약

= 1.1442억원

※ $F_{t,\,T} = 150.00 \times \left[1 + (0.1 - 0.04)\left(\frac{1}{12}\right)\right] = 150.75$

∴ 헤지포트폴리오의 기대가치 = 9.0875억원 + 1.1442억원 = 10.2317억원

(4) $H = (\beta_H - \beta_p)\frac{S_0}{F_{0,\,T}} = (2.5 - 1.5) \times \left(\frac{10\text{억원}}{163.20 \times 25\text{만원}}\right) = 24.5\text{계약}$

베타를 2.5로 높이기 위해서 KOSPI200선물 24.5계약을 매입하여야 한다.

(5) 이와 같은 주장은 다음과 같은 이유에서 반드시 옳지는 않다.

첫째, 현재 포트폴리오가 잘 구성되어 있고 보유포트폴리오가 시장보다 높은 초과수익률(β 위험조정 후 수익률기준)을 올릴 것이라고 확신한다면, 선물계약을 이용한 헤징은 시장의 불확실성에 따른 위험, 즉 체계적 위험을 제거할 수 있는 수단을 제공한다.

둘째, 주식포트폴리오를 장기간 보유하려고 하는 투자자의 경우 단기적인 시장위험으로부터 보호받기를 원할 때 헤징이 필요하다. 물론 헤징전략 이외에도 보유포트폴리오를 매도하고 무위험대출을 한 후 다시 매입하는 전략을 사용할 수 있지만, 이 전략은 많은 거래비용을 발생시킨다.

Tip

베타헤징의 경우 베타를 0으로 만드는 것으로서 균형상태하에서 헤지포트폴리오의 수익률은 거의 무위험이자율에 가깝게 된다. 따라서 물음 (3)에서 헤지포트폴리오의 수익률은 2.317%$\left(=\dfrac{10.2317\text{억원}-10\text{억원}}{10\text{억원}}\right)$로 3개월간 무위험이자율 2.5%와 거의 같음을 알 수 있다.

8. (1) $B=\dfrac{400}{1+\dfrac{0.08}{2}}+\dfrac{400}{\left(1+\dfrac{0.08}{2}\right)^2}+\dfrac{400}{\left(1+\dfrac{0.08}{2}\right)^3}+\dfrac{10{,}400}{\left(1+\dfrac{0.08}{2}\right)^4}=10{,}000\text{원}$

$$D=\frac{\dfrac{1}{2}\text{년}\times\dfrac{400}{1.04}+\dfrac{2}{2}\text{년}\times\dfrac{400}{1.04^2}+\dfrac{3}{2}\text{년}\times\dfrac{400}{1.04^3}+\dfrac{4}{2}\text{년}\times\dfrac{10{,}400}{1.04^4}}{10{,}000}=1.8875\text{년}$$

(2) $D_m=\dfrac{D}{1+r/2}=\dfrac{1.8875}{1+0.04}=1.8149\text{년}$

(3) $V=\dfrac{1}{1.04^2}\left[\dfrac{\dfrac{1\times2}{2^2}\times\dfrac{400}{1.04}+\dfrac{2\times3}{2^2}\times\dfrac{400}{1.04^2}+\dfrac{3\times4}{2^2}\times\dfrac{400}{1.04^3}+\dfrac{4\times5}{2^2}\times\dfrac{10{,}400}{1.04^4}}{10{,}000}\right]$

$=4.277335$

$$\frac{\Delta B}{B}=-D_m\cdot\Delta r+\frac{1}{2}\cdot V\cdot\Delta r^2$$

$\therefore$ 볼록성에 기인한 오차조정부분$=\dfrac{1}{2}\cdot V\cdot\Delta r^2=\dfrac{1}{2}\times4.277335\times(-0.01)^2$

$=0.000214(0.0214\%)$

9. (1) $B=\dfrac{200}{1+\dfrac{0.12}{4}}+\dfrac{200}{\left(1+\dfrac{0.12}{4}\right)^2}+\dfrac{10{,}200}{\left(1+\dfrac{0.12}{4}\right)^3}=9{,}717.14$원

$$D=\frac{\frac{1}{4}\text{년}\times\frac{200}{1.03}+\frac{2}{4}\text{년}\times\frac{200}{1.03^2}+\frac{3}{4}\text{년}\times\frac{10{,}200}{1.03^3}}{9{,}717.14}=0.7352\text{년}$$

$$\therefore\ \varepsilon_{B,\,r}=\frac{dB/B}{dr/r}=-D\left(\frac{r}{1+r/4}\right)=-0.7352\times\frac{0.12}{1.03}=-0.0857$$

(2) $V=\dfrac{1}{1.03^2}\left[\dfrac{\frac{1\times2}{4^2}\times\frac{200}{1.03}+\frac{2\times3}{4^2}\times\frac{200}{1.03^2}+\frac{3\times4}{4^2}\times\frac{10{,}200}{1.03^3}}{9{,}717.14}\right]=0.6883$

(3) $0.5\times D+0.5\times4=3\ \rightarrow\ D=2$년

1년 만기 무이표채 발행규모$=x$

$$\frac{50}{100}\times2+\frac{50-x}{100}\times4+\frac{x}{100}\times1=2$$

$\therefore$ 1년 만기 무이표채 발행규모$(x)=33.33$억원

10. (1) $H^*=-\left(\dfrac{D_S}{D_F}\right)\left(\dfrac{B_S}{B_F}\right)=-\left(\dfrac{0.5\text{년}}{0.25\text{년}}\right)\left(\dfrac{10\text{억원}}{4.9\text{억원}}\right)=-4.08$계약

현물(채권)이 매도포지션(short position)에 있기 때문에 헤지를 위해 순수할인채 선물 4.08계약을 매입해야 한다.

(2) 6개월 만기 순수할인채의 이자손실$=10$억원$\times1\%\times0.5$년$=500$만원

순수할인채선물의 이익$=4.08$계약$\times(49{,}100$만원$-49{,}000$만원$)\times(1+0.035)$

$=422.28$만원[1]

$\therefore$ 헤지포트폴리오의 총손실$=500-422.28=77.72$만원

(3) $H^*=\left(\dfrac{1\text{년}-0.5\text{년}}{0.25\text{년}}\right)\left(\dfrac{10\text{억원}}{4.9\text{억원}}\right)=4.08$계약

헤지종료일(8월 5일)에 매입할 순수할인채의 듀레이션을 1년으로 만들기 위해 순수할인채선물 4.08계약을 매도해야 한다.

---

1 6개월 만기 순수할인채의 이자손실은 헤지종료일로부터 6개월 후의 가치이므로 순수할인채 선물의 이익도 동일한 시점의 가치로 환산해 주어야 한다. 즉 헤지종료일(8월 5일)에서 순수할인채선물로부터 얻는 청산이익은 향후 6개월간 연 7%로 투자될 수 있기 때문에 이에 대한 이자수익을 고려해야 한다.

Tip

물음 (2)에서 헤지포트폴리오가 77.72만원의 손실을 보게 된 것은 이자율 하락에 따라 발생하는 현물의 손실(500만원)을 선물의 이익(422.28만원)에 의해서 완전히 상쇄하지 못하기 때문이다. 그 결과 헤지포트폴리오를 구성하여도 6개월간 순수할인채에 투자 시 얻을 수 있는 연간 유효이자율이 8%로 고정되지 못하고 그보다 작게 됨을 알 수 있다.

$$\text{투자 시 연간 유효이자율} = 0.07 + \frac{422.28\text{만원} \times 2}{100{,}000\text{만원}} = 0.0784$$

다음과 같은 두 가지 이유로 인하여 베이시스위험(basis risk)이 존재하게 되며, 이 경우 완전헤지(perfect hedge)를 달성할 수 없게 된다.

- 현물(6개월 만기 순수할인채)과 순수할인채선물의 기초자산(91일 만기 순수할인채)이 서로 다르기 때문이다.
- 헤지종료일(8월 5일)과 선물의 만기일(9월)이 서로 다르기 때문이다.

11. 헤지종료일(3개월 후)에서 헤지대상자산인 채권포트폴리오의 평균듀레이션은 6.80년이며, 선물의 만기일(12월)에서 선물의 기초자산인 T-bond 선물계약의 듀레이션은 9.20년이다.

$$H^* = -\left(\frac{D_S}{D_F}\right)\left(\frac{B_S}{B_F}\right) = -\left(\frac{6.80\text{년}}{9.20\text{년}}\right)\left(\frac{10{,}000{,}000\text{달러}}{93{,}062.50\text{달러}}\right) = -79.42\text{계약}$$

(주)ABC의 재무관리자는 T-bond 선물 79.42계약을 매도하여야 한다.

12. 헤지종료일에서 헤지대상자산의 듀레이션을 추정하기가 어렵고 헤지기간이 짧을 경우에는 현재 알고 있는 듀레이션을 사용할 수 있다. 그리고 현물과 선물의 수익률이 다르거나 수익률의 변화비율이 1이 아닌 경우 이를 반영하여 헤지비율을 구해야 한다.

(1) $$H^* = -\left(\frac{D_S^m}{D_F^m}\right)\left(\frac{B_S}{B_F}\right)\left(\frac{\Delta r_S}{\Delta r_F}\right) = -\frac{6.82/1.10}{7.84/1.12} \times \frac{50\text{억원}}{0.964 \times 1\text{억원}} \times 1 = -45.94\text{계약}$$

3개월 만기 국채 B 선물 45.94계약을 매도해야 한다.

(2) $$H^* = -\left(\frac{D_S^m}{D_F^m}\right)\left(\frac{B_S}{B_F}\right)\left(\frac{\Delta r_S}{\Delta r_F}\right) = -\frac{6.27/1.14}{7.84/1.12} \times \frac{20\text{억원}}{0.964 \times 1\text{억원}} \times 1.2 = -19.56\text{계약}$$

3개월 만기 국채 B 선물 19.56계약을 매입해야 한다.

(3) $$H = \left(\frac{D_H^m - D_S^m}{D_F^m}\right)\left(\frac{B_S}{B_F}\right) = \frac{8 - 6.82/1.10}{7.84/1.12} \times \frac{10\text{억원}}{0.964 \times 1\text{억원}} = 2.67\text{계약}$$

3개월 만기 국채 B 선물 2.67계약을 매입해야 한다.

제 4 장 채권관리와 VaR

완성/선택형 문제

1. 소극적 채권관리, 적극적 채권관리 2. 순자산면역전략 3. 시장간 스프레드스왑 (intermarket spread swap) 4. VaR(value at risk) 5. ⑤ 6. ④ 7. ② 8. ⑤ 9. ③ 10. ③ 11. ② 12. ⑤ 13. ① 14. ① 15. ③ 16. ① 17. ④ 18. ② 19. ② 20. ③

계산형 문제

4. (1) $\text{채권매입가격} = \dfrac{400}{1+0.06} + \dfrac{400+10{,}000}{(1+0.06)^2} = 9{,}633.3\text{원}$

(2) $D = 1\text{년} \times \dfrac{400/(1+0.06)}{9{,}633.3} + 2\text{년} \times \dfrac{10{,}400/(1+0.06)^2}{9{,}633.3} = 1.96\text{년}$

(3) 투자자 K의 채권에 대한 투자기간=1.96년

5. (1) 이자율위험을 면역화하기 위해 채권의 가중평균듀레이션을 5년(채무의 듀레이션)으로 해야 한다.

• $\text{영구채권의 듀레이션} = \dfrac{1+r}{r} = \dfrac{1+0.1}{0.1} = 11\text{년}$

• $W \times 3\text{년} + (1-W) \times 11\text{년} = 5\text{년} \rightarrow W = 0.75$

여기서 W : 순수할인채권의 구성비율

∴ 순수할인채권의 투자금액=100원×0.75=75원

영구채권의 투자금액=100원×0.25=25원

(2) 이자율이 1%포인트 상승하는 경우 채무액의 현재가치와 영구채권의 듀레이션을 조정해 주어야 한다.[2]

• $\text{채무액의 현재가치} = \dfrac{100 \times (1+0.1)^5}{(1+0.11)^5} = 95.58\text{원}$

• $\text{영구채권의 듀레이션} = \dfrac{1+r}{r} = \dfrac{1+0.11}{0.11} = 10.09\text{년}$

• $W \times 3\text{년} + (1-W) \times 10.09\text{년} = 5\text{년} \rightarrow W = 0.72$

---

2 여기서 채무의 원리금, 즉 $100 \times (1+0.1)^5$은 만기(5년 후)에 일시 상환하는 것으로 보아야 한다.

∴ 순수할인채권의 투자금액 = 95.58원 × 0.72 = 68.82원

영구채권의 투자금액 = 95.58원 × 0.28 = 26.76원

(3) 1년이 지난 후에는 채무와 순수할인채권의 만기(듀레이션)가 각각 1년씩 줄어들고, 채무액의 현재가치는 상승하게 된다.

- 채무액의 현재가치 = 100 × (1 + 0.1) = 110원
- W × 2년 + (1 − W) × 11년 = 4년 → W = 0.78

∴ 순수할인채권의 투자금액 = 110원 × 0.78 = 85.8원

영구채권의 투자금액 = 110원 × 0.22 = 24.2원

☞ 채권포트폴리오의 재구성 : 1년 전에 투자한 순수할인채권의 현재가치는 82.5원(= 75원 × 1.1)으로 상승한다. 한편 영구채권의 경우 현재가치는 25원으로 변하지 않으나 2.5원(= 25원 × 0.1)의 이자수익을 얻을 수 있다. 따라서 영구채권을 0.8원만큼 매각(영구채권의 투자금액 = 25원 − 0.8원 = 24.2원)하고, 그 매각대금과 이자수익 2.5원을 합한 금액 3.3원만큼 순수할인채권을 매입(순수할인채권의 투자금액 = 82.5원 + 3.3원 = 85.8원)하면 된다.

(4) 이자율이 변하거나 기간이 경과함에 따라 채권포트폴리오를 지속적으로 재구성(rebalancing)해야 한다. 그러나 이 경우 많은 거래비용이 발생하기 때문에 현실적으로 채권포트폴리오를 지속적으로 재구성하기는 어렵다. 따라서 채권포트폴리오의 지속적인 재구성에 의한 완전 면역화의 필요성과 재구성에 따른 거래비용을 고려하여 적절한 수준에서 재구성 빈도수를 결정해야 한다.

6. (1) • 시장이자율이 1%포인트 상승하는 경우

$$\text{장기채권}(A)\text{의 가치} = \frac{40}{1.05} + \frac{40}{1.05^2} + \frac{1,040}{1.05^3} = 972.77\text{원}$$

$$\rightarrow \Delta A = 972.77 - 1,000 = -27.23\text{원}$$

$$\text{정기예금}(L)\text{의 가치} = \frac{24 + 600}{1.05} = 594.29\text{원}$$

$$\rightarrow \Delta L = 594.29 - 600 = -5.71\text{원}$$

$$\therefore \Delta E = \Delta A - \Delta L = (-27.23) - (-5.71) = -21.52\text{원}$$

• 시장이자율이 1%포인트 하락하는 경우

$$\text{장기채권}(A)\text{의 가치} = \frac{40}{1.03} + \frac{40}{1.03^2} + \frac{1,040}{1.03^3} = 1,028.29\text{원}$$

$$\rightarrow \Delta A = 1,028.29 - 1,000 = 28.29\text{원}$$

$$\text{정기예금}(L)\text{의 가치} = \frac{24+600}{1.03} = 605.83\text{원}$$

$$\rightarrow \Delta L = 605.83 - 600 = 5.83\text{원}$$

$$\therefore \Delta E = \Delta A - \Delta L = 28.29 - 5.83 = 22.46\text{원}$$

(2) $$\text{장기채권의 듀레이션}(D_A) = \frac{1\times\left(\frac{40}{1.04}\right)+2\times\left(\frac{40}{1.04^2}\right)+3\times\left(\frac{1{,}040}{1.04^3}\right)}{1{,}000} = 2.8861\text{년}$$

정기예금의 듀레이션(D_L)=1년

• 시장이자율이 1%포인트 상승하는 경우

$$\begin{aligned}\Delta E &= -(D_A\cdot A - D_L\cdot L)\left(\frac{\Delta r}{1+r}\right)\\ &= -(2.8861\times 1{,}000 - 1\times 600)\times\frac{0.01}{1.04} = -21.98\text{원}\end{aligned}$$

• 시장이자율이 1%포인트 하락하는 경우

$$\begin{aligned}\Delta E &= -(D_A\cdot A - D_L\cdot L)\left(\frac{\Delta r}{1+r}\right)\\ &= -(2.8861\times 1{,}000 - 1\times 600)\times\frac{-0.01}{1.04} = 21.98\text{원}\end{aligned}$$

(3) 물음 (1)과 같이 실제로는 이자율과 채권가격이 비선형관계, 즉 원점에 대해 볼록한 형태를 갖기 때문에 시장이자율이 1%포인트 오를 때 자기자본이 감소하는 금액(21.52원)보다 시장이자율이 1%포인트 내릴 때 자기자본이 증가하는 금액(22.46원)이 더 크게 된다.

한편 물음 (2)와 같이 듀레이션에 의해서 채권가격변동액을 산출할 때는 이자율과 채권가격간의 함수가 선형이라는 가정이 포함되어 있기 때문에 시장이자율이 1%포인트 오르고 내릴 때 자기자본은 동일한 금액(21.98원)으로 감소하고 증가한다. 특히 이자율의 변동에 따라 물음 (2)의 결과, 즉 자기자본의 변동액은 물음 (1)보다 항상 적게 나온다.

이와 같은 결과는 이자율과 채권가격이 비선형관계, 즉 원점에 대해 볼록한 형태를 갖기 때문에 나타나게 된다.

7. (1) 주어진 자료를 활용하여 현물이자율을 구하면 다음과 같다.

$$(1+r_1) = \frac{104}{100} = 1.04$$

$$100 = \frac{5}{1.04} + \frac{105}{(1+r_2)^2} \rightarrow (1+r_2)^2 = 1.103 \quad (r_2 = 0.0502)$$

$$100=\frac{6}{1.04}+\frac{6}{1.103}+\frac{106}{(1+r_3)^3}\rightarrow(1+r_3)^3=1.1938$$

현물이자율과 선도이자율 관계를 이용하여 선도이자율을 구하면 다음과 같다.

$${}_1f_2=\frac{(1+r_2)^2}{1+r_1}-1=\frac{1+0.103}{1+0.04}-1=0.0606$$

$${}_2f_3=\frac{(1+r_3)^3}{(1+r_2)^2}-1=\frac{1+0.1938}{1+0.103}-1=0.0823$$

(2) 채권 D의 가격$=\dfrac{10}{1.04}+\dfrac{10}{1.103}+\dfrac{110}{1.1938}$

$=110.8243$

∴ 채권 D의 듀레이션$=\dfrac{1\times\dfrac{10}{1.04}+2\times\dfrac{10}{1.103}+3\times\dfrac{110}{1.1938}}{110.8243}$

$=2.7447$

(3) 수익률곡선이 1%p 하향 평행이동하는 경우 r_1, ${}_1f_2$, ${}_2f_3$가 각각 1%p 하락하게 되므로 채권 D의 가격은 다음과 같다.

채권 D 가격$=\dfrac{10}{1.03}+\dfrac{10}{1.03\times1.0506}+\dfrac{110}{1.03\times1.0506\times1.0723}=113.7484$

채권 D 가격 변화율$=\dfrac{113.7484-110.8243}{110.8243}=0.0264$ (2.64%)

※ 별해 : 채권 D의 만기수익률(r)은 다음 식에 의해 구할 수 있다.

$$110.8243=\frac{10}{(1+r)}+\frac{10}{(1+r)^2}+\frac{110}{(1+r)^3}$$

위 식을 만족하는 r을 보간법에 의해 구하는 과정은 다음과 같다.

만기수익률	채권가격
5%	113.6162
r	110.8243
6%	110.692

$(0.05-r)$: $(113.6162-110.8243)$
$=(0.05-0.06)$: $(113.6162-110.692)$
∴ $r=0.0595$

채권 D의 볼록성(V)을 구하면 다음과 같다.

$$V=\frac{1}{(1+0.0595)^2}\left[1\times2\times\frac{10/1.0595}{110.8243}+2\times3\times\frac{10/(1.0595)^2}{110.8243}+3\times4\times\frac{110/(1.0595)^3}{110.8243}\right]$$
$=9.5028$

따라서 채권가격변화율은 다음과 같다.

$$\frac{\Delta B}{B} = -\frac{D}{1+r}\cdot\Delta r + \frac{1}{2}\cdot V\cdot\Delta r^2$$
$$= -\frac{2.7447}{1+0.0595}\times(-0.01)+\frac{1}{2}\times 9.5028\times(-0.01)^2$$
$$=0.0264 \quad (2.64\%)$$

(4) 3년 만기 무이표채 E의 현재가치는 다음과 같다.

$$\text{채권 E의 현재가치} = \frac{100}{1.1938} = 83.7661$$

1년 후 무이표채 E의 기대가치는 다음과 같다.

$$\text{1년 후 채권 E의 기대가치} = \frac{100}{1.103} = 90.6618$$

수익률곡선타기 투자전략 실행시 기대되는 투자수익률 $E(r)$은 다음과 같다.

$$E(r) = \frac{90.6618 - 83.7661}{83.7661} = 0.0823 \quad (8.23\%)$$

8. (1) $\text{현행수익률} = \dfrac{\text{액면이자}}{\text{채권가격}}$

$$\rightarrow \text{채권가격} = \frac{\text{액면이자}}{\text{현행수익률}} = \frac{0.03\times 100{,}000}{0.032} = 93{,}750\text{원}$$

(※ 현행수익률을 경상수익률, 단순수익률, 직접수익률이라고도 한다.)

$$93{,}750 = \frac{3{,}000}{1+r} + \frac{103{,}000}{(1+r)^2} \rightarrow r^2 + 1.968r - 0.1307 = 0$$

$$r = \frac{-1.968 \pm \sqrt{1.968^2 - 4\times 1\times(-0.1307)}}{2} \rightarrow r = 0.0643 \text{ 또는 } -2.0323$$

$\therefore$ 만기수익률$(r) = 6.43\%$

(2) ① ⓐ $93{,}750 = \dfrac{0}{1+r} + \dfrac{0}{(1+r)^2} \rightarrow r = -100\%$

ⓑ $93{,}750 = \dfrac{3{,}000}{1+r} + \dfrac{0}{(1+r)^2} \rightarrow r = -96.8\%$

ⓒ $93{,}750 = \dfrac{3{,}000}{1+r} + \dfrac{73{,}000}{(1+r)^2} \rightarrow r = -10.14\%$

ⓓ $93{,}750 = \dfrac{3{,}000}{1+r} + \dfrac{103{,}000}{(1+r)^2} \rightarrow r = 6.43\%$

② $E(r) = -100\%\times 0 + (-96.8\%)\times 0.01 + (-10.14\%)\times 0.02 + 6.43\%\times 0.97$
$= 5.07\%$

(3) 수익률 스프레드 = 만기수익률(약속수익률) − 무위험수익률 = 6.43% − 2% = 4.43%

채무불이행 위험프리미엄 = 약속수익률 − 기대수익률 = 6.43% − 5.07% = 1.36%

(4) • $D = \dfrac{1년 \times \dfrac{3,000}{1.0643} + 2년 \times \dfrac{103,000}{1.0643^2}}{93,750} = 1.97년$

$\rightarrow \dfrac{\Delta B}{B} = -\dfrac{D}{1+r} \cdot \Delta r = -\dfrac{1.97}{1.0643} \times (-2\%) = 3.70196\%$

• $B' = \dfrac{3,000}{1.0443} + \dfrac{103,000}{1.0443^2} = 97,319원$

$\rightarrow \dfrac{\Delta B}{B} = \dfrac{97,319 - 93,750}{93,750} = 0.0380693 \ (3.80693\%)$

∴ 차이 = 실제 변화율 − 듀레이션에 의한 변화율 = 3.80693% − 3.70196%
= 0.10497%

(5) 실제 채권의 가격변화와 듀레이션을 통해 추정한 채권의 가격변화 사이의 차이는 볼록성에 의해 발생하므로 볼록성을 반영해주면 그 차이를 줄일 수 있다.

$\dfrac{\Delta B}{B} = -\dfrac{D}{1+r} \cdot \Delta r + \dfrac{1}{2} \cdot V \cdot \Delta r^2$

9. (1) 대출(자산)의 현재가치 $= \dfrac{1,000}{1.1} + \dfrac{1,000}{1.1^2} + \dfrac{1,000}{1.1^3} = 2,486.9만원$

(2) $D = \dfrac{1년 \times \dfrac{1,000}{1.1} + 2년 \times \dfrac{1,000}{1.1^2} + 3년 \times \dfrac{1,000}{1.1^3}}{2,486.9} = 1.937년$

(3) 대출의 듀레이션 = 순수할인채권과 현금(듀레이션 = 0)의 가중평균듀레이션

1.937년 = W × 3년 + (1 − W) × 0년 → W = 0.6457

여기서 W : 대출의 면역화를 위한 순수할인채권의 조달비율

∴ 순수할인채권에 의한 자금조달액 = 2,486.9만원 × 0.6457 = 1,605.79만원

(4) 「이자율↓ → 자산(대출)의 가치↑ 부채의 가치↑」이고, 듀레이션이 길수록 이자율변동에 따른 가치변동은 커지게 된다. 따라서 새나라은행이 이자율하락을 예상하고 있는 경우, 부채의 가치상승을 최소화하기 위하여 부채의 듀레이션을 줄여야 한다. 즉 이 은행은 순수할인채권의 발행을 감소시켜야 할 것이다.

10. (1) • $PV(주택대출) = \dfrac{118,340}{1+0.1} + \dfrac{118,340}{(1+0.1)^2} = 205,383.47원$

• 주택대출의 듀레이션 $= \dfrac{1 \times \left(\dfrac{118,340}{1.1}\right) + 2 \times \left(\dfrac{118,340}{1.1^2}\right)}{205,383.47} = 1.4762년$

$$\therefore\ D_A=\left(\frac{100{,}000}{305{,}383.47}\right)\times 0+\left(\frac{205{,}383.47}{305{,}383.47}\right)\times 1.4762=0.9928\text{년}$$

(2) $PV(\text{예금증서})=\dfrac{50{,}000\times(1+0.11)}{1+0.1}=50{,}454.55\text{원}$

$$\therefore\ D_L=\left(\frac{100{,}000}{150{,}454.55}\right)\times 0+\left(\frac{50{,}454.55}{150{,}454.55}\right)\times 1=0.3353\text{년}$$

(3) $\varDelta E=\varDelta A-\varDelta L=-(D_A\cdot A-D_L\cdot L)\left(\dfrac{\varDelta r}{1+r}\right)$

$$=-(0.9928\times 305{,}383.47-0.3353\times 150{,}454.55)\times\left(\frac{0.01}{1+0.1}\right)=-2{,}297.61\text{원}$$

(4) $\varDelta E=0\ \rightarrow\ D_A\cdot A=D_L\cdot L$

$D_A\times 305{,}383.47=0.3353\times 150{,}454.55\quad \therefore\ D_A=0.1652\text{년}$

(5) 2년 만기 순수할인채권을 α만큼 공매도하여 마련한 자금을 현금으로 보유할 경우 시장가치로 표시된 재무상태표는 다음과 같다.

재무상태표 (단위 : 원)

현 금	$100{,}000+\alpha$	요구불예금	100,000
주택대출	205,383.47	예 금 증 서	50,454.55
		순수할인채권	α
		자 기 자 본	154,928.92

$$D_A\cdot A=\left[\left(\frac{100{,}000+\alpha}{305{,}383.47+\alpha}\right)\times 0+\left(\frac{205{,}383.47}{305{,}383.47+\alpha}\right)\times 1.4762\right]\times(305{,}383.47+\alpha)$$

$$=303{,}187.08$$

$$D_L\cdot L=\left[\left(\frac{100{,}000}{150{,}454.55+\alpha}\right)\times 0+\left(\frac{50{,}454.55}{150{,}454.55+\alpha}\right)\times 1+\left(\frac{\alpha}{150{,}454.55+\alpha}\right)\times 2\right]$$

$$\times(150{,}454.55+\alpha)$$

$$=50{,}454.55+2\alpha$$

$\rightarrow\ 303{,}187.08=50{,}454.55+2\alpha\quad \therefore\ \alpha=126{,}366.27\text{원}$

ABC은행은 2년 만기 순수할인채권을 126,366.27원만큼 공매도하여 마련한 자금을 현금으로 보유함으로써 자기자본가치를 이자율변동으로부터 면역화시킬 수 있다.

11. (1) • $PV(\text{상업대출})=\dfrac{500\times(1+0.08)^3}{(1+0.06)^3}=528.84\text{억원}$

• 주택대출의 매년 균등상환액(C)

$$300=\frac{C}{1+0.07}+\frac{C}{(1+0.07)^2}=C\times 1.8080 \rightarrow C=165.93\text{억원}$$

$$PV(\text{주택대출})=\frac{165.93}{1+0.06}+\frac{165.93}{(1+0.06)^2}=304.21\text{억원}$$

$$\text{주택대출의 듀레이션}=\frac{1\times\left(\frac{165.93}{1.06}\right)+2\times\left(\frac{165.93}{1.06^2}\right)}{304.21}=1.4855\text{년}$$

• $PV(CD)=\frac{400\times(1+0.03)}{1+0.05}=392.38\text{억원}$

• $PV(\text{정기예금})=\frac{300\times(1+0.04)^2}{(1+0.05)^2}=294.31\text{억원}$

KS은행의 자산의 듀레이션(D_A)과 부채의 듀레이션(D_L) :

• $D_A=\left(\frac{200}{1{,}033.05}\right)\times 0+\left(\frac{528.84}{1{,}033.05}\right)\times 3+\left(\frac{304.21}{1{,}033.05}\right)\times 1.4855=1.9732\text{년}$

• $D_L=\left(\frac{100}{786.69}\right)\times 0+\left(\frac{392.38}{786.69}\right)\times 1+\left(\frac{294.31}{786.69}\right)\times 2=1.2470\text{년}$

(2) ① $\Delta E=\Delta A-\Delta L=\left(-\frac{D_A}{1+r_A}\cdot\Delta r_A\cdot A\right)-\left(-\frac{D_L}{1+r_L}\cdot\Delta r_L\cdot L\right)$

$$=-\left(\frac{D_A}{1+r_A}\cdot A-\frac{D_L}{1+r_L}\cdot L\right)\times\Delta r$$

$$=-\left(\frac{1.9732}{1.06}\times 1{,}033.05-\frac{1.2470}{1.05}\times 786.69\right)\times 0.01=-9.89\text{억원}$$

듀레이션에 의한 변동부분만 고려한다면 KS은행의 자기자본가치는 9.89억원 감소하게 된다.

② 듀레이션에 의해서 자산(또는 부채)의 변동액을 산출할 때는 이자율과 자산가치(또는 부채가치)간의 함수가 선형이라는 가정이 포함되어 있다. 그러나 실제로는 이자율과 자산가치(또는 부채가치)가 비선형관계, 즉 원점에 대해 볼록한 형태를 갖기 때문에 오차가 발생하게 된다.

(3) 1년 만기 CD를 α만큼 발행하여 마련한 자금을 현금으로 보유할 경우 시장가치로 표시된 재무상태표는 다음과 같다.

재무상태표 (단위 : 억원)

항 목	금 액	듀레이션	항 목	금 액	듀레이션
현 금	$200+\alpha$	0	요구불예금	100	0
상업대출	528.84	3	CD	$392.38+\alpha$	1
주택대출	304.21	1.4855	정기예금	294.31	2
			자기자본	246.36	–

• $D_A=\left(\dfrac{200+\alpha}{1{,}033.05+\alpha}\right)\times 0+\left(\dfrac{528.84}{1{,}033.05+\alpha}\right)\times 3+\left(\dfrac{304.21}{1{,}033.05+\alpha}\right)\times 1.4855$

$$=\frac{2{,}038.42}{1{,}033.05+\alpha}$$

$$\rightarrow \frac{D_A}{1+r_A}\cdot A=\frac{\left(\dfrac{2{,}038.42}{1{,}033.05+\alpha}\right)}{1+0.06}\times(1{,}033.05+\alpha)=1{,}923.04$$

• $D_L=\left[\left(\dfrac{100}{786.69+\alpha}\right)\times 0+\left(\dfrac{392.38+\alpha}{786.69+\alpha}\right)\times 1+\left(\dfrac{294.31}{786.69+\alpha}\right)\times 2\right]$

$$=\frac{981+\alpha}{786.69+\alpha}$$

$$\rightarrow \frac{D_L}{1+r_L}\cdot L=\frac{\left(\dfrac{981+\alpha}{786.69+\alpha}\right)}{1+0.05}\times(786.69+\alpha)=934.29+\frac{\alpha}{1.05}$$

$1{,}923.04=934.29+\dfrac{\alpha}{1.05}$ $\quad\therefore\ \alpha=1{,}038.19$억원

KS은행은 1년 만기 CD를 1,038.19억원만큼 추가로 발행하여 마련한 자금을 현금으로 보유함으로써 자기자본가치를 이자율변동으로부터 면역화시킬 수 있다.

12. (1) • 대출채권의 매년 균등상환액(C)

$400=\dfrac{C}{1.1}+\dfrac{C}{1.1^2}=C\times 1.7355\ \rightarrow\ C=230.4811$원

PV(대출채권) $=\dfrac{230.4811}{1.08}+\dfrac{230.4811}{1.08^2}=411.0088$원

대출채권의 듀레이션 $=\dfrac{1\times\left(\dfrac{230.4811}{1.08}\right)+2\times\left(\dfrac{230.4811}{1.08^2}\right)}{411.0088}=1.4808$년

• PV(장기채권) = 액면채 = 150원

장기채권의 듀레이션 $=\dfrac{1\times\left(\dfrac{12}{1.08}\right)+2\times\left(\dfrac{12}{1.08^2}\right)+3\times\left(\dfrac{162}{1.08^3}\right)}{150}=2.7833$년

$\therefore$ 자산의 듀레이션$= \dfrac{50}{611.0088}\times 0 + \dfrac{411.0088}{611.0088}\times 1.4808 + \dfrac{150}{611.0088}\times 2.7833$

$= 1.6794$년

(2) $PV(CD) = \dfrac{130\times(1+0.07)}{1+0.08} = 128.7963$원

$\therefore$ 부채의 듀레이션$= \dfrac{400}{528.7963}\times 0 + \dfrac{128.7963}{528.7963}\times 1 = 0.2436$년

(3) 재무상태표(시장가치) (단위 : 원)

자 산		부채와 자본	
현 금	50	요구불예금	400
대출채권	411.0088	C D	128.7963
장기채권	150.0000	자 기 자 본	82.2125
합 계	611.0088	합 계	611.0088

$\therefore \Delta E = -(D_A\cdot A - D_L\cdot L)\left(\dfrac{\Delta r}{1+r}\right)$

$= -(1.6794\times 611.0088 - 0.2436\times 528.7963)\times\dfrac{0.01}{1.08} = -8.3085$원

(4) ① 자산의 듀레이션×자산가치＝부채의 듀레이션×부채가치

② $D_A\cdot A - D_L\cdot L = 1.6794\times 611.0088 - D_L\times 528.7963 = 0$

$\therefore$ 부채의 듀레이션$(D_L) = 1.9405$년

(5) $\dfrac{E+\Delta E}{A+\Delta A} = \dfrac{E}{A}$, $\Delta E\times A = \Delta A\times E$, $(\Delta A - \Delta L)\times A = \Delta A\times(A-L)$

$\Delta L\times A = \Delta A\times L \rightarrow \left(-\dfrac{D_L}{1+r}\cdot\Delta r\cdot L\right)\times A = \left(-\dfrac{D_A}{1+r}\cdot\Delta r\cdot A\right)\times L$

$\therefore$ 자산의 듀레이션(D_A)＝부채의 듀레이션(D_L)

13. (1) 고정금리대출(자산)의 듀레이션＞고정금리예금(부채)의 듀레이션

→ 고정금리대출(자산)의 가치하락＞고정금리예금(부채)의 가치하락

$\therefore$ 이자율 상승에 따른 가격위험에 노출됨.

(2) $D_{채권} = \dfrac{\frac{1}{2}년\times\frac{4}{1.04} + \frac{2}{2}년\times\frac{4}{1.04^2} + \frac{3}{2}년\times\frac{4}{1.04^3} + \frac{4}{2}년\times\frac{104}{1.04^4}}{100} = 1.89$년

$\rightarrow D_{자산} = \dfrac{5}{105}\times 0 + \dfrac{100}{105}\times 1.89 = 1.80$년

$D_{CD} = D_{부채} = 1$년(∵ CD는 1년 후 액면금액$[90\times(1+0.04)^2 = 97.344$억원$]$을 상환하는 순수할인채권이다.)

$$\therefore \ \Delta E = -(D_A \cdot A - D_L \cdot L)\left(\frac{\Delta r}{1+r/2}\right)$$

$$= -(1.80 \times 105 - 1 \times 90) \times \frac{0.02}{1.04} = -1.90\text{억원}$$

(3) $\Delta E = \Delta A - \Delta L = -(D_A \cdot A - D_L \cdot L)\left(\frac{\Delta r}{1+r/m}\right)$

$\rightarrow D_A \times A = D_L \times L \rightarrow D_A \times 105 = 1 \times 90 \quad \therefore \ D_A = 0.86$년

(4) $\Delta A = \frac{4}{1.05} + \frac{4}{1.05^2} + \frac{4}{1.05^3} + \frac{104}{1.05^4} - 100 = -3.55$억원

$\Delta L = \frac{97.344}{1.05^2} - 90 = -1.71$억원

$\therefore \ \Delta E = (-3.55) - (-1.71) = -1.84$억원

(5) 자산(채권) 및 부채(CD)의 가치변화는 볼록성에도 영향을 받기 때문에 차이가 난다.

14. (1) ㈜한국보험의 부채 포트폴리오의 현재가치(L)와 듀레이션(D)은 다음과 같다.

$$L = \frac{1{,}000}{1.05} + \frac{1{,}000}{1.05^2} + \frac{1{,}000}{1.05^3} = 2{,}723.2480\text{억원}$$

$$D_L = \frac{1 \times (1{,}000/1.05) + 2 \times (1{,}000/1.05^2) + 3 \times (1{,}000/1.05^3)}{2{,}723.2480} = 1.9675$$

부채 포트폴리오의 볼록성(V)은 다음과 같다.

$$V = \frac{1}{1.05^2} \times \frac{1 \times 2 \times \frac{1{,}000}{1.05} + 2 \times 3 \times \frac{1{,}000}{1.05^2} + 3 \times 4 \times \frac{1{,}000}{1.05^3}}{2{,}723.2480} = 5{,}8996$$

(2) ① 1년만기 무이표채와 3년만기 무이표채 투자비중을 각각 w_1, w_3라 하자. 면역전략을 위해 자산과 부채 듀레이션을 일치시켜야 하므로 다음 식이 성립한다.

$1.9675 = w_1 \times 1 + w_3 \times 3$

$\quad = w_1 \times 1 + (1 - w_1) \times 3 \rightarrow w_1 = 0.5163, \ w_3 = 0.4837$

따라서 무이표채에 대한 투자금액을 구하면 다음과 같다.

1년만기 무이채표 투자금액 : $0.5163 \times 2{,}723.2480 = 1{,}406.0129$억원

2년만기 무이채표 투자금액 : $0.4837 \times 2{,}723.2480 = 1{,}317.2351$억원

② 1년만기 무이채표와 3년만기 무이채표로 구성된 자산포트폴리오 볼록성(V) 구하면 다음과 같다.

$$V=\frac{1}{1.05^2}\times\left[\frac{1\times2\times1{,}406.0129}{2{,}723.2480}+\frac{3\times4\times1{,}317.2351}{2{,}723.2480}\right]$$

$$=\frac{1}{1.05^2}\times(1\times2\times0.5163+3\times4\times0.4837)=6.2014$$

③ 자산포트폴리오와 부채포트폴리오의 볼록성이 다르므로 이자율변동에 따른 위험을 완전히 회피하기 어렵다. 즉 완전면역이 확보되긴 어렵다.

(3) ① 1년만기 무이표채와 2년만기 무이표채의 투자비중을 각각 w_1, w_2라 하자. 자산포트폴리오와 부채포트폴리오의 듀레이션이 동일해야 하므로 다음 식이 성립한다.

$1.9675=w_1\times1+(1-w_1)\times2=1.9675$

$\therefore\ w_1=0.0325,\ w_2=0.9675$

따라서 무이채표 투자금액은 다음과 같다.

1년만기 무이채표 투자금액 : $2{,}723.2480\times0.0325=88.5056$억원

2년만기 무이채표 투자금액 : $2{,}723.2480\times0.9675=2{,}634.7424$억원

② 자산포트폴리오 볼록성(V)은 다음과 같다.

$$V=\frac{1}{1.05^2}\times[1\times2\times0.0325+2\times3\times0.9675]=5.3243$$

③ 자산포트폴리오와 부채포트폴리오의 볼록성이 다르기 때문에 이자율변동에 따른 가치변동위험을 완전히 회피하기 어려우므로 완전한 면역이 달성되기 어렵다.

(4) 물음 (2)와 물음 (3)의 해설에 제시된 바와 같이 각 전략의 자산포트폴리오의 볼록성이 서로 다르다. 이는 부채포트폴리오 가치변동위험에 대한 면역화에 차이를 유발한다. 볼록성이 큰 자산일수록 이자율 하락시 자산가치의 상승폭이 더 크고 이자율 상승시 자산가치의 하락폭은 더 작아진다. 따라서 물음 (2)의 전략이 물음 (3)에 비해 유리하다고 하겠다.

이자율 변동에 따른 물음 (2)와 물음 (3)의 전략의 자산포트폴리오 가치 변동을 그림으로 제시하면 다음과 같다.

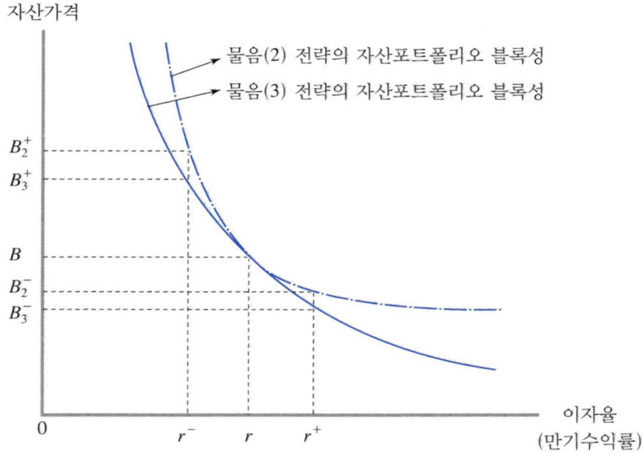

B_i^+: 이자율 하락시($r \rightarrow r^-$) 물음(i)의 자산포트폴리오 가치

B_i^-: 이자율 상승시($r \rightarrow r^+$) 물음(i)의 자산포트폴리오 가치

15. (1) 99%의 신뢰수준에서 $Z=-2.33$이다.

- 주식 A : 3개월 동안의 표준편차(σ_A)$=0.1\times\sqrt{3/12}=0.05$
- 주식 B : 3개월 동안의 표준편차(σ_B)$=0.2\times\sqrt{3/12}=0.1$

∴ 주식 A의 평균기준 VaR$=-W_A\cdot Z\cdot\sigma_A=-5{,}000$만원$\times(-2.33)\times0.05$

$=582.5$만원

주식 B의 평균기준 VaR$=-W_B\cdot Z\cdot\sigma_B=-5{,}000$만원$\times(-2.33)\times0.1$

$=1{,}165$만원

(2) 포트폴리오의 VaR$=\sqrt{582.5^2+1{,}165^2+2\times582.5\times1{,}165\times0.2}=1{,}402.85$만원

∴ 포트폴리오효과$=(582.5+1{,}165)-1{,}402.85=344.65$만원

포트폴리오의 분산효과로 인해 최대손실액이 344.65만원만큼 감소하였다.

(3) • 주식 A의 공헌비율$=\dfrac{582.5^2+582.5\times1{,}165\times0.2}{1{,}402.85^2}=0.2414$

• 주식 B의 공헌비율$=\dfrac{1{,}165^2+582.5\times1{,}165\times0.2}{1{,}402.85^2}=0.7586$

∴ 주식 A의 공헌 VaR$=1{,}402.85\times0.2414=338.65$만원

주식 B의 공헌 VaR$=1{,}402.85\times0.7586=1{,}064.20$만원

Tip

포트폴리오의 공헌비율은 수익률의 표준편차와 금액으로 측정된 표준편차를 이용하여 구할 수도 있다.

1) 수익률의 표준편차를 이용한 방법

- 포트폴리오 분산

$$\sigma_p = w_A^2\sigma_A^2 + w_B^2\sigma_B^2 + 2w_A w_B \sigma_A \sigma_B \rho_{AB}$$
$$= (0.5)^2(0.05)^2 + (0.5)^2(0.1)^2 + 2\times 0.5\times 0.5\times 0.05\times 0.1\times 0.2 = 0.003625$$

- 주식 A의 공헌비율 $= \dfrac{w_A^2\sigma_A^2 + w_A w_B \sigma_A \sigma_B \rho_{AB}}{\sigma_p^2}$

$$= \frac{(0.5)^2(0.05)^2 + 0.5\times 0.5\times 0.05\times 0.1\times 0.2}{0.003625} = 0.2414$$

- 주식 B의 공헌비율 $= \dfrac{w_B^2\sigma_B^2 + w_A w_B \sigma_A \sigma_B \rho_{AB}}{\sigma_p^2}$

$$= \frac{(0.5)^2(0.1)^2 + 0.5\times 0.5\times 0.05\times 0.1\times 0.2}{0.003625} = 0.7586$$

2) 금액으로 측정된 표준편차를 이용한 방법

- 주식 A의 표준편차(금액) $= \Sigma_A = 5{,}000$만원 $\times 0.05 = 250$만원
- 주식 B의 표준편차(금액) $= \Sigma_B = 5{,}000$만원 $\times 0.1 = 500$만원
- 포트폴리오 표준편차(금액)

$$\Sigma_p^2 = \Sigma_A^2 + \Sigma_B^2 + 2\Sigma_A\Sigma_B\rho_{AB} = (\Sigma_A^2 + \Sigma_A\Sigma_B\rho_{AB}) + (\Sigma_B^2 + \Sigma_A\Sigma_B\rho_{AB})$$
$$= 250^2 + 500^2 + 2\times 250\times 500\times 0.2 = 362{,}500$$

- 주식 A의 공헌비율 $= \dfrac{\Sigma_A^2 + \Sigma_A\Sigma_B\rho_{AB}}{\Sigma_p^2} = \dfrac{250^2 + 250\times 500\times 0.2}{362{,}500} = 0.2414$

- 주식 B의 공헌비율 $= \dfrac{\Sigma_B^2 + \Sigma_A\Sigma_B\rho_{AB}}{\Sigma_p^2} = \dfrac{500^2 + 250\times 500\times 0.2}{362{,}500} = 0.7586$

16. (1) $Z = \dfrac{r^* - E(r)}{\sigma} = \dfrac{-50\% - 16\%}{33\%} = -2$

$$\therefore\ P(Z \le -2) = \frac{1 - P(-2 \le Z \le 2)}{2} = \frac{1 - 0.954}{2} = 0.023(2.3\%)$$

(2) 평균기준 $VaR = -W_0(r^* - E(r)) = -W_0 \cdot Z \cdot \sigma$

$VaR_A = -40 \times (-1.65) \times 0.25 = 16.5$억원,

$VaR_B = -60 \times (-1.65) \times 0.35 = 34.65$억원

$\therefore\ VaR_p = \sqrt{16.5^2 + 34.65^2 + 2 \times 16.5 \times 34.65 \times 0.4} = 43.9346$억원

※ 별해 : $\sigma_p = \sqrt{(0.4)^2(0.25)^2 + (0.6)^2(0.35)^2 + 2 \times 0.4 \times 0.6 \times 0.25 \times 0.35 \times 0.4} = 0.26627$

$\therefore\ VaR_p = -100 \times (-1.65) \times 0.26627 = 43.9346$억원

(3) 목표기간(ΔT)의 표준편차(σ') $= \sigma\sqrt{\Delta T}$

$VaR_A = -40 \times (-1.65) \times 0.25 \times \sqrt{\frac{1}{2}} = 11.6673$억원

$VaR_B = -60 \times (-1.65) \times 0.35 \times \sqrt{\frac{1}{2}} = 24.5012$억원

$\therefore\ VaR_p = \sqrt{11.6673^2 + 24.5012^2 + 2 \times 11.6673 \times 24.5012 \times 0.4} = 31.0665$억원

제 5 장 환위험관리

완성/선택형 문제

1. 외환시장 2. 선물환거래, 선물환율 3. 이자율평가이론 4. 거래노출 5. ② 6. ①
7. ② 8. ② 9. ③ 10. ④ 11. ① 12. ② 13. ④ 14. ① 15. ⑤ 16. ①

계산형 문제

4. (1) 재정환율 $= \frac{₩1,260.00/\$}{¥120.00/\$} = ₩10.5/¥$

(2) 「실제환율(₩10.0/¥) < 재정환율(₩10.5/¥)」이므로 원화는 과대평가되어 있고 엔화는 과소평가되어 있음을 알 수 있다. 그러므로 과대평가된 원화를 매도하고, 과소평가된 엔화를 매입함으로써 차익거래이익을 얻을 수 있을 것이다. 시장간 차익거래(intermarket triangular arbitrage)를 실시하면 다음과 같다.

① 서울에서 ₩10,000,000을 지급(매도)하고 ¥1,000,000 매입

② 동경에서 ¥1,000,000을 지급(매도)하고 $8,333.3333(=1,000,000/120) 매입

③ 서울에서 $8,333.3333을 지급(매도)하고 ₩10,500,000(=8,333.3333×1,260) 매입

④ ₩10,000,000의 자금으로 삼각차익거래과정을 실시하여 ₩10,500,000을 얻을 수 있다. 따라서 당신이 얻을 수 있는 차익거래이익은 다음과 같다.

∴ 차익거래이익 = ₩10,500,000 − ₩10,000,000 = ₩500,000

5. (1) $\dfrac{F_{0,\,6개월}-S_0}{S_0}=\dfrac{1{,}010-1{,}000}{1{,}000}=0.01>\dfrac{1+r}{1+r^F}-1=\dfrac{1+0.04/2}{1+0.06/2}-1=-0.0097$

→ 6개월 만기 미달러선물 : 과대평가, 현물(미달러화) : 과소평가

차익거래	현금흐름(만원)	
	현재(0시점)	만기일(6개월 후)
미달러선물 매도*	0	$10.3\times 1{,}010-S_T$
현물(미달러화) 매입(미국은행에 예금)	$-10\times 1{,}000$	S_T
현금 차입(국내 은행에서 차입)	$10\times 1{,}000$	$-10\times 1{,}000\times(1+0.04/2)$
차익거래이익	0	203

* 현재 10,000만원을 국내은행에서 차입하여 매입한 10만달러는 미국은행에 예금하는 경우 6개월 후 10.3만달러[$=10\times(1+0.03)$]가 되므로, 이 금액을 기준으로 미달러선물을 매도해야 함.

(2) $\dfrac{F_{0,\,6개월}-1{,}000}{1{,}000}=\dfrac{1+0.04/2}{1+0.06/2}-1\quad\therefore\ F_{0,\,6개월}=₩990.29/\$$

(3) 현실적으로 존재할 수 있는 거래비용은 다음과 같다.

- 현물환율의 매수호가와 매도호가의 차이
- 선물환율의 매수호가와 매도호가의 차이
- 국내의 예금이자율과 대출이자율의 차이
- 미국의 예금이자율과 대출이자율의 차이

이상에서 예시한 거래비용이 차익거래이익보다 클 경우 차익거래가 발생하지 않을 것이다.

6. a. $\dfrac{F_{0,\,1}-950}{950}=\dfrac{1+0.08}{1+0.04}-1\quad\therefore F_{0,\,1}=₩986.54/\$$

b. 선도환율(₩950/$) < 이론선도환율(₩986.54/$)

→ • 1년 만기 선도환 10,400달러[$=10{,}000\times(1+0.04)$] 매입

• 미달러화 10,000달러를 미국은행에서 차입(공매도), 원화로 환전 후 국내은행에 예금(대출)

c. 차익거래

차익거래	현금흐름(원)	
	현재(0시점)	만기일(1년 후)
미달러선도환 매입*	0	$S_T - 10,400 \times 950$
미달러화(현물) 차입(공매도)	$10,000 \times 950$	$-S_T$
현금 대출(예금)	$-10,000 \times 950$	$10,000 \times 950 \times (1+0.08)$
차익거래이익	0	380,000

* 현재 미국에서 차입(공매도)한 10,000달러는 1년 후 10,400달러[$=10,000 \times (1+0.04)$]를 상환해야 하므로, 이 금액을 기준으로 미달러선도환을 매입해야 함.

7. (1) ① 선물환시장 이용 : 1년물 미달러화 선물환 3,000만달러 매입

1년 후 총지급액＝3,000만달러×₩1,100/US$＝3,300,000만원

② 한국과 미국의 단기금융시장 이용 :

- (미국 내 은행에서의 예금금액)×(1＋0.04)＝3,000만달러

→ 미국 내 은행에서의 예금금액＝2,884.6154만달러

- 국내 은행에서의 차입액＝2,884.6154만달러×₩1,000/US$＝2,884,615.4만원

∴ 1년 후 총지급액(국내은행 차입금 상환액)

＝2,884,615.4만원×(1＋0.06)＝3,057,692.324만원

따라서 한국과 미국의 단기금융시장을 이용하는 것이 1년 후 총지급액이 적어 더 유리하다.

(2) 두 안이 차이가 나는 것은 선물환율이 국내와 미국간의 이자율차이를 완전히 반영하지 못하기 때문이다. 따라서 이자율평가이론에 의해 1년물의 선물환율을 구하면 다음과 같다.

$$\frac{F_{0,\,1년} - 1,000}{1,000} = \frac{1+0.06}{1+0.04} - 1 = 0.009804 \quad \therefore\ F_{0,\,1년} = ₩1,019.2308/\text{US\$}$$

8. (1) $$F_{0,\,T} = S_0\left(\frac{1+r_T}{1+r_T^F}\right) = ₩1,200/\$ \times \left(\frac{1+\frac{0.0804}{4}}{1+\frac{0.04}{4}}\right) = ₩1,212/\$$$

∴ 3개월 만기 미국달러선물 1계약의 가격＝₩1,212/$×$10,000＝1,212만원

(2) SH상사의 재무관리자는 환율변동에 따른 위험을 제거하기 위하여 다음과 같은 두 가지 방안을 고려할 수 있다.

① 통화선물시장을 이용한 헤징 : 3개월 만기 미국달러선물 1,000계약(＝1,000

만달러/1만달러) 매입

∴ 3개월 후 총지출액 = 1,000계약 × 1,212만원 = 1,212,000만원

② 단기금융시장을 이용한 헤징 : 국내 은행에서 차입하여 조달한 자금(1,188,119만원)으로 미달러화(990.099만달러)를 매입하여 미국 내 은행에 예금함.

- (미국 내 은행에서의 예금금액) × (1 + 0.04/4) = 1,000만달러
  → 미국 내 은행에서의 예금금액 = 990.099만달러
- 국내 은행에서의 차입액 = 990.099만달러 × ₩1,200/$ = 1,188,119만원
  ∴ 3개월 후 총지출액(국내 은행 차입액의 원리합계)
  = 1,188,119만원 × (1 + 0.0804/4) = 1,212,000만원

③ 선물환율이 이론적 선물환율과 같을 경우 두 방안의 성과는 항상 같아진다.

9. (1) ① 달러 선물환 매도를 통한 헤징 : 3개월물 미달러화 선물환 1,000만달러 매도

∴ 3개월 후 총수입액 = 1,000만달러 × ₩1,230/$ = 123억원

② 단기금융시장을 이용한 헤징 : 미국 내 은행에서 미달러화를 차입하여 환전한 후, 국내 은행에 예금

- (미국 내 은행에서의 차입금액) × (1 + 0.084/4) = 1,000만달러
  → 미국 내 은행에서의 차입금액 = 9,794,319달러
- 국내 은행에서의 예금액 = 9,794,319달러 × ₩1,235/$ = 12,095,983,965원
  ∴ 3개월 후 총수입액(국내 은행 예금액의 원리합계)
  = 12,095,983,965원 × (1 + 0.056/4) = 12,265,327,741원

③ ①과 ②를 비교해 보면 S전자의 경우 선물환 매도를 통한 헤징이 34,672,259원만큼 더 유리하다.

(2) 선물환 : 과대평가, 현물환 : 과소평가 → 매수차익거래

차익거래	현금흐름(만원)	
	현재(0)	만기일(3개월 후)
달러 선물환 매도	0	$\$1,000 \times ₩1,230/\$ - S_T$
현물(달러화) 매입(예금)	$-\left(\frac{\$1,000}{1+0.076/4}\right) \times ₩1,245/\$$	S_T
현금(원화) 차입	$\left(\frac{\$1,000}{1+0.076/4}\right) \times ₩1,245/\$$	$-\left(\frac{\$1,000}{1+0.076/4}\right) \times ₩1,245/\$ \times (1+0.064/4)$
차익거래이익	0	−11,335

달러화 선물환과 현물환의 가격불균형을 이용하여 얻을 수 있는 이익보다 차익거래 시 발생되는 외환시장과 단기금융시장에서의 거래비용(매입－매도환율 차,

예대마진)이 더 크기 때문에 차익거래이익을 얻을 수 없다.

10. (1) • (미국 내 은행에서의 차입금액) $\times \left[1+\frac{0.08}{2}\times(1-0.2)\right]$ = 4,000,000달러

→ 미국 내 은행에서의 차입금액 = 3,875,969달러

• 국내 투자액 = 3,875,969달러 × ₩980/$ = 3,798,449,620원

∴ 6개월 후 총수입액 = 3,798,449,620원 $\times \left[1+\frac{0.06}{2}\times(1-0.2)\right]$

= 3,889,612,411원

(2) 환율하락 시 발생할 수 있는 기회손실, 즉 환차손(₩980/$ − $F_{0,\ 6개월}$)의 세금절감액을 고려하여 선물환율($F_{0,\ 6개월}$)을 구하면 다음과 같다.[3]

4,000,000달러 × $F_{0,\ 6개월}$ + 4,000,000달러 × (₩980/$ − $F_{0,\ 6개월}$) × 0.2
= 3,889,612,411원

∴ $F_{0,\ 6개월}$ = ₩970.50/$(선물환 매도포지션)

(3) 투기자가 선물환시장에서 매입포지션을 취하도록 하기 위해서는 선물환율이 기대현물환율보다 낮게 형성되어야 한다. 기대현물환율과 선물환율의 차이는 투기자가 부담하는 위험의 대가, 즉 위험프리미엄이라 할 수 있다.

Tip

• 물음 (2)에서 상품을 수입하고 일정기간 후 수입대금을 결제할 경우에는 환율상승 시 발생할 수 있는 기회손실, 즉 환차손(선물환율 − 현물환율)의 세금절감액을 고려해야 한다.

• 물음 (3)과 같이 헤저들이 선물시장에서 매도포지션을 취하여 선물의 매도초과현상이 발생되는 경우, 헤저들은 투기자들이 선물을 매입하도록 유인하기 위하여 선물가격을 만기일의 기대현물가격보다 낮게 형성시킨다.

$$F_{0,\ T} < E(S_T)$$

이와 같은 관계를 정상적 백워데이션가설(normal backwardation hypothesis)이라 하며, 기대현물가격과 선물가격간의 차이는 헤저가 자신의 위험헤징에 대한 대가(투기자에게 위험을 전가하는 대가)로서 투기자에게 지급하는 위험프리미엄의 성격을 가지고 있다.

3 만약 선물환율($F_{0,\ 6개월}$)이 현물환율(₩980/$)보다 더 클 경우 환차익이 발생하며, 이로 인한 세금증가액은 차감될 것이다.

11. (1)

투자국	1년 후 현금흐름	기대수익률
한 국	100,000만원 × (1 + 0.08) = 108,000만원	8%
일 본	$\left(\frac{100{,}000\text{만원}}{₩10.5/¥}\right)$ × (1 + 0.06) × (₩10.8/¥) = 109,028.57만원	9.03%
미 국	$\left(\frac{100{,}000\text{만원}}{₩1{,}180/\$}\right)$ × (1 + 0.05) × (₩1,220/$) = 108,559.32만원	8.56%

기대수익률을 기준으로 투자할 경우 국민펀드는 기대수익률이 가장 높은 일본 국채에 투자해야 한다. 그러나 이와 같은 투자결정은 1년 후 환율이 기대한 대로 나타날 경우에만 유효한 것으로서 각국의 환율변동에 따른 위험을 고려하지 않고 있다는 문제점이 있다.

(2) ① 한국 : 투자수익률 = 8%

② 일본 : 일본에 투자(¥95,238,095)한 후, 환위험에 대한 헤지를 하기 위하여 일본 내 은행으로부터 엔화를 차입하여 한국 국채를 매입함.

• 일본은행으로부터의 차입액 = $\frac{100{,}000\text{만원}}{₩10.5/¥}$ = ¥95,238,095

• 환전 후 국내 투자 시 1년 후 현금흐름

= ¥95,238,095 × (₩10.5/¥) × 1.08 = 108,000만원

→ 투자수익률 = 8%

③ 미국 : 미국에 투자($847,457.6)한 후, 환위험에 대한 헤지를 하기 위하여 미국 내 은행으로부터 달러화를 차입하여 한국 국채를 매입함.

• 미국은행으로부터의 차입액 = $\frac{100{,}000\text{만원}}{₩1{,}180/\$}$ = $847,457.6

• 환전 후 국내 투자 시 1년 후 현금흐름 = $847,457.6 × ₩1,180/$ × 1.08

= 108,000만원

→ 투자수익률 = 8%

이상에서 볼 수 있는 바와 같이 금융시장을 이용하여 헤징을 하는 경우 각국의 투자수익률은 환율변동에 관계없이 8%로 동일하게 기대됨을 알 수 있다.

(3) 구매력평가이론에 의해 각국 통화에 대한 1년 후 기대현물환율을 구하면 다음과 같다.[4]

4 물음 (3)에서 일본과 미국의 이자율은 변동이 없으므로 인플레이션율은 0%라 할 수 있으며, 한국의 경우에는 실질이자율이 2%p 하락하였으나 명목이자율의 변동이 없기 때문에 피셔효

• 1년 후 대엔화환율 : $\frac{E(S_1)-10.5}{10.5}=0.02 \quad \therefore E(S_1)=₩10.71/¥$

• 1년 후 대미달러화환율 : $\frac{E(S_1)-1,180}{1,180}=0.02 \quad \therefore E(S_1)=₩1,203.6/\$$

제 6 장 스왑거래

완성/선택형 문제

1. 스왑(swap) 2. 선도금리계약(forward rate agreement : FRA) 3. 금리스왑 4. 스왑금리(swap rate) 5. 통화스왑 6. ② 7. ⑤ 8. ④ 9. ③ 10. ① 11. ③ 12. ② 13. ①

계산형 문제

3. (1) $r_1=5\%,\ r_2=6\%,\ r_3=7\%$

• $f_{1,2}=\frac{(1+r_2)^2}{1+r_1}-1=\frac{(1+0.06)^2}{1+0.05}-1=0.0701$

• $f_{2,3}=\frac{(1+r_3)^3}{(1+r_2)^2}-1=\frac{(1+0.07)^3}{(1+0.06)^2}-1=0.0903$

A기업의 입장에서 스왑의 순현금흐름을 계산하면 다음과 같다.

(단위 : 억원)

현금흐름 \ 시점	1년 후	1년 후	1년 후
고정금리 이자지급 변동금리 이자수취	−6 5	−6 7.01	−6 9.03
순현금흐름	−1	1.01	3.03

* 만기일에 상환되는 원금은 동일하기 때문에 이를 고려할 필요가 없음.

• $B_{fx}=\frac{6}{1.05}+\frac{6}{1.06^2}+\frac{106}{1.07^3}=97.58$억원

과에 의해 예상 인플레이션율이 2%임을 알 수 있다. 한편 국제피셔효과는 각국의 실질이자율이 동일하다는 전제하에 도출된 이론이기 때문에 여기에서 사용할 수 없음을 유의해야 한다.

• $B_{fl} = \frac{5}{1.05} + \frac{7.01}{1.06^2} + \frac{109.03}{1.07^3} = 100$억원

∴ $V_S = B_{fl} - B_{fx} = 100 - 97.58 = 2.42$억원

(2) $V_S = \frac{-1}{1.05} + \frac{1.01}{1.06^2} + \frac{3.03}{1.07^3} = 2.42$억원

(3) $V_S = \frac{5-x}{1.05} + \frac{7.01-x}{1.06^2} + \frac{9.03-x}{1.07^3} = 0 \rightarrow x = 6.91$억원

∴ 지급 고정금리(스왑금리) $= 6.91/100 = 0.0691$ (6.91%)

(4) $1+0.05 = \left(1+0.04\times\frac{182}{365}\right)\left(1+f_{0.5,\,1}\times\frac{183}{365}\right) \rightarrow f_{0.5,\,1} = 0.0588$

선도금리계약 매입포지션=고정금리 지급+변동금리 수취

• 고정금리 지급$= -100\times 0.0588\times\frac{183}{365} = -2.95$억원

• 변동금리 수취$= 100\times 0.07\times\frac{183}{365} = 3.51$억원

∴ C기업이 수령하는 금액$= 3.51 - 2.95 = 0.56$억원

4. (주)가야의 입장에서는 향후 3년 동안 매년 말 변동금리를 지급하고 고정금리를 받는 조건으로 AB은행과 스왑을 체결한 것이다.

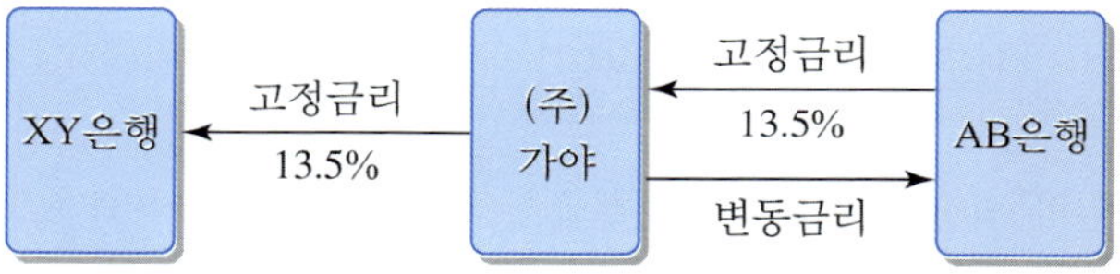

순수기대이론은 시장참가자들이 위험중립적이라는 전제하에서 성립하는 것이며, 이 이론에 의하면 각 기간의 선도이자율이 해당기간의 기대현물이자율과 동일하게 된다.

(1) $r_1 = 10\%,\ r_2 = 12\%,\ r_3 = 13\%$

• $f_{1,\,2} = \frac{(1+r_2)^2}{1+r_1} - 1 = \frac{(1+0.12)^2}{1+0.1} - 1 = 0.14$

• $f_{2,\,3} = \frac{(1+r_3)^3}{(1+r_2)^2} - 1 = \frac{(1+0.13)^3}{(1+0.12)^2} - 1 = 0.15$

그러므로 (주)가야의 입장에서 스왑의 순현금흐름을 계산하면 다음과 같다.

(단위 : 억원)

현금흐름 \ 시점	20×3. 12. 31	20×4. 12. 31	20×5. 12. 31
고정금리 이자수입 변동금리 이자지급	13.5 −10	13.5 −14	13.5 −15
순현금흐름	3.5	−0.5	−1.5

* 만기일인 20×5. 12. 31 시점에 상환되는 원금은 동일하기 때문에 이를 고려할 필요가 없음.

(2) $V_S = \frac{3.5}{1.1} - \frac{0.5}{1.12^2} - \frac{1.5}{1.13^3} = 1.7$억원

스왑의 가치는 1.7억원으로서 AB은행이 스왑거래의 대가로 요구하는 수수료 2억원보다 작기 때문에 (주)가야는 이 제의를 받아들이지 않아야 한다.

Tip

(주)가야의 스왑계약은 고정금리채권(B_{fx})을 매입하고 변동금리채권(B_{fl})을 매도하는 채권포트폴리오 개념에 의해 평가할 수도 있다.

- $B_{fx} = \frac{13.5}{1.1} + \frac{13.5}{1.12^2} + \frac{13.5+100}{1.13^3} = 101.7$억원
- $B_{fl} = \frac{10}{1.1} + \frac{100}{1.1} = 100$

$\therefore\ V_S = B_{fx} - B_{fl} = 101.7 - 100 = 1.7$억원

5. (주)한반도가 지급할 수 있는 최대고정금리는 스왑의 가치가 0이 되는 금리수준이다. 그리고 매기간 말 변동금리이자는 매기간 초에 결정된 CD금리에 의해 계산된다.

(1) $r_{3개월} = 6\%,\ r_{6개월} = 8\%,\ r_{9개월} = 10\%$

$\rightarrow f_{3개월, 6개월} = \frac{1.08^2}{1.06} - 1 = 10.04\%,\ f_{6개월, 9개월} = \frac{1.1^3}{1.08^2} - 1 = 14.11\%$

그러므로 (주)한반도의 입장에서 스왑의 순현금흐름을 계산하면 다음과 같다.

(단위 : 억원)

현금흐름 \ 시점	3개월 후	6개월 후	9개월 후
변동금리 이자수입* 고정금리 이자지급	1.5 $-C$	2.51 $-C$	3.5275 $-C$
순현금흐름	$1.5-C$	$2.51-C$	$3.5275-C$

* 1.5억원 $= 100 \times \left(\frac{0.06}{4}\right)$, 2.51억원 $= 100 \times \left(\frac{0.1004}{4}\right)$, 3.5275억원 $= 100 \times \left(\frac{0.1411}{4}\right)$

$$V_S = \frac{1.5-C}{1+0.06/4} + \frac{2.51-C}{(1+0.08/4)^2} + \frac{3.5275-C}{(1+0.1/4)^3} = 7.1660 - 2.8750C = 0$$

$$\rightarrow\ C = 2.4925\text{억원} \quad \therefore\ r = \left(\frac{2.4925}{100}\right) \times 4 = 9.97\%$$

(2) $r_{3개월} = 5\%,\ r_{6개월} = 7\%,\ r_{9개월} = 9\%$

$$\rightarrow\ f_{3개월,\,6개월} = \frac{1.07^2}{1.05} - 1 = 9.04\%,\ f_{6개월,\,9개월} = \frac{1.09^3}{1.07^2} - 1 = 13.11\%$$

그러므로 (주)한반도의 입장에서 스왑의 순현금흐름을 계산하면 다음과 같다.[5]

(단위 : 억원)

현금흐름 \ 시점	3개월 후	6개월 후	9개월 후
변동금리 이자수입*	1.5	2.26	3.2775
고정금리 이자지급	−2.4925	−2.4925	−2.4925
순현금흐름	−0.9925	−0.2325	0.7850

* $1.5\text{억원} = 100 \times \left(\frac{0.06}{4}\right)$, $2.26\text{억원} = 100 \times \left(\frac{0.0904}{4}\right)$, $3.2775\text{억원} = 100 \times \left(\frac{0.1311}{4}\right)$

$$\therefore\ V_S = -\frac{0.9925}{1+0.05/4} - \frac{0.2325}{(1+0.07/4)^2} + \frac{0.7850}{(1+0.09/4)^3} = -0.4705\text{억원}$$

6. (1) 스프레드 차이 = (10% − 8%) − (LIBOR + 2.3% − LIBOR − 1.5%) = 1.2%포인트

→ (주)골리앗의 이득 = 1.2% × 0.6 = 0.72%포인트

(주)다비드의 이득 = 1.2% × 0.4 = 0.48%포인트

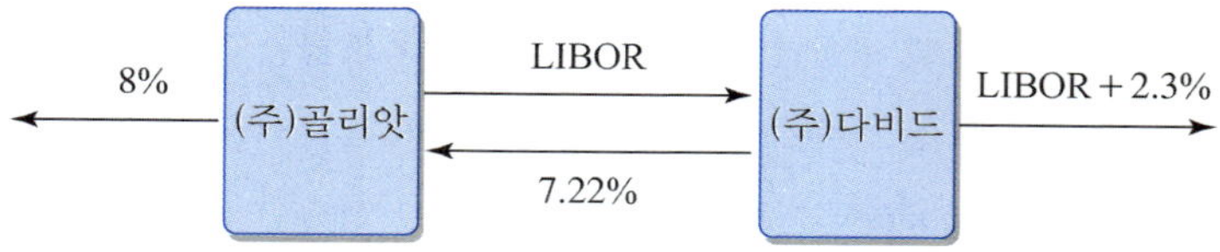

	스왑 전 이자비용	스왑 후 이자비용	스왑의 이득
(주)골리앗	LIBOR + 1.5%	LIBOR + 0.78%	0.72%포인트
(주)다비드	10%	9.52%	0.48%포인트

(2) (주)골리앗의 이득 $= \frac{1.2\% - 0.2\%}{2} = 0.5\%$포인트

5 첫 번째 이자지급일인 3개월 후의 변동금리 이자지급액은 금리변동과 관계없이 스왑계약시점에서 결정된 이자율을 기준으로 계산됨을 유의해야 한다.

$$(주)다비드의\ 이득 = \frac{1.2\% - 0.2\%}{2} = 0.5\%포인트$$

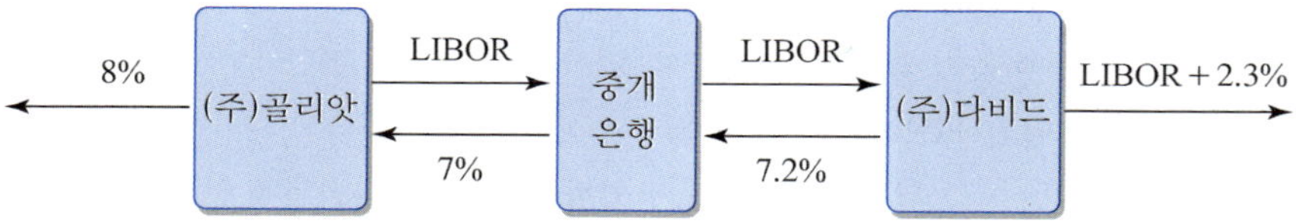

	스왑 전 이자비용	스왑 후 이자비용	스왑의 이득
(주)골리앗	LIBOR + 1.5%	LIBOR + 1%	0.5%포인트
(주)다비드	10%	9.5%	0.5%포인트

(3) $f_{1,2} = \frac{1.06^2}{1.055} - 1 = 6.5024\%$, $f_{2,3} = \frac{1.065^3}{1.06^2} - 1 = 7.5071\%$

(단위 : 억원)

현금흐름 \ 시점	1년 후	2년 후	3년 후
변동금리 이자수입	5.5	6.5024	7.5071
고정금리 이자지급	−7.2	−7.2	−7.2
순현금흐름	−1.7	−0.6976	0.3071

$$\therefore\ V_S = -\frac{1.7}{1.055} - \frac{0.6976}{1.06^2} + \frac{0.3071}{1.065^3} = -1.9780억원$$

7. (1) 총수익스왑(TRS) 계약시 보장매도자인 ㈜대한과 보장매수자인 ㈜케이일차 사이의 현금흐름은 다음 그림과 같다.

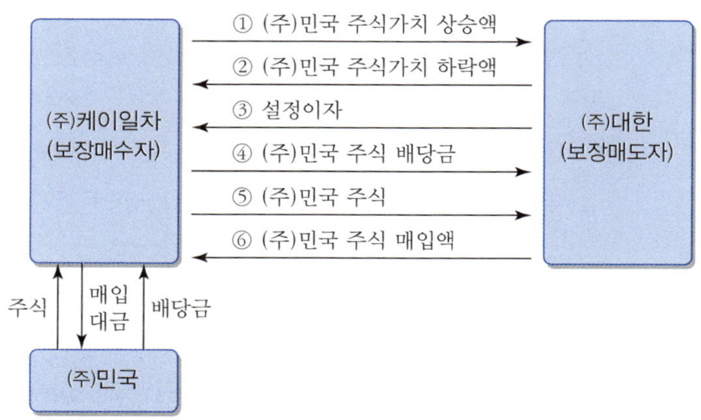

보장매도자인 ㈜대한의 현금흐름을 구성하는 요소는 ①~⑥과 같다. 매년 말 인식하는 ①~④의 항목과 달리 ⑤와 ⑥은 정산일에 상호교환하게 될 기초자산인 ㈜민국 주식과 주식 매입액 지급에 관한 항목이다. 매년 말마다 ㈜민국 주식의 가치변동액을 ①과 ②에서 별도로 인식하므로 ⑤의 ㈜민국의 주식 가치는 계약 시점의 매입가로 측정한다.

먼저 매년 말 실시될 배당금을 반영한 ㈜민국의 주가변동을 살펴보면 다음과 같다.

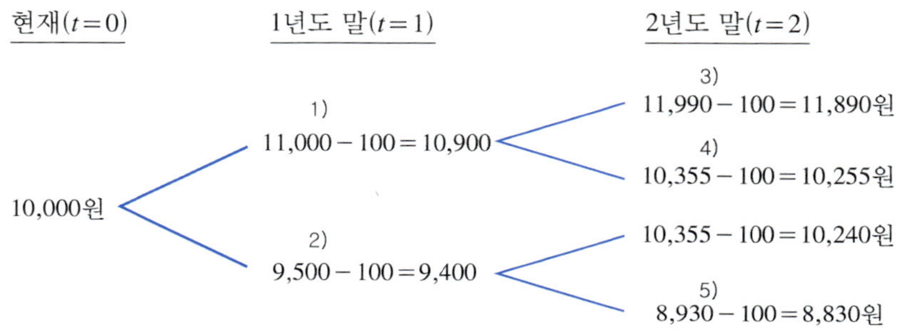

1) 10,000 × (1.1), 2) 10,000 × (0.95), 3) 10,900 × (1.1), 4) 10,900 × (0.95),
5) 9,400 × (0.95),

㈜민국의 주가변동을 기초로 ㈜대한의 연도별 현금흐름을 구하면 다음과 같다.

① 1년도 말($t = 1$)의 현금흐름

㉠ 주가가 10,900원일 경우

• 배당금 수입	: 5,000원 × 0.02 × 1백만주 =	100백만원
• 주가변동액	: (10,900 − 10,000)원 × 1백만주 =	900백만원
합계		1,000백만원

㉡ 주가가 9,400원일 경우

• 배당금 수입	:	100백만원
• 주가변동액	: (9,400 − 10,000)원 × 1백만주 =	−600백만원
합계		−500백만원

② 2년도 말($t=2$)의 현금흐름

㉠ 주가가 11,890원일 경우

• 배당금 수입 :	100백만원
• 주가변동액 : (11,890 − 10,900)원 × 1백만주 =	990백만원
• 이자비용 지급 : 100억원 × 0.03 × (1 + 0.03) + 100억원 × 0.03 =	−609백만원
• ㈜민국의 주식가치(주가변동액 제외) : 10,000원 × 1백만주 =	1,000백만원
• ㈜민국의 주식매입액 지급	−1,000백만원
합계	481백만원

㉡ 주가가 10,255원일 경우

• 배당금 수입 :	100백만원
• 주가변동액 : (10,255 − 10,900)원 × 1백만주 =	−645백만원
• 이자비용 지급 :	−609백만원
• ㈜민국의 주식가치(주가변동액 제외) :	10,000백만원
• ㈜민국의 주식매입액 지급	−10,000백만원
합계	−1,154백만원

㉢ 주가가 10,240원일 경우

• 배당금 수입 :	100백만원
• 주가변동액 : (10,240 − 9,400)원 × 1백만주 =	840백만원
• 이자비용 지급 :	−609백만원
• ㈜민국의 주식가치(주가변동액 제외)	10,000백만원
• ㈜민국의 주식매입액 지급	−10,000백만원
합계	331백만원

㉣ 주가가 8,830원일 경우

• 배당금 수입 :	100백만원
• 주가변동분 : (8,830 − 9,400)원 × 1백만주 =	−570백만원
• 이자비용 지급 :	−690백만원
합계	−1,079백만원

(2) 2년도말 풋옵션의 가치는 다음과 같이 구할 수 있다.[6]

주가($t=2$)

S_{uu} : 11,890원 ⟶ $P_{uu}=\text{Max}[(10{,}000-11{,}890),\ 0]=0$

S_{ud} : 10,255원 ⟶ $P_{ud}=\text{Max}[(10{,}000-10{,}255),\ 0]=0$

S_{du} : 10,240원 ⟶ $P_{du}=\text{Max}[(10{,}000-10{,}240),\ 0]=0$

S_{dd} : 8,830원 ⟶ $P_{dd}=\text{Max}[(10{,}000-8{,}830),\ 0]=1{,}170$원

2기간 이항옵션가격결정모형을 이용하여 풋옵션의 가치를 구하면 다음과 같다.

$$P=\frac{p^2P_{uu}+p(1-p)P_{ud}+(1-p)pP_{du}+(1-p)^2P_{dd}}{(1+r_1)^2}=\frac{0.6^2\times1{,}170}{1.01^2}$$

$=413$원

* 헤지확률$(p)=\dfrac{(1+r_1)-d}{u-d}=\dfrac{1.01-0.95}{1.1-0.95}=0.4$

(3) 2년도말 주가 및 콜옵션의 가치는 다음과 같다.

주가($t=2$)

S_{uu} : 11,890원 ⟶ $C_{uu}=\text{Max}[(11{,}890-10{,}000),\ 0]=1{,}890$

S_{ud} : 10,255원 ⟶ $C_{ud}=\text{Max}[(10{,}255-10{,}000),\ 0]=255$

S_{du} : 10,240원 ⟶ $C_{du}=\text{Max}[(10{,}240-10{,}000),\ 0]=240$

S_{dd} : 8,830원 ⟶ $C_{dd}=\text{Max}[(8{,}830-10{,}000),\ 0]=0$

2기간 이항옵션가격결정모형을 이용하여 콜옵션의 가치를 구하면 다음과 같다.

$$C=\frac{p^2C_{uu}+p(1-p)C_{ud}+(1-p)pC_{du}+(1-p)^2C_{dd}}{(1+r_3)^2}$$

$$=\frac{0.4^2\times1{,}890+0.4\times0.6\times255+0.6\times0.4\times240}{1.01^2}$$

$=413$원

(4) 신용부도스왑(CDS)은 보장매수자(신용보장매입자)가 보장매도자(신용보장매도자)에게 약정된 수수료(CDS 프리미엄)를 지급하는 대신 기초자산을 발행한 기업의 채무불이행, 도산 등의 신용사건이 발생할 경우 보장매도자로부터 약정에 따른 손실액을 보상받는 조건이 부여된 계약이다.

총수익스왑(TRS)은 기초자산에서 발생하는 모든 위험, 즉 신용위험과 시장위험(이자율, 주가 등의 변동으로 인한 위험)을 보장매수자(총수익지급자)로부터 보

6 옵션가치평가방법에 대해서는 제10장을 참조할 것.

장매수자(총수익수취자)에게 전가시킬 수 있는 계약이다.

따라서, 신용부도스왑은 보장매수자가 보장매도자에게 기초자산의 신용위험만을 전가할 수 있는 반면 총수익스왑은 신용위험뿐만 아니라 시장위험까지도 전가할 수 있다는 점에서 차이가 있다.

8. 통화스왑의 가치를 구하기 위해서는 선물환율 및 이자율의 기간구조를 알아야 한다. 이 문제에서 양국 이자율의 기간구조가 수평이라는 것은 3년간 현물이자율이 일정하다는 것을 의미한다. 그리고 통화스왑의 현금흐름을 계산할 때 외화표시채권의 경우 선물환율을 이용하여 원화로 환산해야 하며, 만기일에 이루어지는 원금의 교환도 고려해 주어야 한다.

$r_1 = r_2 = r_3 = 6\%$, $r_1^F = r_2^F = r_3^F = 4\%$

$$\rightarrow \quad \bullet\ F_{0,1} = S_0\left(\frac{1+r_1}{1+r_1^F}\right) = 980 \times \left(\frac{1.06}{1.04}\right) = ₩998.85/\$$$

$$\bullet\ F_{0,2} = S_0\left(\frac{1+r_2}{1+r_2^F}\right)^2 = 980 \times \left(\frac{1.06}{1.04}\right)^2 = ₩1,018.05/\$$$

$$\bullet\ F_{0,3} = S_0\left(\frac{1+r_3}{1+r_3^F}\right)^3 = 980 \times \left(\frac{1.06}{1.04}\right)^3 = ₩1,037.63/\$$$

(주)글로벌의 입장에서 통화스왑의 순현금흐름을 계산하면 다음과 같다.

(단위 : 억원)

현금흐름 \ 시점	1년 후	2년 후	3년 후
원화채권 매입	6	6	106
달러화채권 매도*	−4.9943	−5.0903	−108.9512
순현금흐름	1.0057	0.9097	−2.9512

* 4.9943억원 = \$1,000만 × 0.05 × ₩998.85/\$, 5.0903억원 = \$1,000만 × 0.05 × ₩1,018.05/\$, 108.9512억원 = \$1,000만 × 1.05 × ₩1,037.63/\$

$$\therefore\ V_S = \frac{1.0057}{1.06} + \frac{0.9097}{1.06^2} - \frac{2.9512}{1.06^3} = -0.7195\text{억원}$$

Tip

(주)글로벌의 통화스왑계약은 원화채권(B_D)을 매입하고 달러화채권(B_F)을 매도하는 채권포트폴리오 개념에 의해 평가할 수도 있다.

- $B_D = \frac{6}{1.06} + \frac{6}{1.06^2} + \frac{6+100}{1.06^3} =$ 100억원
- $B_F = \frac{50}{1.04} + \frac{50}{1.04^2} + \frac{50+1,000}{1.04^3} =$ 1,027.75만달러

∴ $V_S = B_D - S_0 B_F =$ 100억원 − ₩980/$ × $1,027.75만 = −0.7195억원

제 7 장 옵션의 기초개념

완성/선택형 문제

1. 풋옵션 2. 미국형 옵션(American option), 유럽형 옵션(European option) 3. 만기일 가치 4. ② 5. ④ 6. ① 7. ⑤

계산형 문제

3. (1) 콜옵션의 만기일 가치 = Max[(주가지수 − 행사가격) × 25만원 × 10계약, 0]
= Max[(268.06 − 260.00) × 25만원 × 10계약, 0]
= 2,015만원

콜옵션의 손익 = 콜옵션의 만기일 가치 − 매입가격
= 2,015만원 − 5 × 25만원 × 10계약 = 765만원

(2) 콜옵션의 만기일 가치 = Max[(주가지수 − 행사가격) × 25만원 × 10계약, 0]
= Max[(258.80 − 260.00) × 25만원 × 10계약, 0]
= 0(즉 콜옵션의 행사를 포기함.)

콜옵션의 손익 = 콜옵션의 만기일 가치 − 매입가격
= 0 − 5 × 25만원 × 10계약 = −1,250만원

4. (1) 풋옵션의 만기일 가치 = Max[(행사가격 − 주가지수) × 25만원 × 1계약, 0]
= Max[(240.00 − 238.02) × 25만원 × 1계약, 0]
= 49.5만원

풋옵션의 손익 = 풋옵션의 만기일 가치 − 매입가격
= 49.5만원 − 3 × 25만원 × 1계약 = −25.5만원

(2) 풋옵션의 만기일 가치 = Max[(행사가격 − 주가지수) × 25만원 × 1계약, 0]
= Max[(240.00 − 248.50) × 25만원 × 1계약, 0]
= 0(즉 풋옵션의 행사를 포기함.)

풋옵션의 손익 = 풋옵션의 만기일 가치 − 매입가격
= 0 − 3 × 25만원 × 1계약 = − 75만원

제 8 장 옵션의 결합과 가격결정요인

완성/선택형 문제

1. 무위험(또는 헤지)포트폴리오 2. 콜옵션(−, +, +, +, +), 풋옵션(+, +, −, +, −) 3. 내가격, 등가격, 외가격 4. ③ 5. ② 6. ① 7. ⑤ 8. ④ 9. ③ 10. ⑤ 11. ③ 12. ③ 13. ⑤ 14. ⑤ 15. ⑤ 16. ② 17. ② 18. ③ 19. ② 20. ②

계산형 문제

3. (1) 당신은 지금 즉시 다음과 같은 차익거래를 행하여야 한다.

차익거래	현금흐름
콜옵션 매입	−3,000원
콜옵션 행사에 의해 주식매입	−20,000원
주식 매도	25,000원
차익거래이익	2,000원

당신은 위와 같은 차익거래(콜옵션을 매입하여 즉시 행사한 후, 주식을 매도하는 거래)를 실시함에 의하여 2,000원의 이익을 얻을 수 있다.

(2) 앞의 예와 같이 콜옵션의 가격이 (주가 − 행사가격)보다 작은 경우, 차익거래이익을 얻기 위하여 투자자들은 콜옵션을 매입하고 그 즉시 행사한 후, 주식을 매도하는 차익거래를 할 것이다. 이와 같은 차익거래는 콜옵션의 가격이 최소한 (주가 − 행사가격)이 될 때까지 지속될 것이다. 따라서 미국형 콜옵션의 하한가는 (주가 − 행사가격)이다.

(3) 콜옵션은 행사가격을 지불하고 주식을 매입할 수 있는 권리이다. 따라서 어떠한 사람도 주식을 매입할 수 있는 권리(콜옵션)를 주식 자체의 가격 이상으로 매입

하지는 않을 것이다. 따라서 콜옵션의 상한가는 주식가격이다.

4. (1) 주식과 풋옵션을 각각 하나씩 매입하고, 콜옵션을 하나 매도함으로써 주가에 관계없이 만기일의 성과가 행사가격인 21,000원으로 일정한 무위험포트폴리오를 구성할 수 있다.

포트폴리오	투자액(원)	만기일(T)의 성과(원)	
		$S_T=18{,}000$	$S_T=23{,}000$
주식 매입	19,000	18,000	23,000
풋옵션 매입	P	3,000(=21,000−18,000)	0
콜옵션 매도	$-C$	0	−2,000 [=−(23,000−21,000)]
합 계	$19{,}000+P-C$	21,000	21,000

(2) 풋-콜 패리티를 이용하면, 다음과 같이 풋옵션의 가격을 구할 수 있다.

$$P = 743 - 19{,}000 + \frac{21{,}000}{1+0.05} = 1{,}743\text{원}$$

5. (1) $S-X \le C-P \le S-Xe^{-rT} \rightarrow Xe^{-rT}-S \le P-C \le X-S$

$30{,}000 \times e^{-0.05} - 28{,}000 \le P-C \le 30{,}000-28{,}000 \rightarrow 536.87 \le P-C \le 2{,}000$

$\therefore$ $(P-C)$의 최대값=2,000원, $(P-C)$의 최소값=536.87원

(2) 차익거래기회가 발생하는 미국형 풋옵션가격의 범위

- $P-C < 536.87 \rightarrow P < C+536.87$
- $P-C > 2{,}000 \rightarrow P > C+2{,}000$

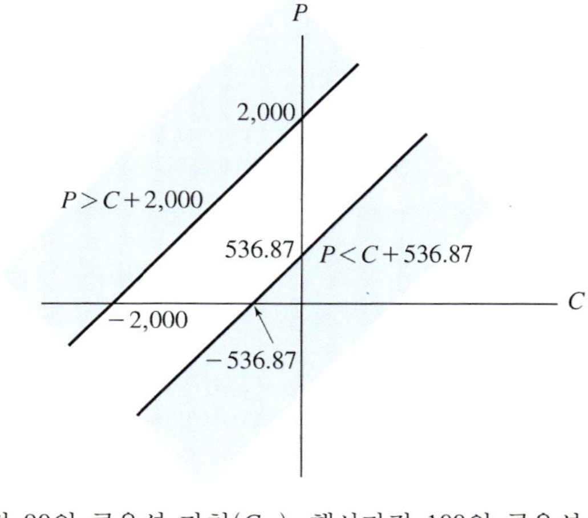

6. 주가(S), 행사가격 90의 콜옵션 가치(C_{90}), 행사가격 100의 콜옵션 가치(C_{100}), 행사가격 100의 풋옵션 가치(P_{100})의 만기일(1년 후)에서의 성과를 나타내면 다음과 같다.

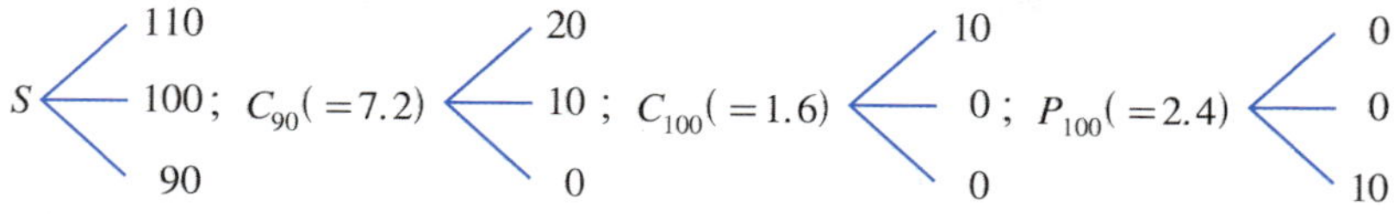

- 풋-콜 패리티 : $S+P_{100}-C_{100}=\dfrac{100}{1+r_T}$ → $S+2.4-1.6=\dfrac{100}{1+r_T}$
- 만약 행사가격이 90인 풋옵션이 있다면, 만기일의 모든 상황에서 가치가 0이기 때문에 풋옵션의 현재 가격은 0이 될 것이다. 이를 이용하여 다음과 같은 풋-콜 패리티를 구성할 수 있다.[7]

$$S+P_{90}-C_{90}=\frac{X}{1+r_T} \rightarrow S-7.2=\frac{90}{1+r_T}$$

$\therefore\ r_T=0.25,\quad S=79.2$

(1) 1년 동안의 무위험이자율=25%

(2) $E(S_T)=110\times0.3+100\times0.4+90\times0.3=100$

$$\therefore\ E(r)=\frac{E(S_T)-S}{S}=\frac{100-79.2}{79.2}=0.2626\ (26.26\%)$$

7. (1) $C\geq S-\dfrac{X}{1+r} \rightarrow C\geq 31{,}000-\dfrac{30{,}000}{1+0.03}=1{,}873.79$원

∴ 콜옵션의 현재 가격이 3,000원이므로 가격하한선 조건이 성립함.

(2) 풋-콜 패리티 : $S+P-C=\dfrac{X}{1+r}$

- 좌변 : $S+P-C=31{,}000+2{,}200-3{,}000=30{,}200$원
- 우변 : $\dfrac{X}{1+r}=\dfrac{30{,}000}{1+0.03}=29{,}126.21$원

∴ 좌변>우변 → 풋-콜 패리티가 성립하지 않음.

(3) 주식과 풋옵션은 과대평가되고 콜옵션과 무위험채권은 과소평가되어 있다.

차익거래전략 : 주식 공매도, 풋옵션 매도, 콜옵션 매입, 무위험채권 매입(대출)

---

7 헤지포트폴리오 구성(주식을 α주 매입하고, 행사가격이 90인 콜옵션을 1개 매도)

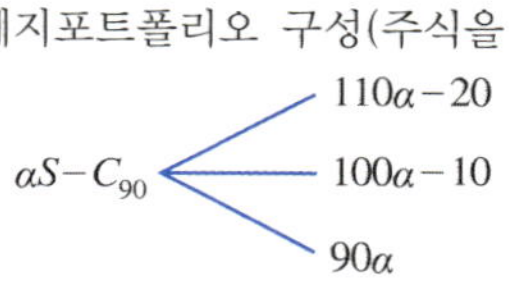

$110\alpha-20=100\alpha-10=90\alpha \quad \therefore\ \alpha=1 \rightarrow S-7.2=\dfrac{90}{1+r_T}$

(4) 차익거래에 의해 만기일(1년 후)에 1,106원의 차익거래이익을 얻을 수 있다.

(단위 : 원)

차익거래	현재 현금흐름	만기일(T) 현금흐름	
		$S_T<30{,}000$	$S_T\geq 30{,}000$
주식 공매도	31,000	$-S_T$	$-S_T$
풋옵션 매도	2,200	$-(30{,}000-S_T)$	0
콜옵션 매입	−3,000	0	$S_T-30{,}000$
무위험채권 매입(대출)	−30,200	$30{,}200\times 1.03=31{,}106$	$30{,}200\times 1.03=31{,}106$
차익거래이익	0	1,106	1,106

8. • $S+P_{40}-C_{40}=\dfrac{40}{1+r_T}$, $S+P_{50}-C_{50}=\dfrac{50}{1+r_T}$

$$\rightarrow (P_{50}-P_{40})-(C_{50}-C_{40})=\frac{10}{1+r_T} \quad \rightarrow P_{50}-P_{40}<\frac{10}{1+r_T} \quad (\because\ C_{40}>C_{50})$$

• $95=\dfrac{100}{1+r_T} \rightarrow r_T=\dfrac{100}{95}-1=0.05263$

두 개의 풋옵션에 의해 구성된 부등식의 좌변은 9.69(=11.15−1.46)이고, 우변은 9.5이므로 좌변이 과대평가(P_{50} : 과대평가, P_{40} : 과소평가)되었음을 알 수 있다. 따라서 만기일(T)에서 차익을 얻기 위한 차익거래과정을 나타내면 다음과 같다.

차익거래	현재 현금흐름	만기일(T) 현금흐름		
		$S_T<40$	$40\leq S_T<50$	$S_T\geq 50$
행사가격이 40인 풋매입	−1.46	$40-S_T$	0	0
행사가격이 50인 풋매도	11.15	$-(50-S_T)$	$-(50-S_T)$	0
현금 대출*	−9.69	10.2	10.2	10.2
차익거래이익	0	0.2	$S_T-39.8$	10.2

* $9.69\times 1.05263=10.2$

제 9 장 옵션투자전략

완성/선택형 문제

1. 헤지포지션(hedge position) 2. 스프레드(spread) 3. 콤비네이션(combination) 4. 포트폴리오보험(portfolio insurance) 5. ② 6. ④ 7. ④ 8. ③ 9. ④ 10. ⑤ 11. ③ 12. ⑤ 13. ⑤ 14. ① 15. ① 16. ②

계산형 문제

5. (1) 만기일 성과(또는 손익)에 대한 그래프를 그릴 때 영역별로 y축 또는 x축 절편, 경계값 등 두 점을 구해서 연결해 주면 된다.

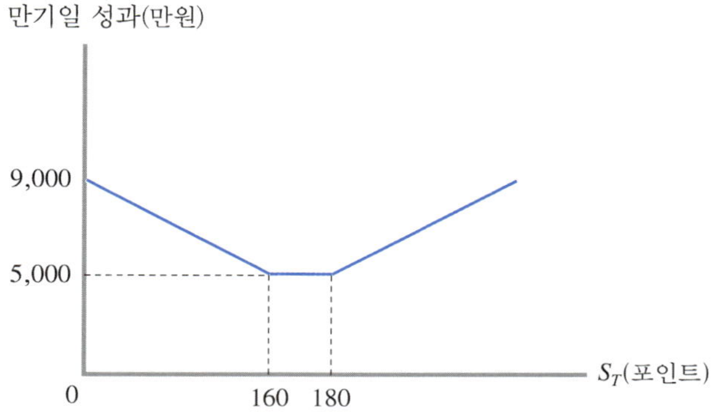

(2) 새로운 금융상품은 콜옵션(행사가격＝180.0)과 풋옵션(행사가격＝160.0)이 결합된 조건부 상품으로서 스트랭글(strangle)형태이다. 이와 같은 경우 옵션을 이용하여 그 가치를 평가할 수 있다.

(단위 : 만원)

포트폴리오	투 자 액	만기일(6개월 후) 성과		
		$S_T<160$	$160\leq S_T<180$	$S_T\geq 180$
콜(180.0) 1계약 매입 풋(160.0) 1계약 매입 무위험채권 매입	40 100 5,000/1.05	0 $(160-S_T)\times 25$ 5,000	0 0 5,000	$(S_T-180)\times 25$ 0 5,000
합 계	4,901.90	$5,000+(160-S_T)\times 25$	5,000	$5,000+(S_T-180)\times 25$

∴ 새로운 금융상품의 적정 가격＝4,901.90만원

6. (1) (단위 : 만원)

투자전략	현재 투자액	6개월 후 투자성과(현금흐름)		
		$S_T<5$	$5\leq S_T<5.5$	$S_T\geq 5.5$
1 : 주식 매도	－10,000			
CD 매입	10,000	10,500	10,500	10,500
(무위험채권 전략)	0	10,500	10,500	10,500

투자전략	현재 투자액	6개월 후 투자성과(현금흐름)		
		$S_T<5$	$5\leq S_T<5.5$	$S_T\geq 5.5$
2 : 주식 보유	0	$2{,}000S_T$	$2{,}000S_T$	$2{,}000S_T$
콜옵션 매도	−400	0	0	$-2{,}000\times(S_T-5.5)$
대 출	400	420	420	420
(방비 콜 전략)	0	$2{,}000S_T+420$	$2{,}000S_T+420$	11,420
3 : 주식 보유	0	$2{,}000S_T$	$2{,}000S_T$	$2{,}000S_T$
풋옵션 매입	400	$2{,}000\times(5-S_T)$	0	0
차 입	−400	−420	−420	−420
(방어적 풋 전략)	0	9,580	$2{,}000S_T-420$	$2{,}000S_T-420$
4 : 주식 보유	0	$2{,}000S_T$	$2{,}000S_T$	$2{,}000S_T$
콜옵션 매도	−400	0	0	$-2{,}000\times(S_T-5.5)$
풋옵션 매입	400	$2{,}000\times(5-S_T)$	0	0
(헤지 전략)8	0	10,000	$2{,}000S_T$	11,000

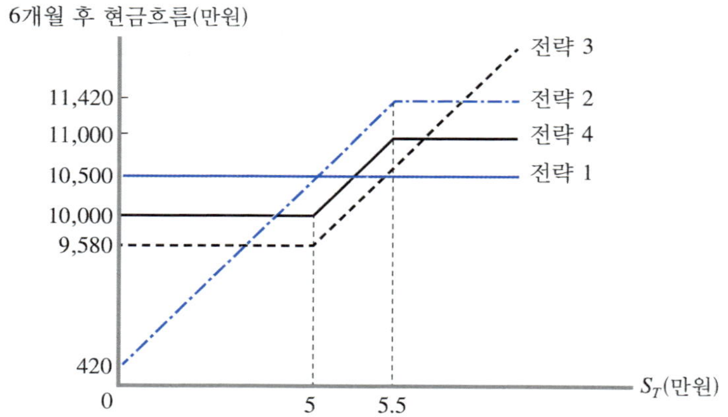

(2) 6개월 후 최소한 원금(10,000만원)을 보장함과 동시에 11,000만원도 가능한 투자전략은 전략 4이다.

7. (1) 배당이 없는 경우 미국형 콜옵션과 유럽형 콜옵션의 가격은 동일하게 되므로 풋-콜 패리티를 이용하여 옵션 C의 프리미엄(가격)을 다음과 같이 구할 수 있다.

$$S+P-C=\frac{X}{1+r_T}\ \rightarrow\ 1{,}100+21-C=\frac{1{,}100}{(1+0.1)^5}$$

8 콜옵션과 풋옵션의 행사가격이 다르기 때문에 완전한 헤지포트폴리오를 구성할 수 없으며, 이 전략은 범위선도계약(range forward)과 동일하다.

∴ $C=438$원

(2) 만기일 현금흐름 형태는 만기일(1년 후) 주가가 큰 폭으로 변동할 때 이익을 얻을 수 있으나, 주가변동이 적더라도 손실을 일정수준으로 막을 수 있는 전략, 즉 스트랭글이라 할 수 있다. 스트랭글은 행사가격(1,200)이 높은 콜옵션을 매입하고, 행사가격이 낮은(1,100) 풋옵션을 매입하여 구성할 수 있다. 여기서는 행사가격이 낮은 풋옵션이 없으므로 합성풋옵션(주식 공매도, 콜 매입, 무위험채권 매입)을 이용하여 다음과 같이 스트랭글을 구성할 수 있다.

(단위 : 원)

포트폴리오	투자액(비용)	만기일(1년 후) 현금흐름		
		$S_1<1{,}100$	$1{,}100\leq S_1<1{,}200$	$S_1\geq 1{,}200$
콜(1,200) 매입	80	0	0	$S_1-1{,}200$
주식 공매도	−1,100	$-S_1$	$-S_1$	$-S_1$
콜(1,100) 매입	155	0	$S_1-1{,}100$	$S_1-1{,}100$
무위험채권(1,100/1.1) 매입(대출)	1,000	1,100	1,100	1,100
합계(총비용)	135	$1{,}100-S_1$	0	$S_1-1{,}200$

8. (1), (2) 나비스프레드(butterfly spread)는 만기는 동일하나 행사가격이 상이한 세 가지 옵션을 결합하는 전략이다.

(단위 : 원)

포트폴리오	투자액	만기일(1년 후) 성과			
		$S_T\leq 1{,}000$	$1{,}000<S_T\leq 1{,}150$	$1{,}150<S_T\leq 1{,}300$	$1{,}300<S_T$
콜(1,000) 1개 매입	100	0	$S_T-1{,}000$	$S_T-1{,}000$	$S_T-1{,}000$
콜(1,150) 2개 매도	−80	0	0	$-2(S_T-1{,}150)$	$-2(S_T-1{,}150)$
콜(1,300) 1개 매입	5	0	0	0	$S_T-1{,}300$
나비스프레드	25	0	$S_T-1{,}000$	$1{,}300-S_T$	0

(단위 : 원)

포트폴리오	투자액	만기일(1년 후) 성과			
		$S_T\leq 1{,}000$	$1{,}000<S_T\leq 1{,}150$	$1{,}150<S_T\leq 1{,}300$	$1{,}300<S_T$
풋(1,000) 1개 매입	20	$1{,}000-S_T$	0	0	0
풋(1,150) 2개 매도	−120	$-2(1{,}150-S_T)$	$-2(1{,}150-S_T)$	0	0
풋(1,300) 1개 매입	105	$1{,}300-S_T$	$1{,}300-S_T$	$1{,}300-S_T$	0
나비스프레드	5	0	$S_T-1{,}000$	$1{,}300-S_T$	0

(3) 콜을 이용한 나비스프레드(과대평가)를 매도하고 풋을 이용한 나비스프레드(과소평가)를 매입함으로써 만기일에서 22원의 차익거래이익을 얻을 수 있다.

(단위 : 원)

차익거래	현재 현금 흐름	만기일(1년 후) 현금흐름			
		$S_T \leq 1{,}000$	$1{,}000 < S_T \leq 1{,}150$	$1{,}150 < S_T \leq 1{,}300$	$1{,}300 < S_T$
콜(1,000) 1개 매도	100	0	$-(S_T - 1{,}000)$	$-(S_T - 1{,}000)$	$-(S_T - 1{,}000)$
콜(1,150) 2개 매입	−80	0	0	$2(S_T - 1{,}150)$	$2(S_T - 1{,}150)$
콜(1,300) 1개 매도	5	0	0	0	$-(S_T - 1{,}300)$
풋(1,000) 1개 매입	−20	$1{,}000 - S_T$	0	0	0
풋(1,150) 2개 매도	120	$-2(1{,}150 - S_T)$	$-2(1{,}150 - S_T)$	0	0
풋(1,300) 1개 매입	−105	$1{,}300 - S_T$	$1{,}300 - S_T$	$1{,}300 - S_T$	0
현금 대출	−20	22	22	22	22
차익거래이익	0	22	22	22	22

(4) 행사가격이 1,000원, 1,150원인 옵션 또는 행사가격이 1,150원, 1,300원인 옵션으로 만들 수 있는 전략으로 박스스프레드(box spread)가 있다. 박스스프레드는 강세스프레드와 약세스프레드를 합성하여 위험 없이 이익을 얻을 수 있는 투자전략이다.

① 행사가격이 1,000원, 1,150원인 옵션으로 만든 박스스프레드전략

(단위 : 원)

포트폴리오	투자액	만기일(1년 후) 성과		
		$S_T \leq 1{,}000$	$1{,}000 \leq S_T \leq 1{,}150$	$1{,}150 < S_T$
콜(1,000) 매입	100	0	$S_T - 1{,}000$	$S_T - 1{,}000$
콜(1,150) 매도	−40	0	0	$-(S_T - 1{,}150)$
풋(1,000) 매도	−20	$-(1{,}000 - S_T)$	0	0
풋(1,150) 매입	60	$1{,}150 - S_T$	$1{,}150 - S_T$	0
합 계	100	150	150	150

$$\therefore \text{ 수익률} = \frac{150 - 100}{100} = 50\%$$

② 행사가격이 1,150원, 1,300원인 옵션으로 만든 박스스프레드전략

(단위 : 원)

포트폴리오	투자액	만기일(1년 후) 성과		
		$S_T \leq 1{,}150$	$1{,}150 < S_T \leq 1{,}300$	$1{,}300 < S_T$
콜(1,150) 매입	40	0	$S_T - 1{,}150$	$S_T - 1{,}150$
콜(1,300) 매도	−5	0	0	$-(S_T - 1{,}300)$
풋(1,150) 매도	−60	$-(1{,}150 - S_T)$	0	0
풋(1,300) 매입	105	$1{,}300 - S_T$	$1{,}300 - S_T$	0
합 계	80	150	150	150

$$\therefore \text{ 수익률} = \frac{150 - 80}{80} = 87.5\%$$

9. (1), (2)

(단위 : 원)

포트폴리오	투자액	만기일(1년 후) 현금흐름		
		$S_T < 2{,}000$	$2{,}000 \leq S_T < 2{,}300$	$S_T \geq 2{,}300$
콜(2,000) 매입	200	0	$S_T - 2{,}000$	$S_T - 2{,}000$
콜(2,300) 매도	−20	0	0	$-(S_T - 2{,}300)$
풋(2,000) 매도	−40	$-(2{,}000 - S_T)$	0	0
풋(2,300) 매입	120	$2{,}300 - S_T$	$2{,}300 - S_T$	0
합 계	260	300	300	300

(3)

(단위 : 원)

차익거래	현재 현금흐름	만기일(1년 후) 현금흐름		
		$S_T < 2{,}000$	$2{,}000 \leq S_T < 2{,}300$	$S_T \geq 2{,}300$
콜(2,000) 매입	−200	0	$S_T - 2{,}000$	$S_T - 2{,}000$
콜(2,300) 매도	20	0	0	$-(S_T - 2{,}300)$
풋(2,000) 매도	40	$-(2{,}000 - S_T)$	0	0
풋(2,300) 매입	−120	$2{,}300 - S_T$	$2{,}300 - S_T$	0
현금 차입	260	$-260(1+0.1)$	$-260(1+0.1)$	$-260(1+0.1)$
차익거래이익	0	14	14	14

(4)

(단위 : 원)

포트폴리오	투자액	만기일(1년 후) 성과			
		$S_T<2,000$	$2,000 \le S_T < 2,300$	$2,300 \le S_T < 2,600$	$S_T \ge 2,600$
콜(2,000) 1개 매입	200	0	$S_T-2,000$	$S_T-2,000$	$S_T-2,000$
콜(2,300) 2개 매도	−40	0	0	$-2(S_T-2,300)$	$-2(S_T-2,300)$
콜(2,600) 1개 매입	10	0	0	0	$S_T-2,600$
나비스프레드	170	0	$S_T-2,000$	$2,600-S_T$	0

$$\therefore\ S_T=2,400 : 수익률=\frac{(2,600-2,400)-170}{170}=17.7\%$$

10. (1) ① 최소값 = 100원

(단위 : 원)

포트폴리오	투자액	만기일(1년 후) 현금흐름		
		$S_T<1,500$	$1,500 \le S_T<1,600$	$S_T \ge 1,600$
콜옵션(1,500) 매입	104	0	$S_T-1,500$	$S_T-1,500$
풋옵션(1,600) 매입	125	$1,600-S_T$	$1,600-S_T$	0
매수스트랭글 ①	229	$1,600-S_T$	100	$S_T-1,500$

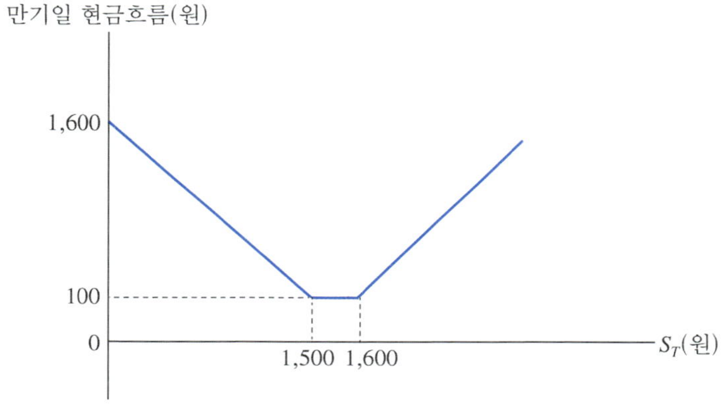

② 최소값 = 0

(단위 : 원)

포트폴리오	투자액	만기일(1년 후) 현금흐름		
		$S_T<1,500$	$1,500 \le S_T < 1,600$	$S_T \ge 1,600$
콜옵션(1,600) 매입 풋옵션(1,500) 매입	60 70	0 $1,500-S_T$	0 0	$S_T-1,600$ 0
매수스트랭글 ②	130	$1,500-S_T$	0	$S_T-1,600$

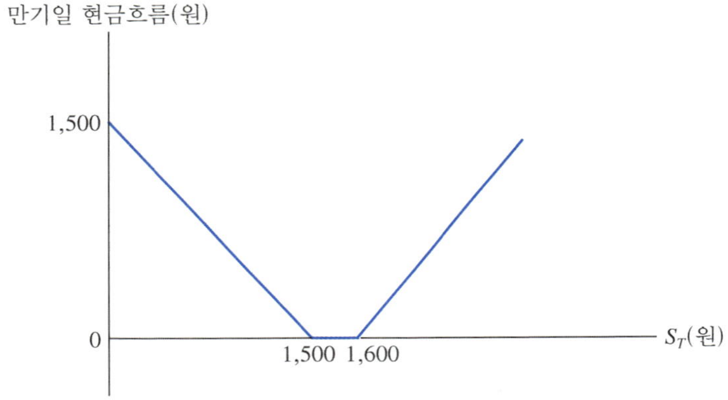

(2) 투자액 차이(① − ②) = 229 − 130 = 99

만기일 현금흐름 차이(① − ②) = 100

$$\rightarrow 99 > \frac{100}{1+0.03} = 97.09$$

∴ 매수스트랭글 ①을 구성하기 위한 추가 투자액 99원은 만기일의 추가 현금흐름 100원의 현재가치인 97.09원보다 크므로, 매수스트랭글 ②가 더 유리하다.

(3) ① 최대값 = 100원

(단위 : 원)

포트폴리오	투자액	만기일(1년 후) 현금흐름		
		$S_T<1,500$	$1,500 \le S_T < 1,600$	$S_T \ge 1,600$
콜옵션(1,500) 매입 콜옵션(1,600) 매도	104 −60	0 0	$S_T-1,500$ 0	$S_T-1,500$ $-(S_T-1,600)$
강세스프레드 ①	44	0	$S_T-1,500$	100

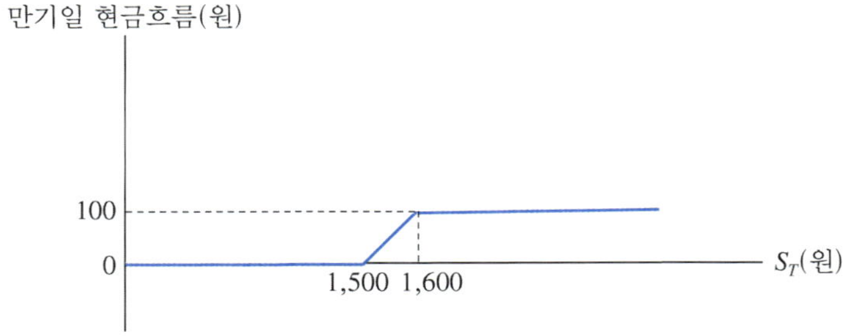

② 최대값=0

(단위 : 원)

포트폴리오	투자액	만기일(1년 후) 현금흐름		
		$S_T<1{,}500$	$1{,}500 \le S_T < 1{,}600$	$S_T \ge 1{,}600$
풋옵션(1,500) 매입 풋옵션(1,600) 매도	70 −125	$1{,}500-S_T$ $-(1{,}600-S_T)$	0 $-(1{,}600-S_T)$	0 0
강세스프레드 ②	−55	−100	$S_T-1{,}600$	0

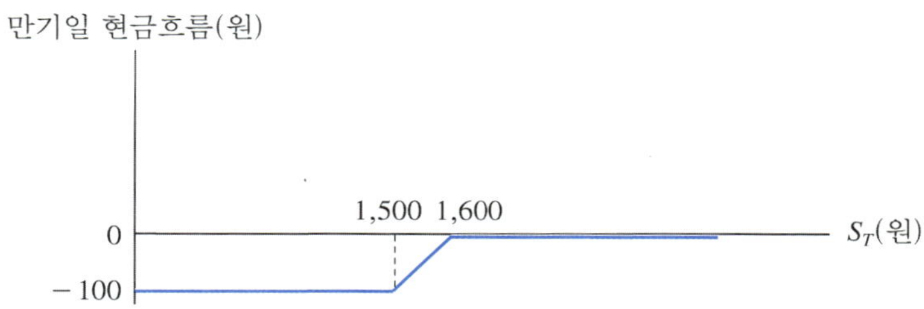

(4) 매수스트랭글 ①−매수스트랭글 ②=강세스프레드 ①−강세스프레드 ②

=박스스프레드 : 현재 투자액=99원, 만기일(1년 후) 현금흐름=100원

$$99=\frac{100}{1+r_f} \rightarrow r_f=1.01\%$$

11. (1)

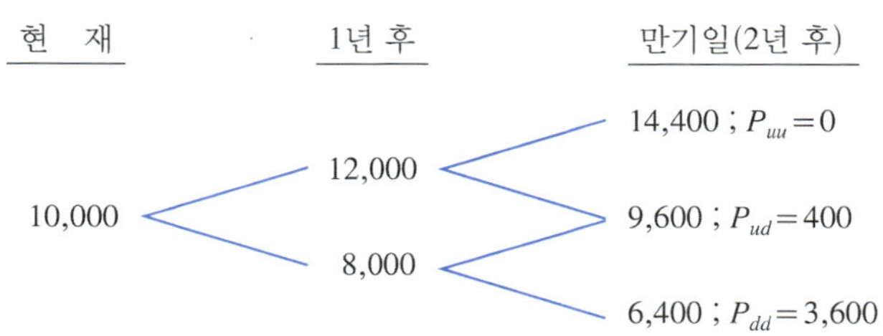

$$10{,}000=\frac{12{,}000p+8{,}000(1-p)}{1+0.05} \rightarrow p=0.625$$

또는 $p=\dfrac{(1+r_T)-d}{u-d}=\dfrac{1.05-0.8}{1.2-0.8}=0.625$

$\rightarrow P_u=\dfrac{0.625\times0+0.375\times400}{1+0.05}=142.86$원,

$P_d=\dfrac{0.625\times400+0.375\times3{,}600}{1+0.05}=1{,}523.81$원

$P=\dfrac{0.625\times142.86+0.375\times1{,}523.81}{1+0.05}=629.25$원

∴ 현재시점에서 방어풋 구성비용 = 10,000 + 629.95 = 10,629.95원

1년 후 시점에서 주가 하락 시 방어풋 가치 = 8,000 + 1,523.81 = 9,523.81원

(※ 10,000/1.05 = 9,523.81원)

(2) 주식 + 무위험채권 = 방어풋(포트폴리오모험)

현 재 | 1년 후 | 만기일(2년 후)

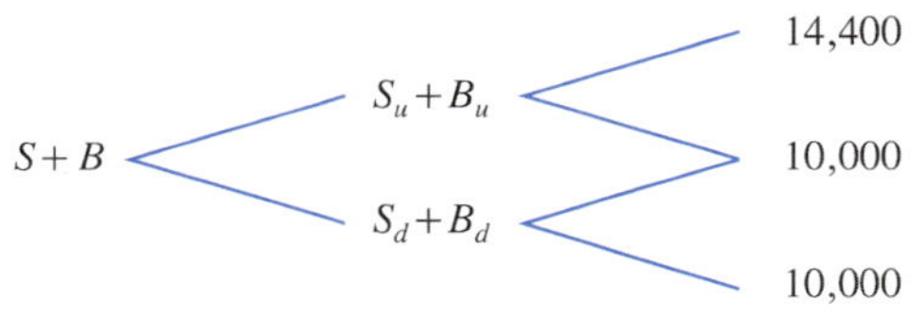

- $1.2S_u+1.05B_u=14{,}400,\quad 0.8S_u+1.05B_u=10{,}000\ \rightarrow\ S_u=11{,}000$원,
  $B_u=1{,}142.86$원
- $1.2S_d+1.05B_d=10{,}000,\quad 0.8S_d+1.05B_d=10{,}000\ \rightarrow\ S_d=0,$
  $B_d=9{,}523.81$원
- $1.2S+1.05B=12{,}142.86,\quad 0.8S+1.05B=9{,}523.81\ \rightarrow\ S=6{,}547.63$원,
  $B=4{,}081.62$원

① $S=0.6548$주, $B=4{,}081.62$원

② $S_d=0$, $B_d=9{,}523.81$원

③ 포트폴리오의 가치$(S_{dd}+B_{dd})=10{,}000$원

(3) ① $m\left(=\dfrac{1}{\alpha'}\right)=\dfrac{S_u-S_d}{P_d-P_u}=\dfrac{12{,}000-8{,}000}{1{,}523.81-142.86}=2.8966$

∴ 델타중립포트폴리오 = S + 2.8966P

② 현 재 1년 후

10,000 + 2.8966 × 629.25

- 12,000 + 2.8966 × 142.86 = 12,413.82
- 8,000 + 2.8966 × 1,523.81 = 12,413.82

③ • $m_u = \dfrac{S_{uu} - S_{ud}}{P_{ud} - P_{uu}} = \dfrac{14{,}400 - 9{,}600}{400 - 0} = 12$

1년 후 만기일(2년 후)

12,000 + 12 × 142.86

- 14,400
- 9,600 + 12 × 400 = 14,400(A)

• $m_d = \dfrac{S_{du} - S_{dd}}{P_{dd} - P_{du}} = \dfrac{9{,}600 - 6{,}400}{3{,}600 - 400} = 1$

1년 후 만기일(2년 후)

8,000 + 1,523.81

- 9,600 + 400 = 10,000 (B)
- 6,400 + 3,600 = 10,000

12. (1) 방어적 풋 전략은 주식 1주에 대해 풋옵션 1개를 매입하는 전략이다. 따라서 방어적 풋 전략을 구사하기 위해서는 주식 1,000주에 대하여 풋옵션 1,000개를 매입해야 하며, 그 결과 구성된 포트폴리오의 가치는 다음과 같다.

$V_0 = n_s S + n_p P$ = 1,000주 × 10,000원 + 1,000개 × 500원 = 10,500,000원

(2) 방어적 풋의 만기일 성과

포트폴리오	투 자 액	만기일(1년 후) 성과	
		S_T=5,000원	S_T=15,000원
주식 1,000주 매입 풋옵션 1,000개 매입	10,000,000원 500,000원	5,000,000원 5,000,000원*	15,000,000원 0
방어적 풋	10,500,000원	10,000,000원	15,000,000원

* (10,000원 − 5,000원) × 1,000개 = 5,000,000원

(3) 포트폴리오보험을 구성하기 위해서 주식과 풋옵션을 각각 N개씩 매입하고, 무위험이자율로 D만큼 대출하는 전략을 취해야 한다.

1,000만원 = N × (10,000원 + 500원) + D … (i)

그리고 만기일의 주가가 풋옵션의 행사가격(10,000원)보다 작을 때(S_T < 10,000

원) 만기일에서 포트폴리오보험은 최저가치를 가지며, 그 값은 1,000만원이 되어야 한다.

1,000만원 = $N \times$ 10,000원 + $D \times (1+0.1)$ … (ii)

식 (i)과 (ii)에 의해서 N과 D를 구하면 다음과 같다.

∴ N = 645.16개, D = 3,225,820원

1,000만원 중 3,225,820원을 무위험이자율로 대출한 후, 6,774,180원으로 주식과 풋옵션을 각각 645.16개를 매입함으로써 최소 1,000만원의 가치를 보장받을 수 있는 포트폴리오보험을 구성할 수 있다. 이와 같은 포트폴리오보험의 만기일 가치(성과)는 다음과 같다.

포트폴리오보험의 만기일 가치(성과)

포트폴리오	투 자 액	만기일(1년 후) 가치(성과)	
		S_T < 10,000원	$S_T \geq$ 10,000원
주식 645.16주 매입	6,451,600원	645.16S_T	645.16S_T
풋옵션 645.16개 매입	322,580원	645.16 × (10,000원 − S_T)	0
3,225,820원 대출	3,225,820원	3,548,402원	3,548,402원
포트폴리오보험	10,000,000원	10,000,000원	645.16S_T + 3,548,402원

* 반올림에 의한 약간의 차이는 조정하였음.

즉 S_T < 10,000원인 경우 포트폴리오보험이 작동하며, 그 최저가치는 1,000만원임을 확인할 수 있다.

(4) 포트폴리오보험(portfolio insurance)은 주가가 상승하는 경우 이익은 그대로 취하나, 하락할 경우 손실을 일정수준으로 제한하는 전략을 의미한다. 주식과 풋옵션을 매입하는 전략, 즉 방어적 풋(protective put)은 가장 단순한 형태의 포트폴리오보험이라 할 수 있다. 그러나 방어적 풋은 주가하락 시 포트폴리오의 최소가치가 풋옵션의 행사가격으로 제한된다는 한계가 있다. 이와 같은 한계점을 해결하기 위해서 방어적 풋과 무위험채권을 결합함으로써 투자자가 원하는 포트폴리오 만기일 가치의 최저수준을 정할 수 있게 된다.

13. (1) 10억원의 투자자금을 가지고 방어적 풋 전략을 수립하는 데 필요한 KOSPI200 복제포트폴리오와 KOSPI200풋옵션의 매입수량 N을 구하면 다음과 같다.

(194.0 × 25만원 + 6.0 × 25만원)N = 100,000만원 → N = 20계약

KOSPI200 복제포트폴리오 20계약, 즉 97,000만원(= 194.0 × 25만원 × 20계약)과 풋옵션 20계약, 즉 3,000만원(= 6.0 × 25만원 × 20계약)을 매입하여 방어적 풋 전략을 수립할 수 있으며, 그 투자액과 만기일인 3개월 후 투자성과는 다음과 같다.

(단위 : 만원)

포트폴리오	투 자 액	만기일(3개월 후) 성과	
		$S_T<99{,}450$	$S_T\geq 99{,}450$
지수복제포트폴리오 매입	97,000	S_T	S_T
KOSPI200풋옵션 20계약 매입*	3,000	$99{,}450-S_T$	0
방어적 풋	100,000	99,450	S_T

* KOSPI200풋옵션 20계약에 대한 행사가격은 99,450만원(=198.9×25만원×20계약)임.

(2) 풋-콜 패리티 : $S+P=C+\dfrac{X}{1+r_T}$

KOSPI200콜옵션을 20계약, 즉 2,500만원(=5.0×25만원×20계약) 매입하고, 나머지 자금 97,500만원으로 무위험채권을 매입(무위험이자율로 대출)하면 물음(1)과 동일한 방어적 풋 전략을 수립할 수 있으며, 그 투자액과 만기일인 3개월 후의 투자성과는 다음과 같다.

(단위 : 만원)

포트폴리오	투 자 액	만기일(3개월 후) 성과	
		$S_T<99{,}450$	$S_T\geq 99{,}450$
KOSPI200콜옵션 20계약 매입	2,500	0	$S_T-99{,}450$
무위험채권 매입(대출)	97,500	97,500×(1+0.02)	97,500×(1+0.02)
방어적 풋	100,000	99,450	S_T

(3) $F_{0,T}=194.0\times\left[1+0.08\times\left(\dfrac{3개월}{12개월}\right)\right]=197.88$포인트

선물=현물−무위험채권 → 현물=선물+무위험채권

선물을 매입하고 동시에 무위험채권을 매입(무위험이자율로 대출)함으로써 현물매입을 복제할 수 있다. 이와 같은 결과를 이용하여 KOSPI200선물을 이용한 방어적 풋 전략을 수립할 수 있으며, 그 투자액과 만기일인 3개월 후의 투자성과는 다음과 같다.

(단위 : 만원)

포트폴리오	투 자 액	만기일(3개월 후) 성과	
		$S_T<99{,}450$	$S_T\geq 99{,}450$
KOSP200선물 20계약 매입*	0	$S_T-98{,}940$	$S_T-98{,}940$
무위험채권 매입(대출)	97,000	97,000×(1+0.02)	97,000×(1+0.02)
KOSPI200풋옵션 20계약 매입	3,000	$99{,}450-S_T$	0
방어적 풋	100,000	99,450	S_T

* 선물 20계약의 가격은 98,940만원(=197.88×25만원×20계약)임.

(4) 포트폴리오보험을 구성하기 위해서 KOSPI200 복제포트폴리오와 KOSPI200풋옵션을 각각 N계약씩 매입하고, 무위험이자율로 D만큼 대출하는 전략을 취해야 한다.

100,000만원 = (194.0 × 25만원 + 6.0 × 25만원) × $N + D$ … (i)

그리고 만기일의 KOSPI200지수가 KOSPI200풋옵션의 행사가격보다 작을 때 만기일에서 포트폴리오보험은 최저가치를 가지며, 그 값은 10억원이 되어야 한다.

100,000만원 = (198.9 × 25만원) × $N + D \times (1 + 0.02)$ … (ii)

식 (i)과 (ii)에 의해서 N과 D를 구하면 다음과 같다.

∴ N = 15.69계약, D = 21,550만원

100,000만원 중 21,550만원을 무위험이자율로 대출(무위험채권 매입)한 후, 나머지 자금 78,450만원으로 KOSPI200 복제포트폴리오 15.69계약, 즉 76,097만원(= 194.0 × 25만원 × 15.69계약)과 풋옵션 15.69계약, 즉 2,353만원(= 6.0 × 25만원 × 15.69계약)을 매입함으로써 최소 10억원의 가치를 보장받을 수 있는 포트폴리오보험을 구성할 수 있다.

(단위 : 만원)

포트폴리오	투 자 액	만기일(3개월 후) 성과	
		$S_T < 78,019$	$S_T \geq 78,019$
지수복제포트폴리오 매입	76,097	S_T	S_T
KOSPI200풋옵션 15.69계약 매입*	2,353	$78,019 - S_T$	0
무위험채권 매입(대출)	21,600	21,600 × (1 + 0.02)	21,600 × (1 + 0.02)
포트폴리오보험	100,000	100,000	$S_T + 22,032$

* KOSPI200풋옵션 15.69계약에 대한 행사가격은 78,019만원(= 198.9 × 25만원 × 15.69계약)임.

※ 별해 : 콜옵션과 무위험채권을 이용하는 방법

포트폴리오보험을 구성하기 위해서 KOSPI200콜옵션을 N계약 매입하고, 무위험이자율로 D'만큼 대출하는 전략을 취해야 한다.

100,000만원 = (5.0 × 25만원) × $N + D'$ … (i)

그리고 만기일의 KOSPI200지수가 KOSPI200콜옵션의 행사가격보다 작을 때 만기일에서 포트폴리오보험은 최저가치를 가지며, 그 값은 10억원이 되어야 한다.

100,000만원 = $D' \times (1 + 0.02)$ … (ii)

식 (i)과 (ii)에 의해서 N과 D'를 구하면 다음과 같다.

∴ N = 15.69계약, D' = 98,039만원

100,000만원 중 98,039만원을 무위험이자율로 대출(무위험채권 매입)한 후, 나머지 자금으로 콜옵션 15.69계약, 즉 1,961만원(= 5.0 × 25만원 × 15.69계약)을 매입함

으로써 최소 10억원의 가치를 보장받을 수 있는 포트폴리오보험을 구성할 수 있다.

(단위 : 만원)

포트폴리오	투 자 액	만기일(3개월 후) 성과	
		$S_T < 78{,}019$	$S_T \geq 78{,}019$
KOSPI200콜옵션 15.69계약 매입	1,961	0	$S_T - 78{,}019$
무위험채권 매입(대출)	98,039	$98{,}039 \times (1+0.02)$	$98{,}039 \times (1+0.02)$
포트폴리오보험	100,000	100,000	$S_T + 22{,}032$

(5) 풋-콜 패리티를 이용하여 다음과 같이 합성풋(synthetic put)(1주식 공매도, 1콜 매입, 무위험채권 $X/(1+r_T)$ 매입(대출))을 구성하고, 그 가격을 구하면 다음과 같다.

$$P = -S + C + \frac{X}{1+r_T} = -194.0 + 5.0 + \frac{198.9}{1+0.02} = 6.0$$

「KOSPI200풋옵션가격(7.0포인트) > 합성풋(6.0포인트)」이므로 과대평가된 KOSPI200풋옵션 1계약을 매도하고, 과소평가된 합성풋을 매입함으로써 25만원의 차익거래이익을 얻을 수 있으며, 그 차익거래과정은 다음과 같다.

(단위 : 만원)

차익거래	현재 현금흐름	만기일(3개월 후) 현금흐름	
		$S_T < 4{,}972.5$	$S_T \geq 4{,}972.5$
KOSPI200풋옵션 1계약 매도	175	$-(4{,}972.5 - S_T)$	0
지수복제포트폴리오 1계약 공매도	4,850	$-S_T$	$-S_T$
KOSPI200콜옵션 1계약 매입	−125	0	$S_T - 4.972.5$
무위험채권 매입(대출)*	−4,875	$4{,}875 \times (1+0.02)$	$4{,}875 \times (1+0.02)$
차익거래이익	25	0	0

* 무위험채권매입액 $= \dfrac{198.9 \times 25\text{만원}}{1+0.02} = 4{,}875$만원

제10장 옵션가격결정모형

완성/선택형 문제

1. 이항옵션가격결정모형 2. 헤지비율(hedge ratio) 3. 조기행사 4. ④ 5. ① 6. ④ 7. ② 8. ⑤ 9. ① 10. ① 11. ⑤ 12. ① 13. ③ 14. ② 15. ① 16. ①

계산형 문제

3. (1)

$$10{,}000\text{원} \begin{cases} 13{,}000\text{원} \\ 9{,}000\text{원} \end{cases} \qquad P \begin{cases} P_u = 0 \\ P_d = 2{,}000\text{원} \end{cases} \quad \rightarrow \quad 10{,}000\alpha' + P \begin{cases} 13{,}000\alpha' \\ 9{,}000\alpha' + 2{,}000 \end{cases}$$

$13{,}000\alpha' = 9{,}000\alpha' + 2{,}000 \rightarrow \alpha' = 0.5$

$(10{,}000 \times 0.5 + P)(1 + 0.05) = 13{,}000 \times 0.5 \quad \therefore\ P = 1{,}190.48$원

(2) $P = -\alpha' S + B'$

$$10{,}000\text{원} \begin{cases} 13{,}000\text{원} \\ 9{,}000\text{원} \end{cases} \qquad B' \begin{cases} B'(1+0.05) \\ B'(1+0.05) \end{cases} \quad \rightarrow \quad -10{,}000\alpha' + B' \begin{cases} -13{,}000\alpha' + 1.05B' \\ -9{,}000\alpha' + 1.05B' \end{cases}$$

$-13{,}000\alpha' + 1.05B' = 0,\ \ -9{,}000\alpha' + 1.05B' = 2{,}000 \rightarrow \alpha' = 0.5,\ B' = 6{,}190.48$원

$\therefore\ P = -0.5 \times 10{,}000 + 6{,}190.48 = 1{,}190.48$원

(3) $10{,}000 = \dfrac{13{,}000 \times p + 9{,}000 \times (1-p)}{1 + 0.05} \rightarrow p = 0.375$

또는 $p = \dfrac{(1 + r_T) - d}{u - d} = \dfrac{1.05 - 0.9}{1.3 - 0.9} = 0.375$

$\therefore\ P = \dfrac{0.375 \times 0 + 0.625 \times 2{,}000}{1 + 0.05} = 1{,}190.48$원

(4) $C = S + P - \dfrac{X}{1 + r_T} = 10{,}000 + 1{,}190.48 - \dfrac{11{,}000}{1 + 0.05} = 714.29$원

(5) 옵션의 가치는 주어진 주가에 근거하여 상대적으로 평가되기 때문에 상승확률 또는 하락확률과 무관하게 결정된다. 따라서 상승확률이 변하더라도 현재 주가가 변하지 않는 한 콜옵션 또는 풋옵션의 가격은 변하지 않는다.

또한 옵션가격은 항상 무위험상태(hedge state)에서 유도되기 때문에 그 평가과정은 투자자의 위험선호형태와도 무관하게 된다. 따라서 투자자의 위험선호형태가 바뀌더라도 콜옵션 또는 풋옵션의 가격은 변하지 않는다.

Tip

주식, 풋옵션, 콜옵션의 기대수익률을 각각 구하면 다음과 같다.

- $E(r_S) = \dfrac{(0.6 \times 13{,}000 + 0.4 \times 9{,}000) - 10{,}000}{10{,}000} = 0.14$
- $E(r_P) = \dfrac{(0.6 \times 0 + 0.4 \times 2{,}000) - 1{,}190.48}{1{,}190.48} = -0.3280$
- $E(r_C) = \dfrac{(0.6 \times 2{,}000 + 0.4 \times 0) - 714.29}{714.29} = 0.6800$

CAPM에 의해 이상의 결과를 설명하면 다음과 같다.

- $E(r_S) = 0.14 >$ 무위험이자율(0.05) $\rightarrow \beta_S > 0$
- $E(r_P) = -0.3280 <$ 무위험이자율(0.05) $\rightarrow \beta_P < 0$(풋옵션의 경우 기초자산인 주식과 서로 다른 방향으로 움직이기 때문에 풋옵션의 베타는 음(−)이 될 수 있음.)
- $E(r_C) = 0.6800 >$ 주식의 기대수익률(0.14) $\rightarrow \beta_C > \beta_S$(콜옵션의 경우 레버리지효과에 의해 기초자산인 주식보다 체계적 위험이 더 크게 나타남.)

4. (1)

10,000원 → 12,000원 / 7,000원

C → $C_u = 2{,}000$원 / $C_d = 0$

$\rightarrow$ $10{,}000\alpha - C$ → $12{,}000\alpha - 2{,}000$ / $7{,}000\alpha$

$12{,}000\alpha - 2{,}000 = 7{,}000\alpha \rightarrow \alpha = 0.4$

$(10{,}000 \times 0.4 - C) \times (1 + 0.1) = 12{,}000 \times 0.4 - 2{,}000 \quad \therefore C = 1{,}454.55$원

(2) 무위험 헤지포트폴리오(riskless hedge portfolio)는 주가의 상승 또는 하락과 관계없이 만기일에서의 포트폴리오의 성과가 항상 일정해야 한다.

(3) 주식 α주를 매입하고 무위험채권 B를 공매도(차입)하여 콜옵션을 복제할 수 있으며, 그 성과는 다음과 같다.

$10{,}000\alpha - B$ → $12{,}000\alpha - 1.1B = 2{,}000$원 / $7{,}000\alpha - 1.1B = 0$

$\rightarrow \alpha = 0.4, \ B = 2{,}545.45$원 $\quad \therefore C = 10{,}000 \times 0.4 - 2{,}545.45 = 1{,}454.55$원

그러므로 과대평가된 콜옵션을 1개 매도하고, 과소평가된 콜옵션 복제포트폴리오를 매입, 즉 주식 0.4주를 매입하고 무위험채권 2,545.45원을 공매도(차입)하는 차익거래전략을 구성할 수 있다.

차익거래	현재 현금흐름	만기일(1년 후) 현금흐름	
		S_T=7,000원	S_T=12,000원
콜옵션 1개 매도 주식 0.4주 매입 무위험채권 공매도(차입)	1,600원 −4,000원 2,545.45원	0 2,800원 −2,545.45원 ×(1+0.1)	−2,000원 4,800원 −2,545.45원 ×(1+0.1)
차익거래이익	145.45원	0	0

(4) 주식 α'주를 공매도하고 무위험채권 B를 매입(대출)하여 풋옵션을 복제할 수 있으며, 그 성과는 다음과 같다.

$$-10{,}000\alpha' + B \quad \begin{cases} -12{,}000\alpha' + 1.1B = 0 \\ -7{,}000\alpha' + 1.1B = 3{,}000\text{원} \end{cases}$$

→ $\alpha'=0.6$, $B=6{,}545.45$원 ∴ $P=-10{,}000\times0.6+6{,}545.45=545.45$원

그러므로 과대평가된 풋옵션을 1개 매도하고, 과소평가된 풋옵션 복제포트폴리오를 매입, 즉 주식 0.6주를 공매도하고 무위험채권 6,545.45원을 매입(대출)하는 차익거래전략을 구성할 수 있다.

차익거래	현재 현금흐름	만기일(1년 후) 현금흐름	
		S_T=7,000원	S_T=12,000원
풋옵션 1개 매도 주식 0.6주 공매도 무위험채권 매입(대출)	600원 6,000원 −6,545.45원	−3,000원 −4,200원 +6,545.45원 ×(1+0.1)	0 −7,200원 +6,545.45원 ×(1+0.1)
차익거래이익	54.55원	0	0

5. (1) 현 재 1기간 말(6개월 후) 만기일(1년 후)

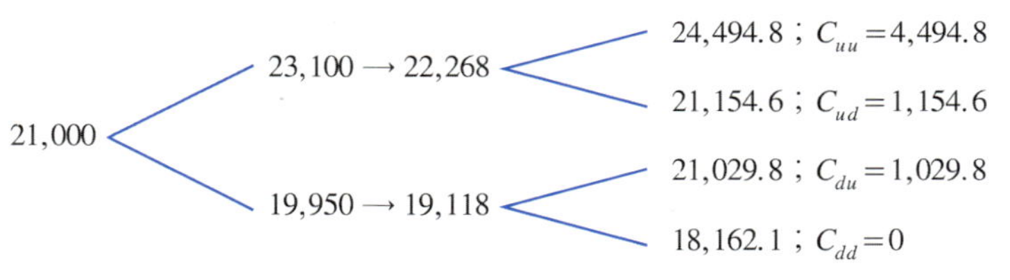

여기서 $S_{uu}=(21{,}000\times1.1-832)\times1.1=24{,}494.8$원,
$S_{ud}=(21{,}000\times1.1-832)\times0.95=21{,}154.6$원
$S_{du}=(21{,}000\times0.95-832)\times1.1=21{,}029.8$원,
$S_{dd}=(21{,}000\times0.95-832)\times0.95=18{,}162.1$원

$$p=\frac{(1+r_{T/2})-d}{u-d}=\frac{1.04-0.95}{1.1-0.95}=0.6,\ 1-p=0.4$$

그러므로 1년 만기 유럽형 콜옵션의 가치는 다음과 같다.

$$C=\frac{p^2C_{uu}+p(1-p)C_{ud}+(1-p)pC_{du}+(1-p)^2C_{dd}}{(1+r_{T/2})^2}$$

$$=\frac{0.6^2\times 4{,}494.8+0.6\times 0.4\times 1{,}154.6+0.4\times 0.6\times 1{,}029.8+0.4^2\times 0}{1.04^2}$$

$= 1{,}980.8$원

(2) 만기일 이전에 배당이 지급되는 경우, 풋-콜 패리티는 다음과 같다.[9]

$$S-PV(D)+P-C=\frac{X}{(1+r_{T/2})^2}\ \rightarrow\ 21{,}000-\frac{832}{1.04}+P-1{,}980.8=\frac{20{,}000}{1.04^2}$$

$\therefore\ P=271.9$원

풋옵션의 가격(250원) < 합성풋의 가격(271.9원) → 풋옵션 매입, 합성풋 매도

(단위 : 원)

차익거래	현재의 현금흐름	만기일(1년 후) 현금흐름	
		$S_T<20{,}000$	$S_T\geq 20{,}000$
풋옵션 매입	−250	$20{,}000-S_T$	0
주식 매입*	−21,000	$S_T+865.3$	$S_T+865.3$
콜옵션 매도	1,980.8	0	$-(S_T-20{,}000)$
무위험채권 공매도(차입)**	19,291.1	$-19{,}291.1\times(1+0.04)^2$	$-19{,}291.1\times(1+0.04)^2$
차익거래이익	21.9	0	0

* 6개월 후 현금배당의 만기일 가치 $=832\times(1+0.04)=865.3$원

** 현재시점에서 무위험채권의 공매도금액(차입액) $=20{,}000/1.04^2+832/1.04=19{,}291.1$원

(3) 만기일인 2기간 말(1년 후)의 풋옵션가치를 구하면 다음과 같다.

- $P_{uu}=\text{Max}[X-S_{uu},\ 0]=\text{Max}[20{,}000-24{,}494.8,\ 0]=0$원
- $P_{ud}=\text{Max}[X-S_{ud},\ 0]=\text{Max}[20{,}000-21{,}154.6,\ 0]=0$원
- $P_{du}=\text{Max}[X-S_{du},\ 0]=\text{Max}[20{,}000-21{,}029.8,\ 0]=0$원
- $P_{dd}=\text{Max}[X-S_{dd},\ 0]=\text{Max}[20{,}000-18{,}162.1,\ 0]=1{,}837.9$원

9 $$P=\frac{p^2P_{uu}+p(1-p)P_{ud}+(1-p)pP_{du}+(1-p)^2P_{dd}}{(1+r_{T/2})^2}$$

$$=\frac{0.6^2\times 0+0.6\times 0.4\times 0+0.4\times 0.6\times 0+0.4^2\times 1{,}837.9}{1.04^2}=271.9\text{원}$$

(i) 1기간 말(6개월 후)에서의 풋옵션가치평가

■ 주가상승 시[10]

• 계속보유 : $P_u = \dfrac{pP_{uu} + (1-p)P_{ud}}{1 + r_{T/2}} = \dfrac{0.6 \times 0 + 0.4 \times 0}{1.04} = 0$원

• 조기행사 : $P_u^* = \text{Max}[X - S_u,\ 0] = \text{Max}[20{,}000 - 22{,}268,\ 0] = 0$원

→ 계속보유 또는 조기행사

■ 주가하락 시

• 계속보유 : $P_d = \dfrac{pP_{du} + (1-p)P_{dd}}{1 + r_{T/2}} = \dfrac{0.6 \times 0 + 0.4 \times 1{,}837.9}{1.04} = 706.9$원

• 조기행사 : $P_d^* = \text{Max}[X - S_d,\ 0] = \text{Max}[20{,}000 - 19{,}118,\ 0] = 882$원

→ 조기행사

(ii) 현재시점에서의 미국형 풋옵션가치평가

• 계속보유 : $P = \dfrac{pP_u + (1-p)P_d^*}{1 + r_{T/2}} = \dfrac{0.6 \times 0 + 0.4 \times 882}{1.04} = 339.2$원

• 조기행사 : $P^* = \text{Max}[X - S,\ 0] = \text{Max}[20{,}000 - 21{,}000,\ 0] = 0$원

→ 계속보유

∴ 미국형 풋옵션가치 = 339.2원

6. (1)

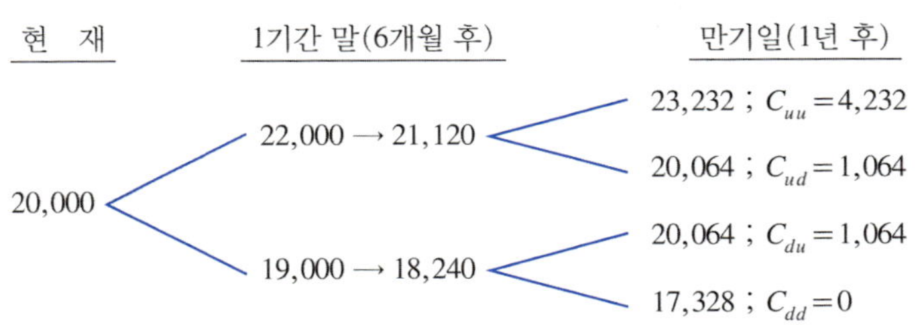

여기서 $S_{uu} = 20{,}000 \times 1.1^2 \times (1 - 0.04) = 23{,}232$원,
$S_{ud} = S_{du} = 20{,}000 \times 1.1 \times 0.95 \times (1 - 0.04) = 20{,}064$원
$S_{dd} = 20{,}000 \times 0.95^2 \times (1 - 0.04) = 17{,}328$원

$$p = \frac{(1 + r_{T/2}) - d}{u - d} = \frac{1.04 - 0.95}{1.1 - 0.95} = 0.6,\ 1 - p = 0.4$$

① 1년 만기 유럽형 콜옵션의 가치는 다음과 같다.

$$C = \frac{p^2 C_{uu} + 2p(1-p)C_{ud} + (1-p)^2 C_{dd}}{(1 + r_{T/2})^2}$$

10 미국형 풋옵션의 조기행사 시의 가치는 배당락 금액을 기준으로 계산된다.

$$= \frac{0.6^2 \times 4{,}232 + 2 \times 0.6 \times 0.4 \times 1{,}064 + 0.4^2 \times 0}{1.04^2} = 1{,}880.77\text{원}$$

② 미국형 콜옵션의 가치는 다음과 같은 단계를 거쳐서 구할 수 있다.

(i) 1기간 말(6개월 후)에서의 콜옵션가치

■ 주가상승 시

• 계속보유 : $C_u = \frac{pC_{uu} + (1-p)C_{ud}}{1 + r_{T/2}} = \frac{0.6 \times 4{,}232 + 0.4 \times 1{,}064}{1.04} = 2{,}850.77\text{원}$

• 조기행사[11] : $C_u^* = \text{Max}[S_u - X,\ 0] = \text{Max}[22{,}000 - 19{,}000,\ 0] = 3{,}000\text{원}$

→ 조기행사

■ 주가하락 시

• 계속보유 : $C_d = \frac{pC_{du} + (1-p)C_{dd}}{1 + r_{T/2}} = \frac{0.6 \times 1{,}064 + 0.4 \times 0}{1.04} = 613.85\text{원}$

• 조기행사 : $C_d^* = \text{Max}[S_d - X,\ 0] = \text{Max}[19{,}000 - 19{,}000,\ 0] = 0\text{원}$

→ 계속보유

(ii) 현재시점에서의 미국형 콜옵션가치

• 계속보유 : $C = \frac{pC_u^* + (1-p)C_d}{1 + r_{T/2}} = \frac{0.6 \times 3{,}000 + 0.4 \times 613.85}{1.04} = 1{,}966.87\text{원}$

• 조기행사 : $C^* = \text{Max}[S - X,\ 0] = \text{Max}[20{,}000 - 19{,}000,\ 0] = 1{,}000\text{원}$

→ 계속보유 ∴ 미국형 콜옵션가치 = 1,966.87원

(2) ①

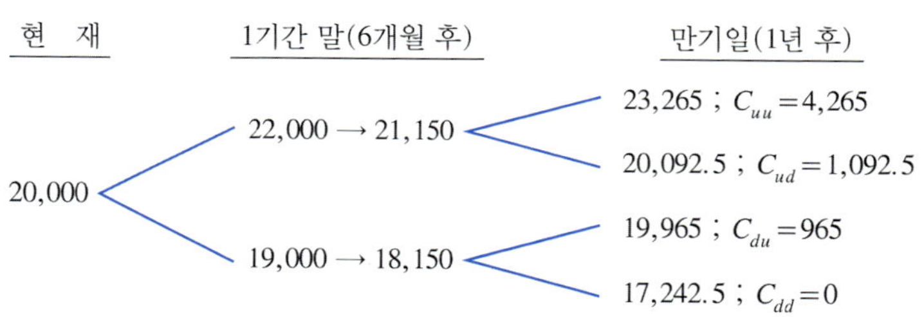

여기서 $S_{uu} = (20{,}000 \times 1.1 - 850) \times 1.1 = 23{,}265\text{원}$,
$S_{ud} = (20{,}000 \times 1.1 - 850) \times 0.95 = 20{,}092.5\text{원}$,
$S_{du} = (20{,}000 \times 0.95 - 850) \times 1.1 = 19{,}965\text{원}$,
$S_{dd} = (20{,}000 \times 0.95 - 850) \times 0.95 = 17{,}242.5\text{원}$

11 미국형 콜옵션은 배당락가격이 형성되기 직전에 조기행사할 수 있기 때문에 1기간 말에서의 조기행사가격을 구할 때 배당부 가격 22,000원을 사용하여야 함을 유의해야 한다.

$$p = \frac{(1 + r_{T/2}) - d}{u - d} = \frac{1.04 - 0.95}{1.1 - 0.95} = 0.6,\ 1 - p = 0.4$$

1년 만기 유럽형 콜옵션의 가치는 다음과 같다.

$$C = \frac{p^2 C_{uu} + p(1-p)C_{ud} + (1-p)pC_{du} + (1-p)^2 C_{dd}}{(1 + r_{T/2})^2}$$

$$= \frac{0.6^2 \times 4{,}265 + 0.6 \times 0.4 \times 1{,}092.5 + 0.4 \times 0.6 \times 965 + 0.4^2 \times 0}{1.04^2} = 1{,}876.11\text{원}$$

② 미국형 콜옵션의 가치는 다음과 같은 단계를 거쳐서 구할 수 있다.

(i) 1기간 말(6개월 후)에서의 콜옵션가치

■ 주가상승 시

• 계속보유 : $C_u = \dfrac{pC_{uu} + (1-p)C_{ud}}{1 + r_{T/2}} = \dfrac{0.6 \times 4{,}265 + 0.4 \times 1{,}092.5}{1.04}$

$= 2{,}880.77$원

• 조기행사 : $C_u^* = \text{Max}[S_u - X,\ 0] = \text{Max}[22{,}000 - 19{,}000,\ 0] = 3{,}000$원

→ 조기행사

■ 주가하락 시

• 계속보유 : $C_d = \dfrac{pC_{du} + (1-p)C_{dd}}{1 + r_{T/2}} = \dfrac{0.6 \times 965 + 0.4 \times 0}{1.04} = 556.73$원

• 조기행사 : $C_d^* = \text{Max}[S_d - X,\ 0] = \text{Max}[19{,}000 - 19{,}000,\ 0] = 0$원

→ 계속보유

(ii) 현재시점에서의 미국형 콜옵션가치

• 계속보유 : $C = \dfrac{pC_u^* + (1-p)C_d}{1 + r_{T/2}} = \dfrac{0.6 \times 3{,}000 + 0.4 \times 556.73}{1.04} = 1{,}944.90$원

• 조기행사 : $C^* = \text{Max}[S - X,\ 0] = \text{Max}[20{,}000 - 19{,}000,\ 0] = 1{,}000$원

→ 계속보유 ∴ 미국형 콜옵션가치 = 1,944.90원

③

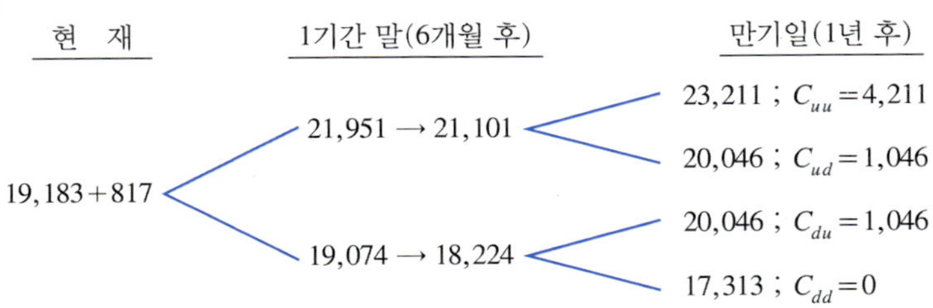

여기서 $PV(D)=\frac{850}{1.04}=817$원

$S_{uu}=19{,}183\times1.1^2=23{,}211$원, $S_{ud}=S_{du}=19{,}183\times1.1\times0.95=20{,}046$원,
$S_{dd}=19{,}183\times0.95^2=17{,}313$원

$$p=\frac{(1+r_{T/2})-d}{u-d}=\frac{1.04-0.95}{1.1-0.95}=0.6,\ 1-p=0.4$$

(i) 1기간 말(6개월 후)에서의 콜옵션가치

■ 주가상승 시

• 계속보유 : $C_u=\frac{pC_{uu}+(1-p)C_{ud}}{1+r_{T/2}}=\frac{0.6\times4{,}211+0.4\times1{,}046}{1.04}=2{,}831.73$원

• 조기행사 : $C_u^*=\text{Max}[S_u-X,\ 0]=\text{Max}[21{,}951-19{,}000,\ 0]=2{,}951$원

→ 조기행사

■ 주가하락 시

• 계속보유 : $C_d=\frac{pC_{du}+(1-p)C_{dd}}{1+r_{T/2}}=\frac{0.6\times1{,}046+0.4\times0}{1.04}=603.46$원

• 조기행사 : $C_d^*=\text{Max}[S_d-X,\ 0]=\text{Max}[19{,}074-19{,}000,\ 0]=74$원

→ 계속보유

(ii) 현재시점에서의 미국형 콜옵션가치

• 계속보유 : $C=\frac{pC_u^*+(1-p)C_d}{1+r_{T/2}}=\frac{0.6\times2{,}951+0.4\times603.46}{1.04}=1{,}934.6$원

• 조기행사 : $C^*=\text{Max}[S-X,\ 0]=\text{Max}[20{,}000-19{,}000,\ 0]=1{,}000$원

→ 계속보유 ∴ 미국형 콜옵션가치 = 1,934.6원

Tip

배당의 현재가치를 차감한 주가를 기준으로 u, d가 결정되는 경우에 이항모형을 적용하는 절차는 다음과 같다.

① 현재의 주가에서 배당금의 현재가치를 차감한 조정주가($S'=S-PV(D)$)를 구한다.
② 배당조정주가의 변동과정, 즉 이항과정수(binomial trees)를 파악한다.
③ 배당락 전일 경우 각 시점마디(node)에 그 시점의 배당가치를 더해 준다.
④ 이항모형을 이용하여 옵션의 가치를 구한다.

이와 같은 방법은 물음 (2)의 ②에서 적용한 방법에 비해 이항과정수를 단순화시킬 수 있으며, 주가변동기간 중간에 배당이 실시되는 경우에도 적용가능하다는 장점이 있다.

7. 이 문제에서 배당수익률을 헤지확률(위험중립확률)에 반영하라고 하였기 때문에 배당지급 후 주가가 20% 상승하거나 10% 하락한다고 보아야 한다. 따라서 이 문제의 배당지급 후 주가변화과정이 앞의 문제 6의 물음 (1)과 다르다는 점을 유의해야 한다. 이 문제에서 헤지확률은 배당수익률을 포함한 주가(기초자산인 주식을 보유했을 때의 가치)를 기준으로 계산해야 한다. 그리고 만기일의 콜옵션가격은 유럽형일 경우 배당지급 후 주가에 의해 계산되나, 미국형일 경우 배당지급 전 주가에 의해 계산된다.

(1) 현 재 / 1기간 말(6개월 후) / 만기일(1년 후)

20,000 → $24,000 \times 1.04 \rightarrow 24,000$ → $28,800 \times 1.04 \rightarrow 28,800$; $C_{uu} = 8,800$

$21,600 \times 1.04 \rightarrow 21,600$; $C_{ud} = 1,600$

20,000 → $18,000 \times 1.04 \rightarrow 18,000$ → $21,600 \times 1.04 \rightarrow 21,600$; $C_{du} = 1,600$

$16,200 \times 1.04 \rightarrow 16,200$; $C_{dd} = 0$

여기서 $S_u = 20,000 \times 1.2 = 24,000$원, $S_d = 20,000 \times 0.9 = 18,000$원
$S_{uu} = 20,000 \times 1.2^2 = 28,800$원, $S_{ud} = S_{du} = 20,000 \times 1.2 \times 0.9 = 21,600$원
$S_{dd} = 20,000 \times 0.9^2 = 16,200$원

$$p = \frac{\left(\dfrac{1+r_{T/2}}{1+r_{d_{T/2}}}\right) - d}{u-d} = \frac{\dfrac{1.06}{1.04} - 0.9}{1.2 - 0.9} = 0.397436(39.7436\%)$$

$$\therefore\ C = \frac{p^2 C_{uu} + 2p(1-p)C_{ud} + (1-p)^2 C_{dd}}{(1+r_{T/2})^2}$$

$$= \frac{0.397436^2 \times 8,800 + 2 \times 0.397436 \times 0.602564 \times 1,600 + 0.602564^2 \times 0}{1.06^2}$$

$= 1,919.14$원

(2) $\dfrac{S}{(1+r_{d_{T/2}})^2} + P - C = \dfrac{X}{(1+r_{T/2})^2} \rightarrow \dfrac{20,000}{1.04^2} + P - 1,919.14 = \dfrac{20,000}{1.06^2}$

$\therefore\ P = 1,227.94$원

(3) 미국형 콜옵션의 경우 배당락 직전에 행사할 것이기 때문에 만기일의 콜옵션가격은 다음과 같다.

$C_{uu} = \text{Max}[u^2S(1+r_{d_{T/2}}) - X,\ 0] = \text{Max}[28,800 \times 1.04 - 20,000,\ 0] = 9,952$원

$C_{ud} = C_{du} = \text{Max}[udS(1+r_{d_{T/2}}) - X,\ 0] = \text{Max}[21,600 \times 1.04 - 20,000,\ 0] = 2,464$원

$C_{dd} = \text{Max}[d^2S(1+r_{d_{T/2}}) - X,\ 0] = \text{Max}[16,200 \times 1.04 - 20,000,\ 0] = 0$

(ⅰ) 1기간 말(6개월 후)에서의 콜옵션가치

■ 주가상승 시

• 계속보유 : $C_u = \dfrac{pC_{uu} + (1-p)C_{ud}}{1 + r_{T/2}}$

$$= \frac{0.397436 \times 9{,}952 + 0.602564 \times 2{,}464}{1.06} = 5{,}132.08\text{원}$$

• 조기행사 : $C_u^* = \text{Max}[uS(1 + r_{d_{T/2}}) - X,\ 0]$

$$= \text{Max}[24{,}000 \times 1.04 - 20{,}000,\ 0] = 4{,}960\text{원}$$

→ 계속보유

■ 주가하락 시

• 계속보유 : $C_d = \dfrac{pC_{du} + (1-p)C_{dd}}{1 + r_{T/2}}$

$$= \frac{0.397436 \times 2{,}464 + 0.602564 \times 0}{1.06} = 923.85\text{원}$$

• 조기행사 : $C_d^* = \text{Max}[dS(1 + r_{d_{T/2}}) - X,\ 0]$

$$= \text{Max}[18{,}000 \times 1.04 - 20{,}000,\ 0] = 0$$

→ 계속보유

(ⅱ) 현재시점에서의 미국형 콜옵션가치

• 계속보유 : $C = \dfrac{pC_u + (1-p)C_d}{1 + r_{T/2}}$

$$= \frac{0.397436 \times 5{,}132.08 + 0.602564 \times 923.85}{1.06} = 2{,}449.39\text{원}$$

• 조기행사 : $C^* = \text{Max}[S - X,\ 0] = \text{Max}[20{,}000 - 20{,}000,\ 0] = 0$

→ 계속보유 ∴ 미국형 콜옵션가치 $= 2{,}449.39$원

8. (1)

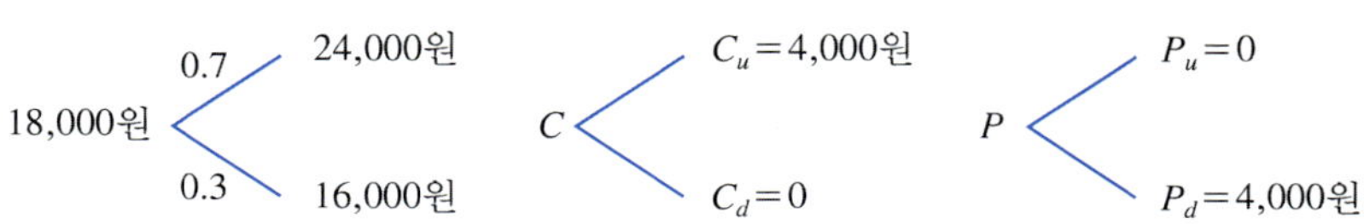

$$18{,}000 = \frac{24{,}000p + 16{,}000(1-p)}{1 + 0.1} \rightarrow p = 0.475$$

① $18{,}000 = \dfrac{24{,}000 \times 0.7 + 16{,}000 \times 0.3}{1 + E(r)}$

$\rightarrow E(r) = 20\% = r_f + \text{위험프리미엄}$

$= 10\% + \text{위험프리미엄}(10\%)$

$\therefore$ 위험프리미엄 $= 10\%$

② $C = \dfrac{4{,}000 \times 0.475}{1 + 0.1} = 1{,}727.27$원

③ $\alpha' S + P = B \rightarrow P = -\alpha' S + B$

$$-18{,}000\alpha' + B \begin{cases} -24{,}000\alpha' + 1.1B = 0 \\ -16{,}000\alpha' + 1.1B = 4{,}000\text{원} \end{cases}$$

$\rightarrow \alpha' = 0.5,\ B = 10{,}909.09$원

$\therefore P = -0.5 \times 18{,}000 + 10{,}909.09 = 1{,}909.09$원

④ $C = S + P - \dfrac{X}{1 + r_T} = 18{,}000 + 1{,}909.09 - \dfrac{20{,}000}{1 + 0.1} = 1{,}727.27$원

(2) ① $10{,}000 = \dfrac{11{,}000p + 9{,}000(1-p)}{1 + 0.05} \rightarrow p = 0.75$

② • 이항과정 B : 콜옵션델타 $= \dfrac{\Delta C}{\Delta S} = 0.5$

$$\begin{array}{ccc} \underline{S_1} & \underline{S_2} & \underline{C_2} \\ & 12{,}100 & 1{,}100 \\ 11{,}000 & \updownarrow\ \Delta S = 2{,}200 & \updownarrow\ \Delta C = 1{,}100 \\ & 9{,}900 & 0 \end{array}$$

• 이항과정 C : 콜옵션델타 $= \dfrac{\Delta C}{\Delta S} = 0$

$$\begin{array}{ccc} \underline{S_1} & \underline{S_2} & \underline{C_2} \\ & 9{,}900 & 0 \\ 9{,}000 & \updownarrow\ \Delta S = 1{,}800 & \updownarrow\ \Delta C = 0 \\ & 8{,}100 & 0 \end{array}$$

(※ $\Delta C = 0$이 되려면 두 상황 모두 외가격($S_2 < X$)이 되어야 한다.)

$\therefore$ 행사가격$(X) = 11{,}000$원, $C = \dfrac{1{,}100 \times 0.75^2}{1.05^2} = 561.22$원

(3) 이항기간 중간에 배당을 지급하는 경우 현재의 주가에서 배당금의 현재가치를 차감한 조정주가($S'=S-PV(D)$)를 구한 후 이항과정을 적용하여 평가할 수 있다.

- $S'=1{,}000-100\times0.9252=907.48$원
- $1{,}000=\dfrac{1{,}100p+900(1-p)}{1+0.12/2}\ \rightarrow\ p=0.8$

현 재	1기간 말(6개월 후)	만기일(1년 후)
		1,098.0508 ; $C_{uu}=98.0508$
	998.228	
907.48		898.4052 ; $C_{ud}=0$
	816.732	
		735.0588 ; $Cud=0$

$$\therefore\ C=\frac{98.0508\times0.8^2}{1.06^2}=55.85\text{원}$$

9. (1) 헤지포트폴리오 구성 : 주식 1주 매입, 풋옵션 n_P개 매입

20,000원 → 22,000원 / 18,000원

P → $P_u=\text{Max}[19{,}000-22{,}000,\ 0]=0$ / $P_d=\text{Max}[19{,}000-18{,}000,\ 0]=1{,}000$원

; $20{,}000+n_P P$ → 22,000 / $18{,}000+1{,}000n_P$

$\rightarrow\ 22{,}000=18{,}000+1{,}000n_P\ \rightarrow\ n_P=4$

$\therefore$ 풋옵션 매입수량$=100\times4=400$개

(2) $20{,}000+4P=\dfrac{22{,}000}{1.06}\quad\therefore\ P=188.68$원

또는 $p=\dfrac{1.06-0.9}{1.1-0.9}=0.8\quad\therefore P=\dfrac{0.8\times0+0.2\times1{,}000}{1.06}=188.68$원

(3) 제시된 옵션은 일종의 콜옵션 형태를 띠고 있으므로 무배당인 경우 옵션의 유형과 관계없이 조기행사되지 않음.

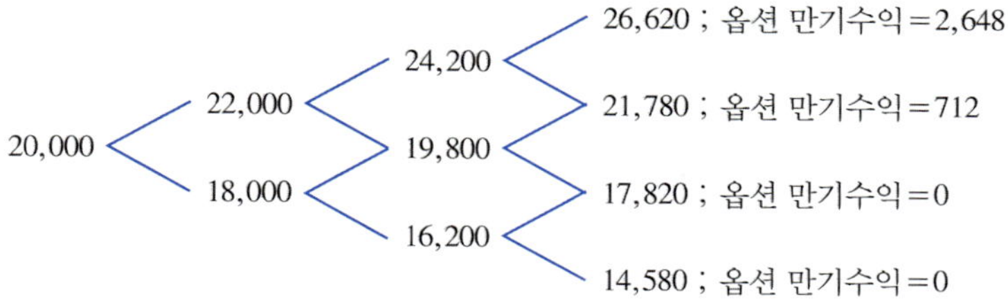

$$\therefore \text{ 옵션가치} = \frac{0.8^3 \times 2,648 + 3 \times 0.8^2 \times 0.2 \times 712}{1.06^3} = 1,367.89\text{원}$$

(4)

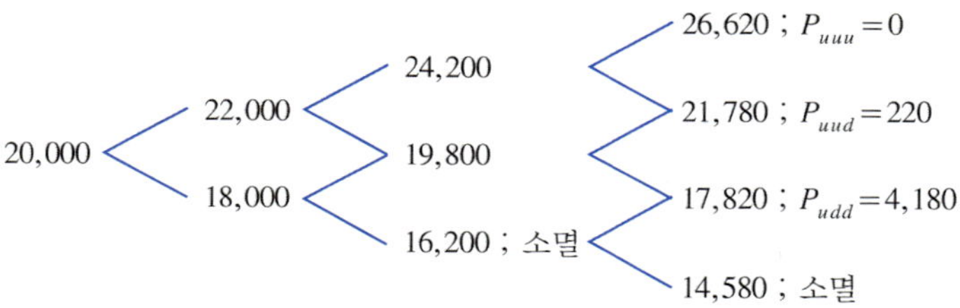

• $P_{uu} = \dfrac{0.8 \times 0 + 0.2 \times 220}{1.06} = 41.51$원,

$P_{ud} = \dfrac{0.8 \times 220 + 0.2 \times 4,180}{1.06} = 954.72$원

• $P_u = \dfrac{0.8 \times 41.51 + 0.2 \times 954.72}{1.06} = 211.46$원,

$P_d = \dfrac{0.8 \times 954.72 + 0.2 \times 0}{1.06} = 720.54$원

$$\therefore P = \frac{0.8 \times 211.46 + 0.2 \times 720.54}{1.06} = 295.54\text{원}$$

10. 통화옵션의 기초자산인 외국통화는 투자를 통해서 외국의 무위험이자율 r_T^F를 얻을 수 있다. 따라서 헤지포트폴리오를 구성할 때 외국통화의 투자액은 외국의 무위험이자율로 할인한 금액이 되어야 하며, 위험중립확률 p를 구할 때 외국의 무위험이자율을 반영해 주어야 함을 유의해야 한다.

(1)

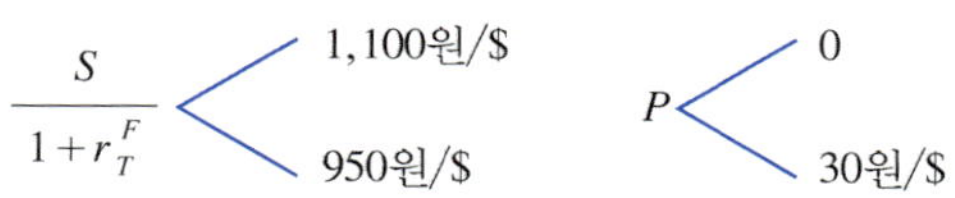

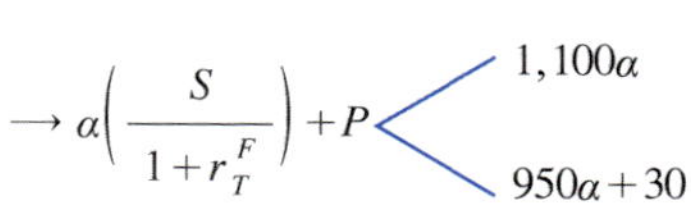

• 헤지비율 : $1{,}100\alpha = 950\alpha + 30 \rightarrow \alpha = \dfrac{30}{150} = 0.2$

• 달러화 매수규모 = 50만달러 × 0.2 = 10만달러

(2) 제2장에서 설명한 통화선물의 가격을 구하는 공식을 이용하여 미국의 무위험이자율을 고려한 상승계수와 하락계수를 구하면 다음과 같다.

• $F_{0,T} = S\left(\dfrac{1+r_T}{1+r_T^F}\right) \rightarrow \dfrac{S}{1+r_T^F} = \dfrac{F_{0,T}}{1+r_T} = \dfrac{1{,}050}{1.06} = 990.57$원/\$

• $u(1+r_T^F) = \dfrac{1{,}100}{990.57} = 1.11,\ d(1+r_T^F) = \dfrac{950}{990.57} = 0.96$

$$\therefore\ p = \frac{\left(\dfrac{1+r_T}{1+r_T^F}\right) - d}{u-d} = \frac{(1+r_T) - d(1+r_T^F)}{u(1+r_T^F) - d(1+r_T^F)} = \frac{1.06-0.96}{1.11-0.96} = 0.67$$

(또는 $990.57 = \dfrac{p \times 1{,}100 + (1-p) \times 950}{1.06} \rightarrow p = 0.67$)

※ 별해 : 선물가격을 이용하는 방법

$F_{0,T} = 1{,}050$ → $u'F_{0,T} = uS = 1{,}100$, $d'F_{0,T} = dS = 950$

$\rightarrow u' = \dfrac{1{,}100}{1{,}050} = 1.05,\ d' = \dfrac{950}{1{,}050} = 0.90$

$$\therefore\ p = \frac{1-d'}{u'-d'} = \frac{1-0.90}{1.05-0.90} = 0.67$$

(또는 $1{,}050 = p \times 1{,}100 + (1-p) \times 950 \rightarrow p = 0.67$)

(3) • 만기 시 옵션의 수익 $= \text{Min}[S_T - 920,\ 50] = 50 + \text{Min}[S_T - 970,\ 0]$

$= 50 - \text{Max}[970 - S_T,\ 0]$

• 행사가격이 970원/\$인 풋옵션의 현재가치(P)

P → 0, 20원/\$

$\rightarrow P = \dfrac{0.67 \times 0 + 0.33 \times 20}{1.06} = 6.23$원/\$

• 옵션의 현재가치[12] = 50/1.06 − 6.23 = 40.94원/\$

• 옵션 1계약금액(프리미엄) = 40.94원/\$ × 50만달러 = 20,470천원

12 옵션의 현재가치 $= \dfrac{0.67 \times \text{Min}[1{,}100-920,\ 50] + 0.33 \times \text{Min}[950-920,\ 50]}{1.06}$

$= \dfrac{0.67 \times 50 + 0.33 \times 30}{1.06} = 40.94$원/\$

Tip

- 물음 (1)에서 미국의 무위험이자율(r_T^F)이 주어져야 정확한 달러화 매수규모를 구할 수 있으며, 그 값은 $0.2\times\left(\dfrac{50\text{만달러}}{1+r_T^F}\right)$, 즉 $\dfrac{10\text{만달러}}{1+r_T^F}$이다.
- 물음 (2)에서 위험중립확률은 선물가격을 이용하여 구할 수 있다.

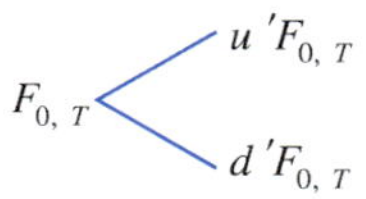

$$\rightarrow pu'F_{0,\,T}+(1-p)d'F_{0,\,T}=F_{0,\,T}\ \therefore\ p=\frac{1-d'}{u'-d'}$$

- 물음 (3)을 풀 때 다음과 같은 수학적 등식관계를 이용할 수 있다.
  $\text{Min}[x,\ y]=-\text{Max}[-x,\ -y]$, $\text{Min}[x,\ y]=y+\text{Min}[x-y,\ 0]$

11. (1) 미화 1달러에 대한 1년 만기 선물의 적정 가격($F_{0,\,1}$)

$$F_{0,\,1}=S_0\left(\frac{1+r_T}{1+r_T^F}\right)=1{,}250\times\frac{1.06}{1.04}=\text{₩}1{,}274/\$$$

(2) $P=C-\dfrac{S}{1+r_T^F}+\dfrac{X}{1+r_T}=300-\dfrac{1{,}250}{1.04}+\dfrac{1{,}000}{1.06}=41$원

(3) • 시카고옵션시장(외화(₩) 매도) :

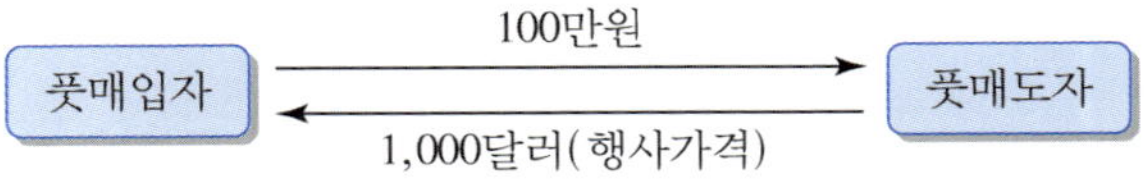

이것은 한국거래소에서 1,000달러를 100만원에 매입할 수 있는 콜옵션, 즉 1달러를 1,000원(행사가격)으로 매입할 수 있는 콜옵션과 동일함.

• 한국거래소(외화($) 매입) :

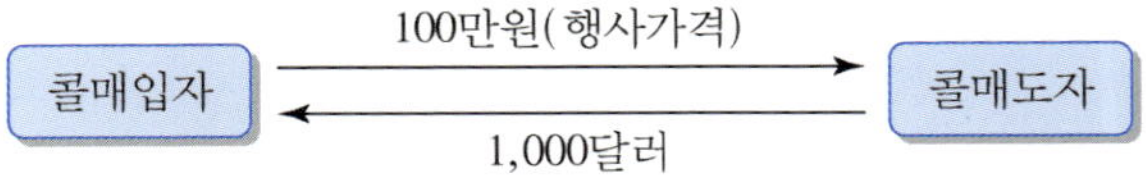

국내 및 미국의 금융시장에는 어떠한 차익거래의 기회도 존재하지 않는다면, 한국거래소에서 거래되는 통화콜옵션을 이용하여 시카고옵션시장 통화풋옵션의 가격(P)을 구할 수 있다.

$\therefore\ P=\$1{,}000\times(300\text{원}\times\$0.0008/\text{원})=\$240$

12. 미국형 통화콜옵션의 경우 조기행사가 가능하기 때문에 매기간 말 이항과정을 역행하면서 조기행사 시의 가치와 비교해 주어야 한다. 통화콜옵션의 조기행사가격은 그

시점의 환율에 의해 결정된다. 미국형 주식콜옵션의 경우 배당락 직전에 행사함으로써 배당을 받을 수 있는 반면, 미국형 통화콜옵션의 경우 언제 행사하더라도 행사 전에 발생된 외국통화의 무위험이자를 받을 수 없음을 유의해야 한다.

(1) 현 재 1기간 말(6개월 후) 만기일(1년 후)

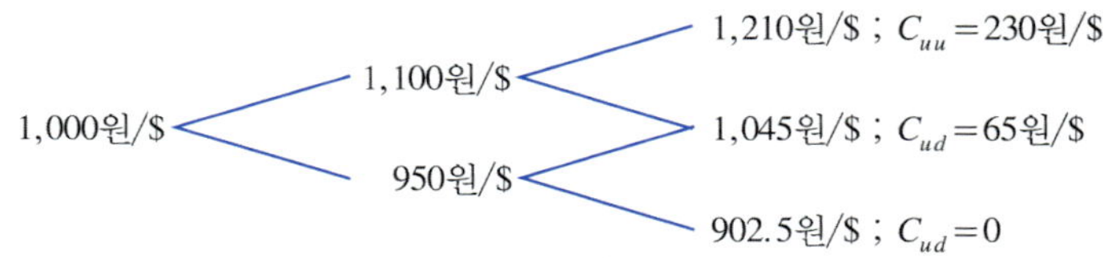

$$p=\frac{\left(\dfrac{1+r_{T/2}}{1+r^F_{T/2}}\right)-d}{u-d}=\frac{\left(\dfrac{1.02}{1.03}\right)-0.95}{1.1-0.95}=0.2686$$

$$\therefore\ C=\frac{p^2C_{uu}+2p(1-p)C_{ud}+(1-p)^2C_{dd}}{(1+r_{T/2})^2}$$

$$=\frac{0.2686^2\times 230+2\times 0.2686\times 0.7314\times 65+0.7314^2\times 0}{1.02^2}=40.50\text{원/\$}$$

(2) 미국형 미달러 콜옵션의 가치는 다음과 같은 단계를 거쳐서 구할 수 있다.

(i) 1기간 말(6개월 후)에서의 미달러 콜옵션가치

■ 주가상승 시

- 계속보유 : $C_u=\dfrac{pC_{uu}+(1-p)C_{ud}}{1+r_{T/2}}$

$$=\frac{0.2686\times 230+0.7314\times 65}{1.02}=107.18\text{원/\$}$$

- 조기행사 : $C_u^*=\text{Max}[S_u-X,\ 0]=\text{Max}[1{,}100-980,\ 0]=120$원/$

  → 조기행사

■ 주가하락 시

- 계속보유 : $C_d=\dfrac{pC_{ud}+(1-p)C_{dd}}{1+r_{T/2}}=\dfrac{0.2686\times 65+0.7314\times 0}{1.02}=17.12$원/$

- 조기행사 : $C_d^*=\text{Max}[S_d-X,\ 0]=\text{Max}[950-980,\ 0]=0$원

  → 계속보유

(ii) 현재시점에서의 미달러 콜옵션가치

- 계속보유 : $C=\dfrac{pC_u^*+(1-p)C_d}{1+r_{T/2}}$

$$=\frac{0.2686\times 120+0.7314\times 17.12}{1.02}=43.88\text{원}/\$$$

• 조기행사 : $C^{*}=\text{Max}[S-X,\ 0]=\text{Max}[1{,}000-980,\ 0]=20$원/$

→ 계속보유

∴ 미국형 미달러 콜옵션가치 = 43.88원/$

13. (1)

포트폴리오	투자액(원)	만기일(3개월 후) 성과(원)	
		$S_T<25{,}000$	$S_T\geq 25{,}000$
콜 매입 풋 매도	1,000 −522	0 $-(25{,}000-S_T)$	$S_T-25{,}000$ 0
합성선물	478	$S_T-25{,}000$	$S_T-25{,}000$
만기 손익* (만기일 성과−투자액)		$S_T-25{,}490$	$S_T-25{,}490$

* 시간가치를 고려하고 차익거래기회가 존재하지 않는다면(선물가격 = 합성선물가격) 투자액의 3개월 후 가치는 490원[= 478 × (1 + 이자율)]이 됨.

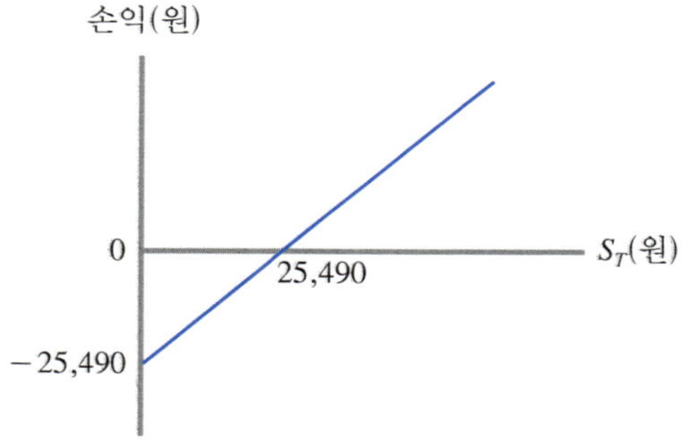

(2) 합성무위험채권 : $S+P-C=\dfrac{X}{1+r_T}$

옵션거래전략	현재 현금흐름(원)	3개월 후 현금흐름(원)	
		$S_T<27{,}000$	$S_T\geq 27{,}000$
주식 100주 보유 풋 100개 매입 콜 100개 매도	0 −171,700 24,400	$S_T\times 100$ $(27{,}000-S_T)\times 100$ 0	$S_T\times 100$ 0 $-(S_T-27{,}000)\times 100$
합성무위험채권	−147,300	2,700,000	2,700,000

∴ 초기비용 = 147,300원

(3) ① $1{,}000=24{,}866\times 0.6165-25{,}000\times e^{-rT}N(d_2)\ \rightarrow\ e^{-rT}N(d_2)=0.573196$

주가가 25,000원(행사가격)보다 높아 옵션이 행사될 확률이 $N(d_2)$이므로 금융상품의 가격(프리미엄)은 다음과 같이 구할 수 있다.

$$\therefore \text{ 금융상품 프리미엄} = \frac{100\text{만원} \times N(d_2)}{e^{rT}} = 100\text{만원} \times 0.573196 = 573,196\text{원}$$

② $N(d_1)$은 주가의 변화에 대한 콜옵션가격의 민감도를 나타내는 값(콜옵션의 델타)으로, 주가가 순간적으로 1원 변할 때 콜옵션가격은 $N(d_1)$만큼 변한다는 것을 의미한다.

$N(d_2)$는 주가가 행사가격보다 높아 콜옵션이 행사될 확률을 의미한다.

14. (1) 콜옵션 복제포트폴리오($\alpha S - B = C$) 구성

16,000 → 50,000; $C_u = 35,000$, $P_u = 0$ / 2,000; $C_d = 0$, $P_u = 13,000$

→ $16,000\alpha - B$ → $50,000\alpha - B \times 1.08$ / $2,000\alpha - B \times 1.08$

$50,000\alpha - B \times 1.08 = 35,000$, $2,000\alpha - B \times 1.08 = 0$ → $\alpha = 0.7292$, $B = 1,350$원

∴ 콜옵션가격 $= 16,000 \times 0.7292 - 1,350 = 10,317$원

(2) 풋옵션 복제포트폴리오($-\alpha' S + B' = P$) 구성

$-16,000\alpha' + B'$ → $-50,000\alpha' + B' \times 1.08$ / $-2,000\alpha' + B' \times 1.08$

$-50,000\alpha' + B' \times 1.08 = 0$, $-2,000\alpha' + B' \times 1.08 = 13,000$

→ $\alpha' = 0.2708$, $B' = 12,537$원

∴ 풋옵션가격 $= -16,000 \times 0.2708 + 12,537 = 8,204$원

포트폴리오의 총가치$(C+P) = 10,317 + 8,204 = 18,521$원

(3)

포트폴리오	투자액(원)	만기일(1년 후) 성과(원)	
		$S_T < 15,000$	$S_T \geq 15,000$
콜옵션 매입 풋옵션 매입	10,317 8,204	0 $15,000 - S_T$	$S_T - 15,000$ 0
스트래들	18,521	$15,000 - S_T$	$S_T - 15,000$
손 익		$-S_T - 3,521$	$S_T - 33,521$

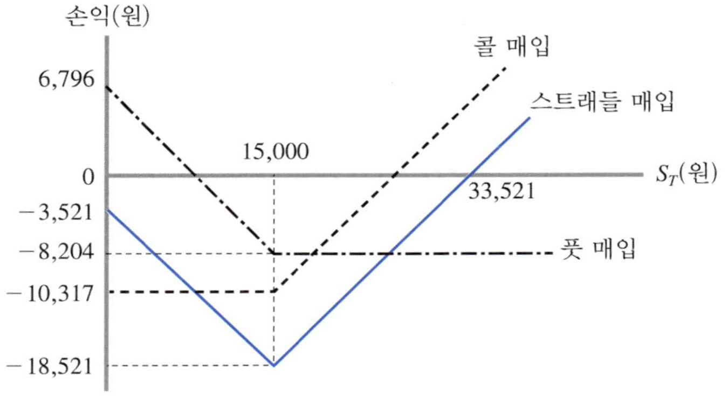

스트래들(straddle)은 현물가격이 크게 변동할 것으로 예상되지만 그 변동의 방향이 불확실한 경우 사용하는 전략이다.

제11장 옵션가치의 민감도와 헤징

완성/선택형 문제

1. 옵션델타(delta : Δ) 2. 옵션감마(gamma : Γ) 3. 델타헤징(delta hedging), 델타중립(delta neutral) 4. ⑤ 5. ③ 6. ③ 7. ② 8. ③ 9. ④ 10. ③ 11. ⑤ 12. ② 13. ④

계산형 문제

3. (1)

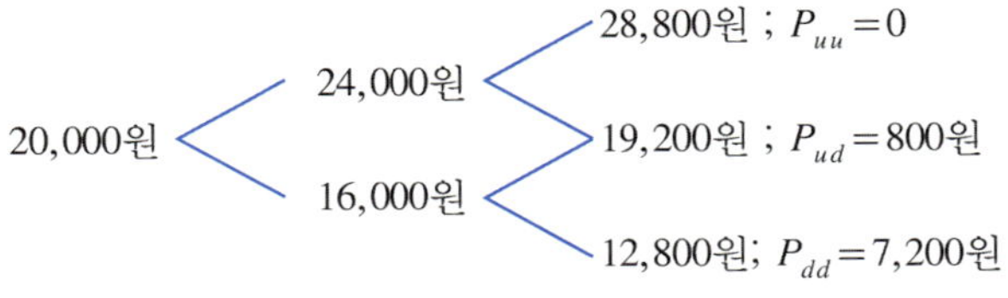

$$p=\frac{(1+r_{T/2})-d}{u-d}=\frac{1.05-0.8}{1.2-0.8}=0.625$$

$$\therefore\ P=\frac{0.625^2\times 0+2\times 0.625\times 0.375\times 800+0.375^2\times 7,200}{1.05^2}=1,258.50\text{원}$$

(2) 델타중립(헤지) 포트폴리오 구성 : 주식 1주 매입, 풋옵션 n_P개 매입[13]

$$20{,}000\text{원} \begin{cases} 24{,}000\text{원} \\ 16{,}000\text{원} \end{cases} \qquad P \begin{cases} P_u = \dfrac{0.625\times 0 + 0.375\times 800}{1.05} = 285.71\text{원} \\ P_d = \dfrac{0.625\times 800 + 0.375\times 7{,}200}{1.05} = 3{,}047.62 \end{cases}$$

$$;\ 20{,}000 + n_P P \begin{cases} 24{,}000 + 285.71 n_P \\ 16{,}000 + 3{,}047.62 n_P \end{cases}$$

$$\rightarrow 24{,}000 + 285.71 n_P = 16{,}000 + 3{,}047.62 n_P$$

∴ 풋옵션 매입수량(n_P) = 2.8965개

$$\text{풋옵션델타}(\Delta_P) = \frac{\partial P}{\partial S} = \frac{P_u - P_d}{(u-d)S} = \frac{285.71 - 3{,}047.62}{24{,}000 - 16{,}000} = -0.3452$$

$$\text{또는 } \Delta_P = -\frac{1}{n_P} = -\frac{1}{2.8965} = -0.3452$$

현재 및 1년 후 델타중립 포트폴리오의 가치(V_H)는 다음과 같다.

$$20{,}000 + n_P P = 23{,}645.25\text{원} \begin{cases} 24{,}000 + 285.71 n_P = 24{,}827.56 \\ 16{,}000 + 3{,}047.62 n_P = 24{,}827.43 \end{cases}$$

(※ 1년 후 델타중립 포트폴리오의 가치가 약간 차이가 나는 것은 반올림에 의한 계산상의 오차 때문임.)

(3) 2년 후 주가가 가장 낮을 때, 즉 12,800원일 때도 20,000원이 되도록 주식과 무위험채권으로 포트폴리오를 구성하면 된다.

$$12{,}800N + D \times (1 + 0.05)^2 = 20{,}000$$

$$20{,}000N + D = 20{,}000$$

∴ $N = 0.2216$주, 즉 주식 = 4,432원, 무위험채권 = 15,568원 투자하면 어떤 경우도 20,000원 이상의 가치를 보장하는 포트폴리오보험전략을 구성할 수 있다.

13 1년 후 주가가 하락하여 16,000원일 때는 풋옵션을 조기행사(P_u^* = 4,000원)하는 것이 더 유리하다. 그러나 여기서는 유럽형 옵션을 전제로 하고 있기 때문에 조기행사는 고려되지 않는다.

(4) $S+P_1-C_1=\frac{K_1}{1.07}$, $S+P_2-C_2=\frac{K_2}{1.07}$

$\rightarrow (P_2-C_2)-(P_1-C_1)=\frac{K_2-K_1}{1.07}$

; $(4{,}490-2{,}470)-(2{,}950-4{,}640)=3{,}710<\frac{4{,}000}{1.07}=3{,}738.32$

(단위 : 원)

차익거래	현재 현금흐름	1년 후 현금흐름		
		$S_T<K_1$	$K_1\le S_T<K_2$	$S_T\ge K_2$
P_2 매입	−4,490	K_2-S_T	K_2-S_T	0
C_2 매도	2,470	0	0	$-(S_T-K_2)$
P_1 매도	2,950	$-(K_1-S_T)$	0	0
C_1 매입	−4,640	0	S_T-K_1	S_T-K_1
차　　입	3,738.32	−4,000	−4,000	−4,000
차　　익	28.32	0	0	0

∴ 현재 차익거래이익=28.32원

☞ 박스스프레드(box spread) : 강세스프레드(콜(K_1) 매입, 콜(K_2) 매도)를 매입하고, 동시에 약세스프레드(풋(K_1) 매도, 풋(K_2) 매입)도 매입하는 전략으로서 강약합성스프레드라고도 한다. 이 전략의 만기일 성과는 만기일 주가(S_T)에 관계없이 항상 옵션 행사가격의 차이(K_2-K_1)와 동일하게 된다.

4. (1) $\beta_S=0.2\times0.8+0.5\times0.5+0.3\times1.2=0.77$

$\rightarrow n_C=-\frac{\beta_S V_S}{I\Delta_C}=-\frac{0.77\times10{,}000\text{만원}}{(110\times25\text{만원})\times0.7}=-4\text{계약}$

∴ 국민연금은 KOSPI200콜옵션 4계약을 매도하여야 한다.

(2) • $\Delta V_S=\left(\frac{\Delta I}{I}\right)\beta_S V_S=(-10\%)\times0.77\times10{,}000\text{만원}=-770\text{만원}$

• $\Delta C=\Delta_C\times\Delta I=0.7\times[110\times(-10\%)]=-7.7\text{포인트}$

∴ 헤지포트폴리오의 가치변동(ΔV_H) $=\Delta V_S+n_C\Delta C$

$=-770\text{만원}+[-4\times(-7.7)\times25\text{만원}]=0$

(3) $n_C=\frac{V_S(\beta_H-\beta_S)}{C(\beta_C-\beta_H)}=\frac{10{,}000\text{만원}\times(2-0.77)}{11\times25\text{만원}\times(7-2)}=8.95\text{계약}$

여기서 $\beta_C=\frac{\frac{\partial C}{C}}{\frac{\partial I}{I}}=\frac{\partial C}{\partial I}\times\frac{I}{C}=\Delta_C\times\frac{I}{C}=0.7\times\left(\frac{110\times25\text{만원}}{11\times25\text{만원}}\right)=7$

∴ 국민연금은 KOSPI200콜옵션 8.95계약을 매입하여야 한다.

Tip

물음 (1)과 (3)은 포트폴리오의 베타를 구하는 방법을 이용하여 풀 수 있다.

$$V_H = V_S + n_C C \rightarrow \beta_H = \beta_S\left(\frac{V_S}{V_S + n_C C}\right) + \beta_C\left(\frac{n_C C}{V_S + n_C C}\right)$$

(1) $0 = 0.77 \times \left(\frac{10{,}000\text{만원}}{10{,}000\text{만원} + n_C \times 11 \times 25\text{만원}}\right) + 7 \times \left(\frac{n_C \times 11 \times 25\text{만원}}{10{,}000\text{만원} + n_C \times 11 \times 25\text{만원}}\right)$

→ $n_C = -4$계약

(3) $2 = 0.77 \times \left(\frac{10{,}000\text{만원}}{10{,}000\text{만원} + n_C \times 11 \times 25\text{만원}}\right) + 7 \times \left(\frac{n_C \times 11 \times 25\text{만원}}{10{,}000\text{만원} + n_C \times 11 \times 25\text{만원}}\right)$

→ $n_C = 8.95$계약

5. $V_H = n_S S - 1{,}000C_1 - 500C_2 + 2{,}000P_1 - 500P_2 + n_A O_A + n_B O_B$

(1) $\frac{\partial V_H}{\partial S} = n_S - 1{,}100 + 0.9n_A = 0,\quad \frac{\partial^2 V_H}{\partial S^2} = -800 + 1.6n_A = 0$

∴ $n_S = 650$주, $n_A = 500$개

즉 주식 650주를 매입하고, 옵션 A 500개를 매입하면 델타-중립 및 감마-중립으로 만들 수 있다.

(2) $\frac{\partial V_H}{\partial S} = n_S - 1{,}100 + 0.9n_A - 0.1n_B = 0$

$\frac{\partial^2 V_H}{\partial S^2} = -800 + 1.6n_A + 0.7n_B = 0$

$\frac{\partial V_H}{\partial \sigma} = -1{,}200 + 0.8n_A + 0.6n_B = 0$

∴ $n_S = 2{,}230$주, $n_A = -900$개, $n_B = 3{,}200$개

즉 주식 2,230주를 매입하고, 옵션 A 900개를 매도하고 동시에 옵션 B 3,200개를 매입하면 델타-중립, 감마-중립, 베가-중립으로 만들 수 있다.

제12장 옵션의 응용

완성/선택형 문제

1. 풋옵션 2. 신주인수권(warrant) 3. 전환사채(convertible bond) 4. 수의상환사채(callable bond) 5. 상환청구권부사채(putable bond) 6. 실물옵션(real option) 7. ⑤ 8. ② 9. ④ 10. ③ 11. ④ 12. ②

계산형 문제

4. (1)

V	V_T	B_T	S_T
50억원 (0.8)	60억원	50억원	10억원
(0.2)	40억원	40억원	0

$$50 = \frac{60 \times p + 40 \times (1-p)}{1.1} \rightarrow p = 0.75$$

① 주식의 시장가치 $(S) = \dfrac{0.75 \times 10 + 0.25 \times 0}{1.1} = 6.82$억원

② 부채의 시장가치 $(B) = \dfrac{0.75 \times 50 + 0.25 \times 40}{1.1} = 43.18$억원

(2)

V	V_T	B_T	S_T
40억원	72억원	50억원	22억원
	8억원	8억원	0

$$40 = \frac{72 \times p + 8 \times (1-p)}{1.1} \rightarrow p = 0.5625$$

① 주식의 시장가치 $(S) = \dfrac{0.5625 \times 22 + 0.4375 \times 0}{1.1} = 11.25$억원

② 부채의 시장가치 $(B) = \dfrac{0.5625 \times 50 + 0.4375 \times 8}{1.1} = 28.75$억원

(3) ① $P_A = \dfrac{0.75 \times 0 + 0.25 \times 10}{1.1} = 2.27$억원

$$P_B = \frac{0.5625 \times 0 + 0.4375 \times 42}{1.1} = 16.70억원$$

$\therefore\ P_B - P_A = 16.70 - 2.27 = 14.43$억원

(또는 $B_A - B_B = 43.18 - 28.75 = 14.43$억원)

② 채권자가 채권계약 당시 경영자의 위험선호유인을 사전에 알고 있다면 높은 이자율을 요구하여 자신을 방어할 것이다. 결과적으로 부채의 대리인비용은 주주들이 부담해야 하기 때문에 부채사용을 억제하게 된다.

5. 만기일에서 담보부대출의 상환 여부는 차입자인 갑돌이가 결정하게 된다. 따라서 갑돌이는 만기일에서의 담보물의 가치(V_T)와 담보부대출의 상환액(D) 중 큰 것을 취하게 되고, 그 상대방으로서 대출자인 KM은행은 둘 중 작은 것을 취하게 된다. 이와 같은 논리를 이용하면 차입자와 대출자 각각의 입장에서 담보부대출의 가치를 구할 수 있다.

(1) 담보물인 아파트의 가치변동과 위험중립확률은 다음과 같다.

현 재 1년 후

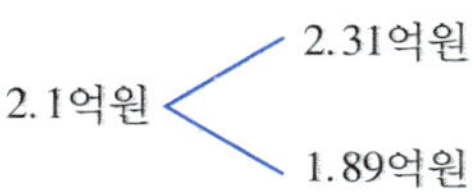

$$\rightarrow p = \frac{(1+r_T)-d}{u-d} = \frac{1.05-0.9}{1.1-0.9} = 0.75$$

• $C = \dfrac{pC_u + (1-p)C_d}{1+r_T} = \dfrac{0.75 \times 0.31 + 0.25 \times 0}{1.05} = 0.2214$억원

• $P = \dfrac{pP_u + (1-p)P_d}{1+r_T} = \dfrac{0.75 \times 0 + 0.25 \times 0.11}{1.05} = 0.0262$억원

(2) 대출자인 KM은행의 입장에서 담보부대출의 가치(B)

$B = V - C = 2.1 - 0.2214 = 1.8786$억원

또는 $B = PV(D) - P = 2/1.05 - 0.0262 = 1.8786$억원

KM은행은 갑돌이에게 담보부대출의 가치인 1.8786억원만큼 담보부대출을 해줄 수 있다. 이 경우 위험채권인 담보부대출의 이자율은 무위험이자율 5%보다 높은 6.46%($= \dfrac{2-1.8786}{1.8786}$)이다.

(3) 차입자인 갑돌이의 입장에서 담보부대출의 가치(B')

$B' = PV(D) + C = 2/1.05 + 0.2214 = 2.1262$억원

또는 $B' = V + P = 2.1 + 0.0262 = 2.1262$억원

갑돌이는 담보부대출로 인해 0.0262억원(=2.1262억원−2.1억원), 즉 풋옵션의

가치만큼 이익을 얻는다.[14] 따라서 갑돌이는 보험료로 0.0262억원을 지급할 수 있다.

Tip

대출자와 차입자 각각의 입장에서 담보부대출의 가치를 구하면 다음과 같다.

- 대출자입장 : $B_T = \text{Min}[V_T,\ D] = V_T - C_T = D - P_T \rightarrow B = V - C = PV(D) - P$

$$B = \frac{p\text{Min}[V_u,\ D] + (1-p)\text{Min}[V_d,\ D]}{1+r_T} = \frac{0.75 \times 2 + 0.25 \times 1.89}{1.05} = 1.8786\text{억원}$$

- 차입자입장 : $B_T{}' = \text{Max}[V_T,\ D] = D + C_T = V_T + P_T \rightarrow B' = PV(D) + C = V + P$

$$B' = \frac{p\text{Max}[V_u, D] + (1-p)\text{Max}[V_d, D]}{1+r_T} = \frac{0.75 \times 2.31 + 0.25 \times 2}{1.05} = 2.1262\text{억원}$$

6. (1) 먼저 희석효과를 반영하기 전 신주인수권(콜옵션)의 가치를 B－S모형에 의해 구하면 다음과 같다.

- 신주인수권의 총발행가격＝신주인수권부사채의 발행가격－일반사채의 가치
  ＝20억원－15억원＝5억원

- 기초자산의 현재가치$(S) = S' + \dfrac{N_w w'}{N} = 11{,}500\text{원} + \dfrac{5\text{억원}}{100\text{만주}} = 12{,}000\text{원}$

- 행사가격$(x) = 10{,}000$원, 만기$(T) = 4$년, 주식수익률의 표준편차$(\sigma) = 0.4$, 무위험이자율$(r) = 10\%$

$$d_1 = \frac{\ln\left(\dfrac{12{,}000}{10{,}000}\right) + \left(0.1 + \dfrac{0.4^2}{2}\right) \times 4}{0.4 \times \sqrt{4}} = 1.13,\ \ d_2 = 1.13 - 0.4 \times \sqrt{4} = 0.33$$

$\rightarrow N(d_1) = 0.8708,\ N(d_2) = 0.6293$

$w_{nd} = 12{,}000 \times 0.8708 - 10{,}000 \times e^{-0.1 \times 4} \times 0.6293 = 6{,}151.48\text{원}$

희석효과를 반영한 신주인수권의 가치를 구하면 다음과 같다.[15]

$$\text{신주인수권 1개의 가치}(w) = \left(\frac{100\text{만주}}{100\text{만주} + 10\text{만주}}\right) \times 6{,}151.48\text{원} = 5{,}592.25\text{원}$$

---

14 지급보증의 가치는 풋옵션의 가치와 동일하다.

15 보다 정확한 신주인수권의 가치를 구하기 위해서는 여기서 구해진 신주인수권의 가치로 다시 주가를 수정한 후, 새로운 신주인수권의 가치를 구한다. 이와 같은 절차를 계속 반복하면 신주인수권의 가치는 일정한 값으로 수렴하게 되며, 그 값이 정확한 신주인수권의 가치라 할 수 있다.

∴ 신주인수권의 총가치$(N_w w)$ = 10만주 × 5,592.25 = 559,225,000원

(2) 신주인권부사채의 내재가치는 2,059,225,000원(= 1,500,000,000원 + 559,225,000원)으로서 현재의 발행가격 20억원보다 높다. 따라서 신주인수권부사채는 과소평가되어 있다고 할 수 있다.

7. (1) 주가변동과 신주인수권(희석효과 고려 안 함)의 만기일 가치

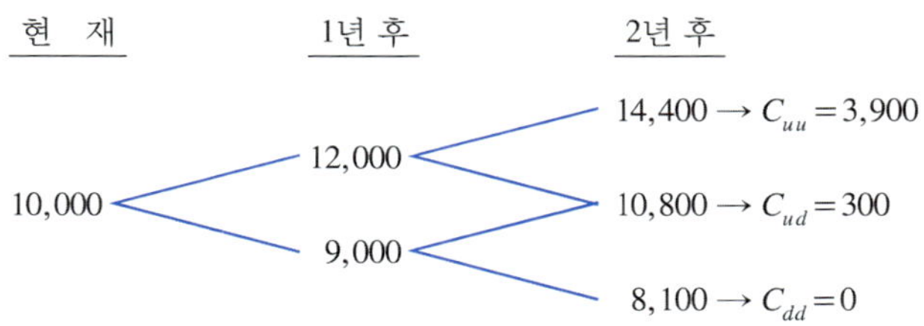

$$p = \frac{1.05 - 0.9}{1.2 - 0.9} = 0.5$$

$$\rightarrow \ C = \frac{0.5^2 \times 3{,}900 + 2 \times 0.5 \times 0.5 \times 300 + 0.5^2 \times 0}{1.05^2} = 1{,}020.408\text{원}$$

$$\therefore \ \text{신주인수권 1단위당(1좌당) 가치} = \frac{100\text{만}}{100\text{만} + 10\text{만}} \times 1{,}020.408 = 927.64\text{원}$$

(2) $$\text{전환가격} = \frac{\text{사채의 액면가}}{\text{전환비율}} = \frac{100{,}000\text{원}}{10\text{주}} = 10{,}000\text{원}$$

주가변동과 전환권(희석효과 고려 안 함)의 만기일 가치

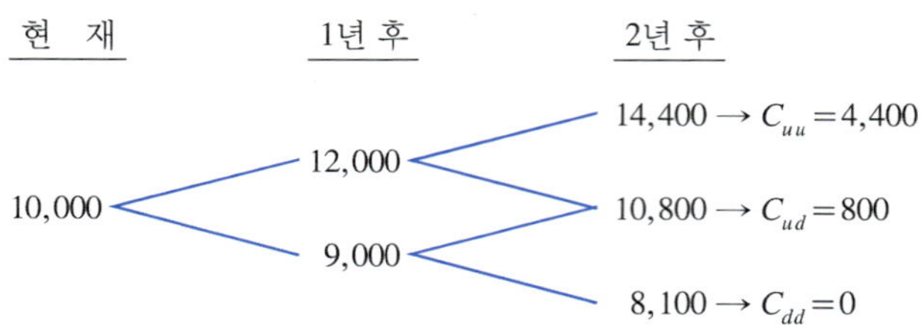

$$C = \frac{0.5^2 \times 4{,}400 + 2 \times 0.5 \times 0.5 \times 800 + 0.5^2 \times 0}{1.05^2} = 1{,}360.544\text{원}$$

$$\therefore \ \text{전환권 1단위당(1좌당) 가치} = \frac{100\text{만}}{100\text{만} + 100\text{만}} \times 1{,}360.544\text{원} \times 10\text{주}$$

$$= 6{,}802.72\text{원}$$

(3) 일반사채 1좌의 가치 $= \dfrac{2,000}{1.06} + \dfrac{102,000}{1.06^2} = 92,666.43$원

- 신주인수권부사채의 가치 $=$ (92,666.43원 + 927.64원) × 10만좌 = 93.59억원

  → 신주인수권부사채의 발행가격(95억원) 과대평가

- 전환사채의 가치 $=$ (92,666.43원 + 6,802.72원) × 10만좌 = 99.47억원

  → 전환사채의 발행가격(95억원) 과소평가

(4) 권리락주가 $= \dfrac{\text{권리부주가} + \text{신주발행가} \times \text{유상증자비율}}{1 + \text{유상증자비율}}$

$$= \frac{10,000 + 8,000 \times 0.25}{1 + 0.25} = 9,600\text{원}$$

∴ 신주인수권 1단위당 가격 = 권리락주가 − 신주 발행가격

= 9,600원 − 8,000원 = 1,600원

8. (1) • 1년 후 시나리오에 따른 채권가치 :

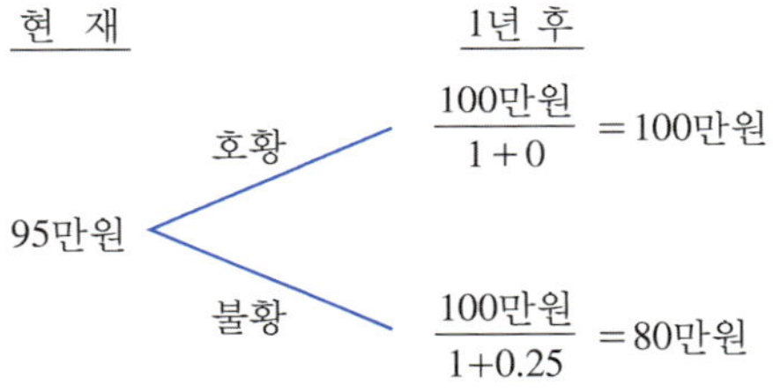

(※ 신용스프레드(credit spread) = 회사채수익률 − 국고채수익률(무위험이자율)

→ 회사채수익률 = 신용스프레드 + 무위험이자율(0%) = 신용스프레드)

- 채권가격의 이항과정을 이용하여 위험중립확률(p)을 구하면 다음과 같다.

$$95\text{만원} = \frac{100\text{만원} \times p + 80\text{만원} \times (1-p)}{1+0} \rightarrow p = 0.75$$

- S

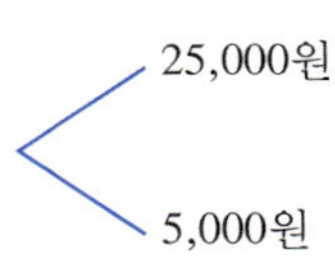

$$\therefore \ \text{주가}(S) = \frac{25,000 \times 0.75 + 5,000 \times 0.25}{1+0} = 20,000\text{원}$$

(2) 1년 후 시나리오에 따른 전환사채가치 :

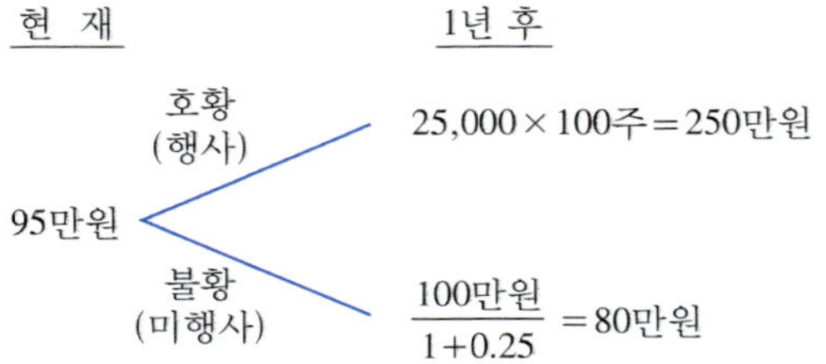

$$\therefore \text{ 전환사채가치}(CB) = \frac{250만원 \times 0.75 + 80만원 \times 0.25}{1+0} = 207.5만원$$

(3) • 1년 후 시나리오에 따른 채권가치 :

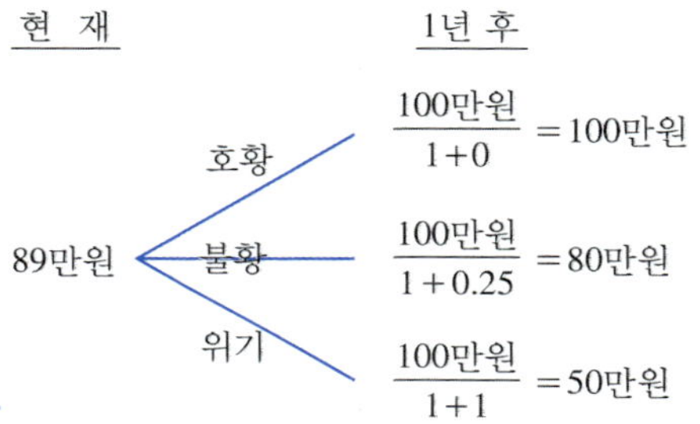

• 위기가 발생할 확률이 10%일 경우 위험중립확률(p)을 구하면 다음과 같다.

$$89만원 = \frac{100만원 \times p + 80만원 \times (0.9-p) + 50만원 \times 0.1}{1+0} \quad \rightarrow p = 0.6$$

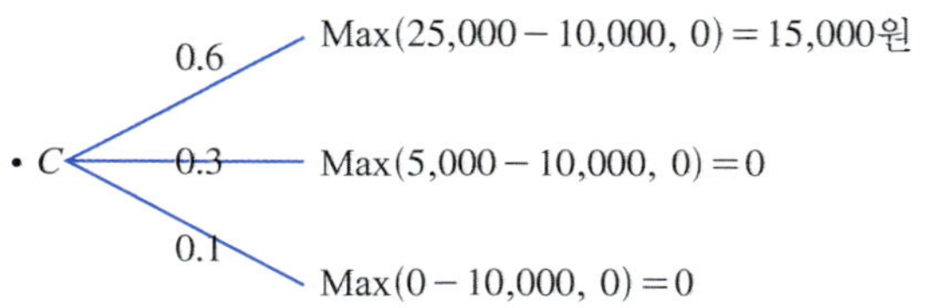

$$\therefore \text{ 콜옵션가격}(C) = \frac{15,000 \times 0.6}{1+0} = 9,000원$$

(4) 5,000원 < 풋옵션의 행사가격(X) < 25,000원

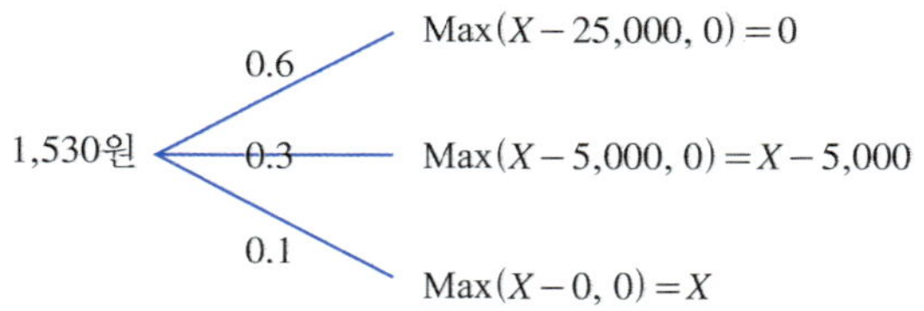

$$\rightarrow\ 1{,}530 = \frac{(X-5{,}000)\times 0.3 + X\times 0.1}{1+0}$$

$\therefore\ X = 7{,}575$원

9. 채권가격이 아닌 이자율이 이항분포에 따라 변하고 있다는 점을 유의해야 한다. 따라서 이항분포하에서 주어진 미래 각 기간의 시장이자율(현물이자율)을 이용하여 만기에서 현재, 즉 역순으로 채권가격을 구할 수 있다. 그리고 수의상환사채의 경우 매년 말 액면(표면)이자의 지급 후 기업이 수의상환권을 행사할 것인지를 결정해야 한다.

(1) 각 기간의 시장이자율(현물이자율)은 다음과 같다.

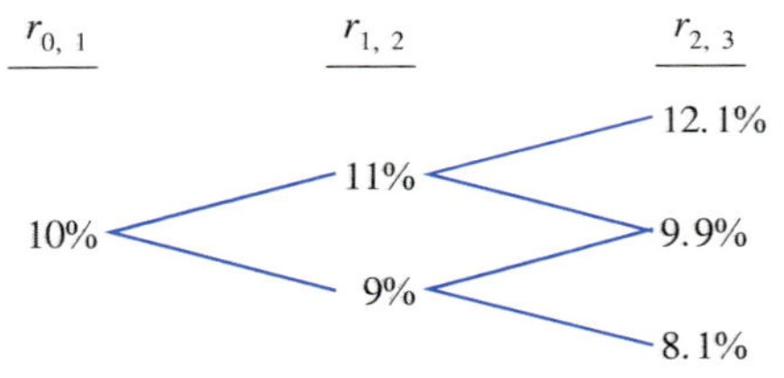

매년 말 기대현금흐름을 위에 주어진 이자율로 1기간씩 할인하여 각 시점의 채권가치를 구하면 다음과 같다.

(단위 : 억원)

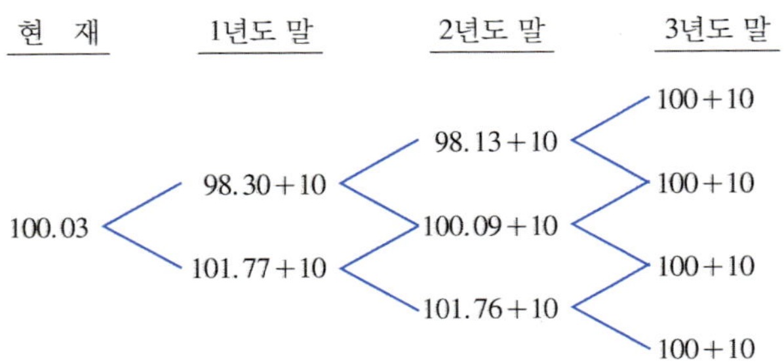

(계산 예)

• 2년도 말 첫째 상황 : $\dfrac{0.5\times(100+10)+0.5\times(100+10)}{1+0.121} = 98.13$억원

• 1년도 말 첫째 상황 : $\dfrac{0.5\times(98.13+10)+0.5\times(100.09+10)}{1+0.11} = 98.30$억원

• 현재 : $\dfrac{0.5\times(98.30+10)+0.5\times(101.77+10)}{1+0.1} = 100.03$억원

∴ 일반사채의 현재가치＝100.03억원

(2) 수의상환사채의 가치를 평가하면 다음과 같다.

(단위 : 억원)

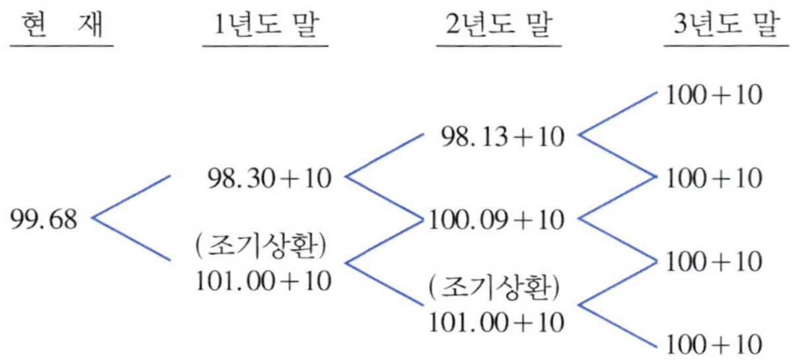

(계산 예)

현재 : $\dfrac{0.5\times(98.30+10)+0.5\times(101.00+10)}{1+0.1}=99.68$억원

∴ 수의상환사채의 현재가치＝99.68억원

(3) 수의상환권의 가치＝일반사채의 가치－수의상환사채의 가치

＝100.03－99.68＝0.35억원

10. 일반적으로 전환사채는 수의상환권이 첨부된 형태로 발행된다. 즉 투자자는 사채를 주식으로 전환할 수 있는 권리를 가지며, 발행기업은 사채를 조기상환할 수 있는 권리를 가진다.

▶ 기업가치의 변화와 위험중립확률

(단위 : 억원)

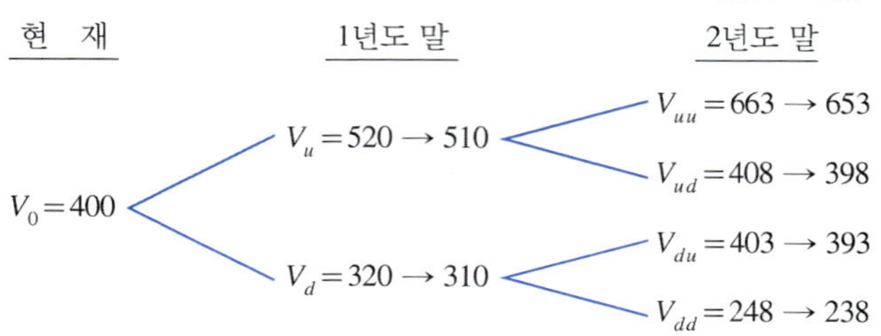

* 채권의 액면(표면)이자＝100×0.1＝10억원

$u=1.3,\ d=0.8,\ r=0.08\ \rightarrow$ 위험중립확률$(p)=\dfrac{1.08-0.8}{1.3-0.8}=0.56$

▶ 수의상환권부 전환사채의 가치평가

(단위 : 억원)

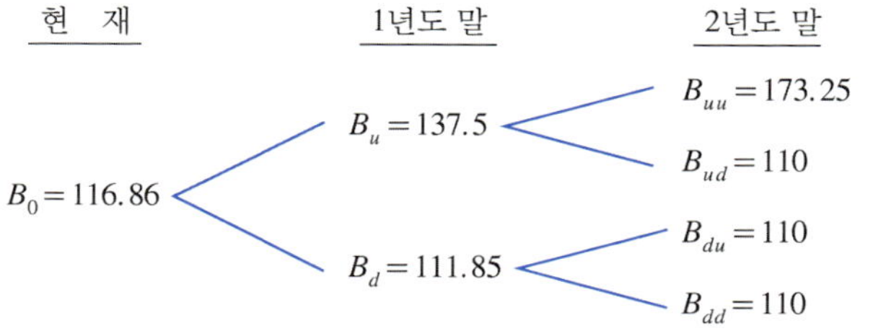

(계산과정)

① 2년도 말에서의 수의상환권부 전환사채의 가치

=Max(액면가+액면이자, 전환가치+액면이자)

- B_{uu}=Max(100+10, 0.25×653+10=173.25)=173.25억원(전환)
- B_{ud}=Max(100+10, 0.25×398+10=109.5)=110억원(전환하지 않음)
- B_{du}=Max(100+10, 0.25×393+10=108.25)=110억원(전환하지 않음)
- B_{dd}=Max(100+10, 0.25×238+10=69.5)=110억원(전환하지 않음)

② 1년도 말에서의 수의상환권부 전환사채의 가치

=Max[Min(시장가치+액면이자, 수의상환가치+액면이자), 전환가치+액면이자]

- B_u=Max[Min(144.65, 120+10), 0.25×510+10=137.5]

  =137.5억원(수의상환 전 전환)

  * 시장가치+액면이자$=\dfrac{0.56\times 173.25+0.44\times 110}{1.08}+10=144.65$억원

- B_d=Max[Min(111.85, 120+10), 0.25×310+10=87.5]

  =111.85억원(전환하지 않음)

  * 시장가치+액면이자$=\dfrac{0.56\times 110+0.44\times 110}{1.08}+10=111.85$억원

③ 현재시점에서의 수의상환권부 전환사채의 가치=Max(시장가치, 전환가치)

- B_0=Max(116.86, 0.25×400=100)=116.86억원(전환하지 않음)

  * 시장가치$=\dfrac{0.56\times 137.5+0.44\times 111.85}{1.08}=116.86$억원

11 (1) 주식 2주의 이항과정 :

(단위 : 만원)

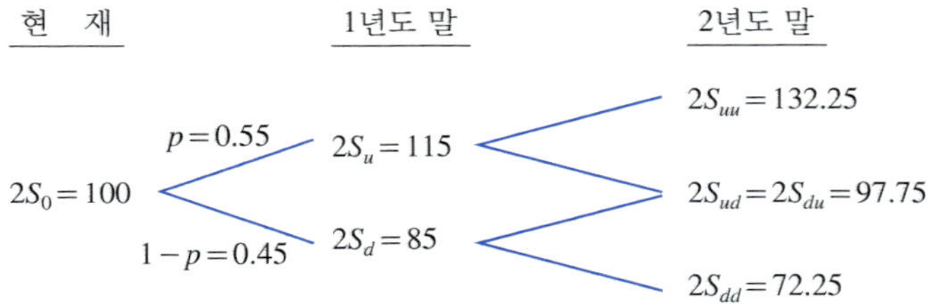

전환사채의 가치평가 :

(단위 : 만원)

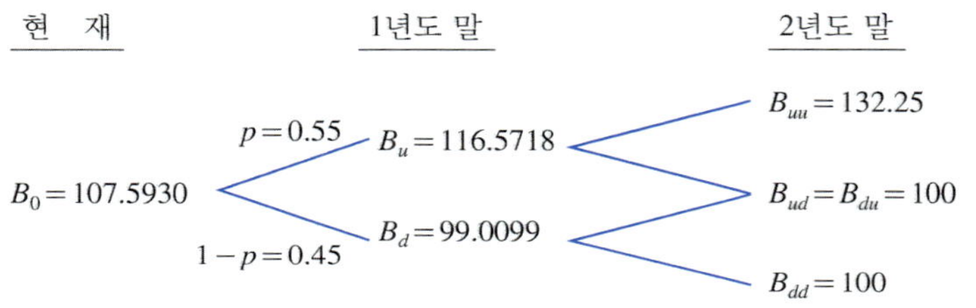

(계산과정)

- 1년도 말에서의 전환사채의 가치 :

$$B_u = \frac{0.55 \times 132.25 + 0.45 \times 100}{1.01} = 116.5718\text{만원}$$

$$B_d = \frac{0.55 \times 100 + 0.45 \times 100}{1.01} = 99.0099\text{만원}$$

- 현재시점에서의 전환사채의 가치 :

$$B_0 = \frac{0.55 \times 116.5718 + 0.45 \times 99.0099}{1.01} = 107.5930\text{만원}$$

(2) ① • 1년도 말에서의 수의상환권부 전환사채의 가치

= Max[Min(시장가치, 수의상환가치), 전환가치]

B_u = Max[Min(116.5718, 108), 115] = 115만원(수의상환 전 전환)

B_d = Max[Min(99.0099, 108), 85] = 99.0099만원(전환하지 않음)

- 현재시점에서의 수의상환권부 전환사채의 가치 = Max(시장가치, 전환가치)

B_0 = Max(106.7371, 100) = 106.7371만원(전환하지 않음)

$$* \text{ 시장가치} = \frac{0.55 \times 115 + 0.45 \times 99.0099}{1.01} = 106.7371\text{만원}$$

② 수의상환권의 현재가치 = 1,075,930 − 1,067,371 = 8,559원

(3) 주식 2주의 삼항과정 :

(단위 : 만원)

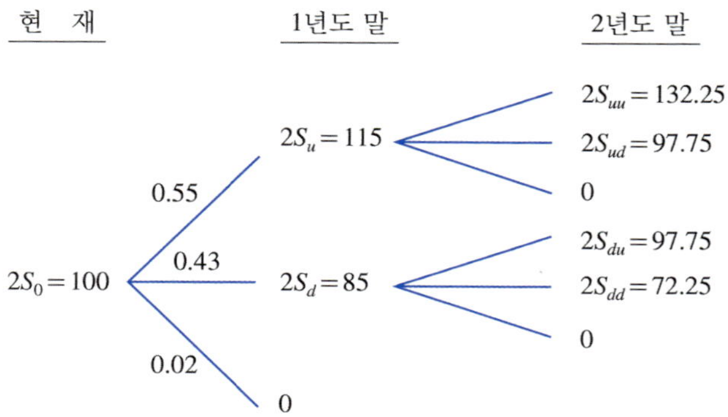

수의상환권부 전환사채의 가치평가 :

(단위 : 만원)

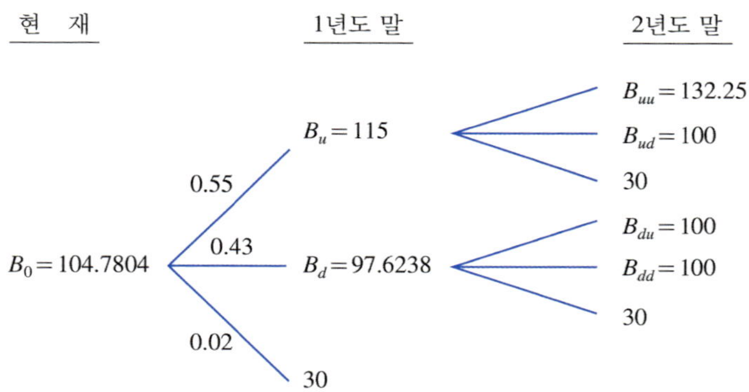

(계산과정)

$B_u=\text{Max}[\text{Min}(115.1856,\ 108),\ 115]=115$만원(수의상환 전 전환)

$$* \text{ 시장가치}=\frac{0.55\times132.25+0.43\times100+0.02\times30}{1.01}=115.1856\text{만원}$$

$B_d=\text{Max}[\text{Min}(97.6238,\ 108),\ 85]=97.6238$만원(전환하지 않음)

$$* \text{ 시장가치}=\text{시장가치}=\frac{0.55\times100+0.43\times100+0.02\times30}{1.01}=97.6238\text{만원}$$

$B_0=\text{Max}(104.7804,\ 100)=104.7804$만원(전환하지 않음)

$$* \text{ 시장가치}=\text{시장가치}=\frac{0.55\times115+0.43\times97.6238+0.02\times30}{1.01}=104.7804\text{만원}$$

12 (1) • 주택임대수요가 높을 경우 연간 영업현금흐름

$=(500-120)(1-0.4)+200\times 0.4=308$억원

• 주택임대수요가 낮을 경우 연간 영업현금흐름

$=(350-100)(1-0.4)+200\times 0.4=230$억원

(2) 투자안의 기대$NPV=(308\times 0.6+230\times 0.4)\times PVIFA_{0.1,\ 3}-600$

$=276.8\times 2.4869-600=88.37$억원

(3) ① • 1년 후 주택임대수요가 높을 경우 : $NPV_1=308\times 2.4869-600=165.97$억원

→ 주택을 건설함.

• 1년 후 주택임대수요가 낮을 경우 : $NPV_1=230\times 2.4869-600=-28.01$억원

→ 주택을 건설하지 않음. ($NPV_1=0$)

∴ 투자안의 기대$NPV=\dfrac{165.97\times 0.6+0\times 0.4}{1.1}=90.53$억원

② • 주택건설을 당장 시행하는 방안의 기대$NPV=88.37$억원

• 주택건설을 1년간 연기하는 방안의 기대$NPV=90.53-5=85.53$억원

∴ 주택건설을 당장 시행하는 방안이 유리하다.

(4) 전통적 NPV법과는 달리 실물옵션접근법은 정보가 활용가능한 미래시점에서 추가적인 의사결정을 할 수 있다는 유연성을 포함하여 투자안을 평가한다는 장점을 가지고 있다. 그러나 거래가 활발하게 이루어지지 않는 실물자산은 복제포트폴리오의 구성이 어렵고, 분산의 추정 및 안정성에 문제가 있을 수 있다. 또한 실물옵션의 행사가격(투자비용, 처분가치 등)이 일정하지 않거나 불확실한 경우가 대부분이다.

13. (1) $NPV=\dfrac{10\text{만대}\times 10\text{만원}+\dfrac{(0.5\times 30\text{만대}+0.5\times 10\text{만대})\times 10\text{만원}}{0.1}}{1.1}-2{,}100\text{억원}$

$=-191$억원

∴ 사업을 추진하지 않음

(2) 투자안의 가치변동과 연기옵션의 가치[16]

현 재	1년도 말
1,909억원	100억원+3,000억원 → C_u=Max[3,000−2,100, 0]=900억원
	100억원+1,000억원 → C_d=Max[1,000−2,100, 0]=0

※ $\frac{30\text{만대}\times 10\text{만원}}{0.1}=3{,}000\text{억원}$, $\frac{10\text{만대}\times 10\text{만원}}{0.1}=1{,}000\text{억원}$

→ $u=3{,}100/1{,}909=1.6239$, $d=1{,}100/1{,}909=0.5762$

$$p=\frac{1.06-0.5762}{1.6239-0.5762}=0.4618$$

$$C=\frac{0.4618\times 900+0.5382\times 0}{1+0.06}=392\text{억원}$$

∴ 연기에 대한 옵션가치를 고려하면 이 사업은 392억원의 가치를 가지는 것으로 평가되므로 이 사업을 추진해야 한다.

14. (1) 현재 ㈜다랑을 인수할 경우 가치[V(다랑)] :

현재($t=0$)		1년 후($t=1$)
V(다랑)	0.6(전쟁×)	$\frac{30}{0.05}=600\text{억원}$
	0.4(전쟁)	0

$$\rightarrow V(\text{다랑})=\frac{600\times 0.6+0\times 0.4}{1+0.2}=300\text{억원}$$

(※ 현재 휴업중인 ㈜다랑은 1년 후($t=1$) 사업을 재개하여 2년 후($t=2$)부터 매년 확실한 현금흐름이 발생하기 때문에 무위험이자율로 할인하여 1년 후($t=1$) 가치를 구하면 된다.)

∴ NPV=V(다랑)−투자비용=300−250=50억원

(2) • 전쟁이 발생하지 않을 위험중립확률(p) :

$$300=\frac{600\times p+0\times(1-p)}{1+0.05}\quad\rightarrow\quad p=0.525$$

---

16 1년도 말 투자안의 가치를 계산할 때 처음 1년 동안의 현금흐름 100억원(=10만대×10만원)은 보유수익의 성격을 가진 것으로 볼 수 있기 때문에 이를 포함시켜야 하나, 연기옵션(콜옵션)의 만기가치를 계산할 때는 이를 포함시키지 않아야 한다.

• 연기옵션을 가진 투자안의 순현가[NPV(연기)] :

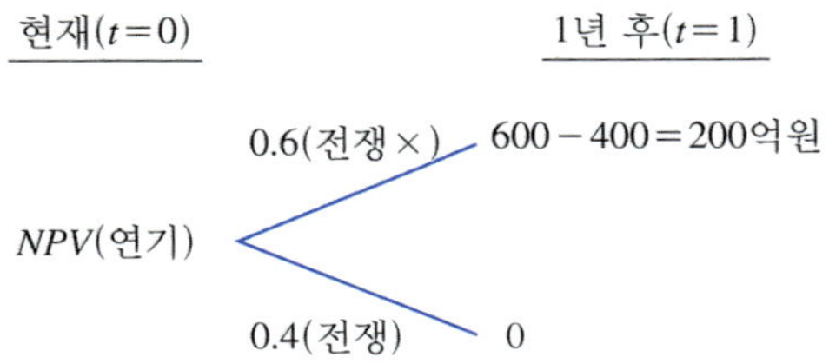

$$\rightarrow NPV(\text{연기}) = \frac{200\times0.525+0\times0.475}{1+0.05} = 100\text{억원}$$

∴ 연기권리의 가치＝NPV(연기)－NPV＝100－50＝50억원

(3) 전쟁이 발생할 확률(q)

• 현재 ㈜다랑을 인수하는 경우 NPV_0 :

$$NPV_0 = \frac{600(1-q)+0\times q}{1+0.2} - 250$$

• 연기하여 1년 후 ㈜다랑을 인수하는 경우 NPV_1 :

$$NPV_1 = \frac{200(1-q)+0\times q}{1+0.2}$$

• 현재 ㈜다랑을 인수하는 것이 유리하려면 「$NPV_0 > NPV_1$」이어야 한다.

$$\therefore\ \frac{600(1-q)}{1.2} - 250 > \frac{200(1-q)}{1.2} \ \rightarrow\ q < 0.25$$

15. (1) S＝150억원, X＝200억원, T＝5년, $\sigma^2=0.08$, $r=6\%$

$$d_1 = \frac{\ln\frac{S}{X}+\left(r+\frac{1}{2}\sigma^2\right)T}{\sigma\sqrt{T}} = \frac{\ln\left(\frac{150}{200}\right)+\left(0.06+\frac{1}{2}\times0.08\right)\times5}{\sqrt{0.08}\sqrt{5}} = 0.34$$

$$d_2 = d_1 - \sigma\sqrt{T} = 0.34 - \sqrt{0.08}\sqrt{5} = -0.29$$

본서의 〈부표〉를 이용하여 $N(d_1)$과 $N(d_2)$의 값을 구하면 다음과 같다.

$N(d_1) = N(0.34) = 0.5 + 0.1331 = 0.6331$

$N(d_2) = N(-0.29) = 0.5 - 0.1141 = 0.3859$

$C = SN(d_1) - Xe^{-rT}N(d_2) = 150\times0.6331 - 200\times e^{-0.06\times5}\times0.3859 = 37.79$억원

(2) 향후의 아파트 건설사업에 대한 옵션가치를 포함시킬 경우 택지조성사업에 대한 순현가는 다음과 같다.

NPV＝－20억원＋37.79억원＝17.79억원

(주)부산건설은 현재 서울시가 추진하고 있는 택지조성 사업에 참여해야 한다.

16. (1) $NPV = \dfrac{10\text{만개} \times 1\text{만원}}{0.2} - 55\text{억원} = -5\text{억원}$(사업을 추진하지 않음)

(2) 투자안의 가치변동과 포기옵션의 가치[17]

현 재	1년도 말
50억원	10억원+75억원 → $P_u = \text{Max}[40-75,\ 0] = 0$
	10억원+25억원 → $P_d = \text{Max}[40-25,\ 0] = 15$억원

※ $\dfrac{15\text{만개} \times 1\text{만원}}{0.2} = 75\text{억원},\ \dfrac{5\text{만개} \times 1\text{만원}}{0.2} = 25\text{억원}$

→ $u = 85/50 = 1.7,\ d = 35/50 = 0.7,\ p = \dfrac{1.1 - 0.7}{1.7 - 0.7} = 0.4$

$\therefore\ P = \dfrac{0.4 \times 0 + 0.6 \times 15}{1 + 0.1} = 8.18$억원

그러므로[18]

NPV = 전통적 NPV + 포기옵션의 가치 = $-5 + 8.18 = 3.18$억원(사업추진)

17 (1) 투자안과 대용기업은 재무위험 및 이항분포가 동일하므로, 효율적 자본시장에서 대용기업 기대수익률을 투자안의 할인율로 사용할 수 있다.

$24{,}560 = \dfrac{0.6 \times 36{,}000 + 0.4 \times 16{,}000}{1 + E(r)}\ \rightarrow\ E(r) = 0.14$

투자안의 가치 $= \dfrac{0.6 \times 1{,}800 + 0.4 \times 800}{1 + 0.14} = 1{,}228.07$만원

→ $NPV = 1{,}228.07 - 1{,}100 = 128.07$만원

(2) 위험중립확률(p) : $1{,}228.07 = \dfrac{1{,}800p + 800(1-p)}{1 + 0.1}\ \rightarrow\ p = 0.5509$

투자결정을 1년 연기하는 경우 투자안의 미래현금흐름을 확실하게 알 수 있기 때문에 2년 후($t=2$) 발생하는 현금흐름을 무위험이자율로 할인하여 1년 후 가치를 구해야 한다.

---

17 1년도 말 투자안의 가치를 계산할 때 처음 1년 동안의 현금흐름 10억(=10만개×1만원)은 보유수익의 성격을 가진 것으로 볼 수 있기 때문에 이를 포함시켜야 하나, 포기옵션(풋옵션)의 만기가치를 계산할 때는 이를 포함시키지 않아야 한다.

18 $NPV = \dfrac{0.4 \times (10+75) + 0.6 \times (10+40)}{1+0.1} - 55 = 3.18$억원

$$\frac{426.36 \times 0.5509}{1.1} = 213.53 \quad \begin{cases} \text{Max}\left(\dfrac{1{,}800}{1.1} - 1{,}210,\ 0\right) = 426.36 \\ \text{Max}\left(\dfrac{800}{1.1} - 1{,}210{,}0\right) = 0 \end{cases}$$

∴ 연기옵션의 가치 $= 213.53 - 128.07 = 85.46$만원

(3) 정부보증 시 미래현금흐름은 항상 1,800이므로 무위험이자율로 할인한다.

$$NPV = \frac{1{,}800}{1.1} - 1{,}100 = 536.36$$

∴ 정부보증의 가치 $= 536.36 - 128.07 = 408.29$만원

(4) 실물옵션들을 포함하여 1년 후의 현금흐름을 구한 후, 투자안의 현재가치(V_0)를 구하면 다음과 같다.

$$V_0 = 1{,}258.33 \quad \begin{cases} \text{Max}(1{,}800,\ 1800 \times 1.3 - 500,\ 1{,}100 \times 0.75) = 1{,}840 \\ \text{Max}(800,\ 800 \times 1.3 - 500,\ 1{,}100 \times 0.75) = 825 \end{cases}$$

$$* \ V_0 = \frac{1{,}840 \times 0.5509 + 825 \times (1 - 0.5509)}{1.1} = 1{,}258.33\text{만원}$$

∴ $NPV = 1{,}258.33 - 1{,}100 = 158.33$만원

18 (1)

$$V \begin{cases} 200 \\ 70 \end{cases} \quad \rightarrow V = \frac{0.4 \times 200 + 0.6 \times 70}{1.1} = 110.91\text{억원}$$

∴ $NPV = 110.91 - 115 = -4.09$억원 (기각)

(2) $u = \dfrac{200}{110.91} = 1.8033$, $\quad d = \dfrac{7}{110.91} = 0.6311$

$$\rightarrow p = \frac{1.05 - 0.6311}{1.8033 - 0.6311} = 0.3574$$

$$P \begin{cases} 0 \\ 10 \end{cases}$$

$$\therefore \ P = \frac{0.3574 \times 0 + 0.6426 \times 10}{1.05} = 6.12\text{억원}$$

(3) $NPV = -4.09 + 6.12 = 2.03$억원(채택)

19. (1) $NPV = \dfrac{0.7 \times 600 + 0.3 \times 100}{1 + 0.5} - 400 = -100$억원

(2) 투자안의 가치변동과 연기옵션의 가치

300억원 → 600억원 → $C_u = \text{Max}(600-400,\ 0) = 200$억원

300억원 → 100억원 → $C_d = \text{Max}(100-400,\ 0) = 0$

$$u = \frac{600}{300} = 2,\ \ d = \frac{100}{300} = \frac{1}{3}$$

$$\rightarrow\ p = \frac{(1+r_T)-d}{u-d} = \frac{1.2-\frac{1}{3}}{2-\frac{1}{3}} = 0.52,\ \ 1-p = 0.48$$

$$\therefore\ \text{연기옵션의 가치} = \frac{pC_u+(1-p)C_d}{1+r_T} = \frac{0.52\times200+0.48\times0}{1+0.2} = 86.67\text{억원}$$

ABC제약회사의 경우 신약생산 투자안은 현재시점에서 볼 때 순현가가 −100억원(=300억원−400억원)으로 가치가 없는 것처럼 보이나, 연기에 대한 옵션가치를 고려하면 이 사업은 86.67억원의 가치를 가지는 것으로 평가된다.

(3) 만기일인 1년 후 처분옵션(풋옵션)의 가치를 구하면 다음과 같다.

P → $P_u = \text{Max}(300-600,\ 0) = 0$

P → $P_d = \text{Max}(300-100,\ 0) = 200$억원

$$\therefore\ \text{처분옵션의 가치}(P) = \frac{pP_u+(1-p)P_d}{1+r_T} = \frac{0.52\times0+0.48\times200}{1+0.2} = 80\text{억원}$$

처분기회의 옵션가치는 현재 신약생산 투자안을 실시하는 경우 추가적으로 얻을 수 있는 가치이므로 이와 같은 처분기회를 고려한 신약생산 투자안의 순현가는 다음과 같다.[19]

NPV = 처분기회가 없는 경우 투자안의 NPV + 처분옵션의 가치

= −100억원 + 80억원 = −20억원

따라서 ABC제약회사의 경우 신약생산 투자안은 처분기회의 옵션가치를 고려하더라도 가치가 없는 것으로 평가된다.

---

19 처분기회를 포함한 투자안의 가치를 구한 후 NPV를 구할 수도 있다.

$$PV = \frac{0.52\times600+0.48\times300}{1+0.2} = 380\text{억원}\quad \therefore\ NPV = 380-400 = -20\text{억원}$$

20. (1) $S' = Se^{-\delta T} = 408.2 \times e^{-0.05 \times 12} = 408.2 \times 0.5488 = 224.0202$억달러

$$d_1 = \frac{\ln\left(\frac{224.0202}{290}\right) + \left(0.08 + \frac{0.04}{2}\right) \times 12}{0.2 \times \sqrt{12}} = \frac{0.9418}{0.6928} = 1.3594$$

$\rightarrow N(d_1) = 0.9130$

$d_2 = 1.3594 - 0.2 \times \sqrt{12} = 0.6666 \rightarrow N(d_2) = 0.7475$

$\therefore$ 채굴권의 가치$(C) = 224.0202 \times 0.9130 - 290 \times e^{-0.08 \times 12} \times 0.7475$

$= 121.5273$억달러

(2) 유전 K의 가치$= \frac{27}{1.09} + \frac{27}{1.09^2} + \frac{27}{1.09^3} = 68.3450$억달러

적정 주가$= \frac{121.5273 + 68.3450 - 65}{1.5} = 83.2482$달러

$\therefore$ 현재 주가는 저평가되어 있음.

(3) 전통적 NPV법은 미래상황의 안정성을 전제로 하며, 의사결정 이후 상황변화에 따른 의사결정의 변경가능성(연기, 확장, 포기, 축소 등), 즉 경영의 유연성(managerial flexibility)을 무시하고 있다. 그러나 전통적 순현가법과 달리 실물옵션접근법은 이와 같은 경영의 유연성을 투자안의 가치평가에 반영하고 있다.

21. (1) ① 프로젝트의 2년간 사상트리(event tree)

(단위 : 억원)

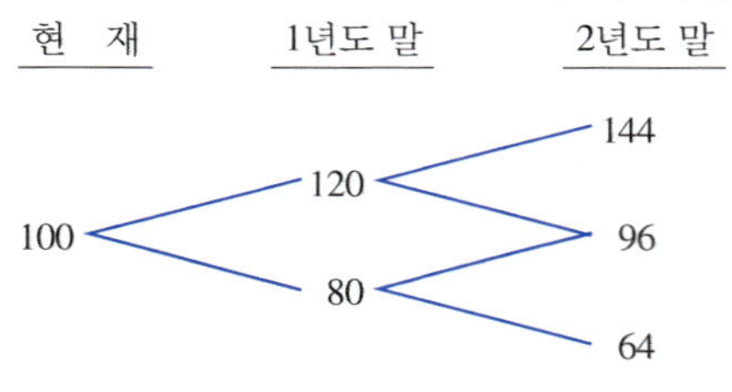

② $NPV = 100 - 105 = -5$억원

③ 객관적 확률$(q) = \frac{(1 + E(r)) - d}{u - d} = \frac{1.1 - 0.8}{1.2 - 0.8} = 0.75$

위험중립확률$(p) = \frac{(1 + r) - d}{u - d} = \frac{1.08 - 0.8}{1.2 - 0.8} = 0.7$

(2)

(단위 : 억원)

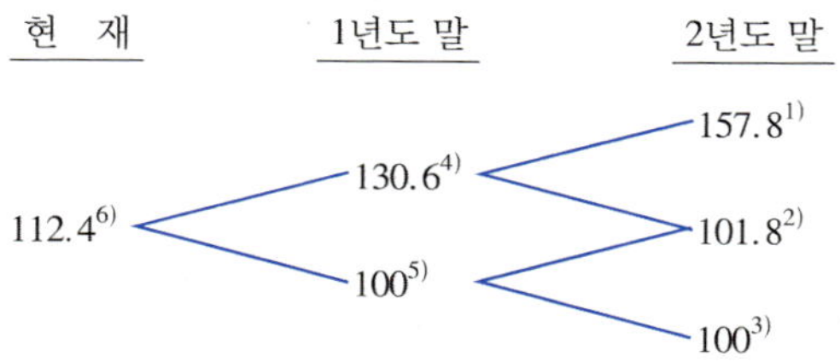

(계산과정)

옵션가치 = Max(유지가치, 확장가치, 축소가치, 포기가치)

1) 옵션가치 = Max(144, 144 × 1.2 − 15 = 157.8, 144 × 0.8 + 25 = 140.2, 100)
= 157.8억원(확장)

2) 옵션가치 = Max(96, 96 × 1.2 − 15 = 100.2, 96 × 0.8 + 25 = 101.8, 100)
= 101.8억원(축소)

3) 옵션가치 = Max(64, 64 × 1.2 − 15 = 61.8, 64 × 0.8 + 25 = 76.2, 100)
= 100억원(포기)

4) 옵션가치 = Max(130.6, 120 × 1.2 − 15 = 129, 120 × 0.8 + 25 = 121, 100)
= 130.6억원(유지)

* 유지가치 $= \dfrac{0.7 \times 157.8 + 0.3 \times 101.8}{1.08} = 130.6$

5) 옵션가치 = Max(93.8, 80 × 1.2 − 15 = 81, 80 × 0.8 + 25 = 89, 100)
= 100억원(포기)

* 유지가치 $= \dfrac{0.7 \times 101.8 + 0.3 \times 100}{1.08} = 93.8$

6) 옵션가치 = Max(112.4, 100 × 1.2 − 15 = 105, 100 × 0.8 + 25 = 105, 100)
= 112.4억원(유지)

* 유지가치 $= \dfrac{0.7 \times 130.6 + 0.3 \times 100}{1.08} = 112.4$

∴ $NPV = 112.4 - 105 = 7.4$억원[실물옵션의 가치 = 7.4 − (−5) = 12.4억원]

Tip

■ **실물옵션가치평가방법**

1. 현금흐름할인(DCF)법을 이용하여 유연성이 없는 기본시나리오하에서의 현재가치 계산

2. 사상트리를 이용하여 불확실성을 모델링 : 상황마디(chance node) 설정
3. 경영상의 유연성을 찾아내고 구체화함으로써 의사결정트리(decision tree) 구성 : 의사결정마디(decision node) 추가
4. 옵션가치 계산

22. 인수조건(풋백옵션)은 (주)동해가 서해금융에 공모가를 행사가격으로 하는 미국형 풋옵션을 발행해 주는 것으로 볼 수 있다. 따라서 (주)동해가 부담해야 하는 비용은 미국형 풋옵션의 가치와 동일하다.

▶ 주식가치의 변동과정과 위험중립확률

(단위 : 억원)

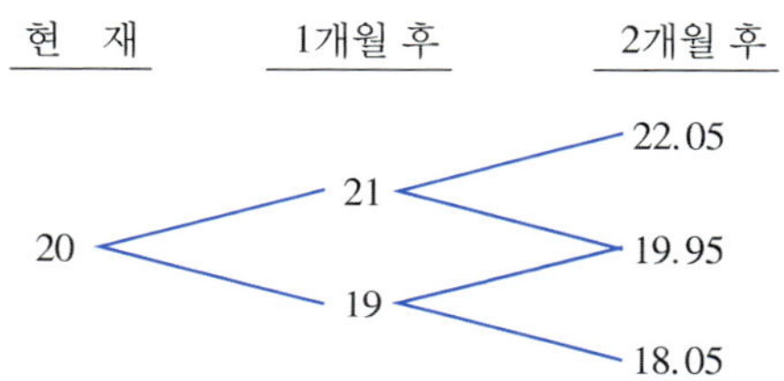

$$\rightarrow p = \frac{(1+r_T)-d}{u-d} = \frac{1.01-0.95}{1.05-0.95} = 0.6$$

▶ 풋백옵션, 즉 미국형 풋옵션의 가치

(단위 : 억원)

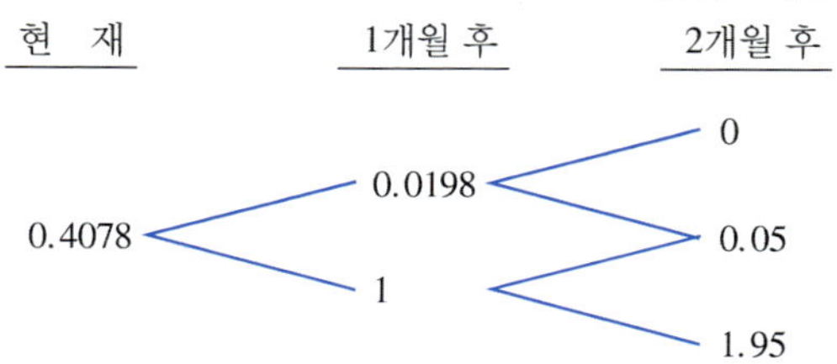

(계산과정)

- $P_u = \text{Max}\left[\frac{0.6\times 0+0.4\times 0.05}{1+0.01} = 0.0198,\ 0\right] = 0.0198$억원
- $P_d = \text{Max}\left[\frac{0.6\times 0.05+0.4\times 1.95}{1+0.01} = 0.8020,\ (20-19)\right] = 1$억원
- $P = \text{Max}\left[\frac{0.6\times 0.0198+0.4\times 1}{1+0.01} = 0.4078,\ 0\right] = 0.4078$억원

그러므로 (주)동해가 부담해야 하는 비용은 4,078만원이다.

제13장 선물과 옵션의 결합

완성/선택형 문제

1. 매입, 매입 2. 매입, 매도 3. 선물옵션(option on futures, futures option) 4. 스왑옵션(swap option) 또는 스왑션(swaption) 5. 지급자 스왑션(payer swaption), 수취자 스왑션(receiver swaption) 6. ④ 7. ⑤ 8. ①

계산형 문제

4. (1) $F_{0,T} = 100 \times \left[1 + (0.12 - 0.03)\left(\frac{40}{360}\right)\right] = 101$포인트

(2) (단위 : 포인트)

포트폴리오	투 자 액	만기일(40일 후) 현금흐름	
		$S_T < 100$	$S_T \geq 100$
콜옵션 매입 풋옵션 매도	2.50 −2.50	0 $-(100 - S_T)$	$S_T - 100$ 0
합성선물 매입	0	$S_T - 100$	$S_T - 100$

※ 만기일에서의 합성선물 매입의 손익(만기일 현금흐름−투자액)그래프

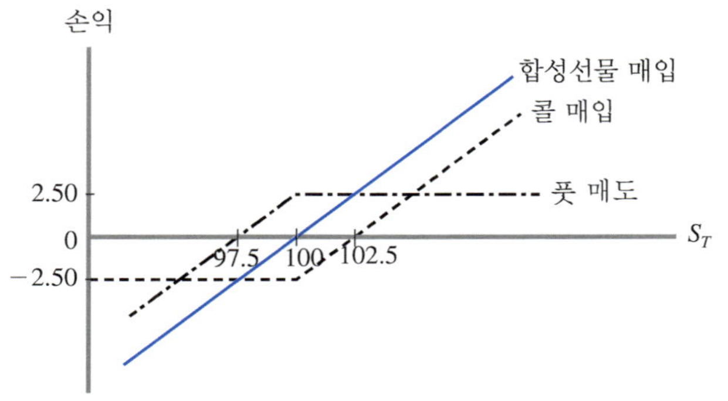

(3) 6월물 선물가격(101.5포인트) > 합성선물(100포인트)

(단위 : 포인트)

차익거래	현재의 현금흐름	만기일(40일 후) 현금흐름	
		$S_T < 100$	$S_T \geq 100$
선물 매도	0	$101.5 - S_T$	$101.5 - S_T$
콜옵션 매입	−2.50	0	$S_T - 100$
풋옵션 매도	2.50	$-(100 - S_T)$	0
차익거래이익	0	1.5	1.5

Tip

물음 (3)의 차익거래는 다음과 같은 두 개의 차익거래를 합한 것과 같다.

① 6월물 선물가격(101.5포인트) > 이론적 선물가격(101포인트)

→ 과대평가된 6월물 선물매도, 과소평가된 현물매입 및 차입

(단위 : 포인트)

차익거래	현재의 현금흐름	만기일(40일 후) 현금흐름	
		$S_T < 100$	$S_T \geq 100$
선물 매도	0	$101.5 - S_T$	$101.5 - S_T$
현물 매입	−100	$S_T + 100 \times 0.03 \times 40/360$	$S_T + 100 \times 0.03 \times 40/360$
차 입	100	$-100 \times (1 + 0.12 \times 40/360)$	$-100 \times (1 + 0.12 \times 40/360)$
차익거래이익	0	0.5	0.5

② 이론적 선물가격(101포인트) > 합성선물(100포인트)

→ 과대평가된 현물 공매도 및 대출, 과소평가된 합성선물 매입(콜옵션 매입, 풋옵션 매도)

(단위 : 포인트)

차익거래	현재의 현금흐름	만기일(40일 후) 현금흐름	
		$S_T < 100$	$S_T \geq 100$
현물 공매도	100	$-(S_T + 100 \times 0.03 \times 40/360)$	$-(S_T + 100 \times 0.03 \times 40/360)$
대 출	−100	$100 \times (1 + 0.12 \times 40/360)$	$100 \times (1 + 0.12 \times 40/360)$
콜옵션 매입	−2.5	0	$S_T - 100$
풋옵션 매도	2.5	$-(100 - S_T)$	0
차익거래이익	0	1.0	1.0

5. (1) $F_{0,\,3개월} = 100.00 \times (1 + r_T) = 101.00 \;\rightarrow\; r_T = 0.01$

(단위 : 포인트)

포트폴리오	투 자 액	만기일(3개월 후) 현금흐름	
		$S_T < 100$	$S_T \geq 100$
콜옵션 매입	3.00	0	$S_T - 100$
풋옵션 매도	−2.50	$-(100 - S_T)$	0
현금 차입	−0.50	$-0.50 \times (1 + 0.01)$	$-0.50 \times (1 + 0.01)$
합성선물 매입	0	$S_T - 100.505$	$S_T - 100.505$

(2) KOSPI200선물가격(101.00) > 합성선물가격(100.505)

→ KOSPI200선물 : 과대평가, 합성선물 : 과소평가

(단위 : 만원)

차익거래	현재의 현금흐름	만기일(3개월 후) 현금흐름	
		$S_T < 2{,}500$	$S_T \geq 2{,}500$
선물 1계약 매도	0	$2{,}525 - S_T$	$2{,}525 - S_T$
콜 1계약 매입	−75	0	$S_T - 2{,}500$
풋 1계약 매도	62.5	$-(2{,}500 - S_T)$	0
현금 차입	12.5	$-12.5 \times (1 + 0.01)$	$-12.5 \times (1 + 0.01)$
차익거래이익	0	12.375	12.375

6 (1) ㈜백두: 콜옵션 매입 + 풋옵션 매도

$$C - P = \frac{F_{0,\,1}\left(\dfrac{1 + r_1^F}{1 + r_1}\right)}{1 + r_1^F} - \frac{F}{1 + r_1} = \frac{F_{0,\,1} - X}{1 + r_1} = \frac{970 - 1{,}000}{1 + 0.03} = -29.1262\text{원}/\$$$

∴ ㈜백두입장에서의 계약가치 = \$10,000 × (−29.1262원/\$) = −291,262원

(2) $50 - P = -29.1262 \quad \therefore\; P = 79.1262$원/\$

(3)

(단위 : 원/\$)

포트폴리오	투 자 액	만기일(1년 후) 성과	
		$S_T < 1{,}000$	$S_T \geq 1{,}000$
콜매입	C	0	$S_T - 1{,}000$
풋매도	$-P$	$-(1{,}000 - S_T)$	0
합성선물	$C - P$	$S_T - 1{,}000$	$S_T - 1{,}000$

∴ ㈜백두 입장에서 만기일의 현금흐름 = (900 − 1,000) × 10,000 = −1,000,000원

(4) 1년 후 시점에서 잔존만기 1년의 달러 선물가격($F_{1,\ 2}$)을 계산하면 다음과 같다.

$$F_{1,\ 2} = S_1\left(\frac{1+r_{1,\ 2}}{1+r^F_{1,\ 2}}\right) = 900 \times \left(\frac{1+0.03}{1+0.02}\right) = 908.82\text{원/\$}$$

한편 ㈜백두의 입장에서 1년 후 현금흐름은 −100원/$이므로 이를 반영한 1년 만기의 달러 선도계약의 가격(F)을 구하면 다음과 같다.

$$-100 = \frac{908.82 - F}{1+0.03} \quad \therefore\ F = 1{,}011.82\text{원/\$}$$

표준정규분포표

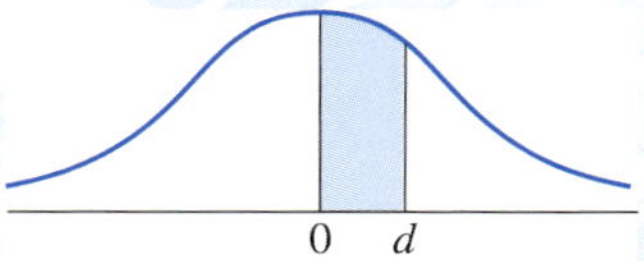

d	0.00	0.01	0.02	0.03	0.04	0.05	0.06	0.07	0.08	0.09
0.0	0.0000	0.0040	0.0080	0.0120	0.0160	0.0199	0.0239	0.0279	0.0319	0.0359
0.1	.0398	.0438	.0478	.0517	.0557	.0596	.0636	.0675	.0714	.0753
0.2	.0793	.0832	.0871	.0910	.0948	.0987	.1026	.1064	.1103	.1141
0.3	.1179	.1217	.1255	.1293	.1331	.1368	.1406	.1443	.1480	.1517
0.4	.1554	.1591	.1628	.1664	.1700	.1736	.1772	.1808	.1844	.1879
0.5	.1915	.1950	.1985	.2019	.2054	.2088	.2123	.2157	.2190	.2224
0.6	.2257	.2291	.2324	.2357	.2389	.2422	.2454	.2486	.2517	.2549
0.7	.2580	.2611	.2642	.2673	.2704	.2734	.2764	.2794	.2823	.2852
0.8	.2881	.2910	.2939	.2967	.2995	.3023	.3051	.3078	.3106	.3133
0.9	.3159	.3186	.3212	.3238	.3264	.3289	.3315	.3340	.3365	.3389
1.0	.3413	.3438	.3461	.3485	.3508	.3531	.3554	.3577	.3599	.3621
1.1	.3643	.3665	.3686	.3708	.3729	3749	.3770	.3790	.3810	3830
1.2	.3849	.3869	.3888	.3907	.3925	.3944	.3962	.3980	.3997	.4015
1.3	.4032	.4049	.4066	.4082	.4099	.4115	.4131	.4147	.4162	.4177
1.4	.4192	.4207	.4222	.4236	.4251	.4265	.4279	.4292	.4306	.4319
1.5	.4332	.4345	.4357	.4370	.4382	.4394	.4406	.4418	.4429	.4441
1.6	.4452	.4463	.4474	.4484	.4495	.4505	.4515	.4525	.4535	.4545
1.7	.4554	.4564	.4573	.4582	.4591	.4599	.4608	.4616	.4625	.4633
1.8	.4641	.4649	.4656	.4664	.4671	.4678	.4686	.4693	.4699	.4706
1.9	.4713	.4719	.4726	.4732	.4738	.4744	.4750	.4756	.4761	.4767
2.0	.4772	.4778	.4783	.4788	.4793	.4798	.4803	.4808	.4812	.4817
2.1	.4821	.4826	.4830	.4834	.4838	.4842	.4846	.4850	.4854	.4857
2.2	.4861	.4864	.4868	.4871	.4875	.4878	.4881	.4884	.4887	.4890
2.3	.4893	.4896	.4898	.4901	.4904	.4906	.4909	.4911	.4913	.4916
2.4	.4918	.4920	.4922	.4925	.4927	.4929	.4931	.4932	.4934	.4936
2.5	.4938	.4940	.4941	.4943	.4945	.4946	.4948	.4949	.4951	.4952
2.6	.4953	.4955	.4956	.4957	.4959	.4960	.4961	.4962	.4963	.4964
2.7	.4965	.4966	.4967	.4968	.4969	.4970	.4971	.4972	.4973	.4974
2.8	.4974	.4975	.4976	.4977	.4977	.4978	.4979	.4979	.4980	.4981
2.9	.4981	.4982	.4982	.4983	.4984	.4984	.4985	.4985	.4986	.4986
3.0	.4987	.4987	.4987	.4988	.4988	.4989	.4989	.4989	.4990	.4990
3.1	4990	.4991	.4991	.4991	.4992	.4992	.4992	.4992	.4993	.4993
3.2	.4993	.4993	.4994	.4994	.4994	.4994	.4994	.4995	.4995	.4995
3.3	.4995	.4995	.4995	.4996	.4996	.4996	.4996	.4996	.4996	.4997
3.4	.4997	.4997	.4997	.4997	.4997	.4997	.4997	.4997	.4997	.4998
3.6	.4998	.4998	.4999	.4999	.4999	.4999	.4999	.4999	.4999	.4999
3.9	.5000									

국문색인

[ㅇ]

[ㅈ]

[ㅊ]

[ㅋ]

[ㅌ]

[ㅍ]

[ㅎ]

영문색인

[G]

[H]

[I]

[K]

[L]

[M]

[T]

[U]

[V]

[W]

[Y]

[Z]

[공저자 약력]

감형규(甘炯奎)

성균관대학교 경영학과 졸업
성균관대학교 대학원 졸업(경영학 석사, 경영학 박사)
SK경제연구소 경영연구실 실장
한국재무관리학회 회장
한국기업경영학회 부회장
한국생산성학회 상임이사
청운대학교 기획처장
현 청운대학교 인천캠퍼스 경영학과 교수
하나손해보험(주) 사외이사

[저서 및 주요논문]
Perfect 재무관리 Ⅰ, Ⅱ(공저 유원북스)
에센스 재무관리(제7판, 공저, 유원북스)
알기쉬운 재무관리(제2판, 유원북스)
에센스선물옵션(제2판, 공저, 유원북스)
고급재무관리(공저, 박영사)
경영분석(공저 유원북스)
증권투자론(제5판, 공저, 율곡출판사)
재테크와 금융상품(공저, 율곡출판사)
주식수익률과 거시경제변수의 관계에 관한 실증적 연구
한국주식시장에서의 역행투자성과에 관한 실증적 연구
정보유형과 주가변동성의 관계에 관한 연구
자본투자와 주식수익률의 관계에 관한 연구 외 다수

신용재(辛容在)

성균관대학교 경영학과 졸업
성균관대학교 대학원 졸업(경영학 석사, 경영학 박사)
공인회계사, 경영지도사, 신용분석사 시험 출제위원
한국재무관리학회, 한국기업경영학회 부회장
한국재무학회, 한국증권학회, 한국파생상품학회 이사
재무관리논총 편집위원장, 기술보증기금 자문위원
한국기업경영학회, 대한경영학회 논문편집위원
언론진흥기금 위험관리성과평가위원
Brock University 비지팅 스칼라(Visiting Scholar)
현 한경국립대학교 경영학과 교수

[저서 및 주요논문]
Perfect 재무관리 Ⅰ, Ⅱ(공저 유원북스)
에센스 재무관리(제7판, 공저, 유원북스)
증권투자론(제5판, 공저, 율곡출판사)
에센스 선물옵션(제2판, 공저, 유원북스)
고급재무관리(공저, 박영사)
경영분석(공저, 유원북스)
재테크와 금융상품(공저, 율곡출판사)
Reducing Agency Conflicts with Target Debt Ratios
Momentum Profits and Idiosyncratic Volatility
Liquidity Hedging with Futures and Forward Contracts 외 다수

전진규(全眞奎)

성균관대학교 경영학과 졸업(경영학학사, 경영학석사)
University of Alabama 졸업(재무학박사)
Western Oregon University 경영학과 교수
한국예탁결제원 근무
한국증권학회, 한국재무학회 부회장
한국파생상품학회, 한국재무관리학회 이사
사립학교교직원연금, 한국자산관리공사, 한국체육진흥기금, 수산발전기금 리스크관리위원
공인회계사 시험운영위원 및 출제위원
현 동국대학교 경영대학 교수
　하나은행(주) 사외이사

[저서 및 주요논문]

Centrality and Corporate Governance Decisions of Korean Chaebols: A Social Network Approach
Multiple Credit Rating: Triple Rating under the Requirement of Dual Rating in Korea
Multiple Lead Underwriter IPOs and Firm Visibility
Heated Negotiation within the Syndicates and IPOs
The Role of Co-managers in Reducing Expected Flotation Costs
How Much Is Reasonable? The Size of Termination Fees in Mergers and Acquisitions
Effects of Foreign Ownership on Payout Policy: Evidence from Korea
Marketing Activities, Strategic Competition, and Firm Value
Go-Shop Provisions in M&As; Fiduciary Duties or Window Dressing
Bank Competition and Stability: Comparison of Korean Commercial Banks and Mutual Saving Banks
How do Foreign Investors Affect Corporate Policy?: Evidence from Korea.
ESG Factors as a Determinant on Credit Ratings 외 다수

파생금융상품

2023년 2월 6일 제2판발행
2015년 3월 5일 초 판발행

저 자 감형규 · 신용재
발행인 이구만
발행처 유원북스
121-130 서울특별시 마포구 토정로 222, 한국출판콘텐츠센터 416호
TEL (02)593-1800 FAX (02)593-1801
등록 2011. 9. 6. 제25100-2012-3호
www.uwonbooks.com uwbooks@daum.net

정 가 33,000원 ISBN 979-11-6288-164-4